100 ans de football en Alsace

1932-1947

AVERTISSEMENT

Les textes figurant dans cette encyclopédie *100 ans de football en Alsace* sont le fruit, d'une part, des recherches des auteurs dans différents ouvrages (voir bibliographies) et dans la presse sportive (*Le Sport Alsacien*, *Sport Est* pour l'époque 1920-1947), d'autre part des envois effectués par les clubs (plaquettes, textes de particuliers). Les photographies figurant dans les historiques des clubs ont été mises à notre disposition par les clubs eux-mêmes. L'éditeur et les auteurs mettent en garde le lecteur et déclinent toute responsabilité contre les erreurs (orthographe des noms propres, datations, chronologies) et éventuels préjudices, pouvant découler des écrits ou documents publiés.

Nous aurions souhaité exploiter tous les documents remis par les clubs, mais il nous fallait fixer une limite. Nous avons donc pris la décision de refermer les 100 ans de football en Alsace en 2000, à l'aube du nouveau millénaire... pour laisser le soin à d'autres, dans un siècle, de relater la suite de cette magnifique histoire.

Plus loin vers vous

Quelques dates à retenir…

1932
*Naissance du professionnalisme
Le FCM s'engage dans la compétition*

1934
Le Racing rejoint le FCM dans les rangs professionnels et accède à la D1

1935
Lambling, nouveau président de la LAFA

1937
Les SR Colmar passent professionnel

Septembre 1939
*Suspension de toutes les compétitions
L'AGR et la FSGT sont interdites par l'occupant*

Mars 1940
Le Racing se replie à Périgueux et s'associe au CA Périgueux

Septembre 1940
Mise en place de championnats d'Alsace par les autorités allemandes

Juillet 1945
Naissance d'une coupe appelée coupe de la Libération

Septembre 1945
Reprise des championnats

Les années 1932 à 1947

L'histoire avec un grand H

**La LAFA annonce fièrement la naissance du 150e club et du 5 000e licencié au terme de la saison 1931-1932. On s'agite dans les rangs des professionnels. Le premier championnat « pro » intéresse le FC Mulhouse en 1932-1933. Le FCM l'achève à la dernière place du groupe A, remporté par l'Olympique Lillois. Pour la saison 1933-1934, on ajoute une division II. Le FC Mulhouse, rétrogradé, y prend place dans le groupe Nord, et s'inscrit à la troisième place, derrière le Red-Star et Rouen.
Le Racing rejoint le FCM chez les pros, pour la saison 1933-1934. Sa décision a été prise lors de son assemblée générale extraordinaire du samedi 10 juin 1933. Pour sa première participation, le club de la Meinau joue les barrages et accède en D1.**

Léon Ohl, patron des arbitres, démissionne en juin 1934. C'est le Mulhousien Charles Munsch qui lui succède. Il deviendra le premier arbitre alsacien à diriger une finale de coupe de France, le 8 mai 1938, entre l'Olympique de Marseille et le FC Metz (2-1 ap). Il devient aussi président de la commission régionale des arbitres et de la commission de football du Haut-Rhin. Il est aussi président de l'association des arbitres du Haut-Rhin.

De la poudre dans la cave de l'Hôtel

A cette époque, tout ne va pas très bien à la Ligue d'Alsace explique Francis Braesch : *« Les réunions, qui se tiennent à Sélestat, ne sont qu'une « guerre des boutons », opposant une centaine de clubs, dont les représentants se perdent dans des détails, avant d'en découdre à coups de poings, puis de rentrer chez eux, la veste déchirée. Veut, évidemment, la montée de deux clubs en division supérieure, celui dont l'équipe est classée deuxième. Veut, évidemment, la descente d'un seul club en division inférieure, celui dont l'équipe est avant-dernière, le tout coiffé par la querelle des Haut-Rhinois et des Bas-Rhinois, un règlement qui change chaque année et de vagues statuts que tous ignorent. »*

En voulant arranger tout le monde, le président Lévy n'arrange plus personne. Le 15 octobre 1926, le conseil demande à son président de se retirer discrètement. M. Paille raconte à ce sujet : *« il n'avait même plus la confiance du SC Sélestat, qu'il avait endetté en construisant le stade… »*. Peu avant 1934, une somme de 3 000 F, que le journal *L'Alsace Sportive* doit à la Ligue, n'est pas comptabilisée et Henri Schumacher donne tous les détails de l'affaire à un certain journaliste, nommé Aimé Gissy, qui mène campagne contre Georges Lévy. Une breloque met le feu aux poudres, amassées depuis de longs mois, dans la cave de l'Hôtel Hanser.

Battu, Georges Lévy quitte l'Alsace

Georges Lévy doit, le 30 juin 1935, affronter à Sélestat une assemblée générale formée de jeunes contestataires. Il n'est pas réélu et quitte l'Alsace, laissant la présidence à un homme sûr, méthodique sous des apparences débonnaires, Jacques Lambling, du FC Bischwiller. Au secrétariat général prend place le journaliste Aimé Gissy, originaire de Sélestat, élu par 100 voix contre 92, dont on avait lu les articles de choc. On sait qu'il est chef de la succursale des *Dernières Nouvelles*

Charles Munsch sera le premier arbitre alsacien à diriger une finale de coupe de France.

à Saverne où il a joué au football, avant de devenir entraîneur-joueur et dirigeant, appelé en 1932 au poste de deuxième secrétaire de la commission départementale du Bas-Rhin.

Jacques Lambling, nouveau président de la LAFA.

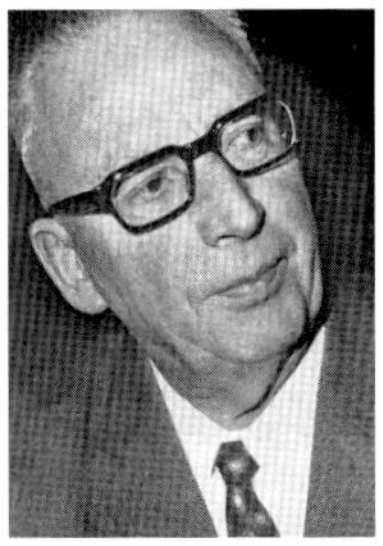

M. Lambling est à l'image du FC Bischwiller, un club dynamique entre tous, celui des Ehms, Wehrlé, Lieb, Lutz, en un mot amateur à cent pour cent… Réélu difficilement en 1936, étant de fait devenu membre… sortant, il obtient 182 voix, contre les grands noms de l'époque: Hofmann (179), Koepfel (178), Schumacher (172), Boehrer (25) et Meyer (15). Aimé Gissy, dont l'allant effraie quelque peu les «croulants», devient rapidement le premier ministre de Jacques Lambling. En novembre 1936, il est nommé secrétaire général de la LAFA. MM. Lambling et Gissy s'attaquent alors à un énorme travail de coordination. De ces petites tribus de Wasselonne, de Molsheim, de Benfeld, de Muttersholtz et de partout ailleurs, qui représentent 120 clubs et 8 402 licenciés, commandées par des chefs à l'esprit frondeur, il faut faire un état parfaitement démocratique, obéissant à une loi: celle que dicte l'intérêt supérieur du football tout entier.

Aimé Gissy, grand témoin

Aimé Gissy, secrétaire général de la LAFA.

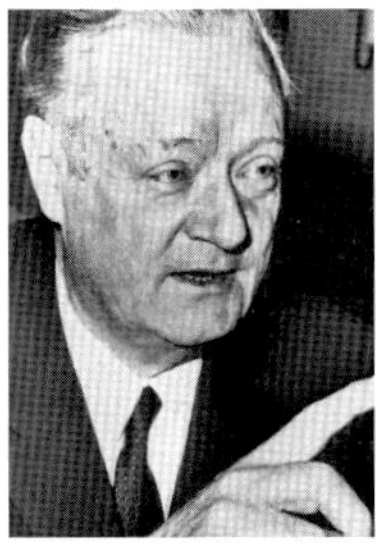

«En 1935» dit M. Gissy, *«la plupart de nos clubs avaient l'esprit petit, il faut en convenir. Les dirigeants étaient jeunes, très jeunes et les règlements n'étaient pas au point. Nous n'avions ni annuaire, ni Bulletin Officiel et les commissions du Haut-Rhin et du Bas-Rhin n'en faisaient qu'à leur guise. Peu après ma prise de fonctions, j'étais conscient qu'il fallait assurer tous les joueurs en cas d'accident, ce qui n'était de loin pas le cas de tous les clubs. Mais comme nous avions quatre assureurs au Conseil, cela était… délicat. L'arbitrage était entièrement à revoir. En 1939, j'ai quitté l'Alsace en même temps que M. Lambling. Des difficultés terribles allaient nous attendre en 1945».*

Pour en revenir au sport, le Racing est admis en 1re division professionnelle pour la saison 1934-1935. Il terminera deuxième derrière Sochaux, champion de France. Le premier match du championnat de France de 1re division doit se jouer au jardin Haemmerlé face à Sète, champion de France en titre et vainqueur de la coupe de France. Le match doit avoir lieu un samedi après-midi, pour ne pas entrer en concurrence avec les athlètes réunis le dimanche à l'ASS.

A cette époque, c'est l'athlétisme qui a le vent en poupe. La page sportive des *DNA* relate d'ailleurs, le mardi suivant un événement a dominé tous les autres: le meeting de l'ASS au stade du Tivoli, devant 3500 spectateurs.

La FFF ne veut pas de match le samedi. Aimé Gissy se souvient: *«Il fallut bien que le football cède le pas à l'athlétisme. La Fédération d'Athlétisme s'est souvenue que le ministre Doumergue avait confié à Louis Martin, le soin de veiller sur le sport français. Il l'a alors fait intervenir pour régler la situation. Usant de ses pouvoirs ministériels, celui-ci a donc fixé la rencontre Strasbourg-Sète au samedi, veille du meeting de l'ASS».* Ils furent finalement 6000 à venir applaudir la victoire des leurs (5-2)! Le succès du football pro était dès lors assuré.

3e en 1936 et 5e de son championnat en 1937, le Racing va disputer la première finale de coupe de France de son histoire, le 9 mai 1937 (défaite face à Sochaux 1-2).

En 1935, la LAFA compte 200 clubs. Nous avons retrouvé, sauvé des malheurs de la guerre et des déménagements successifs, un document unique, qui est le compte-rendu moral de la commission de football du Bas-Rhin de la saison 1937-1938, présidée par Charles Brennion. Curiosité, à part les titres des rubriques et les publicités, elle est entièrement rédigée en allemand.

Composition de la commission de football du Bas-Rhin 1937-1938:

Président: Charles Brennion (AS Geispolsheim)
Vice-président: Paul Scheuer (FC Phalsbourg)
1er secrétaire: Antoine Schumacher (FAI Graffenstaden)
2e secrétaire: Antoine Nonnenmacher (FC Cronenbourg)
3e secrétaire: Charles Junker (AS Robertsau)
Assesseurs: Joseph Sengel (CRA), Joseph Lausecker (CS Pierrots-Strasbourg), Eugène Guthapfel (AS Benfeld), Jean Zink (RC Strasbourg), Lucien Vogt (CRA).

La vie des clubs à cette époque est intéressante à plus d'un titre. Une réunion, tenue en janvier 1935, au sein du tout nouveau club du FC Rosheim, nous apprend qu'il est décidé de fixer les prix d'entrée à 1 F pour les habitants de Rosheim et 2 F pour les spectateurs venus de l'extérieur, une coutume pratiquée dans toute la région.

L'engouement pour le professionnalisme à Colmar

Le 10 avril 1937, paraît dans la presse locale colmarienne l'entre-filet suivant: «La direction des SR Colmar fait savoir qu'elle a déposé sa candidature auprès de la Fédération Française de Football Association, pour son affiliation comme club à joueurs professionnels». Joseph Lehmann, président général des SRC, en a décidé ainsi. Inutile de préciser l'engouement suscité par cette nouvelle, même si au sein du club, se dresse alors une forte opposition.

L'idée des pros lui est venue en 1936, après avoir assisté au match de coupe de France, que les SRC avaient remporté devant Enghien (2-1). Il crée une équipe de toutes pièces et une société au capital de 100000 F, avec émission d'obligations de 10 ou 50 F, portant intérêts de 4 %. Paris donne son accord le 30 mai. Le premier match a lieu le 1er août 1937, au stade des Francs (qui va vite prendre le nom de Joseph Lehmann), face à l'équipe tchèque de Karlsbad (2-1). Les SR Colmar sont engagés dans le championnat de France de D2 1937-1938, Groupe Est.

Letzte Meisterschaft im Krieg.
Kriegsmeisterschaft. 1943/44. unter der N.S.R.L.

Im 4ten Kriegsjahr am 17. April 1943. als der Kassierer Josef Lotz zum Militär-Wehrmacht einberufen wurde, würde vom Vereinsführer Q. Schmitter auch die Kassengeschäfte mit übernohmen mit einem Bestand von 91,80 Rk.
Am 17.4.1943 würde da das Guthaben gross war bei der Spar- und Darlehnskasse Dingsheim 70.- Rk ausgelehnt.
Ein Betrag von 50.- Rk würde jedoch am 5/6-1943. da das Geld für Ausgaben für die Restlichen Spiele u.s.w. benötigt würde wieder abgehoben. Es bleibt daher noch ein Betrag von 21,31. Rk auf der Kasse ausgelehnt.
Dingsheim den 6/9.1944.
Der Vereinsführer.
Schmitter
Abschluss vor dem Übergang.

Document: un extrait du livre de comptes de l'AS Dingsheim-Griesheim pour la saison 1943-1944, portant le cachet du «Sportsvereinigung Dingsheim-Griesheim» avec la croix gammée obligatoire. On note d'ailleurs que le caissier Joseph Lotz a été incorporé dans la Wehrmacht et qu'il est remplacé par Quirin Schmitter.

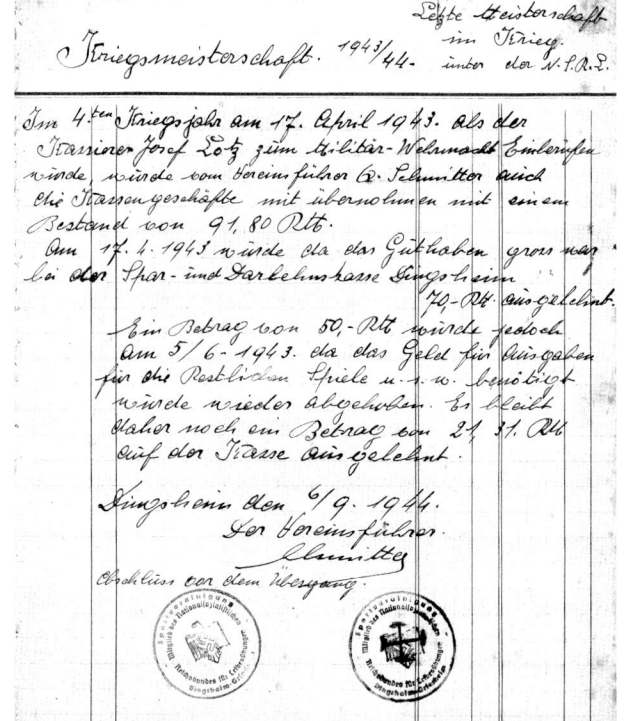

Auguste Zinsmeister, premier mort officiel de la guerre

On prépare activement la saison 1939-1940. Les pros du Racing reprennent l'entraînement le 18 juillet 1939, sous la direction de Rumbold. Le dernier match amical avant le début du championnat, a lieu le 17 août 1939 contre Nancy (défaite 3-7). Au moment précis où l'on doit lever le rideau sur la nouvelle saison, un communiqué officiel parvient à l'attention de tous les clubs sportifs : *«Jusqu'à nouvel ordre, tous les matches de compétition et amicaux sont suspendus»*.

La Pologne est devenue un pays martyr. L'embrasement général, survenu le 1er septembre 1939, a donc été fatal. La guerre est déclarée le 3 septembre. Le canon ne tonne pas encore mais déjà, le clairon sonne dans les casernes. Dans la nuit du 23 au 24 septembre, 600 000 réservistes sont appelés sous les drapeaux, dans toute la France. Le 5 octobre, les députés approuvent les accords de Munich, on croit encore à la paix, dans le bon peuple de France. En se bouchant les yeux pour ne rien voir, l'Europe occidentale glisse doucement vers l'affrontement fatal. L'Alsace évacuée, ses sportifs, forces vives, sont mobilisés et dispersés.

Le premier mort officiel de la guerre est le secrétaire général du Racing, Auguste Zinsmeister. Il trouve la mort en service commandé, près de Stutzheim. La voiture, dans laquelle il a pris place, avec son lieutenant, dérape et s'écrase contre un arbre. Son corps est provisoirement inhumé à Saverne. Il avait été du début de l'aventure du professionnalisme en 1933. Secrétaire général et directeur sportif, il avait consacré toute sa vie à ce football, à ce Racing qu'il aimait tant.

Le cas des clubs de l'Avant-Garde du Rhin

Avec la guerre, la LAFA se met en sommeil et avec elle bon nombre de clubs. Ceux de la FSGT et de l'AGR, fédérations affinitaires, sont interdits et leurs bien saisis. Beaucoup de clubs de la LAFA mettent la clé sous la porte, refusant de se plier à la volonté des autorités allemandes (la NSRL, qui administre le sport sous l'occupation). Leurs présidents refusent de prêter serment devant la photo d'Adolph Hittler et du drapeau à croix gammée. Ceux qui continuent d'exister n'ont pas vraiment le choix.

Il n'est pas facile, pour un petit club, surtout s'il est affilié à une fédération de patronage, l'AGR en l'occurrence, de jouer à cette époque. Le cas du SC Roeschwoog est significatif de l'ambiance qui règne dans les milieux sportifs alsaciens.

Le 2 septembre 1939, la guerre est déclarée, le club est mis en sommeil. En 1940, l'AGR est dissoute et l'avoir en caisse est confisqué par le régime nazi. En août 1940, Albert Hubstenberger (ancien président), décide de remettre le club en activité et de sa poche, fait installer les poteaux de buts, achète maillots et ballon. En réponse à sa demande d'affiliation, on lui signifie qu'il ne peut exercer une fonction de dirigeant, en raison de son ancienne appartenance à un club confessionnel. Afin de récupérer son argent, Albert Hubstenberger demande à Frédéric Boos de prendre le club en main. Hésitant, ne voulant pas prendre fonction sous ce régime, il accepte tout de même. Le comité élu étant récusé par les autorités allemandes, on en élit un deuxième.

Mais une mise en sommeil suit l'autre et fin 1942 commence l'incorporation des «Malgré-Nous». Le club arrête ses activités. Dans le règlement établi par les Allemands, lorsqu'un club met fin à ses activités, il est contraint de verser l'avoir en caisse à la Ligue Nationale des Sports. Ne voulant pas donner d'argent aux occupants, Frédéric Boos organise, pour tous les membres actifs et passifs du club, une sortie gratuite au Mont Saint-Odile. Après avoir établi de fausses factures (poteaux de buts, ballon, chaussures…) au cas où, il reverse aux Allemands les 3,85 Marks restants !

Le Racing à Périgueux !

L'exode de 1939 a transplanté la majeure partie de la population alsacienne et toute celle de Strasbourg, dans le Sud de la France, afin de la soustraire aux menaces d'Outre-Rhin. L'accueil des réfugiés, par la population méridionale, est chaleureux. C'est ainsi que le destin veut que la majorité de la population strasbourgeoise se retrouve à Périgueux. Parmi eux, un certain nombre de Racingmen. Lors d'une assemblée tenue au Grand Café de Paris le 19 mars 1940, on constitue le comité suivant : E. Naegelen (président d'Honneur), représentant le maire de Strasbourg, Paul Wolff, père (président), Peyrau (vice-président), président du CA Périgueux, Jean-Paul Wolff, fils (secrétaire), Lameunière (trésorier), président du sous-district de Dordogne, Rumbold (entraîneur du football), Romens (arbitre fédéral de la LAFA), Taulou (membre du CA Périgueux), Bury (journaliste) membres du comité.

Les joueurs disponibles sont recensés : Lergenmuller, Messaoud, Oesch, Engel, Gall, Wolff, Schaaf, Paganini, Fuhrer, Heitz, Lang, Ben Bouali, Huraud, Pebay.

Sportifs…
pour vos déplacements et excursions dans des cars confortables, adressez-vous aux

Transports FLÈCHE BLEUE

Siège : 15, Rue Hubner - MULHOUSE
TÉLÉPHONE 4266 - 67

L'équipe du Racing reconstituée au début de l'occupation (équipe type des saisons 1940-1941 et 1941-1942, jusqu'au moment de l'incorporation de différents joueurs et du départ de «Bepper» Heisserer).
Debout de gauche à droite : Gebhardt, Lergenmuller, Lohr, Gruber, Meyer, Montigel.
Accroupis de gauche à droite : Beitz, Schaaf, Heisserer, Fettig, Hartung.

Malgré les nombreux départs et changements de domicile, l'Entente Périgueux-Strasbourg défend, avec succès, les couleurs «bleu et blanc». En championnat, dans la Ligue Centre-Sud-Ouest, Strasbourg est champion de Dordogne ! En coupe de France (coupe Charles Simon), elle va jusqu'en 8e de finale, battue par le FC Sète (1-8) à Sète, le 4 février 1940.

Au tour précédent, le Racing avait écarté l'équipe professionnelle des Girondins de Bordeaux (3 à 2), vainqueur du championnat de la zone Sud Ouest. Mais son plus beau trophée, sentimentalement parlant, reste l'objet d'art, offert par les Ets Lachaize-Sports de Périgueux, au finaliste de la coupe de Guerre du Centre-Ouest (défaite contre le CO Périgueux Olympique 0-4) et qui trône en bonne place dans la vitrine des trophées du club.

Le retour en Alsace, après l'évacuation, trouve l'effectif du Racing dispersé. La section professionnelle n'existe plus. Les joueurs restés fidèles, en début d'occupation, continuent à s'entraîner. La section amateurs est rattachée au service des sports allemands (NSRL) et une première convocation est lancée le 25 juillet 1940. Oscar Heisserer prend l'entraînement en main. Le 18 août, une rencontre Strasbourg — Pforzheim est organisée, avec dans les rangs strasbourgeois six joueurs du Racing.

Un championnat quand même

La saison 1940-1941 voit se dérouler un championnat de division d'Honneur, organisé par l'occupant. Un championnat d'Alsace qui ne peut être reconnu comme championnat officiel, dans le contexte même où il se déroule. Il se dispute en deux groupes : Haut-Rhin et Bas-Rhin. Le FC Mulhouse est champion du Haut-Rhin et bat le Racing, en matches « aller et retour », pour le titre régional. Dans le championnat bas-rhinois, on trouve outre le Racing, dans l'ordre de leur classement, le Sporting Schiltigheim, Sportgemeinschaft (les SS), Haguenau, Mars Bischheim, Sélestat, l'ASS et Bischwiller. La saison suivante ressemble à sa devancière. Le face à face entre le Racing et les SS, dure sept mois, sur fond de considérations politiques. Et les SS sont « champions » d'un groupe unique avec deux points d'avance sur leurs rivaux.

Le classement de cette saison 1941-1942 :

1.	Sportgemeinschaft (SS)	22	19	2	1	70/20	40
2.	Racing Strasbourg	22	17	4	1	78/20	38
3.	SR Colmar	22	14	1	7	68/30	29
4.	FC Mulhouse	22	13	3	6	55/38	29
5.	Sporting Schiltigheim	22	10	4	8	46/41	24
6.	Mars Bischheim	22	9	5	8	43/34	23
7.	FC Haguenau	22	7	6	9	22/52	20
8.	FC Colmar	22	8	3	11	40/57	19
9.	Etoile Mulhouse	22	5	4	13	39/62	14
10.	Schweighouse-sur-Moder	22	5	4	13	29/43	14
11.	AS Mulhouse	22	4	2	16	32/77	10
12.	US Wittenheim	22	1	2	19	18/66	4

Ce sont les Allemands qui font « marcher » la machine. A coups de diktats. *« Sous l'occupation,* explique Francis Braesch, *l'Alsace est divisée en 13 arrondissements. La direction fait approuver par le parti, les présidents proposés par les clubs, qui usent des pires astuces pour mettre en avant de fins diplomates, aux sentiments profonds et cachés, pour lesquels un « Heil Hitler » vaut une messe et justifie les moyens. Le championnat d'Alsace de 1940 à 1944 est dominé par trois clubs : le FCM, vainqueur de l'épreuve en 1943 et 1944, le Racing, en 1941 et les… SS, « ô malheur », victorieux en 1942. »*

La peur de l'ombre

Jamais, dans toute son histoire, le football alsacien n'avait eu un champion aussi impopulaire, un club formé sur le démantèlement du SC Red-Star. D'ailleurs, la LAFA, dans ses publications intérieures a, de tous temps, « oublié » l'équipe des SS qui a pourtant bien remporté le championnat 1942, devant le Racing. Et qui croyez-vous que ces Messieurs aient indiqué comme champion d'Alsace ? Le Racing ! Mieux vaut en rire aujourd'hui et occulter, dans les classements officiels, cette période trouble et de sinistre mémoire. La peur de l'ombre du National Socialisme…

« Cette équipe de SS fait le bonheur des trésoriers des clubs » poursuit Francis Braesch. Des milliers de spectateurs se déplacent, en effet, pour la voir… perdre. Mais les Allemands ne sont pas fous, comme les Romains d'Astérix. Les encouragements que les Alsaciens prodiguent régulièrement à leurs adversaires en disent long sur leurs tendances. M. Eberhardt, un Sélestadien, a joué avec les SS. Il raconte : *« Non je n'éprouve aucun embarras, car je n'étais pas SS. Un seul l'était dans l'équipe et il était Allemand. Nous n'avions pas le choix. Remarqués sur un terrain de jeu par les SS, il nous était impossible de ne pas signer. M. Paille vous le confirmera. Le public était formidable ! Cela nous faisait plaisir de ne pas avoir la cote. Mais devant tant d'adversité, nous sommes devenus de très bons copains. Vous savez ce que c'est, quand le football vous tient ! Des coups, on en recevait à la pelle. Alors, on les rendait. Je me souviens par exemple de Heisserer, qui n'arrêtait pas de « crayonner » en jouant contre nous. Non, pendant les matches, on ne pensait pas à la politique. C'était le football, quoi. On rigolait un coup lorsque nous avions gagné et lorsque le public n'applaudissait pas nos buts. Une seul fois nous avons eu les spectateurs de notre côté. C'était contre Stuttgart en coupe d'Allemagne, mais ils criaient « allez Strasbourg ». Ah, ce que nous étions tristes d'avoir perdu ! Nous étions redevenus une équipe française… ».*

Toute l'Alsace contre les SS

Tout l'Alsace est contre cette équipe de SS, dont les dirigeants ont énormément de pouvoirs en matière de recrutement. François Rimmely (28 licences aux SR Colmar) s'en souvient : *« Nous avions en 1941 une très belle équipe, régulièrement classée parmi les quatre premiers. Jouer contre les SS était un événement. C'était un véritable France — Allemagne. A la Kibitzenau, après les avoir battus 2-0, des milliers de Strasbourgeois nous ont fait la fête. Moins drôle a été le match que nous avons disputé contre eux à Colmar et que nous avons perdu (0-1) sur penalty. Wintermantel avait envoyé la balle dans les tribunes où étaient assis plusieurs SS. La balle frôla l'un d'eux, ce qui fit rire les spectateurs. »*

« Pour sauver la face, Fritz Schuller et Albert Bury frappèrent Wintermantel en lui criant laisse-toi faire. Je me souviens que plusieurs spectateurs ont été emmenés pour avoir sifflé les SS. Dans les vestiaires l'arbitre, M. Waasen, devait nous confier que, s'il n'avait pas accordé de penalty, il aurait été déporté… Ce n'était pas facile. Mais je dois dire que, très souvent, le football l'emportait sur toute autre considération. La preuve : les Allemands qui jouaient dans nos rangs, faisaient vraiment équipe, même contre les SS. Walter Reich, un Allemand, nous disait, en douce, de qui nous devions nous méfier. Nous avions, en effet, des joueurs allemands comme Ruge, Szymanski et Schliepsiek. Eh bien, Walter nous a dit de faire attention à Szymanski… Walter était devenu un équipier, un vrai. »

René Waechter, membre actif du réseau Martial, président du FCM durant la guerre.

Le Sélestadien Eberhardt, SS malgré lui.

La photo que personne ne voulait garder, l'équipe des SS, champions « d'Alsace » en 1942. La honte pour beaucoup de « bien-pensants ». Mais d'abord un document qui rétablit la vérité de l'histoire : ils n'avaient pas le choix !
Debout de gauche à droite : René Lang, Müller, Schöne, Eberhardt, Gerber, Ernest Waechter.
Accroupis de gauche à droite : Fritz Keller, Pierre Waechter, Karrer, Seyller.

La plupart des clubs sont de véritables îlots de résistance, comme le FCM dont les relations avec le NSRL couvrent son président, René Waechter, membre actif du réseau Martial. En 1942, l'équipe des SS rencontre München 1860 à Munich, devant 12 000 spectateurs. Les SS de Strasbourg alignent : Charles Hoffmann, Müller, Gerber, Eberhardt, Emile Waechter, René Lang, Fritz Keller, Schöne, Pierre Waechter, Karrer et Franke.

René Waechter a raconté à Francis Braesch : « *Nous avions une excellente équipe, championne d'Alsace en 1943 et en 1944. Le FCM, considéré comme équipe de France, sauvait ainsi l'honneur de toute l'Alsace. Mes meilleurs souvenirs sont les matches de coupe et de championnat, que nous allions gagner en Allemagne, où nous étions traités de « sales Français ». Que cela faisait donc plaisir à entendre ! J'ai eu chaud plusieurs fois, notamment quand le Dr Nertz, procureur général et supporter du FCM, clamait au restaurant du Piton à Strasbourg, qu'il était chevalier de la Légion d'Honneur, devant les officiers SS. Et aussi quand nous sommes revenus d'une excursion dans les Vosges, façon de regarder un peu de l'autre côté, alors que nous savions que nous étions dénoncés pour avoir parlé le Français. Nous y avions été un peu trop fort. C'était un 14 juillet ! Quand je serrais les mains des Allemands, je regardais mes joueurs qui savaient bien ce que je pensais* ».

Les chaussettes rouges du Racing

C'est Francis Braesch, dans son excellent livre « Grandes et petites histoires du football alsacien » paru en 1989, qui livre cette anecdote. « *Un petit exemple, qui montre comment les Alsaciens tiraient dans les jambes des Allemands. Quelques jours avant le derby Racing-SS à la Meinau, le président du Racing, appelé à cette époque « Rasensport Club », téléphone au responsable allemand du matériel, pour lui demander de mettre à sa disposition des chaussettes jaunes, à l'occasion du derby.*

Malgré l'aveu d'impuissance du fonctionnaire devant la demande de Joseph Heintz, le président insiste plusieurs fois, jusqu'à obtenir la réponse attendue : « *Je vous l'ai dit cent fois, je n'ai pas de chaussettes jaunes. Jouez avec les chaussettes que vous voulez* ». *Et c'est dans un fou-rire général que le Racing s'aligne avec son maillot bleu, ses culottes blanches et ses chaussettes… rouges. C'est l'équipe de France qui joue contre les SS… Inutile de dire que le lendemain, le Sportgauleiter Kraft eût maille à partir avec ses supérieurs…* »

L'officier allemand devient champion de France militaire

En marge de la politique, de l'oppression, de la résistance, il serait injuste de jeter le football aux oubliettes. Les matches étaient d'un excellent niveau et, dans la tourmente, rarement les joueurs d'une même équipe n'avaient été aussi unis, aussi près les uns des autres. Walter Reich, dont il est question plus haut, a été retrouvé par Francis Braesch à Stuttgart : « *Les Alsaciens ? Bien sûr que nous savions qu'ils étaient Français de cœur. Mais le football lie les hommes et les footballeurs ne sont pas des salauds. Vous me voyez aller dénoncer mon gardien de but ou mon avant-centre ? Mais j'aurais pu les dénoncer tous, après les confidences qu'ils m'avaient faites !*

Non, c'était impensable. Même les recrues de passage du régiment Goering, n'auraient pas trahi un de leurs coéquipiers alsaciens. J'étais officier allemand. Je venais de Kiev à Colmar en avion pour jouer au football ! Après la guerre, en 1946, j'ai encore joué au football, devenant champion de France… militaire avec la Légion Étrangère de Sidi-Bel-Abbès. En 1947, en pleine misère, j'ai joué au FC Colmar. Les Colmariens m'avaient trouvé du travail… ».

Mais on joue aussi au football dans les séries inférieures. Le club de Dingsheim-Griesheim, par exemple, qui jouait en Avant-Garde du Rhin avant guerre, est contraint, d'une part de solder ses comptes au profit de l'occupant dès 1940, puis décide d'autre part de repartir, sous le nom de « Sportsvereinigung Dingsheim-Griesheim », dans un championnat de séries inférieures. C'est ainsi que l'équipe joue, entre autres, contre Oberhausbergen, Truchtersheim et Reichstett, dans la période courant du 1er août 1941 au 31 mars 1942. Pour la saison 1942-1943, l'équipe rencontre Hoerdt, Rumersheim, Schnersheim, Souffelweyersheim, le RC Strasbourg, Breuschwickersheim, Ittenheim, Oberhausbergen, Mommenheim et Kronenbourg.

La saison 1942-1943 voit la victoire du FCM, au goal-average, devant le Racing et les SS, à 3 points. Les équipes sont décimées, car les incorporations dans le STO (Service du Travail Obligatoire) et dans la Wehrmacht, ont lieu à cette époque. Le classement de la saison :

1.	FC Mulhouse	18	14	3	1	66/9	31
2.	Racing Strasbourg	18	14	3	1	54/7	31
3.	Sportgemeinschaft (SS)	18	13	2	3	65/14	28
4.	SR Colmar	18	11	1	6	35/26	23
5.	Sporting Schiltigheim	18	6	1	11	36/56	13
6.	SC Sélestat	18	6	1	11	30/58	13
7.	FC Haguenau	18	5	3	10	33/56	13
8.	FC Colmar	18	5	-	13	19/60	10
9.	FC La Walck	18	4	1	13	32/56	9
10.	Mars Bischheim	18	3	3	12	22/50	9

Comme chaque saison, les équipes alsaciennes participent à la coupe d'Allemagne (Tchammerpokal). La finale régionale voit la victoire du FCM devant le Racing (1-0), un match qui attire 7 000 spectateurs.

Des effectifs qui fondent

La saison 1943-1944 voit les effectifs se restreindre encore. Mais le championnat va à son terme, la coupe aussi. Voici le classement de cette saison ; que personne ne devine encore être la dernière de cette période dramatique.

1.	FC Mulhouse	18	17	1	0	114/10	35
2.	Sportgemeinschaft (SS)	18	11	2	5	61/36	24
3.	Huningue	18	11	2	5	53/33	24
4.	SR Colmar	18	10	2	6	45/36	22
5.	FC Haguenau	18	8	2	8	31/46	18
6.	Racing Strasbourg	18	6	5	7	25/36	17
7.	FC Colmar	18	4	5	9	25/42	13
8.	Sporting Schiltigheim	18	5	3	10	19/59	13
9.	Schweighouse-sur-Moder	18	3	2	13	21/58	8
10.	SC Sélestat	18	2	2	14	17/64	6

On ne joue plus au football à l'automne 1944. On libère. Mulhouse, Strasbourg (le 23 novembre), début janvier, les Allemands se font à nouveau menaçants devant Strasbourg.

Joseph Heintz président du Racing Club de Strasbourg.

L'incroyable Ossi Rohr

Non content d'avoir été un grand joueur de football, buteur redouté, le ressortissant allemand Ossi Rohr, au Racing depuis 1934 a eu, à la déclaration de guerre en 1939, une attitude exemplaire. Faute d'avoir demandé sa naturalisation, il est interné, en tant que citoyen allemand au service de l'ennemi, dans un camp de rétention en Alsace, à Schirmeck. Le hasard veut qu'il soit surveillé par le sergent Gatter, président de la section de football de l'AS Strasbourg, ex-international B et deux fois capitaine de l'équipe d'Alsace, au début des années trente. Comme le relate *« Football »*, le journal de Marcel Rossini, Ossi (de son vrai prénom Oscar), choisit très vite son camp. Il devient engagé volontaire dans l'armée française. L'ancien avant-centre de l'équipe d'Allemagne, qui a marqué deux des trois buts encaissés en 1933 par les Tricolores à Berlin (3-3), est reconnaissant de l'hospitalité cordiale qui lui a été offerte en France.

FC Oberhoffen 1942-1943.
Debout de gauche à droite : Paul Noletta, Alfred Arnold, Taché Cjermack, Charles Hermann, Charles Muller, Georges Lagenbronn, Albert Fauth, Alfred Kuhn.
A genoux de gauche à droite : Charles Hammer, Romain Cjermack, Eugène Stauth.

Le FC Oberhoffen 1942-1943.
Debout de gauche à droite : Paul Noletta, Alfred Arnold, Taché Cjermack, Charles Hermann, Charles Muller, Georges Lagenbronn, Albert Fauth, Alfred Kuhn.
A genoux de gauche à droite : Charles Hammer, Romain Cjermack, Eugène Stauth.

FC Haguenau dans les années trente.

Photo de droite, Hansi donne le coup d'envoi du match FC Colmar et FC Bischwiller en 1939.

US Scherwiller 1935-1936 (à droite).
Debout de gauche à droite : Robert Meyer, Alfred Simler, Léon Martin, Charles Schwey, Charles Klein, Léon Schmitt.
Penchés de gauche à droite : Léon Bertsch, Charles Fritsch, René Käufling.
Accroupis de gauche à droite : Alphonse Marbach, Charles Dillenseger, Paul Obri.

Haguenau est réoccupé en partie, mais leur attaque est repoussée. Seule subsiste alors la poche de Colmar, qui est crevée le 2 février 1945. Ensisheim est libéré le 6 février, les alliés foncent sur Fessenheim et Chalampé, Neuf-Brisach tombe. De Lattre écrit, le 9 février « *L'Allemand est chassé du sol sacré de la France. Il ne reviendra plus !* ».

Il est vrai que, sous réserve des ports de l'Atlantique et d'une frange de territoire au Nord d'Haguenau, l'occupant est expulsé. L'heure n'est pas encore tout à fait au football, on commence à faire les comptes.

Ils auront été 130 000 Alsaciens et Mosellans, incorporés de force dans la Wehrmacht, une majorité de jeunes (20 classes en Alsace), de très nombreux sportifs. Les quatre-cinquièmes sont partis pour le front de l'Est. 38 000 ne sont pas revenus, tués dans les combats ou décédés (près de 4000 sur 16 000 Malgré-Nous) dans le camp soviétique de Tambov, après leur capture (ou leur désertion) par l'Armée Rouge.

Pressé d'en finir

35 000 rentrent grièvement blessés ou handicapés, sans compter ceux qui reviennent marqués à jamais, soit physiquement soit psychologiquement. Les gros retours ont lieu à l'automne 1945 et au printemps 1946. Le dernier rescapé (J. Remetter) ne rentre qu'en 1955. Il y a près de 10000 disparus.

Tout le monde est pressé de retrouver une vie normale. Les terrains de football s'agitent. A la LAFA, on ne perd pas de temps. Le premier Bulletin Officiel, daté du 18 juin 1945 (un symbole), vendu 5 F, paraît. On convoque les assemblées départementales. Pour le Bas-Rhin, elle a lieu le 1er juillet 1945 à Strasbourg, au restaurant du « Pêcheur », rue du Jeu des Enfants. Le 8 juillet, les Haut-Rhinois sont appelés à se regrouper à Mulhouse, au restaurant « Terminus », près du Tribunal Cantonal. L'assemblée générale de la Ligue est convoquée pour le 22 juillet 1945, à 9 heures, au restaurant « A l'Agneau Noir », 6, rue du Président Poincaré à Sélestat.

Une difficile réorganisation sportive

On décide d'une formule de championnat en deux phases, une pour la saison 1945-1946 et une seconde lors de la saison 1946-1947. C'est ainsi que les championnats 1945-1946, ne comportent que quatre catégories : division d'Honneur et divisions I, II et III. L'ensemble des clubs, contrôlés par la Ligue en 1939, sont pris en considération pour les championnats 1945-1946.

Ceux qui restent en sommeil sont considérés comme «forfait» et descendent dans la division inférieure, c'est à dire que la situation de sommeil leur assure le maintien, dans leur catégorie d'origine en 1939. Les clubs de division d'Honneur et de division I sont considérés comme partants d'office.

Lors de la deuxième phase (saison 1946-1947), le «sommeil» n'est plus reconnu et la non-participation aux championnats équivaut à la descente automatique en division IV. Les championnats comprennent à nouveau cinq catégories: division d'Honneur, divisions I, II, III et IV. La situation définitive des valeurs s'établit d'après les classements à l'issue de la saison 1946-1947.

Les clubs engagés en 1945-1946

■ Bas-Rhin : 144 clubs

> *Division d'Honneur*

FC Haguenau, SC Schiltigheim, RC Strasbourg, SC Sélestat, Red-Star Strasbourg, Mars Bischheim, Schweighouse, AS Benfeld, FC Bischwiller, AS Strasbourg.

> *Division I*

Fegersheim, Pierrots de Strasbourg, Illkirch-Graffenstaden, Saverne, Erstein, Wissembourg, Neuhof, SR Haguenau, La Walck, Eckbolsheim, Hoenheim, Gundershoffen, Schirrhein, CA Strasbourg, Oberschaeffolsheim, Hoerdt, Reichshoffen, Soultz-sous-Forêts, FC 06 Strasbourg-Koenigshoffen, Cronenbourg, Wasselonne, Molsheim, Monswiller, Hüttenheim, Duttlenheim, Lingolsheim, Gerstheim, Robertsau, Obermodern.

> *Division II*

Obernai, Notre-Dame Strasbourg, Cheminots, SOC, Drusenheim, Betschdorf, Oberhoffen, Lauterbourg, RS Wissembourg, Ponts-Couverts, Bouxwiller, Sarre-Union, Ingwiller, Mertzwiller, Brumath, Niedermodern, Hochfelden, Phalsbourg, Achenheim, Mutzig, Barr, Krautergersheim, Wolfisheim, Scherwiller, Rosheim, Still, Eschau, Geispolsheim, Kogenheim, Kertzfeld, Hilsenheim, Châtenois, Sand, Osthouse, Muttersholtz, ASPTT, Runtzenheim, Uttenheim, Schirmeck, Lampertheim.

■ Haut-Rhin : 92 clubs

> *Division d'Honneur*

FC Mulhouse, AS Mulhouse, US Wittenheim, FC Colmar, Saint-Louis, SR Colmar, Wittelsheim, Neuf-Brisach, SS Mulhouse-Dornach, Etoile Mulhouse.

> *Division I*

Huningue, Riedisheim, US Thann, Staffelfelden, Brunstatt, Hégenheim, Horbourg, Cernay, Masevaux, RS Mulhouse, Sport Mulhouse, Montreux, Réguisheim, Guebwiller, Altkirch, Sausheim, Walheim, Pfastatt, Bollwiller, FC Dornach, Hota Mulhouse, Kingersheim, Neuweg, Reiningen.

> *Division II*

Ingersheim, Soultz, Ribeauvillé, Munster, Logelbach, Meyenheim, Ensisheim, Bantzenheim, Oberhergheim, RC Mulhouse, Zillisheim, Saint-Amarin, Aspach, Modenheim, Richwiller, Hochstatt, Hirtzbach, Rixheim, Aspach-le-Haut, Roppentzwiller, Retzwiller, Village-Neuf, Kembs, Sierentz, Dannemarie, Balschwiller, Vieux-Thann, Merxheim, Gundolsheim, Burnhaupt.

Une première assemblée bien calme

La LAFA avait fixé les règles: «Les anciens dirigeants, élus de 1939, ayant fait leurs preuves et dont les sentiments ne peuvent être mis en doute, sont réintégrés dans leurs fonctions au sein des clubs. Le cas échéant, l'effectif est à compléter par des éléments nouveaux, appréciés pour leur compétence, leur dévouement et leurs sentiments patriotiques».

Dans les règlements divers, on voit apparaître un chapitre intitulé «Indignité Nationale», suivant une ordonnance du 26 août 1944.

«L'indignité nationale comporte la privation du droit de faire partie de tout groupement ayant pour but d'assurer ou de développer l'enseignement moral, intellectuel ou physique de la jeunesse».

Dans ces conditions, le Bureau Fédéral précise qu'une personne frappée d'une telle indignité ne peut faire partie d'une association sportive. Cette petite note de bas de page va faire bien des remous. On le verra plus tard.

300 dirigeants, doux comme des moutons, réunis ce dimanche matin à «L'Agneau Noir» à Sélestat, ont répondu à l'appel du 18 juin de M. Lambling. 300 membres de clubs unanimes, applaudissent le conseil de la Libération, formé de MM. Lambling (président), Rohr (vice-président), Gissy (secrétaire général), Stricker (trésorier), Lausecker (promoteur des commissions, une initiative qui sera reprise dans toutes les Ligues de France), de MM. Scheuer (juniors), Zinck (Bas-Rhin), Hecky (Haut-Rhin), Hoffmann (propagande et coupes), Heintz, Lang et Ostermeyer, adjoints, Lauger et Vogel (secrétaires des commissions du Bas-Rhin et du Haut-Rhin).

Tout se passe bien, même la commission d'épuration, constituée par MM. Haegel, Scheuer, Lausecker, Stricker et Brunstein, est saluée aux cris de «Vive la France», après avoir annoncé l'excommunication de quelques dirigeants et joueurs, dont l'attitude avait été jugée douteuse. Tous, ou presque, sont d'accord pour punir l'innocent Red-Star, le club des SS, en le faisant chuter, de la division d'Honneur à la division IV.

Et voilà qu'un coup de téléphone remet tout en question, pour une banale histoire de tapis vert ayant opposé le FC Cronenbourg au FC Huttenheim, séance au cours de laquelle on s'était traité de Boches! Dans le Haut Rhin, les réunions de la CFS ont lieu à la Brasserie du Saumon, place Franklin à Mulhouse.

Une motion de défiance

Francis Braesch nous entraîne en 1946. Il raconte, avec talent, l'ambiance à la LAFA à l'époque:

«Allo Gissy?.... Ça va?....»

«Oui, merci, chez moi ça va.»

«Dis donc, à propos, je te signale qu'à la prochaine assemblée du 22 juin à Sélestat, nous déposerons une motion de défiance concernant tous les Sportführer qui se sont occupés de football avec les boches. Je sais que tu seras d'accord avec

FC Krautergersheim 1935-1936, en division IV.
De gauche à droite: Joseph Meyer, Joseph Schahl, Antoine Meyer, Ernest Burckel, Achille Hertz, Joseph Kirmser, Dagobert, Lucien Pfleger, Joseph Pfleger, Aloïse Pfleger, Adrien Kahn, René Kahn.

A la « Une », déclaration de Jacques Lambling, président de la LAFA.

nous. T'étais bien en France, toi! Entre nous, Gissy, Cronenbourg a raison: il faut laver le linge sale au plus vite... Ben quoi, tu m'entends?»

« Oui, oui je t'entends et je comprends ».

Le secrétaire général de la LAFA raccroche. Catastrophé, épouvanté. De sa fenêtre, il aperçoit la place du Marché-aux-Grains, inondée de soleil. Un seul voyage avait suffi aux déménageurs, pour transporter quelques meubles de la rue Kuss, où la ligue s'était installée en 1935, jusqu'aux bureaux du futur *Sport Est*. Strasbourg, sous un ciel tout bleu, vit les premiers jours de l'été 1946. M. Gissy tombe la veste et appelle Jacques Lambling. *« Allô! c'est toi? Écoute, ça va très mal, ils vont tout casser. Ils sont plus de cent qui vont voter la motion de défiance. A Sélestat, ils finiront par se taper dessus, uniquement parce que les uns voudront prouver qu'ils étaient de meilleurs Français que les autres. Or, tu sais comme moi qu'ils l'étaient tous, Français, nom de Dieu! L'épuration, c'est terminé!...»*

La confession de Charles Paille

Quelques jours avant l'assemblée générale du 22 juin 1946, tenue dans la salle Vauban, MM. Lambling, Brunstein, Lausecker et Gissy, se consultent une dernière fois. Ils ont leur petite idée : faire parler M. Paille, auquel le Dr Durr, président du SC Sélestat, avait accordé sa confiance avant d'être expulsé. Et le 22 juin 1946, date terrible dans l'histoire du football alsacien, M. Paille ouvre les débats en disant : *« Messieurs, je me présente devant vous, moi, ex-Sportkreisführer de l'arrondissement de Sélestat. Je vous dis tout de suite que je ne suis pas fier de ce que j'ai été... »* Une partie de la salle se lève. Quelques-uns sifflent, d'autres crient bravo et les membres du Conseil s'épongent le front avec leurs mouchoirs. M. Paille, très calme, ajoute en dominant le chahut : *« Je dis bien que je ne suis pas fier de ce que j'ai été »*. Puis il hurle : *« Mais je suis fier de ce que j'ai fait ! »*

Autour d'une si belle formule, les Alsaciens ne peuvent que retrouver leur unité. La motion de défiance est rejetée. La LAFA peut repartir du bon pied. Tout ceci en quelques minutes.

Le 22 juin 1946, le dernier souffle de la grande tempête s'était abattu sur la LAFA. Quelques jours plus tard, M. Gissy reçoit un coup de téléphone : *« Gissy ?..... Oui, c'est encore moi. J'ai voté en faveur de la motion de défiance. Tu le sais bien. Or, si c'était à refaire, je ne la voterais plus. Il faut repartir tous ensemble... »* Aimé Gissy raccroche en souriant.

On comprend mieux... après

Francis Braesch a rendu visite à Charles Paille, à Sélestat. L'important, c'était le football. Si nous ne nous étions pas occupés des jeunes, les Allemands l'auraient fait à notre place et d'une autre manière, croyez-moi ! Cette petite histoire vous fera tout comprendre. Un jour le Sportführer de Kertzfeld était venu me voir dans ma boutique. Il était rentré en criant très fort. *« Bonschour M. Paille »*. J'ai sursauté et je l'ai proprement engueulé. Il était surpris, confus. *« Yoh, yoh, on vous connaît donc »* m'a-t-il répondu, en allemand cette fois. Je l'ai conduit dans l'arrière boutique et je lui ai dit : *« C'est précisément ce que je veux éviter, bougre d'âne »*. Et d'ajouter : *« Le plus dur était de se faire comprendre par les jeunes. Je n'ai rien pu faire en faveur de Charles Wolff, envoyé à Schirmeck, où plus de 16000 Alsaciens ont été internés. Il avait crié « vive de Gaulle » après une réunion.*

J'ai tremblé quand Meinheimmer, porteur d'un tract, a été arrêté. Il aurait été le troisième gardien du SCS déporté à Schirmeck, après Grettner et Caspar, s'il n'avait pas prétendu avoir trouvé le tract en question dans sa boîte aux lettres et l'avait empoché sans le lire. Je brûlais toutes les lettres que m'envoyaient les anciens joueurs, incorporés de force, et qui disaient que « l'armée allemande était moderne, parce que ses mitrailleuses pouvaient s'orienter dans tous les sens ».

Le tableau d'Hittler dans les chiottes !

J'ai régulièrement joué le jeu. J'ai toujours trouvé des excuses. J'ai évité le pire à Sand où le Sportführer qui s'appelait Sür, je crois, avait dit *« je t'emm... »* à un jeune Allemand venu inviter son club à la fête de la « Hitlerjugend » à Benfeld. Convoqué par la Gestapo, j'ai dit que c'était mal servir le grand Reich, que de faire transmettre des ordres par un garnement, d'autant plus quand le Sportführer était un bon hitlérien. Sür, oui, c'était Sür, je me souviens maintenant, et moi, avons bien ri. Il devint l'homme de confiance des Allemands. Bon Dieu, qu'est-ce qu'il leur en a joué des tours !

Dans mon esprit, cela faisait un type de plus qui avait pigé. Piger, c'était lutter en finesse. Certains n'ont pas pu. C'était au-dessus de leur force. Ce fut le cas de Paul Heinrich dit « tête de bois » qui, pour avoir refusé de faire le salut rendu obligatoire avant chaque match, fut interdit en Alsace. Il avait été un joueur exemplaire du FCM, capitaine de l'équipe d'Alsace et international amateur. Ce fut le cas de la famille Ottenwelter, de Châtenois, qui ne parlait que français et dont la société, pour cette raison, fut suspendue. Ce fut le cas de M. Allenbach, fondateur du FC Colmar et arbitre, auquel les Allemands refusèrent l'accès à tout terrain de sport, pour avoir dit en public qu'il « accrocherait le tableau d'Hitler dans les chiottes ». Ce fut le cas de Pierrot Lauer, joueur du FCM, envoyé à Schirmeck, après avoir giflé un SS dans un café. »

La vie, c'est tout bête, on comprend souvent mieux après…

Place au sport

Le sport reprend ses droits. Le championnat des amateurs trouve très vite ses marques. Le FC Saint-Louis (1946) et le FC Mulhouse (1947), sont sacrés. Les pros des SR Colmar s'engagent dans une conquête inattendue chez les pros. 7e de la D2 en 1947, ils vont réussir une saison extraordinaire en 1947-1948, jouant une demi-finale de coupe de France et 2e de la D II vont rejoindre l'élite. En 1946, le FCM professionnel rend les armes, mais Colmar termine deuxième de la D II au terme de la saison 1947-1948, et rejoint l'élite, après avoir été demi-finaliste de la coupe de France (défaite devant Lens 1-5). Mais le décès de son président général et mécène, Joseph Lehmann, signe la fin du professionnalisme, sauvant ainsi la place du Racing en D I.

Mais n'oublions surtout pas la finale de coupe de France disputée par le Racing le dimanche 11 mai 1947 à Colombes face au Lille Olympique SC et perdue 0-2.

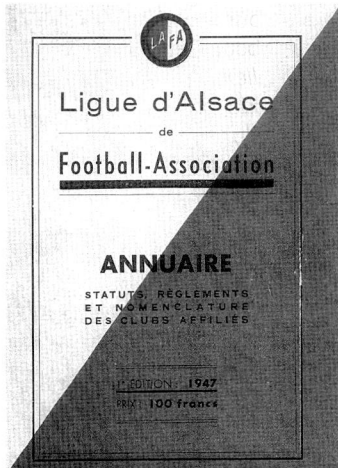

Un annuaire officiel

La Ligue crée son premier annuaire officiel pour la saison 1947-1948, contenant la liste des commissions, et celle de tous les clubs affiliés. Un document bien pratique qui sera désormais édité chaque saison.

Le football au féminin !

L'histoire du football féminin en Alsace, qui débute vraiment en 1947, a un préalable en 1947-1948, où l'équipe de l'AS Neudorf dispute plusieurs rencontres de propagande devant des milliers de curieux.

Naissance de la coupe d'Alsace

C'est le 22 juillet 1945, au lendemain du second conflit mondial, qu'est élaboré le projet d'une coupe, afin de célébrer la renaissance de la Ligue d'Alsace de Football Association.

Appelée dans un premier temps « coupe de la Libération », elle change très vite de dénomination. La « coupe d'Alsace » apparaît comme un nom de baptême plus approprié. Elle doit prendre le relais des différentes épreuves qui existaient avant la guerre, telles les coupes du Bas-Rhin, du Haut-Rhin, de Strasbourg, de Saverne ou du Sundgau, entre autres. Elle est disputée suivant le système de la coupe de France.

C'est Léon Brunstein, un Sélestadien soutenu par Joseph Lausecker, qui est à l'origine de sa création. Le premier tour éliminatoire a lieu le 6 octobre 1946. 96 équipes participent aux 32 confrontations qui se déroulent dans le Bas-Rhin et aux 16 qui sont organisées sur le territoire haut-rhinois.

Il est précisé que cette épreuve, dite « de propagande », est dotée d'un objet d'art, offert par Joseph Heintz, membre du Conseil de la Ligue, et qu'il deviendra propriété du club l'ayant gagné deux fois consécutivement ou à trois reprises différentes.

Création de la coupe d'encouragement

Une compétition destinée aux jeunes est créée dès la saison 1946-1947. Il s'agit de la coupe d'encouragement. Elle est départementale, s'adresse aux catégories juniors, cadets et minimes et se dispute selon le principe de la coupe de France, exception faite pour les prolongations.

Création d'un championnat corporatif

Une commission des clubs corporatifs est créée dans le département du Bas-Rhin pour la saison 1946-1947, chargée d'organiser et de gérer le jeu du football entre équipes corporatives. Cette commission fait partie intégrante de la Ligue d'Alsace. Le premier championnat regroupe 15 clubs, répartis en deux groupes. Le groupe A est remporté par les Forges de Strasbourg, le groupe B par la Mairie.

Règlement de la COUPE D'ALSACE

I° — Titre et challenge

Art. 1er — La Ligue d'Alsace de Football-Association organise annuellement une Coupe Régionale appelée « COUPE D'ALSACE », disputée suivant le système de la Coupe de France. Cette épreuve de propagande est dotée d'un objet d'art, offert par M. Joseph HEINTZ, Membre du Conseil de la Ligue à Strasbourg et qui deviendra la propriété du club l'ayant gagné deux fois consécutivement ou à trois reprises différentes. Sur le socle de l'objet d'art, une plaque gravée mentionnera le nom des clubs vainqueurs de la compétition par année ; cette inscription sera faite par les soins et aux frais des clubs. Le club tenant devra en faire retour à ses frais et risques à la Ligue, dix jours au moins avant la date de la finale de la saison suivante.

II° — Commission d'organisation

Art. 2. — La Commission de la Coupe d'Alsace est composée de 11 membres, dont un président, deux vice-présidents, deux secrétaires et six adjoints, nommés pour un an par le Conseil de la Ligue.

Le Président de la Commission Régionale des Coupes en est président de droit ; les deux postes de vice-présidents sont assurés par le Trésorier de la Ligue et un adjoint du Conseil ; les Commissions départementales du Bas-Rhin et du Haut-Rhin proposeront au début de chaque saison deux de leurs membres pour faire partie de la Commission d'Organisation.

Une coupe de la Libération attribuée en l'an... 2000 !

Une coupe de la Libération, « chargée de commémorer et l'événement heureux sous tous ses aspects et la renaissance de la Ligue d'Alsace en particulier », est mise sur pied. Elle ne doit être attribuée définitivement qu'en l'an 2000. L'enjeu, offert par Monsieur le Directeur Régional de l'Éducation Physique et des Sports, sera acquis définitivement au club qui l'aura gagné le plus souvent. Suivant la formule « coupe de France », l'épreuve comprendra :
a) des éliminatoires par département,
b) une compétition propre, départementale pour les 1/16e et 1/8e de finales et régionale pour les quarts, la demi-finale et la finale.
La compétition est réservée aux seuls clubs amateurs.
Les coupes du Bas-Rhin et du Haut-Rhin sont maintenues et réservées aux clubs de division II, III et IV.

1933 Football Club Dettwiller ★ 67
Dettwiller

Une tranquille montée en puissance

Le FC Dettwiller est fondé en 1933 et installe son siège au restaurant «Jean Adam», 30, rue du Château, à Dettwiller. Le comité fondateur est constitué de: Victor Hoff, Joseph Amann, Antoine Ulrich, François Tripp, Joseph Matter, Eugène Burckel, Albert Rohrbacher, Joseph Linder, Albert Zehnacker, Aloïse Meyer, Léon Jérôme, Paul Werth, Charles Fischer.

L'équipe du FC Dettwiller en 1973

La première équipe du FCD est constituée de Victor Hoff, Joseph Matter, Alphonse Oster, Singer, Auguste Denni, Charles Fischer, Heil, Auguste Stoffel, Joseph Amann, Joseph Haegel, Eugène Burckel, Albert Zehnacker, Auguste Stroh. Il est engagé dans le championnat de la LAFA, série C. Mais, le nombre de clubs augmentant, il se retrouve en division IV. Il figure, par exemple, en 6e position dans le groupe F du championnat 1937-1938, dont le classement est le suivant: AS Cheminots Strasbourg (champion de groupe), devant l'ASPTT Strasbourg, Diemeringen, Pfaffenhoffen, Lampertheim, Dettwiller, Schwindratzheim et Olwisheim. Une fois achevée la deuxième guerre mondiale, le FCD est engagé en division IV dès la saison 1946-1947. Il se classe 3e du groupe 4 en 1947-1948, derrière Weitbruch et à égalité de points avec Souffelweyersheim, qui le devance au goal-average. Mais c'est suffisant pour accéder à la division III.

Son petit bonhomme de chemin

5e en 1948-1949, 3e en 1949-1950, l'équipe fanion manque de peu la montée en 1953-1954, en achevant le championnat au deuxième rang, à deux points de Dossenheim. On sent que l'équipe a les moyens de faire beaucoup mieux. La preuve en est administrée en 1954-1955, lorsqu'elle est sacrée championne de groupe, à égalité de points avec Steinbourg, mais un meilleur goal-average. Pourtant, elle choisit de rester en division II. L'équipe continue son petit bonhomme de chemin en division III jusqu'à la sinistre saison 1959-1960, quand, bonne dernière de son groupe, elle retombe en division IV.

La remontée s'effectue dès le terme de l'exercice 1961-1962, quand l'équipe termine à la deuxième place de son groupe, uniquement devancée par l'équipe II de Monswiller. De nombreux joueurs désertent et il faut composer avec un effectif décimé. La saison 1962-1963 est un vrai calvaire. Dettwiller se retrouve à une peu enviable dernière place, n'affichant que deux victoires et 20 défaites. Tout est à refaire.

Deuxième derrière Wittersheim, le club qui a choisi l'option de rajeunir l'équipe, reporte une deuxième place dès sa première saison. De bon augure pour la suite. On croit en la montée en 1966-1967, mais c'est Waldolwisheim

Le FC Dettwiler en 1969-1970,
champion de groupe, division IV

Les présidents

Victor Hoff
Antoine Ulrich
François Mosna
Ernest Riehl (1970-1972)
Alain Ronc (1972-1976)

Le comité avant la fusion

Antoine Ulrich (président d'honneur)
Ernest Riehl (président)
René Hollner (1er vice président)
Bernard Meyer (2e vice-président)
Jean-Claude Acker (1er secrétaire)
Jean Voltz (2e secrétaire)
Auguste Henselmann et
Robert Meyer (trésoriers)
Victor Hollner, Michel Meyer, Jean Adam

qui enlève le titre. C'est au terme de la saison 1969-1970, que les choses se décantent. Avec le titre de champion de groupe, Dettwiller monte enfin en division III. La spirale de la montée est en route. 1970-1971 est mémorable. Au coude à coude avec Rothbach durant tout le championnat, Dettwiller s'impose au goal-average, pour enlever la première place et accéder enfin en division II. Sur sa lancée, l'équipe qui est en pleine forme, achève la saison 1971-1972 au deuxième rang, à cinq points de l'irrésistible Wingen-sur-Moder. Dans le même groupe que le voisin de Rosenwiller qui est à la peine.

La raison et la sagesse

Le chassé-croisé entre les deux équipes se poursuit la saison suivante. Dettwiller est au milieu du classement et Rosenwiller à la deuxième place. En 1973-1974, apparaissent les véritables difficultés de cette coexistence de deux clubs issus de la même commune. Si Rosenwiller accroche une jolie première place de son groupe, après deux derbys remportés contre Dettwiller, cette dernière doit se contenter de l'avant-dernière place. Quand se termine la saison 1975-1976 et que Rosenwiller est sur le point de rétrograder en division II, il faut bien se rendre à l'évidence. Il est désormais suicidaire et impossible de faire coexister deux clubs de même niveau dans une même commune. C'est la raison qui l'emporte. Les deux entités vont fusionner. L'équipe fanion, dirigée par Robert Schenckenberger et Georges Diemer, et entraînée par Hubert Ulrich, opère en division III jusqu'en 1976. Elle compte alors 120 membres dont 40 licenciés en 1976.

• **BIBLIOGRAPHIE :**
— Documentation fournie par Alfred Kleitz.

Les jeunes du FC Dettwiler en 1973

1933 Association Sportive Ernolsheim-sur-Bruche ★ 67

Ernolsheim sur-Bruche

L'accueil du curé Aloyse Kapp, le 13 août 1933, par les jeunes à vélos décorés devant «S'Munels Dresch Maschine Schopf» (aujourd'hui Produits Pétroliers Raymond Wolff SA)

Une véritable pépinière

Ils sont peu nombreux ceux qui ont envie de se lancer dans la création d'un club de football en 1933. Il faut que le nouveau curé, arrivé en droite ligne de Colmar, un dénommé Aloyse Kapp, et grand amateur de football, donne l'impulsion nécessaire. Peu de temps après, le football suscite la création d'un club omnisports, l'Association Sportive Ernolsheim-sur-Bruche.

Cohabiter avec les canards

Le premier terrain naturel est un pré, à peine horizontal, situé à l'emplacement de l'actuelle station d'épuration. Avant chaque match, les poteaux de buts, les «potelets» de corners, remisés pendant la semaine au restaurant «Au Rendez-vous des pêcheurs», sont portés à dos d'homme. Très vite, par bail onéreux, le conseil municipal met à disposition du club le «stade» de l'ancienne «Gaansweydt», pâture aux oies, actuelle rue des Aulnes. Allez demander aux Ernest Daeschler, Alphonse et Lucien Derrendinger, Ernest Hoehn, Aloyse et Marcel Kelhetter. Ils y étaient, eux. Le terrain ressemble à un champ de bataille labouré de cratères, formant de petits lacs au plus grand bonheur des palmipèdes du coin, mais pas des footballeurs! On met tous les moyens et beaucoup de courage pour reboucher, niveler. On trace le terrain à la sciure de bois, aux balles de blé ou d'avoine («Spreu»), ou aux résidus de vannage ramassés sous la batteuse des Wolff. Le ballon est une vessie gonflable glissée à l'intérieur d'une enveloppe en cuir traitée à la graisse et fermée par un solide lacet formant saillie sur la sphère. Ceux de l'époque savent ce que donnait un coup de tête contre cette partie nouée du ballon! La main courante est constituée de potelets fabriqués en forêt communale et reliés par un fil de fer.

Maillots et bas sont fournis, mais pas les shorts, style culottes ou pantalons raccourcis, pas plus que les chaussures. Ce sont souvent des brodequins mis en valeur par de longs lacets d'un blanc impeccable. Ils sont aussi inadaptés au football que le terrain. Pour les déplacements, on place les équipements dans une boîte en carton solidement fixée sur le porte-bagages de la bicyclette.

Quand on joue à domicile, on se met en tenue à la maison. Celle-ci est mise en évidence par une serviette dite «frottée» autour du cou. Les baisses d'énergie sont compensées à la mi-temps par une tisane «bien arrosée», tandis que d'autres croquent quelques morceaux de sucre… d'Erstein. Victoires ou raclées alternent dans le championnat organisé sous l'égide des «Bengeles» de l'Avant-Garde du Rhin.

Une aventure qui va se terminer avec la déclaration de la seconde guerre mondiale, le 3 septembre 1939.

On joue sous l'occupation jusqu'en 1943 avant que les petits gars d'Ernolsheim ne s'en aillent, comme des milliers d'Alsaciens, combattre, à leur

L'AS Ernolsheim-sur-Bruche à Duttlenheim en 1938
Debout de gauche à droite : Joseph Stoll, Charles Wolff, Ernest Hoehn, Alphonse Gangloff, Aloyse Flecksteiner, Charles Muhlmeyer, Ernest Raugel, Charles Dossmann, Alphonse Widt, Alphonse Derrendinger.
Accroupis de gauche à droite :
Eugène Barth, Eugène Zehnacker, Charles Gangloff.

Départ à vélo pour un match à l'extérieur dans les années trente

Masterfoods
Un acteur majeur de l'agroalimentaire en Alsace

ERNOLSHEIM sur-Bruche

L'AS Ernolsheim-sur-Bruche en 1941
Debout de gauche à droite : Ernest Daeschler, Robert Gangloff, Eugène Kastner, Alphonse Weiss, Charles Krauth, Georges Kuhn, Marcel Raugel, Léon Flecksteiner, Alphonse Flecksteiner, Alphonse Wolff, Aloyse Kelhetter, Louis Bilger, Joseph Kelhetter.
Accroupis de gauche à droite : Raymond Wolff, Marcel Weber, Eugène Zehnacker, René Gangloff.
Assis de gauche à droite : René Weber, Eugène Barth.

octobre 1945, quelques anciens, rescapés de la Wehrmacht, se réunissent pour redonner une consistance au club en sommeil. La petite équipe va rapidement grandir et se structurer. On attaque le championnat de la LAFA, le « vrai » football. Premier match et première défaite face à Holtzheim avec un score à deux chiffres. Match retour et victoire (3-0). Le savoir-faire des anciens, Eugène Barth et Aloyse Flecksteiner. On joue en division II, en division IV, qu'importe, on joue.

Une longue inactivité

Tout ça pour en arriver au 9 janvier 1949 et une victoire « historique » à Ernolsheim, sur le leader intouchable du groupe de la division III, le FC Port-du-Rhin (4-3), lui qui s'était imposé 6 à 0 au match « aller ». En 1952, une équipe très complète est sur le point d'accéder à la division II mais elle échoue près du but. Au début des années soixante, la dénatalité des années de guerre se fait durement sentir. En 1964, l'AS Ernolsheim-sur-Bruche déclare forfait général et se met en inactivité.

De nouvelles ambitions et un premier titre

Mais elle renaît en 1971. Nouveaux balbutiements, premières hésitations, puis prise de fonction de Bernard Kelhetter à la présidence du club. L'absence d'installations sportives adéquates est vite comblée. La municipalité construit un complexe sportif comprenant entre-autres un nouveau stade. Il est inauguré le 17 juin 1973. C'est alors que le nouveau comité écoute les conseils avisés de Michel Weber, rassembleur et éducateur. Pour lui, la formation des plus jeunes est la clé du succès. Alors, on se met au travail. Et les résultats sont au rendez-vous. En 1981, les pupilles sont champions d'Alsace. En 1983, les poussins sont champions du Bas-Rhin, puis les pupilles en 1984. Quant aux seniors, ils sont champions du Bas-Rhin et d'Alsace de division III en 1986. Ces champions-là sont les anciens cadets, champions de groupe en 1983.

• BIBLIOGRAPHIE :
– Plaquette du 55e anniversaire (1988), sous la signature de Pierre Kastner.
– Merci à M. Steinmetz.

L'AS Ernolsheim-sur-Bruche au tournoi de Kolbsheim en 1947
Debout de gauche à droite : Louis Bilger, Pierre Krauth, Pierre Kastner, Joseph Bilger, Albert Backert, Aloïse Flecksteiner, Alphonse Derrendinger, Xavier Zehnacker, Paul Weiss.
Accroupis de gauche à droite : Léon Flecksteiner, Ernest Daeschler (président). A genoux de gauche à droite : Raymond Wolff, Paul Bilger, Eugène Zehnacker (capitaine)

corps défendant, sur les différents fronts allemands. Ernolsheim va payer un lourd tribut de 23 morts pour une population de 285 hommes. Cette équipe est sans doute celle qui a disputé l'un des derniers matches sinon le dernier sous la botte de l'occupant. C'est en mai 1943 à Marlenheim. Quatre de ces jeunes ne sont pas revenus en 1945. Dès

L'AS Ernolsheim-sur-Bruche, championne d'Alsace de division III 1986
En haut de gauche à droite : S. Boukria, O. Kauffer, R. Buczko, C. Ruffenach, O. Kelhetter, E. Drillon, S. Kuhn, O. Fournier, L. Meyer, D. Keller. Debout de gauche à droite : T. Ridacker, G. Meyer, H. Kaps, R. Kastner, P. Dangel, M. Kastner, Jean-P. Daeschler, L. Drillon. Assis de gauche à droite : D. Knab, R. Steinmetz, J. Kovacic, B. Kelhetter (président), Ch. Heim, B. Kauffer, F. Kuhn, M. Weber.

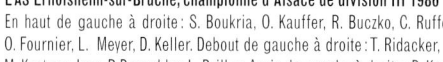

Aimé Jacquet entouré des représentants CMDP de la plaine de la Bruche, des joueurs de l'ASE et des dirigeants, le 4 septembre 1999

Les présidents

Joseph Stoll (1933-1941)
Ernest Daeschler (1945-1946)
Joseph Wohnhaas (1946-1949)
René Gangloff (1949-1952)
Joseph Bentz (1952-1957)
Robert Gangloff (1957)
Léon Schmitt (1957-1959)
Joseph Wohnhaas (1959-1964)
Lucien Libs (1964)
Bernard Kelhetter (1971-1989)
Bernard Kauffer (1989-1990)
Rémy Kastner (1990-1998)
Raymond Steinmetz (1998 à nos jours)

L'AS Ernolsheim de l'an 2000
Debout de gauche à droite : R. Steinmetz (président), B. Sommer, R. Steinmetz (capitaine), J. Muller, D. Feigenbrugel, O. Val, M. Sommer, D. Sommer (entraîneur), J.-C. Riff (dirigeant). Accroupis de gauche à droite : F. Schwentzel, J. Barth, N. Klughortz, J. C. Bottomor, M. Fehram, B. Marson, M. Suss, F. Richter.

Un déplacement en 1936 !

L'AS Ernolsheim-sur-Bruche se déplace à Saasenheim. Nous sommes en 1936. Départ le dimanche matin à 7 h par le train jusqu'à Strasbourg. Trajet à pied depuis la gare jusqu'à la place de l'Etoile, gare du chemin de fer d'intérêt local dit « S'Marckolshemer Bahnel ». Arrivée à Saasenheim vers midi, repas tiré du sac, match à huit visiteurs contre onze locaux, débarbouillage en plein air à la bassine d'eau froide. Après une salade de pommes de terre assaisonnées à la crème, arrosée par quelques bocks bien mérités, itinéraire retour pour débarquer vers 23 h chez « S'Lutze Dinne » (actuel restaurant Schmitt). Match gagné ou perdu, on reste ensemble pour finir la soirée. A méditer par nos sportifs d'aujourd'hui !

1933 Football Club Horbourg ★ 68

Horbourg

Un enfant surdoué

C'est dans une salle de l'ancienne mairie de Horbourg, devant une trentaine de personnes et sous la présidence de Marcel Bicard, que le FC Horbourg est porté sur les fonts baptismaux le 20 mai 1933. L'enfant est particulièrement doué car dès sa première saison de compétition, il termine deuxième de son groupe de division IV.

La saison suivante, le FCH accède en division III. Pour bien se rendre compte de l'engouement suscité par l'arrivée de ce nouveau sport dans la commune, il faut savoir que le nombre de membres à cette époque est de 226 et que trois équipes défendent ses couleurs : une équipe première, une équipe réserve et, chose rare à l'époque, une équipe de minimes.

Le FC Horbourg en 1933
Debout de gauche à droite : Jean Hild, Emile Kopp, Jean Matt, Henri Boeschlin, Henri Birgkan, Alfred Fohrer.
Accroupis de gauche à droite : Adrien Vacheresse, Xavier Burgy, Jacques Weiss.
Assis de gauche à droite : Alfred Berger, Xavier Zissel, André Wertheimer.

Lors de la saison 1936-1937, grâce à un recrutement judicieux, le FC Horbourg est champion du Haut-Rhin de division IV et s'assure la montée en division III.

La dynamique de la victoire en appelant toujours davantage, le FC Horbourg accède en division I au terme de la saison 1938-1939 après avoir terminé à la première place de son groupe.

Malheureusement, la guerre éclate à l'automne 1939 et le FCH cesse toutes ses activités. 1941 coïncide avec la relance de l'activité football à Horbourg. Le terrain local étant transformé en champ de pommes de terre, les rencontres se déroulent au stade du Ladhof à Colmar. Malgré les difficultés, l'équipe fanion s'adjuge le titre de champion de l'arrondissement de Colmar et la montée en district du Haut-Rhin. L'éclaircie est de courte durée car, dès mars 1943, les jeunes gens sont incorporés de force dans l'Arbeitsdienst et dans la Wehrmacht et le club cesse toute activité.

Tout est à recommencer

Avec l'armistice, la situation est catastrophique. Plus de terrain, plus d'équipements, mais surtout de nombreux absents dans les rangs, tombés au front. Une poignée de fidèles décident de faire face. Dès la saison 1945-1946, l'équipe première évolue en division I. En attendant la réfection du terrain, on continue de jouer sur le terrain du Ladhof.

Le FC Horbourg en 1950
Debout de gauche à droite : Marcel Birgkan, Jean-Jacques Eichholtzer, Paul Jaquet, Alfred Frieh, Alfred Ruef, Jacques Weiss.
Accroupis de gauche à droite : Lucien Galster, Paul-André Umbhauer, Charles Stocky, Jean-Pierre Munschi, Marcel Brun.

Le FC Horbourg 1956-1957
Debout de gauche à droite : F. Dillenseger, C. Hugel, J.-J. Gauffer, J. Hiff, L. Galster, J.-P. Munschi.
Accroupis de gauche à droite : A. Dillenseger, M. Frieh, Guichard, M. Brun, P.A. Umbhauer.

Le FC Horbourg en 1973
Debout de gauche à droite : Jean-Paul Bleyer (président), Alphose Humbert, Michel Fuchs, Jean-Marie Vives, Jean-Paul Hild, Marcel Brun.
Accroupis de gauche à droite : Hellmut Musch, Lucien Muller, Daniel Frieh, Daniel Reech, Bernard Driesbach, Jean-Claude Remond, Jean-Paul Herrscher.

Les présidents

Marcel Bicard (1933-1938)
Emile Weiss (1938-1957)
Pierre Vieuchange (1957-1963)
Jean-Paul Bleyer (1963-1973)
Pierre Vieuchange (1973-1977)
Robert Blatz (1977-1991)
Jean-Marc Schuller (1991-1998)
Hellmut Musch (1998 à nos jours)

Le comité de l'an 2000

Robert Bigot, Jean-Luc Bouttefort
Jean-Paul Buch, Virgile Daconceicao
Denis Dagon, José De Magalhaes
Roger Fuchs, Gilbert Guth
Patrick Hahn, Martine Hahn
Didier Hedjoaka, Jean Kaennel
Hellmut Musch, Jean-Michel Oberlin
Daniel Oberlin, Fernande Pesme
Stéphane Rappel, Hubert Reech
Denis Salomon, Jean-Paul Schaeck
Lucien Schneider, Jean-Marc Schuller
Lionel Silvestre, Martial Stapfer
Francis Stehlin, Joël Suttel, René Wolff

Le FC Horbourg en 1960
Debout de gauche à droite : P. Vieuchange (président), J.-P. Hild, R. Galster, R. Blatz, C. Moritz, R. Barch, J.-P. Munschi, Ritzenthaler (entraîneur).
Accroupis de gauche à droite : M. Paduch, M. Wolfsperger, J. Hiff, L. Galster, P.-A. Umbhauer.

En 1947, trois équipes sont engagées : l'équipe première, la réserve et les juniors avec le privilège de jouer enfin ses matches à domicile à Horbourg !

L'équipe réserve est un excellent réservoir. En attestent ses quatre titres de champion du Haut-Rhin en 1946-1947, 1947-1948, 1955-1956 et 1956-1957.

L'équipe première monte en Promotion d'Honneur à la fin de la saison 1954-1955. C'est un vrai sommet pour le club.

L'histoire du club est faite de hauts et de bas. L'équipe est rétrogradée en division après une décevante saison 1967-1968 et, nouvelle déception et descente, en division II, au terme de la saison 1969-1970. Le repli est éphémère car après une jolie saison 1975-1976, le FCH remonte en division I.

Nouvelle montée, en Promotion d'Honneur cette fois, lors de la saison 1984-1985.

Mais le club va connaître des heures sombres. Le 20 février 1987, le club-house est détruit par un incendie. Il y a pour 250 000 F de dégâts. Photos anciennes, fanions, coupes, tout un patrimoine est parti en fumée. A quelques mois près, le nouveau bâtiment, entièrement construit par les membres du club, aurait été terminé. Mais revenons à l'aspect sportif. La saison 1987-1988 voit la descente en division I puis en division II à la fin de la saison 1990-1991.

• BIBLIOGRAPHIE :
– Documents fournis par le club.

Le comité du FC Horbourg de l'an 2000

Le FC Horbourg de l'an 2000
Debout de gauche à droite : Khaled Ouali (entraîneur), Martial Stapfer (dirigeant), J.-M. Oberlin (dirigeant), H. Musch (président), F. Wolff, S. Wolff, H. Faltot, M. Buch, S. Boudina, D. Hedjoakad, Lamouart, J.-P. Hug (Dirigeant), R. Wolff (dirigeant). Accroupis de gauche à droite : F. Laumon, St. Haller, J. Fischer, N. Buch, J. Bouacha.

1933 Kaysersberg

Sports Réunis Kaysersberg ★ 68

Le FC Kaysersberg en 1936
Debout de gauche à droite :
Jean Steimer, Jean Rothenflug,
W. Falcinella, XXX, Adrien Kieny,
Jos Wilhelm.
Accroupis de gauche à droite :
René Fritz, XXX, XXX, Robert Hiltenfinck,
XXX, René Loewert.

Sur une décharge de scories

Le Football Club de Kaysersberg est créé en 1933. Il ne dispose que de très peu de structures à cette époque et aucune équipe n'est engagée en compétition. Le premier match amical est disputé sur un pré et se solde par une défaite contre les voisins d'Ingersheim 3-13. Les animateurs du club sont à cette époque René Fritz et René Loewert et le premier président se nomme Maurice Studer. Pas encore de championnat mais le FCK dispute essentiellement des matches amicaux jusqu'en 1939.

Rivalité avec le basket

Avec l'arrivée de la guerre, l'équipe participe aux différentes compétitions organisées par l'occupant allemand (championnat, coupe) sur un terrain aménagé par les joueurs eux-mêmes sur une décharge de scories appartenant à la Cartonnerie. Le club est mis en veilleuse à partir de l'incorporation des joueurs dans l'armée allemande, jusqu'en 1945.

C'est en 1945 que sont créés les Sports Réunis de Kaysersberg, avec, entre autres, une section de football.

Les rivalités avec la section de basket sont nombreuses, au point d'engendrer plusieurs interruptions d'activités. On manque de joueurs, mais aussi de nombreux dirigeants. Egalement d'infrastructures ce qui amène au déplacement du terrain de football au Geisbourg, puis sur l'emplacement de l'actuelle école Geiler. Les dirigeants d'alors sont le Dr Maurice Studer, Adrien Kieny et Marcel Stieger.

C'est en 1964, après une nouvelle période d'inactivité, que quelques jeunes se déclarent prêts à jouer dans une équipe de minimes-cadets pour permettre une reprise des activités. Entre-temps, seul un embryon de comité continue d'assister aux réunions du comité central des SRK, Henri Bentzinger, Louis Bleicher et Joseph Aiolfi. Joseph Aiolfi assisté de Théo Thiriet et Bernard Pierson engagent ces jeunes en championnat et redémarrent la section dans des conditions très précaires. C'est pour la saison suivante qu'une équipe de seniors est engagée en division IV.

Que de difficultés !

Durant 5 ans, confronté à de nombreuses difficultés, le club végète au

Les SR Kaysersberg en 1947, sur le terrain de la cartonnerie à Alspach
Debout de gauche à droite : Martino (entraîneur), J.-P. Studer, Martinez, XXX, R. Strub, M. Boux, J. Zanner, A. Estermann, J. Butterlin. Accroupis de gauche à droite : XXX, XXX, XXX, Raffner dit « moustique », Aiolfi.

Les SR Kaysersberg 1949-1950 sur le terrain du Geisbourg
Debout de gauche à droite : Jacques Ulmer, Guerrero, Bourdier, Jean Blanck, XXX, XXX. Accroupis de gauche à droite : Césari, Esposito, Strub, Maurer, Rigo Kohler, Aiolfi.

Les SR Kaysersberg saison en 1955
Debout de gauche à droite : Stieger, Zauner, Bourdier, Gorsy, Rauch, Gisie, XXX, Butterlin. Accroupis de gauche à droite : Thiriet, Aiolfi, Pierré, Hunckler, Alex Seisser.

Les SR Kaysersberg 1977-1978, accession en division II
Debout de gauche à droite : Rossé, Estermann, F. Meyer, Huth, Bourdier, B. Noll, Torresani, Aiolfi. Accroupis de gauche à droite : J.-P. Noll, A. Meyer, Esch, J.-M. Bresson, Spenlehauer, Joho, Knuchel.

bas de la hiérarchie mais réussit enfin, à la fin de la saison 1969-1970, l'accession en division III avec quelques joueurs venus de Colmar, dont Henri Joho.

C'est lors de la saison 1977-1978 qu'ayant battu (3-1) le FC Bennwihr, l'équipe première accède en division II.

Peu à peu, le club s'enrichit de nouveaux membres. De gros efforts sont entrepris en faveur des jeunes, comme le fonctionnement d'une équipe dans chaque catégorie d'âge, soit six équipes. C'est alors Joseph Aiolfi qui est président et qui choisit Antoine Rosé comme entraîneur. 1979 voit un

Les SR Kaysersberg 1966-1967
Debout de gauche à droite : A. Fuhrmann, J. Burkhard, H. Joho, R. Hérold, G. Zwickert, J. Chenal, Aiolfi.
Accroupis de gauche à droite : R. Lerouge, J.-M. Saint-Dizier, J.-C. Bentzinger, G. Saint-Dizier, J.-M. Huth.

événement marquant : la prise de possession du nouveau stade du Geisbourg, l'un des plus beaux et des plus grands de la région. En 1980, c'est Gaby Spenlehauer qui tient le poste d'entraîneur de l'équipe première qui accède à la division I.

L'équipe y reste durant deux saisons mais, faute de renforts et de moyens financiers suffisants, elle est rétrogradée en division II à la fin de la saison 1982-1983. Entre 1983 et 1989, les SRK végètent en division II. C'est un classement erroné, publié par la presse, qui précipite le club en division III à l'issue de la saison 1989-1990... Il se contente de faire match nul chez son adversaire au lieu de s'imposer !

Le vrai départ

En 1991, l'équipe fanion est reprise en main par Daniel Haxaire avec un effectif restreint du fait du départ de nombreux joueurs. L'objectif du club est de recoller les morceaux et de repartir de l'avant avec des bases solides. L'arrivée au club, en 1992, d'anciens joueurs comme Jean-Marc Schlarb (ayant évolué en DH), Claude Fries ou Guy Schumacher (ayant évolué en PE), va permettre de bien travailler. Changement aussi au niveau de la présidence au début de la saison 1993-1994, puisque René Boux succè-

Les SR Kaysersberg 1970-1971, en division III
Debout de gauche à droite : Fuhrmann, B. Noll, Birou, A. Rossé, M. Gully, R. Bentzinger.
Accroupis de gauche à droite : Dardeau, Masson, J.-M. Huth, Joho, J.-M. Bresson.

Les présidents

Dr Maurice Studer (1933-1943), (1946-1952), Adrien Kieny (1952-1960)
Joseph Aiolfi (1963-1985), Charles Haberer (1985-1989), Bernard Pierson (1989-1991)
René Boux (1992 à nos jours)

Le comité de l'an 2000

René Boux (président), Daniel Haxaire (président des jeunes), Bernard Pierson (secrétaire)
Claude Zimmerlin (trésorier), Jacky Herold, Roland Blumensthil, Eric Bresson, Christian Bresson, Christophe Bresson, Robert Van Royen, Tonio Thomas, Robert Dettweiler, Jean-Marc Schlarb, Yves Noll, Pascal Lithard

Les SR Kaysersberg 1977-1978 fêtent l'accession en division II

Les SR Kaysersberg 1980-1981, accession en division I
Debout de gauche à droite : F. Meyer, Lithard, Bourdier, Conrad, A. Meyer, Herold, D. Messelier.
Accroupis de gauche à droite : Firer, Schlarb, Joho, Esch, Knuchel.

Les SR Kaysersberg, saison 1998-1999
Debout de gauche à droite : Marcel Pfifferling (soigneur), Fabrice Haberer (capitaine), Eric Remy, Yannick Haberer, Namir Kemouche, Sébastien Masselier, Hicham Kouadria, Cédric Pfifferling, Bertrand Chevassu (entraîneur). Accroupis de gauche à droite : Jacky Herold (dirigeant), André Paradis, Dominique Jallon, David Cabral, Stéphane Sébastia, Nello Pierosara, Franck Klaus, René Boux (président). Manquent sur la photo : Stéphane Kimmich, Lucas Pierosara, Hervé Maurer, Grégory Boux, David Raffin, Nicolas Delcroix, Frédéric Blumenstihl, Roberto Cabral, Thierry Roux.

Les SR Kaysersberg juniors, saison 1993-1994
Debout de gauche à droite : Pascal Weter, Frédéric Blumensthil, Sébastien Merckle, Frédéric Voinson, Laurent Klinger, Stéphane Schumdeuer, René Boux (responsable).
Accroupis de gauche à droite : Jérôme Videmann, Régis Pierson, Olivier Marschal, Grégory Boux, Nicolas Delcroix.

de à Bernard Pierson qui souhaite prendre du recul.

Ayant réussi dans son entreprise, Daniel Haxaire passe le témoin à Bertrand Chevassu, entraîneur-joueur qui a joué à Biesheim en division d'Honneur. Grâce à son expérience et au sérieux des joueurs, l'équipe accède en division II à la fin de la saison 1993-1994, puis en division I au terme de celle de 1994-1995.

Il suffit d'une saison pour assurer un maintien tranquille et repartir de l'avant. Au terme de la saison 1996-1997, c'est l'apothéose avec le titre de champion d'Alsace de division I et l'accession en Promotion d'Honneur, après une finale gagnée (2-1) face à Schweighouse-sur-Moder. Seule ombre au tableau, la première équipe de jeunes complète est celle des benjamins, soit un trou de 6 années au minimum avant que l'un de ces joueurs puisse éventuellement intégrer une équipe seniors.

Et voilà la Promotion d'Excellence

A la fin de la saison 1997-1998, la refonte des championnats décidée par la Ligue permet la montée en Promotion d'Excellence grâce à une bonne troisième place. L'équipe s'y maintient jusqu'en l'an 2000. Kaysersberg est bien parti pour avoir une équipe de très bon niveau à l'entame du troisième millénaire.

• **BIBLIOGRAPHIE** :
– Documents fournis par René Boux et Bernard Pierson.

Les SR Kaysersberg, saison 2000-2001
Debout de gauche à droite : Renaud Loigerot (entraîneur adjoint), Marc Colmerauer, Fabrice Haberer, Hervé Maurer, Yannick Haberer, Thierry Roux, Grégory Oberlin, Stéphane Kimmich, Bertrand Chevassu (entraîneur).
Accroupis de gauche à droite : Manu Revaka, Nello Pierosara, Stéphane Sébastia, Grégory Boux, Francisco Heitzler, Franck Mingori, André Paradis.

1933 Niedermodern

Football Club Niedermodern ★ 67

Acteur des derbys de la Moder

La longue histoire du Football Club Niedermodern commence le 1er avril 1933, jour où un comité de huit passionnés du village fonde le club de football. Durant ces années d'entre-deux-guerres, les clubs ne sont pas encore nombreux dans cette région du Nord de l'Alsace.

Georges Merdinger est le premier président avec Willy Kleinschmidt (vice-président), Jacques Richert (secrétaire), Charles Dutt (trésorier), Jacques Roess (contrôleur). Ernest Ehrhart, Jacques Fricker et Charles Schuhler (assesseurs) complètent le comité. A l'époque, les rencontres se déroulent sur des prés appartenant à la brasserie Moritz de Pfaffenhoffen, à côté du cimetière de Niedermodern, le long de la route menant vers Haguenau. Le nom de « Stade du Romain » est donc de circonstance…

Dès la fin des années trente, le FCN rivalise avec les clubs plus anciens et plus huppés comme Bouxwiller, Phalsbourg, Sarre-Union, Ingwiller et Soultz-sous-Forêts. Les résultats ne tardent guère. Le FCN se retrouve vice-champion du Bas-Rhin de division IV 1936-1937.

Le FC Niedermodern 1936-1937, champion du Bas-Rhin de division IV
Debout de gauche à droite : Joseph Lanoix, Alfred Schoeny, Antoine Jérôme, Stéphane Reissenauer, Ernest Schoeny, Charles Roess, Charles Schamber.
Accroupis de gauche à droite : Georges Werling, Georges Knecht, Charles Hartmann, Joseph Ammann, Joseph Bertrand.

Un match homérique

En 1938, dans un derby homérique, le club élimine le voisin du FC La Walck en coupe d'Alsace (2-0). Un club de La Walck, finaliste de cette même coupe l'année précédente et favori au titre de la Promotion d'Honneur. Malgré la concurrence de ce prestigieux voisin, le FCN se maintient à un rang plus qu'honorable. En effet, lors des fêtes d'été ou de tournois, le club enregistre à chaque fois de substantielles rentrées, car à l'époque les spectateurs sont encore nombreux à ceinturer le stade du Romain.

Les années cinquante comptent pour les plus glorieuses du club. En effet, de bons joueurs du village mais aussi d'Uberach, de Pfaffenhoffen et même d'un peu plus loin, renforcent les rangs du club après les années de guerre. On retrouve Niedermodern en division I AGR avec Hatten, Schleithal, Riedseltz, Neewiller, Sigen, Oberseebach, Lauterbourg, Salmbach et Mothern. Ainsi les Wathle, les frères Schmitt, Briet, Weil, Willer, Schweyer, Dutt, Grasser, Gruber, Duchmann, Hantz, Bastian, Mehl, Gottar, Godar se signalent d'abord pour un titre de champion de groupe de division II 1949-1950, devant le F.C. Saverne,

Le FC Niedermodern, lors de la fête inaugurale en 1933

Le FC Niedermodern en 1950
Debout de gauche à droite : Jacques Roess, Charles Wathle, Charles Schmitt, Joseph Grasser, Robert Weil, Alfred Weil, Alfred Witter, Georges Merdinger. Accroupis de gauche à droite : Jacques Schmitt, Louis Schweyer, Georges Dutt, Georges Schmitt, Alfred Schmitt.

Le FC Niedermodern en 1973
Debout de gauche à droite : Jean-Frédéric Roess, Rémy Ritter, Rémy Moritz, Raymond Bastian, Bernard Lausecker, Maurice Coda. Accroupis de gauche à droite : Erwin Jaeckel, Jean Coda, Christian Dutt, Dany Eck, Gilbert Biehler, Alfred Kircher, Antoine Jérôme.

Le FC Niedermodern 1949-1950, champion de groupe de division II
Debout de gauche à droite : Charles Wathle, Joseph Grasser, Jacques Schmitt, Alfred Witter, Robert Weil, Ernest Gruber. Accroupis de gauche à droite : Joseph Meyer, Jean Briet, Marcel Duchmann, Alfred Weil, Charles Schmitt.

Le FC Niedermodern en 1953
Debout de gauche à droite : Gérard Froeliger, Charles Hantz, Marcel Duchmann, Jean-Claude Godar, Robert Heinrich, Camille Jérôme, Marcel Godard, Alfred Weil. Accroupis de gauche à droite : Georges Dutt, René Lano, Joseph Hantz, Georges Schmitt, Alphonse Gottar.

Le FC Niedermodern en 1960
Debout de gauche à droite : Alphonse Gottar, Gilbert Biehler, Jean-Claude Godar, Albert Muller, Rudi Conrath, Marcel Godar. Accroupis de gauche à droite : Robert Heinrich, Joseph Hantz, Jacques Mehl, Georges Hell, Charles Hantz.

Diemeringen, Durrenbach, Bouxwiller et Gundershoffen. C'est la montée en division II !

Affaibli par des départs, le FCN redescend en division II en 1951 et même en division III l'année suivante. Qu'à cela ne tienne, les footballeurs du FCN remportent, le 10 juin 1953 contre Geispolsheim-Village, le titre de champion du Bas-Rhin de la Division III à Brumath sur le score de 2-0, après une première finale à Hochfelden qui se termine sur un match nul (3-3). Pour le titre de champion d'Alsace, le FCN s'incline à Colmar face à Richwiller sur le score de 5-2.

Uberach, le gêneur

Jusqu'en 1966, le FCN se maintient en division II. Mais avec la création du club d'Uberach la même année, beaucoup de joueurs partent de l'autre côté de la Moder. Le club descend jusqu'en division IV et y végète quelques années. Après un intermède d'une saison (1965-1966) au cours de laquelle Jean-Claude Godar, l'ancien joueur, assure la présidence, c'est autour de Jean-Frédéric Roess de prendre le club en main le 11 juin 1966. Fils de Jacques Roess, c'est toujours l'actuel président du FCN en 2001 à l'âge de 70 ans.

Le FC Niedermodern, champion de groupe de division III 1976-1977
Debout de gauche à droite : Gérard Ritter, Gérard Daull, Patrick Oster, Rémy Ritter, Dany Eck, Maurice Coda, Jean-Louis Diebling, Pierre Dutt. Accroupis de gauche à droite : Christian Jaegle, Victor Schnitzler, Bernard Lausecker, Joacquim Simao, Alfred Kircher, Christian Dutt.

Le FC Niedermodern 1979-1980
Debout de gauche à droite : Jean-Frédéric Roess, Albert Reiss, Benoît Jérôme, Gérard Daull, Patrick Oster, Dany Eck, Joseph Tripard. Accroupis de gauche à droite : Charles Tripard, Christian Jaegle, Jannot Krieger, Jean Guibaud, Joacquim Simao.

Le FC Niedermodern de l'an 2000
Debout de gauche à droite : Francis Jérôme, Joseph Wagner, Christophe Rieffel, Pierre Lano, Arnaud Bourguignon, Sébastien Winckel, Stéphane Wattle, Dany Schneider, Richard Schalbert, Jean-Frédéric Roess.
Accroupis de gauche à droite : Fabrice Bastian, Vincent Daull, Régis Weltzer, Léonardo Dizzo, Carlos Rodrigues, Thomas Nonnenmacher, Alain Rieffel, Sébastien Carboni.

Reprenant le club dans des conditions difficiles, Jean-Frédéric Roess, avec l'aide du toujours jeune secrétaire général Georges Munsch, en poste depuis le 10 juin 1950 (certainement un record en Alsace voire en France), soit plus de cinquante ans, et de membres du comité dévoués depuis des dizaines d'années, redresse lentement mais efficacement le club.

Un titre de champion de groupe en 1977 permet à nouveau au club de retrouver la division II.

Petit tour en division II

De beaux succès en coupe d'Alsace durant la saison 1978-1979, retiennent l'attention (victoire à Schwindratzheim puis contre l'AS Gundershoffen, club de CF4 (0-0 ap) devant 300 spectateurs à Uberach), pour ne perdre que 2-3 face au FC Haguenau (CF4).

En 1986, petit tour en division I pour redescendre l'année suivante et retrouver la division III en 1989. Sous l'impulsion de René Ohlmann, le FCN revient en division II en 1995, pour être à nouveau champion de groupe en 1999. Avec Richard Schalber au poste d'entraîneur, le FCN devient l'un des ténors de son groupe en division I, grâce à son réservoir de jeunes formés au club. Témoins, les derbys de la Moder face à Val de Moder, qui attirent toujours les grandes foules à ce moment-là. D'ailleurs, le FCN a dans les années soixante de bonnes équipes de jeunes. Les Diemer, Rotter, Lauscher, Bertrand, Duchmann, Voltz, Jérôme, Isenmann, Gruber et Schalber deviennent champion de groupe juniors et surtout demi-finalistes de la coupe d'encouragement en 1963-1964. En font de même les Bastian, Pfeiffer, Houdé, Ledogan, Bertrand, Pichot, Jérôme, Jaeckel, Peter, Dutt et Schleiffer qui les imitent avec les cadets durant la saison 1965-1966.

Le président Jean-Frédéric Roess, en place depuis trente-cinq ans et le secrétaire Georges Munch depuis presque 51 ans, en sont la meilleure des preuves.

• BIBLIOGRAPHIE :
– Plaquette du 50e anniversaire les 6 et 7 août 1983.
– Plaquette du 60e anniversaire le 1er août 1993.

Les présidents

Georges Merdinger (1933-1942)
Jacques Roess (1942-1947)
Georges Merdinger (1947-1948)
Georges Duchmann (1948-1953)
Gilbert Juncker (1953-1965)
Jean-Claude Godar (1965-1966)
Jean-Frédéric Roess (1966 à nos jours)

Les entraîneurs

Alphonse Grasser (1952-1959)
Albert Muller (1949-1964)
Alphonse Jenn (1964-1965)
Hubert Steinmetz (1965-1966)
Joseph Wathle (1966-1967)
Gérard Froeliger (1964-1968)
Alphonse Jenn (1968-1969)
Alfred Kircher (1969-1970)
Jacques Ertz (1970-1971)
Gérard Petrazoller (1971-1972)
Alfred Jaechel - Alfred Kircher (1972-1973), Antoine Jérôme (1973-1975)
Pierre Grasser (1975-1979)
Jo Tripard (1979-1980)
Alfred Kircher (1980-1981)
Alfred Jaeckel (1981-1983)
Denis Enderlin (1984-1985)
Robert Gabel (1985-1988)
Alfred Jaeckel - Bernard Holweg (1988-1989)
Frans Hoefs - Armand Jérôme (1989-1992)
Armand Jérôme (1992-1993)
Alfred Jaeckel (1993-1994)
J. Da Silva (1994-1995)
René Ohlmann (1995-2000)

Le comité de l'an 2000

Jean-Frédéric Roess (président)
Pascal Ziegler (vice-président)
Philippe Laeufer (vice-président)
Georges Munsch (secrétaire)
Gérard Daull (trésorier)
Jean-Georges Jedele
Didier Walter, Hubert Weil,
Jean-Philippe Breymann, Roger Mehl
Ervin Jaeckel, Benoît Jérôme
Olivier Lanoix, Christian Reeb
Régis Weltzer, Roland Voltz
Joseph Wagner, François Jérôme
Claude Kleinschmidt, Pierre Lano

Blue Star Reiningue ★ 68

Reiningue

Les pionniers du BS Reiningue

48 trous d'obus...

C'est dès 1922 que le football fait une timide apparition à Reiningue. Grâce à Alex Messerlin, quelques mordus du ballon rond trouvent l'appui nécessaire pour créer une équipe. Alex réussit à convaincre son père de mettre un terrain à la disposition du club et en assure la direction tout en étant joueur. Mais en 1924, cette tentative débouche sur un échec.

C'est en juillet 1933 que Joseph Fuchs, Jean Dreyfus, Joseph Hinderer et Victor Soltner mettent leur projet à exécution. Établissant une liste de personnes susceptibles, soit de pratiquer ce sport, soit de faire partie du personnel d'encadrement, ils les convoquent en une assemblée générale qui se tient au restaurant Aloyse Wicky. La décision est prise de créer une société qui, sur proposition de Victor Soltner, reçoit le nom de Football-Club «Blue-Star» Reiningue. Le comité mis en place est dirigé par Victor Soltner (vice-président), le poste de président restant vacant faute de candidat, mais se compose de Jean Dreyfus (secrétaire), Joseph Hinderer (trésorier), Joseph Fuchs, Joseph Boltz, Paul Boltz et Joseph Keller (assesseurs).

Pelles, pioches et brouettes

On demande à mettre à la disposition de la société quelques parcelles de terrain en vue de l'aménagement d'un terrain de football. Avec l'accord du directeur d'école, Emile Stampfler, 1 ha de prés situés rue de Wittelsheim, est alloué à la société à raison de 2 F par an. Tous les membres et quelques sympathisants se mettent au travail.

En présence des sociétés locales et d'un nombreux public, la rencontre inaugurale voit le «Blue Star» remporter une belle victoire sur ses hôtes de Burnhaupt-le-Bas. Le club ne pouvant participer au championnat de la Ligue d'Alsace qu'un an après sa création, les rencontres amicales se succèdent. Le succès aidant, le comité réussit à convaincre Louis Wadel de présider la société, tandis que Charles Stoltz père, est nommé président d'honneur. A cette époque, les déplacements s'effectuent qui à bicyclette, qui avec la camionnette particulière du président et l'équipement est à la charge de chaque joueur.

Charles Stoltz père et va donner un nouvel élan au Blue Star, allant jusqu'à aménager sa propre camionnette en la dotant de bancs amovibles afin d'effectuer tous les déplacements de l'équipe.

Débuts en championnat

C'est lors de la saison 1934-1935 que le nouveau club débute en championnat de série B. Il ne remporte cette année-là qu'une seule victoire au détriment du FC Baldersheim. Loin de se décourager, «la bande à Stoltz», va gravir rapidement les échelons.

Enlevant la première place de son groupe, elle accède en série B à la fin de la saison 1937-1938 et dès l'année suivante, elle monte en série A. Ce n'est qu'en automne 1940, la guerre et

Le BS Reiningue en 1934
A l'arrière-plan : Jean Dreyfus (secrétaire). Debout de gauche à droite : Victor Riedweg, Oscar Liermann, Joseph Phelipot (père), Jules Papirer, Joseph Boltz. Accroupis de gauche à droite : Louis Boltz, Jules Hinderer, Paul Boltz. Assis de gauche à droite : Robert Siberlin, Joseph Fuchs, Albert Kaufmann.

l'évacuation ayant interrompu toute activité sportive, que la compétition reprend. Pendant l'occupation allemande, le Blue Star termine premier dans la « Kreisklasse » et accède à la « Bezirksklasse », l'équivalent de notre Promotion d'Honneur actuelle.

Au début de la saison 1941-1942, après trois rencontres disputées, les membres du BSR sont convoqués à une assemblée par « l'Ortsgruppenleiter » Beyer, en vue de se faire inscrire dans une organisation politique nazie. La réponse que donnent les footballeurs à cette convocation est claire, puisque le dit « Ortsgruppenleiter » trouve salle vide et décide la dissolution pure et simple du club, déclaré « deutschfeindlich » (opposé au régime) et ordonne la remise des effets de caisse au maire. Charles Stoltz, président, décide alors l'organisation d'une sortie commune de tous les membres dans le vignoble alsacien et le lendemain, Joseph Fuchs remet à au maire les effets de caisse contenant en tout et pour tout la somme de 7 F, ainsi que quelques maillots et culottes déchirés et quelques paires de chaussures bonnes pour la poubelle.

La guerre terminée, c'est à nouveau sous l'impulsion de Charles Stoltz, Joseph Fuchs et Marcel Freyburger que le Blue Star reprend ses activités dès 1945. Avec une surprise, le matériel étant inexistant, la caisse vide et, le terrain présentant pas moins de 48 trous d'obus qui doivent être comblés.

Cinq années en sommeil

Courageusement, on se remet au travail et les premiers matches sont disputés dès la fin de l'été. Pas pour longtemps. La guerre a laissé des traces sérieuses au sein de l'équipe dirigeante, ainsi que des joueurs. Bien que l'équipe évolue en championnat de division I dès l'automne 1945, les anciens commencent à se retirer. C'est en 1948 que Charles Stoltz et son équipe dirigeante vont laisser leur place à Romain Knecht, Eugène Lang, Lucien Papirer et Raymond Zimmermann, entre autres. Mais faute de recrues, le Blue Star cesse toute activité. Le club est en sommeil.

Ce n'est qu'en 1953 que quelques jeunes et moins jeunes décident de reprendre le football. Sous l'impulsion de Rodolphe Fellmann, Raymond Zimmermann et Roger Fellmann, une réunion va se tenir le samedi 12 septembre 1953 au restaurant Fellmann, à laquelle tous les anciens ainsi que des sympathisants sont cordialement conviés. Un comité provisoire est constitué comprenant Rodolphe Fellmann, Antoine Kniebily, Raymond Zimmermann, Roger Fellmann, Paul Boltz, Eugène Lang, Gustave Bader, Alex Papirer, Joseph Papirer, René Andres, André Stoltz et Joseph Hollaender. C'est à eux qu'incombe la tâche de remettre le Blue Star en marche et de s'assurer les services d'anciens membres et de jeunes désirant adhérer à la société.

L'assemblée générale du 4 octobre 1953 va élire le comité définitif à l'orée de la saison 1953-1954. On y trouve Rodolphe Fellmann (président), Raymond Zimmermann (trésorier), Roger Fellmann (secrétaire), Alex Papirer (responsable du matériel), Charles Stoltz fils et Gustave Bader (assesseurs) qui assurera également la fonction d'entraîneur.

Champion d'Alsace de division IV

Dès que le terrain est remis en état et la révision des effets vestimentaires effectuée, un match d'entraînement se déroule le 11 novembre 1953. Les débuts en championnat ont lieu lors de la saison 1954-1955 et voient le Blue Star évoluer en division I, sous la direction de Jean-Pierre Koensgen, entraîneur. C'est à la fin de la saison 1955-1956 que les premiers succès arrivent. S'adjugeant non seulement le titre de champion de son groupe et la montée en division III, le club enlève le titre de champion du Haut-Rhin et dans la foulée celui de champion d'Alsace de la division IV, en s'imposant 4 à 1. L'équipe est composée de : Pierre Grieneisen, Joseph Cordonnier, Charles Stoltz (capitaine), Lucien Schnebelen, Marcel Bringel, Edgard Knecht, Jean-Jacques Ulrich, Gustave Bader, Roger Schnebelen, Raymond Zimmermann, Henri Schlegel, Fernand Abler. Entraîneur : Pierre Koensgen.

A la fin de la saison suivante 1956-1957, l'équipe I gravit encore un échelon supérieur en accédant à la division II, mais retombe en série inférieure dès l'année suivante. L'équipe dirigeante, elle aussi, va subir de grands changements. En 1958, lors de l'assemblée générale du 14 juin, Rodolphe Fellmann se démet de ses fonctions de président, pour raison de santé. Il est nommé président d'honneur et remplacé par Paul Boltz, réélu en 1959 et secondé par Roger Schultz alors vice-président. Malade, il doit renoncer à son tour en 1959.

C'est Joseph Keller, un ancien membre fondateur de 1933 qui, après quelques démarches, va occuper les fonctions de président jusqu'en 1961. Trop pris par ses occupations professionnelles, il laisse sa place de président lors de l'assemblée générale du 28 mai 1961 à Roger Schultz qui va signer un long bail avec le Blue Star : dix années de présidence à la tête de la société.

Les présidents
Louis Wadel (1934-1935)
Charles Stoltz père (1935-1948)
Rodolphe Zimmermann (1948-1958)
Paul Boltz (1958-1959)
Joseph Keller (1959-1961)
Roger Schultz (1961-1970)
André Koehl (1971-1974)
Raymond Zimmermann (intérim 1975)
Gilbert Hermann (intérim 1975)
Raymond Zimmermann (1975-1977)
Gaspard Aquino (1977-1981)
André Koehl (1981-1983)
André Wicky
Pierre Fuchs

Le BS Reiningue minime «entente» avec Burnhaupt-le-Haut en 1982-1983 avec leur entraîneur Marc Grieneisen

Champion du Haut-Rhin de division II

C'est en 1964 que la société s'attache les services de Pierre Boellmann, sélectionné en équipe d'Alsace, en qualité de joueur-entraîneur. Du coup, elle prend un nouvel essor. L'effectif s'étoffe à la fin de la saison 1965-1966 et le Blue Star accède en division II après un match de barrage disputé à Ostheim. La saison 1967-1968 est l'une des plus palpitantes car pas moins de cinq équipes disputent les diverses rencontres de championnat. L'équipe première livre une saison de toute beauté et accède en division I après un duel serré avec l'équipe de Staffelfelden. Elle s'adjuge au passage le titre de champion du Haut-Rhin.

En 1970, le président Roger Schultz quitte Reiningue pour élire domicile à Mulhouse. Trop pris par ses occupations professionnelles il abandonne ses fonctions et se trouve relayé à ce poste par Roger Fellmann. Roger Schultz disparaît tragiquement dans un accident de la circulation près de son lieu de travail et c'est en son honneur que le comité crée un challenge réservé aux équipes juniors, intitulé « Challenge Roger Schultz » qui se dispute encore aujourd'hui.

Roger Fellmann, lui-même ne peut assurer la présidence de la société qu'une seule année par suite d'un accident de la circulation. Et c'est en 1971 qu'André Koehl est élu président de la société, poste qu'il occupe jusqu'à sa démission en décembre 1974. Sur le plan sportif, la saison 1972-1973 va être prolifique à double titre. D'une part, l'équipe première finit en tête de son groupe et accède à la fin de la saison à l'élite départementale, la Promotion du Haut-Rhin où elle reste pendant 7 saisons, et ne doit qu'à des avatars de règlements (6 équipes reléguées cette année-là) de descendre à l'échelon inférieur. D'autre part, c'est le 12 août 1973 que le nouveau stade municipal de Reiningue est inauguré. Un vieux rêve est réalisé.

En Promotion

Les résultats durant cette période « promotionnaire » sont tout à l'honneur du club. Sous la direction de l'entraîneur Silvio Gragnolini, l'équipe va faire parler d'elle. Une place de 3e en Promotion d'Honneur en 1976, l'avant-centre reininguois Michel Meder est meilleur buteur de la Promotion deux années de suite. L'équipe est aussi quart-finaliste de la coupe d'Alsace face à l'AS Vauban Strasbourg, champion de France de Nationale III. Reiningue dispute également des matches de championnat contre les équipes faisant partie de l'élite régionale comme l'AS Mulhouse, l'ASCA Wittelsheim, le FC Mulhouse II ou le FC Saint-Louis, pour ne citer que les plus importants. L'année 1980 voit le départ de l'entraîneur Silvio Gragnolini qui a œuvré pendant sept longues années, en qualité d'entraîneur des seniors et des jeunes, remplacé par Edouard Sczyglowski, ancien joueur de l'équipe première.

Au niveau du comité, après le départ d'André Koehl en décembre 1974, ce sont les deux présidents de l'époque, Raymond Zimmermann et Gilbert Hermann qui assurent l'intérim jusqu'à la nouvelle assemblée générale de juin 1975. Lors de celle-ci, Raymond Zimmermann est nommé à la présidence du BSR, charge qu'il assume jusqu'en 1977, établissant par là même un record bien difficile à battre, à savoir 32 années d'activité au sein de la société, avec 30 années d'appartenance au comité, occupant les fonctions de trésorier, secrétaire, vice-président et président.

L'assemblée générale du 11 juin 1977 se doit d'élire un nouveau comité, une tâche bien difficile. En effet, de nombreux membres et non des moindres ayant démissionné pour diverses raisons, un nouveau président est élu, Gaspard Aquino, secondé dans sa tâche par Bernard Zurbach, Rémy Hollaender, François Papirer. Il reste en poste jusqu'au début de l'exercice 1981-1982. L'assemblée générale du 23 mai 1981 voit le retour d'un ancien, André Koehl, qui est élu président de la société.

Sur le plan sportif, bien qu'elle évolue en division I, l'équipe première a un comportement assez honorable. Par contre l'équipe II, souvent l'enfant pauvre des sociétés de football, a le mérite d'accéder en championnat de division II départementale, mais faute de joueurs et parfois de sérieux, son séjour y est bien bref. Les équipes de jeunes, par contre, ne manquent pas de se faire remarquer. Les juniors B premiers de leur groupe accèdent en A à la fin de la saison 1981-1982, les cadets terminent troisièmes alors que les pupilles sont champions.

La saison 1982-1983 est celle du 50e anniversaire du BSR, avec à sa tête le président André Wicky, l'ancien président André Koehl ayant pris un peu de recul pour raisons professionnelles. L'année du 50e anniversaire est également celle de la remise à neuf du club-house avec l'aide des dirigeants et joueurs bénévoles.

• BIBLIOGRAPHIE :
– Documents fournis par le club.

Le BS Reiningue pupilles en 1982-1983 avec leur entraîneur F. Hartmann

1933

Société Ouvrière Arts et Sports Robertsau ★ 67

La Robertsau
Strasbourg

La SOAS Robertsau en 1932-1933

Des travailleurs beaux joueurs

C'est en 1912 qu'est créée la Société Ouvrière Arts et Sports de La Robertsau. Pourquoi « Arts » ? Pour la présence d'une clique de clairons, tout simplement. En fait, on ne pratique pas tout de suite le football au sein de l'association. On commence par une section de gymnastique ouvrière. En 1913, Emile Caspar, à la tête de la commission technique crée la Société Ouvrière Gymnastique de la Robertsau. Une section chorale naît en 1909, sous le nom de Fortschritt. C'est ainsi que naît la Société Arts et Sports qui compte bientôt une section d'acrobates. En 1920 apparaît une section de clairons. La section de football est créée en 1933.

Le terrain de football est pris dans les années cinquante et le club doit aller jouer sur le stade Wodli de Schiltigheim. Grâce à la bienveillance de la municipalité, il se voit attribuer le stade de la Carpe Haute, en 1955. Cinq équipes alsaciennes sont engagées en coupe de France FSGT « Auguste Delaune » pour la saison 1958-1959, le SCO Strasbourg, le FCO Schiltigheim, la SOAS Robertsau, le RC Cronenbourg et le FCO Port du Rhin. Le championnat 1958-1959 met aux prises deux équipes du FCO Port du Rhin, le FC Bons Amis, la SOAS Robertsau, le SCO Strasbourg, les SR Offendorf, deux équipes du Racing Cronenbourg, le FCO Schiltigheim et l'AS Musau. Des rencontres internationales sont organisées, comme celle entre la SOAS Robertsau et la Stadtwerke Freiburg-Breisgau (RFA) le 18 avril 1965.

A Pâques 1972 (31 mars, 1er et 2 avril), la Commission Régionale de Football de la FSGT organise un tournoi international, avec la participation du VZ Prague, du PS Vienne, du GS Turin et de l'USP Bruxelles. Sont en lice côté alsacien le Racing Cronenbourg, l'US Graffenstaden, le FC Lyautey, la FS Graffenstaden, l'Avenir Strasbourg, la SOAS Robertsau, le FCO Port du Rhin, l'ASOE Schiltigheim et l'US Égalitaire.

En 1972-1973, on relève l'existence d'une coupe d'Alsace-Lorraine comprenant 14 équipes alsaciennes et 7 lorraines. Le championnat le plus fourni met en lice deux groupes de

La SOAS Robertsau FSGT en 1978
Debout de gauche à droite :
Jeannot Brunetière, Gabriel Berruer, Jean-Louis Geiger, Jean-Pierre Desnoe, Dominique Oger, Joël Hugoni, René Moetz
Accroupis de gauche à droite :
Jean-Michel Vix, Ali Ferkoun, Yves Moemersheim, Pascal Huber, Jean-Jacques Brunetière.

La SOAS Robertsau FSGT 1982
Debout de gauche à droite : Eugène Schoellhammer, René Korth, Heckmann, Gabriel Berruer, Guy Ade, Patrick Broll, Mao, Jean-Jacques Gier, Patrick Fritsch, Jeannot Brunetière, Emile Harnisch. Accroupis de gauche à droite : Conrath, Patrick Seemann, René Brand, Pascal Jessel, Dominique Fritsch, Jean-Claude Gier, Edmond Kintz, Michel Fritsch.

La SOAS Robertsau réserve dans les années 80
Debout de gauche à droite : Eddy Jacob, Michel Schermutsky, Gérard Decker, Wurtz, Roland Wurtz, Marion Lacroix, Robert Hantz, Michel Fritsch, Guy Schwoob, XXX, Gérard Harnisch.
Accroupis de gauche à droite : Benoît Petit, Jean-Jacques Brunetière, Patrick Iselin, Jean-Marie Beri, Thierry Thomas, Serge Nuvoli, Gabriel Berruer, Cédric Berruer.

La SOAS Robertsau 1990-1991, vainqueur du tournoi de la Robertsau
Debout de gauche à droite : Jean-Luc Lemercier, Gabriel Berruer, Claude Nebinger, Daniel Ruxer, Pascal Alexandre, Patrick Zeller, Thierry Herbke, Alex Wolf, Patrick Texier, Gérard Leibenguth (entraîneur).
Accroupis de gauche à droite : Serge Nuvoli, Dimitri Lacroix, Philippe Antoni, Marc Vogel, Jean-Michel Doebler, Robert Wurtz.

douze équipes, dans la période allant de 1979 à 1982. Il existe alors une Promotion et une division I. En 1978, la SOAS dispute une demi-finale départementale FSGT.

La commission de football édite un bulletin mensuel « Info Foot FSGT » en 1983-1984. On y constate que le championnat de Promotion regroupe les équipes de l'Entente Schiltigheim, Solidarité, l'US Égalitaire, la SOAS Robertsau I, l'US Antillais et le FCO Port du Rhin. On retrouve aussi en division I le FC Etoile, l'AFM Strasbourg, le FC Etoile Algérienne, l'AS Montagne Verte, la SOAS Robertsau II et le SC Réunionnais.

Le club rejoint le giron de la LAFA en 1983. Dès la saison 1984-1985, l'équipe est engagée en championnat de division IV et termine à la dernière place de son groupe, malgré cinq victoires. Il faut persévérer. D'autant que la suppression de la division IV, décidée par la LAFA, lui permet d'évoluer en division III et d'y accrocher une encourageante 8e place au terme de la saison 1985-1986.

11e (et avant-dernière) en 1986-1987, l'équipe est 10e en 1987-1988, mais troisième (avec 13 victoires, 2 nuls et 3 défaites).

La SOAS Robertsau organise un grand tournoi international les 27 et 28 août 1988 au stade de la Carpe Haute avec la participation de Kehl-Querbach, Fegersheim, Sporting Schiltigheim, ASL Robertsau II, le CS Notre-Dame et la SOAS Robertsau. Outre ses activités FSGT, le club joue en division II du championnat fédéral organisé par la LAFA et se classe 10e de son groupe à l'issue de la saison 1987-1988, dans un groupe comprenant Hoerdt II (champion), Pfulgriesheim, Vauban II, Sporting II, Kurtzenhouse, Quatzenheim, Notre-Dame Strasbourg, Brumath II et Dingsheim II. En 1988-1989, c'est une troisième place derrière Montagne-Verte et la Canardière et en 1989-1990, à nouveau une 7e place, juste derrière SOPREMA, Sporting II, Breuschwickersheim, Ergersheim II, les Marocains de Strasbourg et Holtzheim II.

Toujours en division III en 1990-1991, la SOAS finit à la 3e place de son groupe lors de la saison 1991-1992, à 3 points de Bischoffsheim et un point de Blaesheim. Elle participe aussi au 5e tour de la coupe d'Alsace. Les choses s'arrangent sensiblement lors de la saison 1992-1993, quand l'équipe se classe deuxième derrière le SC Red-Star Strasbourg. Mais c'est encore insuffisant pour monter en division II. C'est au cours de cette saison là qu'est inauguré le terrain stabilisé.

Pour la première fois en division II

Deux saisons en dernière partie de tableau et la SOAS Robertsau termine 1995-1996 à la 2e place du groupe derrière Romanswiller, mais à 5 points. Cela ne l'empêche pas d'accéder en division II en 1996-1997 et d'y prendre la 4e place, dans un groupe qui voit Cité de l'Ill, Niederhausbergen et La Wantzenau la devancer. 7e de son groupe de division II en 1997-1998, l'équipe dispute un quart de finale de la coupe Crédit Mutuel.

L'équipe fanion termine à la 7e place de son groupe, puis 8e en 1998-1999, mais la saison 1999-2000 l'envoie en division III à l'issue d'une saison décevante et une dernière place.

• **BIBLIOGRAPHIE :**
- Grand merci à Gabriel Berruer.

La SOAS Robertsau 1995-1996, accession en division II
Debout de gauche à droite :
Gabriel Berruer, Sandro Rizzo, Pascal Rafalsky, Jérôme Parriaux, Alex Wolf, Patrick Gillig, Didier Heumann, XXX, Philippe Antoni, Guy Vogel.
Accroupis de gauche à droite :
Dany Bermoser, Guiseppe Pino, Guy Martin, Paolo Di Pietro, François Pfister, Paolo Alain, Luigi Sabigno.

La SOAS Robertsau 1997-1998, quart-finaliste de la coupe Crédit Mutuel
Debout de gauche à droite :
Gabriel Berruer, Guy Vogel, Mehmet Devesi, Eric Kopf, Pascal Ubrig, Stéphane Gascar, Eugène Knez (entraîneur), Jean-Paul Mull, Frédéric Deschamps, François Joubaud, Gust Gascar.
Accroupis de gauche à droite :
Luigi Sabigno, Huseyin Korkmaz, Eddy Muller, Marc Vogel, Jean-Luc Gretener, Alain Laurent, Sylvain Graz, Ralf Derbal, (dirigeant), Alain Gretener (dirigeant).

Le comité de l'an 2000

Gabriel Berruer (président général)
Jean-Georges Hild (vice-président)
Alain Greneter (secrétaire-général)
Ralf Derbal (trésorier-général)
Jean Bastian (trésorier-adjoint)
Fabienne Coletti
Daniel Koelblen
Marthe Becker
Luigi Sabigno
David Sement
André Berndt
Pascal Rudloff
Maurice Burckel

La SOAS Robertsau de l'an 2000
Debout de gauche à droite : Ralf Derbal (dirigeant), Marc Bernard, F. Mistretta, M. Navarette, N. Baumgartner, T. Solitude, L. Dorn, G. Marc, M. Jung, Gabriel Berruer (président).
Accroupis de gauche à droite : D. Piat, V. Os, S. Sement, A. Wolf, D. Lantz, M. Os, Robert Hirliman (entraîneur).
Manquent sur la photo : S. Christmann, P. Ondoua, A. Zwitzer, Nicole Hirlimann (dirigeante).

Football Club Rothbach ★ 67

Rothbach

Le FC Rothbach 1959-1960, montée en division II
Debout de gauche à droite :
Ernest Sand, Charles Metz, Georges Heintz (délégué), Jeannot Monnier, Albert Trautmann, Eric Klein, Heintz Albert.
Accroupis de gauche à droite : Alfred Jund, Herbert Schott, Albert Dick, Walter Greiner, Frédéric Metz.

Des raclées mémorables

Le FC Rothbach est un petit club niché au pied du parc naturel des Vosges du Nord. C'est Charles Schaefer, l'instituteur, qui rassemble les jeunes du village et des environs et crée en 1933 le FCR. Le club connaît des débuts difficiles puisqu'il manque d'adversaires dans les alentours. Il doit donc rencontrer des clubs tels que le FC Haguenau ou l'AS Bischwiller. Résultat : des raclées mémorables qui ne minent en rien la détermination des joueurs. Charles Schaefer et son équipe tiennent bon. Alors que les résultats commencent à suivre, la première guerre mondiale éclate. L'absence d'une grande partie des joueurs entraîne la cessation d'activité en 1940.

La guerre terminée et Charles Schaefer étant muté dans un autre village, ce sont Georges Loegel, Georges Miller et Jacques Gutbub qui relancent le FCR en 1946. Ils déposent les statuts du club et l'affilient à la LAFA. Dès la première année, le club monte en division III où il se maintient pendant de nombreuses années.

Ces bons résultats réjouissent les supporters parfois nombreux notamment contre Oberbronn ou Obermodern en particulier (environ 300 spectateurs).

Le déclin du club arrive entre 1965 et 1970 avec la création des plusieurs clubs aux alentours, tel que le FC Mulhausen, l'AS Lichtenberg, l'AS Offwiller, qui entraîne le départ de nombreux joueurs originaire de ces villages. Le club pour survivre doit embaucher des joueurs venant d'horizons plus éloignés. Ainsi débutent des années d'alternance entre montée et descente. Sans la persévérance d'anciens joueurs et de certains bénévoles du comité la disparition du FCR aurait été consommée.

1968 est une grande année pour le club : en effet sans consulter grand monde, le président Othon Bernhardt prend la décision de faire aplanir et drainer le stade « Wasserloch » qui accuse un dénivelé de près de 4 mètres. A cet effet, il engage une entreprise locale pour effectuer le travail et la question financière est réglée grâce à un emprunt cautionné par le comité.

Pendant la réfection du terrain, le club dispute ses rencontres sur le terrain de l'AS Lichtenberg. La saison 1968-1969 démarre sur les chapeaux de roues, en division II en infligeant au FCE Reichshoffen entraîné par Raymond Krug, une défaite mémorable de 5-1. La saison à Lichtenberg est bonne et le club réussit le maintien.

De retour sur le terrain l'équipe entame une nouvelle saison en division II en obtenant de bons résultats notamment contre Hatten (7-1) ou Riedseltz (2-0). C'est en 1971 année de création du club voisin d'Offwiller que le déclin s'annonce : le club descend en division II en 1972. La division III suit dans les années 1972 à 1977 à l'image du club qui réalise des bonnes et des moins bonnes choses.

En 1977 sous la houlette du président Philippe Handwerck la décision est prise de construire des vestiaires vastes et fonctionnels. Le projet est prestement réalisé en 1977-1978 grâce au soutien financier de la commune et du département.

Disposant maintenant d'un bon terrain ainsi que de bonnes installations, le président François Ensminger essaye de doter le village d'une bonne équipe en engageant les frères Parmentier qui bien que renforçant l'équipe, ne réussissent pas à établir des résultats constants, permettant au club d'envisager l'avenir avec sérénité. Déçu le président démissionne et les rênes du club sont confiées en 1986 à Jean-Georges Monnier. L'entraîneur Francis Rust est alors engagé. Il redonne du tonus au club qui obtient de beaux résultats dans les années suivantes, atteignant même en 1987 le 5e tour de la Coupe d'Alsace en éliminant des clubs comme Obermodern et Drulingen.

En 1988 miné par la maladie, le président J.-G. Monnier passe le relais à Norbert Metz. Le club ne brille que par des résultats moyens mais réussit à se maintenir pendant quelque temps. Alors que le club commence à sombrer, le président Eddy Klein prend les choses en main évitant par là, la fin du FCR en 1990.

Cela fait maintenant 11 ans que le président Klein mène la barque du club avec plus ou moins de réussite car deux montées et deux descentes sont enregistrées. Avec la poignée de bénévoles efficaces qui l'entoure, Eddy Klein réussit à faire passer son message : *«Dans la vie, ce n'est pas le triomphe qui est important, mais le combat»*.

Une philosophie qui devrait encore permettre au FCR d'avoir de belles années devant lui !

La médaille au revers

Dans les années 1970, le FCR est invité à se produire en ouverture du match RC Strasbourg - Pirmasens à Riedseltz. En s'y rendant, un supporter du FCR, Oscar, médaillé de bronze par la LAFA huit jours plus tôt, arbore fièrement la médaille à sa boutonnière. Arrêté par les caissiers à l'entrée du stade, il montre sa médaille et dit *« Ce n'est rien ça ?»*. Le caissier dit a son collègue : *« Laisse-le passer, c'est un officiel de la LAFA !»*.

• **BIBLIOGRAPHIE :**
– Documents remis par le club.
– Remerciements à Eric Klein.

Le FC Rothbach de l'an 2000, division III (en début de saison)
Debout de gauche à droite : Alain Arnold (entraîneur), Guy Monnier, Nicolas Gander, Thomas Monnier, Luc Monnier, Pascal Specht, Eric Handwerck.
Accroupis de gauche à droite : Kevin Klein, Olivier Mirgain, Thierry Mirgain, Jean-Paul Monnier, Christophe Mehl, Daniel Monnier, Pierre Handwerck, Franck Kayser.

Les dates marquantes du club

1933 : création du club
1946 : reprise après guerre affiliation à la LAFA
1968 : aplanissement du terrain
1973 : 40e anniversaire
1978 : construction des vestiaires
1985 : drainage du terrain
1994 : 60e anniversaire
1999 : 65e anniversaire

Le FC Rothbach de l'an 2000 (en fin de saison)
Debout de gauche à droite : Alain Arnold (entraîneur), Kevin Klein, Pascal Specht, Philippe Klein, Frédéric Graf, Olivier Mirgain, Steeve Schleifer, Eddy Klein (président).
Accroupis de gauche à droite : Gilbert Weishaar, Jean-Paul Monnier, Daniel Monnier, Christophe Mehl, Pierre Handwerck, Thierry Mirgain, Christophe Sand.

Les présidents

Charles Schaefer (1932-1940)
Georges Loegel (1946-1959)
Othon Bernhardt (1959-1961)
Ernest Filosi (1961-1965)
Charles Klein (1966)
Othon Bernhardt (1967-1973)
Charles Klein (1973-1976)
Jean-Pierre Jacob (1977)
Philippe Handwerck (1978)
François Ensminger (1979-1985)
Jean-Georges Monniers (1985-1988)
Norbert Metz (1989)
Eddy Klein (1989 à nos jours)

Le comité de l'an 2000

Eddy Klein (président)
Jean-Georges Monnier (vice-président)
Georges Gerlinger (vice-président)
Eric Klein (secrétaire)
Jean-Paul Monnier (trésorier)
Jacky Schiestel
Emile Brua
Monya Klein
Monnier René
Wimmenauer Walter

1933

Football Club Schwindratzheim ★ 67

Schwindratzheim

Le FC Schwindratzheim en 1933

L'œuvre de Jean-Jacques Dutt

La jeunesse n'a de cesse que de pratiquer son sport favori, le football, en cette année 1933. Une poignée de personnes créent le Football Club de Schwindratzheim. Il y a là: Georges Huss, Antoine Velten, Charles Barth, Joseph Gass, Robert Gitz, Charles Huss, Charles Hemberger, Louis Lapp, Robert Lauffenburger, Jacques Metz, Charles Metz, Charles Bott, Jean Schneider, Georges Schneider, Michel Schaeffer, Charles Stoll et Georges Wendling.

Joseph Gass est élu président fondateur. En ce temps-là, les parties se déroulent sur un pré gracieusement mis à la disposition du club par M. Barth. En août 1933 a lieu la première rencontre. Elle est perdue contre Hoerdt (3-6). L'équipe, formée autour de Charles Bott et Michel Schaeffer est composée de: Charles Huss, Charles Barth, Robert Lauffenburger, Jacques Metz, Georges Huss, Charles Metz, Robert Gitz, Joseph Gass (cap), Louis Lapp, Jean Schneider et Antoine Velten.

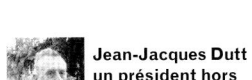

Jean-Jacques Dutt un président hors normes

Né le 30 septembre 1927, préposé de La Poste en retraite, Jean-Jacques Dutt entre au comité du FC Schwindratzheim en 1945. En 1949, il est élu président, un poste qu'il ne va plus quitter, quelles que soient les circonstances. Débordant d'activité, imaginatif, fédérateur, il va porter son club à bout de bras pendant plus de 50 ans. Membre du conseil municipal de 1959 à 2001, responsable et acteur principal de la section théâtrale dialectale du FCS, vice-président de l'Association Culturelle et Sportive (ACSS) de Schwindratzheim, membre du comité de la section des producteurs de fruits de Schwindratzheim-Waltenheim et environs, correspondant local des DNA, il est détenteur des médailles de bronze, argent et or de la Jeunesse et des Sports, médaillé argent, vermeil et or de la Fédération Française de Football, de la breloque de bronze, d'argent, de vermeil et d'or de la Ligue d'Alsace de Football, de la médaille communale en argent et en vermeil des collectivités territoriales, du diplôme du lauréat sportif de l'ANMESP et de la pomme d'or des arboriculteurs.

Après un début laborieux où chacun paie de sa personne et de… sa poche, le jeune club parvient à surmonter les premiers obstacles. Déjà à l'époque, les membres organisent des tournois et des soirées théâtrales pour équilibrer le budget. Grâce au secrétaire, M. Stoll, l'équipe se défend honorablement en division IV. Paradoxalement, il y a de nombreux changements de présidence pendant les premières années. Albert Schmitt, Michel Schaeffer, Georges Huss, Georges Baltzer et Georges Paulen se retrouvent successivement à la tête du club.

En 1940, grâce aux démarches de M. Paulen, la municipalité met à la disposition du FCS l'actuel stade de la Zorn. Il est inauguré la même année. Jean Gutter, l'instituteur du village, prend en main la direction du club pendant l'occupation. Hélas, le FCS va payer un lourd tribut à la deuxième guerre mondiale. Plusieurs joueurs et membres tombent ainsi au champ d'honneur.

Champion du Bas-Rhin de division IV

En 1945 le club prend un nouveau départ avec son ancien président M. Paulen, et doit encore faire face à maintes difficultés. Mais bien vite, la jeunesse retrouve le chemin du stade. En cette année 1945, le jeune Jean-Jacques Dutt rejoint le comité. C'est pour la saison 1947-1948, que Georges Baltzer succède à M. Paulen et c'est sous sa présidence que le FCS décroche son premier titre de champion du Bas-Rhin de division IV. Les héros de cette période se nomment Charles Richert 1, Charles Richert 2, Charles Wendling, Charles Mathis, Charles Reeb, Charles Jacob, Joseph Koehren, René Strub, Paul Abel, Nicolas Muller et Albert Hamm. Ils remportent la finale départementale contre Port du Rhin et tombent avec les honneurs en finale régionale à Benfeld contre Sofira Colmar. Malgré cette défaite, le retour au bercail est digne d'une victoire.

Accession en division II

La saison suivante, elle termine championne de son groupe de division III et accède en division II. En 1949, l'événement marquant est l'élection à la présidence de Jean-Jacques Dutt pour un très long bail. De nouveaux statuts sont élaborés. Ils sont toujours en vigueur quelque… 50 années plus tard! En 1950, le président Dutt compose une chanson en dialecte «Ja unsre FCS trajt stolz dblujwiss Tress» qui devient l'hymne du club et c'est lui même qui aime l'entonner les soirs de victoires ou lors des fêtes internes du club! Au début des années

Hochfelden puis d'arrêter sa carrière de joueur en 1963. Il devient arbitre, sa réussite va être tout simplement exceptionnelle et son ascension fulgurante. Bien vite, il passe tous les échelons intermédiaires pour devenir un des meilleurs arbitres de l'hexagone puis d'Europe où il excellait, aussi bien à Munich qu'à Amsterdam. A la fin de sa carrière active Georges Konrath, puisque c'est de lui qu'il s'agit, intègre la Commission Centrale d'Arbitrage et devient l'un des instructeurs auprès de la FIFA, ce qui lui a permis de visiter tous les continents. Partout où il sera passé, il aura été unanimement apprécié. Il a aussi arbitré trois finales de la Coupe de France.

Le club cher au président Jean-Jacques Dutt poursuit son chemin avec des hauts et des bas et traverse une décade calme en étant néanmoins l'une des sociétés les plus en vue de la région. En 1960, les membres du club décident d'ériger eux-mêmes des vestiaires. En 1963, le club est l'un des premiers à mettre en place une section des jeunes et le proche avenir va lui donner raison puisqu'en 1965, il récolte ses premiers fruits avec la sélection de Jacky Hartstreisel chez les cadets d'Alsace (finaliste malheureux contre la Franche-Comté à Paris) aux côtés de Pierre Pleimelding, Dario Grava et José Fuentes.

Champion d'Alsace de division III

En 1966 le club conquiert son premier titre de champion d'Alsace de division III, grâce à une victoire (3-2) contre Buhl à Wittisheim, avec des buts de Gérard Ott (2) et Georges Jacob. L'équipe championne, entraînée par Alphonse Jenn et encadrée par Charles Klein est composée de Georges Diebold, Charles Metz, Charles Mehl, Gérard Ott, Georges Jacob, Alfred Haessig, Jacky Hartstreisel, Jean-Marie Schutt, Hubert Kraenner, Eddy Caspar et Lucien Heim. En finale du Bas-Rhin à Brumath, ils viennent à bout des prestigieux Pierrots de Paco Matéo (1-1) aux tirs au but.

En 1968 en division II, les derbys entre clubs voisins amènent de nombreux spectateurs autour du stade. C'est ainsi que le record de l'époque est battu le lundi de Pâques, quand, devant 2 406 spectateurs payants, le FCS est écarté de la montée en division I par le FC Wingersheim qui l'emporte 3 à 1.

En 1969, cette montée est assurée par l'équipe emmenée par l'entraîneur Frédéric Lang et le délégué Paul Abel.

Ont participé à cette épopée: Georges Diebold, Alfred Bernhardt, Pierrot Ott, Bernard Reinbolt, Hubert et Jean-Marc Kraenner, Gérard Ott, Jean-Paul Kister, Jean-Paul Diss, Eddy Caspar, Jacky Hartstreisel, Alfred Stresser Raymond Walter, Jean-Marc Grasser, et Jean-Paul Damm.

L'éclosion des féminines

1968 marque l'éveil de l'une des premières équipes féminines de la LAFA (1er match le 14 juillet 1968). Une commission de football féminin est mise en place: Alfred Tugend et Marilou Duringer en sont les animateurs. Le FCS s'affilie auprès des instances fédérales comme club exclusivement féminin et organise de nombreux matches de propagande en France devant de nombreux spectateurs comme à Reims ou encore à l'étranger.

Un championnat est créé et dès 1969, le FCS remporte le premier titre de champion du Bas-Rhin à Eschau contre Notre-Dame Strasbourg (1-0 but de Liliane Schmitt). Les pionnières de la dynamique Marlyse Duringer se nomment: Clarisse Scherrer, Yolande Scherrer, Liliane Laugel, Denise Schoettel, Christiane Deiss, Eliane Hartstreisel, Germaine Irion, Marie-Jeanne Zillio, Esther Walter, Liliane Schmitt, Michèle Jacob, Marie-José Reichhart.

Cette équipe se renforce avec Jung, Schwebel, Rick, Mischler, Gervig,

---

La chanson du FC Schwindratzheim
FCS Lied von J.-J. Dutt (1950)
(Mélodie: Wenn die Sonne scheint)

M'r gehn Fuessballspiele, s'isch jo wohr
alle Sundi, s'ganze Johr
Un ebs rajt, ebs schneit, m'r triewe Sport
in Schwengelse, im Zorntalort

Refrain:
Ja unsre FCS
trajt stolz blöjwiss Tress
Ja unsre FCS
trajt stolz blöjwiss tress
Kamerade sin m'r elef Mann
Fullbeck, Stuermer, Haftn Goalmann.

Unsri Stuermerreih de het a Knall
un hinge fescht wie e Betonwall
zweierzwanzig Fiess un einer Ball
gewunne wurd uff jede fall.

Refrain
Aüj für uns gib's mol e Niederläuj
denn gewinne kannsch net alle Däuj
doch wenn m'r e Match verlore han,
geth's met Müet von frischen dran.

Refrain
Sin m'r alt emol un üsrangiert,
un d'Fuessballschuej schon längscht krepiert
no sin Jungi do un triewe Sport
In Schwengelse in Zorntalort.

Le FC Schwindratzheim 1947-1948, champion d'Alsace de division IV
Debout de gauche à droite:
Alfred Tugend, René Strub, Charles Jacob, Albert Hamm, Paul Abel, Charles Reeb.
Au deuxième rang de gauche à droite:
Joseph Koehren, Charles Wendling, Charles Mathis.
Accroupis de gauche à droite:
Charles Richert I, Charles Richert II, Nicolas Muller.

Le FC Schwindratzheim en 1953
Debout de gauche à droite: Bernhardt, Mosbach, Jost, Gass, Vix, Abel Dutt.
Accroupis de gauche à droite:
Bierg, Mathis, Baltzer, Muller, C. Richert, Schuster.

Le FC Schwindratzheim 1965-1966, champion d'Alsace de division III
Debout de gauche à droite:
Charles Klein (dirigeant), Charles Mehl, Jacky Hartstreisel, Georges Diebold, Alfred Haessig, Georges Jacob, Charles Metz, Alphonse Jenn (entraîneur).
Accroupis de gauche à droite:
Lucien Heim, Hubert Kraenner, Gérard Ott, Jean-Marie Schutt, Eddy Caspar.

Le FC Schwindratzheim 1968-1969, accession en division I
Debout de gauche à droite: Frédéric Lang, Pierre Ott, Alfred Stresser, Jean-Paul Kister, Bernard Reinbolt, Raymond Walter, Georges Diebold.
Accroupis de gauche à droite:
Hubert Kraenner, Jean-Marc Kraenner, Gérard Ott, Claude Klein, Eddy Caspar, Jacky Hartstreisel.

Les présidents

Joseph Gass (1933-1935)
Albert Schmitt (1935-1937)
Michel Schaeffer (1937-1938)
Georges Huss (1938-1939)
Georges Baltzer (1939-1940)
Georges Paulen (1945-1947)
Georges Baltzer (1947-1949)
J.-J. Dutt (1949 à nos jours)

---

cinquante, le club se dote d'un entraîneur, Lucien Bierg (qui deviendra plus tard un arbitre de renommée nationale) et fait un parcours intéressant pendant plusieurs saisons consécutives avec, en 1951-1952, un titre de champion de groupe de division III.

Georges Konrath, grand arbitre…

En 1952-1953 et 1953-1954 le club rate d'un cheveu la montée en division 1 et atteint les 8e de finale de la coupe d'Alsace après avoir éliminé les divisionnaires de Brumath et Monswiller. A cette époque, un jeune joueur fait ses premières armes au FCS avant de rejoindre l'AS

Le FC Schwindratzheim féminines 1971-1972, champion d'Alsace
Debout de gauche à droite : Bernadette Luttmann, Aline Grossenedic, Lysa Gerwig, Martine Schwebel, Christine Feidt.
Accroupies de gauche à droite : Denise Jung, Josepha Rick, Clarisse Scherrer-Schnitzler, Liliane Schmitt, Marilou Duringer, Chantal Fritsch, Michèle Guss.

Le FC Schwindratzheim 1988-1989, champion du Bas-Rhin de division I
Debout de gauche à droite :
Georges Jacob (dirigeant),
Bernard Hamidi,
Denis Provang (entraîneur),
Francisco Nunes, Denis Bierg,
Raoul Michel, Christophe Kornmeyer,
Hamid Boulatrous, Marc Bernhardt (dirigeant).
Accroupis de gauche à droite :
Christophe Dossmann, Bernard Lentz,
Thierry Wendling, Luc Goetz,
Martial Klein, André Friedrich.

Le FC Schwindratzheim 1973-1974, accession en Promotion
Debout de gauche à droite : Alfred Paulen (dirigeant), Jean-Paul Kister, Bernard Holweg (entraîneur), Francis Hartmann, Raymond Bierlein, Jean-Marc Grasser, Jean-Marc Lingelser, Jean-Paul Diss.
Accroupis de gauche à droite : Jean-Marc Kraenner, Jacky Hartstreisel, Hubert Kraenner, Claude Klein, René Kraenner.

division 1 à la fin de la saison. Il accède à la Promotion sous la direction du joueur entraîneur Bernard Hohlweg après une victoire (6-0) acquise face à Wingen-sur-Moder devant 1 100 spectateurs ! (déjà 700 payants au match aller). Les joueurs présents à l'époque et entraînés par Bernard Hohlweg : François Hartmann, Jean-Marc Grasser, Jean-Paul Kister, Jacky Hartstreisel, les frères Kraenner, Raymond Bierlein, Jean-Paul Damm, Jean-Marc Lingelser, Claude Klein, Jean-Luc Kleinmann, Jean-Paul Diss et le jeune Charly Duringer.

A partir de 1973, les « bleus et blancs » des bords de la Zorn rivalisent avec les grandes équipes amateurs du Bas-Rhin réunies dans une poule départementale unique et très relevée (Racing amateurs, FCSK 06, Vauban, Erstein, Bischwiller…) Ces clubs ont beaucoup de respect envers Schwindratzheim et redoutent souvent de s'y déplacer (surtout lors du Messti), une véritable passion s'étant installée.

L'année 1974 est l'occasion de clôturer le stade de la Zorn et de mettre en place un éclairage permettant l'entraînement nocturne et l'organisation de quelques matches amicaux. Cette même année, le club remporte la première édition de la coupe du Crédit Mutuel Alsace Ouest à Saverne contre Wingen-sur-Moder (4-2). L'équipe placée sous la direction d'Alfred Paulen, et du secrétaire général Gérard Hoffmann est composée de François Hartmann, Claude Klein, Jean-Marc Grasser, Jean-Paul Kister, Jacky Hartstreisel, Jean Marc et Hubert Kraenner, Raymond Bierlein, Jean-Marc Lingelser, Michel Metzger, Jean-Luc Kleinmann, Jean-Paul Diss.

Après le départ de Bernard Hohlweg, la direction de l'équipe est confiée à Jean-Paul Kister. Raymond Stavjanicek et Jacky Hartstreisel vont lui succéder les années suivantes. Pendant cette période, les membres essaient à nouveau d'améliorer les infrastructures. L'année 1976 voit la création des associations réunies (ACSS) dont le FCS est l'un des premiers adhérents. En 1979 est construit et inauguré le second stade nécessaire à l'activité florissante du club.

Les pros du Racing pour le 50e anniversaire

1980 voit la création d'une des premières équipes vétérans du secteur. Elle dispute essentiellement des rencontres amicales. En 1982, le stade est doté d'installations nocturnes financées par le club et son président, et réalisées bénévolement par les membres. La fin des travaux se situe au soir du 31 décembre (!) et par un froid glacial, les lampes s'allument pour la première fois.

En 1983, a lieu un autre événement d'importance : le 50e anniversaire du club avec la venue de l'équipe professionnelle du Racing Club de Strasbourg, entraînée par Jürgen Sundermann et composée de vedettes comme Dropsy, Lacuesta, Krimau, Nielsen, Betancourt… La sélection cantonale qui leur est opposée ne peut rivaliser et essuie une défaite 1-9 devant 2365 spectateurs payants !

Malheureusement, une période de 5 longues années de vaches maigres avec deux descentes consécutives va secouer le club qui perd ses meilleurs éléments et doit serrer les coudes aux côtés de son président pour maintenir le bateau à flots. En 1985, alors que le public a déserté le stade, le club profite d'une opportunité grâce à Albert Kieffer (membre du comité et maire de Mutzenhouse) qui propose de racheter le bâtiment de l'école communale de son village. Aussitôt dit, aussitôt fait ! Et grâce aux talents de bricoleurs de quelques membres regroupés autour du vice-président Alfred Gross (père), un club-house est bientôt accolé aux installations existantes et cette réalisation va être en quelque sorte le catalyseur du renouveau du FCS.

L'apport de la jeunesse

Ainsi la section des jeunes redonne des forces vives au club et obtient quelques titres de champion de groupe ainsi qu'une finale du Bas-Rhin en mini-

Deckert, Bénédic, Ruff, Guss et Fritsch et remporte durant quatre saisons consécutives le titre de champion d'Alsace et gagne une coupe d'Alsace en 1972. Sous l'impulsion du regretté Alfred Tugend, qui a siégé pendant de très nombreuses années à la commission des jeunes de la Ligue d'Alsace et de Marilou Duringer, qui devint par la suite Présidente Nationale du Football Féminin et membre du Conseil National du Football Amateur, cette section se met à voler de ses propres ailes avant de fusionner avec Vendenheim, puis de s'y établir définitivement en 1974. Il est à noter que Clarisse Scherrer a été considérée, pendant plusieurs saisons, comme la meilleure joueuse d'Alsace et peut se targuer de compter trois sélections en équipe de France !

Accession en Promotion

En 1970, des vestiaires douches sont adjoints au club-house afin de permettre aux joueurs d'évoluer dans de meilleures conditions. En 1972-1973, le club signe l'une des plus belles pages de son histoire en étant champion de groupe de

mes avec des jeunes joueurs que l'on retrouvera à différentes occasions les années suivantes. En 1987, les réservistes remportent le titre de champion du Bas-Rhin en réserves C après une saison riche en rebondissements. L'amalgame anciens-jeunes est une réussite et successivement Offendorf (3-3 et 5 tab à 4), Niederlauterbach (7-3) et Roeschwoog (5-1) sont battus avant que Geispolsheim ne baisse pavillon (2-1) un dimanche du mois de juin devant 200 personnes. Composition de cette équipe : Alfred Jacob, Christian Klein, Jacky Jacob, Rémy Weber, Jean-Paul Kister, Roland Schoettel, Luc Goetz, Rémy Muller, Gérard Wernert, Thierry Gross, Jacky Hartstreisel, Jacky Klein, Richard Koessler, Alwin Wetzel, Jacky Ludwig.

En 1988, ces mêmes joueurs se retrouvent à nouveau parmi les meilleurs chez les réservistes B et obtiennent leur ticket pour évoluer en réserves A dans l'élite départementale où ils vont signer un bail de cinq saisons exaltantes.

Champion du Bas-Rhin de division I

Cette saison 1988-1989 sera l'une des plus intéressantes, puisque d'une part l'équipe fanion, sous la houlette de Denis Provang retrouve enfin la Promotion en récoltant au passage un titre de Champion du Bas-Rhin devant Ringendorf à Ohlungen (2-1) avec l'effectif suivant : Christophe Kornmeyer, Michel Raoul, Francisco Nunes, Denis Provang, Denis Bierg, Martial Klein, Thierry Wendling, Bernard Lentz, Bernard Hamidi, Hamid Boulatrous, Luc Goetz, André Friedrich, Christophe Dossmann. Cette même équipe s'incline en finale régionale devant Munster (1-2), dans les ultimes minutes de la prolongation.

Pendant ce temps, l'équipe seconde drivée par Francis Lapp et Norbert Ponta et emmenée par Dany Gentner fait une saison remarquable et accède en division II pour la première fois de son histoire. Ses équipiers qui gravent leurs noms dans les archives du club : Alain Bournon, Eric Oswald, Jeannot Dub, Fabien Koning, Alfred Klein, Freddy Gross, Patrick Schnepp, Olivier Holtzmann, Jean-Georges Duringer, Thierry Gross, Vincent Kohler, Eric Weissbach.

En novembre 1989, le club a l'immense satisfaction de pouvoir accueillir dans son fief les « mercredis du football ». Le parrain de l'opération se nomme José Cobos qui, après son départ du Racing Club de Strasbourg fait carrière au Paris Saint-Germain avant de partir en Espagne et de revenir à Toulouse et Nice. Au mois de juillet de cette même année, est organisée une grande réception (200 invités) en l'honneur du président général Jean-Jacques Dutt, auquel est décernée la médaille fédérale en vermeil par Maître Yves Muller, alors président de la LAFA.

Quatre équipes seniors

En 1990, le FCS peut engager pour la première fois de son existence une quatrième équipe seniors ! Cet engouement est dû à la notoriété grandissante dont le club jouit aux alentours. En 1991 est inaugurée la salle polyvalente, en face du club-house. La commune en profite pour améliorer l'accès aux installations. Cette même saison, les juniors B remportent le titre de champion de groupe. En 1992, les mêmes juniors B s'adjugent contre toute attente le titre de champion d'Alsace à Bennwihr contre les Haut-Rhinois de Grussenheim 4 à 3 (buts de C.Metz, O. Jacob (2) et A.Metz) après une rencontre d'une qualité exceptionnelle. L'effectif encadré par Mario Lapp et Roger Schaeffer, dirigé par Hamid Boulatrous était composé de : Manu Lapp, Stéphane Lapp, Mickaël Lapp, Christian Schaeffer, Laurent Welsch, Jean-Luc Kostmann (cap), Dany Metz, Adrien Metz, Olivier Jacob, Freddy Hoerth, Marc Hartstreisel, Christian Metz, Franck Fechter, Marc Klein.

1993 est l'année de la montée en Promotion d'Excellence, après une saison très bizarre où le club dispute toutes ses rencontres sans remettre de match pendant la rude période hivernale et dispose ainsi d'un capital points tel que plus rien ne peut lui arriver. L'effectif, toujours chapeauté par Denis Provang et Jean Ertz, est composé de Christophe Kornmeyer, Francisco Nunes, Patrick Klein, Olivier Jacob, Dany Lapp, Thierry Wendling, Robert Hamidi, Pascal Weibel, Monaïm Balbzioui, Hamid Boulatrous, Thierry Hoerth, Freddy Hoerth, Christophe Dossmann, Luc Goetz, Denis Provang, Olivier Riehl.

Par la force des choses, le club prend une autre dimension. Les charges financières devenant de plus en plus conséquentes, l'idée est lancée de pratiquer le partenariat avec les entreprises du village et des environs. Cette opération, prise en main par l'ancien gardien de but de l'équipe fanion, Alfred Jacob, est une réussite certaine et permet au club de financer en grande partie les nouvelles installations nocturnes.

Le FC Schwindratzheim juniors B 1991-1992
Debout de gauche à droite : Hamid Boulatrous (entraîneur), Adrien Metz, Olivier Jacob, Manu Lapp, Freddy Hoerth, Christian Schaeffer, Georges Jacob (dirigeant), Marcel Schnepp (vice-président), Robert Pascal (sponsor), Roger Schaeffer (délégué). Accroupis de gauche à droite : Laurent Welsch, Marc Hartstreisel, Stéphane Lapp, Dany Metz, Franck Fechter, Mickaël Lapp, Jean-Luc Kostmann, Christian Metz.

Souvenirs d'une longue carrière
Jean-Jacques Dutt, président depuis 1949, nous confie quelques souvenirs croustillants de sa longue carrière.
« Après la guerre les déplacements se font en camions, sans bâches, les fameux Holzgazer. En cours de route, il faut mettre du bois dans la chaudière pour alimenter la motrice et en montant une côte, on peut facilement marcher à côté du véhicule. Mais quelle formidable ambiance parmi nos jeunes ! »
Pour la finale régionale conte Sofira Colmar lors de la saison 1947-1948 à Benfeld, 110 personnes se déplacent grâce à deux autocars. Le vin, alors vendu à 1 F le litre, provoque un retour assez animé. Je me rappelle que mon grand-père, alors âgé de 73 ans et maire honoraire du village, marchait comme beaucoup d'autres en zigzagant derrière la musique Concordia.
Albert Deiss est l'un des plus durs de l'équipe des années 1950. Sorti de l'hôpital depuis quinze jours seulement après l'opération de l'appendicite, il tient son poste lors du match décisif contre Hochfelden et obtient la montée en division II.
La numérotation devient à la mode chez les amateurs en 1952. Liliane Schuster, l'épouse du regretté Charles, coud les numéros sur la tresse achetée au Mans et spécialement travaillée, moitié bleu - moitié blanc (modèle Le Havre).
En 1966, je promets un porc en cas de montée en division III. Charles Jacob, membre du comité et boucher de métier, transforme l'animal en charcuterie et après un match de poule de classement contre Woerth à Bouxwiller, un excellent pique-nique est organisé à côté du stade. Y participe également le futur arbitre international Robert Wurtz, qui dirige cette rencontre et qui se rappelle toujours de ce petit événement.
Lors des assemblées générales de la LAFA à Strasbourg, j'ai l'honneur de côtoyer quelques anciens grands dirigeants tels que MM. Heintz (Rountzenheim), Schaeffer (La Robertsau), Dr Hanns (Brumath), Leissner (Mutzig). Ce dernier me dit un jour : *« Tu sais, la réussite du football dépend de 60 % de chance »*. J'ai souvent pensé à cette vérité, surtout après les défaites.
De notre famille sportive sont issus quelques noms connus dans le monde du football : Marilou Duringer, membre du conseil de la LAFA et du conseil fédéral, Georges Konrath, membre du conseil de la LAFA et président de la CRA, ancien arbitre international, Alfred Tugend, ancien membre de la CJ, Gérard Hoffmann, ancien secrétaire de la commission des coupes, Alfred Jacob ancien membre de la CDA et CRA de la LAFA, Marc Klein membre du premier Conseil de Ligue des Jeunes.

Le FC Schwindratzheim 1992-1993, accession en Promotion d'Excellence
Debout de gauche à droite : Gérard Wernert (secrétaire général), Olivier Riehl, Pascal Weibel, Olivier Jacob, Patrick Klein, Christophe Kornmeyer, Hamid Boulatrous, Jean Ertz (dirigeant), Denis Provang (entraîneur).
Assis de gauche à droite : Freddy Hoerdt, Robert Hamidi, Jean-Jacques Dutt (président), Dany Lapp, Momo Balbzioui.
Accroupis de gauche à droite : Roger Schaeffer (délégué), Thierry Hoerth, Thierry Wendling, Luc Goetz, Christophe Dossmann, Francisco Nunes.

Le FC Schwindratzheim équipe III, 1993-1994,
vainqueur du Challenge Aimé Gissy
Debout de gauche à droite :
Jean-Jacques Dutt (président),
Patrick Lauffenburger, Christian Klein,
Manu Lapp, Amid Boulatrous (entraîneur-joueur), Jean-Georges Duringer,
Franck Fechter, André Friedrich,
Eric Kalb (délégué).
Accroupis de gauche à droite :
Adrien Metz, Hubert Mathis, Freddy Gross,
Marc Bernhardt, Patrice Klein.
Assis de gauche à droite : Quentin Wernert,
Christian Schaeffer, Jean-Claude Schlick.

Le FC Schwindratzheim II 1996-1997,
champion du Bas-Rhin de division III
En haut de gauche à droite :
Roger Schaeffer (délégué), Rémy Weber,
Manu Lapp, Francis Schoettel,
Alain Lienhardt.
Debout de gauche à droite : Jacqui Gross,
Fredy Gross, Alexandre Ogé, Marc Acker,
Emile Schwederlé (juge de touche),
André Friedrich.
Assis de gauche à droite : Marc Bernhardt
(délégué), Philippe Wieser,
Christian Schaeffer, Jean-Claude Fechter
(président-délégué), Mickaël Lapp,
Patrick Lauffenburger, Patrick Schnepp,
Manu Lopez (entraîneur).

Au cours du même exercice sont inaugurées les nouvelles installations vestiaires douches qui permettent au club d'être l'un des mieux équipés des environs. En 1994, les nouvelles installations nocturnes (180 lux au sol), en grande partie financées par les deniers propres du club, sont érigées par une entreprise spécialisée et homologuées par la LAFA sous le N° 52A. Le jeune Marc Klein est élu au Conseil de Ligue des jeunes et perpétue la tradition de la présence d'un membre du club au sein des instances de la LAFA.

Le challenge Aimé Gissy

L'équipe III évoluant pour la dernière saison en réserves A sait trouver les ressources nécessaires pour faire graver le nom du club sur le socle du feu challenge Aimé Gissy, trophée convoité chaque année par plus de 300 équipes réserves. Entraînée par Hamid Boulatrous et secondée par Eric Kalb, cette équipe dame le pion aux clubs les plus prestigieux.

Composition de l'équipe : Manu Lapp, Christian Klein, Patrick Klein, Christian Schaeffer, Hubert Mathis, Marc Bernhardt, Franck Fechter, Patrick Lauffenburger, Fredy Gross, Adrien Metz, André Friedrich, Jean-Claude Schlick, Jean-Georges Duringer.

Cette saison voit également l'engagement en championnat officiel d'une équipe vétérans.

Au bord de l'implosion

1995 s'annonce comme une nouvelle année noire puisque 8 joueurs et non des moindres, tout comme l'entraîneur, quittent le club qui se retrouve à nouveau au bord de l'implosion. Une nouvelle fois, le président Dutt et ses fidèles collaborateurs trouvent les ressources nécessaires pour repartir du bon pied. La responsabilité technique est confiée à Bernard Stoeckel qui est le seul entraîneur contacté à avoir le courage de relever ce challenge et l'avenir lui donnera heureusement raison. 1996 est une année de transition. On fête avec la verve habituelle la médaille d'or fédérale attribuée au président et l'on accueille pour la 2e fois la caravane des « mercredis du foot ». Jamais la pelouse du stade de la Zorn n'aura été foulée par des pieds aussi prestigieux. En effet, Olivier Dacourt, Franck Leboeuf, Rémy Garde, et Franck Sauzée sont les partenaires privilégiés d'un jour. Une date qui restera gravée dans les mémoires des plus jeunes. Et le club obtient le maintien en Promotion d'Excellence, seul objectif annoncé au départ de la saison.

La division d'Honneur, enfin !

1997. Une page en lettres d'or à écrire dans l'histoire du club. Une année exceptionnelle à tous les niveaux. Dès le mois de janvier, le FCS organise la remise des trophées DNA-Sports de Saverne, en présence de nombreux invités d'honneur comme Pierre Pleimelding, Blandine Bitzner-Ducret et Yvon Riemer.

Sur le plan sportif au mois de juin, la troupe de Bernard Stoeckel va sauter sur l'occasion et obtenir le ticket pour évoluer en division d'Honneur, parmi les 20 meilleures formations d'Alsace ! On croit rêver sur les bords de la Zorn ! L'effectif, encadré par Jean Ertz et Patrick Lauer est le suivant : Rémy Specht, Francisco Nunes (toujours fidèle à 10 ans d'intervalle), Christophe Dossmann, David Cochin, Olivier Jacob, Fredy Hoerth, Martial Klein, Alex Ruch, Olivier Vercelli, Manu Lopez, Ramazane Tufan, Thierry Hoerth, Stéphane Rudolf, Philippe Wieser, Luis Da Silva et Alain Lienhardt.

Un bonheur arrivant rarement seul, la seconde garniture n'est pas en reste et remporte le titre de champion du Bas-Rhin à Hangenbieten face à Duttlenheim (3-1) et succombe pour le titre de champion d'Alsace devant la Jeunesse de Saint-Louis (1-4) dix ans après que les pupilles aient été défaits contre Mutzig sur la même pelouse de Kirchheim. L'équipe, entraînée par Manu Lopez et encadrée par Marc Bernhardt et Roger Schaeffer est composée de : Manu Lapp, Patrick Schnepp, Stéphane Lapp, Mickaël Lapp, Jacky Gross, Francis Schoettel, Christophe Sandel, Rémy Weber, Philippe Wieser, Franck Fechter, Marc Acker, Christian Schaeffer, André Friedrich, Alain Lienhardt, Marc Klein, Alfred Klein, Alexandre Oge et Fredy Gross.

Pendant l'intersaison, Le FCS organise l'assemblée départementale de la LAFA. La chaîne régionale de télévision France 3, avec Eric Sold réalise un reportage au domicile de la famille Dutt. Le club a l'immense honneur de participer pour la première fois au 6e tour de la coupe de France, avec tirage au sort en direct à la télévision. La notoriété acquise met le FCS sous les feux de la rampe et l'ensemble de la presse régionale commence à s'y intéresser.

Pour l'ensemble de ses résultats cumulés sur l'année, le FC Schwindratzheim se retrouve sur la 2e marche du podium au palmarès des meilleurs clubs sportifs du secteur de Saverne, Manu Lopez est couronné meilleur buteur tandis que Rémy Specht, le gardien de l'équipe fanion, est élu meilleur footballeur du secteur de Saverne.

1998 : A l'aube de la nouvelle saison, les responsables du FCS mettent sur pied une entente intercommunale chez les jeunes, seul moyen de sauver les sections de jeunes dans les clubs et assurer l'avenir. Les clubs voisins de Wingersheim et Alteckendorf rejoignent la section baptisée WAS. Première saison en division d'Honneur (36 abonnés !) l'objectif principal, à savoir le maintien est assuré, avec en prime l'obligation de mise en conformité du stade de la Zorn.

Le 65e anniversaire du club est fêté avec faste avec l'organisation d'un match amical international entre le Racing Club de Strasbourg et l'équipe slovaque de Kerametal Dubnica (2-0). Le président Dutt est décoré de la médaille d'or de Jeunesse et Sports pendant que la France gagne sa première coupe du monde face au Brésil (3-

0) le 12 juillet 1998. Grâce au partenariat entre la LAFA et le Racing Club de Strasbourg, le FCS accueille chaque lundi soir le centre de perfectionnement des jeunes gardiens de but, animé par l'ancien pro et entraîneur des gardiens du Racing Club de Strasbourg, Michel Ettore assisté de Bernard Oumedjkane.

La fête pour Jean-Jacques Dutt

1999 : deuxième saison en division d'Honneur. La Ligue d'Alsace fête son 80e anniversaire et réceptionne pour l'occasion la réplique officielle de la coupe du monde qui fait discrètement un petit crochet par Schwindratzheim, grâce à la diligence du CTR Pierre Jacky, pour le plus grand plaisir des membres du club. Le FCS s'apprête à fêter avec faste le 50e anniversaire de présidence de Jean-Jacques Dutt qui restera une des fêtes les plus grandioses dans la vie du FCS ! Un parterre impressionnant de personnalités rend hommage à un homme qui a tant donné de sa vie pour le club. Sa devise « on n'a rien donné si on n'a pas tout donné » prend encore plus de valeur en ce jour anniversaire. Des messages de sympathie sont envoyés par l'ensemble de la famille du football d'Alsace de France et d'Europe. On retiendra ceux de Michel Ettore et du staff du Racing Club de Strasbourg, celui de Léonard Specht, d'Arsène Wenger, de Marc Keller et du président de la FIFA, Sepp Blatter en personne !

Le club obtient le titre de vice-champion du Bas-Rhin de la Promotion d'Excellence de la pyramide B avec l'équipe 2 : Vincent Abdellah, Fredy

Le comité du FC Schwindratzheim de l'an 2000
Debout de gauche à droite : Philippe Hausswirth, Gérard Wernert (secrétaire général), Marc Bernhardt, Jean-Claude Fechter (président-délégué), Jean Ertz (commission technique). Assis de gauche à droite : Patrick Lauer (commission des fêtes), Marcel Schnepp (commission du club-house), Jean-Jacques Dutt (président général), Fabien Matter (président des jeunes), Jacky Ludwig (commission des terrains).

Gross, Christophe Dossmann, Alain Bastian, Jean-Georges Klein, Mila Duki, Stéphane Hausswirth, Olivier Lutz, André Friedrich, Cédric Sandrock, Franck Kokorro, Thierry Hoerth, Philippe Wieser, Philippe Masson et Alain Lienhardt, encadrement assuré par Marc Bernhardt et Christian Cully. Ajoutons-y le titre de champion de groupe avec les 15 ans de Régis Vandenbilcke et la coupe du Crédit Mutuel Alsace Ouest avec l'équipe fanion contre les voisins de Mommenheim (2-0) à Weiterswiller. Le même soir où elle apprend son maintien en division d'Honneur, suite à une décision administrative de la Ligue. L'équipe était composée comme suit : Rémy Specht, Francisco Nunes, Philippe Fechter, Stéphane Bastian, Saïd Berrahou, Stéphane Wahl, Olivier Vercelli (cap), Pierre Lemouton, Ramazane Tufan, Fabrice Krieger, Hervé Riegert, Vincent Philipps, Fabien Baldensperger, Martial Klein, Jacky Ludwig (délégué : Jean ERTZ). Le mythique entraîneur Bernard Stoeckel passe le témoin à Lionel Kureck et rejoint le staff technique du club.

1999-2000 arrive. Avec le maintien assuré en division d'Honneur, le club peut aborder la nouvelle saison avec l'engagement de l'ensemble des équipes à un niveau jamais atteint, puisque les deux équipes seniors évoluent chacune dans sa division respective au niveau régional et départemental le plus élevé. Chapeau ! La Ligue d'Alsace de Football choisit le site de Schwindratzheim pour l'assemblée départementale générale des jeunes.

Au mois de septembre, le club est convié à la remise des trophées du Fair-Play à l'auditorium de France 3 Alsace où Aimé Jacquet, l'entraîneur de l'équipe de France championne du monde, remet le diplôme au secrétaire général Gérard Wernert. Le club fait l'objet d'un reportage sur France 3 dans l'émission « Rundum », avec sa section des jeunes.

• **BIBLIOGRAPHIE :**
– Plaquette du 40e anniversaire de la présidence de Jean-Jacques Dutt (1989), sous la signature de Gérard Wernert, secrétaire général, avec la collaboration de Gérard Hoffmann.
– Plaquette du FCS 1998-1999 n° 4.
– Plaquette du 50e anniversaire de la présidence de Jean-Jacques Dutt (1999), sous la signature de Gérard Wernert, ancien secrétaire général et archiviste du FC Schwindratzheim.

En attendant d'être reçu sur le plateau de Téléfoot à l'invitation de TF1 et de Thierry Roland. Une fausse alerte et l'annulation soudaine de l'invitation permet néanmoins aux jeunes d'assister au Stade de France à France-Russie, malheureusement perdu 2-3.

L'invitation se concrétise au mois de novembre en présence de Robert Nouzaret, entraîneur de Saint-Étienne et est ponctuée par une visite du Stade de France. Par ailleurs, lors de cette saison 1999-2000, le gardien Rémy Specht honore deux sélections en équipe d'Alsace. Pendant que l'équipe fanion vit ses dernières heures au plus haut niveau régional, l'équipe 3 se défend bec et ongles et obtient le titre méritoire de champion de groupe en division I de la pyramide B. Les auteurs de cet exploit : Manu Lapp et Michel Raoul aux buts, Alfred Klein, Franck Fechter, Laurent Goetz, Fredy Gross, Jacky Gross, Lionel Kureck, Hubert Mathis (cap), Philippe Masson, Noham Lefevre, Marc Acker, Patrick Schnepp, David Da Silva (délégué : Philippe Hausswirth)

Le FC Schwindratzheim 1996-1997, accession en division d'Honneur
Debout de gauche à droite : Patrick Lauer (dirigeant), Rémy Specht, Thierry Hoerth, Stéphane Rudolf, Philippe Wieser, Manu Lopez, Fredy Hoerth, Olivier Jacob, Luis Dasilva, Alain Lienhardt, Jean Ertz et Jacky Ludwig (délégués).
Accroupis de gauche à droite : Francisco Nunes, Olivier Vercelli, David Cochin, Martial Klein, Jean-Claude Fechter (président-délégué), Ramazane Tufan, Alex Ruch, Christophe Dossmann, Bernard Stoeckel (entraîneur).

Le FC Schwindratzheim de l'an 2000
Debout de gauche à droite : Francisco Nunes, Patrick Wendling, Cédric Sandrock, Thierry Weibel, Alain Lienhardt, Stephan Bastian, Emmanuel Terrisse, Philippe Fechter, Frédéric Acker, Rémy Specht.
Accroupis de gauche à droite : Thomas Thiebaut, Jean-Georges Klein, Thierry Hoerth, Ecir, Djelami Solin, Mila Duki, Olivier Vercelli, Ramazane Tufan.

1934 Dorlisheim

Sports Réunis Dorlisheim ★ 67

Les SR Dorlisheim en 1934

Alfred Epting, gardien sous les couleurs du Racing Club de Strasbourg en 1932

Les « bombardiers » de Dorlisheim

A défaut d'équipe locale, les adeptes du ballon rond se rendent dans les villages voisins pour pratiquer leur sport favori, le football. C'est ainsi qu'on trouve à Gresswiller en 1933 des joueurs de Dorlisheim tels Edouard Dahlen, Charles Straub, Emile Jost entre autres.

René Dallenbach, un cadre de la SNCF, a déjà tenté l'expérience en créant une équipe à Dorlisheim, mais le manque de finances a rapidement disloqué le club. Ce sont donc Edouard Dahlen, Charles Straub, Eugène Deuscher et Charles Schwab qui fondent en 1934 les Sports Réunis de Dorlisheim, auxquels s'associe bientôt Michel Hirschel. Ce dernier, père de l'actuel adjoint au maire, en est le premier président. Les membres fondateurs, ainsi que le premier secrétaire, Charles Becht, contribuent grandement à l'assise financière du club, puisqu'ils se cotisent avec les joueurs pour acheter les équipements.

Le premier est acquis par Thérèse Klein, patronne du restaurant « La Commanderie » qui sert aussi de vestiaires, le deuxième jeu étant offert par le comité. Le recrutement s'avère très difficile puisque les jeunes, des paysans pour la plupart, ne reçoivent pas l'autorisation de leurs parents de pratiquer ce sport parfois trop viril.

Au cours des premières années, d'autres forces viennent renforcer l'équipe dès les premiers mois, tel Emile Jost. Plus tard, c'est Alfred Epting qui garde les buts du Racing Club de Strasbourg dans les années 1932-1933. Pour se rendre à l'entraînement, ce dernier se déplace à bicyclette jusqu'à Strasbourg après les durs travaux journaliers dans les champs.

A cause de la fièvre aphteuse

L'instituteur Tugend prend le relais en qualité de président. Il est beaucoup aidé par Auguste Schroeder, animateur, joueur, maître d'éducation physique et moniteur diplômé de football depuis environ 16 ans. A l'âge de 67 ans, il est resté un sportif jeune et actif, un exemple pour tous.

A chaque fête d'hiver, on instaure une représentation théâtrale avec des acteurs sortis des rangs des footballeurs. Celle prévue en novembre 1937 doit être reportée au 25 décembre à la suite de la fièvre aphteuse qui sévit dans la localité. Une répétition de cette même représentation permet de secourir les victimes de cette maladie.

Le premier terrain sur lequel se déroulent les rencontres de championnat dès 1934 est tracé sur un pré en face de l'usine Bugatti, à l'endroit de l'actuelle scierie Feidt. Ce terrain appartenant à la SNCF est loué aux SRD grâce à un cadre sympathisant de cette administration, un certain Batt, qui prend ses repas à « La Commanderie ». La fréquentation des assemblées générales est décevante puisqu'on atteint rarement les 20 membres. Lors de celle du 11 février 1939 on décide la radiation pure et simple de tout membre actif absent sans motif valable. Deux autres noms doivent être retenus pour l'aide qu'ils apportent au club : Georges Deuscher, frère du créateur et Fritz Greth. Ce dernier est le grand animateur des différentes festivités, celui qui prépare la salle et effectue tous les travaux annexes pour qu'une telle manifestation soit couronnée de succès. Comme partout ailleurs, l'activité du club est réduite pendant l'occupation allemande, du fait de la mobilisation de beaucoup de membres.

Au bal du retour

Le 24 février 1945 sonne «la résurrection» des sections de football, de gymnastique et du vélo-club qui fusionnent pour devenir Sports Réunis Ouvriers de Dorlisheim. Celles-ci défilent le 29 novembre 1945 lors de la fête de la Libération.

Le 4 novembre 1945 a lieu le «bal du retour» ainsi que le match amical retour contre le FC Senones, champion des Vosges, en l'honneur des camarades revenus de captivité. Le même jour, une gerbe est déposée en mémoire des camarades tombés au champ d'honneur. Lors de l'assemblée générale du 8 mars 1947, le vélo-club réclame son indépendance. Composition du comité de l'omnisports lors de cette première assemblée générale après la Libération : Jean Backert (président), Ernest Guth (secrétaire), Arthur Jost (caissier). Pour la section football : Auguste Schroeder, Edouard Dahlen et Guillaume Bastian.

Après l'élection du nouveau président, Eugène Hausser, en juin 1948, le comité prend la décision d'engager un entraîneur pour donner plus d'élan à l'équipe. En février 1949, le comité doit se réunir d'urgence, suite à un regrettable incident qui coûte à l'équipe fanion le titre de champion du groupe. En effet, un joueur local qui prétend n'avoir signé aucune licence en tant que militaire, est aligné contre Molsheim. Le match gagné sur le terrain par 1 à 0 est perdu sur le tapis vert. Une meilleure connaissance des statuts aurait évité cette fâcheuse situation.

La saison 1948-1949 se termine avec une place de 2ᵉ. Néanmoins, après un match de barrage, la montée en division II est assurée. Auparavant, les SRD parviennent jusqu'en quarts de finale de la coupe d'Alsace, cas unique pour une équipe de division III. Dorlisheim continue sur sa lancée la saison 1949-1950, en devenant d'abord champion du groupe avec 8 points d'avance sur le deuxième, avec un goal-average de 64-23. Puis, c'est le titre de champion d'Alsace de division II, en gagnant à Ribeauvillé le match contre Logelbach par 4 buts à 3, après avoir mené par 3 à 0.

A défaut d'un entraîneur, les joueurs Auguste Schroeder et Charles Backert sont chargés d'assumer les séances d'entraînements. Coup de théâtre en décembre 1950, lorsque le président Eugène Hausser veut céder le joueur Alfred Backert au Racing Club de Strasbourg sans avoir mis le comité au courant. Cette infraction envers les statuts étant considérée comme une affaire grave, le comité décide de suspendre ledit président de ses fonctions, confiant en même temps la direction à Jean Backert.

Le terrain jonché de poireaux

Les Sports Réunis, bientôt surnommés «les bombardiers de Dorlisheim», terminent la saison 1950-1951 à la 3ᵉ place de leur groupe, alors qu'ils sont champions d'automne. En coupe d'Alsace, les SRD trouvent sur leur chemin le FC 06 de Strasbourg, représentant de la division d'Honneur, et ne s'inclinent que 1 à 2. L'assemblée générale qui suit est très mouvementée car le dynamique secrétaire Schilling quitte la salle à la suite d'une intervention houleuse d'un joueur qui ne comprend pas pourquoi il n'a pas été aligné lors d'un récent match.

Durant la saison 1951-1952, Dorlisheim fait encore des étincelles, en remportant le titre de champion de Bas-Rhin division I à Duttlenheim. Match mémorable que celui qui permet aux locaux d'écraser l'AS Robertsau par 6 à 1 après avoir été mené au score. Alfred Backert, le réputé buteur, égalise par la suite alors que Gilbert Bilger donne l'avantage 2 à 1 encore en première mi-temps. Les «maraîchers» qui sont soutenus par plus de 250 supporters équipés chacun de poireaux font triste mine au coup de sifflet final. Après le match, les poireaux jonchent le sol autour du terrain en signe de défaite ou de retraite.

Puis, en finale régionale, Dorlisheim bat l'US Thann à Logelbach par 2 à 1 et devient champion d'Alsace de la division I tout en accédant pour la première fois de sa création en Promotion d'Honneur. Ce soir-là, l'équipe est accueillie à la gare par la musique municipale.

En Promotion d'Honneur

Après cette montée, le comité décide d'engager René Hauss, l'arrière droit du Racing Club de Strasbourg, comme entraîneur des équipes seniors et jeunes. Son activité est de courte durée car quelques mois après, sur ordre de sa direction, il doit cesser l'entraînement.

En mai 1953, Robert Schneider, ex-équipier du Racing Amateurs et champion d'Alsace du 100 m, opère également comme joueur. On déplore cependant le départ du talentueux ailier droit René Hausser, qui signe une licence pro au Racing Strasbourg où il dispute quelques matches officiels. Puis il rejoint le FC Mulhouse pour y rester quelques saisons avant de revenir au bercail et de raccrocher.

Pour compenser son transfert chez les pros strasbourgeois, un match amical est conclu entre une équipe locale renforcée par deux joueurs régionaux et les Cigogneaux du Racing parmi lesquels figurent quelques joueurs pros comme Edmond Haan, Marius Dreyer, Batistella, Borkowski entre autres. Par un ciel sans nuages, le 23 octobre 1955, les locaux mènent un certain moment par 2 à 1 pour succomber finalement par 3 à 2 après une prestation qui enthousiasme le nombreux public. Lors de la saison 1956-1957, les bombardiers de Dorlisheim battent de l'aile et se retrouvent fin mai en division I, avec un capital de 5 points seulement et un goal-average négatif de 24-78.

La saison suivante après un départ pénible (5 points seulement à l'issue des matches aller), l'équipe se ressaisit et avec 16 points à l'issue du championnat, reste en division I. En avril 1958, le président Leissner de l'AS Mutzig propose une fusion Dorlisheim-Mutzig, mais elle est repoussée par le comité. La décision finale doit être prise en assemblée générale, mais M. Leissner renonce prématurément à son projet.

C'est à la Pentecôte 1960 qu'a lieu l'inauguration du stade Schiffbach.

Les SR Dorlisheim en 1996-1997

Pendant cette cérémonie, des membres méritants sont décorés par le représentant de la ligue d'Alsace de football : Frédéric Gerth et Jean Backert (breloque de la LAFA en argent), Albert Backert, Alfred Hirschel, René Vix, Emile Bigler et Eugène Meyer (breloque de la LAFA en bronze).

Faute de jeunes, les Sports Réunis descendent la pente. Ce n'est qu'avec l'arrivée du joueur-entraîneur Lucien Reuhter, ex-Cigogneaux et Pierrots, que l'espoir renaît puisque l'équipe fanion remporte le titre de champion d'Alsace de division II, en battant Zillisheim par 3 à 0 à Ingersheim près de Colmar à la fin de la saison 1962-1963.

L'équipe continue alors à faire le va-et-vient entre la division I et la division II (en ayant même les honneurs du journal *France Football*, un article lui étant consacré dans un numéro daté de janvier 1963), pour se voir reléguée en division III à l'issue de la saison 1973-1974, en ne remportant que 14 points en 22 rencontres (4 matches gagnés et 6 nuls).

Retour en division II

Le 40e anniversaire, fêté le 25 août, fait quelque peu oublier la mauvaise position. Deux ans après, la même équipe trébuche sur l'avant dernier obstacle, alors qu'un match nul aurait été suffisant pour accéder en division supérieure.

Ce n'est qu'en juin 1977 que les Sports Réunis remontent en division II, en se faisant coiffer sur le poteau pour le titre de champion de groupe par Krautergersheim, après avoir mené pendant presque tout le championnat.

Les blessures de certains joueurs constituent un lourd handicap pour l'équipe première qui redescend en division III à la fin de la saison 1981-1982.

Avantageusement placée à la fin des matches aller l'équipe décroche, à la fin de la saison 1982-1983, une première place en coiffant sur le poteau son grand rival Hangenbieten. Il faut attendre la dernière journée du championnat pour connaître le verdict.

Dans la série des poules de classement, le nouveau champion bat Saint-Pierre Bois (3-1), mais est éliminé de la course au titre de champion du Bas-Rhin de la division III.

• BIBLIOGRAPHIE :
– Merci à Jean-François Birlouet.

Les présidents

Michel Hirchel (père)
M. Tugend
Jean Backert (1945-1947)
Albert Backert (1947-1948)
Eugène Hausser (1948-1950)
Jean Backert (1950-1951)
Guillaume Ross (1951-1952)
Edouard Bertrand (1952-1954)
Jean Backert (1954-1955)
Edouard Bertrand (1955-1957)
Oscar Spitzer (1957-1958)
Fritz Greth (1958-1960)
Albert Hausser (1960-1973)
Gérard Spitzer (1974-1978)
Alfred Blum (1978-1980)
Michel Durand (1980-1983)
Richard Munch (1983-1989)
Emile Schramm (1989-1996)
Jean-François Birlouet (1996-2001)
David Alfonsi (2001 à nos jours)

Le comité de l'an 2000

David Alfonsi (président)
Christophe Picamal (vice-président)
Lydie Menard (trésorier)
Nathalie Scharsch
Muriel Rub, Christian Hummel
Thierry Bilger, Christophe Picamal
David Steyer, Franck Spitzer, Alain Schramm

Association Sportive Gundershoffen ★ 67

Gundershoffen

Une symphonie de Bach

L'Association Sportive de Gundershoffen naît en 1934. Son premier comité est composé de Georges Gerber (président), Charles Bachmann (secrétaire), Joseph Bernhardt, Charles Stammbach, Emile Denu, Louis Stierer, Auguste Kiefer, Georges Koenig, Lucien Lemberger. Lors de la saison 1935-1936, l'ASG joue en division III groupe Nord et se classe à la 4e place d'un groupe remporté par Schirrhein, derrière l'Etoile Reichshoffen et Mertzwiller. La saison suivante, c'est la division II, avec une 5e place d'un groupe Nord enlevé par La Walck. L'équipe se maintient en division II jusqu'à l'arrêt des compétitions en 1940. A la Libération, l'équipe est admise en division I et se classe à la 8e place. De ce fait, elle est rétrogradée en division II, division qu'elle ne va plus quitter durant plusieurs saisons.

Lors de la saison 1953-1954, l'équipe fanion devient championne de division II devant Souffelweyersheim avec 18 victoires, 5 nuls et 3 défaites. Elle marque 105 buts au cours de la saison.

En 1955, on construit le nouveau terrain. C'est une armée de bénévoles, munis de pelles et de pioches, qui s'attaque au nivellement après que le pré ait été soigneusement fauché.

A plusieurs reprises, le club frôle la relégation en division II, en se sauvant de justesse. Et ce qui devait arriver survient au terme de l'exercice 1961-1962. Dernière de son groupe, l'équipe fanion descend d'un échelon. Mais une fois achevée la saison 1963-1964, le compte est bon : Gundershoffen peut fêter le titre de champion de groupe (au goal-average devant Sarre-Union) et remonter en division I.

En 1966, la municipalité met un nouveau stade à la disposition du club mais, malheureusement, la même année, l'équipe est reléguée en division II. L'équipe de l'entraîneur Sadler termine malgré tout la saison sur une bonne note en remportant la coupe De Dietrich après avoir battu Niederbronn (1-1) par tirage au sort au vieux stade de la Hardt.

L'AS Gundershoffen en 1936
Debouts de gauche à droite : Louis Aron, Alfred Bernhardt, Auguste Dussourd, Joseph Koenig, Frédéric Ertzinger, Charles Matthias, Frédéric Ruscher, Alfred Strebler.
Accroupis de gauche à droite : Léon Schweighoeffen, Georges Schweyer, Georges Marx.
Manquent sur la photo : Edouard Ernst, Henri Matthias, Charles Oreggio.

Gilbert Gress à Gundershoffen
En 1972, l'ASG renforcée rencontre une sélection de professionnels lors d'un match organisé au profit de l'Association Française contre la Myopathie. Malgré la pluie, 1 100 spectateurs voient Gilbert Gress (Olympique de Marseille), Jean-Noël Huck (OGC Nice), Ivica Osim (RC Strasbourg), Gérard Hausser (RC Strasbourg) et leurs camarades infliger un 14-1 aux locaux. Mais que de souvenirs !

L'AS Gundershoffen le 18 avril 1948
Debouts de gauche à droite :
Charles Leininger, Alfred Keller, Charles Schiffmacher, Philippe Freyermuth, Jacques Pfeiffer, Charles Muhr.
Accroupis de gauche à droite :
Frédéric Muhr, Louis Aron, Georges Ruch, Michel Rohé, Albert Rohé.

L'AS Gundershoffen, vainqueur de la Coupe de Dietrich le 14 juin 1953
Debouts de gauche à droite : Jean-Georges Boeringer, Robert Koenig, Jacques Rusch (délégué), Willy Mathias, Robert Stein, Jacques Klein (capitaine), Alfred Bauer, Alfred Schweitzer, Charles Reiss, Frédéric Muhr, Lucien Kraehn, Charles Ruch.
Accroupis de gauche à droite : Frédéric Antoni, François Koenig, Emile Goetz, Jacques Pfeiffer, Charles Bauer.

L'AS Gundershoffen 1965-1966
Debout de gauche à droite : Raymond Arnold, Alfred Zimmer, Roger Violant (capitaine), Manfred Reutenauer, Alfred Mahler. Accroupis de gauche à droite : Gaby Duch, Marcel Mahler, Frédéric Reiss (militaire de Drachenbronn), René Sadler, Jacques Dusch.

Pour la saison 1975-1976, c'est Christian Bach qui prend en main l'entraînement et obtient d'excellents résultats, dès la première saison, avec une équipe homogène composée de Frédéric Reiss, Alfred Mahler, Christian Kastner, Claude Koenig, Christian Bach, Eddy Schuppert, René Bené, Paul Leininger, Pierre Deutschmann, Jean-Claude Aron, Gaby Dusch, Eddy Pfister. En championnat, l'équipe termine à la 2e place derrière l'inaccessible Vauban et remporte la coupe du Crédit Mutuel après une finale contre Reichshoffen. En coupe de France, c'est l'élimination au 4e tour devant Betschdorf (4-5 ap) après avoir sorti le FCSK 06 au 3e tour. La même année, l'équipe II devient championne d'Alsace de division IV contre les Haut-Rhinois du FC Zimmersheim. Honneur soit rendu à : Freddy Pfeiffer, Bernard Freidig, Manfred Reutenauer, Jean-Claude Hantz, J. Rusch, Pierre Reiss, Robert Peter, Gérard Kempf, Luc Fornecker, Jean-Pierre Houfel, Jean-Georges Bené, Patrick Lienhardt.

Champion du Bas-Rhin de Promotion d'Honneur

La saison 1976-1977 se termine magnifiquement. En championnat, la

Jusqu'en 1970, l'équipe fanion navigue en division II et obtient des résultats assez quelconques. La saison du renouveau est celle de 1970-1971, quand la bande à Joseph Schneider bouscule tout sur son passage, termine avec 9 points d'avance et devient championne de groupe. L'équipe est alors composée de F. Reiss, M. Reutenauer (capitaine), R. Rambicur, A. Mahler, P. Leininger, R. Houfel, C. Koenig, J. Schneider, J.-G. Bene, M. Schauly, P. Deutschmann, R. Arnold.

La saison 1971-1972, dont l'objectif initial est le maintien en division I se termine par... la montée en Promotion d'Honneur à la suite d'un match mémorable contre Schirrhein, devant 2200 spectateurs et un score fleuve de 4 à 0. L'ASG va se maintenir en Promotion pendant 5 saisons.

L'AS Gundershoffen 1976-1977, finaliste de la coupe d'Alsace
Debout de gauche à droite : Paul Leininger, Jacky Aron, Claude Koenig, Christian Bach (ent.), Frédéric Reiss (capitaine), Christian Kasner.
Accroupis de gauche à droite : Alfred Mahler, Gaby Maes, Jean-Georges Bené, René Bené, Edy Schuppert, Pierre Deutschmann.

L'AS Gundershoffen, finaliste de la Coupe d'Alsace le 30 mai 1986
Debout de gauche à droite : Jean-Louis Kleitz, Jean-Claude Hantz, Jacky Aron, Patrick Wirth, Dominique Knoll, Philippe Klein, R. Rodrigues, Frédéric Reiss (entraîneur). Accroupis de gauche à droite : Didier Woynas, François Meyer, Alain Violant, E. Esteves, R. Martin, Didier Kempf, Tharcisse Zimmer (capitaine).

première place est acquise avec trois points d'avance sur le FCO Neudorf, avec bien sûr le titre de champion du Bas-Rhin de Promotion d'Honneur. Mais le titre régional revient finalement au FC Neuweg - Saint-Louis. Ajoutons-y une victoire en coupe De Dietrich, un 5e tour de la coupe de France (0-1 devant les SR Haguenau et 2000 spectateurs) et une finale de la coupe d'Alsace (1-2 ap contre Vauban). (Voir sous la rubrique de l'année 1977: coupe d'Alsace). L'ASG remporte également le challenge mis en jeu par *France 3 Alsace* et qui récompense le club ayant obtenu le plus grand nombre de victoires à l'extérieur en championnat.

En CF4

Pour la saison 1977-1978, après une première année en division d'Honneur, l'équipe obtient la montée en CF4 en compagnie du FCSK 06, des SR Colmar et de l'ASS. L'exploit de la saison est pourtant la victoire contre les nationaux des SR Haguenau au 6e tour de la coupe de France (3-2 ap), Alfred Mahler marquant un but historique à la 89e.

Les deux saisons de CF4 sont moyennes mais laissent un excellent souvenir avec des matches contre Merlebach, Baume-les-Dames, Marnaval, Epinal, entre autres. La renommée des « villageois » de Gundershoffen dépasse largement les limites du département. En 1979-1980, l'équipe fanion termine 12e sur 14 du groupe Est de CF4 et se trouve reléguée en Division d'Honneur. En mai 1981, l'ASG manque de peu la remontée puisque, encore première à quatre journées de la fin, elle s'incline devant 1 200 spectateurs face à l'ASS (2-3), futur champion d'Alsace. Dans le cadre des festivités du 50e anniversaire du 3 juin 1984, l'AS Gundershoffen renforcée rencontre les professionnels du Racing Club de Strasbourg. L'ASG reste en division d'Honneur jusqu'au terme de la saison 1985-1986. Durant deux saisons, l'équipe se bat pour remonter, ce qu'elle obtient dès le terme de la saison 1987-1988. Mais la division d'Honneur est un challenge bien difficile. L'ASG est contrainte de retrouver la Promotion d'Excellence, un niveau auquel elle se maintient jusqu'à nos jours.

• BIBLIOGRAPHIE :
– Plaquette du 50e anniversaire du 3 juin 1984.
– Plaquette du 60e anniversaire des 23 et 24 juillet 1994.

L'AS Gundershoffen 1987-1988, champion de la promotion d'Excellence, vainqueur de la coupe du Crédit Mutuel et de la coupe de Dietrich
Debout au 3e rang de gauche à droite : Philippe Klein, Didier Kempf, Denis Renner, Jacky Aron, François Meyer.
Debout de gauche à droite : Théo Ebersohl, Gérard Schmidt (président), Jacky Rambicur, Pascal Vogt (entraîneur), R. Martin, Dominique Knoll, M. Gonzales, R. Rodrigues, Dany Ingweiler, F. Dusch, René Koell, Charles Jung.
Accroupis de gauche à droite : E. Esteves, Alain Violant, Patrick Wirth, D. Weil, Tharcisse Zimmer.

Un secrétaire exemplaire
René Koell et son épouse ont bien droit à ce petit hommage. Pendant plus de 40 ans, René a été le secrétaire du club, attentif et méticuleux. Sa parfaite connaissance des textes (son conjoint en connaissait autant que lui), a fait souffrir plus d'un club et même les services de la Ligue. Comme par exemple la non qualification de Roland Wagner, fraîchement recruté par Haguenau.

La poisse de Julien Fornecker
En 1954-1955, arrive à Gundershoffen un très bon joueur, qui vient de Mertzwiller, Julien Fornecker. Il est enrôlé en qualité d'entraîneur-joueur. Au bout de quelques saisons plutôt réussies, il décide de se lancer dans l'arbitrage. Il a alors 32 ans. Il va tenir le sifflet durant 16 saisons, jusqu'en 1976.
Il aura arbitré jusqu'au plus haut niveau régional, avant de devenir juge de touche pour les rencontres professionnelles de D1, aux côtés de Robert Wurtz, Lucien Bierg ou Georges Conrath. Sa plus grosse déception aura été de manquer la finale de la coupe de France 1976, au Parc des Princes, aux côtés de Lucien Bierg. Contraint de se faire opérer peu de temps avant le match, il a été contraint de déclarer forfait. C'est ce qu'on appelle la poisse.

René Koehl sans regrets
René Koehl a passé 45 années de sa vie au service de l'AS Gundershoffen, dont 32 en qualité de secrétaire. « J'ai eu la chance d'avoir une femme qui aimait le football » déclarait-il à Stéphane Heili. « Elle m'aidait dans mon travail et servait souvent d'intermédiaire avec la LAFA lorsqu'elle travaillait à Strasbourg ». René se souvient aussi de la belle époque du CF4 et de beaux exploits en coupe de France. *« Je faisais souvent le taxi à l'époque du championnat de France. Nous emmenions les joueurs à Audun-le-Tiche, Marnaval ou encore Saint-Dizier »*. Pas de regrets dans les propos de ce dirigeant exemplaire : *« Je n'ai vraiment aucun regret, et si c'était à refaire, je n'hésiterais pas une seconde »*.

L'AS Gundershoffen de l'an 2000 en Excellence
Debout de gauche à droite : Tharcisse Zimmer (entraîneur), Richard Martin (délégué), Fabrice Fernbach, Franck Schaeffer, Rodolphe Greiner, Yann Boos, Christophe Babilon, Philippe Klein, Olivier Erhardt, Yves Diebold. Accroupis de gauche à droite : Alexandre Rusch, Christophe Maes, Emmanuel Kraemer, Ahmet Yilmaz, Gilles Doer, Franck Krebs, Hervé Meyer.

Les présidents

Georges Gerber
Alphonse Englender
René Bertsch
Gaston Dreyfuss
Jean-Paul Lehmann
Gérard Schmidt (1982-1988)
Théo Ebersol (1988-1996)
Charles Jung (1996-2000)
J.-G. Rosenfelder (2000 à nos jours)

Le comité de l'an 2000

Jean-Georges Rosenfelder (président)
Jean-Georges Leininger (vice-président)
Jacky Moritz (vice-président)
Jean-Claude Léonhardt (vice-président)
Dany Ingweiler (secrétaire)
Hervé Leininger (trésorier)
Daniel Anthony, Jacky Aron, Patrick Bauer, Jean-Pierre Beck, Joseph Beyler, Bernard Diebold, Yves Dillenschneider, Jean-Georges Dusch, Gérard Gander, Georges Kleiderer, Philippe Klein, Philippe Koenig, Benoît Ledig, Olivier Léonhard, Michel Ludwig, Jean-Claude Matz, Richard Martin, Dominique Peter, Denis Ritter, Emmanuel Rosenfelder, Luc Schweyrer, Michel Schweyer, Guy Staub, Hervé Wendling, Jacky Woynas, Daniel Zahnbrecher, Tharcisse Zimmer, (assesseurs).

1934
Association Sportive Holtzheim ★ 67
Holtzheim

L'US Holtzheim en 1936-1937

En mal d'identité

C'est l'abbé Zadler, curé de la paroisse, qui permet à une bande de gamins de jouer au football à Holtzheim en 1934. Et de créer un club de patronage, l'Union Sportive Holtzheim. Il est le premier président du club. Les premiers matches disputés le sont dans le giron de l'Avant-Garde du Rhin. En 1936, le club adhère à la LAFA et se trouve intégré en championnat de division IV.

Les présidents
Abbé Zadler (1933-1936)
Eugène Klein (1936-1939)
Joseph Raedel
Charles Lacker
Ernest Fritsch (1945-1948)
Emile Oberlé
Charles Lacker
Léon Nopper
Joseph Raede
Eugène Klein
Charles Wahl
Xavier Denni
René Ertz (1964-1969)
Alfred Noeppel (1969-1970)
Lucien Imbs (1970-1998)
Rémy Krantz
(1998 à nos jours)

D'abord l'Union Sportive

De 1936 à 1939, sous la présidence d'Eugène Klein, entrepreneur à Holtzheim, l'équipe est composée de A. Ehret, J. Ott, E. Guthneck, Léon Fritsch, René Miss, J. Lacker, A. Lacker, le curé Eschbach, A. Bey, F. Bey, C. Bey, F. Klauer, A. Heitz, E. Mebs, V. Kieffer, entre autres.

De 1939 à 1945, le football disparaît du terrain. La guerre écarte de nombreux joueurs de leurs foyers. Malgré cette triste période, certains joueurs, sans se décourager, se regroupent et vont disputer des matches dans les villages et clubs voisins comme Achenheim, Hangenbieten, Wolfisheim ou PTT Strasbourg.

En 1945, l'US Holtzheim reprend ses activités en championnat au bas de l'échelle. L'équipe connaît ses premières heures de gloire en se hissant successivement d'échelon en échelon jusqu'en division I à la fin de la saison 1947-1948. Le club est présidé par Ernest Fritsch et entraîné par M. Host, d'Eschau. L'USH attire de nombreux spectateurs autour du terrain de la route d'Achenheim, au lieu-dit « Am Zich ». Il n'est pas rare de dépasser les 500 personnes certains dimanches.

Les vestiaires, durant toute cette période, sont situés au restaurant « A la Couronne ». L'USH connaît des hauts et des bas jusqu'en 1963. C'est à cette époque que le club cesse son activité.

Naissance du Football Club

En 1964, le village et surtout les amateurs de football se réjouissent car un nouveau club est né : le Football Club Holtzheim. Son président est René Ertz, fortement encouragé par Oscar Bongard, industriel à Holtzheim. Le club connaît des années de gloire en passant de la division IV à la Promotion d'Honneur en cinq saisons, soit un rythme d'une montée chaque saison (1964-1969). Il y a là des joueurs d'exception comme M. Pfrimmer, Léopold, Jacht, entraînés par M. Hugel et A. Gall. Malheureusement, sans pouvoir disputer un seul match en Promotion d'Honneur, le FC Holtzheim doit arrêter la compétition à la suite du retrait de l'équipe dirigeante.

A la même période, beaucoup de joueurs du FC Holtzheim évoluent également en championnat corporatif dans l'équipe des Ets Bongard de Holtzheim. Une formation entraînée par le célèbre Paco Matéo et qui remporte trois fois la coupe de France corporative en 1966, 1968 et 1969.

L'US Holtzheim 1946-1947
De gauche à droite : E. Borschneck, R. Keck, A. Heitz, J. Zimmer, Michel Heitz, L. Schitter, Husser, J. Meyer, R. Hecker, P. Miss, E. Mebs (dirigeant).

Le FC Holtzheim 1967-1968
Debout de gauche à droite : Gall, Pfrimmer, Léopold, Yacht, Weiss, Jung, A. Delfosse, Piotrowski.
Accroupis de gauche à droite : Lang, Heintzelmann, Nardin, Hamm, Yvars.

L'AS Holtzheim 1972-1973
Debout de gauche à droite : R. Krantz, Sturtz, Roth, Pfrimmer, Hattemer, Hueller, P. Durst, Lucien Imbs (président).
Accroupis de gauche à droite : J.-P. Durst, A. Durst, Wipf (capitaine), Lienhardt, Weiss. Absent : Chr. Freund.

L'Association Sportive pour finir

Le 23 janvier 1970, à la suite d'une assemblée générale constitutive, tenue dans la salle du restaurant « A la Couronne », l'Association Sportive de Holtzheim naît sous la présidence de Lucien Imbs, entouré d'une trentaine de passionnés du ballon rond. Entre temps, le stade a été déplacé de la rue d'Achenheim à son emplacement actuel, au lieu-dit « D'Gansweid ».

Après la construction des vestiaires et de la tribune, l'installation sportive est complétée par le club-house, entièrement réalisé par les membres du club en 1976 et inauguré par M. Kahn-Ackermann, secrétaire général du Conseil de l'Europe en 1977.

Jusqu'en Excellence

L'ASH, assimile bien sa crise de croissance. Elle se hisse parmi l'élite départementale en accédant en Promotion d'Excellence. A la clé un titre de champion du Bas-Rhin puis d'Alsace de Promotion d'Honneur 1990-1991 en battant le SC Sélestat 3 buts à 1, puis pour le titre régional le FC Illhaeusern, 5 buts à 3.

En juin 1998, l'assemblée générale désigne comme nouveau président Rémy Krantz qui, à la tête d'un comité fort de vingt personnes déjà bien rodées, continue, dans la foulée, le travail des anciens. Pour la saison 1999-2000, l'AS Holtzheim accède à l'Excellence.

• **BIBLIOGRAPHIE :**
– Plaquette du 30ᵉ anniversaire de l'AS Holtzheim en 2000.

L'AS Holtzheim 1999-2000
Debout de gauche à droite : Marius Miss (dirigeant), Pierre Benanti (entraîneur), Christophe Heitz, Rachid Bourefis, Franck Fuss, Laurent Costa, Cédric Kislat, Chaïb Driouach, Dominique Sturtz (dirigeant).
Accroupis de gauche à droite : Eric Froeliger, Eric Lutz, Franck Dehran, Francis Schott, Manuel Pfister, Jean-Philippe Werly, Erol Aywaz.
Manquent sur la photo : Jérôme Vogel, Farid Bourefis, Michel Stoll (dirigeant).

Le comité de l'an 2000

Rémy Krantz (président)
Patrick Muller (vice-président)
Michel Stoll (manager général)
Patrick Muller (secrétaire)
Noël Weiss (trésorier)
Dominique Sturtz (président des jeunes)
Jean-Marc Hirschner, Claude Grasser
Fabrice Stumpf, Francis Schitter
Marc Courbon, André Heitz
Raymond Neuburger
Jean-Michel Rey, Roland Seiller
Dany Weil, Francis Schott, Marius Miss,
Jean-Pierre Zuckschwert
Gérard Broussal, Philippe Raedel
Michel Barthel, Victor Dejesus
Ludovic Reutenauer

Les entraîneurs

André Hugel (1964-1969)
Robert Pfrimmer (1970-1972)
Uwe Hueller (1972-1974)
Albert Delfosse (1974-1976)
Jean-Claude Hattemer (1976-1977)
Alfred Waag (1977-1978)
Francis Staenzel (1978-1980)
Bernard Storck et Francis Staenzel (1980-1981)
Francis Staenzel (1981-1983)
Jean Eck (1983-1984)
Roger Kleinclaus (1984-1987)
Robert Lienhard (1987-1990)
Pascal Rieffel (1990-1993)
Christian Wilhelm (1993-1996)
René Miss (1996-1998)
Pierre Benanti (1998 à nos jours)

1934 Merkwiller

Football Club Merkwiller-Pechelbronn ★ 67

Au pays d'Albert Gemmrich

C'est le 4 mai 1934 que naît le Football Club de Merkwiller-Pechelbronn, grâce au dynamisme de Georges Engel, Armand Demuth et Georges Schiellein, maire du village. La direction du comité fondateur est confiée à Armand Demuth (président), Léon Urbani, Charles Schadt (vice-président). La première équipe est engagée dans le championnat en 1935. A cette époque les partenaires sont rares et le club peut être fier de compter parmi les équipes les plus anciennes de la région.

Les premières rencontres ont lieu sur le terrain situé sur la rive gauche du Seltzbach à l'emplacement actuel de la CMDP. Les nombreux supporters, la gorge desséchée par leurs encouragements, bénéficient déjà d'une buvette. Un peu avant la guerre, l'équipe est composée en partie de militaires et d'employés de la raffinerie de Pechelbronn.

Le FC Merkwiller-Pechelbronn 1934-1935
Debout gauche à droite : Charles Strasser, Philippe Eyermann, Stephan (de Kutz), Georges Kocher, Frédéric Hirlemann.
Au 2ᵉ rang de gauche à droite : Frédéric Conrad, Henri Schiellein, Henri Engel.
Accroupis de gauche à droite : Georges Eichenlaub, Paul Herold. Assis : Georges Engel.

Les premiers dribbles d'Albert Gemmrich
N'oublions pas de signaler que c'est au sein du FC Merkwiller-Pechelbronn qu'Albert Gemmrich a effectué ses premiers dribbles et réussi ses premiers tirs, avant de connaître au Racing Club de Strasbourg (puis avec les Girondins de Bordeaux), la grande carrière de footballeur international que l'on sait. Il y a signé sa première licence comme cadet en 1968. Son père, Henri-Jacques Gemmrich dit « Jockel », qui nous a quittés brutalement à l'été 2001, a été gardien de but du FC Merkwiller-Pechelbronn avant la guerre.

Le FC Merkwiller-Pechelbronn 1938-1939
De gauche à droite : Paul Herold, Vançon, Becker, Georges Schiellein, Chevalier, Henri Schiellein, Szimansky, Aubry, Strappe, Willy Funfrock, Frédéric Conrad.

Le FC Merkwiller-Pechelbronn en 1940
Debout de gauche à droite : Bernard Erny, Albert Wild, Jacques Loehr, Charles Bogner.
Au 2e rang de gauche à droite : René Gaestel, Albert Grieber, Edmond Kupferlé.
A genoux de gauche à droite : Georges Kocher, Charles Hickel, Charles Graessel.

Le FC Merkwiller-Pechelbronn 1949-1950, champion de groupe de division IV
Debout de gauche à droite : Curt Turke (entraîneur), René Schaeffer, Daniel Held, Ernest Schwartz, Richard Hirlemann, René Loehr, Georges Engel (président).
Au 2e rang de gauche à droite : Henri Motz, Pierre Strobel, Philippe Baer.
Accroupis de gauche à droite : René Rempp, René Griebel, Joseph Lang.

A partir de 1939, sous la présidence de Georges Engel, le club évolue au sein d'un groupe régional de 5 équipes dont Surbourg, Mertzwiller, Woerth. Les militaires ayant été appelés sous les drapeaux, on retrouve une équipe composée entièrement de joueurs du village.

Le stade bombardé

Malheureusement arrive alors une sombre période de notre histoire qui voit les balles de football remplacées par les balles de plomb et lors du bombardement de la raffinerie de Pechelbronn le 3 août 1944, le terrain est détruit. Pendant l'occupation, le club continue à fonctionner sous la présidence de Charles Haushalter. Forment l'équipe : Jacques Hickel, Georges Sorgius, Charles Guthmuller, Lucien Mahler, Charles Eyermann, Kurt Sattel, Albert Schaeffer, Charles Haller, René Stoetzel, André Gusching, Robert Wanner, Albert Rempp, Victor Schadt, Paul Baer et René Keller.

La guerre terminée, il faut du temps pour remettre l'aire de jeu en

Le FC Merkwiller-Pechelbronn 1966-1967, accession en division III
Debout de gauche à droite :
Etienne Suss, Frédéric Griebel, Gérard Hurst, Robert Turke, Jean-Claude Stohr.
Accroupis de gauche à droite :
Jean-Paul Cronmuller, Aloïse Klein, Jean-Claude Weisbecker, Raymond Suss, Albert Suss, Jean-Paul Suss.

Le FC Merkwiller-Pechelbronn 1974-1975, champion de groupe de division III
Debout de gauche à droite :
Robert Turcke, Raoul Conuecar, Jean-Claude Stohr, Raymond Suss, Georges Pfitzinger, Jean-Charles Buchi, Jean-Paul Suss.
Accroupis de gauche à droite :
Gilbert Rubenthaler, Armand Batt, Georges Trapp, Nestor Conuecar, Gilbert Wild, Patrick Philipps.

Le FC Merkwiller-Pechelbronn 1986-1987, accession en division II
Debout de gauche à droite :
François Laborda (entraîneur), Arthur Schohn, Armand Haury, José-Antoine Laborda, Hubert Philipps, Mario Griebel, Jacky Kuhn, Pascal Busché, Denis Stohr (dirigeant).
Accroupis de gauche à droite :
Halit Koc, Louis Laborda, André Study, Roger Deutsch, Thierry Busché, Alex Laborda.

état. Un terrain est provisoirement aménagé après la guerre à Kutzenhausen, ce qui n'empêche pas l'équipe de monter en division supérieure. La reprise a lieu en 1948. En 1950-1951, le FC Merkwiller retrouve un terrain digne de lui, situé sur la rive gauche du « nouveau Seltzbach », offert par la SAEM Pechelbronn pour le franc symbolique. Ce terrain est homologué « coupe de France ».

En 1959, après deux années d'inactivité (1957-1959), le club se donne un nouveau président, Charles Schweickart et hérite d'une nouvelle aire de jeux située à l'emplacement actuel. Revigoré par le dynamisme du président, bon nombre de jeunes s'adonnent au ballon rond et participent à l'amélioration des installations. L'équipe redémarre logiquement en division IV. Elle réussit à remonter en division III au terme de la saison 1966-1967.

L'équipe la plus brillante

Cette excellente ambiance se concrétise par des résultats sportifs qui amènent une équipe de juniors en demi-finale du championnat du Bas-Rhin 1974-1975, avec un titre de champion de groupe à la clé. Cette équipe est composée de : Jean-Marc Richert, Jean-Jacques Deutsch, Richard Meyer, Jean-Luc Heimlich, Rémy Logel, Richard Hirlemann fils, Philippe Eyermann, Yves Gassmann, Roger Stoetzel, Armand Haury, Jean-Luc Forst, Freddy Motz, Armand Schweiger. De son côté, la même saison, le FCMP est champion de groupe de division III et accède en division II.

Le soutien efficace de la municipalité et du maire, Frédéric Schiellein, contribuent au renouveau du FC Merkwiller. Avec le départ d'Etienne Suss de la présidence en 1977, de nombreux joueurs et dirigeants quittent le club ou mettent un terme à leur activité. Les saisons 1977 à 1979 voient accéder à la présidence René Bernarek. Le club joue à ce moment-là à son plus haut niveau. En 1979 un nouveau comité est élu, présidé par Hubert Wengert. Celui-ci, grâce à son dynamisme, son abnégation et son esprit d'équipe sait mener à bien la mission qu'il s'est fixée : réaliser une politique de formation des jeunes.

Un nouveau stade

Malheureusement, le club retombe en division III à la fin de la saison 1978-1979 puis en division IV au terme de l'exercice 1979-1980. C'est Hubert Wengert qui est président jusqu'en 1987 avec un intérim de Jean-Jacques Bastian pendant les matches aller de la saison 1983-1984. Le stade municipal est inauguré le dimanche 30 août 1981. Il est doté de vestiaires en dur. Le match de propagande oppose l'AS Pierrots-Vauban au FC Wissembourg.

La division IV étant supprimée en 1985, le club se retrouve en division III. On construit de nouveaux vestiaires. La montée en division II est effective après une belle saison 1986-1987 au terme de laquelle le FCMP termine champion de son groupe de division III.

Le club fonctionne sans président

Le club fonctionne sans président à partir de 1987. Le travail est effectué par le secrétaire, Jean-Jacques Bastian. On procède à la rénovation du club-house la même année. Malheureusement, le maintien ne peut être assuré et c'est la rechute en division III à la fin de la saison 1988-1989. Pourtant, les pupilles sont alors sacrés champions de groupe. De leur côté, les minimes à 7 sont champions de leur groupe en 1991-1992 et participent à une demi-finale de la coupe d'encouragement.

Quant à l'équipe fanion, elle est championne de groupe de division III 1994-1995, entraînant la montée en division II. Son entraîneur est Emmanuel Koch.

En 1994, le FCMP fête dignement son 60e anniversaire, en accueillant les FR Haguenau en match de propagande. Mais rester en division II s'avère bien difficile et au terme de la saison 1996-1997, c'est la descente en division III. De nombreux problèmes entraînent un arrêt de toutes les équipes seniors de 1997 à 2000. Seule continue à vivre et à prospérer une bonne école de football. Mais le club ne peut se passer d'une équipe de seniors. On reprend le championnat lors de la saison 2000-2001, avec une seule équipe engagée en réserves sous la présidence d'Alfred Motz.

• BIBLIOGRAPHIE :
– Plaquette de l'inauguration du stade municipal le 30 août 1981.
– Plaquette du 60e anniversaire le 24 juillet 1994.
– Grand merci à Alfred Motz.

Le FC Merkwiller-Pechelbronn 1994-1995, champion de groupe de division II
Debout de gauche à droite :
René Martini (dirigeant), Sébastien Bour, Patrick Sonderegger, Erdal Karaoglan, Jérôme Mochel, Rémy Mall, Hubert Philipps, Thierry Lienhart, Pierre Spicher, Emmanuel Koch (joueur-entraîneur).
Accroupis de gauche à droite :
Auguste Hoerth (dirigeant), Raymond Philipps, Alain Blaive, Jean-François Martini, Raymond Djebouri, Denis Grisez.

Les présidents
Demuth (1934-1939)
Georges Engel (1939-1959)
Charles Schweickart (1959-1969)
Frédéric Griebel (1969-1973)
Etienne Suss (1973-1977),
Bernarek (1977-1979)
Hubert Wengert (1979-1987)
Paul Schiellein (1988-1992)
Armand Haury (1992-1997)
Alfred Motz (1998 à nos jours)

Le comité de l'an 2000
Alfred Motz (président)
Auguste Hoerth (vice-président)
Alain Violi (vice-président)
Mario Griebel (secrétaire)
Hubert Philipps (trésorier)
Bernard Erny
François Friedrich
Didier Knaebel
Eric Martin
Denis Petri
Dominique Schneider
Vincent Wurtz

Le FC Merkwiller-Pechelbronn de l'an 2000
Debout de gauche à droite : Paul Schiellein (ancien président), Mario Griebel, Yunus Semiz, Franck Roth, Hubert Philipps, Steve Luck, Daniel Motz, Cédric Philipps, Alfred Motz (président), Ernest Frank (maire).
Accroupis de gauche à droite : Sadik Kocgozlu, Laurent Siegel, Stéphane Schmitt, Manuel Koehl, Yannick Guthmuller, Bertrand Fritsch.

1934 Obermodern

Football Club Obermodern ★ 67

Le FC Obermodern en 1935
Debout de gauche à droite : Jacques Schmitt, Albert Krieger, Henri Fritzinger, Jacques Schaetel, Albert Stalter.
Accroupis de gauche à droite : Frédéric Faerber, Georges Schweyer, Georges Schuler, Charles Aehmig, Jacques Difiné, Georges Fritzinger.

Jusqu'en Promotion d'Excellence

Le Football Club d'Obermodern est créé en 1934 et son premier président est Adolphe Stalter. Au cours de la première saison en LAFA, l'équipe évolue en division IV.
En 1936-1937, le club termine 2ᵉ du groupe B de la division IV et accède en division III où il se classe 5ᵉ du groupe B qui se compose de la façon suivante : Bouxwiller, Sarre-Union, Ingwiller, Niedermodern, Brumath, Phalsbourg, Dossenheim, Steinbourg. En 1938-1939, le club est 2ᵉ du groupe B de la division II et monte en division I, après une série de matches de barrages épiques, d'abord contre Bouxwiller, ensuite face à Achenheim et Eschau, respectivement champions des groupes C et D. Puis arrive la seconde guerre mondiale, de laquelle plusieurs joueurs ne rentrent pas. Après la guerre, le club repart en division I, mais descend deux années de suite. En 1947-1948, le FCO est 4ᵉ de la division III. Au cours de la saison 1948-1949, l'équipe fanion se retrouve dernière de son groupe, avec seulement 7 points et descend en division IV. Au terme de la saison suivante (1949-1950), le FC Obermodern enlève le titre de champion de groupe, avec 10 points d'avance sur Niederschaeffolsheim et Gries.

Champion d'Alsace de division IV

De retour en division III, il accroche une 6ᵉ place en 1950-1951. En 1951-1952, le FCO prend la 4ᵉ place du groupe après avoir disputé 14 rencontres, obtenu 6 victoires, 1 nul et 7 défaites. Malheureusement à l'issue de la saison 1952-1953, le club effectue un parcours catastrophique, puisqu'il se retrouve bon dernier avec seulement 2 victoires et 18 défaites. Le club est rétrogradé en division IV, mais seulement pour une saison, car l'équipe devient, de justesse, championne de groupe, avec un tout petit point d'avance sur Rothbach. Le FCO se cale à la 7ᵉ place en 1954-1955, mais la saison 1955-1956 est malheureuse, puisqu'après avoir lutté toute la saison pour ne pas descendre, c'est au cours d'un match de barrage contre Wahlenheim, perdu (2-4) que le FCO se voit une nouvelle fois contraint de retrouver l'échelon inférieur.

Heureusement, la saison 1956-1957 est exceptionnelle dans l'histoire du club, car après être arrivée en tête de son groupe devant Mietesheim, l'équipe devient championne d'Alsace de division IV. Elle bat en finale régionale, celle de Weitbruch, sur un score très serré (2-1).

Revenu en division III, Obermodern se classe immédiatement 5ᵉ en 1957-1958, puis 3ᵉ la saison suivante, loin derrière Schaffhouse-sur-Zorn et Ohlungen. Au cours de la saison 1959-1960, l'équipe première est 7ᵉ, juste avant la zone dangereuse. Le FCO s'y frotte encore en 1960-1961, avec cette fois la 8ᵉ place devant Imbsheim et Marmoutier avant d'être définitivement relégué en division IV à l'issue de la saison 1961-1962, en terminant à la dernière place de son

Le FC Obermodern 1949-1950
Debout de gauche à droite : Jacques Etling (dirigeant), Jean Michel, Johann Mihalavié, René Krieger, Bernard Krieger, Albert Fritzinger, Jacques Hoffmann (capitaine).
Accroupis de gauche à droite : Henri Schmitt, René Anthony, Jacques Zimmermann, René Jacob, Antoine Ziegler. Manquent sur la photo : Joseph Schuhler, Charles Gangloff, René Jacobi.

groupe. Il enregistre au passage 1 victoire et 2 pauvres matches nuls.

A nouveau les premiers rôles

Rapidement, l'équipe joue les premiers rôles et en 1963-1964, elle atteint la 2e place derrière Rothbach. Bis répétita en 1964-1965 et 1965-1966, en ratant de peu la montée, se classant successivement derrière Bouxwiller puis Ernolsheim-lès-Saverne. A force de persévérer, le club arrive enfin, après de nombreuses tentatives à rejoindre la division III, au terme de la saison 1966-1967, en devenant champion du groupe II de division IV, devant Imbsheim. Il faut de nouveau deux petites saisons de transition (6e en 1967-1968 et 7e en 1968-1969), pour voir le FCO accéder, pour la première fois après guerre, en division II, en finissant la saison 1969-1970 à la 4e place du groupe, derrière Durrenbach, Zinswiller et Eschbach.

La saison 1970-1971 est trop difficile puisque le FC Obermodern finit 11e et avant-dernier, devant Diedendorf. C'est logiquement qu'il redescend en division III. En 1971-1972, il émarge en 2e position derrière Reipertswiller. Pour la saison 1974-1975, l'équipe finit à égalité de points avec Rothbach (27) et à 3 points de Schillersdorf. Le FC Obermodern réalise un parcours très moyen de 1975-1976 à 1978-1979.

A l'orée de la saison 1979-1980, il finit à la 2e place du championnat derrière Offwiller et enchaîne en 1980-1981 avec une 3e place du groupe VI, à 2 points d'Uhlwiller et 1 de Dauendorf. En 1981-1982, le FCO se classe une nouvelle fois 3e (derrière Dauendorf et Imbsheim).

Retour en division II

Le club n'est pas régulier, puisqu'il finit 6e en 1982-1983, puis 9e pour la saison 1983-1984. Mais cela n'empêche pas la bonne ambiance qui règne au sein du groupe. C'est lors de la saison 1984-1985, que l'équipe fanion, grâce à la refonte des championnats, accède en division III et se hisse au passage à la 3e place du groupe, à 5 points d'Oberbronn et de Dauendorf (33). De retour en division II en 1985-1986, le club réalise une saison magnifique, puisqu'il se classe 2e derrière Niedermodern, à seulement 1 point. Rebelotte lors de la saison 1986-1987, derrière Lupstein cette fois-ci. Les deux clubs ayant le même nombre de

Le FC Obermodern 1956-1957, champion d'Alsace de division IV
Debout de gauche à droite :
Joseph Schuler (dirigeant), Frédéric Beck (dirigeant), Raymond Widmann, Roger Gall, Rémy Rustenholz, Joseph Barthelmé, Georges Zimmermann, Jacques Hoffmann (président).
Accroupis de gauche à droite :
Erwin Spielmann, Roger Balthasar, René Riehl, Baechtel, René Jacobi, Eugène Mathis.

Le FC Obermodern 1993-1994, accession en Promotion d'Honneur
Debout de gauche à droite :
Georges Etling (président), Bruno Jédélé, Bruno Koebel, Jacky Wendling, Dominique Origas, Georges Jacob, Robert Scholler, Raymond Tugend, Richard Schalber (entraîneur).
Accroupis de gauche à droite :
Fredy Scholler, Olivier Spielmann, Thierry Frison, Raphaël Baltzer, Joël Strohl, Patrick Geyer, Joaquim Simao (délégué).

Le FC Obermodern 1996-1997, vainqueur de la coupe du Crédit Mutuel
Debout de gauche à droite : Ernest Jacky (président de la LAFA), Jean-Marc Jédélé (vice-président), Georges Etling (président), Emmanuel Gress (délégué), Georges Jacob, Bruno Koebel, Franck Haas, Thierry Frison, Jacky Wendling, Bruno Jédélé, Bruno, Bruno Weissgerber, Gérard Dimnet (entraîneur).
Accroupis de gauche à droite : Didier Widmann, Olivier Spielmann, Laurent Isenmann, Fabrice Krieger, Emmanuel Guerrier, Patrick Geyer, Fredy Scholler et sa fille Mélina, Patrick Hetzel.

Les présidents

Adolphe Stalter (1934-1940)
Georges Bieth (1946-1947)
Georges Tugend (1947-1948)
Henri Osterroth (1948-1950)
Jacques Hoffmann (1950-1987)
Ernest Fintz (1987-1992)
Georges Etling
(1992 à nos jours)

Le comité de l'an 2000

Georges Etling (président)
Ernest Sorgius (vice-président)
Emmanuel Gress (vice-président)
Alfred Krieger (secrétaire)
Bernard Krieg (trésorier)

points (29) à l'échéance, ils sont départagés par le goal-average particulier. Le FCO rate de peu la montée. Mais son heure arrive à la fin du championnat 1987-1988, en devenant champion de groupe, avec 1 point d'avance sur Reipertswiller II (quelques mois après le décès de son ex-président, Jacques Hoffmann). Au terme de la saison 1988-1989, le FC Obermodern termine 5e, puis 6e en 1989-1990. L'équipe parvient à s'emparer de la 4e place à lors de la saison 1990-1991, assez loin derrière Diemeringen, Sarrewerden et Keskastel. Le club progresse de saison en saison et termine 3e en 1991-1992, derrière Sarrewerden et Dossenheim.

Voilà la Promotion d'Honneur

Le FCO déborde d'ambition à l'entame de la saison 1993-1994, où il réussit contre toute attente, à décrocher le titre de champion de groupe devant la malheureuse formation de Sarre-Union qui termine à égalité de points mais qui est battue au goal-average et c'est par la même occasion l'année du soixantenaire du club.

Pour la saison 1994-1995, l'équipe évolue en Promotion d'Honneur et se classe à une formidable 3e place, derrière Niederbronn et Dettwiller. Elle enchaîne les bons résultats et confirme dès la saison 1995-1996, en terminant 4e en Promotion d'Honneur loin, du champion du groupe, l'Avenir. La saison 1996-1997 est très riche pour le club, puisqu'il termine à 4 points du leader, Reichshoffen et remporte la finale de la coupe du Crédit Mutuel, secteur Haguenau. Il bat (2-1) Gundershoffen (Promotion d'Excellence) le 14 juin 1997. Mais il est éliminé au 6e tour de la coupe de France, contre l'ASP Vauban (0-1), devant plus de 900 spectateurs, le 11 novembre 1996.

Lors de la saison 1997-1998, en terminant 3e derrière Schweighouse et Sarre-Union, le club accède en Promotion d'Excellence. L'équipe fanion est éliminée en quart de finale de la coupe d'Alsace, le lundi de Pâques, contre le Sporting Schiltigheim (1-4) et devant plus de 600 spectateurs, après une très bonne résistance.

Lors de la saison 1999-2000, l'équipe est éliminée au 8e tour de la coupe de France par Louhans-Cuiseaux (club de division 2 nationale) à Niederbronn devant plus de 1 500 spectateurs le 2 janvier 2000. Cette rencontre entre dans les annales du club et lui offre une très bonne image et une excellente réputation (articles dans la presse nationale et régionale, nombreuses sollicitations pour des matches de propagande). La même année, le FCO est victorieux de la finale de la coupe du Crédit Mutuel, secteur Saverne (1-0 après prolongation contre Reipertswiller II) le 10 juin 2000. En championnat, il se classe 3e derrière Offendorf et Oberlauterbach-Eberbach. A la fin de la saison 2000-2001, le FC Obermodern termine une nouvelle fois 3e de son groupe à 5 points de Schweighouse-sur-Moder et 4 sur Hoerdt et manque comme l'année précédente les rencontres au cours des barrages d'accession en Excellence (battu aux tirs au but à Vauban II).

• **BIBLIOGRAPHIE**
– Grand merci à Georges Etling, Alfred Krieger et Charles Finck (secrétaire du club pendant 40 ans), qui ont fourni textes et photos.

Le FC Obermodern 1997-1998, accession en Promotion d'Excellence
Debout de gauche à droite : Eric Haas, Emmanuel Gress (délégué), Georges Etling (président), Gérard Dimnet (entraîneur), Mathieu Werner, Marc Stutzmann, Georges Jacob, Didier Widmann.
Accroupis de gauche à droite : Franck Haas, Bruno Jédélé, Fabrice Krieger, Fredy Scholler, Patrick Geyer, Olivier Spielmann, Emmanuel Guerrier, Thierry Frison, Laurent Isenmann.

Le FC Obermodern de l'an 2000, en Promotion d'Excellence
Debout de gauche à droite :
Jonathan Pauli, Emmanuel Gress (délégué), Pierre Lemouton, Olivier Wagner, Manuel Bertrand, Georges Jacob, Kevin Rosenfelder, Alain Violant (entraîneur).
Accroupis de gauche à droite :
Emmanuel Guerrier, Lionel Neyner, Guillaume Laemmel, Christophe Lanno, Etienne Herrmann, Vincent Herrmann, Cédric Fellrath, Vincent Phillipps.

Rosheim

Football Club Rosheim ★ 67

André Rey a payé une partie des vestiaires !

Après une réunion qui se tient le 9 mars 1934 à la Taverne Alsacienne en présence de 24 jeunes gens, c'est le 16 mars 1934 qu'est formé le premier comité officiel du Football Club de Rosheim. Son président est Lucien Cheviron. Il est entouré de Albert Humm (vice-président), Eugène Roos (secrétaire) et Albert Klein (trésorier). Le premier championnat est disputé en 1934-1935. Joseph Hoffmann hérite des fonctions d'entraîneur, le Dr Pierre Ledoux est capitaine et Auguste Fastinger soigneur. Il y a même un arbitre, Charles Gug. Les maillots sont blancs, les shorts bleus et les bas noirs. Lors d'une réunion en janvier 1935, il est décidé de fixer les prix d'entrée à 1 F pour les habitants de Rosheim et 2 F pour les spectateurs venus de l'extérieur, une coutume pratiquée dans toute la région. Pour les chômeurs locaux, l'entrée est gratuite.

Les transports trop chers

Le premier championnat est celui de la saison 1934-1935. Pour son dernier match de la saison, Rosheim se déplace à Lutzelhouse. Le comité décide de déclarer forfait, les frais de transport étant jugés trop élevés. Lors de l'assemblée générale du 13 juin 1936, c'est Charles Beller qui est élu président. Le 20 juin 1936, sous la pression des joueurs, Beller démissionne et se trouve remplacé par Joseph Minicus, lui-même démissionnaire en février 1937. C'est Joseph Schultz qui est le dernier président de l'avant-guerre.

A la Libération le club repart en division II pour la saison 1945-1946. Mais l'équipe est reléguée en division III au terme de la saison 1948-1949.

Lors du 20e anniversaire du club en 1954, le dynamique secrétaire, Roland Bloch, réussit à inviter l'équipe professionnelle du Racing Club de Strasbourg avec entre autres Barthelmebs, Remetter, J. Wendling, L. Muller, Krug, Hertrich, Ayala et Haan. Devant 1 500 spectateurs, Rosheim est étrillé 0-9, mais quelle fête !

Entre 1964 et 1970, André Rey, le futur gardien international, est le portier du FC Rosheim. C'est en juin 1970 qu'il signe sa première licence au

Le FC Rosheim en 1966, en division II
Debout de gauche à droite : André Rey (futur international), Maurice Kauffer, Gilbert Ledermann, Roland Herold, Francis Ruscher.
Accroupis de gauche à droite : Jean Troestler, Bruno Velsin, Léon Schickele, Cadiou, Robert Loeber, Fernand Geissel (président du club à deux reprises).

Le FC Rosheim 1938-1939
Debout de gauche à droite : Robert Hangartner (secrétaire), Antoine Huber, Paul Steyer, Pierre Grunenwald, Raymond Neff, Louis Ulmer, Pierre Aubry.
Accroupis de gauche à droite : Joseph Riss, Emile Maechel, Joseph Schell, Pierre Syda.

André Rey, sous le maillot du FC Metz

Le FC Rosheim en 1954
Debout de gauche à droite : Fernand Wolff, René Schneider, Edmond Ichtertz, René Arnold, Etienne Vonscheidt, Robert Loeber.
Accroupis de gauche à droite : Fernand Herr, René Schultz, Lucien Herr, Albert Hecht, Léon Loeber.

Le FC Rosheim cadets (en entente avec Boersch), champions d'Alsace 1982-1983
Debout de gauche à droite : Roland Umecker, Antoine Tartelet, Olivier Friess (capitaine), Joël Durr, Djemal Benkradidja, Grégoire Lehmann, Damien Hirschel. Accroupis de gauche à droite : Matherne Frering, Jean-Paul Friess, Frank Ulsemer, Philippe Gug, Laurent Barabinot, Alain Duringer, Jacques Mosser.

Le FC Rosheim 1988-1989, accession en Promotion d'Excellence
Debout de gauche à droite : Lucien Herr (président), François Ulmer (délégué), Denis Duringer, Roland Grauffel, Christian Fischer, Franck Ulsemer. Accroupis de gauche à droite : Serge Weller, Jean-Marie Wach, André Jost, Michel Weller, Yilmaz Kosbatur, Kader Moussaoui, Bernard Herr, Christophe Herr. Manque sur la photo : Chrétien Goepp.

Le FC Rosheim juniors B, vainqueurs du Challenge Sonntag en 1984
Debout de gauche à droite : Bernard Dossmann (délégué), Germain Umecker, Pascal Friess, Joël Durr, Djemal Benkradidja, Eric Baury, Bertrand Meyer, Nicolas Friederich, Arsène Bordji (entraîneur).
Accroupis de gauche à droite : Thierry Kirchgessner, Pascal Loeber, Karim Bordji, Michel Loeber, Jean-Marie Wach, Christophe Herr.

Le FC Rosheim 1996-1997
Debout de gauche à droite : Philippe Lienhart (président), André Diez (entraîneur), Michel Loeber, Sébastien Hoffbeck, Thierry Eck, Alain Badda, Christian Fischer, Stephan Thomas, Fabien Schaeffer, Joël Riesterer (délégué), Jean-Luc Sturm (sponsor). Accroupis de gauche à droite : Christophe Mosser, Murat Durak, Alim Goktas, Olivier Lauciello, Jean-François Garcia, Emmanuel Bronner.

Le FC Rosheim 1986-1987, accession en promotion
Debout de gauche à droite : Lucien Herr (président), Christian Fischer, André Jost, Christophe Herr, Pascal Karner, Bernard Krauss, Jean-François Weiss, Bender (entraîneur). Accroupis de gauche à droite : Rémy Maetz, Serge Weller, Bernard Herr, Amandio Carvalho, Karim Bordji, Bernard Weller, Jacques Schacke.

Le FC Rosheim 1998-1999, en Promotion
Debout de gauche à droite : Eric Lang (délégué, actuel président), Michel Loeber, Fabien Schaeffer, Thierry Eck, Alain Sedira, Bruno Métayer, Ben Knadit, Sébastien Hoffbeck, Philippe Lienhart (président).
Accroupis de gauche à droite : Bernard Fuhrer, Jean-Georges Kopp, Mustapha Amezrehr, Alim Goktas, Mahamoud Boukemia (entraîneur), Olivier Lauciello, Steve Van Meer. Manquent sur la photo : Christophe Herr, Hasan Amezrehr, Emmanuel Bronner, Pascal Sacco, Stéphane Thomas, Michel Ibanez (dirigeant).

Racing Club de Strasbourg. Le FC Rosheim reçoit en échange un chèque de 3 750 F en février... 1972 du Groupement des Clubs Professionnels. Cet argent contribue à l'achat des vestiaires en béton préfabriqué pour un montant de 5 509 F. La commune finance la différence.

Les cadets champions d'Alsace

C'est en 1978 qu'a lieu le premier match sur le nouveau terrain.

En 1983, les Cadets B sont champions d'Alsace en battant Sierentz 2-1 à Turckheim.

En 1984, les juniors B remportent le challenge Sonntag face à Molsheim 5 à 2. En championnat, ils terminent en tête à égalité avec Marlenheim mais sont battus d'un but au goal-average particulier. Le club-house est inauguré au cours de la même année.

A la fin de la saison 1986-1987, l'équipe première monte en Promotion avec un groupe composé de joueurs formés à Rosheim à l'exception de Schacke.

En 1988, le FCR remporte la coupe du Crédit Mutuel en battant Mutzig

Le FC Rosheim minimes 11B champions du Bas-Rhin 1990-1991
Debout de gauche à droite : M. Umecker (président des jeunes), Werly, Ch. Bronner, Caillon, Michel, Bisch, St. Thomas, Bernard Herr (entraîneur). Accroupis de gauche à droite : X. Mehul, Th. Ostermann, V. Muller, E. Bronner, Cl. Kopp, S. Hoffbeck, Hubert. Manque sur la photo : Gemehl.

Le FC Rosheim minimes B 1995-1996 finalistes du championnat du Bas-Rhin
Debout de gauche à droite : Lienhart (président), Lauciello (entraîneur), P. Meyer, Monsort, Quentin, Himbero, Munch, Amaury Sajus, Giron, Eber, J.-P. Thomas (président des jeunes). Accroupis de gauche à droite : V. Holtz, Schaal, Fr. Ostermann, Y. Andlauer, J. Gresser, Jer. Ulmer.

3 à 1. 1989 est une année faste avec la montée en Promotion d'Excellence. L'équipe réussit une série exceptionnelle en alignant 11 matches officiels (entre le 6 novembre 1988 et le 19 mars 1989) sans prendre un seul but et un goal-average de 26-0 !

La D.H. manquée de peu

C'est au cours de la même saison que l'équipe 2 accède en division II avec un bilan de 21 victoires et un match nul dans son groupe de division III. Pour la saison 1990-1991, deux nouveaux joueurs complètent le groupe, Thierry Maeder et P. Wolckensinger. La montée en division d'Honneur est manquée de peu. Lors de la saison 1991-1992, les Winum et Maeder ne sont plus là. La saison de l'équipe fanion est mitigée (8e). Pour la saison suivante, c'est Daniel Juan qui entraîne. Le début de saison est catastrophique et c'est Fr. Friedrich (joueur et ancien champion de France avec Vauban) qui assume la tâche. Malgré des résultats qui s'améliorent, l'équipe ne peut pas éviter la relégation. En 1993-1994, l'équipe qui vient d'être reléguée joue à nouveau en Promotion. Elle est renouvelée à 80 % et entraînée par Rachid Mebarki. Pour la saison 1994-1995, 9 démissions sont enregistrées au sein du comité. Les minimes sont champions du Bas-Rhin. En 1995-1996, le FCR termine à la 3e place en championnat. C'est André Diez qui prend le poste d'entraîneur pour la saison 1996-1997. L'équipe fanion termine sixième mais le club perd un grand serviteur en la personne de Marcel Klein. Ancien joueur et membre du comité, discret, travailleur infatigable, il était toujours prêt à rendre service.

Pour la saison 1998-1999, c'est M. Boukemia qui prend en charge l'entraînement. En tête toute la saison, le FCR échoue en fin de compte à un point de Wolfisheim et se fait éliminer dès le premier tour des barrages. On fête le 65e anniversaire du club. A cette occasion, Lucien Herr est honoré par la plaquette de la LAFA.

Pour la saison 1999-2000, l'équipe une termine à la 3e place et échoue en barrages d'accession.

• BIBLIOGRAPHIE :
— Historique sous la signature de Lucien Herr.

Les présidents

Lucien Cheviron (1934-1936)
Charles Beller (durant 1 mois en 1936)
Joseph Minicus (1936-1937)
Lucien Cheviron (1937-1938)
Joseph Schultz (durant 3 mois en 1938)
Lucien Cheviron (1938-1939)
Joseph Schultz (1945-1949)
Paul Roos (1949-1954)
René Wolff (1954-1955)
Marcel Fisch (1955-1957)
Joseph Schneider (1957-1959)
Alphonse Andlauer (1959-1963)
Robert Loeber (1963-1964)
Charles Muny (1964-1965)
Fernand Geissel (1965-1970)
Robert Maetz (1970-1973)
Fernand Geissel (1973-1976)
Lucien Herr (1976-1991)
André Baruch (1991-1994)
Philippe Lienhart (1994-2000)
Eric Lang (2000 à nos jours)

Le comité de l'an 2000

Lucien Herr (président d'Honneur)
Eric Lang (président)
Jean-Pierre Holtz (vice-président et trésorier)
Roland Grauffel (secrétaire)
Philippe Lienhart,
Jean-Marc Spielmann
Philippe Martin, Fernande Martin
Marie-Paule Lang, Thérèse Spielmann
Marc Giron, Michel Bernhard
Joël Riesterer, Jean-Claude Mercier

Le FC Rosheim de l'an 2000
Debout de gauche à droite : Fabien Schaeffer, Bruno Métayer, Patrick Ibanez, Pascal Sacco, Alain Badda, Farid Hadj Ben Fetina, Ben Knadit, M. Andlauer (sponsor), Philippe Lienhart (président). Accroupis de gauche à droite : Emmanuel Bronner, Sébastien Hoffbeck, Alim. Goktas, Mahamoud Boukemia, Mustapha Bahlaoui, Christophe Herr, Michel Ibanez (délégué).

1934 Football Club Scheibenhard ★ 67
Scheibenhard

Le FC Scheibenhard 1938-1939, championnat AGR
Debout de gauche à droite :
Victor Klaus, Marcel Wagner, Adolphe Diesel, Marius Rauscher, Armand Rauscher, Otto Stephany, Erwin Rauscher, Edouard Ries.
Accroupis de gauche à droite : François Bayer, Marcel Schiffmacher, Victor Schiffmacher.

Le FC Scheibenhard 1947-1948
Debout de gauche à droite : Emile Wingerter, Antoine Fischer, Georges Rauscher, Aloyse Bayer, Alphonse Schwartz, Joseph Schott, Eugène Steck (président). Accroupis de gauche à droite : Denis Quentin, Alphonse Fischer, Alfred Rauscher, Joseph Schwartz, Albert Rauscher.

En vert et blanc

Le FC Scheibenhard, né de la volonté d'une poignée de copains qui souhaitent prendre du bon temps sur un terrain de football, voit le jour en 1936. Ses couleurs sont le vert et blanc.

Le club évolue tout d'abord en Avant-Garde du Rhin en 1946-1947.

Il joue en division I du groupe II avec Saint-Jacques Riedseltz (champion), Salmbach, Lauterbourg, Oberseebach, Schleithal, Niederlauterbach, Weiler.

L'équipe termine en bas du classement et descend malheureusement en division II. Le club se remet très rapidement de sa mauvaise prestation et remonte aussitôt en division I à l'issue de la saison 1947-1948. Le groupe se constitue de : Niederlauterbach, Schleithal II, Oberseebach II, Siegen II, Weiler II, Riedseltz II, Aschbach II.

En 1949-1950, le FCS on retrouve toujours le FCS en division I, groupe III avec : Neewiller, Lauterbourg, Niederlauterbach, Weiler, Siegen, Oberseebach. La saison suivante (1950-1951) le groupe se compose de : Siegen, Riedseltz, Niederlauterbach, Schleithal II, Oberseebach, Lauterbourg.

Au terme de la saison 1951-1952, le club apparaît dans le groupe I avec : Siegen (champion), Aschbach, Oberseebach, Schleithal II, Neewiller, Riedseltz. En 1953-1954, le groupe comporte : Riedseltz, Oberseebach, Niederlauterbach, Salmbach, Neewiller, Siegen, Aschbach.

Après l'AGR, la LAFA

Le FC Scheibenhard apparaît pour la première fois en LAFA à l'orée de la saison 1965-1966 et se classe 4e avec 19 points (8 victoires, 3 nuls et 7 défaites).

Pour la saison 1966-1967, l'équipe se hisse jusqu'à la deuxième place à égalité de point avec le troisième le FC Wissembourg II et à seulement 3 points d'Oberseebach. Au terme de la saison 1967-1968, le FCS est troisième du groupe à 1 point du

« Vos papiers monsieurs ? »

« Ihre Papier, bitte ? » : pour se rendre à Scheibenhardt (Allemagne), les footballeurs de Scheibenhard (sans "t") se soumettent volontiers à un double contrôle aussi douanier qu'amical... en présentant leurs licences. En effet, pour s'adonner à leur sport favori, les gars de Scheibenhard se rendent régulièrement à « leur » terrain, situé de l'autre côté de la frontière, où le meilleur des accueils leur est réservé. D'ailleurs, sur notre document, ne dénombrez-vous pas 10 joueurs ? Le onzième les attend... à Scheibenhardt (avec « dt »), puisqu'il s'agit d'un Allemand !
Une entente cordiale doublement sympathique.

champion Hatten. La saison suivante (1968-1969), le FC Scheibenhard termine 5e du championnat, disputant 20 matches, 10 gagnés, 3 nuls et 7 défaites avec un goal-average de 60 buts marqués et 45 encaissés. C'est en 1969-1970, que le club parvient enfin à monter en division III en accrochant la 4e place loin derrière le FC Niederlauterbach, le FC Niederroedern et le FCSL Siegen.

Malheureusement, le FCS ne tient pas le choc et termine 9e et avant-dernier de son groupe et se voit rétrograder en division IV en compagnie du FCSL Siegen. Le FC Scheibenhard finit deux saisons de suite 4e en 1971-1972 et 1972-1973. Enfin au terme de la saison 1973-1974, l'équipe décroche le titre de champion de groupe de division IV avec 7 points d'avance sur Roeschwoog et Oberseebach II. La formation enregistre 20 victoires en 22 matches joués et ne perd que 2 fois.

10 saisons en division III

De retour en division III, le club va y rester pendant 10 saisons en ayant de bons et de mauvais résultats. (7e en 1974-1975, 8e en 1975-1976, 9e en 1976-1977, 5e en 1977-1978, 7e en 1978-1979, 8e en 1979-1980, 4e en 1980-1981, 9e en 1981-1982 et 1982-1983, 6e en 1983-1984 et 8e en 1984-1985).

Grâce à la refonte des championnats par la LAFA, le FCS accède en division II en 1984-1985 et dès la saison suivante, le club est classé 5e. Pour la saison 1986-1987, l'équipe fanion atteint la 3e place du groupe loin derrière le FC Haguenau II et le SC Rittershoffen.

En 1988-1989, le club termine 2e derrière Drachenbronn à seulement 1 petit point. Une décevante 8e place vient clôturer la saison 1989-1990. Mais le FCS se reprend et termine 5e au classement en 1990-1991. C'est au terme de la saison 1991-1992, que le club parvient enfin à remonter en division I finissant 2e de son groupe derrière Seebach II avec 36 points (17 victoires, 2 nuls et 3 défaites).

Pendant la saison 1992-1993, le FC Scheibenhard se classe à une prometteuse 4e place mais malheureusement, la saison suivante l'équipe première se retrouve 12e et avant-dernier de sa poule devant Neewiller et se voit reléguée en division II.

Seulement 5e en 1994-1995, le club n'a pas atteint son objectif du début de saison qui était la montée. Il recommence deux saisons consécutivement en terminant 2e en 1995-1996 assez loin derrière Leutenheim et en 1996-1997 en finissant à égalité de points (48) avec Niederlauterbach mais il est battu au goal-average particulier.

5e en 1997-1998 et 1998-1999, 9e en 1999-2000 en se sauvant de justesse de la relégation, le club parvient à remonter en division I à la fin de la saison 2000-2001, en devenant champion de groupe à égalité de points (41) avec Lauterbourg.

• **BIBLIOGRAPHIE :**
– Documents remis par le club.
– Classements LAFA.

Les présidents
Joseph Bayer (1934-1940)
Georges Schott (1940-1947)
Eugène Steck (1947-1966)
Robert Gall (1966-1967)
Joseph Ries (1967-1969)
Roger Helffrich (1969 à nos jours)

Le comité de l'an 2000
Roger Helffrich (président)
Patrick Bayer (vice-président)
Jeannot Staus (vice-président)
Edouard Moog (vice-président)
Marcel Staus (secrétaire)
Gérard Helffrich, Marcel Heichenlaub
Alain Wagner, Victor Mieger
Gérard Gabriel, Alfred Rauscher
Francis Joerger, André Zimmermann
Daniel Erhard, Roland Gentes
Rémy Wingerter, Virginie Roth
Elisabeth Da Costa, Richard Knittel
Roger Cenac

Inauguration du terrain de football par Maître Yves Muller président de LAFA, le 12 juillet 1992

Le FC Scheibenhard 1991-1992, accession en division I
Debout de gauche à droite : Marcel Staus, Charles Fischer (entraîneur), Vincent Hiebel, Jean-Pierre Schmaltz, Claude Gertz, Patrick Bayer, Olivier Fix, Hilmes Bersch, Marcus Lutz, Roger Helffrich (président).
Accroupis de gauche à droite : Edouard Fischer, Gilles Staus, Michel Schott, Didier Fischer, Arsène Weber, Bruno Weber, André Zimmermann.

Le FC Scheibenhard de l'an 2000, accession en division I
Debout de gauche à droite : Denis Imbery, Fabrice Capaccio, Jean-Pierre Schwaltz, Edouard Da Costa, Gilles Staus, Thierry Krumeich, Oliver Koch, Alexis Loehr.
Accroupis de gauche à droite : Marc Kapps, Olivier Carbiner, Nicky Kolher, Christian Wahl-Heyd, Dominique Schmitt, Mathieu Gerber.

1935
Association Sportive Betschdorf ★ 67
Betschdorf

L'AS Betschdorf en 1935
La première équipe de l'AS Betschdorf en 1935. A l'extrême droite, le père d'Erny Jacky (l'actuel directeur de la LAFA), qui fut le premier secrétaire de l'AS Betschdorf, à côté d'Adrien Schmitter. A l'extrême gauche, Alphonse Kill.

Les sélectionnés

France juniors
Jeannot Kasper (1965-1966)

Seniors d'Alsace
Jean-Paul Donius
(3 fois en 1976-1977)

Cadets d'Alsace
Léon Muller (1956-1957)
Bernard Paoloni (1959-1960)
Jeannot Kasper (1962-1963)
Raymond Kasper (1964-1965)
Didier Menges (1973-1974)

Juniors d'Alsace
Gérard Weiss (1972-1973)
Didier Menges (1975-1976)

Espoirs d'Alsace
Raymond Kasper (1968-1969)
Dominique Kasper
Gérard Weiss
et Gérard Kasper (1973-1974)

Privée de championnat de France !

L'Association Sportive de Betschdorf voit le jour le 27 mars 1935, quand quelques hommes de bonne volonté, désireux de contribuer à l'épanouissement de jeunes footballeurs qui se sont fait remarquer par leur talent, se réunissent pour mettre sur pied ce nouveau club. Les pionniers sont aussi guidés par une aspiration logique, celle de ne pas être en reste vis-à-vis des quelques localités environnantes qui possèdent déjà leur club de football. Jusqu'en 1940, ce sont les premiers pas d'un club, qui, comme tout enfant, connaît des difficultés, mais aussi des joies. Pourtant cette euphorie ne dure pas longtemps, la guerre éclate. Nombreux sont ceux qui ne rejoindront jamais leurs copains sur le terrain…

Le premier comité directeur est composé de Adrien Schmitter (président), Charles Schneider, Victor Sturm (vice-présidents), Ernest Jacky (secrétaire), Alphonse Aschner (trésorier), Alphonse Kill, Charles Goehry, Alfred Greiner, Edouard Katz et Georges Meyer (assesseurs).

Le club participe au championnat d'arrondissement jusqu'en 1939 sans résultats significatifs. Il continue ses activités sous l'occupation allemande sous le nom de « Spielvereinigung Betschdorf ». Les deux communes de Nieder et Ober (Betschdorf), ne forment plus qu'une seule entité mais retrouvent leur indépendance après la Libération, pour fusionner à nouveau en 1967.

Un intermède bienfaisant

En 1945, Victor Sturm prend les commandes du club. Quatre présidents se succèdent entre 1945 et 1950. Au milieu des ruines et du désespoir, naît alors une nouvelle ASB. Il s'agit, avec les moyens du bord, de reconstruire l'édifice. C'est ainsi que, appuyée sur des structures de plus en plus développées, le club se refait une place au soleil. Il prend de

L'AS Betschdorf à la Pentecôte 1937, pour son premier match « international » au Luxembourg

L'AS Betschdorf cadets en 1959
Accroupis de gauche à droite : Daniel Herr, Jean-Pierre Paoloni, Louis Wingerter, Roger Zentz, XXX, Roger Grastel.
Accroupis de gauche à droite : Jean Petrazoller, Raymond Kasper, Jeannot Kasper, Robert Wolff, Paul Fischer.

L'AS Betschdorf en 1960
Debout de gauche à droite : René Andler, Albert Wahl, Gérard Rinck, Jean-Paul Haushalter, Georges Goehry, Rigot Grimm. Accroupis de gauche à droite : Joseph Schmidt, Jean-Pierre Skory, Pierre Viutti, Aloyse Fischer, Robert Buttner.

L'AS Betschdorf en 1962
Debout de gauche : Edgar Wolff, Robert Deubel, Albert Motz, Richard Simioli, Rigot Grimm, Eberhard Middelberg. Accroupis de gauche à droite : Daniel Jenny, Joseph Rinck, Léon Muller, Pierre Viutti, Roudy Wahl.

l'ampleur après avoir mis sur pied une section jeunes avec une équipe de juniors et une de cadets en 1958.

Le comité s'élargit également pour permettre une meilleure gestion. Même la descente en dernière série départementale à l'issue de la saison 1954-1955 n'altère pas la croissance constante du club. Lors de la saison 1955-1956, l'équipe reconquiert sa place antérieure en division III en devenant championne de son groupe de division IV avec un goal-average de 118 à 18 ! Cet intermède a un effet bienfaisant sur le moral de ceux qui ont maintenu le club à flot.

Pour l'équipe fanion, on trouve un titre de champion de groupe de division III 1961-1962. L'équipe I va jusqu'en quart de finale de la populaire coupe d'Alsace, événement majeur pour un club en division II (0-7 contre l'AS Mulhouse, tenante du trophée). Nous sommes en 1964. Il convient d'ajouter au palmarès de la saison la conquête du challenge des Espoirs, trophée jusque-là familier aux grands clubs strasbourgeois. L'ASB sort de l'anonymat, la voie est ouverte à d'autres succès : champion de groupe de division II et accession en division I, coupe d'encouragement cadets en 1967, champion d'Alsace des cadets et de l'équipe fanion en division II en 1969. Et on ne s'arrête pas en si bon chemin, coupe d'encouragement juniors et champion d'Alsace de la division I en 1970.

Des titres à la pelle

A la fin de la saison 1968-1969, l'AS Betschdorf est championne d'Alsace de division II en battant l'AS Staffelfelden en finale. Dès la saison suivante, un nouveau pas est franchi avec à l'arrivée un nouveau titre de champion d'Alsace, de division I, acquis au détriment de l'AST Ruelisheim.

Nouveau titre de champion d'Alsace, celui de la Promotion d'Honneur, conquis cette fois contre le FC Mulhouse II (2-1) au stade du Tivoli à Strasbourg, pour couronner la saison 1971-1972. Qui ne se souvient pas de cette époque où une moyenne de 1 200 spectateurs ceinturent la pelouse, où pour un derby en Promotion, le record est battu avec 2 500 entrées ! Et cela sur la pelouse provisoire, le nouveau terrain n'étant prêt qu'en 1973. Un joyau, ce nouveau terrain avec tribune-vestiaires qu'une municipalité d'avant-garde (le président Charles Goetzmann est alors maire de Betschdorf) met à la disposition des sportifs.

La saison 1972-1973 en division d'Honneur est cruelle. A égalité de points (34) avec les SR Colmar et

La famille Kasper, Charles (le père), Jeannot, Raymond, Gérard, Jacky, Dominique, et Denis, le petit dernier avec le ballon

Leurs carrières
Jeannot, né en 1947 : cadet d'Alsace 1962-1963, stagiaire professionnel au RCS en 1963, international junior en 1965-1966. Vainqueur de la coupe Gambardella. Il est revenu à l'AS Betschdorf en 1968 pour devenir champion d'Alsace de division I en 1969-1970 et de la division d'Honneur en 1979-1980.

Raymond, né en 1949 : cadet d'Alsace en 1964-1965, espoir d'Alsace en 1971, il a évolué pendant deux saisons au Racing Club de Strasbourg avec l'équipe de CF3. Champion d'Alsace division II, Promotion et division d'Honneur avec l'ASB. C'est l'homme aux 1 000 matches.

Gérard, né en 1951 : espoir d'Alsace B en 1974, meilleur « fusil » de la division d'Honneur 1972-1973, champion d'Alsace de division II et de Promotion d'Honneur avec l'AS Betschdorf.

Dominique, né en 1954 : sélectionné en équipe d'Alsace espoirs B en 1974, division d'Honneur pendant 4 ans.

L'AS Betschdorf en 1969-1970, championne d'Alsace de division I
Debout de gauche à droite : Raymond Schilling (dirigeant), Bernard Paoloni, Norbert Herrmann, Jean-Jacques Dentinger, Henri Motz, Roudy Wahl, Steiner, Lucien Kast (délégué), Charles Goetzmann (président). Accroupis de gauche à droite : Charles Fierus, Roger Griebel, Nestor Conuecar, Jeannot Kasper, Gérard Kasper, Raymond Kasper, Daniel Lucas.

L'AS Betschdorf en 1971-1972, championne d'Alsace de Promotion d'Honneur
Debout de gauche à droite : Bernard Paoloni, Roudy Wahl, Jean-Jacques Graff, Freddy Zix, Charles Hummel, Henri Motz, Raymond Kasper, Lucien Kast (délégué). Accroupis de gauche à droite : Paul Strasser, Daniel Lucas, Albert Gross, Roger Griebel, Gérard Kasper.

La saga des frères Kasper
Quatre frères dans une même formation en division d'honneur, c'est un fait unique dans les annales du football alsacien ! Le plus connu des frères Kasper est sans doute Jeannot, qui a joué trois saisons au Racing comme stagiaire professionnel. Gérard et Raymond ont également passé une saison dans le grand club strasbourgeois, le quatrième est Dominique. Ils sont quatre frères issus d'une famille de dix enfants (six garçons et quatre filles), et ont de qui tenir puisque Charles Kasper, leur père, était déjà, à son époque, un excellent joueur, après avoir perdu une jambe sur le front en Russie.

L'AS Betschdorf en 1969-1970, championne d'Alsace de division I
Debout de gauche à droite : Raymond Schilling (dirigeant), Bernard Paoloni, Norbert Herrmann, Jean-Jacques Dentinger, Henri Motz, Roudy Wahl, Steiner, Lucien Kast (délégué), Charles Goetzmann (président).
Accroupis de gauche à droite : Charles Fierus, Roger Griebel, Nestor Conuecar, Jeannot Kasper, Gérard Kasper, Raymond Kasper, Daniel Lucas.

L'AS Betschdorf le 24 novembre 1974, après sa victoire contre l'AS Mutzig en coupe de France (3-2)
Debout de gauche à droite : Roger Griebel, Daniel Braconnier, Charles Hummel, Freddy Zix, Norbert Herrmann, Didier Menges, Raymond Kasper.
Accroupis de gauche à droite : Dominique Kasper, Basile Aguado, Gérard Weiss, Gérard Kasper, Jeannot Kasper.

L'AS Betschdorf de l'an 2000
Debout de gauche à droite : Jean-Marie Esch (président), Daniel Herr (sponsor), Cédric Buttner, Romain Wenner, Georges Gerwig, Jean-Michel Feodoroff, Michel Jakimovitch, Stéphane Kirchner, Patrick Griebel (délégué), Philippe Bordes (entraîneur). Accroupis de gauche à droite : Francky Esch, Yves Lampin, Abdelkader Mesbah, Gabriel Vollmer, Patrick Bieger, Olivier Becker, Jean Andres.

un meilleur goal-average général (+21 contre +10), ce sont les Haut-Rhinois qui sont sacrés champions au goal-average particulier. Le 2 février 1975 à Colmar, le RCFC Besançon (2e division nationale) bat l'AS Betschdorf 1-0 pour le compte des 32e de finale de la coupe de France.

En 1976, c'est la finale mémorable de la coupe d'Alsace qui bat tous les records d'affluence, non égalée jusqu'à nos jours, avec 5391 spectateurs payants, fervents du ballon rond, à Bischwiller, par une chaleur torride, en présence de M. Verger, préfet du Bas-Rhin. Une fois de plus les voisins des SR Haguenau sont les plus forts (ou les plus frais) et s'imposent 4 buts à 2 (mi-temps 0-0). L'entraîneur-joueur Freddy Zix a fait du bon travail. Rentrée dans le rang à la suite du départ de Freddy Zix, l'ASB se défend honnêtement, toujours en division d'Honneur.

A l'issue de la saison 1979-1980, alors que le titre envié de champion d'Alsace est dans la poche après 9 saisons en division d'Honneur (dont les trois premières comme vice-champion), l'accession au championnat national, après avoir flirté avec le CFA, au début des années 1970, est un cadeau du ciel. Que non ! Le statut de l'arbitrage, rigoureusement appliqué, s'y oppose. Consternation générale, personne ne comprend, la surprise est totale. Il faut beaucoup de force pour maintenir le club à son niveau. C'est le 2e classé, le FC Kogenheim, qui est récompensé par la montée.

Bien que les «années glorieuses» fassent partie du passé, le football se porte assez bien, à côté des autres disciplines sportives qui se sont greffées depuis 1975. Plusieurs équipes de jeunes animent la section en remportant de temps à autre des compétitions disputées (coupe d'encouragement, critérium en salle - 2 titres de champion du Bas-Rhin des poussins) avec en tête Léon Schneider, l'infatigable manager, secondé par Jean-Pierre Meyer et Raymond Philipps.

L'équipe fanion, de son côté, essaie depuis quelques années sortir des sentiers battus pour reconquérir une place correspondant mieux au niveau général. Surtout quand on peut s'enorgueillir d'un passé glorieux.

• **BIBLIOGRAPHIE :**
– Plaquette du 40e anniversaire en 1975.
– Plaquette du 50e anniversaire des 15 et 18 août 1985.
– Plaquette du 60e anniversaire des 15 et 16 juillet 1995.

1964 Challenge des espoirs (1er club de la campagne)
1968 Champion d'Alsace cadets
1969 Champion d'Alsace de division II
1970 Champion d'Alsace de division I et coupe juniors du Bas-Rhin
1971 Coupe du Crédit Mutuel Alsace Nord
1972 Champion d'Alsace de Promotion d'Honneur
1973 Vice-champion d'Alsace de la division d'Honneur
1974 Vice-champion d'Alsace de la division d'Honneur
1975 Vice-champion d'Alsace de la division d'Honneur
1975 32e finaliste de la coupe de France
1976 Finaliste de la coupe d'Alsace
1980 Champion d'Alsace de la division d'Honneur seniors.
1985 Champion du Bas-Rhin poussins.

Les présidents

Adrien Schmitter (1935-1940)
Victor Sturm (1945-1946)
Louis Schneider (1946-1948)
Marcel Schmitter (1948-1949)
Georges Deubel (1949-1950)
Daniel Muller (1950-1952)
Roger Schmitter (1952-1959)
Roger Mathis (1959-1960)
Théo Acker (1960-1967)
Charles Goetzmann (1967-1975)
Raymond Schilling (1975-1980)
Freddy Bastian (1980-1982)
Jean-Marie Esch (1982-1987)
Eberhart Middelberg (1987-1988)
Gérard Zilliox (1988-1993)
Jean-Marie Esch (1993-2001)
Didier Menges (2001 à nos jours)

Le comité de l'an 2000

Jean-Marie Esch (président)
Paul Schall, Pierre Bard
Eddy Loew (vice-présidents)
Freddy Kleiber, Marc Baconnier
Roger Greiner, Patrick Griebel
Dominique Kasper, Guy Lampin
Jean-Charles Mathias, Jean-Pierre Meyer
Raymond Philipps, Jean-Claude Weiss
Gérard Zilliox, Ramon Mosquera
Bernard Buttner, Michel Bertignies

Chapeau messieurs!
Un grand club ne peut exister que grâce à de grands dirigeants. Et de ce côté là, l'AS Betschdorf a été plutôt gâtée. Parmi tous ceux qui ont contribué au prestige du club, relevons plus particulièrement **Charles Goetzmann**, maire de Betschdorf et président de l'ASB de 1967 à 1983, **Raymond Schilling**, directeur sportif et président de la section de football de 1967 à 1980, **Alphonse Kill**, secrétaire et trésorier de 1935 à 1950. Et n'oublions pas **Freddy Bastian**, en fonction au club depuis 1952 sans interruption. Secrétaire-trésorier de 1952 à 1967 (le football était la seule section), secrétaire de 1967 à 1986, président du football de 1980 à 1982 et secrétaire général de l'omnisports (9 sections, 800 membres) depuis la création des autres sections (49 ans au service de l'ASB, qui dit mieux?) Mentionnons aussi les mérites d'un ancien (né en 1919) qui, depuis la création du football à l'ASB, a été jusqu'en 1993 un dirigeant fidèle et travailleur, **Alfred Mengès**, père de l'actuel président. Chapeau messieurs!

Union Sportive Dachstein ★ 67

Dachstein

Son petit bonhomme de chemin

Le club de Dachstein naît en 1935. Il se nomme au départ Football Club de Dachstein. Il participe aux championnats de la LAFA dès la saison 1936-1937, s'arrête une saison, puis reprend son activité. Lors de la déclaration de guerre, il joue en division IV.

A la Libération, l'USD est classée en division IV, mais accède en division III dès la fin de la saison 1945-1946. Elle dispute son match de barrage de montée à Barr, qu'elle remporte face à Sainte-Croix-aux-Mines. Dès l'exercice 1946-1947, elle monte encore d'un cran pour se retrouver en division I en 1947-1948.

Mais les saisons 1950-1951 et 1951-1952 vont la voir retomber de deux crans. La crise est ouverte et c'est le retour à la position de départ, la division IV. L'équipe s'y installe pour de longues années, sans jamais démériter, mais sans non plus entretenir un espoir de montée. En 1961-1962, l'équipe fanion, par manque de joueurs, est condamnée à déclarer forfait général. Elle reste à l'arrêt jusqu'en 1967-1968, saison où on la retrouve en championnat de division IV.

Un réveil en fanfare

Lors de la saison 1971-1972, l'USD enlève une jolie deuxième place de groupe, devancée par Oberhaslach, mais qui lui permet de monter enfin en division III. Le club se réveille en fanfare et dès la saison 1972-1973, il est champion de groupe de division III, en devançant Urmatt (8e) de huit points. Cette fois, c'est la division II qui est atteinte. D'emblée, le onze fanion joue les premiers rôles, mais la machine s'emballe et le retour en division III est consommé au terme de la saison suivante. La dégringolade n'est pas terminée et une fois achevé le championnat 1976-1977, le club frôle la relégation, tout comme en 1981-1982. Elle survient à l'issue de la saison suivante, inévitable. Le club retombé en division IV, doit faire face à une crise au niveau de ses effectifs. On le retrouve bien en division III en 1985-1986, mais c'est par le jeu de la suppression de la division IV. Le club ne quitte plus la division III jusqu'à l'arrivée de l'an 2000. C'est en effet au moment de faire les comptes que l'on voit l'US Dachstein pointer en tête de son groupe, avec le titre de champion et le retour en division II. De bon augure pour la suite.

• BIBLIOGRAPHIE :
— Plaquette du 65e anniversaire les 19 et 20 août 2000.

Le FC Dachstein en 1935
De gauche à droite : Antoine Hornecker, Lucien Fritsch, Joseph Sitter, Joseph Fritsch, René Sitter, Zimmer, Georges Gillmann, Fridolin Sitter, Michel Kling, Prosper Denni, Martin Kling.

L'US Dachstein de l'an 2000, accession en division II

L'US Dachstein en 1946
Debout de gauche à droite :
Joseph Stieber, Robert Kuntz, Fernand Sitter, Joseph Lorentz, Joseph Roehl, Pierre Gillmann.
Accroupis de gauche à droite :
Pierre Stoll, André Gillmann, Edmond Gillmann, Albert Schhubler, Fernand Gillmann.

Les présidents
Robert Kuntz, Paul Angst, Francis Caspar, André Denni, Jean-Claude Schmitt, Richard Hornecker, Jean-Luc Spehner

Le comité de l'an 2000
Jean-Claude Schmitt (président d'Honneur)
Jean-Luc Spehner (président)
François Zirn (vice-président)
Damien Munch (secrétaire)
Béatrice Munch (secrétaire-adjointe)
Vincent Martin (trésorier)
Louis Raugel (trésorier-adjoint)
Stéphane Riff, Arlette Spehner
Rocco Napoli, Mickaël Mainbourg
Aimé Denni, Alain Klein, Alphonse Raugel

1935 Diemeringen

Football Club Diemeringen ★ 67

Le FC Diemeringen en 1936
Debout de gauche à droite :
René Freund, Frédéric Mitscher, Eric Anthony, Jean Weissbach, René Constans, Eugène Lobstein, Ernest Gilger (président).
Accroupis de gauche à droite :
Wilhelm Gressel, Ernest Freund, Charles Eckstein.
Assis de gauche à droite : René Horn, Eric Helmstetter, Freddy Loew.

Un champion de l'Alsace-Bossue

Au cours des années 1932-1933, quelques jeunes sportifs convaincus de Diemeringen (Eugène Lobstein, Auguste Becker, Fernand Schild, Eric Helmstetter, Ernest Freund, René Constans, René Freund, Emile Anthony), jettent les bases du football en jouant sur un terrain vétuste, au lieu dit Schilmenwasen, situé à droite de la route menant au Neubau. C'est en 1935 que le Football Club Diemeringen est officiellement créé.

Ernest Gilger est le 1er président à la tête d'un comité se composant, entre autres, de Charles Schwartz, Ernest Wursteisen, Charles Goll, Erwin Gilger, Heinrich Gilger, ainsi qu'Alfred Mugler, qui met spontanément à la disposition du club le terrain situé au Bachgarten (emplacement actuel de l'école maternelle). Le club dispute sa première saison officielle, en championnat de l'Avant-Garde du Rhin en 1935-1936, contre des équipes telles Lampertheim, Ostwald, Mommenheim, l'ASPTT Strasbourg et l'AS Cheminots de Strasbourg. Tous ces déplacements s'effectuent à l'époque en train ou à bicyclette. Pendant le conflit mondial, le club continue de participer aux compétitions mises sur pied. Au lendemain de la guerre, la situation du club n'est pas brillante, plusieurs éléments tombent au champ d'honneur.

Long bail en division II

Le club reprend ses activités en 1946 en division IV. Il effectue une ascension fulgurante et se retrouve en 1948 en division II, où il reste sans discontinuer jusqu'en 1972. De 1948 à 1950, les matches se déroulent sur un terrain situé au Herrengarten (en face du collège, à côté de l'église catholique).

C'est en 1950 que le terrain actuel est inauguré. En dehors de ses excellentes performances en championnat, où l'équipe fanion termine régulièrement dans le groupe de tête, Diemeringen se signale en coupe d'Alsace Bossue, qu'elle remporte à trois reprises, dont la première édition en 1949. Ce match se déroule à Adamswiller contre Sarre-Union, arbitré à la satisfaction générale par un jeune arbitre, Pierre Schwinte, qui va faire une grande carrière internationale.

Des nocturnes dès 1962

C'est en 1962 que l'USD inaugure ses installations pour disputer des matches en nocturne, les premières en Alsace-Bossue. Ces matches constituent à l'époque un événement et se déroulent souvent devant des galeries de plus de 1 000 spectateurs, chiffre qui laisse rêveur à l'heure actuelle. Cinq années plus tard, la commune inaugure les nouvelles installations sportives, comportant la piscine ainsi que les vestiaires-douches pour les footballeurs. Sur le plan sportif, l'équipe fanion est reléguée en division III au terme du championnat 1972-1973. Ce changement dans les habitudes provoque le départ de plusieurs joueurs, et l'équipe est reléguée en division IV l'année suivante.

La reprise en main qui s'impose, s'effectue sous l'impulsion du nouvel entraîneur, Roger Anthony qui arrive à faire remonter le club en division II dès la fin de l'exercice 1976-1977, quand le club termine deuxième derrière Harskirchen. En 1979-1980, l'équipe réserve est championne du bas-Rhin des réserves B, mais perd la finale régionale contre le FC Meyenheim. De leur côté, les pupilles à 7 sont eux aussi champions du Bas-Rhin.

L'événement sportif de ces dernières années se situe à la fin de la saison 1980-1981 où l'équipe fanion, sous la houlette du joueur entraîneur Guy Logel, transfuge de division d'Honneur, accède pour la première fois de son histoire en division I départementale, où elle évolue pendant trois saisons. L'équipe a réussi une grande saison, en devançant des « clients » comme Harskirchen, l'ASI Avenir ou Herbitzheim. Par contre, dernière de son groupe, elle est reléguée en division II à la fin du championnat 1983-1984. Mais une bonne troisième place la saison suivante lui fait profiter de la réorganisation des championnats, qui entraîne la disparition de la division IV. Le club retrouve la division I en 1985-1986.

La fusion en 1994

Entre 1986 et 1992, le président est Alfred Follenius. De son côté, l'équipe est dirigée par Alain Lang. Le club remporte trois coupes d'Alsace Bossue (1987-1989-1990), et fête sa première montée en Promotion en 1991, après un parcours qui le voit ne concéder qu'une défaite et devancer Sarrewerden après une lutte épique, mais surtout reléguer le troisième, Keskastel, à 13 points. Francis Gérold prend la présidence du club lors de la saison 1993-1994. C'est alors que le club fusionne avec le voisin du FC Voellerdingen pour devenir l'USDIV : Union Sportive Diemeringen-Voellerdingen.

• BILBLIOGRAPHIE :
– Grand merci à Freddy Keiser.

Le FC Diemeringen 1979-1980, champion du Bas-Rhin des pupilles à 7
Debout de gauche à droite :
Claude Muller (dirigeant), Roger Stock, Jean-Marc Léoni, Patrice Ensminger, Jean-Marc Constans, Robert Zimmer.
Accroupis de gauche à droite :
Nieto Mariano, Fabrice Anthony, Dominique Klug, Roger Anthony.

Les présidents
Ernest Gilger (président-fondateur)
Alfred Follenius (1986-1992)
Francis Gérold (1992-1994)

Le FC Diemeringen 1979-1980, champion du Bas-Rhin des réserves B
Debout de gauche à droite :
Alfred Gressel (dirigeant), Robert Zimmer, André Stutzmann, Christian Scholl, Bruno Wittmann, Henri Stock, Ernest Ensinger, Lucien Klug.
Accroupis de gauche à droite :
Willy Meyer, Dany Constans, Gérard Ritzenthaler, Marc Ledig, Didier Gressel, Robert Constans, Jean-Luc Craub, Claude Muller (responsable de l'équipe II).

Football Club Dossenheim-sur-Zinsel ★ 67

Dossenheim sur-Zinsel

Le FC Dossenheim bat l'AS Strasbourg (7-4) en Coupe d'Alsace le 6 mars 1937
Debout de gauche à droite :
Alfred Glassmann, Nicolas Rostoucher, Charles Ingweiller, Georges Neubauer, Frédéric Geyer, Pierre Kremer, Joseph Remetter, Willy Kremer, Charles Balliet, Charles Bergdolt, XXX, Albert Schmitt, Emile Kremer, Victor Schmitt (président).
Accroupis de gauche à droite :
Marcel Kremer, Schwartz, Louis Hartmann, Joseph Kremer, Comartin.

Une histoire bien riche

Un soir du 9 octobre 1935, un groupe de 18 personnes se réunissent au restaurant Schneider, pour créer une équipe de football. Le comité fondateur se compose de Albert Becker, Louis Beyer, Charles Baillet, Georges Cleiss, Georges Glassmann, Frédéric Geyer, Paul Geyer, Charles Ging, Rodolphe Haehnel, Charles Ingweiller, Frédéric Kleitz, Vite Kleitz, Eugène Lips, Georges Neubauer, Emile Schmidt, Georges Sorg et Frédéric Trautmann. Après plusieurs rencontres amicales, le club dispute son premier match de championnat le 13 septembre 1936. Pour la saison 1937-1938, il évolue en division III du groupe B qui comprend : Bouxwiller, Sarre-Union, Ingwiller, Niedermodern, Obermodern, Brumath, Phalsbourg et Steinbourg.

Les présidents

Albert Becker, Victor Schmitt
Charles Klein, Albert Haendler
Eugène Lambert, Eric Beyer
Georges Kleitz, Edmond Wiss
Albert Clauss, Roger Becker
Pierre Heyd, Rémy Beyer
André Guth, Freddy Brini
Jean-Louis Meyer

Les arbitres

Georges Glassmann
Frédéric Reinhard
Charles Ingweiler
Ernest Neubauer
Jean Aron, Jean-Claude Roth
René Geyer, Gilbert Haendler
René Duffort, Matthieu Duffot
Roland Roos, Benoît Briwa
Denis Bauer, Antonio Ortiz

Enfin en division II

Après quelques années sans jouer pour cause de guerre, on ne retrouve le club que pour la saison 1947-1948, toujours en division III, quand il termine 5e (sur 8). En 1948-1949, l'équipe est bien classée puisqu'elle est 3e de son groupe, mais très loin des deux premiers que sont Schwindratzheim et Steinbourg. La saison suivante (1949-1950) est meilleure, car elle se hisse à la 2e place, à 4 points de Mommenheim. L'équipe fanion progresse et dès la saison 1950-1951, elle est à nouveau deuxième, mais à seulement 1 point de Phalsbourg.

Le FC Dossenheim manque une fois de plus la montée en 1951-1952, finissant cette fois troisième de son groupe, derrière Waldolwisheim et Trois-Maisons. A l'orée de la saison 1952-1953, il déborde d'ambition et accède enfin en division II, en étant champion de son groupe, avec 2 points d'avance sur Dettwiller. Il réalise la performance d'engranger 15 victoires, 2 nuls et de ne s'incliner qu'à une seule reprise.

Dès sa première saison en division II, en 1953-1954, le club est installé confortablement au milieu du classement (5e). Par contre, il éprouve un peu plus de difficultés en 1954-1955, en se classant à la 9e place (sur 12). Le FC Dossenheim enchaîne les bonnes et les moins bonnes performances, terminant 5e en 1955-1956, 7e en 1956-1957, 9e en 1957-1958, 6e en 1958-1959, 5e en 1959-1960, 6e en 1960-1961. A la fin de la saison 1961-1962, l'équipe fanion se sauve de justesse de la relégation. Le FC Dossenheim-sur-Zinsel est bien installé en division II, durant quelques saisons (6e en 1962-1963, 7e en 1963-1964, 4e en 1964-1965). Au cours de la même année, il se distingue en se voyant attribuer le « challenge de la correction » organisé par la LAFA.

Une remontée laborieuse

Il accumule ensuite les places de 4e en 1965-1966, 5e en 1966-1967, 9e en 1967-1968 et 6e en 1968-1969. Malheureusement, il doit rétrograder en division III, à la fin de la saison 1969-1970, se classant 12e et dernier de son groupe, juste derrière Reipertswiller. L'équipe première évite de justesse la descente en division IV en 1970-1971, finissant 8e (sur 10). Après deux saisons de galères, elle parvient enfin à rivaliser avec les premiers au terme de la saison 1972-1973, derrière Bouxwiller. Mais c'est seulement la saison suivante (1973-1974), que le club enlève logiquement le titre de champion de groupe, avec 4 points d'avance sur Lupstein.

Pour son retour en division II, en 1974-1975, le FC Dossenheim n'a qu'un seul objectif : le maintien. Et il l'atteint, se classant 7e du groupe et 8e en 1975-1976. L'équipe se fait très peur au terme de la saison 1977-1978, puisqu'elle se retrouve à la 10e place et se sauve dans les toutes dernières journées du championnat.

En 1978, les bénévoles commencent les travaux du nouveau complexe sportif. Le club se fait à nouveau des frayeurs en 1979-1980, 10e (sur 12) devant Ernolsheim-les-Saverne et Bouxwiller, puis en 1980-1981, il est 11e, juste devant la pauvre formation de Weyer. L'année 1982, voit l'inauguration du terrain et l'équipe retombe dans ses travers et termine à une piteuse 10e place, devant

Wingen-sur-Moder et Fénétrange à la fin de la saison 1982-1983.

Malheureusement, le FC Dossenheim s'effondre complètement, en se classant bon dernier du groupe, juste derrière Schaffhouse-sur-Zorn. Il doit rétrograder en division III en 1983-1984. Au cours de cette saison, le club a obtenu 3 victoires, 3 nuls et concédé la bagatelle de 13 défaites. L'équipe essaye de se reprendre dès la saison 1984-1985, terminant à une bonne 3e place, pas très loin derrière Marienthal et Wittisheim. Elle a la chance de pouvoir remonter en division II, grâce à la refonte des championnats initiée par la LAFA et se classe d'emblée 5e.

En Promotion d'Honneur pour la première fois

Le FC Dossenheim se classe respectivement, 4e en 1986-1987, 5e en 1987-1988 et 8e en 1988-1989. Une excellente 2e place, derrière Imbsheim, vient clôturer la saison 1989-1990. Mais c'est en 1990-1991, que l'équipe arrive enfin à décrocher le titre de champion de groupe de division II, avec 11 points d'avance sur Brotsch. Il réalise la performance de remporter 15 victoires, empochant aussi 5 nuls, sans connaître l'ombre d'une défaite. Il accède en division I pour la première fois de son histoire.

Pour sa première saison, l'équipe fanion ne perd pas de temps et se hisse jusqu'à la 2e place, à 6 points du premier, Sarrewerden en 1991-1992. Et c'est au cours d'une saison magnifique, en 1992-1993, que le club parvient à devenir champion de groupe de division I, avec 2 points d'avance sur Weislingen et se voit accéder en Promotion d'Honneur. L'équipe a de très bonnes ressources et tient bien le choc puisqu'elle termine troisième, à un point du premier, l'ASI Avenir et à égalité avec Sarrewerden. La saison 1994-1995 est un peu plus difficile (9e), Dossenheim se sauvant de justesse devant l'USIDV 94 et Trois-Maisons.

Une séance de travail (drainage) au stade Muhlmatt en 1978
De gauche à droite : Albert Clauss, Gérard Griesbaecher, Bernard Bastian, Freddy Brini, Georges Kleitz, Albert Mertz, Armand Schmitt, Jean-Louis Reinhard, Walter Ledermann, Jean-Louis Ledermann.

Le FC Dossenheim-sur-Zinsel se classe successivement 5e en 1995-1996 et 9e en 1996-1997. Mais malheureusement, il est complètement à la dérive à la fin de la saison 1997-1998, 11e et avant-dernier devant Lupstein. Il retourne en division I. Durant les trois dernières saisons, le club tourne au milieu du tableau, 6e (sur 10) en 1998-1999, 4e en 1999-2000 et enfin 6e en 2000-2001. Au mois de juin 2000, pour le 65e anniversaire du club, le Racing Club de Strasbourg rencontre une sélection régionale, sur le terrain du FC Dossenheim-sur-Zinsel. Un grand succès populaire.

• BIBLIOGRAPHIE :
– Documents et photos, fournis par Jean-Louis Meyer.

L'hymne du FC Dossenheim, avant guerre et... après les matches

Blau und weiss sind wir gekleidet
Blau und weiss ist unser Stolz
Und unsere Gegner, die haben zuspüren
dass wir geschnitten sind aus kernem Holz

Blaue Augen, rote Wangen
Ein Gesicht wie Milch und Blut
Ein jeder Sportmann, der liebt sein Mädel
Jedes Mädel ist dem Sportmann gut

Meister gib mir die Papiere
Und dazu das nöt'ge Geld
des treue Fussballspielen ist mir lieber
als alle Schufterei auf dieser Welt

Sind wir einst vom Spielen müde
Sind wir einst vom Spielen matt
dann geht nach Hause in unsere Klause
ein lustig Fussballmädel unterm Arm

Refrain :
bei Bier und bei Wein
ein lustig Fussballspieler woll'n wir sein
bei Wein und bei Bier
Ja lustig Fussballspieler dass sind wir

Le FC Dossenheim 1952-1953, accession en division II
Debout de gauche à droite : Le Pasteur Schaeffer (président), Ernest Adolff, Edmond Wiss, René Stutzmann, Alfred Heyd, Robert Ledermann, Roger Becker, Eugène Lambert.
Accroupis de gauche à droite : Arthur Gran, Jean-Paul Wiss, Alfred Witter, René Beyer, Edgar Adolff, Roger Leipp.

Le FC Dossenheim 1973-1974, champion de groupe de division III
Debout de gauche à droite : Jean-Louis Reinhardt, Roland Wiss, Claude Richert, Richard Goeller, Hubert Ries, Gérard Kleitz, Willy Geissweidt, Freddy Brini, André Guth (entraîneur).
Accroupis de gauche à droite : Bernard Gruner, René Ingweiller, René Duffort, Edgar Ging, Didier Adolff.

Le comité de l'an 2000
De gauche à droite : Jean-Claude Nissle, Thierry Lambert, Christian Gruner (responsable jeunes), Thierry Wildermuth (trésorier-ajoint), Materne Mehl, Jean-Marie Stamm, Joseph Scherno (assesseur), Freddy Brini, Daniel Kern (vice-président), Hubert Wildermuth (trésorier), Jean-Louis Meyer (président), Daniel Mommer (assesseur), Pascal Roth (secrétaire-adjoint), Jean-Marc Bruckner (président-délégué), Jean-Louis Reinhardt (secrétaire), Roland Gran (assesseur), Nicole Gesching.
Manquent sur la photo : Emile Michel, Guillaume Richert, Ernest Muller, Brunoi Weissgerber, Lionel Gerold. (assesseurs).

Le FC Dossenheim de l'an 2000
Debout de gauche à droite :
Freddy Bruni (président),
Jean-Louis Reinhardt (manager),
Christophe Griesbaecher, Pascal Nadon,
David Gies, Olivier Ries, Nicolas Bein,
Thomas Eckly, Stéphane Lauffenburger,
Jean-Louis Meyer (délégué).
Accroupis de gauche à droite :
Hanid Boulahous (entraîneur),
Franck Griesbacher, Vincent Farnhert,
Arnaud Richert, Raphaël Voegelin,
Régis Bruckner, Mathieu Roeser,
Bruno Weissgerber.

1935
Football Club Drusenheim ★ 67
Drusenheim

Le FC Drusenheim en 1925
Debout de gauche à droite : XXX, Henri Gless, Wilhelm Diebold, Germain Muller, Paul Vierling, Jacques Durr, Henri Wenger, Marcel Toussaint.
A genoux de gauche à droite : Joseph Bleikasten, Pierre Deck, Aimé Schneider, Emile Gumpert, Robert Pierron.

Roland Wagner, prophète en son pays

Déjà avant 1935 une équipe de football se forme à Drusenheim. Il y a là Joseph Bleikasten, Eugène Christmann, Pierre Deck, William Diebold, Jacques Durr, Alfred Eichler, Henri Gless, Alfred Hemmerlé, Germain Muller, Robert Pierron, Aimé Schneider, Camille Staub et Henri Wenger. Ces jeunes disputent des matches amicaux contre des équipes de bric et de broc des communes voisines sur leur terrain qui se situait à l'emplacement de l'actuelle MJC. Ils jouent en maillots blancs ornés d'une étoile rouge et des culottes rouges. Le président se nomme Antoine Kuntz.

Des débuts encourageants

Mais c'est le 4 janvier 1935, au restaurant A l'Agneau, que se tient la séance de fondation de l'actuel Football Club Drusenheim 1935.

Le premier comité, officialisé le 5 avril 1935, comprend Albert Zabern (président), Alfred Marx (vice-président), Charles Neurohr (secrétaire), Edouard Doll (secrétaire adjoint), Emile Mosser (trésorier), Emile Schmitt (trésorier-adjoint), Henri Wenger (entraîneur), Alfred Eichler (président de la commission sportive), Joseph Vetter (assistant).

L'équipe commence son premier championnat en division IV pour la saison 1936-1937 et termine à la 4ᵉ place (sur 12), ce qui lui vaut une montée en division III, niveau qui reste le sien jusqu'à la guerre.

Une bonne équipe pendant la guerre

Jean Steffan, le capitaine de l'époque, se rappelle que durant la guerre, Joseph Robin et Emile Martin, les dirigeants, ont inscrit une équipe juniors à la « Sportgemeinschaft »,

Le FC Drusenheim 1936

dont l'emblème devait être cousu sur les maillots. Durant la saison 1942-1943, après avoir dominé leur groupe comprenant Rohrwiller, Sessenheim et Schirrhein, ils remportent le titre de « Bannenmeister » (championnat de l'arrondissement de Haguenau), en réalisant les résultats suivants en poule finale : Victoires contre le FC Haguenau à Haguenau (2-1), face au FC Haguenau à Drusenheim (2-0) et match nul à Oberhoffen (1-1). Au « Tschammerpokal », ils sont éliminés par Herrlisheim (5-1). Il se souvient aussi avoir disputé un match amical contre la « Hilfspolizei », encasernée à Drusenheim, et qui comprenait le fameux international polonais Wilimowski, sanctionné par une courte défaite (0-1) sur un penalty de Joseph Knapp.

La reprise des compétitions après la Libération n'est pas simple sur le plan sportif. Les équipes ne sont engagées que pour la saison 1947-1948. De nombreux joueurs sont tombés au champ d'honneur, dont le célèbre gardien de but « Vanigel ». Pourtant, le nouveau comité est mis en place le 14 septembre 1946.

Le nouveau président est un instituteur, Robert Dentinger, arrivé à Drusenheim en 1926 avant d'être nommé cinq ans plus tard à Ohlungen. Il revient à Drusenheim au lendemain de la guerre. Il va rester à la tête du club jusqu'en 1947.

Remontée en division III

En 1947, Eugène Kuntz prend la présidence. Il se souvient : *« Certains problèmes ayant surgi au sein du comité,*

Le FC Drusenheim dans les années quarante
Debout de gauche à droite : Emile Martin, Laurent Letzelter, Alfred Doriath, Robert Diebolt, René Wagner.
Accroupis de gauche à droite : Albert Ostertag, Alfred Streibig, Joseph Kistler.
Assis de gauche à droite :
Emile Berling, Eugène Kistler, Jean Steffan.

une assemblée générale est convoquée. Il ne reste qu'Ernest Berling (arbitre), Joseph Robin (secrétaire), Henri Gless (entre autre chef des pompiers), Joseph Wagner (trésorier et exploitant du restaurant « A la Grenouille Verte ») et un jeune arrivant, Hubert Marzolf. Tout le monde ayant déjà une fonction, c'est moi qui ai été désigné à la présidence ». A la fin de la saison 1950-1951, l'équipe fanion est sacrée championne de groupe de division IV. L'équipe accède en division III grâce à l'entraîneur-joueur Laborda, venu de Hatten. Dans cette équipe on trouve entre autres : Robert Kistler, Lucien Huber, Marcel Weissenburger, Marcel Sabel, Albert Streibing, Robert Diebold.

Au bout de trois saisons, Eugène Kuntz passe la main à Alexandre Vitzikam, agent SNCF à Strasbourg, plus disponible pour représenter le club auprès de la Ligue. L'équipe marche bien. Elle termine successivement 3e, 6e, 3e, 4e, 5e, 5e 3e, avant de remporter le titre de champion de groupe de division III à la fin de la saison 1958-1959.

Champion d'Alsace de division I

L'équipe va rester à ce niveau jusqu'au terme de la saison 1965-1966. En terminant championne de groupe, elle va accéder à la division I. C'est la première saison de présidence d'Edouard Thomas et Roger Lavilatte est l'entraîneur. L'équipe a évolué durant trois années avec la même ossature. Elle joue cette même saison un quart de finale de la coupe d'Alsace, et se trouve sacrée championne du Bas-Rhin devant Barr à Mundolsheim puis championne d'Alsace face à Sierentz (3-0). Le samedi 18 juin 1966, tout le village fête le titre sur la place de la Mairie. Mais l'épopée en coupe d'Alsace mérite d'être contée. Elle commence par une

Le FC Drusenheim 1938
Debout de gauche à droite : Alfred Gabel, René Eichwald, Emile Doriath, Joseph Ursch, Nicolas Schitter, Emile Zacher, Théodore Eichwald, Albert Siegriedt, Armand Gless.
Accroupis de gauche à droite : Léon Eichler, Antoine Wagner (Vanigel), Guillaume Metzger.

Le FC Drusenheim juniors 1940-1941
Debout de gauche à droite : Antoine Doriath, Emile Zacher, Marcel Keller, Paul Schwoob, Joseph Ursch, Laurent Ostertag. A genoux de gauche à droite : Robert Ursch, Alphonse Ernst, Pierre Diebold, Albert Wagner, Koehler.

victoire à Wissembourg (1-0), puis contre Niederbronn (Promotion d'Honneur), 4 à 1, en poursuivant par l'élimination du leader de la Promotion d'Honneur, Koenigshoffen 3-2 et enfin de Schirmeck (Promotion d'Honneur) 2-0. En quart de finale, l'adversaire est de taille puisqu'il

Le FC Drusenheim 1943, la classe 1925
Debout de gauche à droite :
Albert Ostertag, André Mahler, Aloyse Guhmann, Emile Gabel, René Philips, Nicolas Schwoob, Albert Vetter, Pierre Groff, Jean Klinger.
Accroupis de gauche à droite :
Alphonse Zilliox, Joseph Kistler, Alfred Doriath.

Le FC Drusenheim en 1958
Debout de gauche à droite : Edouard Thomas (vice-président), Joseph Kistler, Albert Mochel, Bernard Gross, Michel Meyer, Paul Berling, André Weissbecker, Alexandre Vitzikam.
Accroupis de gauche à droite : Charles Gless, Armand Roos, Bob Fegnus, Armand Klein, Jean-Claude Doll.

Le FC Drusenheim en 1959, division II
Debout de gauche à droite : Jean Steffan et Henri Gless (dirigeants), Etienne Wagner, Alfred Berling (dirigeant), Armand Roos, Anselme Eichler, Paul Berling, Armand Klein, René Fenus, Pierre Diebold (dirigeant).
Accroupis de gauche à droite : Joseph Kistler, Jean-Paul Doriath, Etienne Kistler, Jean-Claude Doll, André Weisbecker.

Le FC Drusenheim 1965-1966, champion d'Alsace de division II
Debout de gauche à droite : Alfred Berling, Edouard Thomas (président), Roger Laviatte (entraîneur), Gilbert Martz, Jean-Pierre Diebold, Henri Litt, Laurent Klingler, Alfred Mochel, Michel Neitzer, Charles Gless (délégué), Antoine Ostertag. Accroupis de gauche à droite : Charles Diebold, Bernard Velten, Alphonse Lazarus, Armand Roos, Raymond Clauss, Pierre Diebold (dirigeant).

Le FC Drusenheim 1970-1971
Debout de gauche à droite : Crantz (entraîneur), Lobstein, Gilbert Martz, Guy Martz, Henri Litt, Kuntz, A. Mochel, E. Thomas (président).
Accroupis de gauche à droite : Pierre Perny, Thierry Roth, Martin, Jacky Vitzikam, Fred Heit, Michel Neitzer.

Le FC Drusenheim 1973-1974, champion d'Alsace de division III
Debout de gauche à droite : Bernard Weissbecker (président), Etienne Ursch (entraîneur), Schoenborn, Bernard Peter, Angel Pollan, Hubert Ursch, Pierre Perny, Jean-Paul Ostertag, Werner Ursch (vice-président), J. Zinck (vice-président).
Accroupis de gauche à droite : Jean-Paul Doriath, Bruno Klein, Patrick Berling, Jean-Jacques Weigel, Gérard Morgenthaler, Bernard Gluck, Roland Kistler.

s'agit de l'équipe de CFA du Racing. Devant 2 255 spectateurs payants, les Strasbourgeois ne s'imposant que 3-2 face à une équipe de Drusenheim réduite à 10 après la sortie de Ch. Gless sur blessure.

Dès la saison suivante, le FCD se distingue en terminant à la deuxième place de son groupe de division I et en accédant en Promotion et enregistrant une moyenne de 550 spectateurs payants par rencontre. La saison 1967-1968 se passe bien en championnat et le FCD enlève la coupe du Crédit Mutuel nouvellement créée (2-0 ap contre Bischwiller). pour la saison 1968-1969, l'équipe repart en Promotion d'Honneur affaiblie par le départ de plusieurs bons éléments. Le maintien est assuré mais l'entraîneur est la cible de nombreuses critiques. Il est obligé de céder sa place à M. Crantz pour la saison 1969-1970, une arrivée synonyme de maintien. On met en chantier la construction de vestiaires grâce à un autofinancement partiel et une subvention de 20 000 F de la commune. Mais seuls les travaux de gros-œuvre peuvent être menés à terme car une crise interne éclate et le comité, se voyant désavoué, démissionne. 13 des 17 joueurs de l'équipe première démissionnent.

Dissolution évitée de justesse

C'est Marcel Gabel qui prend la présidence en 1970. Il ne reste en poste que pendant une saison et demie durant laquelle on termine les travaux des vestiaires inaugurés le 5 juin 1971 et on décide la construction d'un club-house. L'équipe I, décimée, retourne en division I.

Roland Wagner, un jeune qui monte...

Heureusement, les juniors entraînés par Etienne Wagner terminent champions de leur groupe et n'échouent qu'en finale départementale. Dans leurs rangs un certain Roland Wagner qui deviendra professionnel, champion de France avec le Racing Club de Strasbourg et international. Jean-Pierre Zinck va assurer l'intérim de la présidence pendant la saison 1972-1973 pour éviter la dissolution du club. Et Bernard Weissbecker va pouvoir reprendre le flambeau. Mais la crise est profonde. Si les formations de jeunes continuent de briller, l'équipe fanion, elle, entame une lourde chute qui la conduit jusqu'en division III à la fin de la saison 1973-1974. 12e sur 12 avec zéro point, le FCD touche le fond mais tient bon.

Avec deux mutations autorisées, on choisit de faire revenir Hubert Ursch (ancien cadet d'Alsace) et le buteur Jean-Jacques Weigel. On puise dans le réservoir des jeunes, on confie l'équipe à Etienne Ursch. Et c'est l'embellie avec une remontée immédiate en division II. Weigel marque 23 buts à lui tout seul.

Le titre du Bas-Rhin est enlevé face à Rosheim (3-1) et celui de champion d'Alsace de la division III 1973-1974 contre Soultzmatt à Meyenheim (4-1). L'équipe 1975-1976 finit 3e après avoir laissé entrevoir une possible montée. Bernard Weissbecker souhaitant prendre du recul, c'est Raymond Brestenbach qui le remplace. Il s'occupe d'abord de la pelouse, en piteux état, puis de transférer la propriété du club-house vers la commune : le club ne peut plus faire face aux mensualités du prêt contracté. En fin de compte, on opte pour le stade de la Moder qui, malgré les réticences de quelques riverains, voit ses travaux démarrer rapidement pour se terminer en 1979. L'équipe première monte en division I après avoir enlevé le titre de champion de groupe de division II 1976-1977.

C'est Armand Roos qui est l'entraîneur. A la fin de la saison 1978-1979, Raymond Brestenbach passe la main à Jean-Marie Hickel. Secrétaire de 1976 à 1979, il est un peu poussé à se présenter car les candidats ne se bousculent pas. Sous son « règne », on relève un titre de champion d'Alsace des réserves B en 1978-1979, l'inauguration du stade de la Moder le 29 juillet 1979, le titre de champion d'Alsace minimes B 1979-1980, l'inauguration, le 1er mai 1982, du stade municipal rénové Jean-Moulin avec un match de propagande entre le Racing Club de Strasbourg professionnel et une sélection régionale (13-2).

Champion d'Alsace de division I

Enfin, le 4 juin 1983, le FCD est en charge de l'organisation de la finale de la coupe d'Alsace féminines entre Vendenheim et Sessenheim (1-1, Vendenheim aux tirs au but). Sur le plan résultats sportifs, malgré les efforts des entraîneurs successifs Arsène Huck, Armand Roos, Lucien Thomann, Roland Muller, l'équipe ne peut remonter en Promotion. Au terme de la saison 1982-1983, c'est Raymond Mathern qui est nommé président. La saison 1983-1984 va être la bonne. Le FCD termine en tête de son groupe et accède à la Promotion, devient champion du Bas-Rhin devant l'ASPTT Strasbourg (1-0), champion d'Alsace contre Illhaeusern (1-0) et ne s'incline qu'en finale de la coupe CMDP contre Uberach (1-2).

En fait, l'aventure commence dès la fin de la saison 1982-1983 par un bruit : Roland Wagner, l'enfant du pays, rentrerait chez lui. Le 29 mars 1983, l'information est confirmée, Roland, qui va mettre un terme à sa carrière d'entraîneur, accepte de devenir joueur-entraîneur du FCD. Avec quelques renforts ciblés, l'équipe réussit une brillante saison avec les succès que l'on sait.

•BIBLIOGRAPHIE :
– Plaquette 50e anniversaire en 1985.
– Plaquette 60e anniversaire en 1985.
– Plaquette 65e anniversaire en 1985.
– Grand merci à Denis Roth.

Le FC Drusenheim 1983-1984, champion d'Alsace de division I
Debout de gauche à droite : R. Zwinger, V. Hausser, R. Wagner (entraîneur), M. Wagner, J. Wagner, R. Muller, F. Friedmann, R. Moser, J.-J. Weigel, J.-P. Benninger (délégué).
Accroupis de gauche à droite : Ph. Weber, P. Berling, D. Mathern, B. Kurtz, J. Berling, R. Berling, J.-M. Klinger, J. Kistler.

Le comité de l'an 2000
Debout de gauche à droite : Eric Royal (entraîneur équipe II), Walter Wolff, Patrick Keller, Thiery Bry (secrétaire section des jeunes), Patrick Schwerm, Fernand Benninger, Michel Arbogast (président section des jeunes), Martial Klein.
Accroupis de gauche à droite : Denis Fritz (futur entraîneur équipe I), Fabien Schon (trésorier), Richard Bauer, Bernard Straub (président), Jean-Paul Beninger (vice-président), Denis Roth (secrétaire), Michel Wagner.

Le FC Drusenheim de l'an 2000
Debout de gauche à droite : Lionel Muller, Bruno Strohmenger (entraîneur-joueur), Christophe Weibel, Eric Royal, Frédéric Eyermann, Eric Besle, Philippe Weber, Christian Wolff, Patrick Keller (délégué), Bernard Straub (président). Accroupis de gauche à droite : Sylvain Weber, Olivier Meckes, Walter Strub, Denis Fritz, Clément Terrain, Christophe Schlur, Stéphane Zilliox.

1935 Goxwiller

Union Sportive Goxwiller ★ 67

L'AS Goldstar Goxwiller 1937-1938
Debout de gauche à droite : Farner, Jules Schnitzler, Charles Oechsel, Eugène Zahnbrecher, Dagobert XXX, Paul Zahnbrecher, Gustave Zahnbrecher.
Assis de gauche à droite : XXX, Camille Schmidt, René Zahnbrecher, XXX, Henri Hehn (gardien).

L'Etoile d'Or s'est éteinte

C'est le 29 mai 1935 qu'est fondée l'Association Sportive Goldstar Goxwiller, et que le comité suivant est mis en place : Alfred Hess (président), Emile Koenig (vice-président), Paul Finck (secrétaire), Eugène Finck (trésorier), Eugène Zahnbrecher (capitaine), Albert Betsch, Théodore Oechsel, Jules Zahnbrecher (assesseurs).
Le 1er avril 1941, on trouve trace du « Sport Verein Goxwiller ». Le 26 novembre 1946 naît « L'Etoile Sportive Bourgheim », dirigée par Emile Gloeckler, le président de Bourgheim. Le club repart avec un nouveau comité directeur : Emile Gloeckler (président), Paul Schmitt (vice-président), André Voegel (secrétaire), Albert Schmidt (trésorier).

Les statuts du club ne sont déposés que le 11 juin 1959, date à laquelle se tient la première assemblée générale sous la présidence de Charles Heywang, assisté par Jean Pfleger et André Fritsch (vice-présidents), Laurent Lerch et Charles Fuchs (secrétaires), Fernand Masson (trésorier), devant 40 membres. Le 5 juillet 1960, Fernand Masson laisse le poste de trésorier à Gustave Sauer, auquel lui succède le 10 août 1961, Georges Ehret. Le 7 juin 1962, l'association est renommée « Sport Réunis Bourgheim-Goxwiller ». Le nouveau comité directeur : Charles Heywang (président), Jean Pfleger, André Fritsch (vice-présidents), Robert Zahnbrecher et Jean Leipp (secrétaires), Rémy Bischoff, Jean-Pierre Hill (trésoriers). L'inauguration du terrain a lieu en juillet 1962.

Voilà les Sports Réunis

Le 26 juin 1964, l'assemblée générale est marquée par la démission du président Charles Heywang. Le nouveau comité est dirigé par André Fritsch. Robert Zahnbrecher et Frantz Littel sont vice-présidents, Alfred Betsch et Jean-Pierre Betsch, caissiers, Rémy Bischoff et Robert Betsch, secrétaires. Charles Heywang devient président d'honneur. Le 12 juin 1966, Diersburg (Pays-de-Bade) vient disputer un tournoi. C'est la première invitation « étrangère ». Le 21 juillet 1967, la dénomination des SR devient « Sport Réunis Goxwiller Section Football », le siège est transféré à Goxwiller, au restaurant Belle-Vue. Le nouveau comité est ainsi composé : André Fritsch (président), Frantz Littel, Robert Betsch (vice-présidents), Rémy Bischoff (secrétaire), Alfred Betsch (trésorier), Roudy Bauer, Paul Grucker, René Schwartz, Charles Schmitt, Gustave Grucker, Roland Bilger, Jean-Pierre Betsch. Suivent ensuite plusieurs modifica-

L'US Goxwiller 1989-1990
Debout de gauche à droite : Philippe Felter, Arnaud Grucker, Pascal Betsch, Emmanuel Jacquot, Alain Cronimus, Michel Reiss, Jean-Brice Quirin, Gérard Kuntzmann (entraîneur).
Accroupis de gauche à droite : Thierry Kuntzmann, Luc Jost, François Gil Caldas, Roland Singuerle, Olivier Koenig.

L'US Goxwiller 1992-1993
Sur les épaules de gauche à droite : Didier Ehret, Guy Gilgenmann, Philippe Husser.
Debout de gauche à droite : Christophe Salmon, Pascal Weissenbach, Alex Lotz, Stéphane Koenig, Michel Reiss, Pascal Krause, Francis Mercy (entraîneur).
Accroupis de gauche à droite : Hervé Villatte, Philippe Felter, Raynald Accardo, Michel Mariani, Luc Jost, Jean-Marc Wendling, Fabien Bohler.

tions du comité, toujours sous la présidence d'André Fritsch.

En 1973-1974, l'équipe fanion des SRG a le vent en poupe, en effet, elle occupe la première place de son groupe de division IV. Goxwiller fait un carton durant deux pleines saisons, en terminant à la deuxième place de son groupe de division III derrière Rosheim. La saison 1974-1975 est complétée par de belles performances en coupe d'Alsace à Zelwiller (3-2), face à l'AS Neudorf (3-0), Obernai (1-0) avant de s'incliner à Wisches (2-3). L'équipe de la saison est composée de : Jacques Preiss, René Gaidella, Raymond Roth, Patrick Haberer, Dominique Chety, Lolo Bender, Bernard Riegler, Bernard Meyer, Michel Schwartz, Jacquie Catinat, Gilbert Kaetzel, Lucien Chety, Freddy Fritschmann, Daniel Fransuineau, Francis Guhl, Jacquie Bliekast, Eddie Adolf, René Gilgenmann.

Malheureusement, malgré ces bons résultats le club tombe en léthargie alors que la saison 1975-1976 est déjà entamée.

Naissance de l'Union Sportive

Mais il est dit que le football ne peut disparaître du paysage de Goxwiller. Le 21 février 1982, les SRG deviennent « Union Sportive Goxwiller », toujours sous la présidence d'André Fritsch, secondé par Xavier Roeckel et Gérard Baumert (vice-présidents), ainsi que par Henri Rauch et Claude Deloche (secrétaires), Daniel Durr et Jean-Paul Grauffel (trésoriers). Le terrain municipal est inauguré le 9 juillet 1983, son financement de 311 462,52 F est assuré par une subvention de l'Etat, du département, de la commune et une dette à long terme. La même année, Michel Fritsch, Jean-Luc Gilgenmann, Gérard Hecht, Francis Meyer et Gaby Rossfelder rejoignent le comité directeur. En 1984, c'est autour de Walter Betsch d'entrer au sein du comité, ainsi que Yves Betsch et Jean-Claude Ruffert en 1985, Christian Lotz, Alain Schaeffer et Jean-Marie Heiligenstein en 1987, Rémy Cavodeau et Eric Grucker en 1988, et pour finir, Ralph Schmitt, Bernard Gilgenmann, Jeannot Sacchetti et Jean-Brice Quirin en 1991.

En 1992, l'US Goxwiller commémore ses 10 ans d'existence et les cinquante-sept années de football au village.

A la fin de la saison 1993-1994, l'US Goxwiller termine troisième de son groupe de division III. Le 24 juin 1993, Ralph Schmitt prend la présidence de l'USG jusqu'au 9 avril 1995, remplacé par Dominique Chety, puis par Rémy Cavodeau, toujours président à ce jour.

• **BIBLIOGRAPHIE :**
– Plaquette du 10ᵉ anniversaire des 4 et 5 juillet 1992.
– Plaquette « Le Fou du Foot » n° 7, août 2001.
– Grand merci à Ralph Schmitt.

Le comité de l'US Goxwiller en 1992
Debout au deuxième rang : Jean-Pierre Betsch, Yves Betsch, André Fritsch (président), Ralph Schmitt. Debout au premier rang : Rémy Cavodeau, Daniel Durr, Jean-Brice Quirin, Jean-Paul Chety, Edouard Schaal (entraîneur).

L'US Goxwiller 1996-1997
Debout de gauche à droite : Adem Torun, Recep Uslau, Pascal Krause, Christophe Savoy, Hervé Dappe, Adiguzel Dogru, Jean-Luc Ehret, Asaln Kock. Accroupis de gauche à droite : Grégory Buczo, Eric Jaeg, Arnaud Grucker, Thierry Heitz, Alex Lotz.

Les présidents

Alfred Hess (1935-1946), Emile Gloeckler (1946-1959), Charles Heywang (1959-1964), André Fritsch (1964-1993), Ralph Schmitt (1993-1995), Dominique Chety (intérim 1995), Rémy Cavodeau (1995 à nos jours)

Le comité de l'an 2000

Rémy Cavodeau (président), Arnaud Grucker (vice-président), Nathalie Hutt (secrétaire), Eric Jaeg (trésorier), Jean-Paul Chety, Dominique Chety, André Fritsch, Ralph Schmitt, Estelle Labre, Jérôme Ruffert, Jean-Luc Ehret, Jean-Marie Lantoine

L'US Goxwiller de l'an 2000
Debout de gauche à droite : François Kramer (entraîneur), Mickaël Leclercq, Alain Orgawitz, Sébastien Vivien, Jérôme Riehling, Grégory Buczo, Adiguzel Dogru, Kasim Tastan.
Accroupis de gauche à droite : Jean-Christophe Adra, Nicolas Otto, Dominique Chety, Sylvain Riss, Jean-Paul Chety, Vincent Stringaro, Arnaud Grucker.

1935 Union Sportive Hangenbieten ★ 67

Hangenbieten

L'US Hangenbieten en 1955
Debout de gauche à droite :
René Lotz, R. Henner,
Etienne Matter (capitaine),
Ernest Schott, Raymond Goetz,
Georges Librig.
Accroupis de gauche à droite :
René Bronner, Jean-Pierre Bamberger,
Jean-Paul Freiss, Alfred Schaeffer,
Charles Sonntag.

LOHR INDUSTRIE

LOHR Industrie
29, rue du 14 juillet - BP 1
HANGENBIETEN
67838 Tanneries Cedex

Les tramways l'ont fait dérailler

C'est lors d'une assemblée générale en date du 14 février qu'est créée l'Union Sportive Hangenbieten, affiliée auprès de la LAFA. L'équipe commence par des matches amicaux puis s'engage dans le championnat de la LAFA. En 1937-1938, on retrouve le club en division IV du groupe B qui comprend Osthouse, Uttenheim, Matzenheim, Lipsheim, Ostwald, Holtzheim, Ittenheim. L'USH est en inactivité de 1940 à 1945.

Après les hostilités, l'équipe est engagée en division IV, dans un championnat qui démarre le 18 novembre 1945. L'équipe joue dans un groupe composé de Ittenheim, Truchtersheim, Schnersheim, Dingsheim, Marlenheim et Westhoffen. Le comité de la reprise est constitué de Charles Schaeffer (président), Jacques Meyer (secrétaire), Ernest Heim (trésorier) et Marcel Gillmann, Jospeh Jehl, René Mey et Willy Jeuch (assesseurs). Elle accède très vite en division III et pour la saison 1947-1948, elle se hisse à la 2e place du championnat, à 3 points derrière celle des Tramways de Strasbourg. Elle est même deuxième (derrière le Port du Rhin) la saison suivante. Mais c'est insuffisant pour accéder à la division supérieure.

Enfin en Promotion

C'est à la fin de la saison 1956-1957 que le club est rétrogradé en division IV, mais il remonte dès la fin de la saison 1958-1959. Revenu en division III, il se distingue d'emblée et se classe à la deuxième place de son groupe deux saisons de suite. Il réussit sa meilleure saison au cours de l'exercice 1964-1965, quand il enlève le titre de champion de groupe, devant Dinsheim et monte enfin en division II.

La saison 1972-1973 est tout simplement exceptionnelle puisque pour une première en Promotion d'Honneur, l'USH accroche la deuxième place, à un point seulement de l'équipe II des SR Haguenau. La montée en division d'Honneur est manquée d'un rien.

La crise et la dégringolade

Cet échec, très relatif, entraîne le départ de quelques joueurs et le club doit à nouveau retourner en division I. Cet accident de parcours permet de reconstruire l'équipe et dès le terme de la saison 1973-1974, la remontée est effective, avec une nouvelle 2e place, dans le sillage de l'AS Strasbourg II. Mais le challenge est trop difficile et l'USH est rétrogradée presque immédiatement. En 1977-1978, nouvelle désillusion puisque l'équipe fanion est encore dernière et se retrouve reléguée en division II, puis en division III dès la fin du championnat suivant.

Du bon et du moins bon

Trois deuxièmes places en 1982-1983 et 1983-1984 et 1984-1985, au moment de la restructuration des championnats, font remonter le club en division I. Au bout de trois saisons (1987-1988), il faut se résoudre à retrouver la division II. Il faut atten-

Le Messti du foot en 1968

L'US Hangenbieten 1971-1972, accession en Promotion d'Honneur
Debout de gauche à droite : Robert Jacht, Pierre Urban, Jean-Claude Krug, Paul Schantz, René Muller, Eric Schwentzel.
Accroupis de gauche à droite : René Lang, Bernard Kutteruf, Claude Nardin, Frédéric Heintzelmann, Jean Eck, Pierre Gassert.

L'US Hangenbieten féminines en 1982
Debout de gauche à droite : Françoise Hochenedel, Cathy Gergès, Marie-José Imbs, Josiane Schalck, Marie Muller, Martine Meyer, Sylvie Gergès (leur petit fétiche).
Accroupis de gauche à droite : Annie Stroh, Isabelle Weller, Carmen Schitter, Hélène Rohfritsch, Christine Loehle.

dre le terme de la saison 1989-1990 pour que le club soit à nouveau en tête d'affiche, avec un titre de champion de groupe, et une remontée en division I.

1994-1995 constitue une nouvelle déception, avec la relégation évitée de justesse, mais le club reste en division II jusqu'en l'an 2000.

• **BIBLIOGRAPHIE :**
– Textes, documents et photographies fournis par Marcel Gerges.

Le 45ᵉ anniversaire de l'US Hangenbieten en 1980
Président de la commission des seniors du Bas-Rhin, Marcel Laugel serre la main de Lucien Horst et de Gérard Weber.

L'US Hangenbieten pupilles 1985-1986
Debout de gauche à droite : Jean-Marie Ulrich (dirigeant), Gabriel Rudolf, Jackie Gewinner, Franck Bontz, Stéphane Dauchy, Laurent Nock, Thomas Nock (dirigeant), Jean-Marie Hoffmann. Accroupis de gauche à droite : Sébastien Ulrich, Lionel Schaeffer, Raphaël Urban, Serge Klipfel, Bruno Thomasson, Julien Dumortier.

Les présidents

Paul Junker (1935-1938)
Robert Jelich (1938-1940)
Georges Musser (1940-1944)
Charles Schaeffer (1945-1948)
Marcel Gillmann (1948-1951)
Felix Matter (1951-1963)
Marcel Gillmann (1963-1964)
René Bronnert (1964-1971)
Claude Weber (1971)
Marcel Gergès (1971-1975)
Charles Hummel (1975-1977)
Bernard Rohr (1977-1979)
Gérard Weber (1979-1982)
Jacques Mathis (1982-1985)
Olivier Floréani (1985-1993)
Philippe Hari (1994-1996)
René Mey (1996 à nos jours)

Le comité de l'an 2000

René Mey (président)
Olivier Floréani (vice-président)
Vincent Fattori (vice-président)
D. Dannenmuller (secrétaire)
Nicole Weltz (trésorière)
Louis Weisskopf (trésorier)
Marcel Gerges, Pierre Heitz, Jean-Luc Gerussi
Martial Schaeffer, Simone Heitz
Brigitte Schweickart, Roland Bieler
Pierre Peter, Abdel Bensalem
Chris. Hochenedel (président des jeunes)

L'US Hangenbieten 1992-1993
Debout de gauche à droite :
Marcel Gergès, Pierre Heitz, Dominique Weltz, Christophe Lefebvre, Noël Gergès, Fabien Weber, Alain Linkenheld, Martial Richter, Philippe Hari, Francis Barthel (entraîneur), Olivier Floréani (dirigeant).
Accroupis de gauche à droite :
Jean-Luc Gerussi, Thierry Bralier, Hubert Bodenan, Lionnel Schaeffer, Raphaël Urban, Daniel Oster, Alain Hamm.

L'US Hangenbieten de l'an 2000
Debout de gauche à droite : René Mey (président), Dominique Weltz, Sébastien Haug, Carlos Antunes-Costa, Jerbil, Elyo Montero, Franck Bontz, Jean-Baptiste Loll, Damien Dannenmuller. Accroupis de gauche à droite : Vincent Fattori (vice-président), Jonathan Jeuch, Mirsad Sahil, Jean-Philippe Jung, Olivier Caix, Hervé Lenck, Medhi Soufi.

1935 Holtzwihr

Football Club d'Holtzwihr ★ 68

Le FC Holtzwihr 1946-1947, accession en division II
Debout de gauche à droite :
André Haumesser, Henri Wiss, René Kleitz, Joseph Schmitt, Louis Schmitt, Jérôme Schreiber.
Accroupis de gauche à droite :
Joseph Kleitz, René Ringler, Louis Ritzenthaler, Paul Meyer, Xavier Schwoerer, Henri Kleitz.

Les présidents

Paul Haumesser (1934-1942)
Albert Haumesser (1945-1946)
Georges Haumesser (1946-1949)
Xavier Ritzenthaler (1949-1956)
Paul Meyer (1956-1958)
Henri Wiss (1958-1965)
Louis Haumesser (1965-1974)
François Haumesser (1974-1984)
Michel Ritzenthaler (1984-1990)
Jean-Marc Haumesser (1990-1993)
Jean Meyer (1993-1995)
Christian Flory (1995-1996)

Ils n'étaient même pas majeurs !

Le football club d'Holtzwihr est officiellement créé en 1935. Par une bande de jeunes qui, n'étant pas majeurs, ont dû faire appel à sept personnes de la commune à titre de prête-noms. Paul et Georges Haumesser, Jules et Lucien Frieh, Alphonse et Xavier Ritzenthaler et Hans Jenny ont accepté. Des pionniers qui ont amené le club à commencer par des rencontres amicales qui se déroulent sur un pré. En 1936, la commune attribue un premier emplacement de terrain, au lieu-dit Stokmatt, où le stade restera implanté jusqu'en 1963. La première équipe est composée de Léon Dietrich (capitaine), Léon Haumesser, Albert Haumesser, Georges Haumesser, Robert Haumesser, Henri Schmitt, Alfred Schmitt, Louis Schmitt, Joseph Schmitt, Albert Schmitt, Xavier Schwoerer, Martin Schwoerer, René Kleitz, Henri Kleitz, Edouard Ritzenthaler, Paul Meyer, Hans Jenny. L'arbitre attitré est Louis Ritzenthaler.

Deux matches officiels, et puis... la guerre

De 1936 à 1942, on continue des matches non-officiels. C'est en 1942 que le FC Holtzwihr engage pour la première fois une équipe fanion en championnat. La guerre envoie 9 joueurs sous les drapeaux dès la deuxième journée de compétition. Du coup, le club reste en inactivité forcée jusqu'à la Libération. Dès la reprise des compétitions, voilà le FCH engagé dans le championnat de division III pour la saison 1945-1946.

Un titre de champion d'Alsace

La saison suivante, c'est la montée en division II, sous les ordres du capitaine, René Kleitz. L'équipe de l'époque est composée de : André Haumesser, Henri Wiss, René Kleitz, Joseph Schmitt, Louis Schmitt, Jérôme Schreiber, Joseph Kleitz, René Ringler, Louis Ritzenthaler, Paul Meyer, Xavier Schwoerer, Henri Kleitz.

Jusqu'en 1964, l'équipe ne va pas quitter la division II. Et c'est la descente qui va s'avérer salutaire. En effet, la saison 1964-1965 va se solder par un sans-faute avec, au bout du chemin, la remontée en division II et le titre de champion d'Alsace de division III (victoire en finale contre Kaltenhouse à Sainte-Croix-aux-Mines, 2 à 1). Pour le titre départemental, le FCH avait disposé de l'équipe II de Saint-Louis 3 à 1.

Mais de nombreux joueurs vont s'arrêter et l'équipe redescendre en division III à la fin de la saison 1968-1969. Deux saisons plus tard, c'est même la descente aux enfers de la division IV. La remontée est immédiate et le FC Holtzwihr va rejoindre la division II au terme de la saison 1971-1972.

La saison 1976-1977, voit l'équipe fanion monter en division II. En poule de classement, le FCH dispose successivement de Riespach (2-1), Zimmersheim (3-0) et Wolfgantzen 3-0, s'adjugeant ainsi le titre de champion du Haut-Rhin. Pour le titre de champion d'Alsace, elle rencontre Krautergersheim et s'incline aux tirs au but à Ostheim. Mais trois jours plus

Le FC Holtzwihr 1964-1965, champion d'Alsace de division III
Debout de gauche à droite : R. Gsell, J. Ritzenthaler, P. Schwoerer, R. Zwickert, J. Fleith, G. Ritzenthaler, H. Wiss (président). Accroupis de gauche à droite : A. Ohlmann, R. Haumesser, L. Ritzenthaler, J. Bohl, Gemsky, J.-P. Ringler.

Le FC Holtzwihr 1976-1977, champion d'Alsace de division III
Debout de gauche à droite : Gervais Schwoerer (dirigeant), René Ritzenthaler, Francis Haumesser, Christian Schupp, Francis Haetty, Bernard Ritzenthaler, François Ritzenthaler, Denis Ringler, Jean-Pierre Ringler (entraîneur).
Accroupis de gauche à droite : Eddy Wiss, Marc Frieh, Gérard Kleitz, Jean-Claude Remond, Jean-Marc Haumesser.

tard, la Ligue décide que le match est à rejouer. Et cette fois, à Plobsheim et devant 1 350 spectateurs, le FC Holtzwihr entraîné par Pierrot Ringler enlève le titre de champion d'Alsace 4 à 2.

La saison 1977-1978 débouche sur la montée en division I, grâce à une deuxième place derrière les Espagnols de Colmar et aussi à la montée des SR Colmar dans la nouvelle 4e division nationale.

15 à 14 aux tirs au but !

La saison 1978-1979 se termine avec une troisième place, non sans avoir battu l'incontournable leader, Munchhouse, sur le score sans appel de 4 buts à 0. Cette saison marque aussi le début des futures carrières réalisées dans les différentes coupes. Ainsi, en coupe d'Alsace, Holtzwihr élimine successivement Bergheim (2-0), Munster (5-1), Sigolsheim (4-0) avant de se faire sortir en 8e de finale par Hirtzfelden (0-1). Mais en coupe du Crédit Mutuel, après avoir écarté Sundhoffen (3-2), Biesheim (3-2), la finale est enlevée par les joueurs de Pierrot Ringler face à Turckheim (3-1).

Lors de la saison 1979-1980, l'équipe fanion se positionne à la quatrième place et ne se fait éliminer qu'en 8e de finale de la coupe d'Alsace par les grands voisins des SR Colmar 1 à 0. La saison 1980-1981 se termine sur une cinquième place Mais les exploits se situent dans les coupes. En coupe d'Alsace, le FCH élimine successivement Saint-Hippolyte (2-1), Neuf-Brisach (3-2), Sundhoffen (2-1) et Habsheim (4-3) mais tombe logiquement en quarts de finale contre le déjà champion de France, l'AS Pierrots-Vauban (0-5).

En coupe du Crédit Mutuel, c'est le parcours parfait. Bergheim (3-0), Illhaeusern (4-1), Ingersheim (0-0 qualifié aux tirs au but), tombent tous avant la grande finale. Elle a lieu à Biesheim face à Sundhoffen. Le score est de 2-2 à la fin du temps réglementaire. On a recours à la séance de tirs au but qui se termine sur le score incroyable de 15 à 14 aux tirs au but. Le match aura duré trois heures !

La saison 1981-1982 s'achève avec une quatrième place, mais c'est à nouveau la coupe d'Alsace qui apporte son lot de satisfactions. Holtzwihr élimine l'un après l'autre Sigolsheim (6-0), Bergholtz (4-2), Niederhergheim (2-0), mais se fait sortir en quarts de finales (1-3) par les SR Colmar. C'est aussi la saison de l'apparition en coupe de France avec d'entrée l'élimination de l'AS Munster (1-0). Mais l'équipe tombe au deuxième tour devant le SC Sélestat 3 à 1. L'équipe II, elle est championne d'Alsace de division IV en disposant de l'AS Marckolsheim 1-0.

La saison 1982-1983 voit le départ, après quinze années de bons et loyaux services, de l'entraîneur Pierrot Ringler. Il est remplacé par Pierre Wiss. C'est aussi l'aboutissement de la montée tant attendue en Promotion d'Honneur avec en prime le titre de champion du Haut-Rhin face à Carspach à Munchhouse (2-1). En finale régionale face à Herbsheim, il faut deux matches. Le premier à Ostheim (2-2 ap) et le deuxième, qui se solde par une défaite à Kogenheim (1-3).

En coupe de France, le FCH élimine Saint-Louis, club de division d'Honneur (3-2), mais Neuf-Brisach empêche Holtzwihr de poursuivre sa route (0-4). En coupe d'Alsace, l'équipe réussit la performance d'atteindre les demi-finales en écartant les Portugais de Colmar (0-4), Ingersheim (1-0), Guebwiller (1-0), Berrwiller (3-1 ap), Illhaeusern (2-1 ap), Rosenau (2-1 ap), Vieux-Thann (6-3), se faisant sortir au stade du Ladhof à Colmar par l'AS Huningue (0-0 ap, élimination aux tirs au but) devant 1 154 spectateurs payants.

Pour sa première saison en Promotion d'Honneur (1983-1984), le FCH assure le maintien. Mais la performance se situe à nouveau en coupe d'Alsace puisque l'équipe drivée par Pierrot Wiss secondé par Michel Ritzenthaler et François Dollé atteint encore le stade des demi-finales. Ober-Niederentzen (1-0), Neuweg (4-3), Ingersheim (1-0) sont écartés avant que ne se présente le Vauban Strasbourg de Raymond Kaelbel. Le match a lieu à Westhouse et les Pierrots l'emportent 2 à 0. Cette même saison, les juniors A sont champions d'Alsace en battant le FCSK 06 à Wickerschwihr (2-1).

Pour la saison 1984-1985, c'est Jean-Pierre Frieh qui prend l'entraînement en main.

• BIBLIOGRAPHIE :
– Plaquette du 50e anniversaire en 1985.
– Plaquette de l'inauguration du vestiaire club-house 1991.

Les anciens se souviennent

Le restaurant « Au tonneau d'Or », chez la « Mère Wiss », a toujours été le siège du club. Il y a, derrière le restaurant, une baraque en bois et c'est là que se concentre toute l'activité du club. Il n'y a ni douches, ni vestiaires. La toilette d'après match, qu'il soit gagné ou perdu, se fait avec les adversaires autour d'un cuveau en bois, été comme hiver. Les premiers déplacements à Widensolen ou Sainte-Croix-en-Plaine se font à bicyclette, souvent à deux sur la même machine, l'un assis sur le guidon. Position inconfortable qui fait que le pédaleur est moins fatigué que son passager.
Les déplacements les plus lointains, à Dannemarie ou Burnhaupt, se font en bus avec le père Kunegel. Seppi Zwickert se souvient : « le chauffeur du bus a souvent dû nous défendre après les matches contre l'agressivité de l'équipe adverse en brandissant la manivelle de son autobus ».

Autre anecdote racontée par le même Seppi Zwickert : « Une année, j'ai quitté le FC Holtzwihr pour le FC Colmar. Mais après trois matches, Holtzwihr me manquait. Je suis retourné dans mon ancien club sans rien dire aux Colmariens et j'ai joué tout le reste de la saison avec Holtzwihr sous une fausse licence. Et Holtzwihr s'est sauvé de la descente cette saison-là... »
Le juge de touche attitré est Jean-Paul Gringer. Il fait partie intégrante de l'équipe et joue le rôle de 12e homme. Armand Ritzenthaler et Ernest Herrscher font le tour du village tous les samedis soirs. Gare aux noctambules car l'amende ne manque pas de tomber le dimanche !

Le FC Holtzwihr II 1981-1982, champion d'Alsace de division IV
Debout de gauche à droite : Jean-Pierre Baechler (entraîneur), Claude Fuchs, Marc Loberger, Francis Haetty, Laurent Fleith, Jean-Marie Zwickert, Hubert Reecht, David Muller, Jean Meyer (dirigeant). Accroupis de gauche à droite : Jean-Claude Remond, Fabien Vogel, Claude Vogel, Jean-Marc Haumesser, Jean-Marie Frieh, Laurent Haetty, Gérard Weber.

Le FC Holtzwihr 1984-1985
Debout de gauche à droite : François Dollé (dirigeant), Francis Kleitz, Pierre Wiss, Jean-Marie Zwickert, Marc Spaety, Alain Schelcher, René Deiss, Marc Frieh, Alain Herzog, Jean-Pierre Frieh (entraîneur).
Accroupis de gauche à droite : Marc Loberger, Claude Fleith, Gérard Kleitz, Michel Zwickert, Gilbert Carvignan.

1935

Association Sportive Notre-Dame Lutzelhouse ★ 67

Lutzelhouse

L'ASND dans les années 30
Debout de gauche à droite :
Paul Prévot, Louis Berchét,
Charles Deininger, Paul Martui,
Léon Schauler, René Remy, Jean Metzger
Accroupis de gauche à droite :
Charles Meyer, Fernand Bertau,
René Flaesch, Marc Depp,
Armand Deckert, Jacques Pfeiffer

Deux clubs, deux stades aux « Gros Prés »

Le football à Lutzelhouse débute avant la deuxième guerre mondiale. Le premier club mis sur pied à cette époque est l'Association Sportive de Lutzelhouse, qui naît en 1929, et se trouve engagé dans les championnats de la LAFA. Il apparaît pour la première fois lors de la saison 1929-1930, en série C. Il y reste jusqu'en 1933, quand la série C devient la division IV. Il y dispute la compétition 1937-1968 dans le groupe C, remporté par Krautergersheim devant l'ASB Schirmeck, Duppigheim, Dorlisheim, Altorf, Lutzelhouse (6e avec 14 matches disputés, 5 victoires, 2 nuls et 7 défaites), Goxwiller et Dinsheim.

C'est en 1935 que naît l'Association Sportive Notre-Dame du curé Strasbach, qui s'affilie à l'Avant-Garde du Rhin et débute la compétition lors de la saison 1937. Mais dès l'arrivée de l'occupant allemand, l'AGR est dissoute et le club disparaît par la force des choses. Comme s'arrête aussi l'AS Lutzelhouse. Il est d'ailleurs amusant de noter que les deux clubs entretiennent d'excellentes relations et que les deux stades se trouvent à quelques encablures l'un de l'autre, au lieu-dit « les Gros Prés ». Une ambiance plutôt rare à cette époque où Bengeles et Weldes se tirent une bonne bourre dans le Nord de l'Alsace.

Réunis sous la bannière du curé

La guerre terminée, la raison est la plus forte et les deux clubs fusionnent. La toute nouvelle Association Sportive Notre-Dame commence son championnat en division I de l'Avant-Garde du Rhin dès la saison 1946-1947. Elle est versée dans le groupe III en compagnie de Dangolsheim, Wolxheim, Bernardswiller, Wisches, Niedernai, Ottrott, Oberhaslach, Dahlenheim et Russ. Au début de la saison, le club organise un tournoi regroupant les équipes de la région. La finale oppose Lutzelhouse à Muhlbach-sur-Bruche. En 1947-1948, le groupe est légèrement modifié, puisqu'on y trouve Niedernai, Ottrott, Bernardswiller, Dahlenheim, Dangolsheim, Russ et Oberhaslach. Pour le championnat 1948-1949, le club est versé dans le même groupe III, qui réunit : l'AS Ottrott (champion), Lutzelhouse (2e), Dangolsheim, Dahlenheim, Bernardswiller, Richtolsheim, Ebersmunster, Niedernai, Witternheim. C'est la dernière saison en AGR. Le club rejoint alors la LAFA.

Débuts en fanfare en LAFA

Et il ne perd pas de temps puisqu'il participe au championnat de division IV, en 1949-1950, dans le groupe 7, qui comprend Muhlbach (champion), Mittelbergheim, Stotzheim, Lutzelhouse (4e), Ottrott, Innenheim, Valff, Bourgheim, Russ et Oberhaslach. L'équipe pointe régulièrement en milieu de tableau, jusqu'au championnat 1953-1954, lorsque l'équipe est sacrée championne de groupe à égalité avec la Krutenau Strasbourg, mais un meilleur goal-average est devant Muhlbach-sur-Bruche. L'ASNDL accède à la division III.

L'ASND Lutzelhouse 1958-1959, retour en division III
Debout de gauche à droite : E. Strub, G. Roos, Achille Reiss, Marc Douvier, Frédéric Hazemann, Armand Deckert.
Accroupis de gauche à droite : Louis Berchit, Charles Rauner, Erny Helm, Maurice Strub, Marcel Bernard.

L'ASND Lutzelhouse 1964-1965, en division III
Debout de gauche à droite : Albert Bernard, Joseph Roos, Erny Strub, Erny Helm, Achille Reiss, Lucien Erb, Jean Steimer (président), Charles Bechtel (dirigeant). Accroupis de gauche à droite : Roland Douvier, Marcel Bernard, Maurice Strub, Guy Bechtel, André Oulmann, Charles Rauner.

L'ASND Lutzelhouse, vainqueur du tournoi d'Urmatt en 1977-1978, et retour en division II
De bout de gauche à droite : Joseph Zirn, Jacques Touchemann, Francis Muhr, R. Quirin, Francis Quieti, Alain Chatin, Jean-Marie Meyer. Accroupis de gauche à droite : Francis Siegler, R. Menges, M. Reinbold, C. Troesch, Patrick Friant, Patrick Roos, Antoine Erny (entraîneur-joueur).

L'ASND Lutzelhouse 1982-1983
De bout de gauche à droite : Jean-Luc Lemoine, Thierry Deckert, Didier Schoeffter, Christophe Stouvenel, Gilbert Arbogast (président), Sylvain Brignon, Christian Bernard, Joseph Zirn, Daniel Dipancrazio. Accroupis de gauche à droite : Patrick Roos (capitaine), P. Mertz, Francisco Teixeira, Sylvain Di Guisto, XXX, Thierry Cronimus.

Dès l'exercice 1955-1956, le club franchit un nouveau palier, en terminant à la 3e place d'un groupe remporté par Urmatt devant Dinsheim. Mais la division II est un tout autre monde et il faut bien se rendre à l'évidence, l'effectif est un peu léger. Malgré une saison 1956-1957 pas si mauvaise que ça, l'avant-dernière place devant Marlenheim est synonyme de retour en division III. La guerre d'Algérie qui a décimé les rangs, la déception de la descente qui a engendré quelques départs ou arrêts, vont provoquer une deuxième descente dès la saison suivante. Un résultat prévisible et qui s'avère salutaire, puisque dès la fin du championnat 1958-1959, le club pointe à la deuxième place de son groupe, à égalité avec Muhlbach-sur-Bruche, mais devancée au goal-average. La remontée en division III est assurée. L'ASNDL est de toutes les manifestations organisées au sein de la commune, comme le carnaval organisé chaque année. Mais les temps sont durs et la saison 1960-1961 est une déception, l'ASNDL est à nouveau reléguée. La reconstruction de l'équipe est longue. Il faut attendre que les jeunes mûrissent. C'est fait après le championnat 1963-1964 qui voit l'équipe fanion enlever le titre de champion de groupe en devançant la deuxième formation de Dorlisheim. Revoilà le club en division III.

Au fond du trou

Mais décidément, le maintien est une chose impossible. Renvoyée en division IV en juin 1966, l'AS Notre-Dame a beau prier, elle n'est guère entendue. Au point de toucher le fond durant la saison 1970-1971, en vivant un vrai calvaire. Deux victoires seulement et une dernière place de son groupe. Difficile de tomber plus bas.

L'équipe se restructure lentement, manque d'un rien la montée en 1974-1975, mais parvient à ses fins la saison suivante, quand elle se retrouve deuxième derrière l'équipe II d'Hangenbieten et rejoint la division III.

L'exercice 1977-1978 est de grande qualité. L'équipe, terriblement rajeunie, achève son championnat à égalité de points avec l'équipe II du FCSK 06 (devancée au goal-average), ce qui ne l'empêche pas de retrouver la division II. Au cours de cette même saison, l'AS Notre-Dame remporte le tournoi d'Urmatt, en battant Still (2-1) en finale. La saison 1979-1980 est de toute beauté. Notre-Dame réussit à se hisser au deuxième rang de son groupe de division II, seulement devancée par Schirmeck, mais ne monte pas en division I. Et trois saisons plus tard, en juin 1983, c'est la dégringolade avec une dernière place et un retour en division III.

Deux saisons de pause

Si l'on retrouve le club en division II en 1985-1986, c'est tout simplement parce qu'il a profité de la refonte des compétitions décidée par la LAFA, pour remonter d'une division, la division IV ayant purement et simplement été supprimée. L'ASND s'installe de façon immuable en division II, en plein cœur des classements, saison après saison. Sans jamais briller, ni risquer la relégation. L'équipe dispute un quart de finale de la coupe du Crédit Mutuel en avril 1996 et se fait sortir, sur son terrain, sans démériter, par l'AS Mutzig (2-4). Pourtant, manquant de joueurs, le club est contraint de ne pas engager son équipe première durant deux saisons (1998-1999 et 1999-2000). Seule l'équipe II dispute les championnats de la pyramide B. Les deux années de sursis accordées par la LAFA ont permis de procéder au redressement souhaité par tous et le club a repris ses activités normales dès la saison 2000-2001.

• **BIBLIOGRAPHIE :**
– Documents mis à disposition par Dany Della Pina.

L'ASND Lutzelhouse 1995-1996, quart-finaliste de la coupe du Crédit Mutuel
Debout de gauche à droite : M. Humber (Crédit Mutuel), Philippe Schott, Stéphane Diem, Sébastien Arbogast, Pascal Laureaux, Mario Sommer, Olivier Kuntzmann, Thierry Cronimus, Dany Della Pina (entraîneur). Accroupis de gauche à droite : Gilbert Arbogast (président), Arnaud Depp, Philippe Toursel, Christophe Stouvenel, Joachim Valente, Sébastien Helm, Yannick Siegler.

Les présidents
Paul Prévot (1939-1945)
Jean Steiner (1945-1954)
Paul Prevot (1954-1955)
Jean Steiner (1955-1968)
Henri Gérard (1968-1984)
Antoine Erny (1984 à 1986)
Gilbert Arbogast (1986-1999)
Dany Della Pina (1999 à nos jours)

Le comité de l'an 2000
Gilbert Arbogast (président d'Honneur)
Dany Della Pina (président)
Victor Parra (vice-président)
Pierre Richter (2e vice-président et arbitre)
Thérèse Poure (secrétaire)
Patrick Roos (secrétaire-adjoint)
Anne-Marie Josel (trésorière)
Dany Poure (trésorier-adjoint)
Angelino Di Guisto (entraîneur)
Roger Joessel, Christophe Stouvenel
Thierry Deckert, Claude Jacob
Jean-Marc Christmann, Thierry Cronimus,
Rolph Bruckmann, Arnaud Depp
Thierry Schneider

L'ASND Lutzelhouse de l'an 2000, en division III
Debout de gauche à droite : Roger Groessel, Michel Martin, Jérôme Breitel, Romain Arbogast, Amar Dahmani, Serge Dietrich, Stéphane Breitel, Lionel Serty, Angelino Di Guisto (entraîneur). Accroupis de gauche à droite : Thierry Cronimus, Victor Parra, Joseph Faua, Sébastien Boucherit, Aurélien Kwiatkowski, Christophe Quieti, Patrice Heiligenstein, Arnaud Depp. Manquent sur la photo : Gilbert Arbogast (président d'Honneur), Dany Della Pina (président).

1935 Meyenheim

Football Club Meyenheim ★ 68

Le FC Meyenheim en 1935
On reconnaît entre autres : Lucien Horn, A. Scherrer, R. Kopf, C. Elmlinger, X. Boog, R. Fohrer, A. Schmitt, A. Boog, J. Weiss, J. Horn, J. Grass, E. Schmitt, E. Scherrer.

Arrosage fatal
Après un match à Ribeauvillé, les joueurs arrosent leur victoire «chez Marius». Peu avant minuit, l'arrière droit Pierre Hanser se lève précipitamment et s'écrie «Nom de Dieu, j'ai oublié qu'avant le match, j'ai emmené ma femme et mes gosses au Jardin Zoologique à Mulhouse». Heureusement, la petite famille était rentrée en taxi.

Stabilité et continuité

Le Football Club de Meyenheim est créé en assemblée générale le 27 novembre 1934 et inscrit au registre des sociétés le 4 février 1935. Il participe pour la première fois au championnat de district du Haut-Rhin lors de la saison 1935-1936. Le comité fondateur se compose de : Victor Boog (président), Georges Fischer (vice-président), Charles Buchy (secrétaire), Emile Cadé (trésorier), Alphonse Schmitt, Paul Pimmel et Robert Fohrer (assesseurs).

A l'emplacement de l'actuel terrain annexe, est aménagé en 1935, le premier terrain de football de Meyenheim. Une seule équipe pour le club et à l'issue de la première saison, la monté en division supérieure.

Sous l'occupation allemande, suite à l'incorporation de nombreux membres, un nouveau comité est mis en place comprenant : Victor Boog, Joseph Weiss, Antoine Boog, Ernest Meyer, Xavier Boog, Joseph Grass. La compétition est maintenue malgré tout. Un nouveau terrain est également aménagé, (actuellement enfoui sous l'autoroute A35) et qui va servir par la suite pendant près de 30 ans, ne connaissant jamais d'impraticabilité.

Après la guerre, avec un nouveau président, Emile Cadé, le FC Meyenheim est un des ténors de la division II dès la saison 1945-1946, toujours aux places d'honneur. Le club accède à la division I au terme de la saison 1957-1958.

10 ans pour un nouveau stade !

1958 voit aussi la première équipe juniors, un essai. Une éphémère apparition d'une équipe réserve est condamnée par manque d'effectifs. A partir de 1960, les équipes de jeunes vont se constituer : d'abord une équipe cadets avec 12 licenciés, à laquelle va s'ajouter une équipe minimes en 1968 et enfin les poussins en 1970.

L'équipe fanion réussit enfin à être championne de son groupe en 1963, devant les SR Colmar, à l'issue du dernier match gagné 2-0 (deux buts d'Antoine Cadé). Dans l'équipe adverse évolue un certain Yves Muller, qui deviendra président de la LAFA.

On engage pour la première fois une seconde équipe lors de la saison 1963-1964. Elle évolue en division IV. Après de belles luttes contre le FCM II et Ribeauvillé, le FC Meyenheim accède pour la première fois de son existence en Promotion d'Honneur. L'équipe ne va s'y maintenir que deux saisons durant et retrouve la division I au terme de la saison 1965-1966.

C'est à cette date que commencent à germer les projets de construction d'un nouveau stade avec vestiaires. Du projet à la réalisation, il faut près de 10 ans, mais les efforts consentis et le travail fourni par tous les membres du club sont récompensés par le résultat. Le club-house vestiaires est opérationnel en 1973. L'équipe réserve réussit une très belle performance en devenant championne d'Alsace à la fin de l'exercice 1970-1971.

Mis à part deux passages en Promotion de 1964 à 1966 et en 1977-1978, l'équipe fanion du FC Meyenheim

Le FC Meyenheim en 1942
Debout de gauche à droite : Joseph Weiss, Ernest Kuentz, Marius Kuentz, Charles Kuentz, Charles Weiss, Antoine Boog, Jean-Pierre Horn, Emile Cadé.
Accroupis de gauche à droite : Lucien Noël, Fernand Weiss, Xavier Boog, Ernest Moeglen, François Geiller.

Le FC Meyenheim en 1952
Debout de gauche à droite : Antoine Boog, Jean Boog, Jacques Peter, Armand Horn, Alfred Wild, Jean-Pierre Horn, Marius Kuentz, Emile Cadé.
Accroupis de gauche à droite : Lucien Ichter, Armand Rothenflug, Victor Meyer, André Boog, Bernard Speth.

Le FC Meyenheim 1963-1964
Debout de gauche à droite : Armand Horn (dirigeant), Mathieu Kuentz, André Judas, René Rigel, Raymond Boog, Léon Rigel, Pierre Hanser.
Accroupis de gauche à droite : Paul Loewert, Joseph Gutleben, Jean-Marie Kuentz, Claude Vonesch, Antoine Cadé.

Le FC Meyenheim de l'an 2000
Debout de gauche à droite : Raymond Boog (vice-président), Roland Helmlinger (dirigeant), Théo Baresi, Rémy Lambert, Didier Rapp, Gilles Gsegner, David Barret, Raphaël Hanser, Gérard Maring (président), Bernard Rigel (sponsor). Accroupis de gauche à droite : Raymond Schreiber (dirigeant), Arnaud Wolf, Thomas Wolt, Frédéric Cerdan, Pierrot Hanser, Fabien Lhote, Yves Maring. Manquent sur la photo : Eric Furling (entraîneur), Raphaël Riegel, Philippe Schneider.

se classe toujours bien en division I pendant 16 ans. L'équipe réserve s'auréole d'un nouveau titre de champion d'Alsace en 1982. Malgré un retour en division II entre 1997-1999, l'équipe retrouve son niveau de la division I pour la saison 1999-2000.

Au cours de ses cinquante années d'existence, le club a compté 4 présidents, 6 secrétaires et 8 trésoriers, signe de stabilité et de continuité. Le FC Meyenheim engage aujourd'hui 3 équipes seniors, 1 juniors, 1 minimes, 1 pupilles, qui représentent 78 licenciés, des installations enviées par bien des clubs, avec deux terrains et un troisième en chantier. Et un moral à toute épreuve.

• **BIBLIOGRAPHIE :**
– Plaquette du 50e anniversaire du FC Meyenheim en 1985.

Les présidents
Victor Boog (1934-1946)
Emile Cadé (1946-1960)
Antoine Boog (1960-1978)
François Kessler (1978-1988)
Aimé Horn (1988-1994)
Gérard Maring (1994 à nos jours)

Le comité de l'an 2000
Gérard Maring (président)
Raymond Boog (vice-président)
Pierrot Hanser (vice-président)
Martial Riber (secrétaire)
Serge Gutleben (trésorier)
Jacky Hummel (entraîneur)
Christian Boog, Rémy Boog, Jean-Philippe Cadé
Roland Elmlinger, Gilles Gsegner, Damien Horn
Christophe Kuentz, Gilbert Latuner, Damien Miesch
Gérard Miesch, Rémy Pimmel, Philippe Schneider
Raymond Schreiber, Thierry Willig

Le FC Meyenheim réserves, champion d'Alsace 1970-1971
Debout de gauche à droite : François Kessler (dirigeant), Raymond Boog, Robert Meyer, Germain Klein, Bernard Hoffarth, Joseph Gutleben. Accroupis de gauche à droite : Paul Meyer, Georges Anzur, Robert Moeglen, Antoine Cadé, Aimé Horn, Francis Landherr, Armand Furling.

Le FC Meyenheim en 1978, en Promotion d'Honneur
Debout de gauche à droite : Gérard Miesch, Bernard Rigel, Roger Kuentz, Pierrot Hanser, Yves Riegel, Maurice Rigel.
Accroupis de gauche à droite : Jean-Marie Kuentz, Robert Noël, Christian Boog, Jacky Gutleben, Pierre Wolf.

Gardien dans la luzerne
En équipe junior, Jean-Marie Kuentz doit remplacer le gardien de but dans un match qui a lieu à Gunsbach à 10 heures du matin. Il se débrouille honnêtement jusqu'au moment où, persuadé que le tir est passé à côté, il va à la recherche du ballon dans le champ de luzerne situé derrière les buts. C'est alors que l'un de ses défenseurs lui lance : « Te fatigues pas, ton ballon, ce sont les filets qui l'ont arrêté ».

Arrosage équivoque
Capitaine d'équipe, par un temps épouvantable à Munster, Jean-Marie Kuentz sort des vestiaires et va saluer l'arbitre en lui demandant si le match va bien avoir lieu. L'homme en noir lui répond en dialecte : « *Biawla, éch be do, as wurd g'spéit* » (« P'tit gars, je suis là, on joue »), et, sortant un petit flacon de la poche de sa tenue d'arbitre, lui demande : « *Wet a Schlouk ?* » (« T'en veux un p'tit coup ? »). Les rapports entre joueurs et arbitres étaient-ils moins conflictuels à l'époque ?

1935 Rhinau

Football Club Rhinau ★ 67

L'AS Rhinau en 1937
Debout de gauche à droite : Emile Thalgott, Eugène Schwaab, Lucien Mannhart, Ernst Ehrhart, René Didot, Odle (douanier).
Au 2ᵉ rang de gauche à droite :
René Schwaab, Raymond Schwaenter, Henri Burckel.
Accroupis de gauche à droite :
Raymond Aubertin, Bronner, Fernand Lutz.

La clôture de la caserne allemande

C'est en 1924 que le sport fait son apparition dans la commune pour une courte durée : des jeunes sportifs de la localité disputent à l'époque quelques matches de football, sans participer au championnat. Les vrais débuts du club se situent en 1935. Une équipe seniors dispute, sous le nom d'Association Sportive de Rhinau, le championnat de la LAFA, en division IV. En 1936, le Cercle Sainte-Jeanne-d'Arc présente également une équipe juniors en championnat Avant-Garde du Rhin. La guerre de 1939-1945 met malheureusement vite un terme à l'enthousiasme des joueurs.

En division II

Dès 1941, les jeunes footballeurs des classes 1925 et 1926 créent le FC Rhinau. Ils se procurent les poteaux (en bois) en Allemagne avec leur argent de poche, empruntent le grillage de la clôture de la caserne allemande pour en faire des filets et peuvent ainsi disputer le championnat juniors du District de Sélestat, remportant deux fois le titre. La guerre, à nouveau, contraint les membres à cesser toute activité en 1944 et 1945. Ce n'est en définitive qu'en 1946 que les choses sérieuses commencent : l'équipe senior, seule représentante du club, remporte de suite la première place de son groupe et monte en division III. Cette ascension se poursuit lors de la saison 1947-1948, et l'équipe I monte en division II. Une équipe junior est formée, ainsi qu'une équipe féminine de basket.

L'équipe I du FC Rhinau, quant à elle, acquiert en 1951-1952 le titre de champion du Bas-Rhin de division II en battant Soufflenheim (3-1) en finale à Eckbolsheim.

Les juniors B champions d'Alsace

Malheureusement, ce titre remporté brillamment marque le déclin du club pour plusieurs années. C'est au début de la saison 1968-1969 que le FC Rhinau recommence son ascen-

Le FC Rhinau en 1946
Debout de gauche à droite : F. Brandt, M. Andres, J. Moessmer, R. Utter, P. Hiltenfink, V. Ehrhart, A. Van der Valk, L. Gelig, J. Meyer, R. Schwab, H. Burckel, E. Schnepf. Accroupis de gauche à droite : L. Mannhart, H. Ehrhart, M. Goeller, P. Eckel, J. Winum.

Le FC Rhinau 1951-1952, champion du Bas-Rhin de division II
Debout de gauche à droite : Lucas (dirigeant), Marcel Goeller, Jean Winum, Vincent Ehrhart, Lucien Mannhart, Lucien Gelig, René Kauffmann.
Accroupis de gauche à droite : Vincent Schnepf, Marcel Karnik, Aad Van Der Valk, André Goeller, Jean Meyer.

Pour mieux vous servir
OUVERTURE NON STOP
SUPER U
les nouveaux commerçants
Rhinau

Le FC Rhinau 1959-1960, en division IV
Debout de gauche à droite : P. Widmaier, A. Hirling, B. Schnepf, R. Wilm, A. Roth, R. Weiss.
Accroupis de gauche à droite : R. Wurtz, A. Goeller, C. Knobloch, R. Kauffmann, J. Hess.

Le FC Rhinau 1970-1971, accession en division II
Debout de gauche à droite : R. Kalt, Kaupp, Burckardt, Jean-L. Meyer, M. Winum, D. Meyer.
Accroupis de gauche à droite : C. Burckel, R. Moessmer, J. Goeller, F. Meyer, A. Kalt, Y. Stocker.

Les présidents
René Berna (1945)
Martin Andres (1946)
Georges Fendenheim (1947-1948)
Albert Meyer (1948-1953)
Frédéric Brandt (1953-1959)
Jean Meyer (1960-1967)
Armand Meyer (1967-1977)
Jean Siffert (1977-1979)
Christian Jehl (1979-1984)
Raymond Goerger (1984-1992)
Joseph Ehrhart (1992-1994)
Charles Hugel (1994-1995)
Jean-Louis Burckel (1995-2000)

sion, sous l'impulsion du nouveau comité et de l'entraîneur : montée en division III, puis en division II dès l'année suivante (saison 1970-1971). Cette même saison, l'équipe junior du FC Rhinau remporte sans bavure le titre de Champion d'Alsace des Juniors B, après avoir gagné trois années de suite le titre de son groupe.

En division I

En 1971-1972, le FC Rhinau évolue en division I, avec un nouvel entraîneur. Pour la première fois dans les annales du club, l'équipe II remporte le titre de champion de groupe en division IV, et accède en division III. L'équipe première continue son ascension en accédant en Promotion d'Honneur en 1977. Au cours des deux premières saisons, le maintien est acquis difficilement. Par la suite, les Rhinois s'aguerrissent et se placent dans le peloton de tête. Malheureusement, après huit années passées en Promotion d'Honneur, à cause d'un début de saison catastrophique, les frontaliers sont relégués en division inférieure au terme de la saison 1984-1985. Durant ces années cette équipe gagne quatre fois la coupe CMDP et quatre fois la coupe Centre-Alsace.

Les années 1985 à 1990 sont difficiles pour le FC Rhinau. En effet, tous les ans, les meilleurs joueurs quittent le club. Pour enrayer cette inévitable spirale du déclin, une nouvelle équipe de dirigeants décide de recommencer à zéro en division III.

Les résultats sont immédiats : en 1991-1992, champion de groupe division III, en 1992-1993 champion de groupe en division II, en 1993-1994 champion de groupe en division I. Le FCR remonte donc en Promotion d'Honneur et remporte la même année la coupe du Centre-Alsace. A noter l'année d'après la participation au 5e tour de la Coupe de France en sortant au passage le grand favori de l'épreuve, l'AS Vauban.

En 1997, ce sont les Espoirs qui terminent vice-champions du Bas-Rhin. Actuellement 7 équipes défendent les couleurs du club : deux équipes seniors, une équipe vétérans et chez les jeunes les -17 ans, les -13 ans, les poussins et les débutants.

• BIBLIOGRAPHIE :
– Plaquette du 65e anniversaire du 26 août 2000.

Le FC Rhinau de l'an 2000
Debout de gauche à droite : Jean-Louis Burckel (président), Daniel Ehrhart (dirigeant), Eric Goettelmann, Thierry Christ, Christian Fuchs, Hervé Hohenleitner (capitaine), Steve Meyer, Christophe Meyer, Dominique Laigaisse (dirigeant).
Assis de gauche à droite : Daniel Fritsch (entraîneur), Bernard Ehrhart, Patrice Gasser, Olivier Ammann, Mickaël Hindermeyer, Cédric Gasser, David Hammerer, Benoît Masciotti, Omar Negaoui.

Le comité de l'an 2000
Debout de gauche à droite : Yvon Meyer, Joseph Samoel, Jean-Paul Roth, Mathieu Specht (secrétaire), Jean-Louis Burckel (président), Jean-Luc Probst, Dany Ehrhart (trésorier), Rémy Ulrich, Alain Venezia, Guy Specht, Dominique Laigaisse.
Assis de gauche à droite : Francis Meyer, Vincent Jaegli, Blandine Schnoeller, Bernard Stocker (vice-président), Thierry Christ, Daniel Fritsch.

Le palmarès :
1951-1952
Champion du Bas-Rhin de division II
1970-1971
Champion d'Alsace juniors B
1971-1972
Champion de groupe de division IV (équipe II)
1976-1977
Vainqueur de la coupe du Crédit Mutuel Centre-Alsace
1980-1981
Vainqueur de la coupe du Centre Alsace
1982-1983
Vainqueur de la coupe du Crédit Mutuel Centre-Alsace
1982-1983
Vainqueur de la coupe du Centre Alsace
1984-1985
Vainqueur de la coupe du Crédit Mutuel Centre-Alsace
1991-1992
Champion de groupe de division III
1992-1993
Champion de groupe de division II
1993-1994
Champion de groupe de division I
1993-1994
Vainqueur de la coupe du Centre Alsace
1996-1997
Vice-champion du Bas-Rhin espoirs

1935
Football Club Rossfeld ★ 67

Rossfeld

Un meunier bien réveillé

En 1935, quelques amis sportifs réunis par l'amour de la balle ronde décident de créer un club de football. L'animateur principal est Bernard Ostwald, meunier de la localité avec à ses côtés le curé Martin Blumstein, l'instituteur Léon Schmitt ainsi qu'un employé du canal d'Alsace, Xavier Schoenn. Une collecte effectuée dans le village leur rapporte 180 F destinés à l'achat du matériel indispensable à la pratique du foot. C'est le meunier qui réveille la commune. Achille Hurstel, maître-ébéniste est élu président. Il trouve en la personne de Marie Hartmann, native de Rossfeld mais commerçante à Paris, un appui appréciable. En effet, ayant eu des relations (fort louables au demeurant) avec des joueurs réputés du RC Paris comme Jordan et Hyden, elle procure au club les premiers souliers à crampons ainsi que le maillot du gardien de but. Quand aux maillots des joueurs de champ, ils sont livrés par le centre d'éducation de Zelsheim. C'est Albert Hirli, le tailleur de la commune, qui se charge de la confection des culottes.

Après avoir disputé des rencontres amicales, le club s'engage dans le championnat de l'Avant-Garde du Rhin, en compagnie d'Ebersheim, Westhouse, Sermersheim, Nordhouse, Bolsenheim, Hilsenheim et Lièpvre. Les premiers pas sont très satisfaisants. En fait, au cours de la saison 1937-1938, l'équipe marque 75 buts, n'en encaissant que 37.

De rares loisirs bien occupés

La première fête sportive a lieu en 1937 sur les prés du Stumpfmatten, situé à 1 km du village. Elle connaît un beau succès sportif et financier. Grâce à la compréhension de propriétaires et amis sportifs, le FCR peut monter ses buts au milieu du village. Le terrain très bien situé, est souvent impraticable pour cause d'inondations. La municipalité de l'époque met alors gracieusement la parcelle de l'an-

Le FC Rossfeld en 1935
Debout de gauche à droite :
André Hurstel, Lucien Bientz, Joseph Sur, Joseph Hurstel II, Léon Braun.
A genoux de gauche à droite :
Pierre Marbach, Albert Hommel, Fernand Sandrin.
Au premier rang de gauche à droite :
Charles Dambach, René Braun, Charles Holtz.

Le FC Rossfeld 1952-1953, accession en division II
Debout de gauche à droite : Alphonse Dreyfus, René Saam, René Braun, Lucien Sturm, René Warth, Savio Spartago.
Accroupis de gauche à droite : André Warth, Antoine Dambach, Julien Holtz, Fernand Langenecker, Alphonse Roth.

Le FC Rossfeld 1952-1953, accession en division II
Debout de gauche à droite : Alphonse Dreyfus, René Saam, René Braun, Lucien Sturm, René Warth, Savio Spartago.
Accroupis de gauche à droite : André Warth, Antoine Dambach, Julien Holtz, Fernand Langenecker, Alphonse Roth.

Le FC Rossfeld 1971-1972, remontée en division II
Debout de gauche à droite : Joseph Dambach (dirigeant), Gérard Hurstel, Jean-Jacques Dambach, Gino Savio, Gilbert Pfeiffer, Jean-Pierre Hirschmuller, René Braun (dirigeant).
Accroupis de gauche à droite : Jean Ferreira, Raymond Kretz, Antonio Ferreira, Jean-Louis Hohenleitner, Jean-Marie Braun, François Hurstel.

Le FC Rossfeld 1973-1974, finaliste de la coupe du Crédit Mutuel
Debout de gauche à droite : Joseph Hurstel (président), Antonio Ferreira, Robert Hartmann, Jean-Bernard Crenner, Gérard Hunstel, Marcel Arbogast, Jean-Marc Goeller, Jean-Jacques Dambach, Jean-Pierre Hirschmuller, René Braun (dirigeant).
Accroupis de gauche à droite : Jean-Marie Braun, Jean-Claude Moessmer, Gino Savio, Jean-Louis Hohenleitner, Francis Landmann, Joseph Dambach (délégué).

Le FC Rossfeld 1975-1976, finaliste de la coupe du Crédit Mutuel
Debout de gauche à droite : Joseph Hurstel (président), Gérard Hurstel, Jean-Bernard Crenner, Antonio Ferreira, Daniel Braun, Christian Braun, Jean-Marie Braun, René Braun (dirigeant). Accroupis de gauche à droite : Jean-Marie Schoenn, Claude Hohenleitner, Jean-Louis Hohenleitner, Gino Savio, Charles Holtz.

cienne gravière à la disposition du club. Hélas, comme l'aire de jeu est inégale, il faut procéder à des travaux de nivellement. Armés de pioches, pelles avec des voitures à ridelles et planches, les footballeurs se mettent à la besogne pendant les heures de loisirs, qui, il faut le souligner, sont très rares à l'époque.

En 1943, le club perd son président et déplore en 1945 la mort de huit jeunes membres tombés sur différents champs de bataille d'Europe : André Frick, Robert Hartmann, Joseph Hurstel, Pierre Hurstel, Pierre Imbs, René Keller, René Langenecker et Henri Ostwald.

Après la libération, le club reprend son activité et s'affilie à la LAFA. Avec beaucoup de zèle et d'enthousiasme, les joueurs gravissent les échelons jusqu'en division I. Ce stade de la hiérarchie départementale est atteint avec un effectif composé principalement de sportifs de la localité comptant alors 691 habitants. En dehors de l'équipe fanion, le F.C.R. aligne trois autres équipes. La réserve, qui donne beaucoup de satisfactions, joue en série B et deux équipes de jeunes assurent la pérennité du club.

A la fin de la saison 1950-1951, le club monte en division III. Il s'y maintient durant deux saisons puisqu'au terme de celle de 1952-1953, il accède en division II.

Retour en division II

Au début, les résultats placent l'équipe en haut de tableau. Mais ils s'effilochent pour déboucher sur la relégation en division III au terme de la saison 1961-1962. Pourtant, le FCR réussit quelques jolis résultats comme en 1960, quand il inflige au leader et futur champion d'Alsace de division II, l'AS Mutzig, son unique défaite en championnat sur le score de 1-0. Matéo père et fils tiennent les postes clés de demi-centre et de gardien de but.

En 1965, on procède à des travaux de nivellement du terrain, et on pose la main courante. Ce sont les membres du club qui effectuent les travaux, les matériaux étant fournis par la municipalité. A la fin de la saison 1962-1963, le FCR touche le fond avec une relégation en division IV. La remontée commence après la saison 1969-1970. Deuxième de son championnat, le club remonte en division III. Deux saisons suffisent pour recoller avec la division II à la fin de la saison 1971-1972.

Lors de la saison 1973-1974, le FC Rossfeld est finaliste de la coupe du Crédit Mutuel Centre-Alsace, battu par Kogenheim (0-3).

**Le FC Rossfeld 1980-1981,
champion du Bas-Rhin de division III**
Debout de gauche à droite :
Joseph Hohenleitner, Robert Landmann
(dirigeant), Christian Braun,
Charles Holtz, Maurice Warth,
Joseph Dambach (vice-président),
Dominique Savio, Claude Wissenmeyer,
Robert Hartmann, Jean-Luc Ringeisen,
Patrick Distel, René Braun (délégué).
Accroupis de gauche à droite :
Joseph Hurstel (président),
Jean-Louis Hohenleitner, André Dambach,
Jean-Marie Braun, Gino Savio,
Jean-Marc Dambach,
Jean-Marc Legrand (entraîneur).

Le FC Rossfeld 1982-1983, accession en Promotion
Debout de gauche à droite : Gilbert Hurstel, Joseph Dambach (dirigeant), Daniel Koehler, Germain Holtz, Jean-Marc Frindel, Jean-Luc Ringeisen, Jean-Louis Hohenleitner, René Braun (secrétaire), Fernand Langenecker. Accroupis de gauche à droite : Jean-Marc Dambach, Maurice Warth, Pierre Kretz, Jean-Marie Braun, Charles Holtz, André Dambach, Jean-Marc Legrand, Gilbert Schmitt.

A la fin de la saison 1975-1976, il est finaliste de la coupe du Centre-Alsace mais s'incline devant Westhouse (0-1).

Champion d'Alsace de division II

C'est en 1977 qu'a lieu le démarrage des travaux de construction du club-house. Sur le plan sportif, la saison 1979-1980 est ratée et la 12e place du groupe renvoie le FCR en division III. Un mal pour un bien car dès la saison suivante (1980-1981), l'équipe de l'entraîneur Jean-Marc Legrand termine championne du Bas-Rhin de division III et remonte en division II, en battant Sainte-Marie-aux-Mines devant 400 spectateurs. Pour le titre de champion du Bas-Rhin, Rossfeld bat Butten 3-0 (buts de Charles Holtz, Jean-Marc Dambach et Jean-Marc Legrand). En finale régionale, l'équipe s'incline de justesse face à Westhouse (0-1).

Deux saisons suffisent pour atteindre la division I. C'est chose faite après une remarquable saison 1982-1983.

De son côté, l'équipe réserve est championne de son groupe et monte en série B. C'est en 1984 que débutent les travaux de rénovation du terrain. En 1985, les poussins sont champions de leur groupe et remportent la coupe du Centre-Alsace. Le blé lève admirablement puisque nombre de ces poussins sont champions d'Alsace de division II à la fin de la saison 1995-1996, sous la direction de Vincent Haury.

Championnes, les féminines !

Christian Hartmann conduit son équipe en Promotion d'Honneur deux saisons plus tard après l'éprouvante épreuve des barrages.

Battus la saison suivante en finale des barrages pour la montée en Promotion d'Excellence par Bischoffsheim (0-3), les Rossfeldois échouent aux portes de la Promotion d'Excellence.

En parallèle, le FCR continue son travail de formation puisque les 15 ans remportent la finale de la coupe Centre-Alsace 2001 et que la section féminine nouvellement créée, est sacrée championne d'Alsace de divi-

Le FC Rossfeld 1995-1996, champion d'Alsace de division II
Debout de gauche à droite : Jean-Claude Rohmer, Sébastien Schaller, Alain Warth, Philippe Rohmer, Marc Schoen, Claude Warth, Christian Hartmann, Vincent Haury (entraîneur).
Accroupis de gauche à droite : Thierry Warth, Philippe Thurnreiter, David Vilfride, Fabrice Thurnreiter, Arnaud Kretz, André Dambach, Sébastien Kretz.

sion 2000-2001. Elles vont désormais évoluer en division d'Honneur.

Aujourd'hui, le FCR compte 10 équipes, 150 licenciés et dirigeants pour une population de 700 habitants. L'équipe fanion évolue en Promotion d'Honneur, la réserve en DI B, l'équipe III en D IV B, les féminines en division d'Honneur, les 15 ans A en entente avec Sand et Herbsheim, les 13 ans B en entente avec Herbsheim, les benjamins B en entente avec Herbsheim, deux équipes de poussins en entente avec Herbsheim et une équipe de débutants. Parallèlement, les dirigeants ont travaillé sans relâche pour accueillir joueurs et spectateurs dans les meilleures conditions.

• BIBLIOGRAPHIE :
– Plaquette du 50° anniversaire des 15 et 16 août 1987.
– Grand merci à Charles Holtz

Le FC Rossfeld féminines 1999-2000, championnes d'Alsace de division I
Debout de gauche à droite : Jérôme Box (dirigeant), Jean-Marc Vilain (dirigeant), Charles Holtz (président), Joëlle Verdeau, Karine Grunenwald, Géraldine Legentil, Virginie Grunenwald, Sandrine Goerig, Claudine Ehrhart, Josée Stadelmann, Sarah Zefzoufi, Tony D'Antonio (entraîneur).
A genoux de gauche à droite : Marjorie Lutz, Mylène Goerig, Christelle Payen, Jessica Gangloff, Priscilla Vilain.

Le comité de l'an 2000

Joseph Hurstel (président d'honneur)
Jean-Claude Rohmer (président d'honneur)
Charles Holtz (président)
Dominique Savio
Maurice Warth (vice-présidents)
Pascal Hurstel (secrétaire)
Fabrice Thurnreiter (secrétaire-adjoint)
Emmanuel Schott (trésorier)
Germain Holtz (trésorier-adjoint)
Patrick Barthelmebs, Josée Stadelmann
Alain Warth, Stéphane Matter,
Christophe Hirschmuller, Daniel Koehler

Les présidents

Achille Hurstel (1935-1943)
Joseph Hurstel (1945-1984)
Robert Landmann (1984-1987)
Jean-Claude Rohmer (1987-1997)
Charles Holtz (1997 à nos jours)

Le FC Rossfeld de l'an 2000
Debout de gauche à droite : Daniel Koehler (Crédit Mutuel), Vincent Mathon (entraîneur), Dominique Savio (dirigeant), Claude Warth, Christian Harthmann, Michel Ulrich, Patrick Rohmer, Sébastien Schaller, Nicolas Greiner, Charles Holtz (président).
Accroupis de gauche à droite : Stéphane Matter (dirigeant), Thierry Warth, Presna Noeun, Sébastien Kretz, Alain Warth, Fabrice Thurnreiter, Steve Herzog, André Feltz, Thomas Schnell.

Le FC Rossfeld 1997-1998, accession en Promotion d'Honneur
Debout de gauche à droite : Jean-Claude Rohmer (président), Louis Schlaeder (sponsor), Christian Hartmann, Thierry Warth, Sébastien Kretz, Emmanuel Schott, Sébastien Schauer, Stéphane Thoma, Christophe Oster. Accroupis de gauche à droite : Claude Warth, Dominique Savio, Marc Savio, Fabrice Thurnreiter, Arnaud Kretz, Philippe Rohmer, André Feltz.
Manque sur la photo : Alain Warth.

1935
Football Club Soufflenheim ★ 67
Soufflenheim

Le FC Soufflenheim, le 10 mai 1936

Der Töpferelf …*

Le football à Soufflenheim naît en avril 1935, sous la dénomination de FC Mavest, ainsi dénommé pour saluer son premier sponsor, une entreprise industrielle du village. En 1938, Mavest-Soufflenheim est deuxième du groupe E de division IV et accède en division III. Les dirigeants de l'époque sont les Herbert, Maier, Sommer, Lecoannet et Weissbecker.

Le club, dirigé par Herbert Meyer, est alors en pleine prospérité, à l'image de l'entreprise, quand la guerre éclate. L'entreprise Mavest doit cesser ses activités de septembre 1939 à septembre 1940, puis est même dissoute en 1942, étant vraisemblablement considérée par l'occupant comme un foyer de résistance. Comme tant d'autres, elle déménage ses installations pour s'établir en Haute-Vienne.

Ce n'est qu'en septembre 1945, que le Football Club Soufflenheim, parfois affectueusement baptisé le « Töpferelf » (« le onze des potiers »), en référence à l'activité qui fait encore de nos jours la renommée de Soufflenheim, reprend son essor. Cette fois, c'est en tant que club autonome, sous la présidence active de Philippe Vitzikam, entouré d'Emile Meyer (vice-président), Joseph Metzler (secrétaire général) et Emile Georg.

L'épopée de l'équipe II en AGR…

Ce comité prend en main les destinées du club avec beaucoup d'allant, jusqu'à créer les conditions d'un accès de l'équipe réserve en division II AGR, dès la fin de la saison 1945-1946. En 1947-1948, désormais en division I, le club joue dans un groupe comprenant Aschbach, Roeschwoog, Niederroedern II, Hatten II, Seltz II, Neewiller II, Neuhaeusel et Weiler.

L'équipe est toujours en division I AGR en 1949-1950, au sein d'un groupe qui rassemble Riedseltz, Leutenheim, Niederroedern, Neuhaeusel, Kesseldorf, Aschbach et Fort-Louis. L'équipe est championne et monte alors en division d'Honneur. Elle trouve sur son chemin, lors de la saison 1953-1954, les clubs de Saverne, Notre-Dame Strasbourg, SR Haguenau, Schnersheim, Dettwiller, La Wantzenau, Leutenheim, Rountzenheim, Schleithal et se trouve sacrée championne d'Alsace.

…et de la « une » en LAFA

De son côté, l'équipe « une » joue parallèlement en championnat de la LAFA. Elle y fait ses débuts en division IV dès le premier championnat de l'après-guerre. Elle gravit rapidement deux échelons pour se retrouver en division II, à la deuxième place, dès le terme de la saison 1947-1948, derrière Routzenheim. En 1951-1952, le club est champion de groupe de division II et joue désormais en division I. L'équipe sacrée championne d'Alsace de division II, en battant le FC Neuweg en finale régionale 1955-1956, elle redescend en division II, par suite de l'incorporation de plusieurs jeunes du contingent en Algérie, (5 des titulaires de l'équipe première). Ce séjour en deuxième division ne va toutefois pas durer longtemps.

De 1957 à 1967, l'équipe évolue de nouveau en division I, en terminant chaque année à des places d'honneur. La saison 1967-1968 voit une fois encore l'équipe descendre en division II. Mais l'engagement du joueur entraîneur, Abdelkader Lariane, regonfle le moral des troupes : à l'issue de la saison 1968-1969, l'équipe termine première ex-aequo … mais sans pouvoir monter en raison d'un goal-average défavorable. En 1969-1970, l'équipe termine de nouveau en tête … avec 10 points d'avance sur les suivants, Herrlisheim et Sessenheim.

La Promotion d'Honneur est atteinte pendant la saison 1971-1972 sous la présidence de René Maechler. L'équipe y demeure jusqu'à la fin de la saison 1977-1978, avant un bref passage en division I, jusqu'à la fin de la saison 1980-1981. Court retour en Promotion d'Honneur, alors que Jean-Marie Kraemer accède à la présidence (saison 1981-1982) et redescente en division I l'année suivante.

Elle y est encore lorsque Marcel Kaltenbach succède à Jean-Marie

Le FC Soufflenheim 1948, vainqueur de son propre tournoi

AMBOS
Frères & Fils
ZI Rue Jean Lenoir - F-67620
SOUFFLENHEIM
Tél. 03 88 05 79 29 - Fax 03 88 86 74 17

Kraemer, elle y est toujours quand ce dernier passe le témoin à Paul Bitz (saison 1989-1990). C'est ensuite la descente en division II pour les trois saisons suivantes et la remontée en division I, quand Albert Kachelhoffer reprend le témoin. Elle ne l'a plus quittée depuis, alors que Gilbert Ambos tient les rênes du club depuis la saison 1998-1999.

• BIBLIOGRAPHIE :
– Documents et photos remis par Jean-Pierre Speeg.
– Immense merci à Gilbert Ambos.

Le FC Soufflenheim en 1951, vainqueur de la coupe Wolff à Rountzenheim

Le FC Soufflenheim 1951-1952, avant sa victoire à Wolfisheim

Le FC Soufflenheim 1955-1956, champion d'Alsace de division II

Le FC Soufflenheim 1968-1969, en division II

Le FC Soufflenheim de l'an 2000

Jean-Pierre Speeg : itinéraire d'un enfant gâté

Mémoire vivante du FCS, Jean-Pierre Speeg incarne jusqu'à la caricature ces footballeurs de toute une vie, cet accomplissement personnel qui passe par l'engagement au service de tout un club et au-delà, de toute une communauté.
Né le 5 octobre 1928, Jean Pierre Speeg est membre de la Société de gymnastique « Aloysia » de Soufflenheim dès 1935, jusqu'au début des hostilités. Entré au FCS à la fin de 1945, ce beau gamin blond et souriant a le foot dans la peau : il joue en équipe première dès octobre 1946.
Il sera de toutes les aventures du club et à titre individuel, sera appelé à cinq reprises dans l'équipe du Bas-Rhin de division I en même temps qu'il renforcera de nombreuses ententes.
Stoppé par une grave blessure à la tête le 23 avril 1964, il rechaussera les crampons au début de la saison 1965 pour cesser la compétition en 1968.
Trésorier du club en 1968, il en est le secrétaire en 1969 et lance l'équipe des vétérans en 1972. Ce qui ne l'empêche pas de veiller à l'indispensable relève, en présidant la section jeunes à partir de juillet 1988.
Titulaire des breloques de bronze (1957) d'argent (1973), puis d'or (1980) pour services rendus à la cause du football il aura œuvré avec constance et enthousiasme sous 7 présidents depuis Philippe Vitzikam. Conseiller municipal en 1965, il devient adjoint au maire en 1983.
Son parcours, dans sa richesse et sa simplicité, a quasiment valeur d'exemple de ces innombrables profils de joueurs qui font vivre un sport-passion sur tous les terrains d'Alsace.

Les présidents

Hubert Meyer (1935-1939)
Philippe Vitzikam (1945-1951)
Albert Schlosser (1951-1961)
Jean Eschenlauer (1961-1971)
René Maechler (1971-1981)
Jean-Marie Kraemer (1981-1983)
Marcel Kaltenbach (1983-1989)
Paul Bitz (1989-1994)
Albert Kacheloffer (1994-1998)
Gilbert Ambos (1998 à nos jours)

Le comité de l'an 2000

Gilbert Ambos (président)
Jean-Paul Ehl (vice-président)
Jean Vetter (vice président)
Paul Bitz (vice-président)
Jean-Louis Koenig (trésorier)
Christophe Ostertag (responsable jeunes)
Christiane Brault, Patrick Heinrich
Philippe Husselstein
François Januario
Jean-Jacques Lemarchand,
Michel Moisan, Claude Ohlmann
Gilles Plaue, Fabrice Schladenhauffen,
Alain Kastner, Serge Mack, Michel Acker,
Blanche Kastner, Valérie Kastner

* Der Töpferelf : le onze majeur

U les nouveaux commerçants
Soufflenheim

1935
Football Club Weitbruch ★ 67

Weitbruch

Les pionniers du FC Weitbruch en 1937, vainqueurs du tournoi de Schwindratzheim

Un club formateur
Quelques joueurs de renom ont défendu les couleurs du FC Weitbruch. Parmi eux, relevons plus particulièrement Gilbert Febwet et Francesco Guidolin. Gilbert Febwet fait ses débuts en minimes en 1969. Il s'en va par la suite aux SR Haguenau avec lesquels il accède à la DII. Quant à Francesco Guidolin, il débute chez les minimes la même année, passe par le FCSK 06 avant d'aller au FC Haguenau où il joue en division IV nationale.

Le FC Weitbruch en 1941
Debout de gauche à droite : Robert Weibel, René Reeb, Lucien Acker, Victor Sturny, Emile Krebs, Charles Klein.
Accroupis de gauche à droite : René Weibel, Marcel Peter, René Butscher, Michel Reeb, Cyrille Weibel.

Des débuts en fanfare

Il y a 65 ans, au mois d'août 1935, le Football Club Weitbruch fait ses débuts sur des prés situés « rue du Lin ». Son premier match amical l'oppose à l'AS Hoerdt et se termine sur le score de 2 à 2. La première pierre du club est posée, reste à créer des structures solides et à élire le premier comité, ce qui est fait le 19 septembre 1935. Il se compose des membres suivants : Charles Muller (président), Henri Biero (vice-président), Auguste Krauth (secrétaire), Georges Huber (secrétaire-adjoint), Jérôme Bauer (caissier), Robert Helmer (caissier-adjoint), Jean Suss (assesseur), Edouard Huckel (assesseur), Albert Heitz (assesseur), Ernest Richter (assesseur), Robert Schneider (assesseur), Charles Matz (responsable technique).

Bon départ en championnat

Le club est inscrit sur le registre des associations du Tribunal Cantonal de Haguenau. Le 17 mars 1936 est organisé, sur le nouveau terrain situé « rue de l'Eau », le premier tournoi qui est remporté par le FC Weitbruch devant Schwindratzheim, Durrenbach et Niederschaeffolsheim. Le succès populaire est immense, près de 600 spectateurs ceinturent le stade.
Après de nombreuses rencontres amicales, notamment contre Gries, Marienthal, Kurtzenhouse et Kaltenhouse, le FC Weitbruch se lance dans la compétition officielle dès la saison 1936-1937, en division I.
Le premier match l'oppose au onze de Merkwiller et se termine par une éclatante victoire 3 buts à 1. Les « Bleus et Rouges » se présentent dans la composition suivante : Bartholome, Steinmetz, Arbogast, Buchert, Haberey, Kauffmann, Huber, Matz, Deutschmann, Peter, Helmer.
Les débuts sont réussis et à l'issue de la saison 1937-1938, le FC Weitbruch se classe cinquième sur huit équipes avec dix points pour quatorze rencontres.
Suivent les années sombres de la guerre 1939-1945 (la dernière assemblée inscrite dans les registres date du 3 mars 1939) et le club tourne en sourdine, la plupart des joueurs et des membres de la première heure étant appelés à des tâches pour lesquelles ils ne sont pas faits.
Il faut un certain temps pour se remettre de ces coupes sombres dans les rangs. Ont disparu au champ d'honneur : Lucien Acker, Raymond Helmer, Alphonse Sturni, René Bartholomé, Ernest Peter, Afred Urban, Henri Helmer, Emile Rinckel, Albert Voltzenlogel.

Remontée en division II

Tout est à refaire et sous les présidences successives d'Eugène Kleck (1945 à 1947) et surtout de Joseph Philipps (1947 à 1951) le club refait progressivement surface.
Les présidents se succèdent alors à un rythme très rapide et ce n'est qu'en 1961, sous la férule de Georges Krebs qu'il trouve une certaine stabilité qui lui permet très vite de se développer.
Dès la saison 1963-1964 l'équipe fanion accède en division II et, début 1966, la première pierre du club-house est posée. Georges Krebs, se retire en 1972 au profit de Charles Matz qui reste président jusqu'en 1986. Sur le plan sportif, l'équipe fanion est reléguée en

Le FC Weitbruch 1956-1957
Debout de gauche à droite : E. Fuchs, Ch. Giesler, P. Lang, C. Acker, M. Geldreich, Ch. Reeb, Ch. Schuh.
Accroupis de gauche à droite : A. Weibel, R. Schneider, Ch. Blaué, G. Beyel, E. Schaeffer.

Le FC Weitbruch 1946-1947

division III à la fin de la saison 1968-1969 et dégringole en division IV dès la saison suivante. Mais la remontée est immédiate et le club retrouve la division III pour la saison 1970-1971.

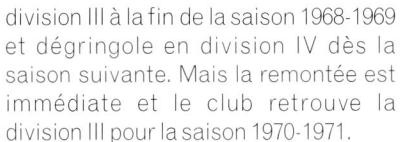

En 1972, on décide l'installation d'un éclairage sur le stade ce qui, à l'époque, constitue une véritable première pour un village de l'importance de Weitbruch. Au terme de la saison 1973-1974, c'est la remontée en division II. Mais l'équipe est reléguée au bout de trois saisons et se retrouve en division III à la fin de la saison 1976-1977 puis en division IV à l'issue de la saison suivante. En 1980, l'aire de jeu est entièrement rénovée. En 1984, avec l'aide de la commune, le club entreprend la construction d'un bloc sanitaire et d'un abri pour les spectateurs.

Des hauts (la division I) et des bas…

C'est durant la présidence de Paul Kobi, qui tient les rennes du club depuis 1986, qu'un effort particulier est fait en faveur des jeunes, récompensé à maintes reprises. Avec comme point d'orgue la montée en division I à la fin de la saison 1986-1986, avec Gilbert Febwet aux commandes. Redescendue en division II après une difficile saison 1989-1990, l'équipe trouve sa stabilité à ce niveau.

Sous la direction de Raoul Hildenbrand, l'équipe fanion se comporte très honorablement, notamment en coupe de France où elle élimine successivement Bischwiller et Oberhoffen, clubs beaucoup mieux classés dans la hiérarchie durant la saison 1995-1996. Lors de la saison 1996-1997, elle échoue d'un point pour la montée en division I, après avoir largement dominé ses adversaires pendant les matches aller. Sous la houlette de Martin Klippfel, l'équipe évite de justesse les barrages lors de la saison 1998-1999. Elle ne pourra les éviter l'année suivante, mais s'en sortira finalement. L'objectif du nouveau président Jacques Scheibel et de toute son équipe est de retrouver le plus rapidement possible la division I et de s'y maintenir.

• **BIBLIOGRAPHIE :**
– Plaquette du 65e anniversaire (5 et 6 août 2000).

Le comité de l'an 2000

Charles Matz (président d'honneur)
Jacques Scheibel (président)
Pierre Zipper (vice-président)
Germain Wolff (secrétaire)
Pierre Zipper (secrétaire-adjoint)
Robert Geldreich (trésorier)
Jean-Claude Voltzenlogel (trésorier-adjoint)
Marc Andres
Christophe Blanck
Thierry Blanck
Olivier Jund
Bernard Kost
Roger Rubert
Georges Schaeffer
Gérard Schneider
Frédéric Steyger
Pascal Wilhelm

Le FC Weitbruch de l'an 2000
Debout de gauche à droite :
Paul Kobi (président),
Stéphane Pfrimmer, Eric Zipper,
Stéphane Hildenbrand, Samuel Guidolin,
Régis Steinmetz, Nicolas Brunet,
Julien Babilon, Thomas Steinmetz,
Robert Geldreich (trésorier),
Jean-Marc Herdy (délégué).
Accroupis de gauche à droite :
Alexandre Simler, Philippe Schneider,
Sébastien Zentz, Thierry Blanck,
Manuel Dusch, André Peter, Denis Acker.
Manquent sur la photo : Didier Baehl,
Franck Dusch, Raoul Hildenbrand,
Frédéric Steyger, Benoît Rohfritsch,
Jonathan Zumstein.

ASBlanc Vieux-Thann ★ 68

ASBlanc Vieux-Thann

L'AS Blanc 1937-1938
Debout de gauche à droite :
Alphonse Rohmer (président),
Charles Comolli, Léon Krebs, Albert Storrer,
Paul Armspach, Xavier Schnebelen,
Eugène Stimpfling, Lucien Theiller,
Julien Krebs (dirigeant).
Accroupis de gauche à droite :
Auguste Daul, Lucien Zurlinden,
Paul Meyer, Robert Zimmermann
(entraîneur), Charles Voisin.

On ne badine pas avec l'horaire

L'ASBlanc est née à l'usine. Et s'est retrouvée confrontée à la dure réalité de la vie des ouvriers. Mario Nimis, qui fut de toutes les épopées du club, racontait à Pierre Hugonin cette anecdote croustillante : *« Il faut remonter à je ne sais quelle année, du temps où l'important Alphonse Rohmer était président d'honneur et directeur de l'usine. Il lui est arrivé une fois d'ouvrir l'assemblée générale... et de la clore aussitôt. Motif, nous, les gens de l'ASBlanc, étions arrivés dix minutes ou un quart d'heure en retard. Ce samedi soir là, M. Rohmer a décrété qu'aucune équipe de l'ASBlanc ne se déplacerait le lendemain, pas même l'équipe première qui devait aller jouer en Promotion, à Huningue et que nous payerions les frais de forfait. Il ajoutait que nous nous retrouverions le samedi d'après pour une nouvelle assemblée générale. J'aime autant vous dire que huit jours plus tard, la salle était archi-pleine bien avant les débats »*.

L'esprit d'entreprise

L'ASBlanc Vieux-Thann voit le jour le 1er juillet 1936, à l'initiative de Bernard Thierry-Mieg, alors directeur général de Schaeffer Blanchiments d'Alsace et Cie, entouré d'une poignée d'hommes de valeur tels Alphonse Rohmer, Julien Krebs, Lucien Theiller, Marcel Blum. C'est pourtant dès 1935 que les jeunes footballeurs vieux-thannois font leurs premières armes sur la pelouse de la place de la kilbe, en attendant de voir s'achever le coquet stade André Berger, installé sur la fondation d'une ancienne usine mécanique. Pour sa première année d'existence, l'équipe fanion ne dispute que des matches amicaux, mais déjà une formation de minimes est mise sur pied. Le stade est inauguré lors d'une très grande manifestation sportive le 5 septembre 1937. La première saison de championnat est disputée en 1937-1938. Pour son premier championnat, l'équipe se classe 2e derrière Bantzenheim, marquant 56 buts en 12 matches.

La deuxième saison 1938-1939 voit l'équipe terminer première avec 12 victoires sur 12 matches disputés, meilleure attaque avec 90 buts et meilleure défense avec 5 buts. Arrivent les années sombres de la guerre. En 1941, un comité provisoire présidé par Louis Deiloff, accepte l'intégration de l'association dans une organisation à caractère régional, sous le nom de « Blau-Weiss Alt-Thann ». Mais les événements mettent fin à toute activité. Plusieurs membres du club vont y laisser leur vie. Le vrai départ a donc lieu au printemps 1946, sous la présidence d'Alphonse Rohmer, entouré de Lucien Theiller, Albert Tschupp, Constant Lehmann et Robert Schmidlin.

Champion d'Alsace de division I

Pour la saison 1945-1946, celle de la reprise, l'ASBlanc joue en division II. D'emblée (1946-1947), elle est championne de groupe de division II. Les débuts en division I resteront dans les mémoires. Le derby ASBlanc contre US Thann attire 1 600 spectateurs, record jamais atteint pour un match de championnat. Le premier titre régional, celui de la division I, est pour la saison 1949-1950 avec la victoire sur Schirrhein (5-2) à Sélestat.

Première nocturne dans le Haut-Rhin

Voilà le club en Promotion, en cette saison 1951-1952. Une fête omnisports, réunissant 1 800 spectateurs est organisée dans le cadre des festivités du 15e anniversaire. En match de propagande, les pros de Besançon l'emportent sur le FC Mulhouse. Jusqu'à la saison 1956-1956, l'équipe est abonnée à la 3e place. Puis elle s'installe en milieu de classement. La saison 1957-1958 est celle de la coupe de France. L'ASBlanc élimine successivement les sociétaires de la division d'Honneur de Wittenheim (2-1), Saint-Louis (2-1) et Bischheim (1-0), avant de s'incliner à Bischwiller, face aux troupes de Paco Matéo (2-3). Le premier match en nocturne dans le Haut-Rhin, a lieu au stade André Berger le 17 août 1957. En match de propagande, devant 1 200 spectateurs, les amateurs du FC Sochaux l'emportent sur le FC Mulhouse 3-2.

Les montées en division d'Honneur

Lors de la saison 1957-1958, les juniors B sont champions du Haut-Rhin et s'inclinent devant l'US Huttenheim en finale régionale. L'accession en divi-

L'AS Blanc 1949-1950
Debout de gauche à droite : Alphonse Rohmer (président), René Sperissen, Emile Menny, Fernand Nachbaur, Jean Jacob, Jean-Jacques Blass, Pierre Schaltenbrand, Robert Schmidlin (dirigeant). Accroupis de gauche à droite : André Luthringer, Camille Teissonier (entraîneur), Jean Scheubel, Raymond Cesaro, Toubia Arrigoni.

L'ASBlanc 1964-1965
Debout de gauche à droite : Italo Fornazière, Roger Neff (dirigeant), Georges Theiller, Roger Grotzinger (entraîneur), Gérard Hauck, Gérard Blosenhauer, Gabriel Sifferlen, Jean-Pierre Altherr, Mario Nimis (dirigeant). Accroupis de gauche à droite : Albert Tschupp (vice-président), Pierre Fornazière, Julien Bobera, Bernard Tschupp, Gérard Denny, Daniel Ringenbach.

sion d'Honneur se fait au terme de la saison 1958-1959. C'est là le résultat du travail de Jean Rachinski, ancien professionnel à Sochaux et à Monaco. Le club va y rester jusqu'en juin 1962. Avec une 12e place, c'est le retour en Promotion. Mais le passage au purgatoire est de courte durée, car la saison 1964-1965 voit l'équipe, entraînée par Roger Grotzinger enlever le titre de champion du Haut-Rhin de Promotion (défaite en finale régionale contre l'AS Erstein) et remonter en division d'Honneur.

La traversée du désert

Mais l'équipe n'y restera que durant deux saisons avant de replonger en Promotion, dès la reprise du championnat 1967-1968. On continue de bien travailler chez les jeunes puisque les juniors A sont champions du Haut-Rhin 1968-1969, mais battus pour le titre de champion d'Alsace par la SS Brumath. A la fin de la saison 1969-1970, tandis que les cadets B sont champions d'Alsace en battant l'AS Mundolsheim, c'est la rétrogradation en division I pour l'équipe fanion.

Le club entreprend sa traversée du désert qui va le conduire à la remontée en Promotion, au terme de la saison 1977-1978, avec un titre de champion du Haut-Rhin et une défaite en finale régionale devant le SC Sélestat. Cela ne l'aura pas empêché de fêter dignement son 45e anniversaire les 15 et 16 mai 1976.

Une finale de coupe d'Alsace en deux manches !

Et dès sa remontée, l'équipe accède à la finale de la coupe d'Alsace. Après avoir écarté successivement Kingersheim (division I, 4-1), Masevaux (division d'Honneur, 4-4 ap), Riedisheim (division d'Honneur, 3-0) puis en 16e Sélestat (Promotion d'Honneur, 1-0), en 8e Kogenheim (division d'Honneur, 1-0), en quarts Neudorf (division d'Honneur, 1-0), en demi-finale Marlenheim (division I, 3-1). La finale, à Thann, devant 3000 spectateurs face à Hirtzfelden (division d'Honneur), se solde par un match nul. Il y a encore 500 spectateurs devant la porte à l'heure du coup d'envoi. C'est le Président de la LAFA, Me Yves Muller, qui va demander à l'arbitre de retarder le coup d'envoi, pour permettre à tout le monde d'assister au spectacle ! Pour la première fois depuis la création de la coupe en 1947, il faudra disputer une seconde manche. Elle a lieu quinze jours plus tard à Guebwiller. Le stade s'avère trop petit. On dénombre plus de 2500 spectateurs, il n'y a plus de billets, il faut vendre les talons ! Les hommes de Bernard Tschupp vont être héroïques et ne s'inclineront que dans la prolongation (0-1). Mais quelle épopée !

A son niveau

Le club reste trois saisons en Promotion, redescend en division I à la fin de la saison 1981-1952, est championne de groupe et remonte en 1982-1983, redescend fin 1983-1984 pour remonter après le championnat 1984-1985, champion de groupe en plus ! Il va s'installer en Promotion d'Honneur. Le football purement amateur a vécu. Les moyens de l'ASBlanc sont limités malgré la création d'un club de supporters « Allez les Blancs », créé le 7 juillet 1979. Charles Jacoberger, Jules Waltisperger, Bruno Arrigoni, Roger Horny, Michel Mackula, Paul Buhler et Gérard Lerch en ont été les créateurs. Champion de groupe de Promotion 1986-1987, l'ASBlanc accède néanmoins à la Promotion d'Excellence. En 1990-1991, l'équipe manque d'un rien l'accession en division d'Honneur, en terminant de peu derrière l'ASCA Wittelsheim.

A l'issue de la saison 1998-1999, l'ASBlanc accède au plus haut niveau départemental, l'Excellence. Une position qui lui va si bien !

• **BIBLIOGRAPHIE :**
– Plaquette du 60e anniversaire.
– Ballons d'Alsace de Pierre Hugonin

Du bon travail chez les jeunes
Le club a de tout temps été formateur. Il compte des sélectionnés cadets : Jean-Marie Zimmermann (qui fit une belle carrière professionnelle, Bernard Tschupp, Richard Saglio, Claude Waltisperger, Bernard Nimis, Philippe Haller...).
Les juniors A ont été champions d'Alsace 1968-1969, les juniors B champions du Haut-Rhin 1979-1980, les juniors Promotion champions du Haut-Rhin 1991-1992. Les cadets A sont champions d'Alsace 1984-1985 et vainqueurs de la coupe du Haut-Rhin, champions du Haut-Rhin 1991-1992. Les - 71 ans eux sont champions d'Alsace en 1998-1999.

L'ASBlanc 1978-1979, finaliste de la Coupe d'Alsace
Debout de gauche à droite : Pierre Muller, Mario Nimis (dirigeants), Alain Busselot, Gilbert Arnold, Bernard Tschupp (entraîneur), Bernard Nimis, Pascal Comolli, Claude Waltisperger, Albert Tschupp (vice-président).
Accroupis de gauche à droite : Jean Valle, Lucien Mara, Fabio Mascher, Joseph Weinmann, Claude Ziegler, Yvan Aroca.

L'AS Blanc Vieux-Thann de l'an 2000
Debout de gauche à droite : Franck Peter, Patrick Przydadz, Patrick Charvieux, Sébastien Kempf, Sylvain Deladerriere, Sacha Bohy, Karim Benritab, Azedine Insar, Denis Béhé, Jean-Christophe Dumel.
Accroupis de gauche à droite : Pascal Stemmellin, Mustapha Elkihel, Youssef Kibouch, Christophe Benatti, Kader Chalgoumi, Frédéric Zapico, Stéphane Reeb, Manuel Reis (dirigeant), Bernard Nimis (entraîneur).

Les présidents

Bernard Thierry-Mieg
Alphonse Rohmer (1948-1955)
Lucien Theiller (1955-1962)
Constant Lehmann (1962-1992)
Michel Manigold (1992-1993)
Jean-Pierre Nimis (1993 à ce jour)

Le comité de l'an 2000

Jean-Pierre Nimis (président)
Francis Madenspacher (vice-président)
Marie-Dominique Nimis (secrétaire)
Jean-Marie Plume (trésorier)
Bernard Guerre Genton
Bernard Nimis, Vincent Puech
Adda Balhadj, Pascal Ehrsam
Martine Moritz, Nicole Puech
Yann Stempfel
Dominique Weybrecht

Les entraîneurs

((...)le nombre de saisons passées)

Lucien Brand (1)
Robert Zimmermann (1)
Joseph Remay (3)
Camille Teissonier (3)
André Vasseur (2)
Jean Rachinski (6)
Jean Plesiak et Jean Scheubel (2)
Arthur Saglio (1)
Roger Grotzinger (5)
Jean-Jacques Scheubel (2)
Jean Chouvet (2)
Max Arnold (3)
Fernand Bomensatt (1)
Bernard Tschupp (5)
Roméo Di Guisto (3)
Daniel Koenig (5)
Bernard Nimis (3)
Laurent Solohub (1/2)
Gaston Lehrer (2 1/2)
Bernard Nimis

1936 Barembach

Club Sportif Barembach ★ 67

L'union fait la force

Ils sont une poignée d'hommes en 1936 qui, dans un climat d'incompréhension totale, parviennent à porter le CSB sur les fonds baptismaux. Le comité fondateur: Robert Charlier, Louis Marchal, Léo Bonomi, Jean et Georges Merkel, Roland Glaszmann, Fernand Barthel, André Allenbach, Ernest Hilpipre, Robert Muller et leurs premiers coéquipiers Xavier et Raymond Brandt, Prosper Batt de Schwartzbach, Yves Magnant, Jérémie Balpra, Freddy et Jacques Ziegler de Schirmeck.

Les élus de l'époque trouvent farfelu de « sacrifier » un terrain de 50 ares pour courir et taper dans un ballon, si bien que ces pionniers frappent à la porte de Louis Glaszmann, adepte de la balle ronde, comptant à son actif plusieurs sélections en équipe d'Alsace. Ce sportif bien connu est un allié de choix puisqu'il fournit un terrain de jeu à proximité du cimetière. Avec brouettes, pelles, pioches, on nivelle le pré pour permettre au CSB de s'engager en compétition officielle dès la saison 1938-1939. Puis c'est la guerre.

L'âge d'or

Après les hostilités, on repart de plus belle. Antoine Willmann apporte une certaine assise au CSB qui accède en division III en 1947. Des travaux sont entrepris au stade R. Charlier pour lui donner à peu près son aspect actuel. C'est l'âge d'or du CSB qui organise des grands tournois avec l'élite du football alsacien. Des soirées dansantes célèbres sur le court de tennis clôturent ces manifestations sportives de haut niveau.

Pourtant, cette période faste connaît un brusque arrêt lorsqu'en 1967, le CSB périclite et cesse toute activité.

Le CSB redémarre

Ce temps de pose ne s'éternise pas. Une poignée d'anciens joueurs et de personnes atteintes par le virus du football se réunissent le 16 mai 1968 pour ressusciter le CSB. Antoine Willmann est élu président et Lucien Charlier lui succède l'année suivante. Il reste à la tête de l'association jusqu'en 1985.

Durant cette période, le club accède en division II avec le concours d'un international congolais Jules Eleka. Une équipe réserve est créée ainsi qu'une équipe minime encadrée par les techniciens Gilbert Fesquet et Antoine Willmann.

Le CS Barembach au lendemain de la guerre
Debout de gauche à droite : Louis Merckel, Charles Hilpipre, Antoine Willmann, Robert Malaisé, Jean Merckel, Léon Bonomi.
Accroupis de gauche à droite : Lucien Charlier, Charles Hellequin, Roland Glaszmann, Georges Moutarde, Raymond Horn.

Le CS Barembach 1968

Le CS Barembach en 1969 a repris ses activités depuis quelques mois et occupe déjà la tête du classement et va accéder en division III
Debout de gauche à droite : Gilbert Fesquet, J.-L. Nicot, C. Charlier, M. Adrian, G. Douvier, J.-P. Koeniger, J.-M. Henge, H. Oliveira, Antoine Wilmann.
Accroupis de gauche à droite : A. Christmann, J. Gonzales, R. Fesquet, P. Mathis, R. Legrand.

IMMOBILIERE DE LA BRUCHE
FNAIM
Depuis 1962 à votre service

Nous sommes à votre disposition pour la réalisation de tous vos projets immobiliers

Contact au 03 88 97 04 05

En 1974-1975, l'association compte même 6 équipes (seniors I et II, cadets, minimes et 2 poussins à 7).

Se sentant une vocation de rassembler, le CSB œuvre pour promouvoir le sport dans la Haute-Vallée. Durant plusieurs trêves hivernales des cross-country sont organisés et c'est à Barembach que naît l'Amicale des Clubs de la Vallée de la Bruche. Faute de dirigeants et de parents responsables, le club réduit ses activités pour ne garder que 2 équipes seniors depuis 1984.

Gérard Douvier, secrétaire de 1961 à 1985 remplace Lucien Charlier à la présidence. L'équipe en place en 1987, comprenant entre-autres Germain Paquet, Claude Allenbach, Jean-Paul Koeniguer, Lucien Koeniguer, William Parmantier, Claude Charlier, Marcel Ibanez, Michel Peiny, Daniel Argant, Christian Meyer, Jean-Claude Meyer, Michel Andreant, Patrick Koeniguer, Christian Marchal, Fabien Firmery et Christian Henck, etc... poursuit l'œuvre commencée le 19 décembre 1936. De nombreux travaux sont réalisés avec le concours précieux de la municipalité comme la construction d'un abri pour le matériel, la clôture du stade, la réalisation de drains pour assainir le sol etc.

De 1995 à 2000

Le club compte actuellement 90 membres. En maintenant 2 équipes seniors, depuis 6 ans le CSB connaît des fortunes diverses. Après avoir raté la montée à plusieurs reprises d'un rien l'équipe 1 obtient son billet pour la division II lors de la saison 1997-1998. Christophe Scheppler, grand gardien de but dans la Vallée de la Bruche, est alors entraîneur de cette équipe.

Le CS Barembach 1996-1997

Sous la direction de Christian Henck, le pilier du club, depuis deux saisons et après bien des problèmes elle se bat pour ne pas redescendre.

L'équipe II dirigée par Michel Eli, un fidèle du club joue en 1989 en division II de la pyramide B. Elle aligne une équipe plus ou moins compétitive selon l'effectif à sa disposition.

En 1990 à l'initiative de Christian Henck le club relance des équipes de jeunes qui font défaut depuis plusieurs années. Après quatre saisons et rencontrant des problèmes d'effectifs le CSB Barembach et l'AS Natzwiller décident de créer une entente, rejoints l'année suivante par l'AS Rothau.

Les résultats sont encourageants, en 1997 l'équipe des -17 ans devient championne du Bas-Rhin. L'entente compte alors environ 80 licenciés ce qui permet d'engager une équipe dans chaque catégorie.

En 1997 la commune de Barembach décide de céder le stade Robert Charlier à la Communauté de Commune pour créer le centre sportif de la Cité Scolaire Haute Bruche qui ouvre une section sport étude football. Les deux saisons suivantes, le CS Barembach joue sur le terrain de Russ mis à la disposition par l'AS Wisches-Russ.

Depuis 1999-2000, le club partage avec la Cité scolaire le même terrain. Un projet est à l'étude pour que le club puisse à nouveau avoir ses propres installations. Comme la majorité de petits clubs le CS Barembach souffre du manque de structures, de dirigeants, de bénévoles, de parents etc.

Les prochaines années risquent d'être difficile pour le club sauf à ce que les nouvelles générations prennent la relève des anciens.

• **BIBLIOGRAPHIE :**
– Plaquette du 40ᵉ anniversaire.
– Plaquette du 50ᵉ anniversaire.

Les présidents

Louis Glaszmann
Paul Didier
Joseph Bande
Lucien Charlier (1970-1985)
Gérard Douvier (1985-1989)
président actuel

Le comité de l'an 2000

Lucien Charlier (président d'honneur)
Gérard Douvier (président d'honneur)
Jean-Claude Casner
(président et secrétaire)
Christian Henck (vice-président)
Gisèle Douvier (trésorière)
Georges Loeffler (responsable jeunes)
Frédéric Hiller, René Morel
Michel Eli, Lucien Koeniguer
Pascal Zagrabski, Alain Zagrabski
Eric Moutarde

Equipe jeune entente CS Barembach, AS Natzwiller, AS Rothau de l'an 2000

SOLOMUR
Votre habilleur d'intérieur

MUTZIG
03 88 49 87 37

MARMOUTIER
03 88 70 80 33

SARREBOURG
03 87 03 39 56

1936 Sporting Club Ebersheim ★ 67
Ebersheim

Le Sporting Club Ebersheim 1976-1977, champion de groupe de division IV
Debout de gauche à droite :
Emile Henck (président),
Pierre Hinterlang,
Jean-Joseph Hinterlang, Robert Harlepp,
Paul Unterstock, Fernand Heinrich,
Gilbert Dannenhoffer, Edouard Walter,
Francis Loos (vice-président),
Jean-Paul Rietsch (vice-président).
Accroupis de gauche à droite :
Michel Boehler,
Vincent Maas, André Loegel,
André Fictor, Fabien Bilger,
Pierre Schaeffer, Pio Weiss.

Les présidents
Francis Loos (1971-1973)
Emile Henck (1976-1980)
Jean-Paul Rietsch (1980-1993)
Gérard Walspurger (1993-2000)
Jean-Marie Frey (2000 à nos jours)

Les entraîneurs
François Schoepf (1972-1973)
Francis Hinterlang (1973-1975)
Albert Laemmel (1975-1976)
Paul Unterstock (1976-1980)
Jean-Louis Hubrecht (1980-1982)
Edouard Walter (1982-1990)
Pierre Hinterlang (1990-1993)
André Loegel (1993-1994)
Edouard Walter (1994-1999)
Stève Schott (1999 à nos jours)

Le Sporting Club Ebersheim 1980-1981
Debout de gauche à droite : Pio Weiss,
Edouard Walter, Roland Zimmermann,
Paul Kempf, Robert Harlepp,
Richard Schott, Patrick Simon.
Accroupis de gauche à droite :
François Kempf, André Loegel,
Fabien Bilger, Claude Jung,
Jean-Louis Hubrecht, Paul Unterstock.

Le défi de la Promotion

On retrouve le Sport Club Ebersheim pour la première fois dans les classements, à l'entame de la saison 1932-1933, dans le groupe sud de la division IV du Bas-Rhin qui comprend aussi Muttersholtz, Kogenheim, Osthouse et Kertzfeld. Il se classe 4e. Le club commence réellement le championnat au cours de la saison 1937-1938, évoluant en division IV, du groupe A contenant : Sand, Sainte-Marie-aux-Mines, Villé, Obenheim, Herbsheim, Dambach, Kintzheim et Rhinau.

En 1947, le correspondant est Pierre Grettner, domicilié 4, rue du Marteau à Sélestat. Pour la saison 1947-1948, le club évolue en division III et finit à la 7e et dernière place de son groupe, remporté par Sainte-Croix-aux-Mines. On y trouve aussi Herbsheim, Hilsenheim, Sainte-Marie-aux-Mines, Dambach-la-Ville et Westhouse, Bolsenheim étant forfait général. Du coup, l'équipe est ainsi sauvée de la relégation. La saison suivante (1948-1949), c'est encore la dernière place qui attend le Sporting, dans un groupe enlevé par Sainte-Marie-aux-Mines. Et comme Scherwiller est obligé de déclarer forfait pour toute la saison, le SCE se maintient.

Bis répétita dès la saison suivante, mais cette fois c'est Andlau qui doit déclarer forfait général, ce qui sauve encore une fois le club de la relégation. Toujours en division III, il se retrouve en bas du classement à la fin des saisons 1950-1951, 1951-1952, 1952-1953 et 1953-1954. Un léger mieux est affiché pour la saison 1954-1955, avec une 6e place puis une 5e en 1955-1956, mais bien loin des premiers.

Dix saisons d'inactivité

L'équipe réussit une saison médiocre en 1956-1957, en se situant seulement à la 8e place. Malheureusement, c'est au terme de la saison 1957-1958, qu'elle se retrouve classée 10e et dernière (3 victoires, et 15 défaites) et se voit rétrogradée en division IV. A l'orée de la saison 1958-1959, le SC Ebersheim n'a qu'un seul objectif, la remontée immédiate en division III. Mais il échoue dans sa tentative en terminant 3e du groupe, à onze longueurs d'Hilsenheim.

Le club réalise une saison identique en 1959-1960, derrière l'ASCA, Marckolsheim et Sainte-Marie-aux-Mines. Le SCE doit déclarer forfait général pour la saison 1960-1961 et se retrouve en inactivité pendant 10 ans (de 1961-1962 jusqu'à 1971-1972). Le 17 décembre 1971, une réunion d'information est organisée par les anciens, qui remettent en place un comité qui se compose de : Francis Loos (président), Emile Henck (vice-président), Pierre Grettner (secrétaire), Paul Loos (trésorier), René Ambiehl, Fabien Bilger, François Boehler, René Hamm, Raymond Heinrich, Jean-Claude Kempf, Jean-Jacques Meneghetti, Jean-Paul Rietsch (assesseurs). Le SCE reprend part en championnat au début de la saison en 1972-1973 et s'y classe 6e. Au cours de la même année, il décide de mettre en place un éclairage et débute la construction du club-House.

Il enchaîne avec une très belle 3e place la saison suivante, derrière Herbsheim et Sand. La saison 1974-1975, n'est qu'une copie de la précédente, tout près des deux clubs de tête, Heidolsheim et Sermersheim. La même année, le club réalise la construction des vestiaires. La saison 1975-1976 est vraiment dramatique pour le club qui perd deux de ses membres. Le premier est Albert Kempf qui décède le 29 octobre 1975 (joueur de l'équipe fanion et entraîneur des jeunes), le second, Paul Loos, disparaît le 22 février 1976. Il était le trésorier du club. L'équipe première termine péniblement la saison au 5e rang. Après quelques saisons difficiles, le Sporting Club Ebersheim arrive à enlever le titre de champion de groupe, avec 9 points d'avance sur le FC Kogenheim II, à la fin de la saison 1976-1977. Le club ne connaît pas l'ombre d'une défaite au cours de la saison. Sur 20 matches disputés, il en gagne 19 et obtient un match nul. Il inscrit la bagatelle de 80 buts et en concède seulement 18, ce qui lui permet d'accéder en division III.

En division II

La saison 1977-1978 est magnifique pour le SCE, puisqu'il décroche un nouveau titre de champion de groupe, avec 3 points d'avance sur le FC Wittisheim, et accède pour la première fois de son histoire en division II. Cette même saison, est créée une école de football qui est dirigée par Edouard Walter. Le club surprend et rate de peu la montée en division I. Il se hisse jusqu'à la seconde place du groupe à seulement 2 points derrière Hilsenheim.

L'équipe fanion baisse un peu le pied par la suite et termine 5e à la fin de la saison 1979-1980. Elle ne veut pas s'arrêter là et tente une nouvelle fois la montée en division supérieure. Elle y parvient en se hissant à la 2e place derrière Kogenheim II, au terme de la saison 1980-1981.

Le souvenir de Chritian Jehl

Encore une mauvaise nouvelle, avec la disparition du joueur Christian Jehl, qui était l'élément moteur de l'équipe. Pour les saisons 1981-1982 et 1982-1983,

Le Sporting Club Ebersheim, vainqueur de la coupe du Centre Alsace en 1996

le club se débrouille plutôt bien, puisqu'il se retrouve calé en milieu du tableau (9e). Dès la saison suivante (1983-1984), le Sporting Club joue les premiers rôles, en se classant à la 2e place derrière Wisches et également en 1984-1985 avec une 3e place, acquise derrière Mutzig et Obernai. La Ligue d'Alsace de Football décide, à l'entame de la saison 1985-1986, de restructurer les championnats, ce qui profite au club qui termine 6e en Promotion.

Malheureusement, l'équipe n'arrive à tenir qu'une seule saison à ce niveau, car à la fin saison 1986-1987, elle se retrouve à l'avant-dernière place, juste devant Huttenheim et se voit reléguée en division I. La saison suivante, le SCE rate de peu la remontée, se classant deuxième à 6 points du champion, le SC Sélestat. Il dispute deux saisons blanches, car il est seulement 4e en 1988-1989 et 8e en 1989-1990. Mais l'équipe repart aussitôt et en 1990-1991, termine une nouvelle fois sur la deuxième marche du championnat derrière la réserve de Dieffenbach-au-Val. Il faut attendre la saison 1991-1992, pour enfin voir le club remonter en Promotion et s'emparer du titre de champion de groupe, avec 8 points d'avance sur Sermersheim.

La saison 1992-1993 est difficile, puisque le SC Ebersheim finit avant-dernier et doit retrouver la division I, avec Gerstheim. Classé deux saisons de suite 2e en 1995-1996 derrière le Sélestat Portugais et en 1996-1997, devancé par Dieffenbach-au-Val il fête son 25e anniversaire, avec remise des distinctions. C'est à la fin de la saison 1997-1998, que le club remporte le titre de champion de son groupe devant Scherwiller. Il n'a pas connu la moindre défaite au cours de la saison. En 1998-1999, le résultat est plus aléatoire puisqu'Ebersheim se retrouve dernière du groupe et redescend en division I. L'équipe se classe 3e en 1999-2000 et 2000-2001.

• BIBLIOGRAPHIE :
Documents et photos remis par le club.

Le Sporting Club Ebersheim 1991-1992, champion de groupe de division I
Debout de gauche à droite : Jean-Paul Rietsch (président), Olivier Egele, Gaby Fuhrmann, Philippe Kempf, Hervé Walter, Philippe Meyer, Christophe Speitel, Yvon Hauss (dirigeant), Pierre Hinterlang (entraîneur). Accroupis de gauche à droite : Michel Imbs, André Loegel, Stève Schott, Franck Leininger, Yannick Walter, Pascal Walspurger, Olivier Sonntag, Philippe Imbs, Patrick Marbach.

Le Sporting Club Ebersheim 1996-1997
Debout de gauche à droite : Gérard Walpurger (président), Yvon Hauss, David Duret, Stève Schott, Hervé Walter, Pierre Loos, T. Walter, S. Harlepp, Edouard Walter. Accroupis de gauche à droite : Nicolas Kempf, Yannick Walter, J. Sanchez, Pascal Conrath, Christian Sonntag, Philippe Meyer, B. Willmann.
Manquent sur la photo : Pascal Walspurger, Patrice Coelsch.

Le Sporting Club Ebersheim de l'an 2000
Debout de gauche à droite : Yvon Hauss (dirigeant), Thomas Jean, Hervé Walter, Cédric Frantz, Stève Schott, Pierre-Jean Frey, Dominique Heinrich, M. et Mme Bauer (sponsor), Gérard Walpurger (président).
Accroupis de gauche à droite : Jérémie Huss, Mathieu Schaller, Yannick Walter, Pascal Walspurger, Ganaël Schall, Yannick Fuhrmann, Hugo Vuillermet, Frédéric Weiss.

1976-1977
Champion de groupe de division IV
1/4 finaliste de la coupe CMDP
5e du challenge de la meilleure attaque

1977-1978
Champion de groupe de division III
1/8 finaliste de la coupe d'Alsace contre les SR Haguenau

1980-1981
Champion de groupe de division II

1991-1992
Champion de groupe de division I

1995-1996
Vainqueur de la coupe du Centre-Alsace

1996-1997
Finaliste de la coupe du Crédit Mutuel
1/4 finaliste de la coupe du Centre-Alsace

1997-1998
Champion de groupe de division I
Récompensé par le prix du « Challenge de la Correction »

1998-1999
1/8 finaliste de la coupe du Crédit Mutuel.
1/8 de finaliste de la coupe du Centre-Alsace.
1/2 finaliste de la coupe Nationale en salle.

1999-2000
Barragiste pour l'accession en Promotion d'Honneur

1936 Herbsheim

Football Club Herbsheim ★ 67

Cueillir le tabac ou ramasser des noix

C'est en 1936 que naît officiellement le FC Herbsheim, grâce à l'enthousiasme et à l'amour du football d'une équipe de jeunes volontaires, sous la présidence de Lucien Dutter. Mais c'est deux années auparavant que commence vraiment la grande aventure. Alors que les villages environnants possèdent déjà leur club de football, pour la plupart, une poignée de jeunes d'Herbsheim décident de s'entraîner et de jouer au football pour s'amuser.

C'est le soir, en rentrant du travail, qu'ils se retrouvent sur un pré pour taper dans le ballon, jusqu'au jour où ils commencent à se mesurer, en matches amicaux, à d'autres équipes de la région. C'est alors qu'ils se sentent assez forts pour participer à la compétition officielle. Pour acheter 11 maillots et bas bleus, les joueurs doivent payer une cotisation de 2 F par semaine, prélevée sur leur argent de poche (qui n'est que de 5 F environ). Les shorts blancs et les chaussures sont aux frais des joueurs. Ceux qui n'ont pas encore de ressources aident à la cueillette du tabac ou ramassent des noix. Mais où jouer? La commune ne possède pas de terrain. Alors les matches amicaux se disputent sur un pré, près du « Trulligraben » qui sert de stade et il faut démonter les buts pour que les paysans puissent faucher le foin. Finalement, la municipalité voyant les efforts de ces pionniers, accorde un terrain à l'emplacement actuel, mais il faut beaucoup de volonté et de courage de la part de tous les membres pour l'aménager et le rendre praticable.

Pendant ces travaux d'aménagement, l'équipe dispute ses premiers matches de championnat sur un terrain loué, appartenant à un cultivateur de Boofzheim. Le premier match de compétition officielle contre l'AS Obenheim, un « ancien club », se solde par un honorable match nul 3 à 3. Encouragée par ce résultat, la formation d'Herbsheim, qui ne comprend en tout que 15 licenciés, débute fort bien sa carrière en terminant la saison à une très méritoire 5e place. La saison suivante, le FC Herbsheim est 4e. La troisième saison ne peut avoir lieu car la deuxième guerre mondiale vient tout arrêter.

En division II

Pendant cette période néfaste, le club souffre beaucoup, comme bien d'autres. Le FC Herbsheim perd plusieurs membres, dirigeants et joueurs, ce qui l'oblige à redémarrer sur de nouvelles bases, avec la formation d'un nouveau comité. En 1946, après la libération, c'est au tour de l'ancien capitaine du FCH, Georges Barthelmebs, d'assurer la présidence du club et le championnat de division III peut reprendre son cours normal. Trois saisons plus tard, en 1949-1950, l'accession en division II vient récompenser les efforts et le mérite des dirigeants et joueurs du FC Herbsheim.

A ce moment-là, Herbsheim possède une très belle équipe qui se fait remarquer durant quelque temps, en compagnie de Westhouse et de Kogenheim. Cette bonne série s'arrête malheureusement avec la saison 1958-1959, quand l'équipe doit descendre en division III. Le club sombre encore plus bas quelques saisons plus tard.

Par la suite, les classements se suivent et se ressemblent chaque saison. Mais c'est dans ces années difficiles que les joueurs et les dirigeants jettent les bases de nouveaux succès. Avec la réfection du stade, la construction d'un club-house, le rajeunissement de l'équipe et l'engagement de formations de jeunes, tout est prêt

Le FC Herbsheim 1949-1950
Debout de gauche à droite :
Charles Schlupp, Gustave Krempp, Modeste Schneider, Albert Koessler, René Schneider, Roland Schaeffer, Lucien Schaeffer, Georges Barthelmebs (président).
Accroupis de gauche à droite :
Robert Krempp, Henri Barthelmebs, Robert Kretz, Herbert Gauckler, Lucien Schneider.

Le FC Herbsheim 1976-1977
Debout de gauche à droite :
Jean Brun (président), Gérard Stieber, Jacques Laveille, Gérard Messmer, Bernard Cross, Jean-Marie Lang, Jeannot Laveille, François Christ, Gilbert Krempp (entraîneur).
Accroupis de gauche à droite :
Pierrot Brun, Jean-Georges Koessler, Pierrot Grasser, Jean-Pierre Sittler, Gérard Barthelmebs.

Inauguration du nouveau terrain du FCH en 1996-1997 en présence d'Ernest Jacky, président de la LAFA

Le FC Herbsheim 1982-1983, champion d'Alsace de division I
Debout de gauche à droite : Laurent Sittler, Olivier Schneider, Laurent Hurstel, Jacky Stadelmann, Gilbert Spriegel, Maurice Krempp. Accroupis de gauche à droite : André Schmitt, Rémy Schneider, Roose Corneil, Leammel, Rémy Willmann, Raymond Sittler, Maurice Schmitt.

pour une remontée. En 1976, l'équipe monte en division II et est championne du Bas-Rhin de la division III.

En 1977-1978, c'est la montée en division I. En 1979, elle remporte la finale de la coupe du Crédit Mutuel (2-1) face à Erstein, mais doit s'incliner en finale du Centre-Alsace face à Kogenheim (0-2).

L'accession en Promotion

En 1980, avec l'arrivée au club de Rémy Willmann et Gilbert Spriegel, le retour au bercail de Raymond Sittler et surtout l'avènement du joueur local Rémy Schneider (qui est meilleur buteur du club pendant sept saisons), l'équipe locale va encore monter plus haut. En 1982-1983, c'est l'apothéose, avec l'accession en Promotion et le titre de champion d'Alsace de division I. Lors de cette saison, l'équipe possède la meilleure attaque (57 buts) et la meilleure défense (23 buts) du groupe.

La finale régionale est une grande fête et se solde par une victoire (3-1) face à Holtzwihr devant 1 000 spectateurs. La première saison en Promotion, avec un effectif de seulement 31 joueurs pour deux équipes seniors et sans équipe de jeunes, se solde par une 2e place, après avoir raté de peu la montée. Une victoire et un match nul face au Sporting de Schiltigheim, deux victoires aux dépens du leader Erstein et une série de huit victoires consécutives, attirent l'attention de tout le Centre-Alsace.

Pendant l'été 1984, le stade accueille successivement le Racing Club de Strasbourg (du temps des Gemmrich, Vogel, Piasecki…) et le Neuchâtel Xamax contre des sélections du Centre-Alsace. La saison suivante, une place de champion d'automne récompense la valeureuse équipe d'un village d'à peine 650 habitants. Avec seulement 15 joueurs, l'effectif de l'équipe I est trop limité et de nombreuses blessures pendant les matches retour empêchent l'équipe de réaliser un rêve fou. Puis, le club évolue pendant deux saisons en Promotion d'Excellence où il côtoie les grands de la région avant de rétrograder à deux reprises et se retrouver en division I pour avoir négligé la formation de jeunes joueurs.

En 1996-1997, avec l'inauguration d'un nouveau terrain et l'arrivée du joueur Thierry Winum, un titre de champion de groupe de division I permet aux locaux de remonter en Promotion après avoir occupé la première place pendant toute la saison (goal-average : 60-22 et une seule défaite).

Cette année faste voit également la montée à l'échelon supérieur des équipes II et III. Mais ce n'est qu'un feu de paille car après deux saisons en Promotion, l'équipe descend en division I puis en division II, suite à de nombreux départs de joueurs venant de l'extérieur du village. Après avoir mangé son pain noir, un vent nouveau semble souffler sur le club avec la mise en place d'une nouvelle structure d'encadrement, l'objectif étant de remonter en division I d'ici 3 ans, puis en Promotion avant 10 ans avec l'arrivée à maturité des jeunes joueurs prometteurs du village qui jouent en entente avec Rossfeld.

Depuis trois saisons, les anciennes gloires du club ont monté une équipe de vétérans qui joue régulièrement les premiers rôles. Sous la houlette de Laurent Cecconi, aidé par une équipe dynamique, un comité d'encadrement des jeunes a été mis en place pour les former en étroite collaboration avec le club voisin et ami de Rossfeld.

• BIBLIOGRAPHIE :
– Documents fournis par le club.

Le FC Herbsheim 1996-1997
Debout de gauche à droite : Régis Rueff, Rémy Schneider, Jean-Noël Rapp, Philippe Hari, Yves Roos, Laurent Cecconi, Franck Koppf, Bernard Gilg, Michel Redelsperger (dirigeant).
Accroupis de gauche à droite : Thierry Klein, Laurent Sittler, Daniel Jund, Frédéric Dutter, Rémy Willmann (président), Thierry Winum, Raymond Sittler, Christian Répis.

Le comité du FC Herbsheim de l'an 2000
Debout de gauche à droite : Laurent Hurstel (président), Mohammed Laaroussi (arbitre), Sylviane Weiss (secrétaire), Raymond Sittler, Dominique Sourice, Nathalie Warth, Hubert Brun, Christian Koessler (trésorier), Dominique Benhadji, Gérard Koenig, Jean-Pierre Weiss, René Dutter.
Accroupis de gauche à droite : Jean-Paul Pabst, Christophe Koenig, Olivier Gasser.

Les présidents
Lucien Dutter (1936-1946)
Georges Barthelmebs (1946-1951)
Charles Christ (1951-1954)
Gustave Krempp (1954-1957)
Modeste Schneider (1957-1959)
Robert Krempp (1959-1964)
Modeste Schneider (1964-1970)
Roland Schaeffer (1970-1974)
Jean Brun (1974-1983)
François Utter (1983-1988)
Albert Brun (1988-1992)
Rémy Willmann (1992-2000)
Laurent Hurstel (2000 à nos jours)

Le FC Herbsheim II de l'an 2000
Debout de gauche à droite : Olivier Gasser, Yannis Pabst, Christophe Jaeg, Raymond Sittler, Stéphane Sittler, Christophe Koenig.
Accroupis de gauche à droite : Thomas Sablong, Laurent Kneipp, Robert Delamotte, Thomas Ramstein, Claude Halkenhauser.

Le FC Herbsheim de l'an 2000
Debout de gauche à droite : Laurent Hurstel (président), Jean-Paul Roth (entraîneur), Christian Koessler, Dominique Sourice, Stéphane Laveille, Michel Christ, Thomas Kempken, Ludovic Wintenberger, Stéphane Kammerer, Jean-Marc Klethi (dirigeant), Dominique Benhadji (dirigeant).
Accroupis de gauche à droite : Jean-Luc Dutter, Rémy Schneider, Marc Koessler, Laurent Sittler, Frédéric Dutter, Robert Delamotte, Thomas Ramstein, Jérome Seyller.

1936 Issenheim

Association Sportive Effort Issenheim ★ 68

L'ASE Issenheim 1969-1970, accession en division II
Debout de gauche à droite :
Jean Graff, Alphonse Humann, Célestin Ruccolo, Félix Gugenberger, Adam Kowenz, Robert Scheffel, Jacques Hedrich.
Accroupis de gauche à droite :
Serge Dalcin, Mathias Hausser, Pierre Pagnaco, Voegtlin, Joseph Schwartz.

Une vie bien tranquille

L'Association Sportive Effort Issenheim est créée en 1936, par une poignée d'amoureux du football, sous la présidence d'A. Rost. La section du Cercle Catholique débute en AGR. Le club ne joue pas pendant la guerre puis reprend la compétition toujours en AGR. C'est en 1947-1948 que l'équipe débute dans le championnat de la LAFA.

Elle finit 6e de la division III deux saisons de suite. A l'issue de l'exercice 1949-1950, l'équipe fanion accède en division II et après une saison remarquable, se classe deuxième. Elle n'est pas très performante en 1950-1951 (9e) et le club se retrouve en non-activité en 1951-1952.

Il redémarre en 1952-1953 en division IV et à force de persévérance et de rigueur, l'AS Issenheim finit championne de groupe. Elle décroche donc la clef de la division III. Pleine d'espoirs et d'ambition, l'équipe fanion se surpasse en 1953-1954 et finit à la deuxième place du championnat derrière Guéwenheim. Elle est récompensée par la montée en division II.

Pour sa première saison dans la division supérieure, en 1954-1955, le club atteint le 5e rang, après une saison honorable. L'ASI s'endort un peu sur ses lauriers en 1955-1956 (9e), mais n'est pas catastrophique pour autant et le club se relève doucement pour finir 6e en 1956-1957. Toujours en division II en 1957-1958, il atteint la 3e place et s'en trouve plus que satisfait. L'AS Issenheim se classe 7e en 1958-1959, puis 9e en 1959-1960 et perd encore une place en 1960-1961.

Retour en division II

Elle réagit en 1961-1962 (5e deux saisons consécutivement). L'équipe loupe de peu la montée en division I, en butant à la deuxième place derrière Réguisheim en 1963-1964. Elle s'en trouve déstabilisée, puisqu'elle finit 10e en 1964-1965 et échappe à nouveau à la relégation en 1965-1966. Le club n'y coupe pas la saison suivante et du fait d'une nouvelle 11e place se retrouve en division III.

C'est comme un coup de fouet pour cette équipe qui pointe à la 3e place, dès sa première saison en division inférieure. Le club termine champion de groupe 1969-1970 et obtient son billet de retour en division II. L'AS Issenheim repart d'un bon pied et termine 3e deux ans de suite.

Après un 5e rang en 1975-1976, il réalise à nouveau une brillante saison 1976-1977, en terminant champion de groupe. Le club repart logiquement en division I pour la saison 1977-1978. Il manque de peu la montée en Promotion d'Honneur en se classant juste derrière le leader, Munchhouse, en 1978-1979. C'est le début de quelques saisons laborieuses jusqu'en 1984. Le club termine alors 4e de l'exercice 1984-1985 et se retrouve en division I en 1985-1986, du fait de la

L'ASE Issenheim, vainqueur du challenge du journal « L'Alsace » en 1972
Debout de gauche à droite :
Pierre Pagnaco, Serge Dalcin, Jacques Hedrich, Félix Gugenberger, Adam Kowenz, Henri Hedrich, Paul Burner.
Accroupis de gauche à droite :
Jean Graff, Alphonse Humann, Harry Kleger, Mathias Hausser, Célestin Ruccolo, Robert Scheffel.

refonte des championnats décidée par la LAFA. La saison 1987-1988 conduit l'ASEI tout droit en division II. Malgré son difficile maintien en 1988-1989, c'est l'issue de la saison 1989-1990 qui achève l'existence de l'ASI en division II, avec un 11e rang. Le club repart en division III. Il y fait son petit bonhomme de chemin avant de se réveiller bien en 1994-1995 (5e). C'est en 1995-1996 que l'équipe fanion se reprend et termine championne de groupe avec 59 points à 11 points devant Osenbach, (19 matches victoires, 2 nuls et 3 défaites). L'équipe monte en division II, mais son ascension ne dure qu'un temps car l'AS Issenheim échoue à la dernière place en 1996-1997 et redescend aussitôt en division III.

Elle touche le fond en 1997-1998 en terminant dernière de la dernière division avec seulement 12 points, (3 matches gagnés, 3 nuls et 20 défaites). L'équipe encaisse 100 buts au cours de la saison.

Elle termine à nouveau dernière en 1998-1999 et se classe 8e sur 10 en 1999-2000 devant Wittelsheim et Bollwiller. En 2000-2001, l'AS Issenheim finit péniblement 9e et dernière de la division III.

• BIBLIOGRAPHIE
– Grand merci à Paul Bitzenhoffer et Jacques Hedrich pour les photos.

Les présidents
A. Rost (1936-1947)
Mure (1947-1952)
Rost (1952-1968)
Mathias Hausser (1968)
Paul Bitzenhoffer (1968-1975)
Henri Himber (1975-1980)
Vincent Nativochabrier (1980-1990)
Charles Schmitt (1990-1997)
Thierry Grotzinger (1997 à nos jours)

Le comité de l'an 2000
Thierry Groetzinger (président)
Fabien Roos (vice-président, président des jeunes et secrétaire)
Claude Cosatto (vice-président et président des seniors)
Marcia Moretti (trésorière)
Cathy Bidau, Nathalie Vaccaro
Charles Schmidt, Thierry Fromentin

L'ASE Issenheim dans les années 70

L'ASE Issenheim 1976-1977, accession en division I
Debout de gauche à droite : Henri Himbert (entraîneur), Victor Rizzo, Serge Dalcin, Serge Kervl, Marc Simon, Bernard Biehler, Joseph Rosata, Adam Kowenz, Vincent Nativo.
Accroupis de gauche à droite : Joseph Schwartz, Pierre Tavan, Gérard Schreiber, Bonavita, Jean Nativo.

L'ASE Issenheim 1983-1984
Debout de gauche à droite : Vincent Nativo (entraîneur), Hovaro, Jim Fleurigeon, Christophe Laucher, Jacques Battmann, Yvon Lebotte, Remi Felder.
Accroupis de gauche à droite : Christian Bitzenhofer, Claude Naccari, Joseph Paziemca, Antoine Piccito, Patrick Abry, Francis Renaud, Jean Laucher.

L'ASE Issenheim de l'an 2000
Debout de gauche à droite : Roméo Occhionero (entraîneur), Franck Schmidt, Frédéric Dirringer, Eric Gossmann, Claude Cassato, Christophe Wirtz, Daniel Collichio, Guillaume Lustenberger, Mario Rotolo, Jean-François Werner.
Accroupis de gauche à droite : Hervé Marchand, Dominique Gareffa, Alfredo Macias, David Laurey, Franck Battmann, Stéphane Francisco, Agostino Canario, Thierry Grotzinger (président).

1936 Football Club Keskastel ★ 67

Keskastel

Les pionniers du FC Kestkastel

Le FC Keskastel dans les années 40

Le FC Keskastel en 1938

L'amitié autant que les résultats

L'histoire du club commence en 1936, juste avant la deuxième guerre mondiale, quand une poignée d'hommes courageux et volontaires donnent vie à l'association du Football Club Keskastel. Le premier président du club est un certain Petit-demange, ancien militaire qui est basé à la caserne de Sarralbe, en Moselle. Ce club, comme bien d'autres à l'époque, survit avec des moyens de fortune, des bénévoles, sportifs du dimanche.

Le FC Keskastel démarre en championnat de la LAFA pour la saison 1947-1948 et se classe 6e de son groupe qui comprend : Neuwiller (champion), Tieffenbach, Herbitzheim, Ernolsheim-sur-Bruche, Dossenheim-sur-Zinsel, Mackwiller et Wingen. La saison suivante (1948-1949), est plus délicate, puisque le club termine dernier avec 1 victoire, 1 nul et 8 défaites, mais il est sauvé de la relégation grâce au forfait général du FC Mackwiller.

En 1949-1950, l'équipe fanion évite de nouveau la descente en division IV, avec une avant-dernière place, juste devant le malheureux Wingen. La saison 1950-1951 est très moyenne (4e), dans un groupe ultra réduit qui est composé de Bettwiller (champion), Waldhambach, Mackwiller, Weyer, Adamswiller et Herbitzheim (forfait général). 5e (sur 10) en 1951-1952, l'équipe est finalement rétrogradée en division IV, à la fin de la saison 1952-1953, avec une avant-dernière place devant Mackwiller. Mais elle ne perd pas de temps et remonte aussitôt en division III en 1953-1954, enlevant le titre de champion de groupe avec 11 victoires, 2 nuls et 1 défaite. En très grosses difficultés au cours de la saison 1954-1955, le club arrive tout de même à sauver de justesse devant Diedendorf et Dettwiller.

Des efforts mal récompensés

Mais malheureusement, au terme de la saison 1955-1956, il finit par céder, jouant un match de barrage pour le maintien et le perd contre Weislingen (1-4). Le FC Keskastel est blessé dans le plus profond de son orgueil et se rachète dès la saison suivante, accrochant la 2e place à 4 points de Voellerdingen. Il compte 10 victoires, 2 nuls et 2 défaites, avec un goal-average 79-22 encaissés.

Pour son retour en division III, le club réalise un joli parcours, terminant à la 3e place du championnat, derrière Herbitzheim et Sarre-Union. Il se classe deux saisons de suite 6e (1958-1959 et 1959-1960). L'équipe fanion fait tout son possible pour accéder en division supérieure, mais rate le coche en 1960-1961, avec un 3e rang derrière Sarrewerden et Mackwiller et en 1961-1962 dans la foulée de Mackwiller et Herbitzheim.

En revanche, la saison 1962-1963 est calamiteuse. Seulement classé 8e de son groupe, le club est sauvé de justesse de la relégation. Cette fois, en 1963-1964, il n'est pas épargné, puisqu'il termine avant-dernier et redescend en division IV, en compagnie de Butten. La saison 1967-1968 est l'une des plus catastrophiques de l'histoire du club, qui termine à la dernière place, avec 2 victoires, 4 nuls et 14 défaites. L'équipe première remonte en 1969-1970, grâce à sa 4e place obtenue juste derrière Butten, Fénétrange et Eywiller. Mais elle retombe dans la plus petite des divisions dès la saison suivante, avec 11 points au compteur. A partir de la saison 1971-1972, l'équipe remonte en division III, terminant 2e derrière Petersbach, puis elle rate la montée en division II d'un cheveu en 1972-1973, finissant 2e derrière Sarrewerden

Le FC Keskastel en 1954-1955

et en 1975-1976 également. Malheureusement, le club se voit relégué en division IV, à l'issue de la saison 1978-1979, réalisant un parcours catastrophique (20 défaites en 20 matches).

Jusqu'en division I

Le FC Keskastel se reprend dès la saison suivante, pour finir 2e du groupe derrière Sarrewerden II. Au cours d'une saison 1980-1981 difficile, avec un effectif restreint, le club redescend en division IV, en compagnie d'Eschbourg, mais remonte dès la saison suivante, en finissant à 2 points du premier Drulingen. L'équipe fanion continue sur sa lancée et accède en division II en 1982-1983, en devenant champion de groupe avec 4 points d'avance sur Schoenbourg. Grâce à la suppression de la division IV en 1985-1986, le club se retrouve en division I pour la première fois de son histoire et se classe 9e de son groupe, sous la houlette de Roland Hennard qui doit quitter le club pour raisons professionnelles. Ensuite, le FC Keskastel est successivement 4e en 1986-1987 et 1987-1988, 8e en 1988-1989, 3e en 1989-1990 et 1990-1991, 9e en 1991-1992.

Malheureusement, l'équipe est dans l'obligation de retrouver la division II, après son avant-dernière place obtenue juste devant Voellerdingen. Pour la saison 1997-1998, le FC Keskastel se hisse jusqu'à la 3e place, derrière Tieffenbach et Petersbach. Au terme des trois dernières saisons, il se classe 5e en 1998-1999, 6e en 1999-2000 et 8e en 2000-2001, sous l'œil vigilant de l'entraîneur Philippe Janus, qui compte bien mener le club vers des sommets. Le FC Keskastel, c'est 66 années de peines et de joies. Dans ce périple où rien n'est facile, nombre d'heures sont nécessaires pour faire vivre le club et permettre aux joueurs de défendre les couleurs de leur équipe.

• **BIBLIOGRAPHIE :**
– Merci à Françine Reutenauer.

Le FC Keskastel au début des années 80

Le FC Keskastel 1988-1989

Le FC Keskastel II, champion de groupe de division III en 1990-1991

Les présidents

Petitdemange
Willy Karman
Louis Levresse (1947)
Marcel Hertzog
Roger Schaeffer (1963-1972)
Jean-Marie Herzog (1996)
Alfred Krau (1996-1999)
André Hopp (1999-2001)
Frédéric Lorier (2001 à nos jours)

Le comité de l'an 2001

Frédéric Lorier (président)
Norbert Geyer (vice-président)
Cédric Dongus (vice-président)
Francine Ruffenach (secrétaire)
Ufuk Yildirim (trésorier)
Anne-Marie Lorier, Marc Bauroth
Alfred Krau, Jean-Marie Hertzog
Bernard Geyer, Ozgur Kadi
Mickaël Clavé, Francis Stock
Eddy Ruprecht

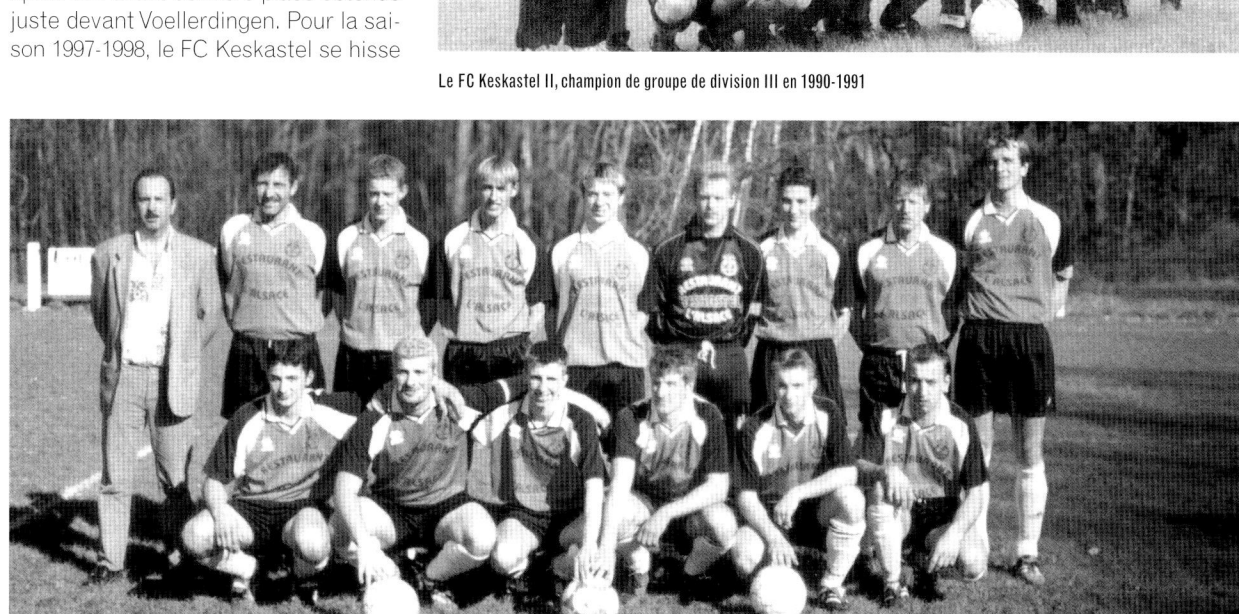

Le FC Keskastel de l'an 2000
Debout de gauche à droite :
Frédéric Lorier (président),
Philippe Janus (entraîneur-joueur),
Julien Molter, Cédric Dongus,
Mathieu Rapp, Robert Schaeffer,
Ufuk Yildirim, Jean-Claude Schmitt,
Michel Janus.
Accroupis de gauche à droite :
Mickaël Clavé, Eric Tousch,
Michel Porte, Gérard Freyermuth,
Christopher Hopp, Romain Kempa.

1936
Association Sportive Kilstett ★ 67

Kilstett

La première équipe de l'AS Kilstett en 1936

Alfred Hommel, président-fondateur de l'AS Kilstett en 1936

Un petit devenu grand !

L'histoire de l'AS Kilstett nous apprend, grâce aux précieux renseignements de Joseph Wintz et Joseph Acker, les premiers joueurs à porter les couleurs de l'ASK, que son président est Alfred Hommel en 1936, année où l'AS Kilstett demande son affiliation à la LAFA. A la création du club, on pratique d'abord le football tout près de la gare, sur un pré sommairement aménagé et mis à disposition des jeunes sportifs par Charles Matter. Deux années plus tard, Joseph Schneider se propose de prêter un terrain plus adapté à la pratique du ballon rond, sur les Herrenmatten. C'est à la sortie de l'été 1936, que quelques adeptes de ce sport forment une équipe de copains.

C'est le temps des rencontres héroïques ! Les anciens se rappellent encore d'une fabuleuse défaite 18 à 0 lors d'un match de l'équipe juniors disputé à la Meinau face au Racing Club de Strasbourg par les Alfred Lichtenauer, Joseph Fauvelle, Alfred Demand, Albert Blaess, Edgar Sprauer, Charlot Oberlé, Charles Griesbeck, Otto Lichtenauer, Frédéric Husser, Paul Rudolf, Fernand Martz.

Ce furent donc les premiers équipiers du club. Ils ont beaucoup de plaisir à se retrouver les dimanches après-midi, d'abord sur le terrain mais également après les rencontres. C'est le temps des interminables tournées de « Stamm ». La fameuse commande de « Bringe noch e Busche » est plutôt courante à l'ancien siège social du club, le restaurant de la Gare, où les chants d'après matches ont encore voix au chapitre. Quel contraste avec la vie actuelle ! La seconde guerre mondiale met malheureusement un terme à cette belle mais trop brève époque. L'AS Kilstett est particulièrement frappée par les hostilités et pas moins de 5 joueurs payent de leur vie.

Les joueurs achètent le ballon

Mais à la libération, le football reprend le dessus et dès 1946, Adolphe

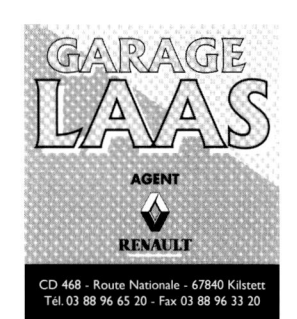

L'AS Kilstett juniors en 1936, devant la gare de Strasbourg, en route pour le stade de la Meinau où ils vont perdre 18 buts à 0 face au RC Strasbourg !
Debout de gauche à droite : E. Herrmann, F. Rudolf, R. Herrmann, Ch. Oberlé, M. Vix, R. Vix, A. Kuhn, E. Kuhn, E. Martz, A. Gutfreund, M. Griesbeck.
Accroupis de gauche à droite : A. Kuhn, R. Fuchs, J. Wintz, A. Herrmann, J. Kuhn.

L'AS Kilstett en 1936
Debout de gauche à droite : Charles Blaess,
Alfred Lichtenauer, Joseph Fauvelle, Alfred Demand,
Léon Blaess, Edgar Sprauer, Otto Lichtenauer.
Accroupis de gauche à droite : Charles Griesbeck,
Charlot Oberlé, Frédéric Husser, Paul Rudolf, Fernand Martz.

Jung a beaucoup de mérite à donner un nouveau départ au club. Quand on pense aux difficultés que doit rencontrer à l'époque ce nouveau président ! Les anciens nous apprennent que les joueurs se sont cotisés pour acheter le ballon, le seul d'ailleurs à disposition au club. Quel bien précieux ! Ils racontent aussi que les déplacements s'effectuent en train, mais aussi souvent à bicyclette et il n'est pas rare que les joueurs en rentrant sur le terrain, aient déjà 20 à 30 kilomètres dans les jambes. Parfois même ils se déplacent à deux sur le même vélo !

Durant de longues années, l'AS Kilstett connaît des fortunes diverses en faisant évoluer des joueurs du cru. Le grand tournant du club se situe durant la saison 1966-1967, où, avec l'arrivée de jeunes et talentueux joueurs, l'ASK arrive jusqu'en quart de finale du challenge des espoirs. Les joueurs de cette belle performance sont Germain Ennesser, Etienne Krombach, André Meyer, Raymond Meyer, Jean-Paul Lichtenauer, Raymond Kress, Bernard Ennesser, Lucien Kormann, Benoît Martz, Richard Ennesser, Claude Weber et Michel Martz.

L'influence d'Arsène Gauer

Dès lors, le vrai départ est donné et, sous l'impulsion d'Arsène Gauer, le club connaît quelques très belles années. Non seulement il sait hisser son équipe jusqu'en division I, manquant même de peu l'accession en Promotion d'Honneur au terme de la saison 1975-1976, mais il sait également doter son club d'installations sportives qui font déjà la convoitise de plus d'un président de club de l'époque.

C'est sous la présidence d'Arsène Gauer que sont réalisées les installations permettant de disputer des rencontres en nocturne, lesquelles sont encore opérationnelles aujourd'hui. Quand on pense que ce sont les membres bénévoles du club qui effectuent tous les travaux de maçonnerie, de terrassement, de raccordement ainsi que la mise en place des poteaux, on peut avoir une pensée reconnaissante envers ces courageux dirigeants.

C'est également l'époque où le stade Cambours est le théâtre de bien

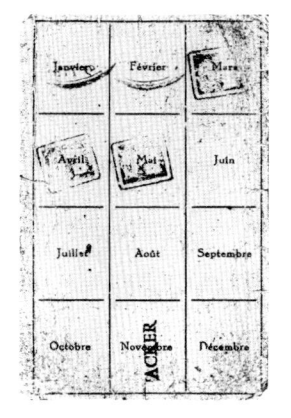

Carte de membre de Joseph Acker en 1937

Cette carte de membre date de 1937. Elle nous a été confiée par M. ACKER Joseph un des premiers joueurs à porter les couleurs de l'A.S. KILSTETT.

A cette époque la cotisation fut encaissée tous les mois et un tampon fut porté au dos sur l'une des douze cases que comportait la carte !

L'AS Kilstett 1952-1953
Debout de gauche à droite : Alfred Veltz (délégué), Alphonse Kress, Marcel Rudolf, Marcel Kress, Gérard Jung, Lucien Gutfreund, Paul Vix.
Accroupis de gauche à droite : Philippe Kress, Charles Vix, Marcel Resch, Cyrille Veltz, Armand Hommel.
Manquent sur la photo : Marcel Ade et Robert Weber.

L'AS Kilstett 1960-1961
Debout de gauche à droite :
Marcel Kuhn (délégué),
Ernest Martz (dirigeant), Paul Ennesser,
François Ennesser, Jean-Paul Veltz,
Etienne Yorday,
Raymond Veltz (président),
Marcel Rudolph (président).
Accroupis de gauche à droite :
Bernard Lichtenauer, Paul Gall,
Aimé Criqui, Arsène Gauer,
Edgar Kress, Bernard Kress,
Cyril Veltz.

L'AS Kilstett 1975-1976, accession en Promotion d'Honneur
Debout de gauche à droite : Roland Hincker, Benoît Martz, Raymond Mayer, Bernard Ennesser, Claude Edgar Kress (entraîneur). Accroupis de gauche à droite : Jacky Rudolf, Dany Lorentz, Richard Ennesser, Jean Matter, René Lorentz, Raymond Kress. Manque sur la photo : René Zilliox.

Les poussins de l'AS Kilstett 1981-1982 au Parc des Princes
De gauche à droite : Mario Veltz, Laurent Sittler, Stéphane Rudolf, Steve Schroeter, Didier Diebolt, Olivier Ennesser, Olivier Sittler, André Martz, Thierry Bendler, Bruno Diebolt.

Les présidents
Alfred Hommel (1936-1937)
René Sprauer (1937-1938)
Alphonse Heidt (1938-1939)
Marcel Rudolf (1939-1940)
Xavier Surr (1945-1947)
Adolphe Jung (1947-1948)
René Matter (1948-1950)
Eugène Jung (1950-1952)
Adolphe Lienhardt (1952-1955)
Erwin Ulrich (1955-1958)
Raymond Veltz (1958-1962)
Claude Briot (1962-1963)
Arsène Gauer (1963-1975)
Bernard Rudolf (1976-1977)
Michel Bellest (1977-1978)
Albert Hoeffel (1978-1995)
Maurice Laas (1995-1997)
Francis Laas (1997 à nos jours)

belles rencontres entre clubs voisins. Ces matches se déroulent souvent devant de nombreux spectateurs enthousiastes, mais surtout dans la pure ambiance de derbys qui sont malheureusement à mettre sur le compte du passé. Marcel Ade, se rappelle que le traditionnel tournoi du week-end de l'Assomption attire souvent 700 à 800 spectateurs autour du stade Cambours. Toute une époque !

En quarts de la coupe d'Alsace

Les saisons 1976-1977 et 1977-1978 sont des saisons de transition sous les présidences de Bernard Rudolff et Michel Belest. Avec l'arrivée d'Albert Hoeffel à la tête du club en 1978, celui-ci connaît, grâce surtout à ses jeunes, ses années les plus glorieuses. C'est en 1980-1981 que l'AS Kilstett se fait apprécier à travers ses poussins, champions d'Alsace. Pour la première fois de son histoire, l'ASK accroche un titre régional à son palmarès. Mais le moment fort se situe l'année suivante, le 15 mai 1982. Après avoir remporté la finale régionale de la 2e coupe nationale des poussins « Vache qui Rit », les jeunes se déplacent à Paris. Cette formation, entraînée par François Veltz et managée par René Sittler, est la première équipe dans les annales de la LAFA à enlever toutes les compétitions réservées à sa catégorie. Au Parc des Princes, devant 35 000 spectateurs, les gamins battent le Toulouse FC 4 à 1. Ce brillant succès permet à l'ASK de prendre une magnifique troisième place et d'être accueillis « drapeaux en tête » par de nombreux supporters en gare de Strasbourg. A leur retour au village, ils sont reçus par le député-maire Germain Sprauer et la fanfare de la société de musique Union de Kilstett. C'est une date qu'il faut marquer d'une croix blanche dans les annales de ce petit club de campagne. Depuis quelques saisons, les entraîneurs Jacky Rudolf, Bernard Weiss ainsi que Dany Michel, apportent leur expérience et leur compétence à de jeunes joueurs qui sont rapidement intégrés en équipe fanion.

Plus de 800 spectateurs à Cambours

Mais l'équipe fanion a également l'occasion de se distinguer. En effet, lors de la saison 1980-1981, les équipiers de l'entraîneur Jacky Rudolf, après avoir éliminé plusieurs clubs de Promotion d'Honneur, parviennent jusqu'en quarts de finale de la coupe d'Alsace. Pour ce dernier match, le tirage au sort fait sensation puisqu'il désigne un adversaire plutôt surprenant l'ES Offendorf. Une rencontre qui laisse d'ailleurs quelques regrets aux dirigeants et à l'entraîneur (1-2). D'une part, parce que le match était largement à la portée du club, mais d'autre part parce que le vainqueur du jour allait rencontrer le FC Mulhouse en demi-finale. C'est également la dernière fois que l'on voit plus de 800 spectateurs ceinturer le stade Cambours.

En juin 1995, Maurice Laas remplace Albert Hoeffel à la tête du club. L'équipe I termine 2e de son groupe en division II et accède en division I. Hélas, la saison suivante, Maurice Laas est victime de son entraîneur d'alors, coupable d'avoir enfreint les règlements. La sanction ne traîne pas : rétrogradation de division I en division II.

L'AS Kilstett 1980-1981, quarts finaliste de la coupe d'Alsace
Debout de gauche à droite : André Obergfell, Bernard Ennesser, Benoît Martz, Richard Ennesser, Jean Heissler, Patrick Laas. Accroupis de gauche à droite : Francis Laas, Jean-Paul Hohmann, Dominique Chassaing, Jacky Rudolf (joueur-entraîneur), Jean-Claude Beyer, Mario Gall, Raymond Kress.

L'AS Kilstett 1981-1982
Debout de gauche à droite : Bernard Weiss (entraîneur), Olivier Borell, René Mattern, Yves Broquert, Guy Vaucour, Pierre Pfeiffer, Patrick Amann, Roland Muller.
Accroupis de gauche à droite : Patrick Laas, Laurent Cantin, Eric Kobès, Bruno Weiss, Claude Jessel, Fabien Lapp.

L'AS Kilstett 1997-1998, champion d'Alsace de division II
Debout de gauche à droite : Ernest Fischer (délégué), Rémy Michel (joueur-entraîneur), Laurent Sittler, Dominique Clauss, Thierry Bendler, Thierry Schoeffler, Alain Dropet, Francis Laas (président).
Accroupis de gauche à droite : Didier Clauss, André Martz, Jean-Luc Fischer, Mario Veltz, Jean-François Veltz, Pascal Holzhauer, Marc Zimmer.

En mai 1997, Francis Laas remplace son frère à la tête de l'ASK. Il y a des rajustements très importants en début de saison. Un nouveau comité arrive ainsi qu'un nouvel entraîneur-joueur. L'ossature du groupe se compose de garçons du village. Il se crée un véritable esprit de famille. L'ambiance qui règne au sein du club y est pour beaucoup dans les résultats.

Champion d'Alsace de D II puis de D I !

Kilstett devient champion d'Alsace pour la saison 1997-1998 en division II, en battant les Antillais de Mulhouse, champions du Haut-Rhin, en finale. Une première pour le club qui réalise un parcours de haute voltige aussi bien en championnat qu'en coupe.

Cinq joueurs expérimentés viennent grossir les rangs de l'équipe pour la saison 1998-1999 : un objectif clair, jouer les premiers rôles en division I et pourquoi pas la montée en Promotion. Le 3 juillet 1999, les joueurs de Francis Laas créent un nouvel exploit en devenant pour la deuxième année consécutive champions d'Alsace en division I. Ils réalisent aussi un parcours brillant dans les différentes coupes notamment dans celle du Crédit Mutuel où ils atteignent la finale du secteur de Haguenau (malheureusement perdue contre Gundershoffen 0-3).

L'AS Kilstett compte actuellement 35 licenciés seniors et 66 licenciés jeunes.

Le comité de l'an 2000

Francis Laas (président)
Maurice Laas (vice-président)
Bernard Kistler (trésorier)
Jean-Claude Lang (secrétaire et responsable des jeunes)
Fabien Winling
Adrien Blattne
Jean-Marie Laas
Gérard Wolff

L'AS Kilstett 1998-1999, champion d'Alsace de division I
Debout de gauche à droite : Maurice Laas (sponsor), Ernest Fischer (délégué), Rémy Michel (entraîneur-joueur), Laurent Sittler, Franck Woelffel, Fabien Schlur, Sébastien Ehrard, Thierry Schoeffler, Dominique Clauss, Francis Laas (président).
Accroupis de gauche à droite : Marc Zimmer, Pascal Holzhauer, Jimmy Dolambay, Didier Clauss, Jean-Luc Fischer, Jean-François Veltz, Mario Veltz, André Martz.

L'AS Kilstett de l'an 2000
Debout de gauche à droite : Pierre Teissere (entraîneur), Maurice Laas (président), Laurent Sittler, Mathieu Blattner, Jérémy Dreyfuss, Fabrice Kasper, Sébastien Lupold, Raphaël Heilig, Jean-Marie Laas (délégué).
Accroupis de gauche à droite : Jimmy Masa, Jean-Luc Fischer, Gilles Diebold, Mario Veltz, André Martz, Jean-François Veltz, Alain Koessler, Mario Schreyer.

- **BIBLIOGRAPHIE :**
– Plaquette du 40e anniversaire en 1976.
– Plaquette du 50e anniversaire en 1986.
– Plaquette du 60e anniversaire en 1996.
– Historique sous la signature de René Sittler.
– Grand merci à Francis Laas

1936 Kirchberg-Wegscheid

Football Club Kirchberg-Wegscheid ★ 68

Le FC Kirchberg-Wegscheid 1943
Debout de gauche à droite : M. Koenig (dirigeant), P. Crague, M. Eich, G. Ehret, F. Schmidlin, P. Koenig, J. Seidel.
Accroupis de gauche à droite : P. Dangel, A. Pfeffer, E. Ehret, A. Ehret, Kieffer.

L'AS Kirchberg-Wegscheid 1949, sur le terrain de la caserne Coehorn Mulhouse face à Rhin et Danube
Debout de gauche à droite :
C. Furth (président), A. Scheubel, J. Thinnes, M. Weiss, A. Pfeffer, P. Ackermann, M. Eich, M. Koenig (dirigeant).
Accroupis de gauche à droite :
P. Crague, M. Ehret, R. Haffner, Ch. Koenig, A. Behra.

Dans le giron de l'AGR

Bien avant la guerre de 1939-1945, on pratique déjà le football à Kirchberg-Wegscheid. Au milieu des années trente sans aucun doute, quand seul le vélo permet de se déplacer d'un village à l'autre et de meubler des dimanches souvent bien longs. On se retrouve donc sur un pré fraîchement fauché ou sur un terrain vague. Quatre bâtons, une ficelle et le tour est joué. Il ne reste plus qu'à taper dans le ballon.

En 1936, un jeune sportif, ancien membre actif de la société de gymnastique locale « Bangala Verein », qui avait cessé son activité quelques années plus tôt et pratiqué le football à ses heures de loisirs, se met dans l'idée de créer un club de football. Maurice Koenig de Wegscheid réussit ce tour de force avec l'aide du curé Macaire Wolf : Alphonse Koenig met à disposition un pré situé à la « Kilbermatt » à Wegscheid, mettant fin ainsi au football sauvage. Dans l'ancienne baraque à côté de la Maison des Soeurs, se déroule la réunion constitutive de l'association, sous l'égide de l'Avant-Garde du Rhin, sous les conseils de MM Kentzinger et Keller. C'est ainsi que naît le « Football Club Kirchberg-Wegscheid ».
On choisit les couleurs : maillots blancs et culottes bleues.

Les déplacements à bicyclette

Pour débuter, le club ne dispute pas de championnat, mais des rencontres amicales avec les clubs voisins, sans oublier les équipes des unités militaires stationnées dans la région. Et il n'est pas rare de voir les joueurs se déplacer, en vélo, jusqu'à Sentheim, Aspach-le-Haut, Vieux-Thann ou encore Munchhouse. Une véritable expédition !

Cette période, de courte durée certes, voit le football s'implanter fortement dans la commune, malgré les difficultés financières et l'hostilité des parents qui voient d'un mauvais œil ce sport « violent » mais surtout qui éloigne les fils des travaux des champs encore très intensifs. En 1943, les Allemands réquisitionnent le terrain pour faire pratiquer le sport par les jeunes du village.

La guerre laisse malheureusement des traces indélébiles dans les rangs de cette jeunesse qui n'a rien demandé. Hommage soit accordé à Georges Ehret, Emile Ehret, Séraphin Ginot, Maurice Behra, Pierre Koenig, Paul Ehret, Joseph Stempfel, Armand Ringenbach, Pierre Dangel, Schmidlin et Kieffer de Sentheim. A la Libération, on compte les survivants. Ils sont trop peu pour faire une équipe. Le terrain est repris par son ancien propriétaire et il faut quatre ans et bien des tractations pour que le football retrouve sa place perdue.

Maillots blancs, culottes noires

Il est déjà loin le temps où Maurice Koenig a fondé le FC Kirchberg-Wegscheid. Presque oublié. Tant la guerre a décimé les rangs, vidé les mémoires. Quatre années sont passées sans que l'on reparle sérieusement de football. Printemps 1949. Quelques mordus se retrouvent autour du Stammtisch du Café d'Aloyse Zimmermann. Certains d'entre eux pratiquent leur sport favori à Masevaux ou à Oberbruck et parlent régulièrement de leurs exploits. Les plus anciens savourent et les encouragent à faire renaître ce sport au village. Ils sont prêts à les aider à créer leur club.

Dur de trouver un terrain

Mais il n'y a plus de terrain, il faut effectuer des démarches nombreuses et contraignantes, trouver de l'argent. Qu'importe, on va se lancer, c'est décidé. On se donne rendez-vous pour une soirée qui restera mémorable. On élit un comité provisoire. Camille Furth, Pierre Bindler, Paul Ehret, Maurice Koenig, René Heinrich, Charles Gebel

L'AS Kirchberg-Wegscheid 1950-1951
Debout de gauche à droite : A. Weiss (dirigeant), G. Haffner, M. Naegelen, G. Hans, Ch. Koenig, P. Crague, C. Furth (président).
Accroupis de gauche à droite : M. Weiss, R. Ehret, M. Naegelen, A. Ackermann, M. Eich, A. Scheubel.

L'AS Kirchberg-Wegscheid 1963-1964, champion de groupe de division III
Debout de gauche à droite : A. Behra, J. Weiss, A. Thinnes, Jean-Claude Koenig, G. Ginot, J.-J. Erhard, Jean-Bernard Richard.
Accroupis de gauche à droite : R. Lindecker, F. Erhard, P. Ehret, A. Lindecker, J.-J. Ehret.

seront les dirigeants, Paul Crague, André Scheubel, Pierre Ackermann, les représentants des joueurs chargés de l'animation et du recrutement des membres actifs. Toutes les bonnes volontés sont mises à contribution. On entreprend des tentatives auprès des municipalités pour l'obtention d'un terrain, mais elles s'avèrent négatives, les communes ne possédant aucun terrain suf-

L'AS Kirchberg-Wegscheid 1970-1971, champion du Haut-Rhin de division III
Debout de gauche à droite : P. Weiss (président), A. Weiss, M. Ehret, R. Schirm, Th. Kammerer (capitaine), A. Munsch, A. Behra, Cl. Weiss, P. Ackermann (dirigeant).
Accroupis de gauche à droite : R. Zurakowsky, E. Naegelen, Th. Weiss, Jean-P. Ehret, E. Ringenbach, R. Lotz.

fisamment grand susceptible de faire l'affaire. Quant aux propriétés privées, elles sont utilisées à plein pour les exploitations familiales.

Ce sont finalement les établissements Zeller Frères à Oberbruck qui, grâce à la compréhension de leur directeur, Monsieur Dingly, mettent généreusement à disposition le terrain situé devant « La Renardière ». Cette fois, le club peut être officiellement institué. L'assemblée générale constitutive se tient le 8 juin 1949 dans la salle du restaurant Soehlen à Kirchberg. Les maires de Kirchberg et de Wegscheid, Xavier Gebel et Ephrem Scheubel sont présents. Tout comme de nombreux présidents d'associations, ainsi que les membres actifs et bienfaiteurs du football. C'est Camille Furth, gérant des Établissements Koehler-Bosshardt qui préside la séance. Et on élit le premier comité du nouveau club qui prend son nom : « Association Sportive Kirchberg-Wegscheid » : Robert Dingly (président d'honneur), Camille Furth (président), Paul Ehret (vice-président), René Heinrich (secrétaire), François Flury (trésorier), Bruno Rosenblieh, Albert Weiss, Camille Ginot, Charles Gebel, Pierre Bindler (assesseurs).

Les filets confectionnés à la main !

Le comité décide alors de s'affilier à la LAFA, d'engager l'équipe fanion en division IV, on prévoit les travaux d'aménagement du terrain. La réalité est là : le vieux club de football renaît de ses cendres. Les premiers poteaux de but sont livrés par la scierie Volfersperger de Niederbruck, les filets sont confectionnés à la main par Aloyse Gasser de Wegscheid, les maillots tricotés à la machine par Madeleine Ehret. Les membres s'acquittent de leurs cotisations. Il est temps de commencer à disputer les matches amicaux. On fait match nul contre Sentheim (3-3) et on s'incline par deux fois de justesse contre Guéwenheim (2-4) et Masevaux II (4-5). L'équipe est prête à débuter le championnat officiel sous ses couleurs : maillots blancs, culottes noires. La première rencontre officielle a lieu le 18 septembre 1949, à domicile, contre Burnhaupt-le-Haut et se solde par une défaite en toute fin de partie (0-1). C'est une déception mais le dimanche suivant, Raedersheim est battu 5-2 puis Hartmanswiller 9-1 et Pulversheim 7-3 avec quatre buts de l'ailier droit, Paul Crague.

Une collection de deuxièmes places

Le déplacement à Rhin et Danube Mulhouse se fait en car et se solde par une nouvelle victoire 4 à 2, et deux buts du « conscrit » Robert Haffner. Pourtant bien lancée, l'ASKW subit un coup d'arrêt à Lauw (3-4). Mais lors du match retour, l'équipe prend une revanche spectaculaire devant 200 spectateurs : 4-1. Au moment des comptes, c'est Bitschwiller qui ravit la première place d'extrême justesse.

Montée en division III

La deuxième saison (1950-1951), on fait appel à un ancien professionnel des SR Colmar, Ben Ali, qui dirige les entraînements, mais l'équipe termine encore deuxième derrière Pulversheim. Troisième saison et même scénario : c'est Buhl qui prend la première place. Heureusement, une montée supplémentaire permet à l'ASKW d'accéder en division III.

A côté du championnat et des matches amicaux, le tournoi annuel d'août 1952 demeure un grand souvenir. Le match FC Masevaux - Dullicken (Suisse) voit tous les records d'entrée battus avec plus de 1 000 spectateurs.

La célébration du 20e anniversaire a lieu en 1969. L'AS Kirchberg-Wegscheid remporte son propre tournoi. En match de propagande, l'AS Mulhouse affronte les SR Delle. A la fin de la saison 1970-1971, l'ASKW remporte le titre de champion du Haut-Rhin de division III et accède à la division II.

Malheureusement, les archives dont nous disposons ne permettent pas de compléter l'historique récent de l'AS Kirchberg.

• **BIBLIOGRAPHIE :**
— Plaquette du 35e anniversaire (1984) sous la signature de Pierre Ackermann.

Les présidents
Camille Furth (1949-1951)
Albert Weiss (1952-1957)
André Scheubel (1958-1959)
René Heinrich (1959-1965)
Pierre Weiss (1965-1976)
Jean-Pierre Kessler (1976-1980)
Richard Walter (1980-1983)
Paul Bischoff (1983-1985)
Etienne Naegelen (1985-1987)
Pierre Ackermann (1987-1989)
Richard Walter (1989 à nos jours)

L'AS Kirchberg-Wegscheid 1979-1980
Debout de gauche à droite :
P. Ackermann (dirigeant), G. Uhlen, N. Weiss, G. Gully, J. Moritz, A. Lindecker, S. Ginot, F. Horny, J.-P. Kessler (président), M. Montpoint (dirigeant).
Accroupis de gauche à droite :
J.-C. Thinnes, J.-J. Stempfel, D. Lindecker, G. Richard, A. Weiss, J.-L. Bischoff.

1936
Olympic Club Lipsheim ★ 67
Lipsheim

L'été 1936, les congés payés...

Le restaurant de Camille Mutschler est le centre « vivant » du village en cette année 1936. Pas étonnant que ce soit dans sa salle que, le 21 juin 1936, soit né « l'Olympic Club de Lipsheim ». On choisit les couleurs : maillot blanc, culotte bleue, chaussettes noires avec revers blancs. Le 6 septembre, on acquiert un terrain, celui de Marcel Riegel, parcelle Eylot, au bord de l'Andlau. Les réunions du comité se font au siège, le restaurant Ernest Muller. C'est Joseph Goepp qui sera le président, Emile Martin son secrétaire et Romain Trudersheim le trésorier. Les autres membres fondateurs ont pour noms : André Trudersheim, Jules Riegel, Joseph Reibel, Marcel Siegel, Alfred Muller, Charles Munch, Charles Stoeckel, René Willmann, Xavier Sur, René Siegel, Marcel Spehner, Armand Schaal, Joseph Walter, Léon Speyser, Oscar Fraulob, Jules Hertrich, Alphonse Wolff, Charles Obach, Marcel Gassmann, Eugène Spehner, Léon Spehner, Charles Antz, Jérôme Hausmaennel, Ernest Muller, Albert Schneider, Louis Schumpp, Adolphe Barth.

Le premier championnat à vélo...

L'OCL conclut deux matches amicaux pour le 8 novembre 1936 à Hindisheim et le 11 novembre 1936 à Geispolsheim. Les problèmes d'assurance sont réglés le 6 décembre et le club assure 13 joueurs qui ont pour noms : Charles Oberlé, André Trudersheim, Alfred Muller, René Willmann, Eugène Spehner, Charles Antz, Joseph Reibel, Joseph Edel, Lucien Antz, Jean Hedtmann, Xavier Sur, Betsch, Emile Martin.

C'est le 1er juillet 1937 que l'OCL sollicite son inscription en championnat auprès de la LAFA. Le 12 octobre de la même année, on décide que les déplacements s'effectueront à vélo si le temps le permet, sinon ils se feront en train. L'une des préoccupations de l'année 1938 tourne autour d'une possible organisation d'une fête de bienfaisance au profit des paysans de Lipsheim dont les récoltes ont été dévastées !

Des incidents interviennent le 8 janvier 1939 au sein du comité qui démissionne en bloc. En fait, le club ne sera plus dirigé jusqu'à la prochaine assemblée générale fixée au 11 juin. Pour éviter que l'OCL ne disparaisse, Joseph Goepp accepte la présidence. Elle est éphémère puisque le comité se réunit pour la dernière fois le 27 juillet 1939. La guerre vient mettre un terme à cette période difficile. On s'en serait bien passé !

...et à la Libération en camion !

En 1945, le club organise sa première réunion de l'après guerre dans la salle Achille Riegel et un nouveau comité est élu le 29 juillet. Albert Hans est élu à la présidence.

Les membres refondateurs en 1945 : Albert Hans, Roher Hahn, André Trudersheim, Céleste Riegel, Henri Riegel, Charles Obach, Jules Scheyder, Léon Spehner, Charles Antz, Marcel Siegel, Louis Hipp, Armand Wolff, Oscar Fraulob, Jules Riegel, Léon Notheisen, Joseph Reibel, Arsène Reibel, Pierre Lentz, Marcel Weber, Jean-Pierre Schaal, Marcel Muschler, Antoine Sengel, Edmond Nothisen, Fernand Schaal, Victor Schaal, Lucien Koebel, François Fuchs, Céleste Notheisen, Germain Schaal, Jules Zaegel, Arsène Zaegel, Armand Freyd, Eugène Sengel, Maurice Nothisen, René Riegel, René Hipp, Joseph Meyer, Virgile Riegel.

Le 7 novembre, le siège du club est transféré du restaurant Muller au restaurant Woerth. A partir de 1946, les déplacements s'effectuent avec le camion de Roger Hahn. En 1947, l'OCL participe à la première coupe d'Alsace et crée une équipe de juniors qui auront leur tournoi le 6 juin 1948. Le

L'OC Lipsheim en 1937
Debout de gauche à droite :
Eugène Spehner, Jules Riegel, Léon Speyser, Xavier Sur, Léon Spehner.
Accroupis de gauche à droite :
Charles Obach, Charles Antz, Albert Hans.
Assis de gauche à droite :
Lucien Freyd, Marcel Siegel, Antoine Antz.

fondé le 21 juin 1936

L'OC Lipsheim en 1957
Debout de gauche à droite : René Walter, Henri Stoltz, Roger Speyser, Jean-Paul Nothisen, René Riegel, Arsène Zaegel.
Accroupis de gauche à droite : Marcel Friedrich, Marcel Mutschler, Virgile Trudersheim, Henri Riegel, Alphonse Siegel.

L'OC Lipsheim cadets en 1961
Debout de gauche à droite : Jean Heitz, Roger Pfister, Jean-Pierre Hertrich, Pierre Schaal.
Au 2ᵉ rang de gauche à droite : Jean-Claude Graczyk, Rémy Schaal, Roland Loeffel, Robert Burgard.
Accroupis de gauche à droite : Georges Scheyder, Raymond Siegel, René Brunner.

L'OC Lipsheim en 1968
Debout de gauche à droite : Robert Sengel (président), Bernard Siegel, Alphonse Siegel, Jean Riegel, Rémy Schaal, Pierre Schaal, René Freyd. Accroupis de gauche à droite : Jean-Jacques Rosse, René Brunner, Jean-Pierre Fraulob, Gilbert Siegel, Bernard Hahn, Jeannot Simon.

siège du club est transféré au restaurant « A l'Ange », tenu par la famille Mutschler. Il y restera jusqu'à l'ouverture du club-house.

La première équipe réserve voit le jour en 1954. L'emplacement définitif du terrain (celui d'aujourd'hui), est décidé après une entrevue avec la mairie. Le déplacement à Krautergersheim se fait en motos ou en vélos. En compensation, après le match, les joueurs se voient offrir la boisson. Et pour le tournoi du mois d'août, 5 bouteilles de vin sont données à titre de gratification à l'adversaire de l'équipe première, dans le cadre d'un match de propagande.

Un gros problème d'ordures

En 1956, les déplacements à Sermersheim et Matzenheim se font en train, ceux d'Obenheim, Boofzheim, Hilsenheim et Krautergersheim en autocar, les autres à vélo (Hipsheim, Hindisheim et Plobsheim), car le comité estime que la somme demandée par le transporteur habituel est trop élevée (9000 F). Joseph Reibel va se renseigner à Eschau pour connaître les horaires de l'autocar régulier Strasbourg - Marckolsheim.

Les travaux débutent sur le nouveau terrain. Il faut activer l'arrivée des ordures des usines SACM pour le remblai. Des journées de travail ont lieu en juin et juillet 1956. Mais en 1957, la pluie fait resurgir du sol des débris de verre et d'autres ordures. On pratique un épandage de sable pour remédier à ce problème. Le stade est prêt pour le premier match de championnat le 1ᵉʳ septembre 1957. Cela permet de disputer le premier match de championnat en division III à la suite de l'accession obtenue à la fin de la saison 1956-1957, grâce à une victoire des coéquipiers de l'entraîneur-joueur Henri Stoltz en apothéose, sur Fegersheim (4 à 1) au stade de la Stiermatt, devant 482 spectateurs payants.

En 1958, il faut prévoir l'utilisation d'un car Chausson pour les déplacements à Sainte-Croix-aux-Mines et Scherwiller. Un match amical est organisé le 10 août contre l'équipe « une » de l'AS Strasbourg moyennant une indemnité de 10 000 F.

En 1960, le comité décide, avant le match contre Koenigshoffen, de donner gratuitement une paire de saucisses aux joueurs de Koenigshoffen. Et en 1961, alors que se crée la première équipe de cadets, le comité écrit à la mairie pour faire attraper les taupes sur le terrain par le cantonnier du village !

25 F le lavage d'un jeu d'équipements

L'année d'après, le club entreprend des démarches pour le raccordement électrique jusqu'au terrain, mais l'équipe réserve, mal branchée, doit déclarer forfait lors des matches retour. On refait les poteaux de but en 1964, ils doivent être ronds. Ils seront confectionnés en tubes d'acier. Ils sont soudés par MM Murraciole et Hertrich chez M. Grad. C'est en 1965 que le lavage collectif des maillots est admis, sauf les chaussures qui restent à la charge des joueurs. Le prix d'entrée au stade est fixé à 2 F. En 1966, on demande un devis pour l'électrification du terrain de sport, projet de quatre mâts plus projecteurs. Un seul sera finalement installé.

Le 19 août 1966, le club fête son 30ᵉ anniversaire. La messe est dite par l'abbé Wodke. Un chapiteau venant de Lauterbourg est monté sur la place. 700 paires de saucisses et 500 sandwiches sont consommés. Malheureusement, à la fin de la saison 1966-1967, l'équipe première est reléguée en division III. Lorsque la LAFA envoie un questionnaire relatif à ses couleurs au club en 1967, il indique : maillot blanc, culotte et bas noirs. Le calvaire sportif n'est pas terminé : à la fin de la saison 1968-1969, l'équipe fanion descend en division IV mais remonte au terme de la saison 1971-1972.

En 1972, l'entrée au stade est fixée à 3 F (gratuit pour les femmes et demi-tarif pour les retraités). On démarre aussi les travaux du club-house qui sera subventionné à 45 % par les collectivités locales. La construction est effectuée par les membres du club qui, de son côté, contracte un emprunt de 10 000 F. L'OCL repousse aussi une offre de devenir omnisports. En 1973, l'OCL participe à un match amical à Mahlberg (Allemagne) et à un match en nocturne à Erstein.

Le 11 janvier 1974, on entame les discussions pour l'implantation d'un deuxième terrain. Le club obtient l'accord des propriétaires pour la location. En 1975, le préfabriqué de l'école est offert par la municipalité. Il est transformé en vestiaires. C'est au terme de la saison 1975-1976 que la remontée en division II est assurée, avec aussi une place en finale de la coupe du Crédit Mutuel.

Le terrain principal est refait à partir de 1976. L'équipe première joue ses matches sur le terrain annexe, ce

L'OC Lipsheim en 1978
Debout de gauche à droite : Bernard Cuney (président des jeunes), Pierre Yoessle (entraîneur), Serge Riegel, Bernard Siegel, Jean-Pierre Fraulob, Hubert Desmytter, Patrick Grad, Pascal Freyd, Rémy Schaal (président), René Messmer (vice-président).
Accroupis de gauche à droite : Raymond Siegel (délégué), Bernard Yoessle, Maurice Kohler, Jean-Louis Hubrecht, Robert Riegel, Estéban Gomez, Freddy Hahn, Jacky Courseau.

Les entraîneurs

Marcel Gassmann (1937-1939)
Léon Speyser (1946-1947)
Walter (1947)
Marcel Mutschler (1953-1954)
Henri Stoltz (1954-1958)
à partir de 1958, la commission technique et les joueurs (Marcel Mutschler, Alphonse Siegel, Edmond Nothisen, Raymond Siegel)
Raymond Siegel (1971-1972)
Augustin Pruvost (1972-1973)
Albert Remetter (1973-1975)
Eugène Diederlé (1975-1976)
Pierre Yoessle (1976-1978)
Marcel Mosser (1978-1980)
Guy Kaysser (1980-1984)
Bernard Oumedjkane (1984-1987)
Jacky Schnee (1987-1988)
Christian Molina (1988-1990)
Guy Kayser (1990-1992)
Bernard Oumedjkane (1992-1994)
Dany Weyland (1994-1995)
Laurent Schaal (1995-1999)
Claude Werle (1999-2000)
Pierre Yoessle (2000-2001)

Un journal du club

« Le journal de l'OC Lipsheim ». Sur sa couverture on reconnaît Habib Beye aux prises avec un attaquant adverse. A l'intérieur plein de petites infos sympathiques qui donnent un joli reflet de la vie du club, des résultats, des classements de toutes les équipes et les photos des champions. Les manifestations y sont bien présentes, rien ne manque. Le mérite en revient à Serge Kayser (responsable de la publication), Jean-Pierre Fraulob (responsable de l'information) et Richard Rosin (responsable de la fabrication).

L'OC Lipsheim 1995-1996, accession en division I
Debout de gauche à droite : Olivier Rey, Gaëtan Huber, Florent Trably, Mathias Schaal, Henri Huber, Louis Heini, Franck Mandel, Stéphane Schaal, Laurent Schaal (entraîneur).
Accroupis de gauche à droite : Romain Riegel, Didier Walter, Franck Schild, Christophe Capin, Philippe Kayser, Serge Kayser (président), Christophe Vix.

L'OC Lipsheim 15 ans de l'an 2000, champion de groupe
Debout de gauche à droite : Yves Fruhauf (entraîneur), Alban Ruhlmann, Loïc Guilhermet, Jordan Fender, Bastien Roland, Lionel Muller, Alexandre Koraki, Cyril Gaine, Chakib Layouini, Didier Holzheuer (entraîneur).
Accroupis de gauche à droite : Julien Celia, Yahia Atoini, Stéphane Holzheuer, Vincent Funck, Maxime Heit, Julien Martz, Julien Weiss.

L'OC Lipsheim de l'an 2000
Debout de gauche à droite : Bernard Mosser (délégué), Sébastien Riegel, Martin Friedrich, Cyril Geisen, Gilles Desire, Henri Huber, Julien Agalede, Christophe Capin, Pierre Yoessle (entraîneur).
Accroupis de gauche à droite : Francine Mosser (responsable du club-house), Eric Pelissard, Mathieu Kreuder, Guillaume Agalede, Romain Riegel, Cédric Bouin, Mathieu Hubrecht, Guillaume Gillmann.

qui ne l'empêche pas d'accéder à la division I à la fin de la saison 1976-1977. L'inauguration officielle du stade a lieu le 10 septembre 1978. Mais l'équipe fanion connaît bien des difficultés et retourne en division II après la saison 1978-1979. L'équipe juniors est finaliste du championnat du Bas-Rhin en 1979 et les cadets champions de groupe en 1980. L'équipe réserve de René Messmer remporte tous ses matches de championnat (18 victoires sur 18 matches) et atteint la finale du challenge Aimé Gissy en 1980. Le terrain annexe est équipé de trois mâts avec projecteurs en 1981.

En quart de finale de la coupe d'Alsace

Jour de fête le 28 juillet 1982, puisque l'équipe professionnelle du Racing Club de Strasbourg vient se produire devant 1 500 spectateurs. C'est à la fin de la saison 1983-1984 que le club est relégué en division III, alors que l'équipe a disputé un quart de finale de la coupe d'Alsace en 1984 (défaite face à Bischwiller 0-2) après avoir éliminé en 8e, l'Avenir à Durstel 5 à 1.

Mais il profite de la refonte des championnats pratiquée par la Ligue pour se retrouver en division après une bonne saison 1984-1985 et une demi-finale du championnat de division II du Bas-Rhin et la participation à la finale de la coupe du Crédit Mutuel. Le club est en deuil le 19 mai 1985. Philippe Scheyder, titulaire de l'équipe fanion, trouve la mort dans un accident de la circulation à l'âge de 28 ans. L'équipe ne quitte plus la division I avant la fin de la saison 1993-1994, flirtant même avec la première place au terme de la saison 1987-1988.

L'OCL reste en division II jusqu'à la fin de la saison 1995-1996 qui consacre son accession en division I. Un niveau auquel l'équipe se situe toujours en 2001.

• **BIBLIOGRAPHIE :**
– Plaquette du 50e anniversaire du 15 juin 1986, sous la signature de B. Prulhière.
– Plaquette du 60e anniversaire du 15 juin 1996.

L'OC Lipsheim benjamins de l'an 2000, champion de groupe
Debout de gauche à droite : Didier Walter et Julien Agalede (entraîneurs), Jérémy Wolff, Nicolas Schaal, Kevin Diederlé, Adrien Hoffmann, Oussama Azalaf, David Ruhlmann, Xavier Fend.
Accroupis de gauche à droite : Clint Muggeridge, Franck Mosser, Mickaël Braïda, Jérôme Grimaldi, Jonathan Diederlé, Jérémy Buchmann.

Les présidents
Joseph Goepp (1936-1938)
Otto Barthel (1938-1939)
Joseph Goepp (11-6-1939-1926-17-1939)
Achille Riegel (quelques jours en juillet-août 1939)
Albert Hans (1945-1947)
Robert Crovisier (1947-1948)
Joseph Reibel (1948-1961)
René Scheyder (1961-1962 par intérim)
Robert Sengel (1962-1973)
Rémy Schaal (1973-1978)
Bernard Cuney (1978-1982)
Robert Coiffier (1982-1986)
Robert Riegel (1986-1994)
Serge Kayser (1994 à nos jours)

Le comité de l'an 2000
Serge Kayser (président)
Thierry Cuenin (vice-président)
Martine Riegel et Christophe Capin (trésoriers)
Corinne Walter et Rémy Schaal (secrétaires),
Bernard Duba, Jean-Pierre Fraulob
Pascal Freyd, Alain Fruhauf
Jean-Luc Haxaire, Jean-Luc Monin
Francine Mosser, Bernard Mosser
Robert Riegel, Richard Rosin
Thierry Schwoob, Robert Walter

Trois exemples

Ils sont trois dirigeants, parmi tous les autres tout aussi dévoués, à mériter d'être cités en exemple.

Bernard Siegel, membre du comité de 1971 à 1995, joueur et capitaine de l'équipe fanion, président des jeunes de 1985 à 1995.

Marcel Feyd, membre du comité de 1958 à 1996, véritable cheville ouvrière du club durant 28 ans, architecte maison lors de la construction de l'ancien club-house.

Rémy Schaal, membre du comité depuis 1965, trésorier de 1965 à 1970, président de 1973 à 1978, secrétaire de 1978 à 1986, secrétaire-adjoint de 1996 à ce jour.

Association Sportive Mairie CUS Strasbourg ★ 67

1936 Mairie-CUS
Strasbourg

Elu et maintes fois réélu…

La section football de l'Association Sportive de la Mairie de Strasbourg naît en 1936. Elle dispute de nombreux matches amicaux jusqu'à la déclaration de guerre. La guerre terminée, le club reprend ses activités en championnat corporatif en 1946-1947. Il joue en maillots blancs ou bleus, culottes blanches et bas rouges, sur le stade des Pierrots de Strasbourg. Son secrétaire est Henri Kuntz (1946 à 1948), puis Robert Gutter, auquel va à nouveau lui succéder Henri Kuntz. Puis c'est au tour d'Emile Freyss de s'y coller à partir de 1953, relayé ensuite par Albert Muller.

En 1956, le club joue sur le stade « Aepfele » à la Montagne-Verte. Le secrétaire de l'époque est Albert Muller. L'équipe termine le championnat du Bas-Rhin, qui se joue en deux groupes et 11 équipes, à la 4e place, puis à la deuxième en 1959-1960. Xavier Maechler prend la relève en 1951-1952, alors que les championnats s'étoffent. Le club joue toujours les premiers rôles sur son stade Vauban.

Albert Muller reprend les choses en main en 1967 et l'équipe émigre au stade de l'Ill. A partir de 1968, elle joue dans le championnat corporatif du mercredi avec comme adversaires les Kronenbourg, Bongard, Electricité, SOGEMA, DNA ou Finances. Le club prend le nom de Amicale Sportive de la Mairie et de la Communauté Urbaine de Strasbourg.

Pour la saison 1970-1971, le club est engagé en challenge corporatif. Théo Burger s'occupe du secrétariat à partir de 1972 et passe très vite la main à André Harquel. L'équipe évolue à cette époque au Centre Sportif Ouest à Koenigshoffen. Elle joue désormais en maillots rouges, culottes blanches et bas rouges. Les matches ont désormais lieu le jeudi et pour la saison 1973-1974, l'AS Mairie-CUS est intégrée en Promotion (le groupe fort) du challenge corporatif et pointe à la 5e place. Dans ce groupe on trouve Général Motors (champion), Supermarchés, DNA, CRAMV, Douanes, Finances, Police, Erstein et Hoerdt.

André Hahn prend en main la section en 1978. L'équipe joue toujours sur le terrain de l'ASPTT. L'équipe termine deuxième du challenge 1978-1979, derrière CFEM Lauterbourg et réalise la même performance la saison suivante. André Harquel reprend du service en 1980.

Multiple vainqueur du challenge corporatif

L'équipe remporte son premier titre en 1981-1982, avec 15 victoires, 2 nuls et 1 défaite, devant la sucrerie d'Erstein. L'équipe joue à cette époque avec des maillots « tango ». Connaissant bien la musique, elle enlève son deuxième challenge corporatif en 1983-1984, en emportant 21 matches, pour une seule défaite, devant les Finances, et récidive la saison suivante, en devançant cette fois les Douanes.

C'est en 1986 que Roger Moritz prend la relève pour animer la section qui emporte le challenge pour la troisième fois consécutive, devançant la CRAMAV. Elle réitère son exploit en 1986-1987, devant le même adversaire, sans avoir connu la défaite. Une saison « manquée », celle de 1987-1988, laisse la place aux Douaniers. Il faut bien savoir partager. Mais la Mairie règne en maître sur la compétition dès le challenge 1988-1989 et renouvelle sa performance en 1989-1990. Nouvelle première marche du podium, devant les Douanes, en 1990-1991 puis encore les deux saisons suivantes avant de laisser la main.

• BIBLIOGRAPHIE :
— Merci à Roger Moritz.

L'équipe corporative de l'AS Mairie-CUS de Strasbourg, vainqueur de la finale régionale « Challenge » 1989-1990
Debout de gauche à droite :
René Mannas (dirigeant),
Dany Spielberger, Jean-Luc Gretener,
Albert Ohresser, Philippe Schaefer,
Eric Kopf, Pierre-Paul Kirn, Pascal Roth,
Méhadji Mazouz, Germain Schoettel,
Eugène Knez, Roger Moritz (président),
Jacques Noël (entraîneur),
Jean-Claude Lobstein (dirigeant).
Accroupis de gauche à droite :
Jacques Erb, Guy Fritsch,
Vincent Englender, Albert Barthel,
Patrick Obrecht, Pascal Waag,
Jean Paul Mull.
Manquent sur la photo :
Pascal Froeliger, André Chalengon,
François Spitzer, Gérard Dumont.

1936

Association Sportive Sand ★ 67

Sand

Au bord de l'Ill

C'est à l'initiative de quelques jeunes gens que, le 25 janvier 1936, est créée l'Association Sportive de Sand, parrainée par Jean Richert et Albert Sur. Le premier comité est constitué ainsi: Jean Richert (président), Albert Sur (1er vice-président), Materne Goerger (2e vice-président), Germain Schmitt (secrétaire), Alphonse Kretz (trésorier), Emile Lehmann, Charles Burgart, Albert Goerger, Alphonse Weibel, René Schmitt (assesseurs).

Le dépôt des statuts se fait le 18 février 1936 ainsi que l'inscription sur le registre des Associations du Tribunal du Canton de Benfeld. Ce même jour, un terrain est mis à la disposition par la commune au lieu-dit Niedermatt. Quelques années après, la municipalité obtient en location le terrain actuel qui est la propriété de Georges Barthelmé et le stade est alors baptisé «stade de l'Ill».

L'AS Sand en 1947
De gauche à droite: Albert Sur, Xavier Goerger, Jean Gargowitsch, Émile Loos, René Kiené, Eugène Fuhrmann, René Kiennert, René Jaeglé, Martin Loos, René Gaessler, Robert Hurstel, Jean Sur.

Pendant la guerre, en raison de la destruction du pont de l'Ill, le club évolue sur un terrain situé au lieu-dit Rottmatt.

A l'issue de la saison 1953-1954, l'AS Sand est championne de son groupe en division III.

Le terrain actuel est rénové en 1963 et devient stade municipal, la commune ayant procédé à l'acquisition du terrain.

En 1965, l'ASS est premier en D III, position qui ne sera tenue que peu de temps puisqu'en 68 le club descend en D IV. Il y restera jusqu'en 1973.

En 1974 sont entrepris les travaux d'agrandissement et de nivellement qui durent jusqu'en 1976. Les pupilles de l'AS Sand sont champions de leur groupe au terme de la saison 1974-1975, en marquant 130 buts pour n'en encaisser que quatre. Ils s'inclinent en finale de la coupe d'encouragement (1-2) face au FCSK 06, après avoir battu Schiltigheim (5-1) en quarts et Uberach (9-0) en demi-finale.

L'équipe une retrouve la D II en 1973, puis la D II en 1978, position qu'elle gardera jusqu'à la saison 1981-1982.

En 1977 débutent les travaux de construction du club-house. Un projet cher aux responsables du club. Cette construction, d'une superficie au sol de 400 m² comprenant trois vestiaires équipés de douches et une grande salle, est achevée en 1982 par des bénévoles du club.

Ces installations sont inaugurées le 20 mai 1982, en présence de nombreuses personnalités sportives, politiques et associatives. La saison 1990-1991 est remarquable. L'équipe fanion entraînée par Christophe Schnell termine à la première place de son groupe de division III, accède en division II (22 matches joués, 20 victoires, 1 nul, 1 défaite, meilleure défense du la D III bas-rhinoise) et n'est éliminée qu'au 4e tour de la coupe d'Alsace par les promotionnaires de Gerstheim (1-3 ap).

Pour sa remontée en division II, l'équipe désormais dirigée par André Foessel termine à une belle cinquième place. Mais la saison 1992-1993 est difficile pour les Sandois qui n'assurent leur maintien que lors de l'avant-dernière journée, en allant s'imposer (2-0) à Krafft.

En 1992, l'AS Sand organise pour la première fois un stage de football pour les jeunes adeptes du Centre-Alsace. Ce stage, qui est une réussite, est renouvelé chaque année avec le même succès. Lors de la première édition, l'entraîneur du Racing Club de Strasbourg, Gilbert Gress, vient accompagné de Marc Keller et Martin Djetou, apporter ses encouragements et prodiguer quelques conseils aux jeunes stagiaires. Ces jeunes sont entourés par des entraîneurs et dirigeants du club auxquels revient le plus grand mérite.

Pour la saison 1993-1994, l'ASS navigue dans les profondeurs du classement et ne doit son maintien qu'au déclassement des Marocains. Mais ce n'est que partie remise car dès la saison suivante, l'ASS de Jean-Paul Schmitt encaisse dix défaites par un

L'AS Sand 1973-1974, montée en D II
Debout de gauche à droite: Patrick Steinecker, Emile Bitterolf (dirigeant), Bertrand Goerger, Jean-Pierre Kirstetter (entraîneur), Maurice Weibel, Michel Zinck, Paul Pastore, Emile Heintz (dirigeant), Pierre Garre (dirigeant). Accroupis de gauche à droite: Jeannot Goerger, Jean-Pierre Hertzog, Raymond Goerger, Arsène Roth, Roland Schnell, Jacky Schnell.

L'AS Sand 1953-1954, champion de groupe de division III
Debout de gauche à droite: Albert Sur (entraîneur), Gaston Christ, Materne Goerger, Ignace Schmitt, Albert Neff, Robert Burgart, Jean-Pierre Goerger, Jean Sur, Gérard Hurstel, Xavier Goerger, Joseph Schieber (président). Accroupis de gauche à droite: Henri Fuhrmann, Gilbert Goerger, Robert Goerger, Raymond Reibel, Pierre Garré, Albert Kiennert, Jacques Florentin.

L'AS Sand 1963-1964, 2ᵉ en D III
Debout de gauche à droite : Robert Goerger, Pierrot Dessert, Raymond Gerger, Marcel Pfleger, Pierre Schnell, Marcel Schnell, Materne Georger (dirigeant). Accroupis de gauche à droite : Germain Georger, Jean-Pierre Reibel, Raymond Georger, Jean-Paul Schlenker, Roland Schnell.

L'AS Sand 1990-1991, championne division III
Debout de gauche à droite : André Foessel, Gilbert Fischer, Jeannnot Landmann, Jean-Pierre Hertzog, Maurice Goerger, Alain Brun. Accroupis de gauche à droite : Eric Schnell, Charles Meckes, Christophe Quickert, Christophe Burckel, Germain Goerger, Christophe Schnell (entraîneur), Jacky Schnell.
Manquent sur la photo : Maurice Sur, Tony Valero.

but d'écart (!) et se trouve reléguée en division III.

En 1995, en raison du nombre croissant d'équipes engagées en championnat, la municipalité de Sand décide de mettre à la disposition de l'ASS un terrain d'entraînement qui est opérationnel dès 1998.

Après un début de saison 1995-1996 tonitruant, l'équipe fanion se fait devancer par Mussig et Kogenheim. Alors qu'à l'inter-saison les départs sont nombreux, on craint le pire. Mais à la surprise générale, l'ASS coiffe tous les prétendants sur le poteau et termine championne de son groupe. L'équipe de Didier Courseau et Gilbert Fischer retrouve donc la division II. Gilbert Fischer reste seul aux commandes pour l'exercice 1997-1998 et obtient le maintien. La saison suivante, il travaille avec Bertrand Moog. Le duo fait du bon travail mais l'équipe est condamnée à jouer un match de barrages pour le maintien face à la Robertsau. La défaite la condamne à un retour en division III. Un départ catastrophique empêche l'ASS de faire mieux que sixième. Pourtant, l'équipe est de qualité comme le démontre sa qualification surprise pour le 4ᵉ tour de la coupe d'Alsace, aux dépens de Sermersheim (5-5 ap). L'aventure s'arrête face à Gerstheim.

Pour la saison 1998-1999, l'AS Sand engage à l'initiative de Germain Goerger, sa première équipe de vétérans en championnats, qui termine à une honorable 6ᵉ place.

Le 26 décembre 1999, le club-house est sévèrement endommagé par la tempête. Rendu inutilisable pour cinq mois, il ne sera de nouveau fonctionnel qu'en mai 2000, grâce au travail bénévole des membres du club.

En 2000, le stage à destination des jeunes perdure toujours. Ce sont Pascal Camadini, Jacques Rémy et Stéphane Roda, joueurs professionnels au RCS, qui encouragent les jeunes joueurs.

La saison 2000-2001 est exemplaire avec 10 victoires, 3 nuls et une seule défaite. L'ASS est meilleure attaque avec 52 buts marqués et meilleure défense avec 20 buts encaissés. Les sandois, sous la houlette de Philippe Schroeder terminent en tête du classement et retrouvent la D II.

L'exploit de la saison reste cependant la qualification pour les 8ᵉ de finales de la coupe du Crédit Mutuel aux dépens des promotionnaires d'Erstein (3-2) après avoir été menés 0-2 au bout de vingt minutes de jeu. L'aventure ne s'arrête que face à Heiligenstein, leader en D II.

• BIBLIOGRAPHIE :
– Grand merci à Gilbert Fischer et à Pierre Brinster.

Une section de féminines
Grâce à quelques filles qui jouaient en mixité, c'est par le bouche à oreille que l'équipe se crée au sein de l'AS Sand en 1996. Au début le groupe rencontre quelques difficultés, mais à force de persévérance et grâce à leur volonté, l'équipe est toujours en compétition en 2000. En 2000 est née l'entente AS Sand/US Ste Marie-aux-Mines en équipe moins de 16 ans et seniors.

L'AS Sand 1996-1997, première équipe féminine
Debout de gauche à droite : Alphonse Hugel (entraîneur), Doris Grandvoinnet (dirigeante), Marina Bibian, Karine Hindermeyer, Julie Biringer, Christine Holm, Cindy Ritter, Natacha Hugel. Accroupies de gauche à droite : Elise Knopf, Magali Martin, Nadège Grandvoinnet, Aurore Metz, Laetitia Grandvoinnet.

L'AS Sand 1996-1997, championne de D III
Debout de gauche à droite : Pierre Garre (président), Charles Fischer (juge de touche), Didier Girolt, Patrick Sonderegger, André Hindermeyer, Jean-jacques Keith, Christian Holl, Alain Schnell, Jeannot Landmann, Gilbert Fischer (entraîneur). Accroupis de gauche à droite : Mauris Fischer, Didier Neubauer, Denis Lebon, Germain Goerger, Marc Stephan, Allheily Philippe, Raphaël Burckel, Sébastien Jacob. Manquent sur la photo : David Fischer, Emmanuel Roth, Michel Thaudière.

Le comité de l'an 2000
De gauche à droite : Jeannot Landmann (trésorier), Thierry Abid (vice-président), Dominique Oberst, Gilbert Fischer (président), Pierre Brinster (secrétaire), André Hindermeyer (vice-président), Frédéric Baur, Clément Goerger.
Manque sur la photo : Didier Girolt.

Les présidents

Jean Richert (1936-1939)
Albert Sur (1945-1951)
Materne Goerger (1951-1953)
Joseph Schieber (1953-1956)
Albert Neeff (1956-1959)
Robert Hurstel (1959-1965)
Pierre Garré (1965-1970)
Jean-Claude Goerger (1970-1973)
Jean Sur (1973-1987)
Daniel Schnell (1987-1988)
Bernard Quickert (1988-1992)
Jean-Pierre Kirstetter (1992-1993)
Pierre Garré (1993-2000)
Gilbert Fischer (2000 à nos jours)

L'entente AS Sand/US Sainte-Marie-aux-Mines féminines de l'an 2000, division I
Debout de gauche à droite : Bernard Balland (entraîneur), Laetitia Grandvoinnet, Céline Muller, Marie-Charlotte Risch, Cindy Schweitzer, Sabrina Mergen, Christine Holm, Virginie Gentner, Laurent Reibel (entraîneur), Doris Grandvoinnet (dirigeante). Accroupies de gauche à droite : Céline Kempf, Jennifer Vigor, Jessica Marafioti, Aurélie Dumont, Nadine Beller, Katia Wihrt. Manquent sur la photo : Romy Brera, Cindy Chaumont, Charlotte Maimbourg (dirigeante).

L'AS Sand de l'an 2000
Debout de gauche à droite : Christophe Walter (dirigeant), Christophe Quickert, Christophe Ehrhardt, Jérôme Kohler, Claude Gaessler, Sébastien Jacob, Yannick Gateau, Gilbert Fischer (dirigeant), Philippe Schroeder (entraîneur). Accroupis de gauche à droite : Marius Fischer, Stéphane Schaal, Clément Goerger, Christophe Gast, Didier Girolt, Frédéric Baur. Manquent sur la photo : David Fischer, Hervé Helf, Bruno Kiennert, Nicolas Kohler, Frédéric Saettel.

1936 Surbourg

Union Sportive Surbourg ★ 67

La première équipe de l'US Surbourg en 1936
Au 3ᵉ rang debout de gauche à droite :
Joseph Deubel (père), Joseph Franck.
Debout de gauche à droite :
Georges Fleschut, Etienne Weiss,
Charles Stercky (père), Barth,
Eugène Sugg, Eugène Doll,
Aloyse Hollaender, Philippe Vonau,
XXX, Albert Deubel, Henry Hermann,
Chrétien Halter.
Accroupis de gauche à droite :
Joseph Merckel, Antoine Merkel,
Joseph Muller, Joseph Pfohl,
Georges Schaeffner, Alfred Doerenkamp.

Dur, d'être un p'tit club

C'est en 1936, qu'un groupe de Surbourgeois dynamiques crée l'Union Sportive de Surbourg. N'oublions pas qu'il existait déjà une équipe de football en 1929, mais qui a évolué en AGR. Bien qu'à l'origine, diverses disciplines sportives soient prévues, ce sont les adeptes du ballon rond qui font, depuis toujours, vivre l'association. De sa création jusqu'au début des hostilités en 1940, l'USS connaît une activité intense et bientôt une équipe réserve doit absorber les joueurs en surnombre. Un premier comité, sous la présidence d'Henri Herrmann, voit le jour de cette même année 1936. Il comprend entre autres : Chrétien Halter, Joseph Deubel (père), Charles Stercky (père), Alphonse Felten, Etienne Weiss. Sous l'impulsion de ce comité fondateur, de nombreux adeptes du ballon rond, viennent se regrouper sous les couleurs de l'USS. Rappelons avec reconnaissance les noms des joueurs de cette première équipe qui servit de tremplin : Alfred Doerrenkamp, Georges Schaeffner, Joseph Pfohl, Albert Deubel, Etienne Franck, Philippe Vonau, Aloyse Hollander, Charles Doll, Eugène Sugg.

L'équipe fait ses débuts dans le championnat de la saison 1937-1938, en division IV. La saison 1941-1942, marquée par un regroupement des joueurs du FC Durrenbach avec ceux de Surbourg en raison de l'occupation, est un triomphe et le succès sur le FC Soultz-sous-Forêts, marque le sommet d'une saison qui reste dans toutes les mémoires.

Une histoire de sentiments

En effet l'amitié qui unit les sportifs des deux communes donne naissance à une équipe intercommunale très forte, qui fait l'admiration de tous les fervents du ballon rond.

Malheureusement, la guerre s'intensifie et disloque les équipes. Comme beaucoup, l'US Surbourg interrompt son activité. Des douze joueurs formant la valeureuse équipe de la saison 1941-1942, neuf laissent leurs jeunes vies sur les champs de bataille (Aloyse Wurtz, Joseph Zugmeyer, Edmond Zugmeyer, Marcel Hummel, Joseph Staudt, Antoine Gruner, Alphonse Meyer,

L'US Surbourg 1941-1942
Debout de gauche à droite : Aloyse Wurtz, Joseph Zugmeyer, Joseph Staudt, Marcel Hummel, Edmond Zugmeyer, Eugène Badina.
Accroupis de gauche à droite : Joseph Pfohl, Antoine Gruner, Joseph Muller, Alphonse Meyer, Pierre Wilhelm.

Joseph Pfohl, Antoine Spengler). Leur souvenir restera toujours gravé dans la mémoire du club.

En 1945-1946, les dirigeants relancent le football et l'équipe qui reprend ses activités en division III se trouve promue à la faveur d'un titre de champion de groupe. C'est trop présumer des forces de ces jeunes, qui se retrouvent en division IV au terme du championnat 1946-1947.

Pourtant l'enthousiasme n'a abandonné ni les dirigeants, ni les joueurs et déjà en 1949, l'équipe remonte en division III, avec des joueurs comme Emile Ridacker, Joseph Wolliung, Albert Wollensack, Pierre Wilhelm, Georges Fleck, Marcel Wilhelm, Joseph Gruner, Paul Einhorn, Alfred Baumann, René Gruner, Albert Wild. Cette même année, on crée une équipe de juniors qui porte à trois le nombre des équipes engagées en championnat.

Dès la saison 1952-1953, l'équipe fanion est championne de groupe de division III devant Oberbronn.

Il s'en faut d'ailleurs d'un rien pour qu'elle ne monte en division I à la fin de la saison 1955-1956. L'USS connaît alors une période plus sombre en 1958, quand l'équipe première se voit reléguée en division III. En 1962, l'ossature du club se renforce par une équipe de cadets qui, dès la saison suivante décroche le titre de champion de groupe. L'équipe fanion retrouve sa place en division II, à l'issue de l'exercice 1964-1965. Mais le couronnement de l'opération jeunes est atteint, lorsque l'équipe juniors B remporte le titre de champion d'Alsace en 1965-1966.

Une équipe de minimes, créée en 1967, est sacrée championne de groupe en 1968. Avec les années 1970, s'amorce une nouvelle période sombre. Non seulement affaiblie par la grave blessure de son joueur le plus doué, Rémy Schmitz, l'équipe voit de surcroît partir ses meilleurs éléments.

En 1972, le club est relégué en division III et à l'issue de la saison 1973-1974 le creux de la vague est atteint, puisqu'il se retrouve en division IV. A la suite de la remise sur pied d'une nouvelle équipe de dirigeants en juin 1974, l'USS, semble prendre un nouvel essor puisqu'en 1975, elle remonte en division III.

Une nouvelle équipe minimes est engagée pour la saison 1975-1976 et à l'issue de cette même saison, l'équipe cadets termine championne du groupe.

Les grands travaux

Convaincue de l'utilité du sport, la municipalité de Surbourg lance fin 1975, la réalisation d'un stade omnisports municipal. Les travaux s'échelonneront sur plusieurs années, car les matériaux sont financés par la commune, mais la main d'œuvre fournie par les bénévoles. La saison 1976-1977 voit, pour la première fois, 5 équipes engagées en championnat (première, réserve, juniors, cadets et minimes).

Mais à partir de 1978, commence une période difficile pour l'USS (relégation en division IV en 1980 et la démission du président Jean Ley).

1981 marque le début des travaux pour les vestiaires sur le nouveau stade, avec l'aide financière de la commune et le dévouement des joueurs et membres du comité. En fin de saison 1981-1982, l'équipe fanion remonte en division II, titre de championne de groupe en poche devant Soultz-sous-Forêts II. En 1982-1983, l'équipe termine à une belle 2e place, derrière Uberach, mais ne parvient pas à monter. A l'issue de la saison 1984-1985, la ligue reformate les championnats, supprime la division IV, crée la Promotion d'Honneur et l'USS évolue du coup en Promotion, dès la saison 1985-1986.

Vainqueur de la coupe du Crédit Mutuel

L'USS connaît des moments de grande joie, surtout à l'issue de la saison 1988-1989, qui voit l'équipe première remporter la coupe du Crédit Mutuel, contre le FC Wissembourg (nouvellement promue en CF4) sur le score de 1 à 0. Elle termine également

L'US Surbourg, accession en division III en 1952-1953
Debout de gauche à droite : Antoine Rauch, René Sugg, Georges Gruner, Joseph Shillinger, René Stercky, Marcel Fuchs, Antoine Sugg, Willy Fischer.
Accroupis de gauche à droite : Joseph Horner, Aloyse Deubel, Charles Donius, Jean-Pierre Bordalampe, Joseph Gruner.

L'US Surbourg juniors, championne d'Alsace en 1965-1966
Debout de gauche à droite : Paul Jost, Etienne Weiss, Rémy Schmitz, Georges Franck, Jean-Pierre Hollaender, Robert Fuchs, Charles Dirgala, Gérard Erhardt, Albert Schmitz (père).
Accroupis de gauche à droite : Joseph Lang, Albert Schmitz (fils), Charles Hummel, Hubert Dejonge.

L'US Surbourg 1965-1966
Debout de gauche à droite : Gilbert Gruner, Aloyse Deubel, Jean-Marie Zyto, Raymond Stebler, Charles Dirgala, Albert Jost.
Accroupis de gauche à droite : Charles Hummel, Robert Fuchs, L. Wernert, Albert Schmitz, Philippe Suss, Rémy Schmitz.

L'US Surbourg, accession en division III en 1975-1976
Debout de gauche à droite : Raymond Stebler, Patrice Fuchs, Meder, Gérard Schaeffner, Claude Roth, Jean-Marie Walter, Denis Folzenlogel, Paul Jost.
Accroupis de gauche à droite : Gérard Lang, Francis Gruner, Jean-Claude Fuchs, Gérard Brentzel, Claude Franck, Gilbert Lang.

L'US Surbourg cadets 1975-1976, championne de groupe
Debout de gauche à droite : Louis Pautler, Pascal Wernert, Etienne Folzenlogel, Cervais Jost, Jean Renckert, Bruno Bastian, Claude Gruner, Rémy Cromer, René Schaeffner.
Accroupis de gauche à droite : Gilbert Rott, Serge Heinemann, Francis Warther, Vincent Weiss, Pascal Viutti, Charles Siegel.

L'US Surbourg 1985-1986
Debout de gauche à droite : Lucien Wendling, Marc Zirnheld, Gérard Lang, Gilbert Zilliox, Emmanuel Merkel, Laurent Brentzel, Hubert Stulb, Jean-Marie Walter.
Accroupis de gauche à droite : Claude Franck, Jean-Paul Krauss, Daniel Walter, Serge Heinemann, Pascal Leonhard, Rémy Lambert.

L'US Surbourg, 1988-1989, lors du match de barrage à Brumath contre Marienthal pour l'accession en Promotion d'Excellence en 1988-1989
Debout de gauche à droite : Joseph Deubel, Jean-Marie Walter, Michel Lienhardt, Gilbert Kunztner, Patrick Palmer, Albert Schmitz, Marcel Jost (président). Accroupis de gauche à droite : Chico Santoro, Alex Laborda, Yves Hohweiler, Robert Santoro, Marc Kistler, Jean-Claude Fuchs, Manuel Mosquera.

Les présidents

Jean Ley, Charles Weltzer, Jean Graeff
Charles Schilck, Albert Schmitz, Alfred Baumuller
Antoine Rauch, Henry Herrmann, Marcel Jost
Paul Jost, François Belarte
Joseph Scharrenberger (1998 à nos jours)

Le comité de l'an 2000

Joseph Deubel (président d'honneur)
Joseph Scharrenberger (président)
André Folzenlogel (vice-président)
Bruno Kuhn (trésorier)
Hubert Dejonge (secrétaire)
Jean Schneider (responsable jeunes)
Geoffrey Heissler
Yannick Bourguignon
Rémy Bastian
Emmanuel Merkel
Denis Schmitt
Thierry Leonhard

première ex-aequo avec l'équipe de Marienthal et ne rate la montée en Promotion d'Excellence que d'un cheveu. Le match contre Marienthal se joue en barrage sur terrain neutre (à Brumath) et devant quelque 1 000 spectateurs. Malheureusement, Surbourg s'incline (1-2).

L'équipe II fait désormais partie des ténors de la division III, alors que les jeunes, pour la première fois dans l'histoire du club, prennent part au championnat A, durant la saison 1989-1990 en minimes et en poussins.

A l'issue de la saison 1991-1992, l'équipe II monte en division II et les pupilles évoluent en championnat A. Malheureusement, la saison suivante, l'équipe I est reléguée en division I, après quelques belles années passées en Promotion. En 1994, l'équipe II descend en division III. L'équipe I, qui connaît alors une excellente période, retrouve la division II où elle évolue désormais. En 1995-1996, la section jeunes n'est plus que composée d'une équipe de minimes et de pupilles.

Au fil des saisons en division I, les résultats de l'équipe fanion sont de plus en plus médiocres et la lutte pour le maintien de plus en plus difficile.

C'est ainsi qu'à l'issue de la saison 1998-1999, l'équipe est reléguée en division II, quinze ans après l'avoir quittée. La situation devient de plus en plus difficile, les meilleurs joueurs tentent leur chance dans de grands clubs voisins, d'autres se consacrent à différents loisirs et c'est ainsi que, d'année en année le niveau des seniors baisse, alors que la section jeunes est de plus en plus restreinte. Au terme de la saison 1998-1999, la dernière équipe de jeunes disparaît à Surbourg, par manque d'effectifs. Les jeunes restants, sont orientés vers des ententes avec différents clubs voisins.

• BIBLIOGRAPHIE :
– Plaquette du 60e anniversaire en 1996.
– Grand merci à Olivier Roux.

L'US Surbourg 1997-1998
Debout de gauche à droite :
Michel Lienhard, Pascal Kocher, Jean-Laurent Schneider, Jean-François Martini, Emmanuel Merkel, Fabrice Lang, Patrick Fontaine, Pascal Herrmann, François Belarte (président).
Accroupis de gauche à droite :
Antonio Duarte, Christian Martz, Vivien Berbach, Laurent Lang, Philippe Lang, Ossmann Orkut.

1936
Union Sportive Uttenheim ★ 67
Uttenheim

Un club sans histoires

L'Union Sportive Uttenheim est créée en 1936 par Emile Kaag, entouré d'une poignée de passionnés de football. Le comité fondateur se compose d'Emile Kaag (président), Emile Fritsch, Camille Fritsch, Antoine Fritsch, René Klein, Charles Memheld, G. Lerbs, Charles Ringwald, Emile Fuchs.

L'Union Sportive Uttenheim évolue en division II pour la saison 1947-1948. Elle termine 3ᵉ et fait de même pour la saison 1948-1949. Pour 20 matches joués en 1949-1950, l'équipe en gagne 10, fait 3 matches nuls et en perd 7, ce qui la mène à une 4ᵉ place. Le club reste dans la première partie du tableau en se classant deux fois de suite 5ᵉ. Il perd plusieurs places en 1952-1953 pour finir 9ᵉ, puis 8ᵉ en 1953-1954. L'USU continue d'avoir des résultats décevants en terminant 7ᵉ en 1954-1955, puis 8ᵉ en 1955-1956, et enfin 10ᵉ en 1956-1957. Le club échappe de peu à la relégation.

Enfin la division I

La bonne surprise vient en 1957-1958 quand l'Union Sportive d'Uttenheim réussi une brillante saison et termine première devant Benfeld et Sainte-Croix-aux-Mines. Elle accède donc en division I. Malheureusement, dès sa première saison en division supérieure, le club n'exploite pas ses capacités et finit en 11ᵉ et avant-dernière position pour descendre en division II, en compagnie de Duppigheim.

L'US Uttenheim II, accession en division IIB

L'USU continue sa descente et termine dernière de son groupe en division II en 1959-1960. Le club atteint les profondeurs de la division III en 1960-1961 avec une 10ᵉ et dernière place (0 match gagné, 1 nul et 17 matches perdus). Il repart logiquement en division IV et tente le tout pour le tout. Les efforts paient puisqu'il triomphe à la première place du championnat en 1961-1962. L'équipe fanion redémarre sur un bon pied en division III et se classe 3ᵉ en 1962-1963.

Le club finit 6ᵉ en 1963-1964 et atteint à nouveau la 3ᵉ place en 1964-1965. Malheureusement, l'euphorie est courte puisqu'en arrivant 10ᵉ et avant dernière, l'US Uttenheim retombe en division IV. Le club se positionne à la 5ᵉ place en 1966-1967, puis 7ᵉ en 1967-1968. L'équipe a un parcours relativement monotone, elle termine 8ᵉ en 1968-1969 et connaît à nouveau les fins de classement en 1969-1970 et en 1970-1971, puisqu'elle se classe 10ᵉ.

Elle arrive 9ᵉ en 1971-1972, 10ᵉ en 1972-1973 et encore 9ᵉ en 1973-1974.

L'USU continue avec des résultats moyens et un 7ᵉ rang en 1974-1975, puis un 9ᵉ rang en 1975-1976. Dans un élan de courage, le club parvient tout de même à se hisser à la 4ᵉ place du classement et obtient son passeport pour la division III par la même occasion. L'équipe fanion finit 9ᵉ deux fois consécutivement en 1977-1978 et en 1978-1979, mais la division III n'est décidément pas faite pour l'US Uttenheim qui retombe en division IV à l'issue de la saison 1979-1980, avec une 11ᵉ et dernière place. Elle ne fait pas mieux la saison suivante en terminant à nouveau dernière de la division IV. En 1981-1982, le club se

L'US Uttenheim de l'an 2000

classe à une honorable 6ᵉ place, mais finit à nouveau 10ᵉ sur 12 en 1982-1983. Il gagne une toute petite place en 1983-1984 malgré une saison plutôt laborieuse.

En 1984-1985, l'équipe arrive 6ᵉ puis se retrouve en division III en 1985-1986 grâce à la refonte des championnats décidée par la LAFA. L'USU termine 11ᵉ et dernière.

L'US Uttenheim arrive 7ᵉ en 1986-1987 et fait une excellente saison 1987-1988 en atteignant la deuxième place du championnat. Toujours en division III en 1988-1989, le club se hisse au 5ᵉ rang mais en perd quatre la saison suivante.

En 1990-1991, le comité met en place des objectifs ambitieux. L'équipe atteint le 6ᵉ rang puis finit deux fois de suite le 5ᵉ. L'US Uttenheim continue son parcours et prend la 7ᵉ place en 1993-1994. Elle retombe en fin de classement.

Avec l'arrivée des jeunes du village qui, auparavant, évoluaient dans les autres clubs du secteur, l'équipe atteint à nouveau la 7ᵉ place et en 1998-1999, elle se démarque de la fin du tableau pour accrocher la 4ᵉ place. Elle se maintient la saison suivante en haut du classement et atteint la 3ᵉ place derrière Krafft et Mussig. Le club accède en division II pour décrocher la 4ᵉ place en 2000-2001.

• BIBLIOGRAPHIE :
— Documents fournis par Jean-Pierre Burkel.
— Palmarès LAFA.

Les présidents

Emile Kaag (1936-1957)
Emile Fritsch (1958-1960)
Edouard Mosser (1961-1964)
Robert Fritsch (1965-1968)
Ernest Bootz (1969-1976)
Armand Eschbach (1977-1978)
Ernest Meistertzheim (1979)
Gérard Lang (1980-1992)
Joseph Eibel (1993-1996)
Gérard Geldreich (1997 à nos jours)

Le comité de l'an 2000

Gérard Geldreich (président)
Joseph Eibel (président d'honneur)
Vincent Burkel (vice-président)
Jean-Pierre Burkel (secrétaire)
Richard Gaschler (trésorier)
Eric Obrecht (trésorier adjoint)
Jérôme Fritsch
Jean-Marie Gargowitsch
Martine Geldreich, Gérard Kluge
Odile Kluge, Sébastien Ruiz
Franck Schwaab, Roland Fuchs
Gérard Schaefer

Entreprise
de Construction et Charpente
De La Province
NEUF
RENOVATION
BOLSENHEIM
18, rue du Château - 67150
Tél. 03 88 98 25 57 - Fax 03 88 98 85 50

1936
Football Club Waldowisheim ★ 67
Waldowisheim

Les activités du club sont mises en veilleuse pendant la période de la guerre mais dès 1947, Albert Blum reprend les rênes du FCW qui va désormais être affilié à la LAFA.

En 1948-1949, l'association s'installe sur l'emplacement du terrain actuel, mis à disposition par la municipalité. Depuis lors, l'équipe fanion a toujours évolué entre la quatrième et la première division départementale.

De 1950 à 1963, on trouve le FCW entre la division I et la division IV. Chaque saison donne lieu à un chassé-croisé entre division inférieure et supérieure. En 1955, des travaux sont entrepris pour le nivellement du terrain. De 1965 à 1976, c'est l'âge d'or du club qui évolue en division II. L'aménagement du terrain continue avec en 1967 l'élargissement de celui-ci et la pose en 1969 d'une main courante. L'éclairage est installé en 1972 et la construction du préau est également mise en route. En 1977, commence une descente qui conduit le club en division III à l'issue de la saison 1977, en division IV en 1978.

Le FC Waldowisheim en 1966

Tout près du fourneau

… C'est en effet près du fourneau du restaurant « Au tonneau d'or » que le Football Club de Waldowisheim (FCW) voit le jour en 1936! Inscrit officiellement le 30 juin de la même année il est alors présidé par Albert Blum, entouré par Joseph Andrès, Alphonse Lux, Léon Richart et Antoine Stehli. Le FCW joue à « l'Avant-Garde du Rhin » jusqu'au début de la guerre sur le terrain dit « bei der Leimengrub », cédé par trois habitants du village propriétaires de parcelles contiguës. Les joueurs évoluent en maillot rouge, culotte blanche et bas rouges.

Le FC Waldowisheim en 1974
Debout de gauche à droite : Marcel Gustin, Gilbert Killofer, Roland Gluckholtz, Raymon Lienhardt, Marcel Caspar, Roland Engel, François Lux (président).
Accroupis de gauche à droite : Bernard Storck, Hubert Ulrich, Pierre Engel, Germain Schiebler, Marcel Storck, Jean Leonard.

A nouveau montée en division III en 1981 puis rechute en division IV à l'issue de la saison 1983. Cette descente n'entame en rien le moral du club qui attaque la construction du club-house et des vestiaires. Les équipements sont terminés en 1984.

La saison 1984-1985 voit l'équipe se maintenir en division III jusqu'en 1987 où le club retrouve la division II. En 1988 le FCW redescend en division III pour quelques saisons, et remonte en division II en 1992. L'exploit est à mettre à l'actif de saison 1993-1994 où le club atteint la division I. Des travaux d'aménagements continuent : construction d'un parking pour voitures en 1990, local technique et garage en 1993, hangar pour machines en 1997.

Depuis 1995, le FCW évolue en division II. En 2001, le club procède à la réfection du terrain d'entraînement et de l'éclairage.

• BIBLIOGRAPHIE :
– Merci à David Schott.

Le comité de l'an 2000
Debout : Thierry Henning, Gilbert Killoffer, Davif Schott (président), Roland Engel (trésorier), Joseph Burger, Jean-Claude Buck, Frédéric Beck (secrétaire), Marcel Storck (vice-président).
Assis : Bernard Storck, Germain Schiebler, Jean-Luc Beck (secrétaire-adjoint), Christian Janus.

Les présidents

Albert Blum
(1936-1951/sauf interruption d'activité du club entre 1940 et 1947)
Henri Stoecklé (1951-1953)
Joseph Schiebler (1953-1956)

Période d'instabilité pour le club qui connaîtra plusieurs présidents (1956-1958)

Joseph Lux (1958-1964)
Joseph Schiebler (1964-1965)
François Lux (1965-1988)
Bernard Storck (1988-1992)
René Linder (1992-1998)
David Schott (1998 à nos jours)

Le comité de l'an 2000

David Schott (président)
Roland Engel (trésorier)
Marcel Storck (vice-président)
Frédéric Beck (secrétaire)
Jean-Luc Beck (secrétaire-adjoint)
Thierry Henning
Gilbert Killoffer
Joseph Burger
Jean-Claude Buck
Bernard Storck
Germain Schiebler
Christian Janus

Le FC Waldowisheim II de l'an 2000
Debout de gauche à droite : Gilbert Killoffer (délégué), Michel Gross, Pascal Decker, Frédéric Beck, Denis Stehli, Julien Behr, Jean-Jacques Schmidt (responsable équipe II), David Schott (président). Accoupis de gauche à droite : Mickaël Wintz, Eric Antoni, Florent Kieffer, Patrick Stehli, Mickaël Muller, Sébastien Kieffer.

Le FC Waldowisheim de l'an 2000
Debout de gauche à droite : Joseph Hirth (juge de touche), Gilbert Killoffer (délégué), Frédéric Beck, Thierry Storck, Yves Buck, Julien Storck, David Korman, Franck Schmidt, Pascal Bourgard, Marcel Storck (entraîneur), David Schott (président), Joseph Burger (délégué). Accoupis de gauche à droite : Thierry Henning (capitaine), Engin Karagaag, Christian Janus, Stéphane Weber, Frédéric Gnaedig, Hugues Storck, Sébastien Pfister.

1936 Wingen-sur-Moder

Association Sportive Wingen-sur-Moder ★ 67

Au pays du cristal

Wingen-sur-Moder crée son club en 1936. Il prend le nom de «Association Sportive Wingen-sur-Moder». Le 6 juin 1936 naît officiellement l'ASW. La vitalité des jeunes de la localité permettent à l'ASW de prendre très rapidement un rythme de croisière. Citons parmi les plus actifs, Emile Seeleuter, Georges Jochem, Philippe Kohl, Arthur Klairlein, Emile Ginter l'instituteur et le correspondant Alex Dillenseger.

Il faut souligner l'aide et le soutien de Victor Burgun, directeur de l'usine Lalique et maire de Wingen à cette époque. La première équipe défend les couleurs de Wingen, sous la présidence de Georges Jochem, qui succède à Emile Seeleutner. Les joueurs sont: Schneider, Kuntz, Meyer, Utard, Froeliger, Dillenseger, Leininger, Huss, Dambacher, Burgun, Ehrmann, Quin, E. Quin.

La saison 1936-1937 se présente comme une prise de contact avec les autres clubs en multipliant les matches amicaux et tournois. En 1937, l'ASW s'engage dans le championnat et débute en troisième division, affrontant des équipes déjà connues comme Dettwiller, Schwindratzheim, Steinbourg, Diemerigen, Tieffenbach, Bettwiller. Saison admirable qui voit l'équipe terminer à la deuxième place.

Aménagement du stade

Wingen a son équipe, mais pas de terrain. Victor Burgun autorise donc le club à utiliser un pré situé au bas de l'usine. Pour l'aménagement du terrain tous les membres et bénévoles utilisent leur temps libre à manier pelles et pioches. C'est ainsi qu'en 1937, Wingen inaugure le stade Lalique.

Lors de la saison 1937-1938, l'équipe évolue en division II. La saison 1938-1939, elle est en division III. Le conflit mondial met fin à cet élan.

En 1945, Georges Jochem reprend ses fonctions de président.

L'ASW oscille entre division III et division IV, gagnant la montée une année, redescendant l'année suivante. Elle déclare forfait lors de la saison 1950-1951. Un effort de formation de jeunes est tenté en 1957-1958.

En 1959, Emile Muller prend le relais à la présidence, et ce jusqu'en 1962, année où l'équipe accède en division II, sous la coupe de Chrétien Reutenauer.

La formation des jeunes

L'année 1969 marque un nouveau départ pour l'ASW. Le club qui évolue en division III, crée une équipe de cadets et forme des jeunes qui seront à la base de l'ascension du club. En 1966, ces jeunes passent en équipe première et contribuent à l'accession en division II de l'équipe fanion. L'équipe se maintient à ce niveau sous la présidence de Charles Klein qui prend la relève en 1967.

Parallèlement, le club favorise le football des jeunes: une école de foot est créée en 1970, sous la direction de Gérard Dimnet. La saison 1971-1972 reste gravée dans les annales du club avec l'exploit en coupe d'Alsace Bossue. Le club élimine Betschdorf, champion de groupe, et c'est l'accession en division I !

La saison suivante, elle redescend en division II. En 1973, Henri Ambos prend la présidence et en juillet 1974 et inaugurée le stade municipal. En 1977, cent vingt joueurs sont licenciés au club. L'équipe fanion participe au match pour la montée en Promotion, l'équipe II évolue en division III, l'équipe III participe au championnat réserve et les jeunes sont représentés dans toutes les catégories, pupilles à 7, minimes, cadets et juniors. Lors de la saison 1976-1977, l'ASW accède en Promotion d'Honneur, gagnant la coupe d'Alsace Bossue.

La saison suivante, l'équipe évolue toujours en Promotion d'Honneur, et remporte une nouvelle fois la coupe d'Alsace Bossue.

En 1978, Henri Ambos renonce à la présidence et cède sa place à Ernest Fischer, à qui succède par Charles Kohl un an plus tard. L'équipe I est

L'AS Wingen-sur-Moder 1947-1948
Debout de gauche à droite: Marcel Schultz, Kalutza, Jean Cassel, Charles Baumann, Marcel Heintz, Marcel Fortmann.
Accroupis de gauche à droite: Gérard Staub, Charles Klein, Chrétien Scherer, Herman Quin, Erwin Dorschner, Henri Ehrmann, Eddie Dorn.

L'AS Wingen-sur-Moder 1959-1960
Debout de gauche à droite: Chrétien Reutenauer (président), Eric Sold, Robert Eckly, Roger Thomas, Kurt Morlang, Marcel Fortmann, Albert Braumig.
Accroupis de gauche à droite: Jean Cassel, Freddy Staub, Charles Klein, Arthur Klopfensteim, Gérard Morlang, Félix Dorschner.

L'AS Wingen-sur-Moder 1989-1990, montée en Promotion d'Honneur
Debout de gauche à droite : Jean-Marie Jochem (dirigeant), Roger Brucker (président), Jean-Jacques Huckendubler, Serge Huber, Hervé Kohl, Berni Heitz, Patrick Haehn, Pascal Creutz, Gaston Taesch (vice-président), Joseph Kessler (entraîneur).
Accroupis de gauche à droite : Helmuth Geyer, Pascal Schutz, Sami Guesnia, Daniel Martin, Serge Nirrengarten, Philippe Kohl, Bernard Schwab.

L'AS Wingen-sur-Moder 1998-1999
Debout de gauche à droite : Joseph Kessler (entraîneur), Franck Kirbihler, Alain Dietrich, Thomas Kirbihler, Laurent Haehn, Daniel Metzger, Pierre Mahler, Sébastien Schmitt.
Accroupis de gauche à droite : Philippe Kohl, Hervé Schneider, Gilles Studer, Thomas Staub.

8e en Promotion d'Honneur, et gagne à nouveau la coupe d'Alsace Bossue. L'équipe 2 est 3e en division III et l'équipe 3 est 2e. Les équipes juniors, cadets, minimes, pupilles et poussins sont placés 3e dans leurs groupes.

La saison 1979-1980 amène l'équipe I à la 8e place de Promotion d'Honneur.

En 1980-1981, l'équipe fanion est reléguée en division I, et l'équipe II redescend automatiquement en division IV. L'année suivante, l'équipe I descend d'une division, et perd vingt-trois de ses joueurs, partis jouer dans d'autres clubs.

On se préoccupe des jeunes

En cette période difficile, M. Schuh prend la présidence et Jean-Paul Schultz, la vice-présidence, portant leur attention sur les équipes de jeunes.

En 1982-1983, l'équipe I évolue en division II et gagne le match de barrage pour le maintien, l'équipe II est en réserve. L'équipe I accède en division I en 1984-1985 grâce à la refonte des championnats par la LAFA et c'est en 1986 que l'équipe fanion se classe 5e du championnat de division I, et accède au huitième de finale de la coupe Crédit Mutuel, ainsi qu'à la demi-finale de la coupe d'Alsace Bossue. Le comité directeur de 1986 : Alfred Schuh (président), Pierre Sold (vice-président), Nicolas Berron (secrétaire), Jean-Jacques Huckendubler (trésorier).

En 1987, l'équipe joue le match de barrage et se maintient en division I. Une année plus tard, le président et le trésorier démissionnent, cédant leurs places respectives à Roger Brucker et Sylvain Cunrath. L'équipe évolue en division I jusqu'en 1990, année où elle monte en Promotion, sous la houlette de l'entraîneur Joseph Kessler.

Elle évolue à ce niveau-là jusqu'à sa relégation en division I en 9e 1991-1992, 8e en 1992-1993, 1994. En 1995, Fabien Gangloff prend les rênes de l'ASW.

Une saison plus tard en 1996-1997, l'équipe affaiblie par le départ de 3 joueurs appelés sous les drapeaux, redescend en division II ou elle se classe 10e, et en 1999, l'équipe est reléguée en division inférieure.

En 2000, l'équipe I évolue toujours au même niveau, participant tout de même à la demi-finale de la coupe d'Alsace Bossue et au huitième de finale de la coupe Crédit Mutuel (match perdu contre Schwindratzheim). L'équipe II, quant à elle, évolue en division IV. Les poussins participent à la demi-finale de la coupe d'Alsace Bossue et sont éliminés par Herbitzheim. Les benjamins eux sont vainqueurs de cette même coupe.

• **BIBLIOGRAPHIE :**
– Documents remis par le club.

Les présidents

Georges Jochem (1945)
Alfred Doerflinger (1946)
Marcel Schultz (1947-1948)
Emile Muller (1952-1962)
Chrétien Reutenauer (1962-1967)
Charles Klein (1967-1973)
Henri Ambos (1973-1978)
Ernest Fischer (1978-1979)
Charles Kohl (1979-1983)
Alfred Schuh (1983-1989)
Roger Brucker (1989-1992)
Gaston Taesch (1992-1995)
Fabien Gangloff (1995 à nos jours)

Le comité de l'an 2000

Fabien Gangloff (président)
Gaston Taesch (vice-président)
Pierre-Michel Andlauer (vice-président)
François Kirbihler (président des jeunes)
Pierrette Kirbihler (secrétaire)
Christine Kohl (trésorier)
Gilbert Neyner (trésorier-adjoint)

L'AS Wingen-sur-Moder benjamins de l'an 2000, vainqueurs de la coupe d'Alsace Bossue

L'AS Wingen-sur-Moder de l'an 2000
Debout de gauche à droite : Fabien Gangloff (président), Pierre-Michel Andlauer (dirigeant), Pierre Mahler, Alex Taesch, Alain Dietrich, Laurent Haehn, Thomas Kirbihler, Daniel Keiff, Farid Adjoud, Joseph Kessler (entraîneur), François Kirbihler (dirigeant).
Accroupis de gauche à droite : Joël Haehn, Gilles Studer, Thibaut Jochem, Philippe Koller, Hervé Schneider, Franck Kirbihler, Thomas Staub.

1936
Football Club Wittisheim ★ 67
Wittisheim

Le FC Wittisheim 1954-1955, 2ᵉ en division III, accession en division II
De gauche à droite : Léon Seyller, René Fahrner, Edouard Braun, Edmond Jaegli, Marcel Goeller, Paul Frantz, Jeannot Baumlin, Lucien Jaegli, Raymond Tortrotau, Raoul Thirion, Jeannot Frantz, François Berger, Lucien Baumlin (président).

L'Aluminium était solide !

Le Football Club de Wittisheim est fondé en 1936, en réponse aux vœux formulés par les « minimes » de l'époque, constitués essentiellement de la classe 1923. Ils trouvent en la personne de Léon Angst, l'interlocuteur puis le soutien souhaités. Il ne ménage ni son temps ni son travail, pour satisfaire cette jeunesse assoiffée par ce sport qui démarre, à cette époque, dans toutes les communes du Ried. Le courage, la ténacité, l'abnégation finissent par avoir raison des multiples problèmes que la troupe rencontre dans les différentes démarches. La société est créée et Pierre Dischly en est le premier président.

Le dynamisme de cette jeunesse sensibilise le monde des adultes. Le curé de l'époque, Scheffels, leur propose l'affiliation à l'Avant-Garde du Rhin. Il leur trouve également, en l'Institut de Lellsheim, un fournisseur bon marché pour leurs premières tenues. Le premier terrain trouve son emplacement le long de la route des Romains, coté Baldenheim, sur un pré mis à la disposition par M. Angst. C'est ainsi que le groupe des Armand Angst, Henri Berger, Joseph Berger, Albert Braun, René Fahrner, Justin Fahrner, François Fuhrer, Paul Gall, Henri Jehl, Xavier Knobloch, René Muller, Robert Muller, Alfred Ritter, Joseph Schalk, Louis Seyller, Romain Seyller, Henri Stephan peut démarrer le championnat.

Le curé, puis l'instituteur

Pierre Dischly quitte le village en 1938 et le club est pris en main par Alfred Schauner jusqu'en mars 1942, date à laquelle tout président de société doit s'inscrire à la NSRL (Service des Sports allemand), ce qu'Alfred Schauner refuse. Dans un souci de continuité, M. Angst prend le relais pendant la triste période, jusqu'en 1945. Pourtant, l'interruption ne peut être évitée en 1943 en raison de l'incorporation massive. En 1946, Alfred Schauner reprend son poste de président, avant de devoir le céder pour raisons professionnelles. Son successeur n'est autre que l'instituteur du village, Arthur Schreiber, qui veille aux destinées du club jusqu'en 1952.

Pour la saison 1946-1947, le club est engagé en division I de l'AGR, groupe

La lettre adressée à Jeannot Frantz par le Racing Club de Strasbourg pour lui proposer un contrat professionnel

IV avec Nordhouse, Hessenheim, Ebersmunster, Bindernheim, Saasenheim et Richtolsheim. Pour la saison 1947-1948, il est versé dans le groupe IV qui comprend Nordhouse, Bindernheim, Ebersmunster, Saasenheim, Hessenheim et Richtolsheim. Lors de la saison 1948-1949, il joue dans le groupe IV avec le FC Hessenheim (champion), Saasenheim, Wittisheim, Bindernheim, Neuhaeusel, Aschbach, et Niederlauterbach. Le club cesse alors de s'engager en championnat.

Cette reprise en main voit apparaître de nouvelles têtes dans l'équipe, parmi lesquelles un certain Lucien Baumlin, comme gardien de but. Comme autre nouveauté, il faut citer l'aménagement du terrain, rue de Sundhouse, à la sortie du village, à proximité de la « Cité des Cadres ».

L'impensable épopée

Mais à ce moment germe déjà l'idée d'une nouvelle implantation d'un stade, rue de Muttersholtz. Avec force pelles, pioches et charrettes, un drainage est accompli. Le tout est achevé en 1952, année durant laquelle Lucien Baumlin prend la présidence. Fils du patron de l'usine d'aluminium dont il assure la direction, il engage le départ de l'impensable épopée du FC Wittisheim qui va conduire le club jusqu'en catégorie « amateurs » de l'époque. Le FCW peut mettre sa fierté dans la possession d'un club-house et d'un podium le jouxtant et servant aux entraînements, ainsi qu'aux festivités extra-sportives. Lors de la saison 1953-1954, le FCW joue en division IV. Lucien Baumlin n'a qu'une idée en tête, monter une grande équipe. Il part à la chasse aux joueurs. Jeannot Frantz joue alors à Ribeauvillé. Bon joueur, il est remarqué par le Racing Club de Strasbourg qui envoie un courrier à son club pour lui proposer d'effectuer un essai. Jeannot ne reçoit jamais la lettre qui reste bloquée (volontairement) dans un tiroir. Il est suspendu par la Ligue pour non réponse à une convocation.

Fâché, Jeannot signe au SC Sélestat. Il finit par passer une à une les étapes de la sélection. Quand il sort du siège du Racing, place de la Bourse à Strasbourg, Lucien Baumlin l'attend avec sa Talbot et l'invite à rejoindre les rangs du FCW. Jeannot Frantz a la réponse qui fuse : « je veux bien, mais pas pour jouer en division IV ». Lucien Baumlin lui promet que l'équipe va monter. Et vite. Il motive ses troupes en achetant un car « Chausson » pour les déplacements et leur promet assez d'argent pour vivre sans travailler pendant six mois, à la condition que ses joueurs assurent la montée de division IV en division III. Wittisheim finit deuxième derrière Hilsenheim mais est promu en division III. A l'origine de cette embellie, l'usine de « L'Aluminium du Bas-Rhin », une entreprise qui connaît une forte extension au sortir de la guerre. La population de Wittisheim travaille en majorité dans cette unité de production qui exporte à l'étranger et Outre-Mer. Le fils du propriétaire de l'usine, mais qui en est le directeur, Lucien Baumlin, veut que Wittisheim ait une bonne équipe amateur de football, susceptible de remplir sainement les loisirs de la population de l'endroit. Il fait aménager le terrain, ouvre son usine à des ouvriers-footballeurs capables de se spécialiser rapidement dans un atelier ou dans un bureau. C'est le cas de Jeannot Frantz l'ajusteur qui, ayant donné sa parole, rejoint les rangs de l'ASW et ceux de l'usine, tout comme Raoul Thirion. La saison suivante, celle de 1954-1955, voit l'équipe terminer en tête de son groupe de division III avec 8 points d'avance sur son poursuivant, Sermersheim. Et monter en division II. Paul Frantz est là avec son talent et son expérience.

L'équipe joue en maillots rouges, culottes blanches et bas « rouges et blancs ». Il y a là Paul Frantz, qui marque but sur but. Son homonyme, Jeannot Frantz, joue en défense centrale. Et les succès lors de cette saison 1955-1956 s'enchaînent : 5-0 face à Uttenheim, (une défaite au passage à Herbsheim 3-5), 5-0 contre Gerstheim, un « carton » à Rhinau 11 à 1 (!) un autre devant Sand 8 à 1, un de plus à Rossfeld 6 à 0, une courte victoire sur Benfeld (3-2), une nouvelle démonstration à Kertzfeld (11-1), deux succès à Eschau (2-1) et Châtenois (2-1).

Le coup d'arrêt se situe à Barr (1-3). Mais la machine se remet en route : 1-0 face à Westhouse pour finir les matches « aller ». Un nul pour débuter les rencontres « retour » (2-2 à Uttenheim), puis 4-1 devant Herbsheim, 5-1 face à Rossfeld, 3-2 à Benfeld, 8-1 contre Kertzfeld, 4-3 contre Eschau, 2-0 face à Westhouse, 7-2 pour enfoncer Rhinau, 2-2 à domicile devant Barr, 6-0 à Gerstheim, 5-0 à Sand et l'affaire est pliée. Avec 18 points, le FC Wittisheim termine à la deuxième place derrière Barr et rate la montée en division I. Schoepf a marqué 28 buts et Paul Frantz 23.

De la division I à la division d'Honneur

Ce n'est que partie remise. A l'aube de la saison 1956-1957, le FCW est prêt. Et le prouve à travers quelques résultats symboliques : 3-1 contre Graffenstaden, 4-0 à Obenheim, 11-0 face à Westhouse, 12-1 contre Gerstheim, 6-0 à Herbsheim et devant Rossfeld, 7-0 contre Huttenheim, pour ne citer que les scores les plus spectaculaires. Jeannot Frantz joue devant et enfile les buts (3 devant Obenheim, 4 à Muttersholtz). Avec 40 buts à son actif, il est de très loin le meilleur buteur du club et du championnat. A lui tout seul, il a marqué plus de buts que toute l'équipe d'Uttenheim. Le goal-average est parlant : 124 buts pour, 15 contre. En poule de classement, Eckbolsheim s'en va avec un 0-3 (et deux buts de Jeannot). Schiltigheim arrache le nul (0-0), mais Wissembourg s'incline (0-2). En battant Hochfelden (5-2) le 2 juin 1957, Wittisheim est champion du Bas-Rhin de division II. Et le 23 juin 1957, à Ostheim, Wittisheim est sacré champion d'Alsace de division II, en battant Gunsbach 3 buts à 2 (Pielhau, Debabeche et Jeannot Frantz).

Le 30 mai 1957, Wittisheim réussit la gageure de battre les promotionnaires de Schiltigheim par 2 à 1, en quart de finale de la coupe d'Alsace devant 3000 spectateurs (Buts de Debabeche et

Les présidents

Pierre Dischy (1936-1938)
Alfred Schauner (1938-1942)
Léon Angst (1942-1945)
Alfred Schauner (1946)
Arthur Schreiber (1946-1952)
Lucien Baumlin (1952-1962)
Jeannot Baumlin (1964-1967)
Raymond Tortrotau (1967-1976)
André Kretz (1976-1982)
Jean-Louis Loos (1982-1987)
Joseph Memheld (1987-2000)
Jean-Blaise Feist (2000 à nos jours)

Les entraîneurs

Rémy Jully (1977-1978)
Jeannot Loos (1978-1980)
Rémy Hauss (1980-1981)
Rémy Jully (1981-1986)
Jeannot Loos (1986-1989)
Jean-Paul Schmitt et Jeannot Loos (1989-1990), Jeannot Loos (1990-1991)
Jacky Clauss (1991-1992)
Jean-Louis Montri (1992-1994)
Jacky Clauss (1994-1995)
Jeannot Loos (1995-2000)
Vincent Battaglia (2000-2001)

Le comité de l'an 2000

Raymond Tortrotau (président d'honneur)
Joseph Memheld (président d'honneur)
Jean-Blaise Feist (président)
Jeannot Loos (vice-président)
Jean-Claude Knobloch (vice-président)
Marcel Spielmann (président des jeunes)
André Kretz (trésorier)
Sezgin Demir, Romuald Depp, Théo Fahrner, Georges Genin, Henri Habsiger, Eric Jung, Roland Kueny, Daniel Meyer, Florian Meyer, Omar Neggaoui, Laurent Ringeisen, David Schmitt, Jacky Simler, Aimé Stempf, Christian Stirmel

Le FC Wittisheim 1955-1956, 2e en division II
Debout de gauche à droite : Xavier Jaegli (dirigeant), Raymond Hild, Paul Frantz, Edmond Jaegli, Joseph Jehl, Adrien Van der Valk. Accroupis de gauche à droite : Jeannot Frantz, Heinz Pilhau, Robert Monneron, Lucien Muller, Georges Cassel, Emile Debabeche.

Le FC Wittisheim, champion d'Alsace de division II 1956-1957
Debout de gauche à droite : Marcel Goeller, Jeannot Baumlin, Edmond Jaegli, Etienne Henry, Adrien Van der Valk, François Schoepf, Lucien Baumlin.
Accroupis de gauche à droite : Jeannot Frantz, Heinz Pielhau, Emile Debabeche, Paul Frantz, Raoul Thirion.

Le FC Wittisheim, champion d'Alsace de division I 1957-1958
Debout de gauche à droite : Max Hild, Emile Debabeche, Joseph Jehl, Frantz Jaegli, Jeannot Baumelin, Georges Cassel, Adrien Van der Valk, Jeannot Frantz, Robert Monneron, François Schoepf.

Le FC Wittisheim, champion d'Alsace de Promotion d'Honneur 1958-1959
Debout de gauche à droite : François Schoepf, Jean-Pierre Leborgne, Jeannot Baumlin, Joseph Jehl, Paul Frantz, Jeannot Frantz. Accroupis de gauche à droite : Robert Monneron, Raymond Hild, Adrien Van der Valk, Georges Cassel, Emile Debabeche.

Jeannot Frantz). L'équipe a fière allure avec Goeller, Jaegli, Henry, Schoepf, Van der Valk, Paul Frantz, Pielhau, Debabeche, Jeannot Frantz, J. Baumlin et Braun. Le FCW se fait certes battre (1-5) en demi-finale par l'ASCA Wittelsheim, mais l'adversaire est de taille et remportera d'ailleurs le trophée.

Pour démarrer la saison 1957-1958 en division I, le FCW écrase Neuhof (6-2). Jeannot Frantz joue dans les buts (!), Segundo Pascual a rejoint l'équipe, Raymond « Max » Hild et le buteur Cassel aussi. A part une défaite à Bischheim (3-4), et trois nuls, c'est l'échappée belle. A l'arrivée, Cronenbourg est à cinq points le goal-average est parlant (87-19). En finale départementale, le FCW écrase Monswiller 4-1, buts de Debabeche (2), Cassel et Jeannot Frantz, sur le stade de l'ASPTT Strasbourg. Pour le titre régional, Guebwiller ne fait pas le poids à Sélestat et se prend un 6 buts à 1 signé Cassel (2), Jeannot Frantz (2), Hild et Debabeche.

Les champions : Lucien Muller, Edmond Jaegli, Berger, Segudo Pascual, Adrien Van der Valk, Jeannot Baumlin, Heinz Pilhau, Raymond Hild, Jeannot Frantz, Georges Cassel et Emile Debabeche.

Et voilà le FCW en Promotion d'Honneur pour la saison 1958-1959. Au terme d'un long cavalier seul, ponctué par 17 victoires pour 1 nul et 2 défaites, le FCW devient champion du Bas-Rhin. L'écart de 7 points sur son second, Schweighouse, est significatif. 62 buts marqués, meilleure attaque, 22 buts encaissés, meilleure défense, on ne peut guère espérer mieux. Arrive la finale régionale qui voit le FCW battre les champions du Haut-Rhin, les SR Colmar (3-2) au stade du Ladhof à Colmar devant 1 500 spectateurs, buts de Monneron (2) et Thirion pour le FCW.

Les champions : Joseph Jehl, Jeannot Baumlin, François Schoepf, Jeannot Frantz, Adrien Van der Walk, Paul Frantz, Raymond Hild, Emile Debabeche, Robert Monneron, Georges Cassel, Raoul Thirion.

Champion d'Alsace, tout simplement !

Le FC Wittisheim dispute donc le championnat réservé à l'élite régionale pour la saison 1959-1960. Et fait figure d'épouvantail, même s'il est rare qu'un promu fasse des étincelles à ce niveau, d'autant que seuls Idoux, Greiling et Friedrich sont arrivés en renfort. 6-0 pour commencer, et à Niederbronn. Rien que ça ! Le festival peut commencer. Wittenheim s'en retourne avec un 3-0 mais l'ASS remet les pendules à l'heure en s'imposant devant 1 200 spectateurs (2-1). Tant pis, Bischheim paiera les pots cassés (6-2), puis Staffelfelden chez lui (1-5). Le FC 06 inflige une deuxième défaite (3-2) et l'ASM vient prendre le nul (3-3). Qu'importe. Encore un nul aux SR Colmar (2-2) et une défaite à domicile contre Ruelisheim (0-1) et le passage à vide est oublié. Vieux-Thann en fait les frais chez lui (0-3), tout comme la FAIG (1-4). Et plus le championnat avance, plus le FCW s'impose. Schiltigheim prend 7 buts, Bischheim se fait étriller chez lui (1-4), les SR Colmar, grands concurrents, s'en repartent chez eux, battus 2 à 0. En gagnant à Haguenau 2-0, Wittisheim reprend la tête pour ne plus la lâcher. Le 8 mai à Wittisheim, 2 000 personnes se pressent autour du stade pour voir le FCW battre l'ASS 5 buts à 1 (Cassel 2, Hild, Thirion et Greiling). Et du même coup, Wittisheim est champion d'Alsace. L'équipe vainqueur : Joseph Jehl, Jean-Paul Laufer, François Schoepf, Jeannot Frantz, Roger Greiling, Paul Frantz, Raymond Hild, Emile Debabeche, Maurice Friedrich, Georges Cassel, Raoul Thirion. Pour la petite histoire, signalons que Cassel a marqué 25 buts en championnat.

Le rêve devenu réalité

Wittisheim accède en CFA. Lucien Baumlin est comblé. Le championnat 1960-1961 démarre par une défaite (0-2) à Stiring-Wendel. La première équipe à jouer en CFA est composée de : Roqueton, Greiling, Schoepf, Jeannot Frantz, Kress, Paul Frantz, Hild, Debabeche, Friedrich, Cassel et Thirion. En gagnant à Merlebach (1-0), puis à Epinal (6-1), les choses s'arrangent. La victoire au Racing (3-1) est symbolique, celle à Sochaux (4-0) impressionnante. Et pour sa première participation à un tel niveau, le FCW finit 5e, à 6 points seulement derrière Stiring-Wendel (champion), le Racing, le FCM et Nancy.

Segundo Pascual est chargé de l'entraînement pour la saison 1961-1962. Des hauts et des bas, un derby contre le Racing arrêté par l'orage le 24 décembre 1961 (!) et une jolie septième place, voilà un palmarès réjouissant.

D'autant qu'au 8e tour de la coupe de France, les Troyens de l'ASTS s'im-

Une phase du match Racing
Wittisheim du 24 décembre 1961 (arrêté)

posent en prolongation (2-1). Sur un coup-franc indirect accordé par l'arbitre pour une perte de temps du gardien Visioli, pourtant gêné par un certain.... Stopyra. Le FCW alignait: Visioli, Jaegli, Kauffer, Jeannot Frantz, Greiling, Kress, Hild, Deybach, Monneron, Dicker et Thirion. Jeannot Frantz en est tout retourné. D'autant qu'au tour suivant, les 32e, c'est le Racing pros qui se serait présenté, et qui allait être battu par... Troyes à Reims 0-1 ! Et on n'oubliera pas non plus l'épopée de la coupe d'Alsace, avec une victoire (5-1) face aux Pierrots de Strasbourg en 8e, une autre face au... Racing amateurs (2-1) à la Meinau en quarts, pour ne tomber qu'en demi-finale face au FCM au stade de l'Ill (0-2) le 20 mai 1962.

Le départ de Lucien Baumlin

En 1962, Lucien Baumlin quitte le club de Wittisheim. Son père lui reproche les dépenses somptuaires pour le football, une querelle de famille éclate. Lucien se retire à Thannenkirch où il ouvre une usine de fabrication de styropore. Le FCW doit se résigner à la fusion avec les SR Colmar et à former un nouveau club, les SR Colmar-Wittisheim. Qui durera ce que durent les roses. Le contrat prévoit que cinq de ses joueurs rejoignent les Hauts-Rhinois : Jeannot Frantz, Gilbert Deybach, Raoul Thirion, Edmond Jaegli et Jean-Paul Kauffer. Le club joue au stade du Ladhof à Colmar, le public le suit. Il y a même 1 000 spectateurs pour un match amical d'avant-saison contre Forbach. L'équipe est composée de Moser, Spadacini, Fekete, Jost, Kauffer, J. Frantz, Esposito, Deybach, Schwartz, Faessel, Aisani, Chouvet, Schreiber, Thirion. 2 000 spectateurs assistent à la victoire des SRCW devant le FCM (1-0) le 23 septembre 1962. 2 000 personnes ceinturent le vélodrome colmarien pour la venue du FC Mulhouse qui est défait (1-0) sur un but de Kauffer. 1 800 spectateurs assistent au derby contre « l'autre mulhousien », l'ASM, et à la victoire des SRCW (2-0, deux buts d'Auger). Besançon, l'ASCA sont vaincus. Le Racing perd un point à la Meinau face aux Moser, Jaegli, Fekete, J. Frantz, Schreiber, Deybach, Esposito, Aisani, Chouvet, Augé et Thirion. Petit à petit, le « W » de Wittisheim disparaît des compte-rendus de la presse régionale. Le gros a mangé le petit. L'équipe de Stéphane Bruzzone sauve magnifiquement sa saison, mais Wittisheim disparaît entièrement de l'affiche. Une nouvelle équipe est née : l'AS Colmar.

On repart à zéro

Après deux années d'interruption, les plus vaillants reprennent l'activité en division IV, sous le flambeau d'un ancien rescapé de la grande période, Jeannot Baumlin. En 1967, Raymond Tortrotau prend la relève et conduit les destinées du club jusqu'en 1976. Le FCW gravit un échelon pour se retrouver en division III. Sous sa houlette, sont à mettre en évidence la couverture des tribunes et l'installation des nocturnes. Léon Angst, « l'ancien », et Pierre Schweitzer élargissent les activités en s'occupant des cadets, des juniors, et d'une équipe de vétérans. En 1976, André Kretz se charge de l'ensemble et dirige le club jusqu'en 1982. Le club-house, vétuste, est démoli et remplacé par une construction plus fonctionnelle. En 1979, Jean-Louis Loos démarre une école de football qui donne progressivement naissance à la gamme complète des équipes de jeunes. En 1982, c'est lui qui prend la relève aux commandes. En 1986, le FCW vit une période moins euphorique, tout en mettant en place une politique de sport de masse. En 1987, Joseph Memheld prend la succession. Avec l'appui de la commune, le stade est rénové, la main courante ainsi que la couverture de la tribune sont remplacées. Un terrain d'entraînement est mis à disposition du club et des jeunes en face du plan d'eau.

A la fin de la saison 1987-1988, le FC Wittisheim est sacré champion de son groupe de division II et retrouve la division I. En introduisant quatre juniors dans l'équipe fanion à l'issue du cycle « aller », l'entraîneur Jeannot Loos

Le FC Wittisheim, champion d'Alsace de division d'Honneur 1959-1960
Debout de gauche à droite : Raymond Hild, Maurice Friedrich, Emile Debabeche, Paul Frantz, Joseph Jehl, Raoul Thirion, Roger Greiling, Jean-Paul Laufer, Georges Cassel, Jeannot Frantz, François Schoepf.

DIVISION D'HONNEUR
Grâce à sa (très nette) victoire sur l'ASS
WITTISHEIM EST CHAMPION
Près de 2.000 spectateurs ont assisté à la brillante envolée de Wittisheim

Le sacre du FC Wittisheim, champion d'Alsace de division d'Honneur 1959-1960, vu par la presse régionale.

Le FC Wittisheim 1961-1962
Debout de gauche à droite : Jeannot Frantz, Roger Greiling, Maurice Visioli, Roger Gress, Edmond Jaegli, Jean-Paul Laufer, Segundo Pascual (entraîneur).
Accroupis de gauche à droite : Robert Monneron, Raymond Hild, Georges Cassel, Gilbert Deybach, Raoul Thirion.

Le FC Wittisheim 1987-1988, accession en division I
Debout de gauche à droite :
Joseph Huber (juge de touche),
Yves Ackermann, Fernand de Sousa,
Christian Meyer, Philippe Fahrner,
Jean-Marc Seyller,
Christian Wuillermet (dirigeant),
Jeannot Loos (joueur-entraîneur),
Jean-Blaise Feist (dirigeant),
Roland Kueny (juge de touche).
Accroupis de gauche à droite :
Dominique Wendling,
Jean-François Choffat, Tony Loos,
Patrick Seyller (cap.),
Jean-Claude Knobloch,
Georges De Sousa, Mohamed Rhazoui.
Manquent sur la photo : Christian Braun,
Jean-Blaise Loos, Nicolas Moser.

Le FC Wittisheim de l'an 2000
Debout de gauche à droite : Vincent Battaglia (entraîneur), Romuald Depp, Eric Jung, Omar Neggaoui, Mathieu Kretz, Ludovic Ringeisen, Omar Nouiri, David Hirsch (capitaine), Jean-Blaise Feist (président).
Accroupis de gauche à droite :
Joël Simler, Fabrice Schmitt,
Huseyin Demir, Abdel Megid Neggaoui,
Christophe Ritter, Mohamed Chkoubi,
Sezgin Demir, Florian Meyer
(responsable du terrain).
Manquent sur la photo :
Jean-Paul Montri, Stéphane Seyller,
Cédric Habsiger, Sébastien Heinrich,
Christophe Vogel, Michel Seiler.

tente et réussit un joli pari. A égalité avec Schoenau en tête du classement, Wittisheim s'impose au goal-average.

Des moments difficiles

Pour ses premiers pas en division I, le FC Wittisheim termine 8e. La saison 1989-1990 est belle. L'équipe est longtemps en tête mais se fait coiffer sur le fil par Marckolsheim à cause de deux défaites enregistrées lors des derniers matches contre Bindernheim (0-3) et Andlau (1-3). Wittisheim termine 2e à égalité avec Saint-Pierre-Bois. Cette saison-là est marquée par la coupe d'Alsace, épreuve dans laquelle le club s'incline au 4e tour face au club de division d'Honneur de l'ASC Biesheim (1-2).

Pour la saison 1990-1991, l'équipe enregistre beaucoup de départs et termine à l'avant-dernière place. En match de barrage pour le maintien en division I à Scherwiller, le FCW s'incline (1-3 ap) contre Bernardswiller.

C'est à la fin de la saison 1991-1992 que le FCW retrouve la division II avec un nouvel entraîneur-joueur, Jean-Louis Montri. Le FCW termine 5e, à égalité avec Hilsenheim. L'équipe fanion aborde la saison 1992-1993 en tête. Il se fait coiffer sur le fil par le voisin de Sundhouse. La saison suivante est assez calme (5e). Mais celle de 1994-1995 voit le club vivre l'une des plus mauvaises saisons de son histoire et se trouve relégué en division III. Seule satisfaction, l'entente Wittisheim-Bindernheim des minimes à 7 est championne du Bas-Rhin. Sur le terrain d'Horbourg-Wihr, elle enlève le titre de championne d'Alsace contre son homologue haut-rhinoise de Reiningue sur le score sec de 13-0. L'équipe championne : Ludovic Ringeisen, Nicolas Burgy, Christophe Vogel, Cédric Habsiger, Joaquim Imbs, Jean-Philippe Spatz, Gilles Knobloch, Guillaume Wurtzer, Mathieu Kretz. Dirigeants : Gilbert Gumbinger, Jacky Vogel, Jean-Pierre Wurtzer.

Pour sa première saison au niveau le plus bas de la hiérarchie, le FC Wittisheim termine au milieu du classement, mais cela ne l'empêche pas de fêter son 60e anniversaire. Un véritable coup de fouet puisque la saison 1996-1997 permet de pointer à la 2e place derrière l'intouchable Kogenheim, leader invaincu.

Lors de la saison 1998-1999, c'est la troisième place mais la saison suivante, le FCW évite de justesse les barrages de maintien en remportant sa dernière rencontre 11-0 devant Hessenheim. Par contre, le toit de la tribune s'envole avec la tempête de décembre 1999.

Reste la saison 2000-2001. Celle de l'espoir avec l'entrée dans le troisième millénaire. Avec 46 points, l'équipe fanion termine première de son groupe de division II devant Mussig et Muttersholtz. En poule de classement, Wittisheim gagne contre Wasselonne (6-2), Bouxwiller (2-0). En finale régionale à Valff, le FCW s'impose (3-1) face à l'ASPTT Strasbourg et devient champion du Bas-Rhin. En finale régionale à Neuf-Brisach, le jour de son 65e anniversaire, l'équipe s'incline 0-2 contre les Azzuri Mulhouse.

Jean-Blaise Feist prend la présidence du club en juillet 2000 après avoir été vice-président pendant quelques années. L'équipe I de Wittisheim se distingue en football en salle, en se qualifiant pour la finale départementale, l'objectif du club étant néanmoins la montée en division I.

• **BIBLIOGRAPHIE :**
– Plaquette du 50e anniversaire des 12 et 13 juillet 1996.
– « Grande et petites histoires du football alsacien » de Francis Braesch (1989).
– Grand merci à Jeannot Frantz et Jean-Blaise Feist.

Les millions de Lucien Baumlin

Patron de l'usine « L'Aluminium du Bas-Rhin », Lucien Baumlin est un passionné de football. Dès 1952, quand il prend la présidence du club de Wittisheim, il songe déjà à faire jouer son club en CFA. Il dote l'équipe de « canonniers » qui vont faire parler la poudre. En six ans, l'équipe gravit tous les échelons pour arriver jusqu'en division d'Honneur en « balayant tout sur son passage et attirant une moyenne de 1 200 à 1 500 spectateurs » raconte Francis Braesch dans son livre « Grande et petites histoires du football alsacien » paru en 1989. Elle est formée de Visioli, Frantz, Greiling, Jaegli, Kauffer, Schoepf, Monneron, Thirion, Cassel, Van der Walck, que M. Baumlin emploie à son usine. Elle est renforcée par Hild, Dicker, Gress et dirigée par Pascual puis Paul Frantz. C'est une équipe qui a coûté cher, très cher. Lucien Baumlin me disait : « Oui, elle m'a coûté plusieurs millions ». Elle va jouer durant trois saisons le championnat de France puis le drame éclate : Lucien Baumlin quitte le club de Wittisheim pour des raisons familiales. Les joueurs sont alors contactés par de nombreux clubs. En mai 1962, Lucien Baumlin fait venir à son bureau M. Grettner, le secrétaire : « C'est fini. J'arrête. Sans moi, sans ma présence au sein de l'équipe, je sens que cela ne donnera plus rien de bon. Voyez si Sélestat veut fusionner et dites aux joueurs qu'ils sont libres ». Replié à Thannenkirch, M. Baumlin subventionne ensuite les fêtes de vieux, distribue des cadeaux aux enfants des écoles le jour de Noël et emmène les anciens de son équipe à la pêche le dimanche. « Jamais je ne referais ce que j'ai fait », dit-il.

1937 Football Club Andlau ★ 67

Andlau

Le terrain du professeur

Une poignée de jeunes gens ont l'idée de créer un club de football à Andlau en 1937. Las de jouer avec un ballon Michelin sur les prés fraîchement fauchés, entre des échalas de vigne en guise de but, ils repèrent de l'autre côté du pont sur l'Andlau, qui mène aux « Chalandons », un terrain de la grandeur d'un terrain de foot. Il appartient à un professeur de français en retraite, Mlle Courbet.

Prenant leur courage à deux mains, ils se rendent chez cette honorable dame pour lui expliquer leur cas. Elle est tout de suite d'accord, mais ne veut traiter qu'avec une personne adulte pour les représenter. C'est René Wach, le père de Laurent, aubergiste du « Canon », qui prend les choses en mains. Un comité est créé et le FC Andlau inscrit à la ligue en 1937.

L'après-midi du 11 novembre, le terrain est nivelé avec bœufs et herses, pioches, pelles et brouettes. La scierie du Baron de Montigny offre les buts et la fabrique de chaussettes Fred Allenbach les bas et les filets. Tout est prêt pour la compétition officielle qui débute fin août 1937, en IV⁵ division pour l'équipe fanion.

Une équipe réserve voit également le jour mais ne dispute que des matches amicaux. Puis vient la guerre. Après la fin des hostilités, il manque neuf joueurs à l'appel. Cinq d'entre eux ont laissé leur vie sur les champs de bataille de Russie, quatre autres sont revenus, mais gravement blessés. Pour pallier à ces absences, il faut recruter aux alentours.

Que des difficultés

Le premier championnat de l'après-guerre, disputé en 1946-1947, coïncide avec la démission de Jules Traeger, qui vient d'être élu maire. C'est l'instituteur Guyon qui le remplace. Ces deux mandats de président d'après-guerre sont chaotiques, avec des saisons de non-activité, par manque d'effectifs. De nombreux clubs sont créés aux alentours, à Mittelbergheim, Stotzheim et Epfig.

Entre-temps, le Centre Mertian, établi dans la Commanderie de l'Ordre Teutonique, a construit un terrain pour ses pensionnaires au Haselmattenweg. Le FC Andlau peut disposer de ses installations, l'ancien stade étant inclus dans le projet de lotissement des Castors. En 1947-1948, Andlau est champion de groupe de division IV et monte en division III. Des problèmes d'effectifs obligent le club à déclarer forfait pour la saison 1949-1950. Le club redémarre péniblement la saison suivante et se retrouve à nouveau forfait. S'en suit une longue mise en sommeil. C'est en 1960-1961 que le FCA reprend la compétition. Mais tout n'est pas simple et la saison 1963-1964 débouche sur un nouveau forfait

Le FC Andlau en 1938
Debout de gauche à droite : Laurent Wach, Jérôme Feyder, Enoré Venchiarutti, François Steck, Paul Haensel, René Kim, Marcel Jenny.
Accroupis de gauche à droite : Valério Venchiarutti, René Sutter, Alfred Zinck, Sylvain Feice, Constant Durrmann.

Le FC Andlau en 1941
Debout de gauche à droite : Enoré Venchiarutti, Antoine Kling, Lucien Gilgenmann, Albert Frere, Noël Caron, Paul Frantz, Robert Bonnet. Accroupis de gauche à droite : Julien Neubert, Armand Haensel, E. Bonnet, Pierre Wach, Joseph Dickely, Guillot (président).

Le FC Andlau 1948
Debout de gauche à droite : Edouard Bonnet, Robert Weber, Henri Dirian, Ettore Venchiarutti, René Lavigne, Erno Guerra. Accroupis de gauche à droite : Robert Bonnet, Noël Caron, M. et Mme Zwingelstein, Pierre Wach, Jules Traeger (président).

Le FC Andlau 1966-1967
Debout de gauche à droite : Robert Bonnet, Bruno Bernar, Roger Flieg, Denis Haensel, Lucien Huffschmidt, Romain De Monte, Jean-Paul Ramstein, Claude Gass, Alain Champagne, Jean Lozi, Emile Caffiau. Accroupis de gauche à droite : Edouard Peduzzi, Jean-Pierre Juan, Germain Huffschmidt, Roland Merschel, Dany Juan, Bernard Goepfert.

général. Ca repart en 1965-1966 et brusquement, en 1966-1967, voilà le FC Andlau champion de groupe sans la moindre défaite, avec bien sûr la montée en division III.

La patte de Roland Merschel

En 1968, Aldo De Monte devient président du club. Une ère nouvelle commence. Contacté par Jean Lozi, journaliste aux DNA et Jean-Louis English, directeur de FR 3 Alsace, (les deux habitent Andlau à l'époque) Roland Merschel, ancien joueur professionnel, prend les choses en mains. Lors des entraînements, de nombreux gamins viennent voir leur idole, ce dont profite le club qui utilise l'occasion pour créer des équipes de jeunes qui seront longtemps les meilleurs du centre Alsace. Sur cette lancée, l'équipe fanion accède en division II à la fin de la saison 1970-1971. Le championnat 1973-1974 consacre le club avec un titre de champion de groupe et la montée en division I, sous la direction de l'entraîneur Keiflin.

Inauguration du stade municipal

L'apothéose est le mémorable match de poule de classement à Rhinau, devant 500 spectateurs face à l'AS Vauban (défaite 2 à 1). C'est également à cette époque que le club s'agrandit avec la création des équipes II et III et d'autres équipes de jeunes.

Le 17 septembre 1978 est inauguré par le Ministre Daniel Hoeffel le tout nouveau stade municipal. Le maire M. Allenbach et son conseil ont la bonne idée de vouloir doter le club d'une pelouse digne de ce nom. C'est d'ailleurs, actuellement encore, l'une des meilleures de la région.

C'est également l'époque de la construction du club-house. Le président De Monte, avec quelques membres du club et même des aides extérieures, sacrifie plusieurs centaines d'heures à la conception et à la réalisation de l'édifice et c'est avec un gros sentiment de ras-le-bol, qu'il démissionne lors de l'assemblée générale de septembre 1978.

La même année, l'équipe fanion dispute les 16e de finale de la coupe d'Alsace à la Canardière, contre les amateurs du Racing Strasbourg (0-3)

Pour Sainte Richarde

En 1980 la Ville d'Andlau fête le 11e centenaire de son existence et là encore, l'équipe fanion croit pouvoir accéder à l'échelon supérieur. Devant 800 spectateurs payants, elle doit s'incliner face à Obernai (1-2). Les seniors sont alors dirigés par Claude Gass, Andlovien de pure souche, successeur de Beyler qui a démissionné après six semaines de service.

Les cadets B, dirigés par Roger Ernewein peuvent dédier leur trophée

Le FC Andlau 1973-1974, accession en division I
Debout de gauche à droite : André Harquel, Denis Haensel, Jean-Paul Ramstein, Charles Rietsch, Christian Lavigne, Michel Kientz, J. Neubert. Accroupis de gauche à droite : Francis Ancel, Jean-Paul Haury, Manuel Moreira, Luc Denni, M. Munch, Dany Juan.

de champion d'Alsace à Sainte Richarde, patronne des vignerons. Un titre acquis aux dépens de l'ASPTT Mulhouse. En 1984, l'équipe fanion ne peut éviter la descente en division inférieure. Robert Kohler assure les entraînements. Neuf équipes sont engagées en championnat dont six de jeunes. Profitant de la refonte des championnats, le club est classé en division I en 1985-1986 et, champion de groupe, il accède en Promotion d'Honneur avec l'entraîneur André Dittmeier.

Le 19 juillet 1987 le FC Andlau fête avec faste son 50e anniversaire. L'année 1989 voit la démission du Dr Hein et du coach Patrick Haensel, remplacé par Jean-Michel Kopf. C'est également l'année de la redescente en division I.

En 1992 l'équipe une, qui évolue en division I et entraînée par l'ancien gardien de but Jean-Michel Kopf, gagne la finale de la coupe du Crédit Mutuel à Sélestat, devant plus de 500 spectateurs, contre le voisin barrois évoluant en Promotion, grâce à une victoire (3-2) dans un match à rebondissements.

En 1994, l'équipe I, entraînée par Patrick Haensel, remonte en Promotion après un duel au couteau avec Heiligenstein. L'équipe II, drivée par l'ancien D. Juan, termine également 1re et monte en division II.

L'équipe I est rétrogradée en 1995 et évolue pendant cette période en division I, tout en manquant la montée de justesse à deux reprises. Les différents entraîneurs sous la présidence de Jean-Pierre Seckler sont D. Blondel, Patrick Haensel, J. Henck, D. Merckling et Jean-Paul Schott.

En 1998 est également créée une section féminine sous l'impulsion de leur entraîneur Jean-Marc Dussourd et de son épouse, mais également des sœurs Nathalie et Viviane Betsch. Cette équipe accède en division d'honneur en juin 2000.

• BIBLIOGRAPHIE :
– Grand merci à Serge Dolder.

Le FC Andlau 1985-1986, accession en Promotion d'Honneur
Debout de gauche à droite : Emile Caffiau dit Gaston, Jean-Michel Kopf, Sené, André Dittmeier, Mattern, P. Frangel, J.-P. Friess. Accroupis de gauche à droite : Terrade, Herzog, A. Friess, Rochelle, Kamerrer.

Le FC Andlau féminines de l'an 2000

Les présidents

René Wach (1937-1939)
Guillot (1939-1941)
Jules Traeger (1941-1945)
Guyon (1945-1947)
Aldo De Monte (1968-1978)
Christian Zancristoforo (1978-1984)
Dr Hein (1984-1989)
Jean-Pierre Friess (1989-1994)
Jean-Pierre Seckler (1994-2000)
Serge Dolder (2000 à nos jours)

Le comité de l'an 2000

Serge Dolter (président)
Jean-Paul Goetelmann
(1er vice-président)
Fabienne Lavigne
(2e vice-président)
Sébastien Betsch (secrétaire)
Pierre Muller (secrétaire-adjoint)
Thierry Bertsch (trésorier)
Jean-François Baptiste
Gilles Guth Christine Guth
Luc Denni, Jean-Marc Dussourd
Christophe Peter, Marc Herr
Benoît Gamb (membres)
Jean-Paul Schott (entraîneur).

Le FC Andlau de l'an 2000
Debout de gauche à droite : Alik Hamann, Jean-Philippe Croese, P. Frangel, Olivier Schott, Arnaud Deissler, Frédéric Ruhm, Sébastien Lorentz, Eric Enée, Thierry Bertsch, Jean-Paul Schott.
Accroupis de gauche à droite : Christian Frangel, Benoît Gamb, Franck Maglott, Abdelhami de Traikia, Franck De Monte, Philippe Zinsmeister, Raphaël Wach, Marc Herr.

1937
Football Club Boofzheim ★ 67
Boofzheim

Le FC Boofzheim, saison 1957-1958
Debout de gauche à droite : Henri Stuber, Gustave Riexinger, Armand Oberst, Michel Hess, Pierre Hurstel, Charles Knobloch, Bernard Roecker.
Accroupis de gauche à droite : Raymond Gigax, Jean-Pierre Schehrer, Bernard Klethi, Jean Lauffer, Henri Busch.

Les « châtelains » se portent bien !

Il en faut du courage, en 1937, pour se lancer dans la grande aventure de la création d'un club de football au sein d'un village ! C'est à Henri Schwab que revient la lourde tâche d'être le premier président. Le comité fondateur est composé d'Henri Schwab (président), Emile Busch (vice-président), Henri Lauffer (secrétaire), Edouard Fischer (trésorier). Les premières années voient les équipes se changer au restaurant « Au Boeuf », puis « Au Canon ». Les joueurs locaux enfilent leurs tenues chez eux et viennent à pied au stade, le restaurant servant de vestiaires aux invités. Pour les déplacements, le moyen de locomotion généralement utilisé est le vélo pour les petits trajets. Pour les longues distances, le père Weiss charge tout ce beau monde dans la bétaillère... et hue ! Le club a le temps de disputer un seul championnat avant la déclaration de guerre, en 1938-1939. Il termine avant dernier de son groupe avec deux victoires et dix défaites, ses deux succès étant acquis sur le dernier, Rhinau. Mais qu'importe, tout le monde est fier d'avoir contribué aux débuts du club.

Pendant la guerre, et malgré l'incorporation des hommes, les matches continuent à se dérouler. Pour pallier le manque d'effectifs, une entente est mise sur pied avec le voisin d'Herbsheim. En 1943, l'équipe franchit même le Rhin pour jouer contre un rival allemand (!). La paix revenue, les bénévoles du club manient la pelle et la pioche pour se doter d'un terrain de football digne de ce nom. Le club continue alors son bonhomme de chemin en alternant montées et descentes. Il dispute le premier championnat en 1945-1946, en division IV. Il est même champion de groupe de division IV en 1948-1949.

La saison 1956-1957 voit l'anéantissement d'années de travail, pour cause de « Dorfpolitik » (politique de village). La majorité des joueurs partent sous d'autres cieux, le comité

Pour mieux vous servir
OUVERTURE NON STOP
SUPER U
les nouveaux commerçants
Boofzheim

se disloque et un forfait général est déclaré. Seuls quelques rares irréductibles soutiennent le club à bout de bras, l'empêchant de sombrer. Hormis la saison 1957-1958, quand l'équipe atteint la finale départementale de la division IV, force est de reconnaître que le palmarès du FC Boofzheim reste maigre. Un titre de champion de groupe 1959-1960 avec la montée en division II, et l'équipe fanion ne réussira jamais à aller plus haut. Même l'introduction, puis l'accentuation de la politique des jeunes, ne permettent pas d'étoffer les performances du club.

Les années de gloire

N'oublions pas de mentionner le titre de champion de groupe de division III, enlevé lors de la saison 1969-1970, ni les belles deuxièmes places de 1970-1971 et 1972-1973, qui n'auront laissé qu'entrevoir une possible accession en division I. A la fin de la saison 1983-1984, le club retourne en division III.

L'équipe fanion, dirigée par André Rempp, termine deuxième de la division II, à la fin de la saison 1984-1985, et manque la montée pour un petit point. Troisième place la saison suivante, et c'est encore pour un petit point que le FCB laisse filer Sermersheim et Erstein II à l'étage supérieur.

André Rempp s'en va à l'issue de la saison 1986-1987 très moyenne. C'est Pierre Fuchs qui va le remplacer. Première particularité de cette saison 1987-1988, l'équipe est composée uniquement de joueurs habitant Boofzheim. La saison suivante, elle aligne dix rencontres sans défaite et sans le moindre but encaissé, en coupe comme en championnat. Mais elle va finir quatrième.

Des « coups » en coupe de France

En 1988-1989, on crée l'école de football et l'équipe « une » se porte bien. Mais va encore manquer le coche. Pierre Fuchs a pourtant bien préparé son coup. Il y a d'abord, l'élimination du promotionnaire et voisin de Rhinau, en coupe de France (3-2), alors qu'en championnat, les « rouges » alignent une série impressionnante de victoires. Et ne vont s'incliner que contre le futur champion du groupe, Heiligenstein. L'accession loupée d'un cheveu, Pierre Fuchs laisse sa place à Christian Friedmann.

Puis la saison 1990-1991 sera celle de tous les exploits. Un excellent parcours en coupe de France d'abord, avec les éliminations des promotionnaires de Kogenheim (2-1), d'Osthouse (5-0) avant de s'incliner face à Obernai, sociétaire de la division d'Honneur (0-2), deux buts encaissés durant les dix dernières minutes.

En championnat, le FC Boofzheim fait la course en tête, grâce à sa défense qui n'encaisse que 12 buts sur l'ensemble de la saison. L'équipe reste invaincue jusqu'à la 17e journée, et, après 7 saisons passées en division II, accède enfin à la division I.

Les minimes champions d'Alsace

Les premières saisons à ce niveau sont satisfaisantes. 7e en 91-92, 6e en 92-93, Christian Friedmann peut passer la main avec le sentiment du devoir accompli. D'autant que les minimes sont sacrés champions d'Alsace 1992-1993. C'est Jean-Jacques Ulrich qui lui succède. L'équipe remporte le titre symbolique de champion d'automne (une seule défaite lors du cycle « aller » face à Rhinau), et termine troisième derrière Rhinau et Geispolsheim-Village. La saison 1994-1995 sera plus difficile. Après un début de saison catastrophique (1 point en sept rencontres), l'équipe assure le maintien. Denis Merkling prend les rênes, mais l'équipe va naviguer dans les profondeurs du classement, perdant ses cinq dernières rencontres et se trouvant virtuellement reléguée. Seul le désistement d'Hipsheim permet de sauver la place. Ouf!

C'est Jean-Paul Roth qui enfile l'habit d'entraîneur pour la saison 1996-1997. Avec un effectif pour le moins restreint, l'équipe réussit une saison honorable.

60 ans!

C'est le 5 juillet 1997 que le FCB fête son 60e anniversaire. Et peut s'enorgueillir du travail effectué par ses membres au cours des dix dernières années. Comme la pose d'une main courante autour de l'ancien terrain, son éclairage complet afin de pouvoir y assurer les entraînements, ainsi que la construction d'un bâtiment sportif appelé pompeusement « le Château ».

Des réalisations entièrement payées par la trésorerie du club et financées grâce à la présence très active de l'ensemble des membres lors des manifestations extra-sportives qui permettent au club de faire face à ses nombreuses charges financières.

• BIBLIOGRAPHIE :
– Plaquette du 50e anniversaire (5 juillet 1997).

Le pardon du cordonnier
Dans les années 40, parmi les personnalités les plus appréciées : le cordonnier. Quoi de plus naturel pour une discipline qui nécessite des chaussures spéciales ? Erreur... Il est apprécié pour une activité moins avouable. Il faut savoir en effet que ce corps de métier utilisait les mêmes œillets que la Ligue pour agrafer les photos sur les licences. Pour le spécialiste local, enlever et remettre une autre photo était un jeu d'enfant. Mais chut...

Les présidents
Henri Schwab (1937-1940)
Théodore Lehmann (1940-1945)
Jean Weiss (1945-1948)
Edouard Fischer (1948-1954)
Paul Fischer (1954-1956)
Paul Oberst (1956-1966)
Robert Sigwalt (1966-1969)
Gérard Staehli (1969-1974)
Pierre Gracient (1974 à 1999)
Bruno Lehmann (1999-2000)
Gilbert Demange (2000 à ce jour)

Le FC Boofzheim 1990-1991, champion de groupe de division II
Debout de gauche à droite : Pierre Fuchs (entraîneur), René Riedinger (sponsor), Franck Roecker, Yves Fuchs, Jean-Paul Roth, Daniel Roecker, Vincent Schwaentzel, Pierre Gracient (président), G. Demange (vice-président), J. Keller (juge de touche). Accroupis de gauche à droite : Robert Roehn, Christian Friedmann (entraîneur), Jean-Luc Hess, Jean-Luc Oberlé, Jean-Marc Klethi, Frédéric Schiffmann, Christian Fuchs, Willy Bronn, Jean-Luc Probst. Manque sur la photo : Bernard Busch.

1937 Association Sportive Hatten ★ 67
Hatten

L'AS Hatten en 1947
Debout de gauche à droite :
Jules Mathern, Nicolas Burry, Martin Feist, Georges Barth, Alfred Schimpf, Alphonse Eisele, Charles Offner, Roger Kremer, Charles Albrecht, Henri Koepel.
Au milieu de gauche à droite :
Henri Graf, Charles Eisele, Roger Denteiger, Aloyse Albrecht, Robert Mathern.
Au premier rang de gauche à droite :
Edmond Kremer, Charles Mathern, Albert Marmillod, Joseph Bisch, René Schrimpf, Henri Gillig.

A côté de l'étang

Même si on trouve déjà trace d'une équipe de Hatten engagée dans le championnat de la LAFA, en division IV dès la saison 1934-1935, c'est le 29 mai 1937 que les membres fondateurs de l'Association Sportive Hatten se réunissent pour procéder à l'adoption définitive des statuts. L'inscription se fait au registre des associations du Tribunal de Wissembourg le 29 septembre 1938. Le premier comité est constitué de : Philippe Drion (président), Antoine Gramlich (vice-président), Rodolphe Nix (secrétaire), Henri Marmillod, Jules Mathern, Guillaume Reifsteck, Jean-Georges Lux (assesseurs).

De 1937 à 1941, les matches se déroulent sur le terrain situé au stade de l'Etang. Durant la guerre, entre 1941 et 1944, un terrain est installé derrière la scierie Jung. Dès 1945, les matches reprennent au stade de l'Etang. En 1946-1947, l'équipe joue en division I du Bas-Rhin de l'Avant-Garde du Rhin, groupe I, avec Seltz (champion), Aschbach, Niederroedern, Neewiller, Mothern et Siegen et en 1947-1948, dans le groupe II comprenant Oberseebach, Siegen, Lauterbourg, Salmbach, Niederroedern, Neewiller, Riedseltz, Mothern et Schleithal. L'équipe II joue en division II avec Aschbach, Roeschwoog, Niederroedern II, Seltz II, Neewiller II, Soufflenheim, Neuhaeusel et Weiler.

A la fin de la saison 1948-1949, la première au sein de la LAFA, l'AS Hatten est sacrée championne du Bas-Rhin de division IV, le titre régional étant perdu en finale contre les Haut-Rhinois de l'AS Ruelisheim.

Enfin un nouveau terrain

Une ancienne baraque qui était occupée par les familles Alfred Waltz et Jean-Pierre Albrecht pendant les années cinquante, est installée au stade de l'Etang le 20 juin 1959, pour servir d'abri par temps de pluie. Durant les années soixante, le toit s'envole pendant un orage. Aucune installation d'eau n'existe sur le terrain et les joueurs doivent se rendre au restaurant local pour faire leur toilette. La décision est alors prise de construire un bâtiment plus solide avec douches, vestiaires et buvette. La construction du nouveau terrain s'achève vers 1974, à la même époque où l'AS Hatten joue en Promotion. C'est jusqu'à présent son plus haut niveau.

Durant ces années, l'association compte trois équipes seniors et trois équipes jeunes. A la fin des années 70, la commune démarre les travaux pour un nouveau terrain à quelques centaines de mètres du stade de l'Etang, sur un site un peu surélevé, entre deux bunkers. Ce magnifique terrain avec tribunes, entièrement financé par la commune, est inauguré le 27 juillet 1980 et est baptisé « Stade Municipal de Hatten ». Grâce à ce nouveau terrain, les rencontres ont lieu dans de bien meilleures conditions. De nombreux tournois sont organisés contre les villages et les clubs voisins. Cette pratique permet également de se retrouver avec bonne humeur.

Cependant, l'AS Hatten s'intéresse également aux plus jeunes et c'est ainsi qu'en 1981-1982, le comité met en place un terrain de football à sept à côté du stade de l'Etang, afin de permettre aux jeunes inscrits de pratiquer leur sport favori dans de bonnes conditions.

De 1986 à 1988, un club-house est construit en prolongation des tribunes du stade municipal. Ces travaux sont subventionnés par la commune et réalisés avec tous les bénévoles du football.

En 1991, une fois que tout est bien en place au stade municipal, le comité décide de céder gratuitement le club-house du stade de l'Etang à l'association de pétanque (leur terrain se trouve à côté de celui du foot) et de ne garder que les vestiaires et un débarras pour stocker le matériel.

La saison 1971-1972 reste gravée en lettres d'or dans les annales du club, avec en point d'orgue les festivités du 35e anniversaire, avec le match de propagande entre l'AS Betschdorf et une entente régionale. L'équipe seniors vient de conquérir sa place en division II, quittée en... 1954.

Jusqu'en 1985, l'association compte trois équipes seniors. En raison de l'âge des joueurs, on décide de créer une formation vétérans. Le club compte aussi 2 ou 3 équipes de jeunes.

Retrouvailles

En 1994, un dîner dansant est organisé à la salle polyvalente de la localité où sont invités tous les joueurs qui ont déjà porté le maillot de l'AS Hatten, depuis sa création. Le club parvient à réunir 220 joueurs dont le plus âgé a presque 80 ans. C'est une soirée mémorable qui se termine une remise de médailles.

Pour la première fois, à la fin des années 1990, l'association décide de créer une équipe fanion qui n'est composée que de jeunes joueurs talentueux avec une moyenne d'âge de 21-22 ans, presque tous originaires du village. Le club connaît ensuite des saisons ou il joue en division III (1987-1991/1994-1998).

Le siècle se termine sur une équipe bien en place en division II.

• BIBLIOGRAHIE:
– Merci à Jean-Jacques Pascalon.

L'AS Hatten de l'an 2000
Debout de gauche à droite : Jean-Pierre Boeckle (délégué), Raphaël Pfifferling, André Meyer (vice-président), Sébastien Zyto, Jérémy Schimpf, Alexandre Pfeiffer, Jimmy Pfifferling, David Meyer, Fabrice Bomnet (entraîneur), Léonard Eisele (président).
Accroupis de gauche à droite : Steve Wenner, Stéphane Smaniotto, Grégory Meyer, G. Catherinne, Cédric Gillig, Christophe Eisele, Franck Schimpf.

L'AS Hatten en 1985, montée en division II

L'AS Hatten vétérans 1999-2000
Debout de gauche à droite : Michel Nicolas, Bernard Eisele, Jean-Louis Graf, Bruno Renckert, Rémy Fechter, Emile Strohm, Gilbert Rubenthaler, Léonard Eisele, Jean-Pierre Boeckle, Emile Steck, Jacky Blum, Gallmann.
Accroupis de gauche à droite : René Erholt, Rémy Mathern, Théo Wahl, Christian Waltz, Norbert Spielmann, Léonard Graf, Albert Eckert, Serge Waltz.

Les présidents

Joseph Kraemer (1937-1942)
Nicolas Burry (1948-1960)
Arthur Heimlich (1960-1961)
Alphonse Eisele (1961-1965)
Charles Brion (1965-1967)
Georges Eisele (1967-1970)
Jean Hauss (1970-1976)
Claude Weiss (1976-1983)
André Meyer (1983-1987)
Léonard Graff (1987-1988)
Michel Nicolas (1988-1991)
Georges Becker (1991-1995)
Léonard Eisele (1995 à nos jours)

Le comité de l'an 2000

Léonard Eisele (président)
André Meyer (vice-président)
Edmond Rohrbacher (vice-président)
Emile Strohm (vice-président)
Jean-Jacques Pascalon (secrétaire)
Nicole Eiselé (trésorière)
Betty Eckert (présidente des jeunes)
Gilbert Offner
(responsable des terrains)
Fabrice Bonnet (entraîneur)
Laurent Ball, Hans-Peter Boeckle,
Jean-Marc Kremser, Gilbert Oesterlé,
Raphaël Pfifferling, Curt Roehrig,
Angèle Schmitter, Thierry Waltz

1937 Ittenheim

Union Sportive Ittenheim ★ 67

L'US Ittenheim en 1947-1948
Debout de gauche à droite : Ernest Haupt (vice-président), Charles Letz, Charles Fix, Jean Urban, Jean Diemer, Hilaire, Alfred Letz, Charles Litt (président).
Accroupis de gauche à droite : D. Bieber, René Schreiner, Jacques Lorentz, Charles Schreiner, Juillard.

L'US Ittenheim en 1960-1961, vice-championne du Bas-Rhin de division IV
Debout de gauche à droite :
Jacques Schreiner, Willy Holzheuer, Ernest Hauptmann, Ernest Hammann, Charles Fix, Alfred Letz, Bernard Lobstein, Charles Roth.
Accroupis de gauche à droite :
Alfred Schreiner, Alfred Wendling, Lucien Bittmann, René Hermann, Charles Schreiner.

Des tranchées antichars sur le terrain

C'est le 5 mai 1937 qu'une poignée d'hommes avec du sang de footballeur dans les veines se rencontrent au restaurant de la Gare pour créer le 1er comité de l'Union Sportive d'Ittenheim, qui est composé des fondateurs suivants : Michel Kauffmann (président), Charles Berst (vice-président), Michel Haudenschild (secrétaire), Michel Hommel (secrétaire-adjoint), Charles Clément (1er caissier), Ernest Haupt (2e caissier), Charles Litt et Jacques Spack (assesseurs), Jean Duringer (matériel) et Hubert Hunkler (terrain).

Leur problème majeur est de trouver un terrain. On joue sur des prés de différents paysans et ce n'est assurément pas la bonne solution. Une intervention de Charles Litt, membre du comité, trouve en la personne de Georges Kauffmann, maire à cette époque, un bienfaiteur qui met à la disposition le terrain des sports actuel qui est en partie sa propriété, l'autre partie appartenant aux Hospices Civils de Strasbourg. Naturellement, l'argent manque à cette époque et chaque joueur doit prendre les frais des tenues et des chaussures à sa charge.

En 1938, Michel Hommel prend la direction du club jusqu'à la fin 1944 et à partir de 1945, c'est à Ernest Haupt de prendre la présidence. Avec un comité réduit il attend avec impatience le retour des militaires pour refaire le terrain qui à subi des tranchées antichars, et former une équipe qui, dès l'année suivante, organise son premier tournoi de Pentecôte. Ce sera une réussite ! Par contre l'équipe termine dans le bas du classement en division III.

Le début de l'ascension

En 1947, l'un des pionniers de l'USI, Charles Litt, est élu président. Il remplit cette fonction avec toute sa vitalité et son énergie jusqu'au 27 juin 1953 quand il demande à l'assemblée de se faire remplacer par un plus jeune et son successeur est Charles Letz. Charles Litt est élu à l'unanimité président d'honneur. En 1954, l'équipe première réussit la montée après une année de purgatoire en division IV, avec 6 points d'avance.

Le 20e anniversaire

En 1955, grâce au Maire Georges Kauffmann, l'USI, reçoit une subvention de la municipalité pour agrandir le terrain et, fin 1956, les travaux entrepris pour l'amélioration des alentours du terrain se terminent. Pour la première fois, une équipe allemande du Pays de Bade, le FC Urloffen, prend part au tournoi de Pentecôte de 1957 et cela grâce au président d'Honneur, Charles Litt, qui offre d'ailleurs le kougelhopf et le vin d'Honneur de l'amitié dans sa cour… L'apothéose a lieu le 11 août 1957, pour l'inauguration du stade. On fête le 20e anniversaire en présence des personnalités, le maire, les conseillers municipaux, le président de la Ligue d'Alsace de Football, les associations du village, la fanfare, la Société Hippique rurale, les

L'US Ittenheim en 1963-1964, accession en division II
Debout de gauche à droite : Paul Koenig, Jacques Schreiner, Paul Blaess, Charles Michel, Alfred Letz, Roger Viola, Bernard Lobstein, Alfred Groll (délégué).
Accroupis de gauche à droite : Thaou, Roland Riff, Lucien Bittmann, Bruno Todone, Philippe Sand.

L'US Ittenheim en 1964-1965, accession en division I
Debout de gauche à droite : A. Sartoria, Ernest Lang, Paul Blaess, Roger Viola, Bernard Lobstein, Jacques Schreiner.
Accroupis de gauche à droite : Alfred Schreiner, Philippe Sand, Lucien Bittmann, Alfred Wendling, Bruno Todone.

Sapeurs-Pompiers. A cette occasion le président de la Ligue d'Alsace remet des médailles pour services rendus à Charles Litt, Charles Letz (Flick), Charles Letz (Ernwein), Jacques Schreiner et Alfred Letz. Moins réjouissante est la relégation de l'équipe première qui redescend en division IV.

Le 27 juin 1958 un nouveau président est élu, M. Charles Roth. Il n'y a plus assez de joueurs pour former une équipe. Malgré tout, Charles Roth reste à la barre du club, ce qui s'avère payant car, pour la saison 1960-1961, son ami du service militaire, Lucien Bittmann, ancien joueur du FC Kronenbourg, vient comme joueur-entraîneur. C'est un renfort à tous points de vue : sportivement et humainement. Il devient un vrai pilier de l'USI. Les résultats ne se font pas attendre. Dès la première saison (1960-1961) l'USI remonte en division III.

En division II

L'équipe première reste deux saisons en division III, et figure toujours dans les premiers, une fois 3e et une fois 2e du groupe. En 1962 l'électricité est installée sur le terrain et l'entraînement en est facilité. Dès la saison 1963-1964, l'équipe première monte en division II et l'équipe réserve finit 2e de son groupe. Les cadets terminent premiers de leur groupe avec 1 match perdu sur 14 et, en plus un véritable exploit se produit en coupe d'Alsace. En éliminant quatre équipes hiérarchiquement supérieures, l'USI parvient au 5e tour, mais se fait éliminer par Erstein (Promotion d'Honneur). La même année, la construction d'un club-house est décidée.

1964-1965. Seulement une année en division II et l'équipe chère à Lucien Bittmann réussit à grimper en division I. A ce moment, l'équipe se compose de battants : A. Sartori, E. Lang, P. Blaess, R. Viola, B. Lobstein, J. Schreiner, Ph. Sand, A. Schreiner, Lucien Bittmann, A. Wendling, B. Todone et Ch. Wendling. L'équipe réserve est aussi championne de son groupe et peut jouer en division IV la saison suivante. Pour la 3e année consécutive le club enlève la coupe Baumann à Graffenstaden.

1965-1966 : pour la première apparition de l'USI en division I, l'équipe fanion termine 3e de son groupe, et les réserves à la deuxième place de leur groupe en division IV. Le 7 août 1966, on inaugure le club-house. Une petite merveille à cette époque avec vestiaires-douches. Beaucoup d'heures de travail, mais les bénévoles sont tous très fiers de leur club-house, sans oublier la participation financière de la commune et le soutien d'Alfred Peter, maire.

Jusqu'en Promotion d'Honneur !

La saison 1966-1967 est de nouveau une réussite, puisque l'équipe fanion termine première de son groupe en division I et monte en Promotion d'Honneur. Quel exploit pour un village qui, à ce moment-là, ne compte même pas 1 000 habitants. On parle autant d'Ittenheim que du Racing de Strasbourg ! Mais c'est grâce au travail sur le terrain, au sérieux, à la volonté et la simplicité que Lucien Bittmann, un meneur d'hommes par excellence, que le club a réussi à gravir quatre échelons, de la division IV en Promotion d'Honneur. Naturellement, les éloges et les félicitations sont à partager avec les joueurs.

La saison 1967-1968 est bonne pour la première année en Promotion d'Honneur. On reparle de l'USI en coupe d'Alsace. L'équipe ne tombe (0-1) qu'en 8e de finale face aux S.R. Haguenau (division d'Honneur). Le maintien est réussi lors de la saison 1968-1969, avec un exploit en prime : un quart de finale de la coupe d'Alsace. L'équipe est éliminée par les semi-pros et stagiaires du Racing-Club de Strasbourg, sur le stade de Furdenheim, devant plus de 1 000 spectateurs (1-5).

1969-1970 est la plus grande réussite pour l'entraîneur Lucien Bittmann, deuxième derrière le SC Sélestat en Promotion d'Honneur du Bas-Rhin et candidat à la montée en division d'Honneur. Malheureusement, le club est obligé de se désister en raison du manque de moyens financiers. Une erreur que Lucien Bittmann ne se pardonnera jamais, puisque, dans la même saison, son équipe est demi-finaliste de la coupe d'Alsace, éliminée par Saint-Louis (division d'Honneur) 1-2 devant 870 spectateurs payants. Voici les noms des joueurs qui ont participé aux années glorieuses de l'USI : R. Viola, J.-M. Letz, J.Cl. Riff, S. Riff, Ch. Michel, B. Todone, J.-M. Hammann, F. Heitzmann, J.-P. Corso, R. Mathis, R. Mayer, A. Wendling, A. Zanier, R. Friederich, J.-M. Ross, J.-M. Michel, R. Riff, A. Roth, D. Fix, F. Lazarus.

Le Stuttgart de Gilbert Gress

1970-1971 est une bonne saison d'ensemble de toutes les équipes. L'équipe une se maintient en Promotion d'Honneur, l'équipe II en division III, l'équipe III termine 3e de son groupe et les équipes de jeunes finissent dans les premiers de leurs groupes respectifs. 1971-1972 : le bilan est assez négatif pour la première fois sous la présidence de Lucien Bittmann. Après 5 années de présence en Promotion d'Honneur, voilà qu'il faut redescendre en division I. Mentionnons que le départ de six joueurs titulaires de l'équipe première (par le fait d'avoir refusé la montée en division d'Honneur), ainsi que le

Les présidents

Michel Kauffmann (1937-1938)
Michel Hommel (1938-1945)
Ernest Haupt (1945-1947)
Charles Litt (1947-1953)
Charles Letz (1953-1958)
Charles Roth (1958-1971)
Lucien Bittmann (1971-1975)
Charles Letz (1975-1978)
Jean-Jacques Geist (1978-1980)
Jean Heusch (1980-1987)
Bruno Todone (1987-1992)
Pierre Bilger (1992 à nos jours)

Le comité de l'an 2000

Lucien Bittmann (président d'Honneur)
Pierre Bilger (président)
Alfred Schlotter (vice-présidents)
Daniel Koenig (vice-présidents)
Jean-Pierre Hurst (trésorier)
Marie-Paule Scharno (secrétaire)
Jean-Michel Weber (président des jeunes)
Rudy Biderschek, Gérard Obrecht, Jean-Yves Perez, Alain Scharno, Alfred Schreiner, Marie-Joëlle Valéry, André Weber, (assesseurs)

L'US Ittenheim en 1969-1970, deuxième de la Promotion d'Honneur
Debout de gauche à droite : Claude Meyer, Serge Riff, Jean-Claude Riff, Roger Viola, Jean-Marc Hamann, Frédéric Heintzelmann, Jean-Michel Letz, Lucien Bittmann (entraîneur).
Accroupis de gauche à droite : Armand Zanier, Raymond Mathis, Richard Mayer, Antoine Gattulli, Roland Friedrich.

L'US Ittenheim en 1978-1979
Debout de gauche à droite : Jean-Jacques Geiss, Freddy Roth, Alain Wagner, Jacky Wagner, Patrick Claussmann, Schoettel, Jean-Michel Letz, Michel Silberzahn, Jean Heusch (président), Jean-Michel Weber, Bruno Todone.
Accroupis de gauche à droite : René Ildiss, Gérard Diemer, Roland Reyss, Jean-Pierre Hurst, Jean-Marc Ross, Horst Feldhan, Freddy Schlotter.

L'US Ittenheim en 1972-1973, remontée en Promotion d'Honneur
Debout de gauche à droite : Lucien Bittmann (entraîneur), Jean-Pierre Corso, Roger Viola, Frédéric Heintzelmann, Jean-Claude Riff, Charles Michel, Roland Friedrich, Jean-Michel Letz. Accroupis de gauche à droite : Armand Zanier, Daniel Fix, Richard Mayer, Raymond Mathis, André Roth, Alfred Wendling.

L'US Ittenheim en 1974-1975, en Promotion d'Honneur
Debout de gauche à droite : Lucien Bittmann (président), Roger Viola, Freddy Lazarus, Laurent Guth, Frédéric Heintzelmann, Jean-Pierre Schann, Jean-Michel Letz, Charles Michel, Guy Boff (entraîneur).
Accroupis de gauche à droite : Stiltz, Raymond Mathis, Antoine Gattulli, Richard Mayer, Alfred Wendling.

changement d'entraîneur ont sérieusement handicapé le maintien. Le nouveau président a donné les rênes à René Emmenegger mais, dès le 20 avril 1972, celui-ci quitte l'USI de son plein gré. Pour terminer la saison en beauté, et pour fêter dignement son 34e anniversaire, le président Bittmann réussit un coup de maître en invitant l'équipe prestigieuse du V.F.B. Stuttgart, 2e de la Bundesliga en 1971, avec Gilbert Gress dans ses rangs. C'est un événement considérable pour le village. Le match entre le V.F.B. Stuttgart et une forte sélection bas-rhinoise se termine sur un score de 6 à 1.

Ce jour-là, Marcel Laugel, président de la CFS du Bas-Rhin, récompense 11 membres particulièrement méritants en leur remettant des breloques de LAFA à savoir : Charles Letz, Lucien Bittmann, Alfred Groll, Ernest Riehl (argent), Raymond Bieth, Jacques Ross, Marcel Straehli et Bruno Todone (bronze). 1972-1973 s'avère être une super saison. L'équipe fanion est la meilleure des trois groupes en division I avec un goal-average de 71-23 et la remontée en Promotion d'Honneur à la clé. Notons que les spectateurs reviennent très nombreux au stade : 600 contre Lingolsheim, 250 contre Gerstheim, 400 contre Westhouse, 250 contre Ergersheim, 300 contre Duttlenheim et, en poule de classement, 600 contre Schwindratzheim et 700 contre le Sporting de Schiltigheim.

A la fin de la saison 1974-1975, l'équipe fanion termine 3e en Promotion d'Honneur, avec la 2e meilleure attaque et 3e meilleure défense. A la fin de la saison le président et entraîneur Lucien Bittmann fait savoir qu'il va mettre fin à toute fonction officielle. Pour la saison 1975-1976, il passe le flambeau à Charles Letz pour diriger le club. Jusqu'en 1977, les résultats sportifs sont assez positifs, dans la mesure où l'USI après une année de purgatoire en division I, arrive à remonter en Promotion d'Honneur en terminant 3e de son groupe grâce aux montées exceptionnelles liées à une nouvelle structuration de la Ligue d'Alsace.

1978-1979 : Un nouveau président est élu en la personne de Jean-Jacques Geist qui, pour sa première année doit subir la loi du sport : l'équipe première descend d'un étage, en division I. Jean-Jacques Geist tient la barre pour la saison 1979-1980 avec le soutien de Bruno Todone.

Mais les résultats sportifs ne suivent pas puisque l'équipe fanion doit de nouveau descendre d'un rang, en division II. 1980-1981 : un nouveau président, Jean Heusch, a le privilège de diriger durant six années les destinées de l'USI. Il arrive à obtenir la montée en division I avec des résultats mitigés. Il reste en place jusqu'en 1986-87. Le relais est repris par Bruno Todone, un ancien joueur et grand serviteur de l'USI avec plus de 30 années de présence au club.

Lucien Bittmann, le retour

Pour la saison 1988-1989, Bruno Todone est réélu président à l'unanimité. Le retour d'un ancien serviteur, Lucien Bittmann, ne passe pas inaperçu à l'assemblée générale. Il est élu président d'honneur pour reprendre du service au sein du club après 13 années d'absence. Malgré un effort considérable de la part des dirigeants, de l'entraîneur et du comité, l'équipe première termine au deuxième rang de son groupe en division II.

Le président Pierre Bilger reprend le flambeau en 1992. Il succède à Bruno Todone. Depuis 1992, trois entraîneurs se sont succédés, ce qui prouve une certaine stabilité. En 1992, Pascal Droehnlé, de 1993 à 1998, Freddy Roth, fils du regretté président Charles Roth et depuis 1998, Claude Muller ancien joueur de FCO Neudorf. L'équipe première a connu des hauts et bas, mais a toujours évolué en division I départementale.

L'USI engage trois équipes de seniors ainsi qu'une équipe de Vétérans. La section jeunes enregistre de nouvelles adhésions surtout chez les plus jeunes de l'école de foot. Cinq équipes participent aux compétitions officielles. Les moins de 15 ans ainsi que les moins de 17 ans jouent en entente à Oberschaeffolsheim, par manque d'effectifs. L'USI appelle de tous ses vœux le nouveau complexe sportif, indispensable pour le développement du football, sport favori dans la commune.

• BIBLIOGRAPHIE :
– Plaquette du 55e anniversaire le 28 juin 1992.
– Plaquette du 60e anniversaire le 8 juin 1997.
– Plaquette mairie-infos de janvier 2001.
– Grand merci à Pierre Bilger.

L'US Ittenheim de l'an 2000
Debout de gauche à droite : Claude Muller (entraîneur), Damien Lang, Ka. Bouchama, E. Malaterre, Alexandre Bertin, Thierry Grambert, Franck Hindenoch, Lionel Bilger, Franck Valéry, Lucien Bittmann (dirigeant).
Accroupis de gauche à droite : Jean-Yves Roth, Thierry Roth, Antonio Scordo, Sébastien Haar, Sébastien Arramont, Olivier Magne, Jean-François Bachmann (capitaine).

Club Sportif Lièpvre ★ 68

Lièpvre

En « tricolore » durant l'occupation

Le Club Sportif de Lièpvre voit le jour en 1937. Certains hommes du village décident crânement de tenter l'aventure. Le premier président est Robert Reichel, actuellement domicilié à Bischwiller. Le Club Sportif de Lièpvre s'enorgueillit d'avoir toujours, à l'heure actuelle (et nous l'espérons pour longtemps encore), son président fondateur dans ses rangs. Un fait relativement rare pour être mentionné. Les premiers membres sympathisants et cotisants sont: Les Ets Bresch-Dietsch, MM. Raymond Aubry, Paul Rieffel, Drancourt (pdg des Ets Dietsch), Hubert Dietrich, Edouard Schmitt, Auguste Hinsinger qui offre en outre la totalité des premiers équipements, Holweck, etc.

Le CS Lièpvre en 1939
Debout de gauche à droite : René Marchal, Raymond Petitdemange, Maurice Laurent, XXX, XXX, Auguste Hinsinger, Armand Krieger. Accroupis de gauche à droite : Léon Bertch, Camille Laiguesse, Paul Colbe, René Finance.

Des statuts parlants

Les premiers statuts du CS Lièpvre sont enregistrés au tribunal de Ste-Marie-aux-Mines le 3 février 1938. Parmi les signatures, relevons les noms de MM. Reichel, Raymond Baradel, Théo Gasperment, Victor Turck, Jean Schneider, Léon Backer, Auguste Hinsinger, Antoine. Tous ces hommes, dont beaucoup ne sont plus malheureusement de ce monde, sont les pionniers de football à Lièpvre. Arrêtons-nous quelques instants à des paragraphes de ces statuts qui font peut-être sourire mais qui prouvent qu'en ce temps-là, les mœurs sont autrement plus sains.

Article 2: La société a pour but de favoriser le développement des forces physiques et morales et l'emploi rationnel des sports, particulièrement du football association et l'étude du tir et de préparer ainsi le plus grand nombre possible de ces jeunes gens à l'obtention du brevet de préparation militaire. Toute discussion politique ou religieuse est interdite.

Article 7: Tout jeune homme de bonne réputation ayant quitté l'école peut devenir membre actif. Les joueurs venant d'autres localités sont également admis. Sont membres postulants ou pupilles, les jeunes gens âgés de moins de 15 ans, agréés par le Comité, avec le consentement des parents, tuteurs ou répondants. Ils versent une cotisation de 1 F par mois.

Article 25: Des amendes peuvent être infligées aux membres qui ne tiennent pas leurs engagements et qui sont absents lots des assemblées générales ou des matches officiels ou des entraînements, sans excuse préalable. Les amendes peuvent aller de 2 à 20 F suivant l'importance du préjudice qui est causé à la Société. Tous ces statuts sont également approuvés par le maire de Lièpvre, Monsieur Fritsch.

Les joueurs étant disponibles, les membres trouvés, les statuts déposés, il reste à trouver un terrain de football. MM. Reichel, Turck et Baradel s'en vont donc trouver M. Burrus, personnalité éminente qui encourage toujours le sport et le football en particulier. La commune de Lièpvre est à l'époque endettée envers M. Burrus, ce dernier accepte d'éponger ses créances à certaines conditions:

Le CS Lièpvre en 1942
Debout de gauche à droite :
Théo Gasperment,
Raymond Petitdemange, René Haag,
Armand Petit, Roger Gelmini,
Armand Krieger.
Accroupis de gauche à droite :
Robert Mathieu, Fredy, Henry Entzmann,
Paul Bertch, Paul Huriez.

Le CS Lièpvre en 1974
Debout de gauche à droite :
René Hach (président),
Théo Gasperment (président d'honneur),
René Roth, Michel Gasperment,
Richard Grandin, Michel Hinterland,
Michel Fréchard, Maurice Antoine,
Kieffer (vice-président).
Accroupis de gauche à droite :
Jean-Paul Maurer, Antoine,
Roland Tugler, Fernand Arbogast,
Philippe Gasperment.

Les présidents
Robert Reichel
Jean Schneider
André Schaetzel
Joseph Keck
Paul Collin
René Ach
Dr Philippe Gasperment
(1975-1976)
Rémi Wickel (1977-1980)
Jean-Pierre Boquia
(1980-1981)
Pierrot Hestin (1981-1994)
Jean-Claude Bassa
(1994-1997)
Jean-Marie Velcin
(1997 à nos jours)

– il faut que la commune de Lièpvre fasse un terrain de football, d'athlétisme, etc..
– au-dessus de ce terrain (actuellement pépinière) doit se trouver une piscine.

M. Burrus donne également une somme de 20 000 F pour débuter le football à Lièpvre. C'est ainsi que naît l'actuel terrain de football. Le conflit mondial éclatant peu après, il est impossible de construire la fameuse piscine et le terrain abrite alors des jardins et même, fin 1944, des fosses antichars.

La première rencontre de l'équipe du CS Lièpvre est un match amical. Il se déroule à Val de Villé contre l'équipe de Châtenois. Les joueurs ne peuvent qu'opposer leur courage à une équipe de Châtenois déjà parfaitement rodée. Lièpvre perd sur un score sans appel (0-11) mais l'ambiance est de suite créée, cette fameuse ambiance qui fait toujours dire, partout où le foot de Lièpvre se produit : « on ne voit ça qu'à Lièpvre ». Nos recherches nous permettent de retrouver quelques-uns des noms des premiers joueurs officiels de CS Lièpvre. Citons Edouard Schmitt, Edmond Guillaume, Auguste Hinsinger, Maurice Laurent, Armand Krieg, René Finance, Batot et évidemment Théo Gasperment. Le second match conduit les bleus de Lièpvre à Logelbach, dans la banlieue de Colmar où le vaillant président, Robert Reichel joue et se retourne un doigt durant la partie.

Avec la seconde guerre mondiale, le président Reichel, est contraint de se retirer. Lui succèdent, dans la grande lignée des présidents du CS Lièpvre, Jean Schneider, André Schaetzel, Joseph Keck, Paul Collin (qui tient en mains les destinées du club presque jusqu'à sa mort), René Ach, son digne successeur, qui va également, sans jamais se plaindre, jusqu'à la limite de ses forces et enfin le président actuel le Dr Philippe Gasperment, fils d'un des tout premiers membres fondateurs, Théo.

Tout au long de ces années de conflit, Lièpvre est l'un des rares clubs à continuer son activité, avec toujours les mêmes couleurs : maillots bleus, shorts blancs et bas rouges, ce qui n'est pas un mince exploit durant ces sombres années de guerre et d'occupation. En ce temps-là, ce sont les Ets Henri Entzmann, Paul Huriez, Armand Krieger, Raymond Petitdemange, René Haag, Roger Jelmini et autre Théo Gasperment qui portent ainsi haut les couleurs du club et de la France !

Affilié à la LAFA

En 1947 arrive à Lièpvre un homme qui va marquer, pendant de longues années, la vie du Club Sportif, en accomplissant maintes tâches pour le plus grand bien de la Société. Ce dirigeant exemplaire que toutes les associations rêvent d'avoir dans leurs rangs est M. Broutin. Le CS Lièpvre est alors affilié à la Ligue d'Alsace de Football sous le n° 4041. Dans les années 1950, le CSL continue son petit bonhomme de chemin en division IV.

La première montée en division III a lieu au terme de la saison 1954-1955, le club ayant fini deuxième de son groupe de division IV. Pour sa première saison en division III, le club finit 8e du groupe 8. On retiendra des noms de joueurs parmi tant d'autres comme Paul Colbe, René Maurer, Pierrot Herment, Maurice Laurent, Robert Mathieu, Yves Antoine, Louis Lamotte, René Haag, etc.

La saison 1956-1957 voit, malheureusement, le CS Lièpvre descendre en division IV. Il va la quitter avec brio en 1960-1961 en terminant 1er de son groupe avec un goal-avérage impressionnant. Retenons aussi quelques noms parmi les joueurs que nous excusons de ne pouvoir tous nommer : Jean-Marie Simon, Bruno Velcin, les Tugler, les deux Hongrois, Imerey Nemeth et Joseph Takaks, J. Waller, Jean-Paul Meyer, Richard Marchal, René Roth, le vaillant et sympathique René qui se dépense sans compter comme joueur-dirigeant et comme un capitaine tout à fait exemplaire. N'oublions pas non plus les René Maurer, Jean-Paul Maurer, Gilbert Fourg et Guy Nussbaumer qui est depuis de longues années un éminent dirigeant du Club voisin Sainte-Marie-aux-Mines.

D'autres anciens joueurs poursuivent leur mission en tant que membres du comité et sympathisants du football à Lièpvre tels les Knecht, Arbogast et évidemment René Roth, toujours très actif dans la Société. Mais aussi Théo qu'on ne présente plus à Lièpvre. La famille, la grande famille, des Hestin aussi, qui fournit périodiquement des joueurs et des dirigeants à Lièpvre et qui est activement présente en ce moment par l'intermédiaire de Pierrot, travailleur infatigable et joueur responsable et consciencieux.

Le Club Sportif de Lièpvre ne reste pas longtemps en division III et redescend à l'issue de la saison suivante, en 1961-1962. S'ouvre alors une longue époque passée en division inférieure, durant laquelle le CSL doit s'expatrier à Sainte-Croix-aux-Mines pour jouer ses matches, car le terrain municipal des « bleus » est en complète réfection. Il convient de remercier les instances dirigeantes du football de Ste-Croix-aux-Mines, qui ont permis aux joueurs de continuer à pratiquer leur sport favori.

Le CS Lièpvre reste en division IV jusqu'en 1972-1973 c'est-à-dire une dizaine d'années. Le football n'en continue pas moins à Lièpvre avec les Alain Entzmann, Gaston Hof, Bruno Velcin toujours présent, René Maurer le gardien, Michel Gasperment et le président actuel Philippe, Camille Stanisière, Jean-Marie Antoine, Henri Hestin, Jean-Claude Hinterlang. En 1970, arrive au club Jean-François Ohnimus, fils du grand Roger, lui même actif au CS Lièpvre dans ses premières années. Aidé des dirigeants dynamiques (Broutin, Rith, Théo...) Jean-François, avec le défunt président Ach, s'emploie à constituer une équipe solide et la grande période des mutations commence. Rejoignent le club cette année là Bernard Pulfermuller, qui doit prendre les fonctions d'entraîneur-joueur-capitaine, Gilbert Voss, Jean-Paul Helde, Michel et Etienne Tringler, André Sandani, sans compter les joueurs qu'on découvre parmi l'excellente équipe des cadets d'alors, Michel Guiot, Richard Hof, Sichler... Dans les buts arrive Michel Kristner qui reste un modèle de gentillesse et de fidélité et qui, en partant, ne garde que des amis au CS Lièpvre. L'équipe est complétée par les frères Gasperment, Hugues Herment qu'on découvre par hasard en jouant une saison à Bois l'Abesse.

118 buts marqués en une saison

Avec des dirigeants comme André Entzmann, Jean-François Ohnimus, Broutin, Edouard Fréchard (dont le fils Michou est un joueur à Lièpvre pendant de longues saisons), Pierrot Hestin, le CS Lièpvre part la fleur au fusil. Le résultat ne se fait pas attendre : avec un matériel pareil, le CS Lièpvre termine largement premier de son groupe avec 5 points d'avance et en marquant 118 buts, établissant de ce fait le record du nombre de buts marqués dans toute l'Alsace ! Lièpvre a droit, comme il le mérite, au challenge du Crédit Agricole, récompensant l'équipe ayant marqué le plus de buts, toutes divisions confondues. Un bien beau souvenir à Lièpvre et qui marque, incontestablement, le club. Malheureusement, en fin de saison, des départs (Opermann, Heldé) des maladies (Pulfermuller) des accidents (Tringler) viennent perturber l'équipe fanion qui ne doit son salut en division III qu'au goal-average particulier avec Sundhouse (qui est battu 7 à 2 à Lièpvre et ne prend sa revanche à Sundhouse que par 1 à 0).

L'entraîneur actuel, Fernand Zagni, amène, en compagnie de son fils Gino, actuel capitaine, la presque totalité de l'effectif actuel de l'an 2000, les Leroy, Antonio Neves, Pierrot Weyh, un gardien qui impressionne à l'aube de cette saison 1974-1975. De suite, les bleus repartent allègrement sous la houlette de Zagni qui donne au club son style de jeu.

Exploit en coupe d'Alsace

On termine à la plus mauvaise place du championnat, à savoir la deuxième, alors qu'il n'y a qu'une équipe qui accède en division II. Mais c'est en coupe d'Alsace et du Crédit Mutuel que s'illustre l'équipe. En coupe du Crédit Mutuel, les « bleus » se font sortir au 4e tour à Duttlenheim (division I) alors qu'en coupe d'Alsace, il faut l'équipe première de Sélestat (division d'Honneur), pour venir à bout de Lièpvre. Auparavant sont éliminés Huttenheim (division II), Châtenois, Dieffenbach-au-Val et le CS Sainte-Croix-aux-Mines, dans son fief, sur un score de 4 à 1, excusez du peu. Vient ce match contre Sélestat à Lièpvre, par un beau dimanche après-midi. Remarquablement préparé par Fernand Zagni, qui connaît bien les visiteurs, Lièpvre joue le match qu'il faut. Arcs boutés en défense en première période devant les Jully alors sélectionnés d'Alsace, Herzog, Neves, Ohnimus, Gasperment, Zagni, font jeu égal et marquent en seconde période le but d'égalisation par Leroy. Il faut recourir à la prolongation alors que la bagatelle de 4 divisions séparent les 2 équipes. Lièpvre s'incline sur la marque de 3 à 1. Le lendemain lundi, la presse sportive régionale souligne le comportement de Lièpvre. Par ce match, Lièpvre se fait connaître plus que pendant toutes les années précédentes et la saison se termine par une honorable 3e place.

A l'issue de la saison 1975-1976, Lièpvre termine à la deuxième place de son groupe en division III derrière Heidolsheim, nettement battu 3 à 0 à Lièpvre. Nouvelle déception pour l'équipe fanion qui se voit, pour la 2e fois consécutive, barrer la route de la division II pour un tout petit point.

Les documents disponibles ne permettent pas de relater de manière précise la vie du club entre les années 1976 et 1998.

La saison 1998-1999 est à mettre dans les annales du Club. En plus de la montée en division II, l'équipe fanion s'offre le luxe d'aller en finale des poules de classement et de terminer vice-champion du Bas-Rhin de la division III. Il ne faut pas oublier non plus que le CSL termine meilleure attaque avec plus de 70 buts marqués.

Le travail fourni par le comité, l'esprit d'équipe des joueurs, l'ambiance au sein du club, sans oublier l'effet du mondial font que de nombreux jeunes se tournent vers le ballon rond et rejoignent le club. Même certains anciens qui ne jouaient plus depuis des années, reprennent du service avec les vétérans.

L'association compte actuellement plus d'une centaine de licenciés, engageant 6 équipes en championnat. La saison 1999-2000 est moyenne pour toutes les équipes. L'équipe fanion se distingue en allant en demi-finale de la coupe du Crédit Mutuel et en s'inclinant fort honorablement devant les Portugais de Sélestat (le score).

• BIBLIOGRAPHIE :
– Documents fournis par le club.

Le Comité de l'an 2000

Jean-Marie Velcin (président-secrétaire)
Pierrot Hestin (président d'honneur)
Jean-Paul Mingat (trésorier)
Jean-Claude Gérard, Robert Groshens
Marius Sossler, François Pierré
Thierry Mouillé, Eric Marchal
Patrick Grandgeorge
Patrick Léonhard (arbitre du club)
Laurent Chalon, Gilles Grohens
et Francine Sossler.

Le comité du CS Liepvre de l'an 2000

Le CS Liepvre de l'an 2000
Debout de gauche à droite : Pierrot Hestin, Jean-Paul Mingat (dirigeant), Yannick Koudlamski, Laurent Chalon, Thierry Still, Xavier Schmidt, Sébastien Guiot, Mimi Yabasit, Frédéric Entzmann, Jean-Claude Gérard (entraîneur). Accroupis de gauche à droite : Franck Heilmann, Anthony Mingat, Fabrice Trimgler, Ludovic Choley, Thierry Sichler, Jean-Charles Girardin.

1937 Lixhausen

Football Club Lixhausen ★ 67

Le FC Lixhausen en 1964, un club déjà en inactivité. Une équipe d'anciens joueurs disputent un match amical
Debout de gauche à droite :
Marcel Killoffer, Joseph Kern, Eugène Steinmetz, Antoine Kern, Gérard Bertrand, Bernard Roos, Lucien Lorentz, Joseph Hoenen, Charles Ross.
Accroupis de gauche à droite :
Alfred Schaeffer, Emile Mosbach, François Rafalsky, Jean-Baptiste Kern, Nicolas Kuntz.

Un joli cadeau de Noël !

Le 26 décembre 1937, le premier match amical est organisé dans le pré de la Muehlmatt à Lixhausen, contre l'équipe des villages voisins de Zoebersdorf-Wickersheim et perdu sur le score sans appel de 14 à 2. Des matches amicaux se déroulent, sans que le club ne soit inscrit au registre des associations et à la Ligue d'Alsace de Football. Cette période dure dix ans.

En 1946, un comité est créé et une équipe engagée dans le championnat d'Alsace de l'Avant-Garde du Rhin. On se réunit dans un restaurant pour créer le premier comité directeur qui se compose de : Joseph Kraenner (président), Joseph Mosbach (vice-président), Emile Blaess (trésorier), Joseph Gantzer (secrétaire), Auguste Berry, Emile Kern, Jean-Baptiste Kern, Jean Lagel, Joseph Troesch (assesseurs). Victor Kern est le maire de Lixhausen, fondateur du club.

Pour la saison 1946-1947, le club est engagé en division I. Il se retrouve dans un groupe avec Saessolsheim, Dettwiller II, Niederschaeffolsheim, AS Hoenheim II, Cronenbourg II, Lochwiller. A la création du club, des représentations théâtrales sont organisées pour financer le fonctionnement de l'association. Durant de nombreuses années, le terrain d'entraînement change constamment d'emplacement, en fonction des disponibilités des prés. Lors de la saison 1947-1978, l'équipe évolue dans un groupe composé de l'AS Hoenheim II, Cronenbourg II, Union Haguenau (forfait), Niederschaeffolsheim, Saessolsheim, Waldolwisheim, Mittelschaeffolsheim, Dettwiller II, Jetterswiller et Lochwiller. Un match important se déroule à domicile, contre le FC Olympique Metz au printemps 1948.

Le FCL est champion de son groupe en 1948-1949, devant Saessolsheim, Lochwiller, Pfettisheim, Jetterswiller, Waldolwisheim, Thal et Russ. En 1949-1950, il est promu en division d'Honneur AGR. Il se trouve dans un groupe difficile qui comprend l'AS Hoenheim, Notre-Dame Strasbourg, Dettwiller, Saverne, La Wantzenau, SR Haguenau, Seltz, Schleithal, Armand Cronenbourg et Niedernai.

En 1950-1951, il est toujours en Division d'Honneur avec Saint-Jacques Dettwiller (champion d'Alsace), AS Hoenheim, Seltz, Saverne Rails, SR Haguenau, Schleithal, La Wantzenau, Leutenheim, Notre-Dame Strasbourg, Jetterswiller et Souffelweyersheim.

En 1951-1952, toujours la division d'Honneur avec FC Schleithal (champion d'Alsace), Dettwiller, La Wantzenau, AS Hoenheim, Saverne Rails, Notre-Dame, SR Haguenau, Niederroedern, Seltz, Leutenheim. Pour la saison 1952-1953, l'équipe est reléguée en division I.

Le premier terrain officiel, « Am kleinen Berg », est trouvé en 1954. A l'issue de la saison 1953-1954, l'équipe est championne du groupe III de la division I AGR, devant Dettwiller,

Après un match, les joueurs du FC Lixhausen se rencontrent sous un abri de fortune

Pfettisheim, Marlenheim, Lupstein, AS Hoenheim, Jetterswiller et Saessolsheim.

La désertion de bons nombres d'équipes enlève progressivement tout intérêt aux compétitions de l'Avant-Garde du Rhin. En 1962, le FC Lixhausen trouve son terrain officiel. Il adhère à la LAFA en 1963-1964, mais la rupture avec l'ancienne Ligue, une démographie décroissante et l'envie matérielle de plusieurs joueurs, provoquent la fin de la compétition à l'issue de la saison 1967-1968, jusqu'en juin 1971. Sous la présidence de Joseph Hoenen (de 1968 à 1971), les résultats sportifs sont décevants par manque de joueurs et des moyens limités. Le terrain n'est pas aux normes, la moitié du stade seulement est fermée par des barrières, les vestiaires se trouvent dans une vieille baraque en bois, sans eau courante ni électricité.

Le club est à nouveau mis en veilleuse jusqu'en 1978, moment où une poignée de mordus du ballon rond, décident de redonner vie au Football Club de Lixhausen. Et c'est en mai 1978, qu'un nouveau comité est fondé : Lucien Lorentz (président), Antoine Kern, Daniel Lengenfelder (vice-présidents), Eugène Huss (secrétaire), Joseph Kapp (trésorier).

Sous la présidence de Lucien Lorentz, on construit un club-house, terminé deux ans plus tard. Le premier match a lieu, en mai 1978, contre Hoerdt (2-0). Dès lors, l'équipe évolue en division IV. En 1981-1982, on engage une équipe réserve seniors. En 1985, on inaugure le club-house, les aménagements intérieurs et extérieurs du club-house lui donnent un cachet plus convivial.

Pierre Lengenfelder prend les rênes du club, le 27 novembre 1987. Il est toujours président à ce jour.

Deux fois de suite, le FCL termine 2e de groupe en division III. En 1987-1988, c'est la montée en division II. La saison 1990-1991 est catastrophique et voit la descente en division III avec une seule victoire.

Le retour d'Alfred Roos, en 1994-1995, relance l'équipe et l'année d'après, en 1995-1996, elle obtient son seul titre de champion de groupe en division III.

• BIBLIOGRAPHIE :
– Documents fournis par Pierre Lengenfelder

Le FC Lixhausen 1979-1980
Debout de gauche à droite : Daniel Lengenfelder, Joseph Krieger, Benoît Lorentz, Christian Krieger, Bernard Lorentz, Jean-Marie Troesch, Pierre Lengenfelder, Paul Glassen, Jean-Pierre Leibenguth, Joseph Kapp, Lucien Lorentz (président).
Accroupis de gauche à droite : Joseph Krieger, Jean-Michel Bertrand, Bernard Kern, Erwin Lukazweski, Gérard Houdé, Gilbert Meder.

Le FC Lixhausen 1995-1996, fête le titre de champion de groupe de la division III avec les supporters

Le FC Lixhausen 1995-1996 en liesse pour fêter le titre de champion du groupe en division III
De gauche à droite : Daniel Lengenfelder, Stéphane Schuster (de dos), Laurent Comte (couché), Denis Bertrand, Michel Bertrand.
Sur le tracteur de gauche à droite : 1er rang : Mathieu Bertrand, Florent Gerling, Jean-Michel Bertrand. 2e rang : Christophe Lorentz, Frédéric Lutz, Olivier Schleidweiler. 3e rang : Luc Kern, Daniel Heid (caché)

Les présidents

Victor Kern (maire-fondateur du club)
Joseph Kraenner (1946-1965)
Joseph Hoenen (1968-1971)
Lucien Lorentz (1978-1983)
Marcel Killoffer (1983-1987)
Pierre Lengenfelder (1987 à ce jour)

Les entraîneurs

Alfred Roos (1980-1988)
Jean-Paul Haas (1988-1991)
Jean-Louis Coulet (1991-1992)
Jean-Marie Schutt
(1992-1993 pendant 6 mois)
Jean-Claude Pfister
(1993-1994 pendant 6 matches)
Michel Bertrand
(1992-1994 pour remplacer les entraîneurs défaillants)
Alfred Roos (1994-2000)

Le comité de l'an 2000

Pierre Lengenfelder (président)
Jean-Marie Troesch (vice-président)
Daniel Lengenfelder (trésorier)
Frédéric Lutz (trésorier)
Gérard Houdé (secrétaire)
Florent Gerling, Pierre Houdé
Fabien Kern, Hubert Lux
Eugène Moebs, Alfred Roos

Football Club Saint-Michel Neewiller ★ 67

1937 Neewiller

L'œuvre du curé Zilliox

C'est dans les années 1936-1937 qu'une poignée de jeunes du village commence à jouer au football sur les prés, non loin de l'actuel terrain. Leur principal supporter est le curé Zilliox. C'est lui qui les encourage à poursuivre leurs efforts et très vite, le nombre de joueurs augmente. C'est alors que l'on décide, le 21 août 1937, d'engager une équipe pour participer au championnat AGR. Mais il faut avoir un terrain réglementaire. Après maintes démarches de la part des pionniers et avec l'appui du curé, ils réussissent à louer des prés à côté de la chapelle.

Les débuts sont difficiles, surtout quand il faut jouer contre des équipes comme Schleithal, Herrlisheim, Seltz, Mothern, Ohlungen qui ont déjà quelques années d'expérience. Mais les coéquipiers d'Albert Mastio, le premier président du FC Neewiller, n'abdiquent pas et c'est avec beaucoup de courage qu'ils enfilent de nouveau leur maillot le dimanche suivant. Leur enthousiasme est freiné par la guerre et toute activité cesse lors de la mobilisation et de l'évacuation en Haute-Vienne.

Reprise en division I en 1946

Quelques mois après leur retour au pays, les passionnés du football se retrouvent pour disputer des matches amicaux. Et c'est dès le mois de janvier 1946 qu'ils nomment un nouveau président, René Zerr. Le championnat reprend en automne et Neewiller débute en division I AGR. Les débuts sont pénibles surtout quand il faut rencontrer des villages avec un potentiel bien supérieur.

C'est en 1954 que les premiers rapports de réunion sont inscrits dans un livre appelé Protocole du FC Neewiller. Le premier rapport concerne l'assemblée générale du 29 novembre 1954. Le curé est directeur du FCN, Joseph Mastio président, Antoine Muller et Antoine Heintzelmann, caissiers et Joseph Schwengler, secrétaire.

C'est le 19 juin 1955 que Neewiller organise la coupe de la Lauter. Le FCN remporte la finale et gagne pour la 2ᵉ fois le trophée. C'est d'ailleurs une excellente saison avec un titre de champion

Le FC Neewiller en 1937
Debout de gauche à droite : Albert Gertz, Alphonse Zerr, Julien Heintz, Albert Roth, Alphonse Mastio, Lucien Zerr, Antoine Zerr.
Accroupis de gauche à droite :
Albert Mastio, Antoine Eckert, Aloyse Fritz.
Manque sur la photo : Alfred Heintz.

Le FC Neewiller en 1947
Debout de gauche à droite :
Joseph Muller, Antoine Muller, Alphonse Zerr, Joseph Mastio, Jeannot Mastio, Alphonse Schwengler, Auguste Roth, Lucien Heintz.
Assis de gauche à droite : Michel Mastio, Alphonse Mastio, Robert Zerr, Victor Zerr.

Le FC Neewiller 1953-1954
Debout de gauche à droite : Robert Zerr, Lucien Mastio, Alphonse Zerr, Emile Schmitt, Albert Mastio, Robert Zerr.
Accroupis de gauche à droite : Auguste Roth, Albert Braun, Joseph Hoffarth, Alfred Zerr, Jean-Pierre Zerr, Antoine Mastio.

Le FC Neewiller 1962-1963
Debout de gauche à droite : Bernard Braun, Max Nydegger, Albert Mastio, Auguste Roth, Gilbert Moog, Joseph Roth.
Accroupis de gauche à droite : Jules Zerr, Alfred Zerr, Fernand Muller, Casimir Zerr, Robert Braun.

Le FC Neewiller 1977-1978
Debout de gauche à droite : Roger Fritz, Patrick Zerr, Jacques Wenner, Armand Fritz, Rémy Hoffarth, Gérard Zerr.
Accroupis de gauche à droite : Bertrand Fritz, René Zerr, Pierre Heintz, Armando Teixeira, José Pereira, Gérard Demant.

de groupe de la division I, une participation aux 16e de finale de la coupe FSF et aux quarts de finale de la coupe d'Alsace. Le FCN, déjà vainqueur en 1954 et 1955, remporte la coupe de la Lauter en 1956 pour la troisième fois.

En 1959, une équipe II participe pour la première fois au championnat. C'est aussi cette année-là, en automne, que le FCN rencontre l'ES Montreuil en coupe nationale. En 1961, après un match de barrage, Neewiller accède en division d'Honneur et remporte de nouveau la Coupe de la Lauter. Le 2 septembre 1962, on fête le 25e anniversaire du club. Un tournoi avec les équipes des environs anime la journée.

Dans le giron de la LAFA

En 1964, le FCN quitte l'AGR et entre dans le giron de la LAFA. En 1967, on procède à l'inauguration du nouveau terrain, l'ancien est agrandi, une buvette et un hangar édifiés par des bénévoles servent d'abri aux joueurs et aux spectateurs.

En 1971, Neewiller accède pour la première fois en division III, après s'être classé 2e de son groupe. Mais le maintien n'est pas assuré et l'année suivante, il faut se résoudre au retour en division IV. C'est le week-end du 14 juillet 1972 que Neewiller accueille pour la première fois une délégation de Saint-Sulpice-les-Feuilles (Haute-Vienne). Une rencontre de football entre les deux villages clôture les festivités le dimanche 16 juillet.

Au terme de la saison 1974-1975, c'est malheureusement le retour en division III puis la saison suivante en division IV. Mais l'équipe remonte en division III dès la fin de la saison 1976-1977. C'est au début de l'année 1979 qu'un projet de construction de vestiaires est lancé, mais un tel investissement n'est pas possible pour le moment. On décide d'organiser des bals. Les premiers ont lieu les 9 et 10 août 1979, sous un chapiteau installé sur le stade.

En exil à Mothern

En 1980, les nouveaux statuts sont approuvés par l'assemblée générale.

Le FC Neewiller 1983-1984
Debout de gauche à droite : Roger Fritz, Norbert Wolff, Richard Mastio, Pierre Fritz, Dominique Zerr, Richard Eicheldinger, Patrick Zerr, Roger Buch, Jacques Wenner.
Accroupis de gauche à droite : Patrick Roth, Philippe Pons, Bernard Zerr, Jean-Luc Fritz, Claude Schneider, Jean Renckert, Bernard Fritz, Denis Zerr.

Le FC Neewiller 1979-1980
Debout de gauche à droite : Patrick Zerr, Armand Fritz, Armando Teixeira, Bernard Zerr, Richard Mastio, Pierre Fritz
Accroupis de gauche à droite : Pierre Heintz, Avelino Pereira, Claude Roth, Antonio Oliveira, Bertrand Fritz, Gérard Demant

Le FC Neewiller 1985-1986, en division II
Debout de gauche à droite :
Robert Zerr, Dominique Zerr,
Sylvain Mastio, Pierre Fritz, Armand Fritz,
Bertrand Fritz, Patrick Zerr (entraîneur).
Accroupis de gauche à droite :
Jean Renckert, Didier Zerr,
Goetz, Bernard Zerr,
J.Pierre Schmaltz, J.Luc Fritz,
Christian Erhard, Richard Mastio.

Le conseil d'administration accepte le bail emphytéotique proposé par le conseil municipal. C'est aussi l'année du commencement de la construction des vestiaires par les bénévoles. L'équipe fanion termine la saison à la 5e place en division III.

En 1982, les vestiaires sont opérationnels. Pour financer les travaux, outre les subventions de la commune et de Jeunesse et des Sports, le FCN organise tous les ans depuis 1979, au moins deux bals plus un tournoi. Malgré ses efforts, l'équipe ne réussit pas à monter en division III.

Au mois de juin 1983, commencent les travaux de restauration du clubhouse. Ceux-ci sont terminés dans le milieu de l'année 1984. C'est en été 1984 que sont entrepris, par la commune, les opérations de nivellement du nouveau terrain. Les deux équipes jouent pendant trois saisons à Mothern, sur le terrain situé près du Rhin.

Jusqu'en division I

En 1985, l'équipe accède en division supérieure, mais comme la LAFA procède à une refonte de ses compétitions, le FCN accède directement en division II. C'est une année exceptionnelle. L'équipe élimine, au 3e tour de la coupe CMDP, les sociétaires de division I, Steinseltz, mais est éliminée en quarts de finale à Soultz (division d'Honneur) et reçoit le challenge de l'exploit.

En 1986, les équipes I et II sont classées quatrièmes dans leurs championnats respectifs. Nouvel exploit de l'équipe fanion en coupe d'Alsace avec l'élimination de Soufflenheim au 1er tour. En coupe CMDP, c'est Woerth (Promotion d'Excellence) qui tombe au 1er tour, mais le FCN se fait éliminer par Betschdorf au tour suivant, et le FCN se classe à nouveau premier au challenge de l'exploit. La saison 1986-1987 est surtout marquée par la préparation du 50e anniversaire. Sur le plan sportif, l'équipe « une » termine à la cinquième place en division II et, championne de son groupe, accède en division I au terme de la saison 1987-1988.

Une division II qu'elle ne va plus quitter jusqu'au terme de la saison 1990-1991. C'est alors que l'équipe accède à la division I. C'est à cette époque qu'est effectué le lancement de deux équipes de jeunes par Jean Renckert.

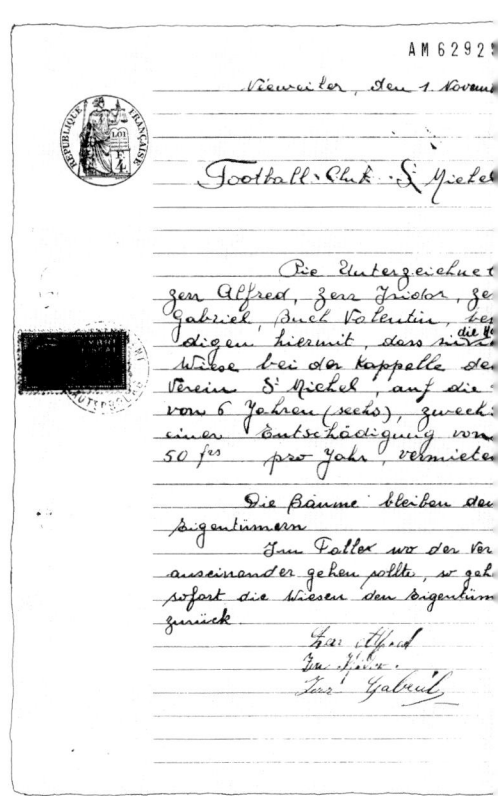

Le contrat de location du terrain du FCSM Neewiller en 1937

Le FC Neewiller 1987-1988, accession en division I
Debout de gauche à droite :
Roger Fritz (président), Dominique Zerr,
Pascal Bernhard, Jean-Marie Goetz,
Jean-Pierre Schmaltz, Didier Zerr,
Jean-Luc Fritz, Rémy Hoffarth,
Armand Fritz, Patrick Zerr (entraîneur),
Roger Buch (délégué).
Accroupis de gauche à droite :
Patrick Gassian, Jean Renckert,
Bertrand Fritz, Bernard Zerr,
Michaël Lehwald, Hervé Zerr,
Thierry Fritz, Richard Mastio, Pierre Heintz.

Le FC Neewiller 17 ans A 1996-1997, champion d'Alsace.
Debout de gauche à droite : Richard Mastio (président), Bertrand Fritz (entraîneur), Léonard Schuke (entraîneur), Jamal Ezzaouia, Anoir Lofti, Mathieu Fritz, Emmanuel Baumann, Ilyas Oz, David Risser, Mathieu Suss, Nicolas Schmitt, Daniel Heintzelmann, M. Reininger (sponsor).
Accroupis de gauche à droite : Ahmed Armel, Johann Gentess, Marius Koebel, Bertrand Basch, Stéphane Bordenkircher, Ludovic Muller, Arnaud Kuntz, Yves Heilmann, Adrian Richert.

Les présidents

Albert Mastio et Albert Gertz (1937-1938)
Aloyse Heintz (1938-1939)
René Zerr (1946-1947)
Alphonse Heintz (1947-1949)
Joseph Mastio (1949-1959)
Joseph Schwengler (1959-1963)
André Schmitt (1963-1964)
Casimir Zerr (1964-1971)
Jules Zerr (1971-1973)
Michel Mastio (1973-1978)
Roger Fritz (1978-1993)
Heinz Steidl (1993-1998)
Richard Mastio (1998 à nos jours)

Le comité de l'an 2000

Richard Mastio (président)
Christophe Eicheldinger (vice-président)
Frédéric Baumann (secrétaire)
Daniel Heintzelmann (trésorier)
Désiré Oesterlé, Bertrand Fritz
Sylvain Kreutzberger, Dieter Welte
Léonard Schuke

Le FCN s'y sent bien et continue son aventure à ce niveau jusqu'à la fin de la saison 1994-1995. C'est alors que s'amorce la lente descente, d'abord en division II donc, mais aussi en division III une fois terminée la piètre saison 1996-1997. Un niveau qui est le sien en l'an 2000. A signaler que le travail effectué auprès des jeunes commence à porter ses fruits dans la mesure où les 17 ans A entraînés par le duo Léonard Schuke - Bertrand Fritz sont sacrés champions d'Alsace. Quant aux benjamins B, ils sont sacrés champions de groupe.

• BIBLIOGRAPHIE :
– Plaquette du 50e anniversaire en 1987.
– Grand merci à Richard Mastio.

Le FC Neewiller benjamins 1998-1999, champion de groupe
En haut de gauche à droite :
Günter Graf, Guillaume Gerhard,
Benoît Baumann (maire),
Frédéric Baumann (entraîneur).
Debout au milieu de gauche à droite :
Stéphane Kaspar, Sébastien Kaspar,
Fabrice Stoltz, Clément Moebs,
Benoît Landry, Philippe Bord,
Jonathan Renckert.
Accroupis de gauche à droite :
Sébastien Feist, Nicolas Schmaltz,
Nicolas Oesterlé, Arnaud Knaub,
Dominique Graf, Daniel Richert.

Le FC Neewiller en l'an 2000
Debout de gauche à droite :
Bertrand Fritz (entraîneur),
Frédéric Baumann, Frédéric Haro,
Pascal Nicolas, Thierry Striebig,
Mathieu Fritz, Christophe Eicheldinger,
Richard Mastio (président).
Accroupis de gauche à droite :
Jean-Luc Fritz, Anouar Lotfi,
Yves Delagrange, Jean-François Hoch,
Stéphane Muller, Patrice Urlacher.

1937 Oberbronn

Football Club Oberbronn ★ 67

Le FC Oberbronn, février 1939

Le FC Oberbronn, accession en division III en 1959-1960
Debout de gauche à droite :
Robert Forstoffer, André Zint, Chrétien Koehler, René Ries, Frédéric Maier, Marcel Kugler.
Accroupis de gauche à droite :
René Behr, Louis Hagemann, Charles Weil, Charles Metz, Edmond Kunkel.

Les irréductibles des Vosges du Nord

C'est en 1937 qu'une poignée de gamins et de sportifs décident de créer le Football Club Oberbronn. A l'époque, un terrain de sport est pour beaucoup de villageois, synonyme de danger. Mais l'enthousiasme des jeunes et la persévérance de leurs aînés ont vite raison de ces obstacles. Le président fondateur du club est Jacques Jund.

En 1937-1938, le club est engagé en division IV et se classe 6e d'un groupe remporté par Wissembourg. Ses adversaires sont Merckwiller-Pechelbronn, Hanhoffen, Surbourg, Weitbruch, Oberbronn, Hatten et Durerrenbach. L'équipe reste en division II jusqu'à la guerre qui met un terme à ses activités.

Le Football Club Oberbronn reprend vie en 1945-1946, et se trouve classé en division IV. Il y est encore en 1947-1948, réalise une bonne saison qui le conduit à la 3e place du classement. Le club se positionne 5e en 1948-1949 et 1949-1950. Il continue son ascension pour finir 3e en 1950-1951. C'est à l'issue de la saison 1951-1952 que l'équipe fanion se classe première, devant son dauphin Dauendorf avec une seule petite défaite. Il accède logiquement en division III et surprend par une excellente seconde place en 1952-1953, après une première saison magnifique.

Une belle partie d'ascenseur

Pour la saison 1953-1954, le FCO se classe 5e de son groupe. Malheureusement il fait une mauvaise affaire en 1954-1955 quand, avec seulement 3 matches gagnés, un nul et 14 défaites, il est 10e et dernier et retombe en division IV. L'équipe ne se décourage pas et remonte en division III en compagnie de Wintershouse. Le club termine 3e de la saison 1956-1957.

Il rate plus ou moins l'exercice 1957-1958 en finissant en 7e position, mais le fiasco arrive en 1958-1959, car le club est une nouvelle fois relégué en division IV. Mais le FC Oberbronn est plein de ressources et le prouve en 1959-1960 puisqu'il remporte la première place de son groupe et remonte en division III.

L'équipe fanion se classe 7e en 1960-1961, puis 6e en 1961-1962. Elle reste cependant fébrile comme en témoigne sa 8e place de 1962-1963. Elle craque et retombe en division IV. Mais le club est décidément d'un entêtement à toute épreuve puisqu'il réussit à remonter en division III dès la saison 1964-1965, avec 12 matches gagnés, 2 nuls et seulement 2 défaites.

L'équipe fanion repart donc en division III et se classe 3e en 1965-1966, puis 7e pour la saison 1966-1967 et 4e en 1967-1968.

L'accession en division I

Malheureusement le club termine 10e en 1968-1969 (7 matches gagnés, 0 nul et 13 défaites), et est reconduit en division IV une fois de plus. C'est sans compter sur cette équipe au moral d'acier qui, pour la quatrième fois consécutive, remonte dès l'année

Le FC Oberbronn, accession en division III en 1964-1965
Debout de gauche à droite : Alfred Kreb,
Louis Hagemann, Robert Trautmann, Charles Raichle,
Robert Sieg, Joseph Thomas (président).
Accroupis de gauche à droite :
Frédéric Munsch, Guy Clavel, Charles Weil,
Ernest Anthoni, Bernard Hagemann, Robert Ludwig.

Le FC Oberbronn 1967-1968
Debout de gauche à droite : Bernard Braeunig, René Lohmuller, Bernard Hagemann, Robert Sieg, Jean-Charles Ott.
Accroupis de gauche à droite : Jacky Metz, René Becker, Ernest Anthoni, Joly, Kaiser, Robert Ludwig.

Le FC Oberbronn 1985-1986
Debout de gauche à droite : Frédéric Ensminger, Auguste Becker, Bernard Heilig, Georges Schmitt, Norbert Schmitt, Freddy Munsch, Jacky Reppert.
Accroupis de gauche à droite : Thierry Roth, Pierre Deutschmann, Jacky Claemmer, Jean-Jacques Gross, Gilbert Martin, Gilbert Popp.

Départ à la retraite d'un dirigeant méritant
De gauche à droite : Francis Huhn, Roselyne Bargetzi, Christian Bargetzi (vice-président), Joseph Roessler, Patrick Bettinger (président), André Hahn (vice-président de la LAFA), Lucie Roessler, Jacky Reppert, Nathalie Reppert.

suivante sa relégation, en se classant 4e en 1969-1970.

3e en 1970-1971 après une saison satisfaisante, le club se classe 6e en 1971-1972 et refait une bonne saison 1972-1973 (3e). C'est l'année suivante que le FCO s'empare de la première place avec 14 matches gagnés, 2 nuls et seulement 2 défaites. Le club accède donc en division II. Mais il retourne en division III en 1975-1976. Comme une bonne vieille habitude, il remonte aussitôt en division II, (4e en 1976-1977), mais retombe en 1979-1980.

Pour la saison 1981-1982, le FC Oberbronn réalise une satisfaisante 5e place, puis se classe 2e derrière Uhrwiller en 1982-1983, puis 4e en 1983-1984. En 1984-1985, il est une fois de plus premier, devant Dauendorf.

L'équipe fanion accède directement en division I du fait de la refonte des championnats entreprise par la LAFA. Le 9 juin 1985, le terrain de football est inauguré en même temps que quatre autres équipements d'intérêt public : La place du Couvent, le court de tennis, le parcours-santé et le foyer socio-culturel.

Pour la saison 1985-1986, l'équipe pointe en 6e position, puis 5e en 1986-1987 et 10e en 1987-1988, échappant de peu à la relégation. En 1987-1988, une section de jeunes, dynamique, fait la fierté du club, avec un titre de champion d'Alsace minimes.

Toujours en division I en 1988-1989, le FCO finit 6e, mais c'est la saison suivante (1989-1990) que le club s'enlise et repart en division II. Il finit 7e en 1990-1991, 6e place en 1991-1992 puis 4e en 1992-1993. Il évite deux fois de suite, de peu, la relégation en terminant successivement 11e puis 12e en 1993-1994 et en 1994-1995.

Le FC Oberbronn minimes A, champion d'Alsace 1987-1988
Derrière de gauche à droite : Charles Weil (entraîneur), Frédéric Braeunig (président), Jean-Jacques Kopp (dirigeant).
Au milieu de gauche à droite : Olivier Boquel, Olivier Ehrhardt, Hervé Wendling, Patrice Braeunig, Franck Schaefer.
Devant de gauche à droite : Yannick Boquel, Laurent Bisch, Christophe Landolt, Stéphane Hecker, Christophe Claemmer, Fabrice Clodong.

La retraite de « Seppel » Roessler

Le Football Club Oberbronn remonte peu à peu la pente, se classe 9e en 1995-1996, puis 7e en 1996-1997, pour finir 2e en 1997-1998 et en 1998-1999. L'équipe fanion se maintient à la 3e place en 1999-2000. Le 6 août 2000, « Seppel » Roessler fait valoir ses droits (amplement mérités) à la retraite footballistique, après 46 années de bons et loyaux services. A cette occasion, le club lui offre un tableau représentant son village natal. Le FCO termine à une confortable 5e place en 2000-2001.

• **BIBLIOGRAPHIE :**
– Documents remis par le club.

Remises de distinctions à des dirigeants méritants le 9 juin 1995 à l'occasion de l'inauguration du nouveau terrain
De gauche à droite : Charles Weil, Gilbert Werner, Bernard Braeunig, André Hahn (LAFA), Robert Sieg, Patrick Bettinger, Marcel Delattre (LAFA), Théo Raichle, Robert Mauler (maire), Pascal Koehl, Frédéric Braeunig, Charles Eisenschmidt, Claude Manderscheidt.

Les présidents

Jacques Jund (1937-1938)
René Vetter (1950-1951)
Edouard Baldauf (1954-1955)
Charles Eisenschmidt (1955-1962)
Joseph Thomas (1962-1966)
Albert Metz (1966-1969)
Frédéric Braeunig (1969-1993)
Patrick Bettinger (1993 à nos jours)

Le comité de l'an 2000

Patrick Bettinger (président)
Christian Bargetzi (vice-président)
Frédéric Ott (vice-président)
Patrick Bettinger (secrétaire)
Roselyne Bargetzi (trésorier)
Bernard Braeunig (trésorier)
Jean-Pierre Allenbach
Frédéric Braeunig, Francis Huhn
Jean-Daniel Kirmis, Christelle Leingang
Olivier Leingang, Edouard Ludwig
Gilbert Martin, Georges Munsch
Jacky Reppert, Charles Weil
Bernard Weureither

1937
Association Sportive de Ohlungen ★ 67
Ohlungen

L'AS Saint-Georges Ohlungen en 1937
Debout de gauche à droite :
Robert Dentinger (directeur d'école, membre fondateur), André Wagner, Joseph Jérôme, joueur X de La Walck, Marcel Ott, Léon Ott, Joseph Winckler, Antoine Felten (restaurateur), Antoine Glück (président).
Accroupis de gauche à droite :
André Zirnheld, Charles Glück, Charles Dollinger, Barth, Joseph Kapfer.

Son président au four et au moulin

Robert Dentinger est directeur d'école à Ohlungen. C'est lui qui, le 6 mai 1937, crée un comité provisoire d'un club de football avec quelques mordus du ballon rond. Le club prend le nom de « Association Sportive Saint-Georges Ohlungen 1937 ». Le président, on le sait, doit être au four et au moulin. C'est peut-être pourquoi on choisit le boulanger du village pour assumer ces fonctions, Antoine Glück. Le club a de la chance, il est né sous une bonne étoile...

Le premier comité : Antoine Glück (président), Joseph Fuchs (vice-président) André Zirnheld (secrétaire), Antoine Jérôme (trésorier), Joseph Dollinger, Joseph Wendling, Antoine Kapfer, Georges Lingenheim, Robert Dentinger (assesseurs).

Pas de serment pour le Führer

Les démarches pour obtenir un terrain sont plutôt compliquées. Avant la guerre, les propriétaires font de la résistance. Il faut même l'intervention du Bon Dieu, ou plutôt de son représentant, le curé du village. Finalement, on aménage un terrain situé - ça ne s'invente pas - près de la chapelle de la Klose, sur la route d'Uhwiller. Il faut aussi dénicher des montants de buts : des poteaux électriques feront l'affaire. Comme son nom l'indique, le club est affilié à la fédération de patronages, l'Avant-Garde du Rhin. On dispute le premier match face à Niederschaeffolsheim. L'équipe est composée de Charles Dollinger, Charles Gluck, Joseph Winckler, Léon Ott, Joseph Jérôme, Antoine Felten, André Wagner, André Zirnheld, Joseph Kapfer, auxquels se joignent deux joueurs originaires de La Walck. Le club dispose de beaucoup de joueurs à tel point qu'il engage une formation réserve et des juniors. L'entraînement est assuré par Robert Dentinger, et, comme la plupart des clubs à l'époque, les déplacements sont effectués à vélo.

La guerre arrive. Les clubs de football sont mis sous tutelle allemande. Ohlungen ne fait pas exception. Il convient de « prêter serment au Führer » pour pouvoir s'inscrire dans les championnats. La jeunesse locale s'y oppose. C'est Joseph Jérôme qui se voit chargé de la difficile tâche de négocier avec l'occupant. Il est d'abord renvoyé par un responsable allemand qui le traite de « Pfaffenvereine », en voulant à tous les clubs de l'AGR. Mais il insiste en acceptant simplement de faire déplacer une croix par la jeune fille de service. Et comme partout ou presque, les nombreuses incorporations de force viennent mettre un terme provisoire aux activités footballistiques.

Ce n'est qu'en 1946 que le nouveau président, Antoine Felten, restaurateur de son état et conduisant un nouveau groupe de dirigeants, demande l'affiliation à la Ligue d'Alsace de Football Association. Le stade de Batzendorf est inauguré en 1947.

Dans la remorque d'un camion

C'est le club qui se charge de l'organisation de la Fête Forestière instaurée comme une institution dès 1950. Elle avait lieu jusque-là dans le verger de Léon Kapfer, elle prend place majestueusement à l'orée la forêt communale. Partie de la division IV en 1946-1947, l'ASO accède à la division II au terme de la saison 1952-1953.

On a abandonné les vélos pour les déplacements qui sont devenus plus lointains et on grimpe sur la remorque d'un camion. L'autocar sera pour plus tard. Après la guerre mondiale, c'est celle d'Algérie qui décime les rangs. Plusieurs titulaires sont absents pour de longs mois et l'équipe première paie l'addition : le club retombe en division III à la fin de la saison 1957-1958.

Ce n'est qu'après une belle saison 1960-1961 que l'équipe remonte en division II, après un match de barrage contre Schwindratzheim (3-1), resté dans la mémoire des anciens.

L'AS Ohlungen en 1947
De gauche à droite :
Joseph Anstett, Antoine Anstett, Alphonse Kocher, Antoine Anstett, Michel Anstett, Xavier Kruth, Charles Ott, François Fuchs, Michel Fuchs, Antoine Schneider, Charles Gangloff.

L'AS Ohlungen 1957-1958
Debout de gauche à droite : Alphonse Acker, Joseph Klieber, Marcel Wendling, Fernand Kapfer, Marcel Lutz, Joseph Anstett.
Accroupis de gauche à droite : Pierre Glück, Joseph Kapfer, Antoine Dossmann, Antoine Anstett, A. Hilber.

L'AS Ohlungen 1951-1952, accession en division II
Debout de gauche à droite : Antoine Felten (président), René Kruth, Xavier Kruth, Michel Fuchs, Joseph Anstett, Marcel Wendling, Joseph Felten, François Fuchs (trésorier).
Accroupis de gauche à droite : Joseph Kapfer, Joseph Klieber, Antoine Dossmann, Fernand Kapfer, Charles Ott.

L'AS Ohlungen 1960-1961, accession en division II
Debout de gauche à droite : Léon Kapfer (délégué), René Kruth (trésorier), Pierre Schalck, Albert Fischer, Aloyse Anstett, Robert Kapfer, Fernand Kapfer, Pierre Grasser, Marcel Wendling (président). Accroupis de gauche à droite : Raymond Hoffmann, Joseph Sander, Marcel Wagner, Paul Dolder, Marcel Georg, Bernard Fischer.

25 ans en division II

L'ASO va y rester durant 25 saisons consécutives, un modèle de stabilité et une sorte de record en la matière.

Quant à la réserve, elle fait régulièrement parler d'elle au point qu'elle est championne de son groupe au terme de la saison 1970-1971 avec 18 victoires pour 18 matches disputés. Elle est aussi demi-finaliste de la coupe Aimé Gissy réservée à cette catégorie.

Le terrain, situé en zone inondable, ne manque pas d'être envahi par les eaux à la première crue. Mais il va être frappé par le remembrement. Il n'est plus utilisable et la commune décide alors de créer un nouveau stade municipal équipé d'un club-house qui est inauguré le 19 août 1973 en présence de nombreuses personnalités. Pendant toute la période d'aménagement du stade, les matches sont disputés sur le stade de La Walck qui le met fort aimablement à disposition. C'est les 22 et 23 juillet 1978 que l'ASO fête son 40e anniversaire en présence du club allemand jumelé du FCV Merxheim.

La saison 1980-1981 se passe bien et l'équipe effectue un bon parcours mais rate la montée en division I. La refonte des championnats va permettre au club de grimper de deux échelons à l'issue de la saison 1985-1986. Elle accède ainsi en Promotion.

Jusqu'en Promotion d'Excellence

Mais à la fin de la saison 1986-1987, l'ASO retombe en division I après une défaite à domicile face à Schweighouse (0-2). Le président démissionne, une partie du comité avec lui et on note le départ d'un grand nombre de joueurs. C'est dans cette ambiance de déception que l'on fête néanmoins le 50e anniversaire le 14 juin 1987. Président intérimaire, Jean-Pierre Ott a rameuté ses troupes. Lors de cette journée, les anciens présidents et les membres méritants sont honorés par Marcel Delattre, vice-président de la LAFA.

Le deuxième terrain est inauguré le 24 juillet 1988 avec un match opposant une sélection régionale aux professionnels du Racing Club de Strasbourg. Devant plus de 1 000 spectateurs, le Racing l'emporte 7-0. Un Racing qui aligne, entre autres, Didaux, Pita, Etamé, Lemonier, Christen, Vincent Cobos, Sattler, Hutteau, Seck. C'est Jacques Schleef qui reprend en main les destinées techniques de l'équipe première. Bernard Fischer, de son côté, prend la présidence. Tous les joueurs du cru exilés dans les clubs environnants reviennent au bercail. C'est ainsi qu'à la fin de la saison 1991-1992, une fois le match de barrage remporté (3-1) contre Mertzwiller à Gundershoffen, l'équipe première remonte en Promotion. Et dispute dans la foulée la finale (perdue 1-3) de la coupe du Crédit Mutuel devant l'AS Gambsheim, à Rohrwiller. Après avoir éliminé successivement Routzenheim (3-0), Niedermodern (3-0), Rohrwiller (5-1), Brumath (1-0) et Marienthal (1-0).

En 1992, Arsène Glück, maître boulanger et petit-fils du premier président Antoine Glück, devient président à son tour. La saison suivante, c'est l'accession en Promotion d'Excellence. Le club,

L'AS Ohlungen en 1967
Debout de gauche à droite : Antoine Burg (président), Jean-Paul Ferbach, Joseph Koeger, Marcel Marx, Antoine Georg, Bernard Fischer, Aloyse Anstett, Jean-Louis Zottner (entraîneur), Robert Kapfer (délégué).
Accroupis de gauche à droite : Joseph Winckler, Marcel Ferbach, Jean-Paul Schneider, Paul Dolder, Jean-Claude Wagner.

L'AS Ohlungen, championne de groupe réserves 1970-1971
Debout de gauche à droite : Jean-Pierre Ott, Antoine Georg, Michel Acker, Gérard Ott, Fernand Ott, Michel Ferbach.
Accroupis de gauche à droite : Marcel Wagner, Gilbert Kress, Pierre Schalck, Antoine Ohlmann, Armand Weibel.

L'AS Ohlungen en 1980
Debout de gauche à droite : Etienne Lanoix (président), Marc Cunrath, Fernand Kruth, Antoine Georg, Rémi Anstett, Pascal Lanoix, Richard Zenss, Armand Weibel (délégué).
Accroupis de gauche à droite : Michel Weiss, Antoine Ohlmann, Rémi Acker, Barnard Acker, Patrick Merino, René Ohlmann.

L'AS Ohlungen 1985-1986, accession en Promotion
Debout de gauche à droite : Etienne Lanoix (président), Rémi Anstett, Jean-Pierre Olivetti, Patrick Trauttmann, Pascal Lanoix, Romain Meyer, Pascal Wigand, Roland Moemersheim (entraîneur).
Accroupis de gauche à droite : Jean-Georges Mérinos, Jean-Georges Wigand, Richard Anstett, Roland Grünenwald, Francis Taesch.

Les récipiendaires honorés par la LAFA à l'occasion du 50e anniversaire
De gauche à droite : Etienne Lanoix, René Kruth, Marthe Lanoix, Marcel Wendling, Lucienne Weibel, Fernand Kruth, Marcel Delattre, Bernard Fischer, Antoine Felten (assis), Joseph Klieber (maire), Bernard Roth, Alphonsine Weibel, Bénédicte Ott, Jean-Pierre Ott.

qui a terminé à la deuxième place du groupe 2 derrière les FR Haguenau II, se retrouve donc confronté à des équipes comme Wissembourg, Gundershoffen, Phalsbourg ou Bischwiller, de grands noms du football régional. En coupe d'Alsace, l'ASO sort Mars Bischheim (2-1) en 32e de finale avant de s'incliner face à Bischoffsheim (1-0). Mais l'apprentissage à ce niveau de compétition est difficile et dès la première saison, l'équipe, qui termine à l'avant-dernière place avec deux victoires seulement, est reléguée en Promotion.

L'aventure des coupes

Lors de la saison 1994-1995, l'ASO réussit un parcours étonnant en coupe de France. En éliminant successivement Oberhoffen (2-1), Routzenheim (2-1), Herbitzheim (1-0), Menora (1-1 et 6-5 tab) avant de s'incliner (1-3) contre Erstein. C'est lors de cette même saison que l'équipe II est championne de groupe de division III et accède en division II. Lors de la saison 1995-1996, l'équipe réussit de nouveaux exploits en coupe de France avec des victoires contre Oberbronn (2-1), La Robertsau (2-1), Niederbronn (3-2), avant de se faire battre lourdement par l'AS Mutzig 4 à 0. Joli parcours également en coupe d'Alsace avec une victoire sur Wissembourg (2-1) et l'élimination en 8e de finale devant Reipertswiller (0-4).

En juillet 1997, l'ASO fête son 60e anniversaire avant d'attaquer une saison 1997-1998 avec des victoires en coupe de France sur Niedermodern (6-0), Gundershoffen (3-2), Mommenheim (3-0) et une défaite, cuisante, contre la FA Illkirch-Graffenstaden (2-8). Mais en coupe d'Alsace, le parcours est de toute beauté. L'équipe termine sa carrière en demi-finale après avoir sorti successivement Schweighouse, Soultz, Mommenheim et surtout Mars Bischheim (division d'Honneur) et l'ASC Biesheim (CFA 2), 2 à 1. Les joueurs de Joseph Winckler ont inscrit leurs deux buts grâce à Dominique Debs et Christophe Fuchs devant 400 spectateurs. Et en demi-finale, l'équipe ne s'incline que 0-1 contre l'AS Illzach-Modenheim sur un but de Diouf à la 50e.

C'est en 1999 que se terminent les travaux du nouveau complexe sportif qui voit se disputer son premier match en octobre 1999. A l'orée de l'an 2000, l'AS Ohlungen est prête à entrer dans le nouveau millénaire. Les nouveaux terrains ne sont inaugurés officiellement que le 9 juin 2001, à la fin d'une saison qui est encore exceptionnelle. En effet, sous la houlette du joueur entraîneur Nicolas Jelsch, l'ASO termine deuxième de son groupe mais échoue devant Eschau (0-2), dans le match de barrage pour l'accession en Promotion d'Excellence. L'équipe fanion se qualifie également pour la deuxième fois de son histoire pour la finale de la coupe du Crédit Mutuel mais s'incline (1-6) devant l'équipe II du FCSR Haguenau devant 500 spectateurs.

• BIBLIOGRAPHIE :
– Livre « AS Ohlungen, la légende du football », paru en août 2000 aux Éditions Carré Blanc.
– Archives personnelles AS Ohlungen, textes Jean-Pierre Ott.
– Crédit photos : AS Ohlungen.

Daniel Zehringer, enfant du club
Daniel Zehringer est né le 6 novembre 1963. Originaire d'Ohlungen et issu du club, il a été stagiaire au Racing Club de Strasbourg de 1979 à 1982. C'est alors que Roger Lemerre, entraîneur du Red-Star (Paris-Saint-Ouen), le fait signer son premier contrat professionnel dans le club parisien. Il va évoluer par la suite à Châtellerault (Vienne) puis à Melun. Mais une blessure à un genou va mettre un terme prématuré à sa carrière.

L'AS Ohlungen 1997-1998, demi-finaliste de la coupe d'Alsace
Debout de gauche à droite : Armand Weibel (délégué), Patrice Beyler, Nicolas Romann, Christophe Jehl, Frédéric Koehl, José Keller, Christophe Fuchs, Gilbert Ehrhardt (délégué), Arsène Glück (président).
Accroupis de gauche à droite : Antoine Rempp, Frank Schoenfelder, Dominique Debs, Steve Schwoerer, Mario Lanoix, Laurent Anstett, Pascal Kieffer, Eric Leonhard, Joseph Winckler (entraîneur).

L'AS Ohlungen 1991-1992, accession en Promotion
Debout de gauche à droite :
Armand Weibel (délégué),
Jacques Schleef (entraîneur),
Claude Rufra, Patrice Glück,
Luc Steinmetz, Pascal Lanoix,
Bernard Ballis, Christophe Wolff,
Bernard Fischer (président).
Accroupis de gauche à droite :
Régis Huss, Raymond Wathlé,
Daniel Lemmel, Dominique Godar,
Dominique Debs, Mario Lanoix,
Patrick Schildknecht.

Les entraîneurs
Jean-Louis Zottner
Claude Casterot
Marcel Kayser (1961-1971)
Bernard Fischer
Emile Wagner
Marcel Helbinger,
Antoine Georg (1980-1982)
André Wittmann (1982-1983)
Roland Moemersheim (1983-1986)
Laïd Bernaouda (1986-1987)
Jacques Schleef (1987-1994)
Joseph Winckler (1994-2000)
Nicolas Jelsch (2000 à nos jours)

Les présidents
Antoine Gluck (1937)
Georges Anstett
André Wagner
Antoine Felten (1946-1961)
Marcel Wendling (1961-1967)
Joseph Klieber (1967-1968)
Antoine Burg (1968-1971)
René Kruth (1971-1977)
Bernard Fischer (1977-1980)
Etienne Lanoix (1980-1987)
Bernard Fischer (1987-1992)
Arsène Glück (1992 à nos jours)

1937
Association Sportive des PTT de Strasbourg ★ 67
Les PTT
Strasbourg

Les premiers statuts de L'ASPTT Strasbourg en 1937

L'équipe du Télégraphe en 1936, qui disputait quelques matches amicaux. Elle est à l'origine de la création de l'ASPTT
Debout de gauche à droite :
Walter Vogt, Schaetzel, Gremmel, Laugel, Emile Reeb, Bernhardt, Schilling.
Accroupis :
Hochmuth, Graff, Emile Hoetzler, Blard.

Le premier ballon offert par « Le Télégraphe »

Depuis les années 1920, une idée flottait en l'air au sein de l'administration des PTT à Strasbourg : pourquoi ne formerait-on pas, parmi les agents des Postes, une association dont le but serait de faire pratiquer le sport ? Une équipe de football existait au Télégraphe et se défendait déjà fort bien lors des rencontres amicales. Pourtant, les années passaient et rien ne sortait des discussions. De nombreuses ASPTT existaient à travers la France : Paris, Bordeaux, Marseille, pour ne citer que les plus importantes, étaient créées depuis de nombreuses années. A Strasbourg, on en était encore à prendre des contacts. 1936 : correspondant du journal « Football », Fernand Albaret qui travaille au « Télégraphe » prévient ses amis que son journal offre un ballon à tout nouveau club qui se créerait. Il semble que ce soit l'étincelle qui fasse jaillir la lumière. Au courant du mois d'octobre, 17 postiers se réunissent dans « l'annexe » de Strasbourg R.P., la Taverne Française, avenue de la Marseillaise. Ce sont Fernand Albaret, Emile Anth, Charles Bernhardt, Willy Bock, Auguste Clausmann, Emile Graff, Emile Hoeltzel, Albert Jung, Emile Reeb, Charles Rey, Marcel Seyller, Alfred Steinbach, Willy Stuck, Walter Vogt, Alfred Wagner, Alfred Widemann, Jean Wurtz.

Au cours de cette réunion sont portées les bases de la future association. Il est décidé de créer un club qui sera dénommé « ASPTT Strasbourg ». Les membres conviennent de se retrouver prochainement et de constituer un comité de direction. Comme Emile Anth fait passer un chapeau dans l'assistance et recueille la fabuleuse somme de 16,95 F. Cette recette constitue le premier budget du nouveau club.

LA POSTE
www.laposte.fr

Fernand Albaret, premier président

1937, une nouvelle réunion se tient en janvier. Sept autres personnes se joignent aux pionniers : Charles Gremmel, Marcel Karcher, Auguste Kirmser, Raymond Meunier, Théodore Schaetzel, Roger Tissot, Ernest Vogt. C'est la véritable assemblée constitutive du club. Les bases essentielles des statuts sont mises sur le papier. La rédaction en est confiée à deux ou trois membres chargés de présenter le texte dans un mois. Sans être encore officiellement et sans statuts, l'ASPTT fonctionne déjà. L'équipe de football dispute plusieurs matches amicaux et obtient des résultats flatteurs. Dès lors, de nombreux candidats se manifestent. Si bien que le 15 février 1937, lors de la première assemblée générale, l'ASPTT Strasbourg compte déjà 258 membres. C'est un succès inespéré qu'enregistrent les « farfelus » de la première heure. On enregistre les statuts, véritable acte de naissance du club.

L'ASPTT Strasbourg 1938-1939, championne d'Alsace de division IV
Au fond : Eckel, Emile Hoeltzel. Au second rang debout : Rey, Kreiss, Jung, Blard, Geny (directeur régional), Kern, Melle Huck (future Mme Briss), Brillot, Briss (président), Lucien Vogt, Miltenberger, Treussard, Stuck, Charles Vogt, Richert, Anth, Girardin, Veltz, Schwing, Vandenesse. Au premier rang assis : Kaufmann, Charleux dit Thil, Kuhne, J. Reeb, Schuby, Hochmuth, Hirlé, Schilling.

L'ASPTT Strasbourg juniors,
vainqueur de la coupe d'encouragement 1954
Debout de gauche à droite : Emile Hoeltzel (dirigeant), Hummel, Diebold, Bass, Reichert, Bernard, Untrau (dirigeant). Accroupis de gauche à droite : Deuscher, Durckel, Schalck, Muller, Sala.

L'ASPTT Strasbourg en 1937
Debout de gauche à droite : E. Wurtz, Michel, Gerardin, Eckel, Hochmuth, J. Reeb.
Accroupis de gauche à droite : Emile Hoeltzel, Diem, Untrau, Frelat, Stortz.

C'est au cours de cette réunion qu'est mis en place le premier comité directeur : Fernand Albaret (président) Pierre Blard (vice-président), Charles Rey (vice-président), Willy Stuck (secrétaire général), Albert Jung (secrétaire-adjoint), Emile Anth (trésorier général), Alfred Bally, Alfred Steinbach, Lucien Vogt (assesseurs).

Il est immédiatement décidé que le nouveau club sera omnisports puisque quatre sections voient le jour en même temps : football, basket, athlétisme et natation. En fait, seules les deux premières ont une existence réelle. La chronique de l'époque relève même une section « naturisme ». Jusqu'à la fin de la saison 1936-1937, l'ASPTT dispute plusieurs rencontres amicales et les résultats sont très encourageants.

Très vite championne d'Alsace de division IV

Dès la saison 1937-1938, l'ASPTT entre en compétition officielle avec une équipe de football dont l'ossature est composée par les éléments de l'ancienne du « Télégraphe ». A la fin de l'année 1937, Fernand Albaret passe le flambeau à Charles Briss, qui va rester à son poste pendant un quart de siècle.

Dès lors, tout va très vite. Le premier championnat a lieu en 1937-1938. Dès la saison 1938-1939, l'équipe récemment créée, bien renforcée par les militaires du Génie, fait des étincelles. Elle est championne d'Alsace 1939.

« Post Sport Gemeinschaft »

A cette époque, la section de football est constituée de deux équipes seniors et d'une équipe de jeunes. En 1938, Strasbourg est affilié à l'Union des ASPTT de France et d'Outre-Mer. Du coup, l'Union accorde une première subvention de 4 000 F. Cette somme va malheureusement disparaître avec le livret de Caisse d'Epargne volé durant la guerre. Pendant la période noire de la guerre, l'ASPTT survit grâce à l'action incomparable de M. Briss qui sauve plusieurs membres de l'incorporation de force. A partir de 1943, avec l'incorporation massive des jeunes Alsaciens, le club est pratiquement en veilleuse et les activités très réduites. Durant la guerre, l'ASPTT, qui joue au stade de l'Avenir, est baptisé « Post Sport Gemeinschaft ». L'ambiance est particulière : il existe un esprit de 5e colonne à l'ASPTT. C'est une période difficile qui, pourtant, resserre les liens d'amitié.

Des débuts difficiles

Dès le 3 mars 1945, en présence de Charles Fruquières, secrétaire général des ASPTT de France, un nouveau comité est formé comme suit : MM. Charles Briss (président), Serra, Blard (vice-présidents), Beck (secrétaire général) qui sera remplacé par M. Beck en juin, Anth (secrétaire

Les présidents de la section football

Charles Vogt (1937-1938)
Ernest Schuby (1938-1958)
Raymond Ockly (1958-1959)
Gérard Kuhné (1959-1965)
Michel Binetruy (1965-1982)
Roland Arnaud (1982-1983)
Bernard Brockly (1983-1995)
Marcel Haenel (juin 1995)
Bernard Brockly (1995-1996)
Patrick Hurel (1996-1998)
André Klein (1998 à nos jours)

Les entraîneurs

Paco Matéo (1947-1948)
Charles Hoffmann (1948-1952)
Charles Heiné (1952-1955)
Henri Scheller (1954-1955)
Gérard Kuhné (1955-1960)
Paul Gebhardt (1960-965)
Raymond Hoeltzel (1965-1972)
Gilbert Oster (1972-1980)
Albert Delfosse (1980-191)
Roland Faessel (1981-1985)
Ernest Schott (1985-1990)
Dany Kremser (1990-1995)
Jean-Claude Becker (1995-1998)
Martial Hertzog (1998-1999)
Patrick Ferhati (1999 à nos jours)

Patrick Ferhati

L'ASPTT Strasbourg, vice-championne du Bas-Rhin 1983-1984, vainqueur du critérium inter-PTT de la région Est
Debout de gauche à droite :
Raymond Hoeltzel (dirigeant), Théobald Fritsch, Linkenheld, Horn, Baro, Uhlmann, Droz, Faessel (entraîneur).
Accroupis de gauche à droite :
Roth, Hurst, Benanti, Hamm, Boussala, Dietenbeck, Jantet.

Le stade du Canal, mis à la disposition de l'ASPTT en septembre 1959

L'ASPTT Strasbourg juniors, championsne d'Alsace de la Promotion d'Honneur 1981-1982
Debout de gauche à droite : Heili (entraîneur), Uhlmann, Philippe Hoeltzel, Fritsch, Werlé, Damann, Ruocco, Jackobasch, Tommasone (dirigeant). Accroupis de gauche à droite : Koehler, Horn, Droz, Darmigny, Bombasaro, Holzheuer.

L'ASPTT Strasbourg cadets, championne d'Alsace de division d'Honneur 1982-1983
Debout de gauche à droite : Zoog, Holzer, Divagno, Kuhn, Cerdan, Valera, Seyfritz, Magalhaes.
Accroupis de gauche à droite : Santiago, Kichenassamy, Marquart, Montegu, Dominique Comte.

général), Durckel (trésorier général-adjoint), Ch. Vogt, Schuby, Richert, Gerber, Kern, Jaco, L. Vogt, Hoetzel, Hausknecht (assesseurs).

Le 25 avril 1946, le comité directeur est porté à 21 membres et un événement important se produit : la nomination de M. Hamm au poste de secrétaire administratif. Le trio Briss - Hamm, Anth est constitué. Il va travailler pour l'ASPTT jusqu'en 1962 ! Le terrain de jeu est le stade Lenôtre, il est l'une des préoccupations prédominantes des dirigeants. C'est en 1946 qu'il est décidé que la couleur du club sera « orange ». Pourtant, sur les statuts de 1937 (voir document), il était écrit que les couleurs seraient « celles d'Alsace, cerclées blanc et rouge ». L'ASPTT évolue en division II et s'adjuge le titre de champion du Bas-Rhin 1945-1946. En 1947, on prend possession du terrain militaire de la rue Jacques Kablé. Une situation que l'on sait provisoire. Cela n'empêche pas les juniors de remporter la coupe d'Encouragement 1954.

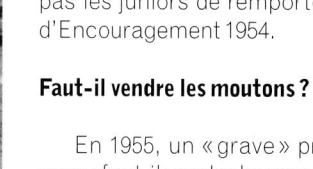

Faut-il vendre les moutons ?

En 1955, un « grave » problème se pose : faut-il vendre les moutons ou les conserver pour entretenir le terrain de football ? Pour tout vous dire, nous ne savons pas quel a été le sort réservé aux moutons de l'ASPTT. En 1957, le club fête ses vingt ans. Le manque de cadres pose des problèmes quasi insolubles. Le terrain est convoité par les militaires. la bataille va durer deux ans mais il va falloir s'incliner. On déménage au stade de l'Ill. Tous les travaux effectués sont devenus inutiles et le 15 septembre 1959, l'ASPTT emménage dans ses nouveaux locaux mis à disposition par la municipalité sur le stade du Canal.

En 1960, le football semble avoir surmonté ses difficultés et repart d'un bon pied. Par contre, les finances ne sont pas brillantes et il faut toute la volonté quand ce n'est pas la participation effective et pécuniaire des membres du comité directeur pour que le club continue à vivre. En novembre 1961, M. Briss qui, malgré son départ à la retraite avait continué à assurer la présidence du club, présente sa démission et il est remplacé par M. Dom, alors directeur départemental. Brutalement décapité, le club éprouve les pires difficultés. Les problèmes financiers sont toujours aussi cruciaux.

Honneur aux jeunes

En 1962, l'ASPTT omnisports va amorcer un grand virage. Arrive d'Alger un secrétaire général chevronné, M. Ernst, qui va occuper le poste durant 13 ans. M. Dom, muté à Bordeaux est remplacé à la tête du club par M. Gourlaouen. La direction lance un bulletin hebdomadaire « Résultats et Activités ». L'épisode du terrain connaît une issue définitive puisque l'ASPTT s'installe sur le stade du Centre Sportif Ouest à Koenigshoffen en 1971 avec d'abord deux terrains, puis un troisième au début des années quatre-vingt. Au football, ce sont surtout les jeunes qui vont faire parler d'eux. En 1976, les pupilles remportent la coupe d'Encouragement. En 1982, les juniors sont champions d'Alsace de Promotion d'Honneur.

En 1983, c'est au tour des cadets d'être sacrés champions d'Alsace de division d'Honneur. Le championnat seniors de la saison 1983-1984 permet de retrouver pour la 3e fois la Promotion d'Honneur (nouvelle dénomination : Promotion d'Excellence).

Les féminines vice-championnes de France

Une section féminine voit le jour en 1983 avec Erny Jacky à la présidence. Dès la saison 1984-1985, elle termine à la deuxième place du championnat de France derrière Saint-Maur. Les minimes A décrochent à leur tour un titre de champion d'Alsace en 1985. Les juniors récidivent. Après 1982, ils sont à nouveau champions d'Alsace de Promotion d'Honneur. Du coup, les juniors évoluent en division d'Honneur et les cadets en championnat National, le plus haut niveau possible. En 1986 enfin, les cadets remportent la coupe d'Encouragement tandis que les féminines sont demi-finalistes du championnat de France. Au cours de la saison 1986-1987, cinq équipes féminines participent aux compétitions : équipe I (championnat de France), équipe II (division d'Honneur régionale), équipe III (Promotion du Bas-Rhin), équipe IV (division I du Bas-Rhin), cadettes (division d'Honneur régionale).

L'ASPTT Strasbourg féminine 1983-1984. Elles seront vice-championnes de France 1984-1985
Debout de gauche à droite : Michèle Wolf, Lydie de Castro, Patricia Schneider, C. Chast, Fabienne Buck, Marie-Christine Umbdenstock, Isabelle Wurtz (capitaine). Accroupis de gauche à droite : Sylvie Rigaud, Nadia Colocussi, Eliane Mosser, Nadine Kasper, Maryvonne Ball, Pia Wurth. Manquent sur la photo : Isabelle Potdevin, Christine Herrmann, Aïcha Hamane, Régine Wendling.

L'ASPTT Strasbourg minimes A, championne d'Alsace 1984-1985
Debout de gauche à droite : Florent Knab (dirigeant), Poussard, Dhenne, Alain Billard, Busch, Soleau, Chhot, Charles Billard (entraîneur).
Accroupis de gauche à droite : Eiche, Christmann, Lo Bianco, Bergmann, Olland, Kichenassamy, Becker.

De 1988 à 1995, l'équipe première évolue dans le ventre mou de la Promotion avant d'être reléguée en division I en 1995 et remonter deux ans après. L'ascenseur continue de fonctionner avec deux descentes successives jusqu'à la division II en 1999. Toutefois, l'arrivée de Patrick Ferhati au poste d'entraîneur remet l'équipe sur de bons rails, en faisant confiance aux jeunes du club. Les féminines sont reléguées en National I B en 1996, avant d'être reprises par le Sporting Club de Schiltigheim en 1997.

L'ASPTT Strasbourg est depuis 1995 le club le plus important d'Alsace au nombre de licenciés (680 en juin 2000). Quelques titres s'ajoutent au palmarès : les 17 ans sont champions d'Alsace de Promotion en 1992, les 13 ans remportent le critérium en salle en 1995. A noter également la performance des vétérans qui remportent le challenge Rond Point en 1999.

• BIBLIOGRAPHIE :
– Du 50e anniversaire (1988) sous les signatures de Emile Anth, Raymond Hoeltzel, Gérard Kuhné, Charles Vogt, Erny Jacky.
– Grand merci à André Klein.

Le comité de l'an 2000
André Klein (président et trésorier)
Raymond Hoeltzel (entraîneur)
Claude Billon (manager technique)
Marcel Hugel (responsable des terrains)
Michel Walter (responsable de l'école de football)
Didier Schwab (responsable des 13, 15 et 17 ans)
Patrice Hummel (responsable espoirs-seniors)

L'ASPTT Strasbourg juniors A, championne d'Alsace de Promotion d'Honneur 1984-1985
Debout de gauche à droite : Heili (dirigeant), Guthneck, Magalhaes, Granato, Marquart, Divagno, Hubert Hoeltzel, Holzer, Huhardeaux (entraîneur).
Accroupis de gauche à droite : Christophe Comte, Isseyka, Hertzog, Dominique Comte, Kichenassamy, Santiago.

L'ASPTT Strasbourg de l'an 2000
Debout de gauche à droite : André Klein (manager général), Alexandre Nicolini, Hakan Arslan, Jacques Reboul (capitaine), Yassine Ihiaten, Jawad Abdelhoumene, Kerim Candan. Accroupis de gauche à droite : Moussa Boutghata, Mourad Belkahla, Yves Weiss, Behnouz Shariatie, Gilles Ledoux, Gino L'Esperance. Manquent sur la photo : Patrice Hummel, Karim Hoarau, Laïd Chaudey.

L'ASPTT Strasbourg 13 ans 1999-2000, en division d'Honneur
Debout de gauche à droite en blanc : Patrick Fey et José Ferreira (entraîneurs) et Marcel Hugel (dirigeant).

L'ASPTT Strasbourg 15 ans 1999-2000, en division d'Honneur
Debout à gauche : Didier Schwab (entraîneur) et à droite Benoît Ledoux (dirigeant).

Sporting Club Roeschwoog ★ 67

Roeschwoog

Pas de massacre pour Saint-Barthélémy

Au début de l'année 1920, un groupe de jeunes entend parler de football. Emile Basch, Robert Boos, Joseph Schwoegler et Marcel Schwoegler, pour ne nommer que les principaux meneurs, commencent à taper dans un ballon, trouvé on ne sait où. Leur terrain est le pré dans la Kissgrub. Créer un club en 1920, c'est une hérésie. Le curé d'alors confisque leur petite caisse contenant à peine quelques francs.
Mais en 1937, le curé Grieshaber crée, lui, le Cercle Catholique Saint-Barthélémy et souhaite offrir aux jeunes un divertissement sain et attractif: c'est le foot qui est choisi. C'est ainsi que naît le « Cercle Sportif Saint-Barthélémy », le premier club de football. Le premier comité directeur est composé de: Henri Basch (président), Albert Hubstenberger (secrétaire), Léon Hiebel et Willy Basch (matériel et terrain). On décide aussi que les couleurs du club seront le violet pour les maillots, avec une bande blanche et des flottants noirs. Le terrain est mis à disposition par Théodore Werner.

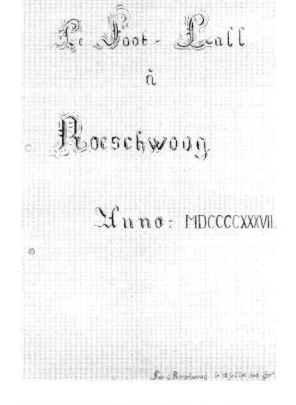

Le cahier des délibérations du club, établi en 1948

Le club est affilié à l'AGR. L'équipe joue en division I, en 1937-1938 et accède à la division d'Honneur la saison suivante. Le 2 septembre 1939, la guerre est déclarée, le club est mis en sommeil. En 1940, l'AGR est dissoute et l'avoir en caisse est confisqué par le régime nazi.

L'importance des fausses factures…

En août 1940, Albert Hubstenberger décide de remettre le club en activité et de sa poche, fait installer les poteaux de buts, achète maillots et ballon. En réponse à sa demande d'affiliation, on lui signifie qu'il ne peut exercer une fonction de dirigeant en raison de son ancienne appartenance à un club confessionnel. Afin de récupérer son argent, Albert Hubstenberger demande à Frédéric Boos de prendre le club en main. Hésitant, ne voulant pas prendre fonction sous ce régime, il accepte tout de même. Il est intéressant de garder en mémoire la composition des deux comités élus pour cette année 1941. On trouve d'abord Albert Hubstenberger (président), Léon Hiebel (vice-président), Joseph Huber (secrétaire), Albert Matter (secrétaire-adjoint), Joseph Schmitt (trésorier), Hubert Lohr, Auguste Schaeffer, Frédéric Boos. Membres d'Honneur: Albert Merckel, Henri Basch, Robert Bigot, Albert Daul, Louis Kremser, Auguste Strub, Auguste Moscherosch. Ce comité étant récusé par les autorités allemandes, on élit alors: Frédéric Boos (président), Robert Bigot (secrétaire), Albert Matter (secrétaire-adjoint), Léon Hiebel (vice-président), Joseph Schmitt (président), Willy Basch, Albert Daul, Auguste Moscherosch, Auguste Schaeffer (assesseurs).

Mais une mise en sommeil suit l'autre et fin 1942 commence l'incorporation des «Malgré-Nous». Le club arrête ses activités. Dans le règlement établi par les Allemands, lorsqu'un club mettait fin à ses activités, il était contraint de verser l'avoir en caisse à la Ligue Nationale des Sports. Ne voulant pas donner d'argent aux occupants, Frédéric Boos organise pour tous les membres actifs et passifs du club, une sortie gratuite au Mont Saint-Odile. Après avoir établi de fausses factures (poteaux de buts, ballon, chaussures…) au cas où, il reverse les 3,85 Marks restants!

Juillet 1945, la guerre se termine. Il faut une fois encore ramener le club à la vie. Les rescapés de l'incorporation et de nouvelles recrues forment une équipe en division III. Des FC et des AS, on en trouve à profusion, le nom de Sporting Club est suggéré par Frédéric Boos et est adopté à l'unanimité du fait de sa rareté dans le Bas-Rhin. Le comité élu le 15 mars 1946: Frédéric Boos (président), Léon Hiebel (vice-président), Robert Mouillet (secrétaire), Marcel Weber (secrétaire-adjoint), Pierre Daul (trésorier), René Merckel (trésorier-adjoint), René Basch, Willy Basch, Fernand Beck, Albert Daul, Albert Huber, Jean Merckel (assesseurs).

Les grands débuts en LAFA

En 1946, le club est affilié à la LAFA. Il débute en division IV, puis accède en division III. Après la saison 1950-1951, l'équipe redescend en division IV et remonte en division III, après avoir terminé première de son groupe au terme de la saison 1954-1955.

A part une deuxième place à la fin de la saison 1957-1958, l'équipe a bien du mal et finit par redescendre après

Le SC Roeschwoog 1988-1989
Debout de gauche à droite: Jean-Louis Doppler (dirigeant), Pierre Becker (dirigeant), Roger Howald (président), Jean-Marie Bigot (responsable), Thierry Schneider, Christian Loison, Bernard Racek, Fabrice Wagner, Jacky Koch, Gérard Weiss (entraîneur), Bertrand Sutter, Théo Meyer. Accroupis de gauche à droite: Christian Weigel, Jean-Marie Daul, Michel Bahl, Thierry Dacol, Christian Wahl-Heyd.

Le SC Roeschwoog 1989-1990
Debout de gauche à droite : Gérard Weiss (entraîneur), Roger Howald (président), Christian Loison, Bertrand Sutter, Bernard Racek, Théo Meyer, Jean-Marie Daul, Jean-Marie Bigot (responsable), Laurent Geyer (dirigeant). Accroupis de gauche à droite : Jacky Koch, Christian Wahl-Heyd, Christian Weigel, Michel Bahl, Fabrice Wagner, Thierry Dacol, Thierry Schneider, Aimé Bahl.

Le SC Roeschwoog 1992-1993
Debout de gauche à droite : Jean-Philippe Schmitt (président), Fabrice Wagner, Christian Loison, Serge De la Ventina, Jean-Marie Daul, Claude Volkmann, Eric Schmitt, Christophe Weber, Jean-Louis Doppler (dirigeant). Accroupis de gauche à droite : Laurent Geyer (dirigeant), Patrice Eisenmann, Ryszard Koscik, Marc Denys, Martial Huck, Dionisio Onega, Jean-Marc Ehrhardt, Michel Weissbecker (dirigeant), Marc Amintas. Manquent sur la photo : Aimé Bahl, Jean-Noël Huck, Alexandre Petitdemange, Vincent Remy, Thierry Schneider, Dominique Steinberger (entraîneur).

un difficile exercice 1960-1961. Elle va y rester jusqu'en mai 1968, quand l'équipe termine première de son groupe et accède à la division III. Elle y demeure jusqu'en 1973. En 1975, on crée la première école de football. En 1979, le SCR accède en division II, en décrochant du même coup le titre de vice-champion du Bas-Rhin. En 1983, l'équipe fanion accède en division I, après avoir terminé à la deuxième place de son groupe. Sur sa lancée, elle monte pour la première fois de son histoire en Promotion d'Honneur, profitant de la refonte des championnats après la saison 1984-1985.

Difficile, la Promotion d'Honneur

Une fois encore, le niveau s'avère très élevé et il faut se résoudre à retourner en division I, après une calamiteuse saison 1986-1987. Juste pour une saison, car celle de 1988-1989 voit le SCR finir à la première place de son groupe de division I et monter en Promotion d'Honneur. Mais l'exercice s'avère trop difficile et le club redescend aussitôt. Et à la fin de la saison 1995-1996, c'est encore vers le bas qu'il faut regarder. Le club rejoint la division II. Une division qu'il ne va plus quitter jusqu'en l'an 2000.

• **BIBLIOGRAPHIE** :
– Plaquette 50e anniversaire des 11 et 16 août 1987.
– Gazette datée de 1992.
– Merci à Frédéric Boos, auteur de l'historique 1937-1948.

Les présidents

Henri Basch ou
Albert Hustenberger (1937-1941)
Frédéric Boos (1941-1943)
Gérard Willig (1976-1981)
Eugène Schmitt (1982-1987)
Roger Hohwald (1987-1988)
Francis Willig (1989-1990)
Jean-Philippe Schmitt (1991-1999)
Christophe Bigot (1999 à nos jours)

Le comité de l'an 2000
Derrière, de gauche à droite : Fabrice Strub, Cédric Geyer, Christophe Bigot (président), Thierry Fahrer. Milieu de gauche à droite : Eric Schmitt (trésorier-adjoint), Jean-Marc Erhardt (vice-président), Valentin Huck, Pascal Lohr, Jean-Claude Lallemand (trésorier et président des jeunes), Myriam Offner (secrétaire jeunes), Roland Basch (vice-président et responsable terrains). Devant de gauche à droite : Cathy Basch (secrétaire séniors), Siegfried Schewindwein, Jean-Noël Huck

Les dirigeants du SC Roeschwoog de l'an 2000
Derrière, de gauche à droite : Cédric Geyer (équipe I), Constant Kocher (benjamins), Valentin Huck (équipe I), François Hebel (poussins), Pascal Lohr (équipe II), Guillaume Meyer (poussins), Jean-Claude Lallemand (président des jeunes), Clément Schmitt (débutants), Jacky Mosser (poussins II). Devant de gauche à droite : Bernard Geyer, Jean-Georges Andry, Jacky Chaumy. Absents : Ludovic Ritter, Jacky Heivy.

Le SC Roeschwoog de l'an 2000
Debout de gauche à droite : Fabien Brucker (entraîneur), Valentin Huck (dirigeant), Patrick Barth, Pascal Farny, Christophe Bigot, Fabrice Strub, Arnaud Villemain, Laurent Fahrer, Guillaume Meyer, François Pfister, Fabrice Montaise, MM. Rinckel et Kuster (CMDP). Accroupis de gauche à droite : Eric Schmitt, Sacha Hoffer, Grégory Schehr, Jean-Noël Huck (capitaine), Jean-Marc Ehrhardt, Alexandre Petitdemange. Manquent sur la photo : Ludovic Ritter, Eric Brenner, Gencer Gunduz.

1937 Sermersheim

Association Sportive Sermersheim ★ 67

Une équipe de copains formée en 1921 à Sermersheim
Debout de gauche à droite : Louis Adam, Lucien Feltz, Robert Dromson, Charles Keller, Albert Keyser, Emile Walter, Emile Allheilig, Jean-Baptiste Feltz.
Assis de gauche à droite : René Jung, Ernest Adam, Ernest Schwab, Louis Jehl, Lucien Schwab.

Les présidents
Charles Schnell (1946-1955)
Hubert Schlaeder (1955-1957)
Léon Zuber (1958-1961)
Jean Meyer (1962-1965)
Albert Hurlimann (1966-1967)
Ernest Burkhard (1968-1975)
Léon Zuber (1976-1981)
Victor Vogt (1982-1985)
Raymond Mosser (1986-1988)
Denis Schnell (1989-1990)
Louis Schlaeder (1991-1993)
Jean-Paul Walter (1994)
Pierre Schnell (1995)
Fernand Willmann (1996 à nos jours)

Les maillots au dernier moment

Les tout premiers passionnés de ballon rond à Sermersheim lancent, dès 1921, l'idée de construire le premier club de football : ils s'appellent Jean-Baptiste Fels et Eernest Schwab. De la passion à la réalisation, un pas énorme doit être franchi… et ce ne sera pas le cas. L'entente de copains vivote ainsi pendant quelques années, mais bon an, mal an, elle commence à passionner les jeunes de la commune.

Il est d'abord un temps où les joueurs et surtout les jeunes du village, partent sous d'autres cieux pour pratiquer leur sport. C'est ainsi que René Willmann et Lucien Reibel assouvissent leur passion du football à l'OC Lipsheim, alors que d'autres comme Fernand Bronner ou Hubert Schlaeder évoluent à l'US Huttenheim.

C'est l'époque choisie par les passionnés du football à Sermersheim pour enfin passer du rêve à la réalité et créer leur Association Sportive de Sermersheim, qui voit le jour en 1937 avec le comité suivant : Eugène Keyser (président), Charles Keller (vice-président), Jean-Baptiste Graff (caissier), Alphonse Keyser (secrétaire), Louis Jehl, Emile Walter et Charles Schnell (assesseurs).

Débuts en AGR

Chez les joueurs, les « étrangers » reviennent à Sermersheim aux côtés d'Eugène Metz, Charles Schnell, Fernand Schnell, Arthur Schwab, Joseph Schwartz, Henri Flecher, Armand Ehrhard, Pierre Ehrhard, Xavier Spitz, Joseph Gargowitsch, Fernand Pabst, des joueurs menés par Fernand Bronner, leur capitaine.

Les premiers maillots sont commandés depuis pas mal de temps, mais n'arrivent que le samedi après-midi, la veille du tout premier match de l'AS Sermersheim, qui se dispute dans le cadre du tournoi de Nordhouse. En match éliminatoire, l'équipe bat Hipsheim par 5 buts à 1 et s'incline en finale (1-2). Une première réussie en sorte. Dès le dimanche suivant, l'équipe rend visite au FC Kogenheim qui sous-estime les débutants et se fait battre par 5 buts à 1. La troisième sortie, au tournoi de Rossfeld, demeure aussi brillante et après avoir éliminé Herbsheim par 3 buts à 1, les joueurs de l'ASS résistent à la formidable équipe de Zelsheim, qui l'emporte au tirage au sort.

Après ces premières rencontres pleines de promesses, l'équipe débute en championnat de l'Avant-Garde du Rhin où elle demeure constamment en tête avec Zelsheim dans le groupe qui comporte en outre Rossfeld, Bindernheim Wittisheim Nordhouse, Bernardswiller, Lutzelhouse et Hipsheim. Le match de barrage qui oppose Sermersheim à Zelsheim devant une foule record à Rossfeld est remporté de justesse par Zelsheim 1 à 0.

Championne d'Alsace AGR

Puis arrive la guerre, l'équipe doit s'arrêter car l'AGR est dissoute par l'occupant et les biens des clubs sont saisis. Durant l'occupation, seuls quelques matches amicaux ont lieu. Mais après la guerre, l'activité reprend et c'est la première grande apothéose pour l'AS Sermersheim sacrée championne d'Alsace AGR, en battant Notre-Dame de Strasbourg (3-1), Mutzig (5-1) et Beinheim en finale par 2 buts à 1.

L'AS Sermersheim en 1937
Debout de gauche à droite : Joseph Haegeli, Ernest Schwab, Xavier Spitz, Félix Kirstetter, René Willmann, Eugène Allheilig, Henri Heil.
Accroupis de gauche à droite : Charles Ehrhard, Joseph Guntz, Eugène Metz, Charles Schnell.

L'AS Sermersheim 1946-1947
Debout de gauche à droite : Hubert Schaedler, Joseph Riehling, Henri Flecher, Jean Hurstel.
Accroupis de gauche à droite : Lucien Reibel, René Willmann, Joseph Schnell, Fernand Bapst, René Saam, Sutter, Xavier Spitz.

L'AS Sermersheim 1955-1956
Debout de gauche à droite : Jean-Louis Schwab, Eugène Vogeleisen, Charles Keyser, François Walter, Henri Keyser, Albert Willmann, Paul Vogeleisen, Pierre Schmitter.
Accroupis de gauche à droite :
Pierre Feltz, Léon Zuber, Henri Schlaeder.

L'AS Sermersheim 1966-1967
Debout de gauche à droite : Cyrille Keyser (dirigeant), Gérard Mosser, Pierre Feltz, Pierre Metz, Richard Adolph, Roger Schnell, Jean-Louis Ludwig, Hubert Adam (dirigeant).
Accroupis de gauche à droite : Jeannot Schwab, Paul Vogeleisen, Charles Eichenlaub, Bernard Jung, Ernest Burckhard.

Puis vient le changement d'affiliation, avec le rattachement de l'ASS à la Ligue d'Alsace de Football Association (LAFA) en 1946. Pour la première fois, l'équipe participe à la coupe de la Scheer du Rhin qu'elle remporte en battant Boofzheim par 3 buts à 1 en finale. Le premier championnat disputé en LAFA en 1946-1947, démarre en division IV. Le club accède successivement à la division III, en 1953-1954, puis à la division II en 1954-1955, après un match de barrage gagné face à Dambach-la-Ville sur le terrain de Scherwiller devant une foule de plus de 1 000 spectateurs (3-1). Par la suite, le départ de plusieurs joueurs sous les drapeaux va très vite entraîner le retour de l'équipe en division III.

En 1962, sous la présidence de Jean Meyer, l'équipe boit son calice jusqu'à la lie et descend même en division IV. C'est une longue période de disette, entrecoupée par de trop rares grands moments, et surtout un club tout près d'arrêter.

L'arrivée à la présidence d'Ernest Burkhard, la présence de Pierre Feltz et de Léon Zuber, lui permettent de repartir sur de meilleures bases dès 1968. Grâce à sa nouvelle réussite sportive et à la refonte des championnats, le club accède en division II en 1974.

Et puis, c'est le jour de gloire, sur le terrain de Sand en 1986 quand, avec les Fernand Metz, Daniel et Pierre Schnell, Bruno et Philippe Vogt, Cyril Adam, Didier Frick, Jean-Marc et Christian Schnell, Claude Betch, Richard Weisskopf, Francis Fritsch, Sermersheim monte en division I. L'entraîneur d'alors, Gérard Gloeckler, cède sa place à Patrick Priester.

Trois saisons en Promotion

Après plusieurs saisons difficiles, une saison d'intérim assurée par Jacky Stadelmann au poste d'entraîneur-joueur et puis Sermersheim vit très certainement sa période la plus resplendissante. 3e en 1989-1990, 2e la saison d'après, le club accède en Promotion, avec un superbe titre de champion du Bas-Rhin 1991-1992 contre Brumath (3-1) et l'échec en finale régionale de division I contre Biesheim (0-1). Les joueurs de l'exploit se nomment Carlos Miranda, Philippe Adam, Christian Furst, Christophe Mironneau, Frédéric Wimmer, Christian Hartmann, Christian et Daniel Schnell, Pierre Schnell, Cem Keseroglu, Mathieu Mosser, Christian Lorentz, Pascal Jehl, Benoît Ehrhard, Patrick Gonzalès…

En poule de classement, on n'oublie pas de si tôt les matches face à Niedernai (4-1), Mertzwiller (4-1) et enfin la victoire face à Brumath (3-2), avant la défaite face à Biesheim (0-1). Promu en Promotion, Sermersheim va connaître trois saisons fabuleuses. Difficile d'oublier les frères Jorge et Carlos Miranda, mais aussi, les Kleber, Warth, Feltz, Dibling, Budoc, qui ont trop vite quitté les leurs. Une victoire en coupe du Crédit Mutuel en 1995 (3-2 en finale contre Barr) sera le cadeau d'adieu. La troisième et dernière saison en Promotion est le calvaire. Sermersheim ferme le ban et descend en division I.

Le pire est encore à venir au terme d'une saison 1997-1998 triste à pleurer. L'équipe descend en division II, un échelon qu'elle n'avait plus connu depuis des années.

Il ne faudra pas plus que la saison 1998-1999 pour retrouver la division I, une saison en or, avec un double titre départemental et régional pour le onze fanion et l'équipe seconde, une série de deux demi-finales dans les coupes locales, et surtout la bagatelle de plus de 200 buts marqués par les deux équipes.

L'AS Sermersheim 1986-1987, accession en division I
Debout de gauche à droite : Frédéric Schaeffer, Claude Becht, Pierre Schnell, Maurice Egele, Didier Frick, Fernand Metz, Patrick Priester (entraîneur). Accroupis de gauche à droite : Daniel Schnell, Bruno Vogt, Thierry Leininger, Paul Schandene, Richard Weiskopf, Francis Fritsch. Manquent sur la photo : Didier Zuber, Jean-Michel Trappler.

La saison 1999-2000 a également marqué l'histoire, avec la montée en Promotion et surtout le club déclaré forfait en demi-finale de la poule de classement, pour le titre de champion départemental… tout cela avec un match contre Eschbach qui n'aura jamais lieu. Aujourd'hui, le club reste solidement ancré en Promotion, les générations d'or vieillissent, mais défendent les couleurs de l'ASS en championnat vétérans, une section vieille de plus de 15 ans et qui donne l'impulsion à toute l'association.

Le comité de l'an 2000
Fernand Willmann (président)
Alain Burckhard, Dominique Beyer
Yvano Canova, Daniel Clauss
Maurice Egele, Christophe Ehrhard
Christian Furst, Roland Heuer
Daniel Hoch, Pascal Jehl
Fernand Kalck, Gilbert Keyser
KEYSER Henri Keyser, Pascal Kircher
Thierry Leininger, André Meyer
Joseph Spiegel

• **BIBLIOGRAPHIE :**
– Plaquette du 50e anniversaire le 2 août 1987.
– Plaquette du 60e anniversaire le 15 août 1997.

L'AS Sermersheim II 1998-1999, championne d'Alsace
Debout de gauche à droite : Patrick Becht (dirigeant), Benoit Ehrhard, Christophe Heidelberger, Franck Metz, Serge Bader, Philippe Vogt, Jérôme Maurer, Mike Heidelberger, André Meyer.
Accroupis de gauche à droite : Stéphane Benanti, Frédéric Ehrhard, Bruno Vogt, Raphaël Hartmann, Mathieu Mosser, Bruno Bosson, Christian Fritsch, Michel Becht.

L'AS Sermersheim de l'an 2000
Accroupis de gauche à droite : Etienne Adam, Jean-Jacques Egele, Cédric Heuer, Carlos Mirandal, Jérôme Kleber, Wahib Zaguiri, Christian Schnell, Daniel Clauss (dirigeant), Jean-Jacques Ulrich (entraîneur).
Debout de gauche à droite : Benoit Ehrhard, Jorge Miranda, Mike Heidelberger, Christophe Heidelberge, Jérôme Maurer, Christian Furst, José Pereira, Joseph Spiegel (dirigeant).

Sporting Club Sessenheim ★ 67

Sessenheim

Frédérique, la fiancée de Goethe !

A Sessenheim, à la veille de la deuxième guerre mondiale, c'est à la main qu'en quelques semaines, un terrain est nettoyé, nivelé, remblayé pour accueillir les premières évolutions du Sporting Club nouvellement créé. La première saison officielle est aussi la dernière avant la déclaration de guerre, celle de 1938-1939. le club joue en division IV.

Le fait qu'il s'agisse d'une ancienne décharge ne dérange personne, tant est ancrée dans la jeunesse, le désir de jouer au football autrement que dans la rue, avec une boule de papier ficelé ou une boite quelconque en guise de ballon. Peu après la naissance du club, la guerre fait payer un lourd tribut au village, décimant l'équipe de football.

Ces années-là, une petite baraque de sinistrés est réassemblée : ces deux petites pièces, dans lesquelles s'agglutinent les joueurs durant la mi-temps, tient longtemps lieu de vestiaire. Celui des visiteurs est au siège du club, «Ins Gioths», au centre du village, à un bon kilomètre. Bien des fois, l'équipe joue pour le titre … et se fait battre sur le poteau. Les assemblées, souvent houleuses, témoignent de l'attachement profond des villageois à leur club de foot. Le club accède en division III en 1946-1947, mais retourne rapidement en division IV. On le retrouve en division III en 1953-1954, puis il joue les premiers rôles en butant chaque année sur la dernière marche. Il est finalement récompensé par un titre de champion de groupe 1960-1961 et accède à la division II. En 1962, le club est finaliste du challenge des Espoirs.

Promu en division I en 1969-1970, il retombe la saison suivante. Le milieu des années 1970 voit se structurer le projet d'un club-house. Le SCS doit alors se substituer à la municipalité et à la communauté pour le mener à bien, au prix d'un considérable engagement de ses bénévoles.

Ce choix est le bon, tant il est vrai que cet équipement, malgré ses limites, a pu accueillir depuis des milliers de spectateurs ou de participants à des manifestations de toute nature (accueil de Moenchengladbach, tournois féminins et masculins, artistes de variétés etc. …).

Créateur d'équipes dans toutes les tranches d'âge, le SCS compte aussi au nombre des précurseurs du football féminin en 1971-1972, une discipline dont les équipes du club ont atteint des performances remarquables, comme le titre de champion d'Alsace de division d'Honneur 1977-1978.

Champion de groupe de division II 1979-1980, le club se retrouve en

Le SC Sessenheim féminines en 1978, en championnat de France

Le SC Sessenheim au début des années 80

division I, remporte la coupe du Crédit Mutuel contre Niederbronn, alors que les féminines sont championnes du groupe Est du championnat de France. L'équipe première masculine est reléguée en 1982-1983, mais l'équipe des féminines remporte la coupe d'Alsace. Profitant de la refonte des championnats, le SCS se retrouve en division I puis est immédiatement champion de groupe 1985-1986, pour accéder à la Promotion d'Honneur.

Le 50e anniversaire, en 1987, est fêté avec beaucoup d'éclat en présence de Me Yves Muller, président de la LAFA.

Mais à la fin du championnat 1987-1988, c'est la rechute. L'équipe remonte en 1991-1992, mais est à nouveau en division II pour l'entrée dans le XXIe siècle. Le SCS essaime avec succès dans le handball où se lancent d'anciens footballeurs et footballeuses, aux côtés de quelques pratiquants confirmés. La rénovation est poursuivie avec talent par l'équipe actuelle qui compte désormais un comité rajeuni et féminisé, et au sein duquel figurent encore trois anciens. Le club compte désormais une bonne centaine de licenciés qui bénéficient d'installations adaptées, à la veille de son 75e anniversaire.

• BIBLIOGRAPHIE :
– Documentation et photos remises par le club.

Les présidents

Charles Neumann, Auguste Brucker
Ernest Wolff, Charles Ulrich
Charles Hahn, Théo Wahl
Alfred Hammer, Eric Neumann
Albert Koelhoeffer, Robert Andresz
Jean-Louis Huck, Ernest (Erny) Jacky
Laurent Klinger, Laurent Doll

Le comité de l'an 2000

Erny Jacky (président d'Honneur)
Laurent Doll (vice-président)
Gérard Bertrand (vice-président)
Germain Neumann (vice-président)
Frédéric Neumann (secrétaire)
Olivier Arbogast, Jacques Artz
Alain Bieber, Rémy Curot
Nathalie Dietrich, Denis Landmann
Anne-Marie Lumann
Dominique Lumann, Brigitte Royer
Fabrice Schrenck, Stéphane Spitz
Raphaela Wagner, Laurent Walter
Francis Weissreiner, Christophe Wolff

Les dirigeants récompensés par la LAFA en 1989

Champion des festivités
Les années soixante-dix et la première moitié des années 80 resteront comme des années folles dans le domaine de l'animation et des festivités à répétition. Le Sporting organise autant d'événements culturels et festifs que sportifs, participant activement à la promotion du village et de ses illustres enfants que sont Frédérique Brion, la fiancée de Goethe et l'artiste peintre Henri Loux.
Les soirées dansantes avec des artistes de variétés de réputation internationale, les « Saint-Sylvestre » et les tournois féminins (avec la participation de 36 équipes de six pays différents aux plus belles heures) ont marqué toute une génération et toute la bande rhénane Nord.

1937 Souffelweyersheim

Football Club Souffelweyersheim ★ 67

Dans un climat politique peu propice

Il faut malheureusement se rendre à l'évidence, les circonstances de la fondation du Football Club de Souffelweyersheim sont assez mal connues. Charles Holderbach est membre fondateur. Il nous ouvre sa mémoire, un témoignage poignant, écrit avec le cœur. Nous n'avons pu résister à l'envie de vous le livrer.

C'est à l'automne 1937 que Michel Schott, alors propriétaire du restaurant « Belle Vue », route de Bischwiller, lance l'idée de la création d'un club de football. Les mouvements sociaux de cette fin des années trente, ainsi que le climat politique d'ailleurs, ne sont guère propices à une telle entreprise. C'est donc avec beaucoup de peine que le premier comité directeur est constitué. Il est composé du minimum légal de sept membres, Zetwog (président et beau-frère de Michel Schott), Maximilien Lintz (vice-président), Michel Schott (secrétaire), Lucie Schott (trésorière, l'épouse de Michel), René Noth, Charles Hiesler, Charles Holderbach (assesseurs). »

Le FC Souffelweyersheim 1939-1940
Debout gauche à droite : Isidore Linossi, René Weschler, Charles Ferbach, Charles Holderbach, André Mastio.
Accroupis de gauche à droite : Robert Ziche, Charles Herrmann, René Jung, Charles Hiesler.
Assis de gauche à droite : Georges Zimmer, Charles Roth, Albert Dick.

Un sport dangereux

« Quelques semaines plus tard, le Football Club de Souffelweyersheim naît officiellement. Le jeune club se constitue peu à peu, en marge des activités culturelles et sportives traditionnelles du village (chorale, musique, vélo, quilles...). A cette époque, le football n'est pas très populaire à Souffelweyersheim et passe pour un sport dangereux. Je suis d'ailleurs le seul joueur issu du vieux village, à évoluer dans cette équipe hétéroclite, composée de jeunes du quartier de la route de Bischwiller et renforcée par quelques joueurs expérimentés venus de Hoenheim. Mais la saison 1937-1938 a déjà commencé et l'équipe ne peut plus être engagée dans le championnat de la LAFA. Nous nous contentons alors de quelques matches amicaux contre des équipes des alentours.

Tout comme pour la création du club, Michel Schott, s'est également chargé de nous procurer un peu de matériel : maillots, ballons, etc. Le problème le plus important est la recherche d'une aire de jeu. Monsieur Deconinck, propriétaire de l'entreprise BTA, que nous avons sollicité en voisin, met assez spontanément un petit terrain désaffecté à notre disposition. Celui-ci se situe à l'emplacement de l'actuel Intermarché, rue la Briqueterie. Par la suite, M. Deconinck va témoigner sa sympathie pour le FCS, avec une constance remarquable puisque, entre autres, il nous accorde l'usage de ce terrain à titre gracieux, jusqu'à la mise en service du nouveau stade près de la Souffel, en 1968.

Malgré tous nos efforts et notre envie de jouer, le championnat 1938-1939 débute sans le FCS : notre terrain n'a pas les dimensions réglementaires. Quelle déception ! Profitant alors de l'inactivité partielle de l'équipe, l'aire de jeu du terrain est sensiblement améliorée et agrandie. La surface irrégulière et les tas d'argile qui la bordent sont nivelés grâce à l'aide amicale de quelques ouvriers italiens de l'entreprise BTA. Ces travaux, qui se passent toujours dans une ambiance sympathique et joyeuse, ont plus d'une fois remplacé les séances d'entraînement.

Pendant la « Drôle de Guerre »

Mais déjà d'autres problèmes, plus préoccupants, viennent perturber notre vie quotidienne et celle de notre jeune club. Les premières incorporations ont rapidement créé des problèmes d'effectifs à notre unique équipe. Puis, le 2 septembre 1939, la guerre est déclarée. Les

Le FC Souffelweyersheim, probablement en 1940-1941
Debout de gauche à droite : Lucien Gladi, Robert Ziche, Charles Herrmann, François Merckel, Charles Holderbach, Joseph Vix, Marcel Marchall.
Accroupis de gauche à droite : René Stroh, René Noth, Albert Bucher, Charles Schwartz, Jean-Pierre Metzger.

agglomérations le long du Rhin, notamment Hoenheim et Bischheim, sont évacuées. Cette mesure ne touche pas Souffelweyersheim. Aussi, quelques jeunes du village, qui jouent dans les équipes de ces communes voisines vidées de leurs habitants, viennent alors se joindre à nous afin de continuer la pratique de leur sport favori. Ensemble, nous reconstituons une équipe et nous pouvons enfin nous engager dans le championnat 1939-1940, très perturbé par le climat trouble de la "Drôle de Guerre" (septembre 1939 à juin 1940). Cette équipe se présente en maillots noirs, shorts blancs et bas noirs. Le championnat n'ira pas à son terme.

Dès 1940, les footballeurs sont souvent victimes de quelques chicaneries de la part de l'occupant. Il est vrai que nous sommes jeunes et exubérants, toujours prompts à fêter bruyamment nos victoires, rares remèdes contre les inquiétudes du moment. Nous avons donc vite fait d'attirer les soupçons des nouvelles autorités, si bien que la police n'hésite pas à interrompre un match pour nous conduire à la mairie afin d'y être interrogés.

Plus d'une fois, notre président d'alors, Marcel Marchal, doit défendre ses joueurs et les tirer de ces situations délicates. Le FCS doit sa reconnaissance à ce président avisé qui a dirigé le club avec clairvoyance et beaucoup de courage, jusque vers 1943, en fait jusqu'à l'épuisement de nos effectifs, conséquence immédiate des incorporations.

Et puis, comme mes aînés, l'incorporation de force m'éloigne de mon village natal et de mon club, avec lequel je perds alors tout contact.

Le renouveau

En 1945, après la libération, le FCS prend ses quartiers au restaurant "Au Raisin d'Or", tenu par Mathilde Waltzer. C'est là que nous allons régulièrement aux nouvelles et attendre dans l'angoisse le retour de nos anciens coéquipiers, dont malheureusement beaucoup ne reviennent pas. Quelle triste période! Tous ces camarades sont encore présents dans ma mémoire. Passionnés de football, pleins de vie et d'amitié, ils méritent bien, que nous gardions vivant le souvenir des François Brauer, Charles Herrmann, Arthur Huber, Charles Hiesler, Joseph Laufenbuchler, Joseph Kautz, René Noth, Albert Mastio, Liné Van Berg, Marcel Vix, Joseph Vix, René Wurtz.

Il faut cependant redonner vie au club. C'est la tâche à laquelle s'attache le président André Schuh. Les solides amitiés qui se sont nouées entre les joueurs peu avant la guerre, favorisent largement un rapide renouveau. Mais le FCS peut aussi s'appuyer sur les jeunes de Souffelweyersheim, qui composent dès lors l'essentiel des effectifs. C'est également sous la présidence d'André Schuh, que le FCS voit la création en son sein d'une section de basket-ball, qui sait conquérir les succès que nous lui connaissons aujourd'hui.

Après un bref passage au restaurant « Au Cerf Blanc », qui reste le vestiaire des équipes visiteuses, le FCS est revenu au restaurant « Au Raisin d'Or ». La famille Charles Kern, propriétaire des lieux, doit jouer un rôle primordial dans la vie du FCS, notamment Yvonne, dont le dévouement est tout à fait exemplaire. Une autre figure mérite peut-être un petit rappel amical : Frédéric Moeslin, le soigneur, qui suit régulièrement les équipes avec la trousse à pharmacie en bandoulière. »

Un parcours linéaire

L'équipe démarre son championnat en division IV en 1945-1946 et accède immédiatement en division III. Le club est champion de groupe de division III 1948-1949. Le club reste en division II jusqu'à la fin du championnat 1955-1956. Il retombe alors en division III et remonte presque aussitôt. Le club signe un long bail avec la division II avant de chuter d'un cran à la fin du championnat 1969-1970. C'est pour mieux remonter avec un nouveau titre de champion de groupe 1971-1972.

En 1968, l'entreprise BTA souhaite retrouver l'usage de son terrain. Dans cette perspective et à la demande du FCS, la commune de Souffelweyersheim aménage un nouveau stade, près de la Souffel. Ces nouvelles installations sont d'ailleurs devenues indispensables pour le développement du club, mais répondent aussi au changement d'esprit et de comportement dans la pratique du football. C'est alors, avec un brin de nostalgie, que le FCS quitte son berceau de la briquerie. Une page de son histoire est définitivement tournée.

Le club accède en division I après l'excellente saison 1976-1977, mais retombe à cause d'une dernière place lors du championnat 1983-1984. La refonte des championnats pour 1985-1986 repositionne le club en division I, un niveau qu'il ne va plus quitter jusqu'en l'an 2000. »

• BIBLIOGRAPHIE :
– Plaquette du 60e anniversaire (18 mai 1997) sous la signature de Charles Holderbach.

Le comité de l'an 2000 du FC Souffelweyersheim

Le nouveau stade du FC Souffelweyersheim : une magnifique réalisation

Les présidents

Zetwock (1937-1938)
Maximilien Lintz (1938-1939)
Herrmann (1939-1940)
Marcel Marchall (1940-1945)
André Schuh (1954-1956)
Albert Bucher (1956-1966)
Gilbert Huberschwiller (1966-1968)
Jean-Paul Knaebel (1968-1969)
Charles Holderbach (1969-1971)
Jean-Paul Knaebel (1971-1975)
Jean-Paul Scheffler (1975-1988)
Lucien Huck (1988 à ce jour)

Le comité de la saison 1996-1997

Lucien Huck (président)
Bernard Ackermann (1er vice-président)
Albert Haller (2e vice-président)
Jean-Jacques Schlosser (secrétaire)
Benoît Fischer (trésorier)
Thierry Thomas
(président section jeunes)
Eliane Prévot
(secrétaire section jeunes)
René Bachmann
et Jean-Pierre Breymann
(responsables vétérans)
Thierry Albrech, Alain Lux
Roberto Fracchiola, Frédéric Madrzak
Alain Keckhut, Thierry Mertz
René Klein, Daniel Schmitt
Joël Klukaczewski, J. Pierre Schutz
Roger Koller,
Yves Bauer et Robert Haas
(réviseurs aux comptes)

Le FC Souffelweyersheim de l'an 2000
Debout de gauche à droite : Stirnemann, Gewinner (entraîneur), Esslinger, Lutz, Simon, Diebold, Pepek, Capaccio, Bijji, Salem, Huck (président). Accroupis de gauche à droite : Loukilli, Madazack, Dubus, Zill, Rohr, Bouain, Loehr, Bechard, Schutz (dirigeant).

1937 Truchtersheim

Football Club Truchtersheim ★ 67

Le FC Truchtersheim en 1958

Trois fois champion

On trouve déjà un trace du club de football en Truchtersheim en 1913-1914 puisqu'une équipe joue en division I, avec Steinbourg, Graffenstaden, Benfeld, Phalsbourg, Bischwiller, le FC Strasbourg 06, Hochfelden et Saverne. Cette initiative d'Emile Pfeiffer prend fin en 1929. Ce n'est que peu avant la seconde guerre mondiale, en 1936 précisément, que quelques dirigeants enthousiastes, décident de relever le défi et créent, en plein Kochersberg, le Football Club de Truchtersheim. Le conflit de 1939-1945 freine les ambitions du club qui se met en sommeil pendant quelques années, non sans avoir joué contre Dingsheim-Griesheim, Oberhausbergen, Oberhausbergen et Reichstett dans la période courant du 1er août 1941 au 31 mars 1942.

Après la fin de la guerre, le club reprend ses activités. Il est champion de groupe de division III 1945-1946 et monte en division II. Deuxième derrière Molsheim en 1950-1951, il redescend à la fin du championnat 1953-1954. Le club se classe 6e deux saisons consécutives et reste en division III.

C'est en 1960-1961 que le FC Truchtersheim fait une très bonne saison, puisqu'il termine premier et monte en division II, avec le titre de champion du Bas-Rhin, battu en finale régionale par le FC Brunstatt. 12e en 1962-1963, il et est relégué en division III. Le club termine 8e du championnat. En 1965-1966, l'équipe se classe 10e et tombe en division IV.

Champion d'Alsace de division III

Son parcours en division IV est de courte durée puisque l'équipe se classe première en 1968-1969 et monte en division III. Le club réussit une deuxième performance puisque la saison suivante, il se classe 3e de la division III, et monte en division II. Le FCT évolue donc en division II jusqu'en 1972-1973.

En 1973-1974, le club repart en division III et y reste deux saisons pour être relégué en division IV. En 1977-1978, l'équipe remonte division III. Pour la saison 1978-1979, le club se classe à nouveau premier, avec 6 points d'avance sur Notre-Dame Strasbourg et monte en division II, en empochant le titre de champion d'Alsace grâce à sa victoire en finale contre les SR Riquewihr. Le FCT reste en division II jusqu'en 1984-1985 et fait une très bonne saison puisqu'il termine une fois encore champion de groupe.

En Promotion d'Excellence

C'est à ce moment que débute la grande époque du club, avec l'accession du FCT, pour la première fois depuis sa création, en Promotion d'Honneur, en profitant en 1985 de la refonte des championnats. La saison suivante, il accède en Promotion d'Excellence pour une saison. Le FC Truchtersheim évolue en Promotion d'Honneur pour la saison 1988-1989 et retrouve la Promotion d'Excellence en 1989-1990, avec le titre de champion du Bas-Rhin de Promotion d'Honneur et une défaite en finale régionale contre l'AS Rixheim.

En 1989-1990, le club est champion de groupe de Promotion d'Honneur en terminant avec un point d'avance sur Eckbolsheim. Il termine 8e de la Promotion d'Excellence en 1990-1991, et remporte le titre de champion du Bas-Rhin.

En 1995, le FCT organise un tournoi inter-quartiers qui voit s'affronter 16 équipes dans un remarquable esprit sportif. La finale est remportée par les copains de Wasselonne. La troisième place revient aux anciennes gloires du FCT dirigées par Raymond Bierlein. En milieu d'après-midi, les joueurs apprécient la sympathique visite des footballeurs professionnels Ali Bouafia et Marc Keller. Pour la soirée tarte flambée, plus de 500 personnes prennent d'assaut l'immense chapiteau : preuve que l'esprit sportif et festif sont toujours de mise.

Malheureusement, le FCT termine dernier de la saison 1994-1995 et regagne le Promotion d'Honneur. Encore dernier en 1995-1996, c'est la plongée en division I. Mais un titre de champion de groupe 1997-1998 permet de retrouver une Promotion d'Honneur plus en rapport avec son standing. Il y est toujours en l'an 2000.

Le club possède à l'heure actuelle deux terrains en gazon naturel, un terrain stabilisé et un club-house. Il compte 86 licenciés et une équipe de moins de 17 ans est créée en 2001.

• BIBLIOGRAPHIE :
– Plaquette du 60e anniversaire du 9 au 15 juin 1997.

Le FC Truchtersheim en 1998, montée en Promotion

Le FC Truchtersheim en liesse en 1998

Les présidents

Ernest Weiss
Albert Ehrmann
Léon Friedrich
Jérôme Mittelheisser
Albert Bohn
Michel Loth (1985-1986)
Justin Vogel (1986-1992)
Jean-Claude Dossmann
(1992-1995)
Roland Stumpf
(1995 à nos jours)

Le comité de l'an 2000

Roland Stumpf (président)
Denis Fritsch (trésorier)
Nadine Haegenaer (secrétaire)

Le FC Truchtersheim en 1996
Debout de gauche à droite : Maechling, Hervé Zimmermann (entraîneur), Berkoun, Krnel, Mack, Fritsch, Klein, Pierson, Roland Stumpf (président).
Accroupis de gauche à droite : Georges Koegler (vice-président), Vidal, Vogel, Goetz, Simon, Meyer, Zimmermann.

1937
Cercle Sportif Saint-Etienne Wolxheim ★ 67
Wolxheim

Le CSSE Wolxheim en 1939
Debout de gauche à droite :
Charles Spehner, Alfred Scharzwerber, Charles Steidel, Xavier Herzog, Prosper Denni, Joseph Koestel, Charles Denier, Alphonse Steidel.
Accroupis de gauche à droite :
Charles Bernhart, Charles Jacob, Charles Peter.

Le CSSE Wolxheim en 1953
Debout de gauche à droite : Marcel Meyer, François Boehler, Raymond Goetz, Lucien Goetz, Auguste Christ, Fernand Boehler, Paul Schott, Joseph Arbogast, Antoine Koestel, Prosper Denni (président). Accroupis de gauche à droite : Alphonse Stinus, Alfred Schmauch, Louis Goetz, Raymond Schmitt, Fernand Stroh, Louis Flaesch, Auguste Steidel.

On y fête le Riesling

Le Cercle Sportif de Wolxheim est créé en juillet 1937. Le comité fondateur, dont les membres n'ont pas encore 18 ans, est composé de : Charles Bernhart (président), Charles Jacob (vice-président), Joseph Koestel (secrétaire), Alphonse Steidel (trésorier), Léon Seeholtz, Camille Regin et Xavier Herzog (assesseurs).

Le Cercle Sportif comprend trois sections, une de basket, une d'athlétisme et une de théâtre A l'initiative du curé Joseph Nest, la société adhère à l'Avant-Garde du Rhin. Un terrain situé rue du Chenal est mis gracieusement à la disposition du Cercle Sportif par l'association Caritas de Strasbourg. Le club aménage un terrain de basket qui sert également de terrain d'entraînement pour les compétitions d'athlétisme. Les basketteurs participent au championnat AGR. Durant les saisons 1937-1938 et 1938-1939 et les athlètes au championnat du Bas-Rhin AGR. La section théâtrale donne chaque hiver 2 à 3 représentations, toujours couronnées d'un grand succès.

1940 : création de la section de football

Ce n'est qu'à l'automne 1940, sous l'occupation allemande, que la section de football voit le jour. La municipalité et en particulier son maire Joseph Muhlberger, met le terrain actuel, le stade de la Bruche, à la disposition de l'association pour la pratique du sport. Pendant des mois et des mois, les bénévoles se retrouvent pour niveler le terrain, composé d'une douzaine de petites parcelles qui servaient auparavant de jardins aux gens du village. Le Cercle doit adhérer au « Nationalsozialistischen Reichsbund für Leibesübungen », l'Avant-Garde du Rhin étant dissoute par les occupants. C'est Auguste Goetz qui assume en premier la présidence de la section de football. De 1940 à 1942, l'équipe de football est de qualité.

Champion d'arrondissement

En été 1941, à l'occasion du tournoi annuel, l'invité d'honneur est la « Karl Roos Schuhle » de Strasbourg, la meilleure équipe scolaire du Bas-Rhin à l'époque. Le match amical est âprement disputé entre les étudiants et les footballeurs du CSSEW et se solde par un match nul 2-2. Lors du « Kreismeisterschaft » de 1941-1942, Wolxheim termine premier et devient ainsi champion d'arrondissement. Mais déjà, les Allemands commencent à mobiliser, puis à incorporer les jeunes gens. D'abord dans le « Reichsarbeitsdienst », puis dans la Wehrmacht. Les beaux jours sont passés.

Lorsqu'à l'été 1945, la vie sportive reprend en Alsace, 15 membres actifs manquent à l'appel, 15 jeunes morts, portés disparus ou invalides. Vers la fin de l'année 1945, une équipe de l'entreprise Eck Frères de Molsheim aménage une piste d'athlétisme autour du stade, qui malheureusement ne sert pas très longtemps.

L'adhésion à la LAFA

Les premières années après la guerre sont pénibles pour l'équipe de football. Les déplacements en championnat AGR sont difficiles. On va jusque dans la région de Haguenau, mais on souffre aussi d'un manque de moyens de transport et de la restriction de carburant. Lors de la saison 1946-1947, l'équipe joue en division I, groupe III, avec Dangolsheim, Bernardsvillé, Wisches, Niedernai, Lutzelhouse,

Le CSSE Wolxheim en 1941
Debout de gauche à droite : Auguste Goetz, XXX, Jacques Geissert, Charles Fend, Charles Seeholtz, Xavier Herzog, Louis Muhlberger, XXX, Charles Jacob, XXX, Charles Spehner.
Accroupis de gauche à droite : XXX, Albert Boehler, Léon Seeholtz, Pierre Kessler, XXX.

Le CSSE Wolxheim en 1970
Debout de gauche à droite : Jules Comtesse, Auguste Zoeller, Charlot Hertzog, Julien Distel, Yves Thébault, Robert Bernhart, Martin Bernhart.
Accroupis de gauche à droite : Joseph Stinus, Mario Boehler, Jean-Louis Jacob, Gilbert Schaeffer, Jean-Paul Wagner.

Ottrott, Oberhaslach, Dahlenheim, Russ. Aussi, le CSW décide, lors de son assemblée générale en 1949, d'adhérer à la Ligue d'Alsace de Football.

La section d'athlétisme, quant à elle, doit cesser son activité. Par contre, l'équipe de basket, dont l'effectif n'a pas trop souffert, est en pleine forme à l'époque. Le basket est abandonné à Wolxheim en 1953 par manque de joueurs. Et c'est le football qui constitue, à partir de cette date, la seule compétition sportive. En 1954, une trentaine de peupliers sont plantés autour du terrain de sport. Ces peupliers sont devenus de grands arbres qui ombragent actuellement le stade, à la grande satisfaction des sportifs et du public.

Jusqu'en division II

Lors de la saison 1956-1957, l'équipe première accède en division II, malheureusement pour une seule année. En 1966, une main courante est aménagée autour du terrain. La section théâtrale est dissoute en 1960. Depuis cette date, la section de football est la seule section active du club. En général, trois équipes, dont une de jeunes, participent au championnat. Un club-house, construit en 1974 par un groupe de bénévoles, à l'initiative du président Yves Thébault qui y apporte une contribution très importante, s'intègre harmonieusement dans l'environnement. Il est équipé par la suite, de douches très appréciées par les joueurs. Lors de la saison 1974-1975, l'équipe de Roland Riff accède en division III et en 1979-1980, sous la houlette de l'entraîneur Lucien Distel, l'équipe première monte en division II.

Au cours de la saison 1979-1980, sous la présidence de Gérard Lippert, le club installe l'éclairage du terrain. L'entraînement et les matches peuvent désormais se dérouler en nocturne. Depuis 1980, le Cercle Sportif organise la grande fête du Riesling qui attire chaque année des milliers de visiteurs.

Remontée en division II

Lors de la saison 1986-1987, l'équipe première accède de nouveau en division II et fait un excellent parcours. En effet, elle termine le championnat en boulet de canon puisque son avance finale sur son dauphin Dachstein, ne compte pas moins de cinq points.

50e anniversaire

Le dimanche 19 août 1987, le Cercle Sportif, présidé par Antoine Jacob, fête avec faste son 50e anniversaire. Entouré de nombreuses personnalités, Maître Yves Muller président de la LAFA décore plusieurs joueurs et dirigeants : plaquette de la LAFA pour Le maire François Muhlberger, breloque de vermeil à Marcel Meyer et Auguste Steidel, d'argent pour Antoine Koestel et Gérard Lippert, breloque de bronze à Marianne Goetz, Antoine Jacob, Joseph Moebs, André Schaeffer, Yves Thébault et Rémy Kessler. Enfin, une lettre de félicitations est adressée à Michèle Koestel, Gilbert Schaeffer et Ernest Rehm.

Lors de la saison 1988-1989, le club décide d'entreprendre le forage d'un puits et installe une pompe nécessaire à l'arrosage du terrain. En 1993, le club cesse son activité en raison d'un cruel manque d'effectifs. Depuis 1997 (date du 60e anniversaire qui aurait normalement dû être célébré), c'est le renouveau. Reparti en division III, le CSW accède en division II dès la fin de la saison 1997-1998. Mais ce n'est qu'un feu de paille puisque l'équipe est immédiatement rétrogradée. Pour la saison 1999-2000 en division III, l'équipe fanion termine en milieu de tableau.

Le CSSE Wolxheim de l'an 2000, accession en division II
Debout de gauche à droite : Daniel Onega, Julio Da Silva (entraîneur), Pascal Siad, Vincent Beck, Eric Muhl, Thomas Vogt, Julien Bastien, Sauer, Pascal Ubrig, Didier Deschesset, Sébastien Retz, André Schaeffer (trésorier), Rémy Fischer (président).
Accroupis de gauche à droite : Michel Noisiel, Marie-Hélène (secrétaire), Osman Kiling, Alban Billon-Karouche, Frédéric Hauss, Christophe Klingler, Michel Vinchon (capitaine), Stéphane Martos, Emmanuel Dos Santos. Manque sur la photo : Cédric Colling.

Le CSSE Wolxheim en 1980-1981
Debout de gauche à droite : Jean-Marie Denier, Léon Mockers, Rémy Meyer, Antoine Jacob, Joseph Moebs, Arsène Karcher.
Accroupis de gauche à droite : Marc Lippert, René Hertzog, Alphonse Kessler, Jean-Louis Velten, Michel Voelker.

Le CSSE Wolxheim 1986-1987, accession en division II
Debout de gauche à droite : Antoine Jacob (président), Gérard Walter, Jean-Luc Lippert, Joseph Vogt, Marc Luttmann, Raphaël Acher, Arsène Karcher, Dominique Kayser, Jacky Douterlingue, Gérard Dentz (CMDP), Joseph Hubert. Accroupis de gauche à droite : Guy Barth, Benoît Karcher, Mathieu Goetz, Joseph Heyer, Herbert Heim, Yves Denier.

Le CSSE Wolxheim 1997-1998, accession en division II
Debout de gauche à droite : Daniel Onega, Vincent Beck, Julio Da Silva (entraîneur-joueur), Laurent Herr, XXX, Ismaël Lathouti, Dominique Kayser, Stéphane Reymann, Guillaume Stoeffel. Accroupis de gauche à droite : Guillaume Seibert, Robert Kleinhans, Thierry Krammer, Frédéric Hauss, Michel Vinchon (cap.), Osman Kiling, Philippe Frisson, Patrick Fruehauf.

2000-2001 voit un retour en division II avec un titre de champion de groupe et une finale départementale perdue (2-2, 2-4 tab) contre Weinbourg à Berstett. De bon augure pour le troisième millénaire....

• **BIBLIOGRAPHIE :**
— Plaquette historique (2000).

Les présidents
Charles Bernhart (1937-1940)
Charles Denier (1940)
Auguste Goetz (1941-1943)
Charles Spehner (1945-1948)
Joseph Widt (1948-1950),
Prosper Denni (1950-1965)
Louis Goetz (1965-1967)
Raymond Schmitt (1968)
Auguste Zoeller (1969-1970)
Yves Thébault (1971-1974)
Joseph Gross (1975)
Gérard Lippert (1976-1982)
Martin Bernhart (1983)
Gérard Lippert (1984)
Joseph Moebs (1985)
Antoine Jacob (1986-1990)
André Schaeffer (1990-1993)
De 1993 à 1997, non activité
Dominique Lage (1997-1998)
Rémy Fischer (1998 à nos jours)

1938

Association Sportive de Marckolsheim ★ 67

Marckolsheim

Le FC Marckolsheim 1937
Debout de gauche à droite : R. Rohr, Picot, J. Baumann, L. Martin, P. Schuester, J. Kaesser.
Accroupis de gauche à droite : J. Martin, J. Marion, L. Frey, F. Lévy, J. Fruh, J. Schoelcher.

Francis Beck
Président depuis 2001

Le FC Marckolsheim 1941
Debout de gauche à droite :
V. Nussbaumer, P. Sigel, M.L. Sigel, A. Schwartz, J. Martin, L. David.
Accroupis de gauche à droite :
Ch. Rudlioff, R. Rohr, J. Fruh.
Assis de gauche à droite : P. Schuster, P. Oberlé, L. Frey.

Une affaire de courants !

On a commencé à jouer au football à Marckolsheim dès 1937. Les ébats se passent sur un pré situé derrière le restaurant Frick, près de l'étang de Pierre Spiegel. Mais ce n'est que le 13 juin 1938 qu'un groupe de 9 personnes a l'idée de créer le Football Club de Marckolsheim, dont le siège social est fixé au restaurant « A la Vigne ». Le propriétaire, Lucien Riegert, en devient aussi le premier président. André Ottenwaelter, le Maire de Châtenois, est consacré président d'honneur. On trouve aussi Jean Marion (vice-président), M. Cheruy (secrétaire), Jean Fruh (trésorier), Jean Martin (responsable du matériel), MM Allonas, J. Baumann et P. Schuster (assesseurs).

Durant la guerre, le FCM joue tour à tour sur un terrain situé dans l'actuel lotissement, puis un second près des HLM (usine Rupp). En 1941-1942, le FCM participe à un championnat aux côtés du SV Colmar, du FC Colmar, de Widensolen, Munster, Sainte-Croix en Plaine, Ingersheim et l'Etoile d'Or de Logelbach.

A la mort de Lucien Riegert, c'est Fernand Nussbaumer qui vient aux affaires jusqu'en 1944. Le club est alors mis en sommeil pour les raisons que l'on devine, avant de repartir le 22 mars 1947, à l'initiative d'Henri Miss, qui crée l'Association Sportive de Marckolsheim. Il a à ses côtés Edouard Simon (vice-président), Paul Sigel (secrétaire), Jean Fruh (trésorier), J. Martin, J. Baumann, V. Nenninger, G. Schmitt, J. Didierjean et R. Gebharth (assesseurs).

Un terrain un peu hongrois

C'est avec l'aide de prisonniers de guerre hongrois, se trouvant stationnés à la caserne du 15-2 à Colmar, que l'on commence les travaux du nouveau terrain, près de l'actuel monument Maginot. En 1951, c'est René Gebharth qui prend la présidence, assisté de MM Bleyer, Suhr, Spiegel et Olivoni. L'entraîneur est alors le chef douanier Monthény, et le siège social situé au restaurant « Le Limbourg ». René Untz prend la présidence mais le club se met à se désagréger. A tel point que son trésorier ne peut même plus payer la location de la salle pour le bal de la Libération !

Après trois années de silence, le football refait surface sous l'impulsion du directeur de la Maison des Jeunes, Jean Kientz. Dès la première saison (1957-1958), la MJC décroche d'emblée, avec sa première place, l'accession en division III. (16-0 pour le match d'ouverture à Ebersmunster). 1958-1959, c'est l'accession en division II, puis, dès la saison suivante, on flirte avec la montée en division I après un célèbre match perdu contre l'AS Mutzig de Paco Matéo. Mais dès 1960, s'ouvre une ère de lent déclin, pour déboucher sur un arrêt définitif en 1962.

L'eau du Rhin et le courant d'EDF

L'aménagement du Rhin, avec la construction du Grand Canal d'Alsace et de la centrale EDF, draine beaucoup de sportifs dans la Cité 14 et la population de Marckolsheim double subitement. Dès 1958, est créée l'Association Sportive du Canal d'Alsace (ASCA), présidée par M. Dhonneur. Durant une dizaine d'années, le club est placé

L'AS Marckolsheim 1951
Debout au dernier rang de gauche à droite : G. Wendling, J. Dick, A. Olivoni, R. Gebharth, J. Untz, J. Martin, R. Kastler.
Debout de gauche à droite : J. Stoeckel, R. Launaire, J.-P. Weiss, A. Bonetta, J. Fruh, Montheny, L. Schumacher, J.-P. Bleyer, J. Oberlin, L. Suhr. Assis de gauche à droite : F. Gebharth, A. Diebold, E. Schmitt, L. Spiegel, P. Burger

sous la présidence d'Alexandre Biganzoli. Les six équipes décrochent de nombreux titres et places d'honneur. Mais en 1968, c'est la fin de la Cité. 14 quelques courageux, comme MM. Schumacher, Brunet, Rémy, Spiegel, Bonetta, rejoignent le comité. Lucien Schumacher, alors responsable du Cercle Catholique, devient président de l'ASCA qui se transforme en Association Sportive.

Championne du Bas-Rhin !

C'est en 1970 que les joueurs peuvent fouler l'actuel stade municipal. Le siège est alors situé au restaurant « A la Ville de Colmar » du regretté B. Schreiber. Alexandre Biganzoli est naturellement élu président. A partir de 1972, une formidable école de football, qui regroupe une cinquantaine des meilleurs footballeurs en herbe de la région, fonctionne sur le pré derrière le cimetière. En 1974, l'ASM récolte les premiers fruits de cette école, l'équipe de pupilles à 11, dirigée de main de maître par MM Treuil et Waechter, devenant championne de groupe et ne s'inclinant qu'en finale de la coupe d'encouragement, aux penalties. L'éclairage du stade est installé en 1975, mais les résultats de l'équipe fanion ne sont guère brillants. Arrive alors la cuvée exceptionnelle de la saison 1981-1982, qui permet de décrocher le titre de champion du Bas-Rhin de Division IV, sans avoir connu une seule défaite. Le président de l'époque : Albert Wendling était alors l'entraîneur de l'ensemble des seniors.

C'est aussi en 1981 que la municipalité fait construire le club-house. C'est un lieu de grande convivialité, fonctionnel, et grand ouvert sur les deux terrains de jeu mis à disposition et entretenus en partie, par la commune. Un remarquable partenariat avec le club, que le maire, Léon Siegel, grand amateur de football et grand supporter du Racing, reconduit d'année en année. A Marckolsheim, commune 3600 âmes, il existe plus de 40 associations. Le club peut disposer du gymnase qui est construit attenant à la tribune et le parcours VITA est tout proche. Ce qui permet de jouir d'excellentes conditions de travail.

En 1986, après 14 ans de présidence, Albert Wendling cède sa place à Roland Golling qui dirige le club jusqu'en 1998. L'ASM reprend lentement des couleurs et gravit les échelons jusqu'en Promotion en 1990.

Fin 1993, le club dispute 5 tours en coupe de France et joue la finale du Centre Alsace. Malheureusement en 1998, l'équipe fanion redescend en 1re division, où elle joue actuellement.

Le comité change de tête et c'est un joueur : Joseph Pulicano qui prend les rennes du club jusqu'en 2001, relayé à son tour par l'actuel président Francis Beck.

Durant ces dix dernières années, de nombreuses équipes de jeunes font la fierté du club. Tout spécialement la « fameuse » équipe de poussins, dirigée par Jean-Claude Landis, qui participe aux finales régionales. Cette équipe, devenue « benjamine » renouvelle le même exploit deux années plus tard.

• **BIBLIOGRAPHIE :**
– Plaquette inauguration du club-house, juin 1985.

L'AS Marckolsheim 1997-1998
Debout de gauche à droite : F. Beck, Ph. Waechter, M. Yasidi, M. Nasri, Casanova, M. Colmerauer, Kempf, F. Nasri, Legrand, Schickler, R. Golling. Accroupis de gauche à droite : Stephan, F. Golling, M. Pulicano, Baykal, M. Chariki, R. Bissessur.

La MJC Marckolsheim 1958
Debout de gauche à droite : Claude Caillaux, Jean-Claude Marenghi, Jean Albonetti, Jean-Louis Riegert, Bernard Riesterer, Jean-Paul Diebold. Accroupis de gauche à droite : Bernard Muntzinger, Angels Bonetta, André Malaisé, Bernard Jacob, Jean-Jacques Meyer.

L'ASCA Marckolsheim 1966
Debout de gauche à droite : Abbé Schalck, Patrice Puthod, Philippe Blanc, Nicole, Benslimani fils, Nini Deseure, Jean Barrénéchéa, Jean-Louis Vaux, Alexandre Biganzoli. Accroupis de gauche à droite : Jean-Claude Doré, Marc Devaux, Jean Voiron, Guy Doré, Benslimane père, Roland Devaux.

L'AS Marckolsheim 1981-1982, championne du Bas-Rhin
Debout de gauche à droite : Waechter Philippe, Schwein Alain, Wittemer Jean-Paul, Gully Michel, Plas Didier, Landis Christian, Senter Gérard, Wendling Albert (président entraîneur). Accroupis de gauche à droite : Gebharth Fabien, Pulicano Joseph, Schmeier Hubert, Gaudel Guy, Frey Gérard, Rudloff Daniel.

L'AS Marckolsheim benjamins 1998-1999, en finale régionale

1981-1982
Champion du Bas-Rhin
Vice-champion d'Alsace de division III

1988-1989
Accession en division I

1989-1990
Accession en Promotion

1991-1992
Participation au 6e tour de la coupe de France

1992-1993
Finaliste de la coupe Centre Alsace

1993-1994
Finaliste de la coupe du Crédit Mutuel

Les présidents
Lucien Riegert (1938-1942)
Laurent Nussbaumer (1942-1944)
Henri Miss (1947-1951)
René Gebhart (1951-1954)
René Untz (1954)
Jean Kientz (1957-1959)
René Hemberger (1957-1959)
Alexandre Biganzoli (1959-1968)
Lucien Schumacher (1968-1971)
Gérard Bauer (1971-1972)
Albert Wendling (1972-1985)
Roland Golling (1985-1998)
Joseph Pulicano (1998 à 2001)
Francis Beck (2001 à ce jour)

Football Club Riedseltz ★ 67

Riedseltz

Le Saint-Jacques d'Outre-Forêt

C'est le 1er juin 1938, que le Saint-Jacques de Riedseltz voit le jour. M. Weber, directeur de la Tuilerie, est élu président. Durant la période allant de sa création aux années 1954, le club est affilié à l'AGR. La guerre interrompt durablement l'évolution du club d'Outre-Forêt. Lorsqu'il reprend vie dans les années soixante, les vestiaires sont improvisés dans la cantine de la tuilerie, et les joueurs évoluent sur l'ancien terrain, situé rue de la Gare.

Le club n'a pas le temps de disputer le moindre match de championnat AGR avant la guerre car les occupants allemands interdisent purement et simplement l'existence de la fédération des patronages. Il reste donc à attendre sagement la fin des hostilités pour reprendre des activités sportives. Fidèle à son engagement initial, le Saint-Jacques Riedseltz repart en AGR et on retrouve son premier exploit dès la saison 1946-1947, quand il devient champion du Bas-Rhin de division I dans un groupe comprenant en outre Salmbach, Lauterbourg, Scheibenhardt, Oberseebach, Schleithal, Niederlauterbach et Weiler.

Pourtant, le club refuse d'affronter la division d'Honneur et repart en division I en 1947-1948, dans le groupe II composé d'Oberseebach, Siegen, Hatten, Lauterbourg, Salmbach, Niederroedern, Neewiller, Mothern et Schleithal. Puis les saisons s'enchaînent, puisqu'en 1948-1949, le Saint-Jacques pointe à la deuxième place du groupe I de division I derrière l'US Schleithal (champion), mais devant Weiler, Lauterbourg, Niederroedern, Neewiller, Leutenheim, Siegen et Mothern.

Une fin de cycle en fanfare

L'équipe est à nouveau championne de groupe en 1949-1950, devant Leutenheim, Niederroedern, Neuhaeusel, Soufflenheim, Kesseldorf, Aschbach et Fort-Louis. Elle pointe en 3e place en 1950-1951, mais à la dernière place de son groupe en 1951-1952. Après une saison 1952-1953 en demi-teinte, c'est un nouveau titre de champion de groupe qui consacre l'exercice 1953-1954. C'est une fin de cycle en fanfare, puisque les patrons décident d'arrêter toute compétition et les jeunes footballeurs du village s'en vont rejoindre les rangs du Football Club Riedseltz, nouvellement créé et affilié à la LAFA. Il faut dire que les activités footballistiques de l'AGR sont en nette perte de vitesse.

Le FC Riedseltz apparaît pour la première fois dans les classements lors de la saison 1951-1952, avec une belle troisième place de son groupe de division IV, faisant jeu égal avec Morsbronn mais derrière Forstheim, intouchable cette saison-là. Les joueurs apprennent vite et sont sacrés champions de groupe dès la fin de la saison 1953-1954. Montés en division III, ils finissent 5e dès leur première saison. Sans jamais briller mais sans jamais risquer la descente, Riedseltz fait son petit bonhomme de chemin. Jusqu'à la saison 1957-1958, quand l'équipe termine deuxième derrière Morsbronn (sans monter) et réédite sa performance en 1958-1959, sans parvenir à accéder à la division II.

Le petit « OM »

Il lui faudra attendre la saison 1962-1963, pour enfin décrocher un titre de champion de groupe avec 3 points d'avance sur Surbourg. A plusieurs reprises, le FC Riedseltz frôle la relégation en division IV. Il montre le bout de son nez en 1968-1969, quand il pointe à la troisième place. Un signe qui ne trompe pas puisque la saison suivante, il est champion de groupe et grimpe en division II.

L'équipe première joue immédiatement les premiers rôles. Elle se retrouve très vite en position de monter en division I. Comme lors de cette saison 1971-1972, qu'elle clôture ex-aequo à la première place avec Preuschdorf et Oberseebach. Mais c'est le goal-average qui fait monter le premier nommé.

La saison suivante, Oberseebach est encore devant pour deux petits points seulement. C'est encore manqué. Durant ces années 1970-1980, le FC Riedseltz attire les joueurs des communes environnantes et fait figure de petit « OM » de l'Outre-Forêt. Des joueurs comme Stieber, Marchal, Riff, Schaeffer, Kempf, Gross, Hoffsess, Laribi ou Hemmerlé y évoluent alors.

La saison 1975-1976 est celle de la consécration sportive. En remportant, devant Lauterbourg, le titre de champion de groupe, le FC Riedseltz accède enfin en cette division I tant espérée. Mais l'euphorie est de courte durée puisque le FCR redescend aussitôt en division II. La leçon a été bonne et l'avertissement sans frais puisque la remontée est immédiate. L'équipe garde son rang mais l'équipe perd quelques éléments d'importance et les jeunes ne sont pas prêts. Dès le terme de la saison 1981-1982, c'est la dernière place et le retour à l'étage inférieur.

Différents présidents se succèdent à la tête du club : MM. Schmitt, Getto et Barthel, notamment. Pourtant, celui qui marquera les mémoires est sans conteste Charles Eidel, dont la présidence s'achèvera en 1988. C'est sous sa direction, au début des années 80, que la commune décide de construire un nouveau terrain, au milieu du village. A la même époque, un préfabriqué est acheté, qui sert de vestiaires, et un club-house y est installé.

1993 : montée en division 1

A partir de 1988, M. Burckhardt mène les destinées du club jusqu'en 1990. Le club est alors mis entre parenthèses, jusqu'à sa reprise en main par Jean-Luc Gertner, de 1991 à 1993. Charles Eidel, qui l'avait soutenu, accepte de reprendre la présidence en 1993, deux années durant. Le FC Riedseltz est alors champion du groupe C en division 2 et assure sa montée en division I pour ne plus la quitter, obtenant la 3e place à deux reprises, en 1996-1997 et en 1997-1998, avec M. Ehleider comme entraîneur.

Entre-temps, en 1995, Fabien Eichenlaub est devenu président, charge qu'il continue d'assumer à ce jour.

L'équipe dirigeante, réunie par Fabien Eichenlaub, s'intéresse au rôle éducatif du club et à la formation des jeunes. Un rôle jusqu'alors négligé. Un comité « jeunes » est d'ailleurs créé en 1998, présidé par Thierry Heckel. Fin 2000, grâce à l'engagement de la municipalité, le club voit les débuts de la construction, longtemps espérée, d'un club-house et de vestiaires en dur.

• BIBLIOGRAPHIE :
– Documents remis Fabien Eichenlaub.

L'entente Riedseltz-Steinseltz poussins, championne de groupe 1995-1996

Le FC Riedseltz 1994-1995

Le FC Riedseltz 1996-1997, en division I

Les présidents

M. Weber, M. Schmitt, M. Getto, M. Barthel, Charles Eidel, Francis Burckhardt, Jean-Luc Gertner, Fabien Eichenlaub (1995 à nos jours)

Les entraîneurs

Meyer (1995-1996)
Ehleider (1996 à 2000)
Christian Eidel (2000 à nos jours)

1938
Football Club Sentheim ★ 68
Sentheim

Le FC Sentheim en 1938
Debout de gauche à droite :
François Kieffer, Victor Jenn,
Pierre Ramstein, René Hattenberger,
Albert Emberger, Joseph Ehret.
Accroupis de gauche à droite :
Aloyse Hirth,
Henri (dit Rici Schwindenhammer),
René Schmitlin, Paul Roth,
Georges Foltz, Albert Dangel.

Un village d'opposition

Il y a bien longtemps que les gamins poussent le ballon dans les prés et dans les cours. Sentheim (qui s'appelait alors le Fußball Club Sennheim) joue en 1913-1914 dans la C. Klasse du championnat de la VSFV.

Nous sommes en 1937 et la joyeuse bande se heurte à une opposition farouche, Sentheim est un village d'opposition... au football ! Mais l'envie est plus forte et le 8 décembre 1937, une assemblée générale constitutive se tient au restaurant Emberger-Hincky (actuelle ferme Schmitt). Les statuts sont déposés au tribunal cantonal de Masevaux et l'inscription au registre des associations est faite à la date du 22 avril 1938. Avant de créer le club, les futurs dirigeants du FC Sentheim avaient eu à cœur de partir à la délicate recherche d'un terrain. Quatre jeunes gens, Félix-Charles Facques, Joseph Arnitz, Aloyse Hirth et Albert Keller se cotisent et, avec leur argent de poche, font l'acquisition des prés au Stein, lors d'une adjudication immobilière publique. Ils y implantent le terrain de jeux qui existe encore aujourd'hui.

Composition du comité-fondateur élu le 8 décembre 1937 : Félix-Charles Facques (président), Joseph Lejeune (vice-président), Albert Keller (secrétaire), Aloyse Hirth (trésorier), Joseph Arnitz (directeur sportif), Albert Dangel, Paul Roth, Henri Schuffenecker (assesseurs).

Le FC Sentheim fait ses premiers pas lors de matches amicaux face aux clubs voisins de Burnhaupt-le-Haut et le Bas ou encore Masevaux. Lors de l'assemblée générale du 15 mai 1938, il est décidé d'engager une équipe seniors dans le championnat de la LAFA.

Mis en veilleuse durant les hostilités, le FC Sentheim se remet de sa léthargie forcée au lendemain de la Libération. Au temps du rationnement, ce redémarrage est laborieux : des bons sont nécessaires pour l'achat de chaussures, d'équipements et même de ballons. Mais cette pénurie est surmontée et en 1946, l'activité reprend au bas de l'échelle. Les déplacements se font à bicyclette et plus tard, une camionnette de l'usine est mise à disposition. On loue même un car, mais les déplacements coûtent cher. En 1949, l'équipe monte en division III.

Le FCS reste à ce niveau jusqu'à la fin de la saison 1954-1955, particulièrement malheureuse et qui scelle le retour en division IV. Il ne faut pourtant que deux saisons pour remonter en division III. C'est fait au printemps 1957.

Dix longues années s'écoulent et pour ses 30 ans, le club accède en division II. Nous sommes à la fin de la saison 1967-1968.

Malheureusement, l'embellie ne dure guère. A la fin de la saison 1970-1971, c'est le retour en division III. Le club en profite pour disputer son premier match en nocturne le 12 avril 1973. On a l'impression que les choses vont mieux puisqu'au terme de la saison 1973-1974, le FC Sentheim décroche le titre de champion du Haut-Rhin de division III et retrouve la division II. En finale régionale, le FCS s'incline contre le FC Steinseltz.

Le vieux rêve réalisé

Mais décidément, la vie est faite de hauts et de bas puisque, la saison 1976-1977 terminée, c'est une nouvelle descente en division III, puis dès l'année suivante en division IV. La remontée en division III est réalité au terme de la saison 1978-1979, en même temps que l'inauguration du club-house et des vestiaires. Et dès 1981, c'est le retour en division II, pour la troisième fois. A la fin de la saison 1983-1984, le vieux rêve est réalisé avec l'accession en division I.

Mais décidément, le FCS joue souvent à l'ascenseur avec, en 1986, l'éternel retour en division II. Le vieux terrain sert aux entraînements et aux matches des équipes inférieures et de jeunes. Le FC Sentheim a fait l'acquisition de deux parcelles privées pour agrandir l'espace dévolu aux installations de vestiaires-douches et au club-house. Enfin, grâce à la modification du POS de la commune, un complexe sportif et de loisirs est né, au sein duquel trône un terrain de football municipal, homologué par la LAFA en août 1987. Cette fois, le club a atteint une nouvelle dimension. Son niveau, c'est au plus mal la division I. Il y accède en 1990, en 1995 et en 2001.

Le FC Sentheim est bien vivant. Installé dans sa vallée, ses traditions. Le bénévolat permet d'organiser des manifestations diverses, sources de rentrées financières. La Kilbe, les fêtes d'Octobre, du Bûcheron, marché aux puces, tournois en salle, belote, loto, toutes les idées sont bonnes à prendre. Sous l'impulsion du président Jaeg et de l'entraîneur Alain Monpoint, le club inscrit la première équipe d'espoirs de la vallée en 1997, et trois années plus tard, celle-ci évolue en excellence régionale ; la seule équipe de la vallée à ce jour participant à une compétition régionale

• BIBLIOGRAPHIE :
– Plaquette du 50ᵉ anniversaire en 1988.
– Plaquette du 60ᵉ anniversaire en 1998 sous la signature de Claudine Jaeg.
– Photos remises par Serge Jaeg.

Les présidents
Félix-Charles Facques (1938-1947)
Germain Bilves (1947-1949)
Charles Hostetter (1949-1954)
Albert Keller (1954-1956)
Joseph Ehret (1956-1958)
Paul Roth (1958-1961)
Joseph Ehret (1961-1982)
Serge Buhr (1982-1989)
Robert Hirth (1989-1997)
Serge Jaeg (1997 à nos jours)

Le FC Sentheim 1973-1974, champion du Haut-Rhin de division III
Debout de gauche à droite : Eugène Freitag (entraîneur), Jean Kerkouch, Michel Dantung, Gilbert Nicklowitz, Jean-Jacques Walgenwirtz, Walter Fischer, Serge Ehret, Richard Schmitt, Joseph Ehret (président). Accroupis de gauche à droite : José Realini, Gérald Brand, Gilbert Ehret, Michel Finck, Claude Dantung.

Le FC Sentheim 1978-1979, accession en division III
Debout de gauche à droite : Roland Aeby, Daniel Walzer, Michel Finck, Michel Dantung, Serge Coussy, Jean-Luc Wolf, Gérard Wirth. Accroupis de gauche à droite : Serge Ehret, Robert Mahler, Roger Nicklowitz, Serge Realini, Yves Haebling, Michel Scheubel. Manquent : Jean-Claude Kazfalaoui, José Realini, Joseph Ehret (président).

Le FC Sentheim 1983-1984, accession en division I
Debout de gauche à droite : Michel Dantung (dirigeant), Marcel Koch, Daniel Walzer, Robert Hirth, Roland Aeby, Michel Wolff, Werner Reinholz, Gérard Hirth, Serge Buhr. Accroupis de gauche à droite : Michel Scheubel, Alain Monpoint, Roland Schruffenecker, Michel Finck, Serge Walzak (entraîneur), Serge Ehret, Robert Mahler.

Le FC Sentheim, espoirs de l'an 2000
Debout de gauche à droite : Jean-Michel Vu Viet (dirigeant), Mickaël Vu Viet, Cédric Dutoit, Geoffray Galli, Yassine Bouarasse, Nordine Saïfi, Yacine Saïfi, Yassine Bousmid. Accroupis de gauche à droite : Jonathan Gschwender, Kadha Belmamoune, Munvel Barros, Amaury Galli, Cédric Ernst, Ayache Bougerara, Toufik Ferdani, Yanick Galli (entraîneur). Manquent : Stéphanie Galli (dirigeante), Philippe Mahler, Nicolas Bohrer, Charles Bischoff, Selim Serdidi, Mickaël Jaeg.

Le FC Sentheim de l'an 2000, retour en division I
Debout de gauche à droite : Mr Walzer, Mme Walzer, Mme Ernst (partenaires), Serge Jaeg (président), Mr Ernst (partenaire), John Joyeux, Charles Bischoff, Nicolas Bohrer, Jean-Pascal Gustan, Freddy Augustin, Yannick Angelique, Thierry Verones, Yves Brendle (capitaine), Malik Noel, Philippe Podzinski, Tatiana Dangel (dirigeante), Alain Monpoint (manager général), Jacky Hattemberger (partenaire), Joaquim Tavares (dirigeant). Accroupis de gauche à droite : Aurore Jaeg, Philippe Mahler, Cédric Ernst, Christophe Couroble, Junior Couroble, Gérard Dubois, Makram Jebali (entraîneur), Stéphane Buhr, Robert Cilis. Manquent : Soufiane Amara, Mohamed Rourou, Salim Serdidi.

1938 Sundhouse

Union Sportive Sundhouse ★ 67

L'AS Sundhouse en 1939
Composition de l'équipe :
Paul Muller (gardien), Joseph Fuchs,
Charles Muller (arrières), Charles Mathis,
Pierre Stahl, Léon Kieffer (demis),
René Mieg, Robert Arnold, Willy Stahl,
Jean Simon, J. Schmitt (avants).

L'US Sundhouse en 1952
Debout de gauche à droite :
René Léonhart, Maurice Boehrer,
Robert Behr, Alfred Siegrist,
Albert Grosshans, Roger Fahrner,
Charles Mathis, René Herrgott.
Accroupis de gauche à droite :
Alfred Boess, René Freyermuth,
Alfred Klotz, Knobloch.

Sous l'œil intéressé du fils du notaire

A la rentrée des classes d'octobre 1937, un nouvel instituteur, Albert Schmitt, joueur de football, invite ses élèves à pratiquer le football. C'est ainsi qu'on commence à voir quelques garçons taper dans un ballon pendant leur temps libre. Mais ces jeunes gens ignorent qu'ils sont placés sous l'œil intéressé du fils du notaire, Léon Kieffer, qui est, lui, un authentique passionné de ce sport.

D'abord, « l'Association Sportive »

Et ce qui devait arriver arrive en 1938. En complicité avec l'instituteur, Léon Kieffer décide de constituer un club, en s'appuyant sur les élèves de la communale mais aussi sur quelques élèves du collège de Sélestat qu'il fréquente. Et le 30 juillet 1938, « l'Association Sportive de Sundhouse » est créée. Durant la première assemblée générale, c'est Henri Siegrist qui est élu à la présidence. Le 2 juillet 1939, le club demande son affiliation à la Ligue d'Alsace de Football. Dans le même temps, une équipe est engagée dans le championnat 1939-1940.

Le premier comité : Henri Siegrist (président), Frédéric Spinner (vice-président), Léon Kieffer (secrétaire), René Rieg (trésorier), Charles Mathis, E. Hirtzel, Marconnet (assesseurs).

Un mariage qui fait long feu…

Avec bien du mal, le club obtient l'autorisation de jouer sur un terrain aménagé à proximité du stand de tir (à côté de l'actuel château d'eau). La commune est évacuée au début du conflit et le football s'éteint de lui même. Il renaît avec la Libération dès 1945. Le président de l'époque, Alfred Schmutz, rassemble tous les jeunes du village et forme une équipe pour disputer des rencontres amicales. Sous l'impulsion de Ernest Baldensperger, les footballeurs unissent leur destinée avec les gymnastes et créent « l'Union Sportive Sundhouse ». Mais le mariage fait long feu et, dès août 1950, chacun repart de son côté avec ses propres difficultés. Le comité de la section football : Léon Meyer (président), René Rieg (vice-président), Léon Gerber (secrétaire), Albert Graff (caissier), Henri Gorsshans, Charles Mathis, René Hergott, Jean Muller, Robert Peter, Emile Gerber (assesseurs).

La générosité du nouveau président, Léon Meyer, permet au club de redémarrer en division IV. Pour la saison 1958-1959, le club engage une équipe de jeunes. En 1960, c'est Robert Peter qui est porté à la présidence. Une équipe réserve est engagée en 1961. Sous l'influence du président et celle de son comité, le club va connaître ses premiers moments de gloire. En 1962, l'équipe accède pour la première fois en division III. Elle y reste durant huit saisons pleines avant d'être forcée de retrouver le niveau inférieur en 1970.

Les jaunes vont refaire deux courtes apparitions en division III en 1971 et 1973 avant de se retrouver en division IV en 1974.

Un splendide complexe sportif

Lors de la saison 1972-1973, c'est l'international Raymond Kaelbel qui prend l'entraînement de l'équipe première. Pour la saison 1973-1974, le club établit un premier record avec l'engagement de trois équipes seniors et de deux équipes de jeunes. En 1974, avec l'étroite collaboration de la municipalité, les membres du club entreprennent, bénévolement, la construction d'un beau complexe sportif comprenant deux terrains et un club-house. L'inauguration a lieu le 6 juin 1976.

En même temps, sur le terrain, le club écrit deux belles pages de son histoire avec deux montées successives pour arriver en DII à l'issue de la saison 1976-1977. L'équipe réserve complète cette série en terminant première de son groupe la même année. Cette équipe va connaître une période glorieuse en remportant cinq fois son championnat entre 1977 et 1986. Les juniors complètent cette décennie glorieuse en remportant leur championnat en 80, suivis des pupilles en 1986.

En 1983, après 23 années de présidence, Robert Peter cède sa place à Robert Behr. Sous sa présidence, le club va réaliser une installation pour

L'US Sundhouse 1975-1976
Debout de gauche à droite : Robert Peter (président), Jean-Pierre Wurtzer, Rémy Meyer, Alex Montfort, Jacky Muller, Pierre Graff, Dominique Geiger, Lucien Montri, Claude-Yves Rieg, Richard Grosshans, Michel Gerber, Raymond Greiling, Robert Frantz (dirigeant). Penchés de gauche à droite : Michel Berger, Charles Gerber, Albert Grosshans, Robert Schauner, Claude Arnold, Rémy Peter, Marcel Wurtzer. Accroupis de gauche à droite : Bernard Wendling, André Haegeli, Jean-Louis Gerber, Jean-Louis Meyer, Jeannot Angst, Alfred Beck, Philippe Grosshans, Michel Hartweg.

L'US Sundhouse en 1977, championne de groupe de division III
Debout de gauche à droite : Jean-Paul Schnoepf (joueur-entraîneur), Robert Stocky, Lucien Montri, Claude Arnold, André Bury, Jacques Schmutz, Pierre Graff, Jean-Jacques Muller, Robert Behr (dirigeant). Accroupis de gauche à droite : Marcel Wurtzer, Pierre Rohmer, Charles Gerber, Robert Schauner, Jean-Louis Gerber, Christian Remetter, Claude-Yves Rieg.

nocturne sur le terrain annexe et passer en division I au bénéfice d'une restructuration du championnat. Michel Gerber est élu président en 1989. Les effectifs du club ne cessent de s'étoffer, ce qui permet d'engager une deuxième équipe dans le championnat départemental de division III. La même année, les juniors remportent leur championnat.

Une place en DI difficile à tenir

Mais l'équipe première replonge et se trouve reléguée en division II à la fin de la saison 1991-1992. Ce n'est qu'une faiblesse passagère car, invaincue et n'encaissant que 10 buts au cours de la saison 1992-1993, elle remonte aussitôt en division I. La saison suivante, c'est à l'équipe seconde de gagner son championnat. Mais le club refuse de la faire monter en division II car le maintien de l'équipe fanion est aléatoire. Et cela s'avère exact puisque l'équipe ne se sauve que par l'intermédiaire d'un match de barrage gagné face à Osthouse. Mais tout cela n'est qu'un sursis de courte durée puisqu'en 1995, la descente en division II est au rendez-vous.

C'est Jean-Louis Meyer qui prend alors la présidence. Il faut attendre deux saisons seulement pour assister à une nouvelle remontée de l'équipe fanion en division I. Entre temps, le club réussit un exploit en coupe du Crédit Mutuel en 1996, en accédant à la finale grâce à des victoires face à Barr et Sélestat. La finale, disputée à Herbsheim, sous une pluie continuelle, voit la victoire de l'AS Portugais de Sélestat 2-0.

Et maintenant, les féminines

Depuis 1997, le club vit également à l'heure des féminines puisqu'il engage une équipe en championnat des - 16 ans. Du coup, ce sont 7 équipes qui jouent sous les couleurs de l'US Sundhouse…

L'année 1998 voit le club fêter dignement son 60e anniversaire avec en point d'orgue une rencontre entre les stagiaires du Racing Club de Strasbourg et le FC Wiltz Club qui évolue en première division du Luxembourg. L'équipe fanion joue les premiers rôles en division I : l'avenir se lit en rose…

• BIBLIOGRAPHIE :
– Plaquette du 60e anniversaire en 1998.

L'US Sundhouse féminines en 1998
Debout de gauche à droite : Vincent Grosshans (entraîneur), Laeticia Bauer, Stéphanie Meyer, Christelle Danguel, Maryse Elger, Aimé Meyer (dirigeant).
Accroupies de gauche à droite : Emmanuelle Sutter, Caroline Baconnier, Sonia Ziser, Alexia Jung. Manquent sur la photo : Virginie Selig, Claire Brickert, Karen Strazisar.

L'US Sundhouse 1995-1996, finaliste de la coupe du Crédit Mutuel
Debout de gauche à droite : Rémy Rueff, Stéphane Bury (capitaine), Eric Blum, Didier Fuchs. Au premier rang : Denis Knobloch, Thomas Leyes, Jérôme Crovisier, Hichane Belhidaoui, Christian Grosshans, Luc Retterer, Mathieu Fehlmann, Sébastien Bury, Grégory Rohmer.

L'US Sundhouse de l'an 2000
Debout de gauche à droite : Jean-Louis Meyer (président), M. et Mme Jehl (sponsors), Didier Fuchs (entraîneur), Jean-Claude Grosshans (vice-président), Pierre Retterer (dirigeant), Jérôme Crovisier, Sébastien Bury (capitaine), Luc Remetter, Daniel Leyes, Christophe Kretz, Stéphane Hintermeyer, Steve Meyer, Franck Weiss (dirigeant). Accroupis de gauche à droite : Ludovic Ettwiller, Loïc Diehl, Hicham Belhidaoui, Alexandre Petit, Yannick Morlet, Yves Gerber, Sylvain Vielfridé.

Les présidents

Henri Siegrist (1939-1941)
Schmutz (1945-1950)
Léon Meyer (1950-1960)
Robert Peter (1960-1983)
Robert Behr (1983-1989)
Michel Gerber (1989-1995)
Jean-Louis Meyer (1995 à nos jours)

Le comité de l'an 2000

Robert Peter (président honoraire)
Robert Behr (président honoraire)
Michel Gerber (président honoraire)
Jean-Louis Meyer (président)
J.-C. Grosshans (vice-président)
Jean-Marc Bilger (vice-président)
Eric Fehlmann (secrétaire)
Eric Kehr (secrétaire-adjoint)
Yves Drussel (trésorier)
Christophe Angst (trésorier-adjoint)
Estelle Herrbrech, Michel Blum
Daniel Leyes, Jean-Marie Meyer
Pierre Remetter, Franck Weiss
Serge Rohmer, José Schmitt
Didier Schwoerer, Aimé Meyer

1938

Association Sportive Wisches ★ 67

Wisches

L'inauguration du stade de la Bruche. L'AS Wisches défile derrière les personnalités. A l'arrière-plan, le stade

Charles Laubreaux, Président de l'AS Wisches (1946-1947)

Avec Giresse et Platini

Ernest Thierry, Jacques Eicher, Lucien Luck, Marc Feldtrauer, Joseph Pouré, Hubert Ganier, André Charton et Théo Thalgot. C'est là une bonne bande de copains et de vrais amateurs de football. Nous sommes en 1938, pendant la « Drôle de Guerre ». Ils sont les membres fondateurs du Football Club de Wisches qui rejoint les rangs de l'Avant-Garde du Rhin.

Les premiers joueurs à porter le maillot de Wisches se nomment Ch. Boxberger, Bertoni, A. Litzler, M. Mangin, L. Mougeot, T. Thalgott, les frères Vincent, puis J. Baret, R. Bitzner, P. Chalier, F. Hietter, M. Korn, R. Mangin, H. Mehl, E. Schmitt… Le premier terrain est situé le long de la Bruche, en bordure de la route de Schwartzbach. Le terrain est bien situé mais souvent impraticable après quelques jours de pluie en hiver et surtout lors des crues de la Bruche en hiver. Le championnat est déjà commencé lorsque le club est constitué. Il se contente donc de matches amicaux et de tournois. Malheureusement, la guerre toute proche stoppe net les activités sportives. Le club renaît à la mi-mai 1946.

Dans le giron de la LAFA

Le club est rebaptisé « Association Sportive de Wisches ». Son siège est situé au restaurant Eicher et participe alors au championnat de l'Avant-Garde du Rhin. Le premier comité de l'après-guerre est ainsi composé : Dr Henri Ganier (président d'honneur), Charles Laubreaux (président), Georges Alart (vice-président), Joseph Poure (secrétaire), Fernand Hietter (trésorier), Jacques Eicher (entraîneur), Paul Schreyeck (capitaine), Fernand Weiss, Joseph Huck, Louis Guy, Jean Lacave, Lucien Hoschtaedter (assesseurs). Lors de la saison 1946-1947, le club joue en division I AGR, groupe III avec Dangolsheim, Wolxheim, Bernardswiller, Niedernai, Lutzelhouse, Ottrott, Oberhaslach, Dahlenheim et Russ. Mais dès 1947, comme la plupart des clubs de la vallée de la Bruche, l'ASW demande son affiliation à la LAFA.

Elle commence en division IV et accède en division III dès la fin de la saison 1952-1953.

Elle s'y maintient durant deux saisons avant de retourner au purgatoire. Qu'à cela ne tienne, la cure a sans doute été salutaire. L'ASW remonte en effet à la fin de la saison 1958-1959. C'est en juin 1969 que l'AS Wisches

L'AS Wisches en 1947
Debout de gauche à droite : Raymond Aubry, Georges Bastian, Marc Feldtrauer (délégués), Raymond Mangin, Constant Heitzmann, Lacharette, Léon Baret, Joseph Huck, Fernand Weiss, André Rodeghiero. Accroupis de gauche à droite : Emile Chatin, Rinié, François Bienvenot, Marcel Moser, Michel Schoefter, René Heitzmann, Roger Bitzner.

L'AS Wisches en 1948
Debout de gauche à droite : Joseph Poure, André Rodeghiero, Raymond Arnold, Raymond Aubry, Hubert Hochstetter, Emile Chatin, Jacques Eicher (président), Damien Eicher (porte-drapeau), Fernand Hietter. Au 2e rang de gauche à droite : Germain Stouvenel, Michel Schoefter, Jean Berchit. Accroupis de gauche à droite : François Bienvenot, Robert Singer, Raymond Mangin.

Cathy & Gilles
Feldis
Boulangerie-Pâtisserie
Wisches
2, rue de la forêt
Tél. 03 88 97 41 34

L'AS Wisches 1952-1953, accession en division III
Debout de gauche à droite : René Heitzmann (président), Emile Claire, Eugène Zimmermann, Emile Chatin, Bernard Hochstetter, André Chatin, Robert Hoerrmann (délégué). Accroupis : Jean-Paul Stouvenel, Raymond Arnold, Roger Perrin, Maurice Melot, André Rodeghiero, Roger Schott.

L'AS Wisches (à gauche) contre le TSV Herckershausen en 1969
De gauche à droite : Antoine Erny, Sylvain Staenzel, Robert Helm, Jacky Schmidtenknecht, Hubert Ney, André Kientzy, Bernard Bouillon, à droite Friedel Bayer, capitaine du TSV Herckershausen.

Les Présidents

Charles Laubreaux (1946-1947)
Georges Alart (1947-1949)
Jacques Eicher (1949-1956)
René Heitzmann (1957-1959)
Rémy Dieda (1959-1986)
André Rodeghiero (1986-1988 et de novembre 1991 à avril 1992)
Jacky Schmidtenknecht (1988-1991)
Bernard Gross (1992-1993)

scelle des liens amicaux avec l'équipe allemande du TSV Herckershausen. Une amitié qui se solde par un échange tous les deux ans, une vraie tradition. Elle effectue un long stage en division III, mais finit par monter en division II au terme de la saison 1970-1971.

Deux exploits

En 1973, l'équipe se qualifie pour les 16e de finale de la coupe d'Alsace (défaite contre l'AS Strasbourg 2-6). Bref passage en division II et accession en division I après une belle saison 1974-1975. Mais le niveau de la Division I est tout autre. L'ASW n'y reste qu'une saison. Pour reprendre son souffle. Au cours de la saison 1976-1977, apparaît une équipe féminine. Elle va jouer en compétition durant deux saisons.

A la fin de la saison 1982-1983, l'équipe remonte en division I. La saison 1983-1984 est marquée par deux exploits. D'abord en disputant un quart de finale de la coupe d'Alsace face à l'AS Vauban et une défaite de justesse (2-3), puis en disputant une demi-finale du Challenge Aimé Gissy, perdue contre Niederbronn le 26-06-1984.

Une Promotion d'Excellence mal digérée

De 1984 à 1986, l'équipe profite même de la refonte des championnats et se retrouve en Promotion d'Excellence.

Elle s'y maintient durant deux saisons avant d'être rétrogradée en Promotion où elle ne reste que durant la saison 1986-1987. Puis, c'est une véritable descente aux enfers. Division I (1987-1988), division II (1988-1990), division III (1990-1992). L'heure est venue de prendre des décisions importantes. Le voisin de l'ASSE Russ qui a suivi le chemin inverse arrive en division I. Cette proximité doit être plus considérée comme un atout qu'une rivalité. Et la fusion est décidée le 25 mai 1993.

• BIBLIOGRAPHIE :
– Plaquette AS Wisches, 35e anniversaire en 1973.
– Plaquette AS Wisches, 50e anniversaire les 18 et 19 juin 1988.
– Plaquette AS Wisches-Russ 1998.

L'AS Wisches en 1982
Debout de gauche à droite : François Kraemer, Thierry Schwinte, Pierre Chouissa, André Jeannel, Marcellin Zignani, Jacques Touchmann, Pierre Richter. Accroupis de gauche à droite : Joël Thalgott, Didier Rodeghiero, Charbonnier, Alain Huber, Patrick Koeniguer, Paul Fischer.

L'AS Wisches féminines, saison 1976-1977
Debout de gauche à droite : Gaby Stouvenel, Joëlle Huss, Nicole Zimmermann, Isabelle Della Pina, Claudine Rodeghiero, Josiane Arnold, Francis Quieti (entraîneur). Accroupies de gauche à droite : Pascale Eicher, Nadine Hilpipre, Claudine Hochstetter, Agnès Claire, Arlette Claire.

De gauche à droite : Alain Giresse, Georges Conrath (arbitre), Michel Platini et Olivier Rouyer

Giresse et Platini à Wisches
L'AS Wisches, bien que mal en point sur le plan sportif, réussit un joli coup le 4 décembre 1988. Elle reçoit en effet l'équipe du Variétés Football Club des présidents Jacques Vendroux - Thierry Roland, avec Alain Giresse et Michel Platini. Alain Ferry, actuel député-maire de Wisches, avait embauché deux jeunes de la fondation Platini au sein de son entreprise d'audiovisuel à Paris. Comme il avait réalisé le montage du film du jubilé Michel Platini à Nancy, celui-ci a accepté de venir jouer à Wisches avec les Variétés en guise de remerciement.

L'AS Wisches en 1984-1985
Debout de gauche à droite : Jacky Schmidtenknecht, Joël Thalgott, Alain Huber, Di Domizio, Pierre Chouisa, André Jeannel, Jacques Touchmann, Robert Perlato (entraîneur). Accroupis de gauche à droite : Rodeghiero, Patrick Koeniguer, Jean Baldovi, François Kraemer, Marcellin Zignani, Bernard Bouillon.

1938
Association Sportive Woerth ★ 67

Woerth
Une histoire simple

L'Association Sportive Woerth est créée à la fin du mois de décembre 1937 par François Blavin. Le club prend officiellement son départ la saison 1938-1939 en division IV quand la guerre éclate. L'ASW sort de sa coquille à la libération. Tous ceux qui s'intéressent à cette époque se rappelle du joueur professionnel Proust qui permet au club de glaner le titre de champion du Bas-Rhin. Le comité fondateur se compose de : François Blavin (président), Albert Biehler (secrétaire et trésorier). Ce dernier sera actif pendant 39 ans dans le club. Il reçoit la breloque d'or de la LAFA en 1970.

En 1949, l'ASW remporte le titre de champion du Bas-Rhin en battant Molsheim en finale par (4-3).

En 1975, les pupilles sont champions de groupe et ont la meilleure attaque du Bas-Rhin. Deux ans plus tard, les minimes remportent la coupe d'encouragement et le titre de vice-champion du Bas-Rhin. La même année l'équipe première accède en division I pour la première fois de son histoire. En 1982, le club remporte brillamment la finale des espoirs (2-1) face à Bischwiller.

A l'issue de la saison 1982-1983, l'équipe fanion accède en Promotion d'Honneur puis en Promotion d'Excellence en 1986. En 1986-1987, les cadets sont sacrés champions du Bas-Rhin et vice-champions d'Alsace.

En 1989-1990, l'équipe première joue en Promotion avec comme entraîneur Jean-Paul Winling et termine 3e de son groupe. Il faut également noter les bons résultats obtenus par les deux équipes réserves.

Durant la saison 1992-1993, l'équipe fanion joue à nouveau en division I. La saison suivante, elle est entraînée par Jean-Marc Fuchs, termine à la 8e position du classement général et joue les quarts de finale en coupe du Crédit Mutuel.

De 1995 à 1998, l'équipe première se maintient en division I. A noter également la mise en place de l'entente des jeunes de la Vallée de la Sauer regroupant Langensoultzbach, Goersdorf et Woerth.

• BIBLIOGRAPHIE :
– Merci à Mercel Haerel

L'AS Woerth, lors d'un match gagné (10-0) à Lembach en 1941-1942
Debout de gauche à droite : Ernest Wagner, Charles Kugler, Emile Logel, Ernest Rick, Charles Suss.
Au milieu de gauche à droite : Eugène Burg, Jean-Paul Braun, André Rohe.
Assis de gauche à droite : Louis Stocker, Emile Stoetzel, Eugène Stoetzel.

L'AS Woerth en 1953-1954
Debout de gauche à droite : Georges Reeber, Charles Kugler, Georges Erhart, Marcel Schmitz, Eugène Burg.
Accroupis de gauche à droite : Marcel Litzelmann, Ernest Wagner, André Moritz, Raymond Christ, Joseph Christ, Paul Baldauf.

L'AS Woerth en 1966
Debout de gauche à droite : Marcel Hirch, Ernest Wengert, Charles Mutschler, Bernard Biehler, Jean Bock, Robert Bricka, Emile Bauer, Georges Trapp, Jean-Pierre Roth,
Accroupis de gauche à droite : Jean-Jacques Roth, Bernard Neuhard, Alfred Mutschler, Albert Biehler, Emile Neuhart.

L'AS Woerth en 1980
Debout de gauche à droite : Roland Feger (président), Alexis Ott, André Maujean, Jean-Pierre Bricka, Jean-Georges Ballis, Charles Roser, Serge Zan, Jean-Georges Dapp, François Goetz, Charles Suss, Michel Rapiller, Marcel Haenel (dirigeant).
Accroupis de gauche à droite : Charles Ott (juge de touche), Pascal Heinrich, Alain Staat, Manuel Dutey, Patrick Logel, Charles Langenfeld, Jacky Barabino, André Burg.

L'AS Woerth 1988
Debout de gauche à droite : Michel Laurent, Jean-Paul Winling (entraîneur), Serge Mack, Bernard Ballis, Jean-Paul Moritz, Charles Suss, Christian Weber, Serge Sian, José Keller.
Accroupis de gauche à droite : Philippe Langenfeld, Patrick Weissbecker, Charly Langenfeld, Olivier Rieber, Jacky Barabino, Dominique Zugmeyer, Didier Waunyas.

L'AS Woerth 1990
Debout de gauche à droite : Jean-Paul Winling (entraîneur), Pascal Helner, Charles Suss, Frédéric Roth, Christian Weber, Serge Mack, Bernard Ballis, Charles Braeuner (président).
Accroupis de gauche à droite : Olivier Rieber, Charles Langenfeld, Marc Zugmeyer, Mario Gonzales, Philippe Langenfeld, Patrick Weissbecker, Dominique Zugmeyer, Marcel Haenel (dirigeant).

Les présidents
François Blavin (1938-1939)
Marcel Litzenburger (1940-1942)
Georges Ledig (1942-1944)
François Blavin (1945-1955)
Joseph Brobeck (1956-1960)
Ernest Wolff (1961-1968)
Jean Bock (1969-1972)
Othon Dahl (1973-1977)
Roland Feger (1977-1985)
Yves Girardot (1985-1986)
Michel Raspiller (1986-1987)
Ernest Wengert (1987-1989)
Charles Braeuner (1989-1990)
André Richert (1990-1991)
Marcel Haenel (1991-1998)
Gilbert Liehn (1998-2001)
Pierre Walter (2001 à nos jours)

Le comité de l'an 2000
Gilbert Liehn (président)
Marcel Haenel (président d'honneur)
Christian Leibig (vice-président)
Patrick Richert (vice-président)
Christian Richert (secrétaire)
Raphaël Kiefer (trésorier)
Denis Nacker, Pascal Krebs
Didier Schneider, Roland Roth
Patrice Hartmann,
Claude Goerich Muller, Benoît Stephan
Fabien Staat, Joseph Stéphan
Martine Stortz, André Maujean
Jean-Georges Ballis, Christophe Levy
Richard Mieger

L'AS Woerth de l'an 2000
Debout de gauche à droite :
Christian Liebig (vice-président), Patrick Kieffer, Christian Richert, Pierre Burgholzer, Patrick Maujean, Georges Teixeira, Benoît Stephan, Patrice Hartmann, Sébastien Bricka.
Accroupis de gauche à droite :
Jean-Michel Delamour, Désiré Bour, Jean-Maurice Denys, Sébastien Bourdon, Florian Secondi, Cyril Bonneau.

1939
Association Sportive Marlenheim ★ 67
Marlenheim

L'AS Marlenheim en 1939
Debout de gauche à droite :
Georges Friederich, Robert Comte, Paul Ruffenach, Xavier Friederich, Léon Laugel, Wylli Reyser.
Accroupis de gauche à droite :
André Bernheim, Jérôme Fritsch, Paul Glock, Emile Schwoerer, René Schmitt.

54 matches officiels sans défaite !

C'est en 1939 que naît l'AS Marlenheim, sous la présidence de Paul Kress. Le premier match de championnat officiel se joue à Wolxheim en 1941. Les jeunes fondateurs sont : Xavier Friederich, Georges Friederich, Paul Glock, Jérôme Fritsch, Germain Barth, Léon Laugel, Robert Comté, Emile Schwoerer, André Schneider, Willy Reyser, Paul Ruffenach.

Match entre les anciens de l'AS Marlenheim et Juvisy

PÂTES D'ALSACE
Grand'Mère
HEIMBURGER S.A.
Marlenheim
Tél. 03 88 59 59 09 - Fax 03 88 59 59 19
www.pates-alsace.com

Dès la saison 1945-1946, le club est incorporé en division III. Il ne peut se maintenir et descend en division IV à la fin du championnat 1949-1950. Sous la présidence de Léon Laugel, l'AS Marlenheim se maintient en division IV jusqu'en 1952-1953, quand elle accède à la division III l'espace de quelques années, avant de retomber dans les entrailles de la division IV en 1956-1957.

L'équipe est championne de groupe 1961-1962, joue en division III jusqu'en 1964-1965, mais se trouve rétrogradée à la fin du championnat.

Le club déclare alors forfait général. Il rejoue une saison (1966-1967) puis s'arrête à nouveau. Mais à force de persévérance, on réussit à rebâtir une équipe qui reprend la compétition en division IV, en 1970-1971. Deuxième à égalité de points (mais battu au goal-average par Vendenheim), le club remonte en division III. Et en 1976-1977, c'est le titre de champion de groupe de division III, la montée en division II, en y ajoutant la victoire en coupe du Crédit Mutuel (victoire contre Dettwiller 3-0).

Au terme de la saison 1977-1978, l'équipe monte en division I et dispute un huitième de finale de la coupe d'Alsace, en s'inclinant devant le Racing Club de Strasbourg (0-2), en éliminant cinq équipes de Promotion d'Honneur et le sociétaire du CFA, le FC Saint-Louis. L'AS Marlenheim dispute, cette saison-là, 54 matches officiels sans défaite et son exploit est officialisé dans les colonnes de *France Football*. En outre, elle joue une demi-finale de la coupe du Crédit Mutuel contre Hochfelden (remportée 2-0 par Hochfelden).

Lors de la saison 1978-1979, l'ASM dispute une nouvelle demi-finale de la coupe d'Alsace contre Vieux Thann, en s'inclinant 1-3. A l'issue de la saison 1979-1980, elle accède à la Promotion d'Excellence, en s'offrant le titre de champion d'Alsace de division I contre Munster (2-1).

L'AS Marlenheim en 1965, division IV
Debout de gauche à droite : Schwartz, Barth, Eckendoerfer, Clauss, Houzelle, Suss.
Accroupis de gauche à droite : Heiny, Langghar, Wittner, Eberlé, Friedrich.

L'AS Marlenheim cadets en 1966
Debout de gauche à droite : Laugel, Cassovitz, Trappler, Lotz, Kerlen, Treppler, Schnell, A. Friand (président).
Accroupis de gauche à droite : Jean-Martin Frand, Jojo Friand, Baumgarten, Schwoerer, Friedrich, Glock.

Pour sa première en Promotion d'Excellence (saison 1980-1981), l'ASM termine à la 3ᵉ place et dispute la finale de la coupe du Crédit Mutuel contre Reipertwiller (1-3). Sous la présidence de Paul Barth et sous la houlette de l'entraîneur Charles Dorn, l'équipe est composée de : Yves Geyer, Marc Geyer, Roland Friederich, Thierry Friederich, Marc Leyendecher, André Clauss, Richard Mayer, Claude Muller, Marcel Suss, Gaby Stegel, Jean-Luc Lotz, Roland Allgeyer, Jean-Michel Muller, Rémy Pfeiffer, Stellin, Jean-Luc Cassowitz.

Dans les années 1985 à 1993, quelques anciens créent une équipe de vétérans qui réalise également quelques exploits. Ils sont par 2 fois vainqueurs de la catégorie vétérans A, mais aussi six fois vainqueurs d'affilée du challenge Rond-Point.

En 1987, le président Barth cède à place à Jean-Paul Eckendoerfer qui hérite d'une ASM qui, après des années de gloire, se morfond en division II, où elle joue chaque année le maintien. En 1990, l'arrivée de Jean-Jacques Wind comme entraîneur, insuffle une nouvelle vitalité au club et la saison 1990-1991 se termine en division I. L'ASM continue alors son bonhomme de chemin, fête son 60ᵉ anniversaire et flirte trois saisons de suite avec la Promotion d'Honneur. Pour la saison 1999-2000, le travail effectué par Simon Etienne se concrétise par une montée en Promotion Honneur. Cette même année, l'équipe II finit elle aussi championne de groupe de division I, pyramide B, et championne d'Alsace.

Actuellement, l'ASM se maintient en Promotion (sous la présidence de Jean-Paul Eckendoerfer, en place depuis 16 ans).

• BIBLIOGRAPHIE :
— Documents fournis par le club.

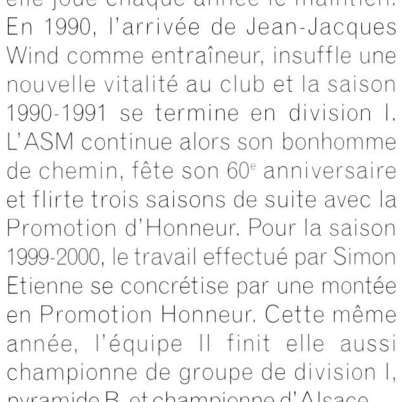

L'AS Marlenheim en 1978, en quarts de finale de la coupe d'Alsace contre Sundhoffen
Debout de gauche à droite : Richard Mayer, Roland Friederich, Gabriel Stegel, Yves Geyer, Jean-Luc Lotz, Jean-Michel Muller.
Accroupis de gauche à droite : Jean-Luc Cassowitz, Marc Leyendecker, Marc Geyer, André Clauss, Marcel Suss.

L'AS Marlenheim de l'an 2000, championne de groupe, montée en Promotion
Debout de gauche à droite : Eckendoerfer (président), Luca Toscano, Patrick Obert, Joel Geyer, Olivier Hofstetter, Christophe Haenel, Hervé Arenz, Etienne Simon (entraîneur).
Accroupis de gauche à droite : Norbert Brandt (dirigeant), Régis Oberbach, Denis Arenz, David Schumacher, Yan Arenz, F. Jilli, Joseph Meder (vice-président).
Manquent sur la photo : Yannick Hoffmann, Claude Leininger.

Les présidents

Paul Kress (1939-1940)
Robert Heimburger (1940-1945)
Léon Laugel (1945-1960)
Alfred Friand (1960-1962)
Bernard Rubert (1962-1963)
Alfred Friand (1963-1970)
Gaston Hauer (1970-1972)
Paul Barth (1972-1982)
André Hamm (1982-1983)
Paul Barth (1983-1986)
Jean-Paul Eckendoerffer
(1986 à ce jour)

Le comité 2000

Jean-Paul Eckendoerffer (président)
Joseph Meder (vice-président)
Eugène Meder (vice-président)
Robert Winterstein (vice-président)
Franck Jilli (secrétaire)
Suzanne Eckendoerffer (trésorier)
Norbert Brandt, Daniel Guittre,
Alfred Kintz, Bernard Faudel,
Jean-Michel Muller, William Rebstock,
Jean-Jacques Wind, Denis Arenz,
Christophe Haenel, Fabien Ottmann
Thierry Walter.

1939
Union Sportive Oberbruck-Dolleren ★ 68
Oberbruck-Dolleren

L'US Oberbruck en 1939
Debout de gauche à droite : H. Bindler, A. Bindler, Ch. Bindler, Ch. Lauber, V. Bellicini, A. Iltis, A. Behra, A. Bindler, Walter
Accroupis de gauche à droite : Girardev, A. Iltis, L. Kessler, P. Scheubel, E. Lemblé, Lemblé.

Après les foins et les regains

Il n'est pas facile, en cette année 1939, de tenter l'aventure pour faire naître le football dans le fond de la belle vallée de Masevaux. Le football existait à l'état sauvage bien avant cette date, puisque le dimanche, après les vêpres, on allait planter deux poteaux ou perches sur quelque pré fauché et, en deux équipes tirées au sort, on tapait tant bien que mal dans ce ballon de caoutchouc rouge acheté avec peine. L'Union Sportive Oberbruck est créée en 1939 en tant que section du Cercle Catholique Saint-Antoine, seule association existante dans le village. Le curé Stimpfling, prêtre d'Oberbruck, s'occupe des activités du Cercle. Lors de sa création, tout en étant dans le giron du Cercle Catholique, l'USO fonctionne de façon autonome sous la présidence d'Auguste Walter. La fin de la guerre marque l'entrée de l'USO dans la vie adulte puisque celle-ci se sépare du Cercle et suit son propre chemin.

Pierre Scheubel, de Mulhouse mais originaire d'Oberbruck, vient passer un dimanche chez son oncle, M. Ast. Il se trouve qu'il est footballeur de talent. C'est ainsi qu'un beau dimanche après-midi, l'idée est définitivement lancée : on va constituer un club de football. Les bonnes volontés ne manquent pas et les problèmes non plus. A commencer par celui du terrain, dans la mesure où une première demande est repoussée par la commune. Il faut dire qu'aucune propriété communale ne peut être suffisamment étendue pour convenir et que l'utilisation de tous les bouts de prés par les exploitations agricoles familiales laissent peu d'espoir. Délicat aussi de convaincre des adultes à devenir dirigeants. Finalement, Auguste Walter accepte de prendre les choses en main et devient le premier président.

Un terrain grâce à l'usine

Le directeur de l'usine, M. Lauter, accorde un terrain de l'entreprise qui fait l'affaire, mais seulement après la fauche des foins et des regains. Il est baptisé stade du Breuil. Les membres du club se mettent au travail pour transformer ce champ en terrain de football. La scierie Gebel offre le bois pour confectionner les premiers buts et chacun y va de sa spécialité. Les choses sont tellement bien faites que la pelouse va très vite devenir l'une des plus belles de la région.

Faute de championnat, la première activité est constituée par des matches amicaux intercommunaux qui suffisent à parfaire la cohésion de l'équipe et à effectuer une première sélection. Il faut dire aussi qu'à cette époque, entre 1936 et 1939, les professionnels du FC Sochaux viennent régulièrement se mettre au vert à l'hôtel des Vosges à Sewen. L'occasion pour les jeunes de la vallée de voir de près la défense de l'équipe de France d'alors avec Di Lorto, Cazenave, Mattler et l'avant-centre Courtois. Mais la guerre survient et met l'activité de l'USO en veilleuse sans toutefois être interrompue.

Une réputation de trouble-fête

Mais nombreux sont ceux qui ne reviendront pas, morts au front ou encore invalides. Avec la libération, l'USO engage une équipe en division III dès la saison 1945-1946. Elle a très vite la réputation de trouble-fête, s'offrant souvent des performances contre les équipes les plus huppées. Les joueurs qui ne trouvent pas place dans l'équipe se consolent en disputant des matches amicaux et des tournois. Et puis surgissent inévitablement les problèmes financiers. On encaisse les cotisations, les dons des membres honoraires, on organise des tombolas,

L'US Oberbruck en 1946
Debout de gauche à droite : Pierre Steger, Gilbert Zimmermann, Etienne Behra, Louis Bischoff, Antoine Bischoff, Jospeh Behra, Roger Ringenbach, Victor Bellicini. Accroupis de gauche à droite : Marcel Lauber, Marcel Weiss, Pastor, Joseph Bellicini, Bernard Lemblé.

L'US Oberbruck 1964-1965
Debout de gauche à droite : G. Ringenbach, A. Ehret, A. Munsch, G. Finck, J. Girardey, G. Studer, F. Munsch.
Accroupis de gauche à droite : W. Maier, M. Bigot, F. Ast, P. Bischoff, A. Eich.

L'US Oberbruck en 1974
Debout de gauche à droite : J. Behra, R. Iltis, H. Brellmann, P. Breitenstein, H. Girardey, C. Weiss, C. Trommenschlager, H. Klinger.
Accroupis de gauche à droite : J.-C. Ehret, D. Lauber, H. Ehret, P. Weiss, B. Kessler, Gasser.

on constitue une troupe de théâtre qui donne des représentations dans les périodes de Noël et de Pâques. S'y ajoutent les petits bals dans la salle Heinis (Moritz), aux sons d'un tourne-disque d'époque. Lors des matches, on organise une quête pour faire face aux frais d'arbitrage. Pour les déplacements, faute d'autos, on choisit les bicyclettes, mais dès 1946, l'usine met un camion à disposition. Et puis, il y a aussi le car CTA.

L'équipe va rester bien longtemps en division II. Elle s'y fait son trou mais n'aspire qu'à une chose, la montée. En 1959-1960, on concrétise le réel engouement qui s'est manifesté en engageant une équipe de juniors en championnat. La relève est en route. Et dès la saison 1960-1961, l'équipe fanion termine championne de son groupe et accède à la division II. Mais l'embellie est de courte durée puisque l'USO redescend dès la saison suivante. En 1963, on engage une équipe réserve et en 1965 une formation de cadets.

Quatre équipes engagées

Le vieux terrain du Breuil a vécu. Il doit céder la place à un terrain d'aviation. On y dispute une dernière saison en 1966-1967 avant de prendre possession du nouveau terrain communal dit de « La Bruckenmatt ». De quoi fêter avec faste le 30e anniversaire, le 7 décembre 1968. A défaut d'avoir de bons résultats, l'équipe première remporte le challenge de la correction lors de la saison 1968-1969. Ce qui ne l'empêche pas d'être reléguée en division IV dès la saison suivante. Pourtant, on pense encore et toujours à préparer la relève et, pour la première fois, une équipe de minimes est engagée en championnat. Et dans la foulée, l'équipe première remonte en division III. En 1972, l'USO engage pour la première fois quatre équipes, la « une », la réserve, des juniors et des cadets. C'est l'année suivante qu'est entreprise la construction des vestiaires et de la buvette près de l'ancien terrain. En 1974, l'équipe réserve est championne de groupe et demi-finaliste départementale. Les juniors en font autant et même un peu mieux puisqu'ils sont éliminés en finale.

Pour progresser, il faut sans cesse améliorer les installations. C'est ainsi qu'en 1975, les membres bénévoles du club procèdent à la mise en place d'un éclairage pour entraînements. C'est

Les présidents
Auguste Walter (1939-1945)
entre 1945 et 1955, l'USO instaure une rotation annuelle de son président
Aloyse Lemblé (1955-1964)
François Munsch (1964-1989)
Antoine Eich (1989-1999)
Hubert Girardey (1999 à nos jours)

25 ans de présidence : François Munsch a marqué de son empreinte la vie de l'US Oberbruck-Dolleren. Il en a été le président de 1964 à 1989 avant d'en devenir le président d'Honneur. Il est malheureusement décédé en janvier 2000.

L'US Oberbruck en 1978
Debout de gauche à droite : J. Gasser, R. Zurakowski, J.-C. Bravé, Gasser, H. Girardey, S. Gasser, H. Behra, S. Weiss.
Accroupis de gauche à droite : M. Tschirret, J. Behra, H. Ehret, F. Gasser, R. Schirm, J.-C. Ehret.

aussi au terme de la saison 1974-1975 que l'USO accède en division II. En 1976-1977, les juniors sont à nouveau champions et demi-finalistes. Et l'année suivante, les réservistes sont sacrés champions de leur groupe tandis que l'équipe fanion se classe 3e de la coupe du Crédit Mutuel et que le club fête son 40e anniversaire.

Montée en division I

En 1978, le nom de Dolleren, village voisin, est rajouté à la dénomination officielle du club. Une association qui paraît naturelle aux dirigeants de l'époque puisque la moitié des joueurs de l'USO proviennent en réalité du village de Dolleren. Les bonnes relations entre les deux municipalités ont grandement contribué à cette union. En 1980, ce sont deux équipes juniors qui s'alignent au départ du championnat. Un an plus tard, l'équipe première est encore troisième de la coupe du Crédit Mutuel et la réserve invaincue dans son championnat, n'échouant qu'en finale départementale. Pour régler les problèmes liés au recrutement et à l'entretien des équipes de jeunes, est mise sur pied une entente jeunes avec les voisins de l'AS Kirchberg-Wegscheid. Et c'est en 1983, pour le 45e anniversaire du club, que l'équipe première accroche la montée en division I, tandis que la réserve est championne de groupe pour la cinquième fois en 8 ans. En 1984, on engage sept équipes et on dénombre 51 seniors licenciés. Il n'est donc pas étonnant de voir l'équipe fanion se qualifier pour les 8e de finale de la coupe d'Alsace 1985 contre Holtzwihr, le jeudi de l'ascension (0-3). En 16e le 1er mai 1985, elle avait écarté l'AS Sundhoffen, équipe évoluant en Nationale III (1-0).

A partir de 1987 débute la construction du club-house et des vestiaires. Le club va enfin pouvoir disposer d'installations dignes de ses membres mais aussi de ses visiteurs.

Dès 1988, le club dispute sa première saison sur son nouveau terrain, ce qui permet sans doute, dès 1989, alors que

L'US Oberbruck en 1985
Debout de gauche à droite : Hubert Girardey (dirigeant), Serge Weiss, Jean-Yves Zimmermann, Philippe Tritter, Jean-Claude Braye, Jean-Marie Ehret, Christian Hensinger, François Munsch (président), Me Yves Muller (président de la LAFA), Bernard Behra (maire).
Accroupis de gauche à droite : Michel Cocheril (vice-président), Hubert Ehret, Bruno Weiss, Gilles Weiss, Michel Tschirret (entraîneur), Francis Husser.

L'US Oberbruck en 1987
Debout de gauche à droite : M. Cocheril, J.-Y. Zimmermann, P. Tritter, S. Weiss, C. Hensinger, J.-C. Kessler, H. Girardey, M. Cousy, J. Behra.
Accroupis de gauche à droite : F. Husser, H. Ehret, G. Weiss, P. Gasser, R. Zurakowsky, M. Tschirret, J.-M. Ehret.

l'on procède à l'inauguration du complexe sportif, que l'équipe dispute la finale de la coupe du Crédit Mutuel « Hardt-Trois-Vallées » à Vieux-Thann face à Berrwiller (1-3). En 1990, le club organise le premier tournoi pour vétérans. C'est à cette époque que débute une mauvaise période. En 1992, l'équipe fanion est reléguée en division II. Heureusement, les poussins B sont vice-champions de la saison 1993-1994.

L'équipe « une » va rester en division II jusqu'à la fin de la saison 1998-1999, puis se retrouve en division III après une saison plus que médiocre. Mais la relève est de qualité puisque les -13 ans B sont champions de leur groupe. Lors de la saison 1999-2000, l'équipe fanion échoue dans sa lutte pour la première place à deux points de Raedersheim, futur champion d'Alsace. L'USOD n'a jamais été battue par le champion mais elle échoue aux tirs au but lors du match de barrages d'accession en division II.

• **BIBLIOGRAPHIE :**
– Plaquette du 55e anniversaire en 1994.

L'US Oberbruck en 1993
Debout de gauche à droite : F. Husson, S. Weiss, H. Behra, D. Swierczeck, B. Behra, J.-C. Kessler, F. Hagenbach, H. Ehret, J.-L. Bischoff.
Accroupis de gauche à droite : F. Escudeiro, D. Gasser, P. Gasser, V. Tavares, O. Studer, Weiss

L'US Oberbruck en 1995
Debout de gauche à droite : J.-L. Bischoff, J. Behra, H. Ehret, J.-C. Kessler, G. Capitanio, Behra, S. Weiss, H. Behra, M. Dallet, A. Eich.
Accroupis de gauche à droite : F. Hagenbach, F. Escudeiro, O. Studer, L. Tavarès, D. Gasser, P. Gasser, K. Habi, H. Girardey.

L'US Oberbruck-Dolleren de l'an 2000
Debout de gauche à droite : J.-P. Roos, D. Lindecker, F. Ozil, Y. Cousy, M. Girardey, N. Glantzmann, R. Behra, D. Gasser, H. Behra (entraîneur).
Accroupis de gauche à droite : G. Capitanio, A. Escudeiro, T. Graff, M. Scheubel, G. Behra, C. Behra, H. Behra, H. Girardey (président).

Le comité de l'an 2000
Alose Lemblé, Antoine Eich (présidents d'honneur)
Hubert Girardey (président)
Hubert Behra (vice-président)
Armand Hensinger (vice-président)
Etienne Baeumler (président des jeunes)
Christophe Weiss (trésorier)
Robert Bejot, Jean-Luc Bischoff
Marcel Cousy, Hubert Ehret
Bernard Feuvrier, Jean Gasser
Patrick Henninger, Christian Hensinger
Maurice Oberrieder, Emile Ringenbach
Michel Tschirret, Pierre Verazzi
Gilles Weiss, Rémy Zurakowski

1940 Football Club Geudertheim ★ 67
Geudertheim

Le FC Geudertheim 1976-1977
Debout de gauche à droite :
Georges Hamm, Pierre Gross, Daniel Klipfel, Gilbert Ritrer, André Schmitt, Robert Entzminger, Roger Lavilatte (entraîneur).
Accroupis de gauche à droite :
Claude Mischler, Francis Andres, Alain Rives, Pierre Muhl, Rémy Mischler, Jean-Jacques Frauli.

Des hauts et des bas

Malgré la déclaration de guerre et l'ouverture des hostilités le 3 septembre 1939, c'est 1940 qu'un certain nombre de jeunes du village, passionnés du ballon rond, se regroupent autour d'Eugène Raeppel pour fonder l'actuel Football Club de Geudertheim. C'est l'époque des Frauli, Raeppel, Ludwig, Altherr, Klein, Wagner, Glath, Mischler, Sieffert, Mandari, Lindt, et Georges Gross, le premier président.

Durant ces années de guerre, Charles Hummel et Philippe Knittel prennent le relais au niveau de la présidence. Ce sont des années difficiles, où la pratique du sport et notamment du football permet d'oublier, un tant soit peu, souffrances et malheurs. L'équipe entame le championnat de division IV sous l'égide de la LAFA en 1945-1946. Pour la saison 1951-1952, le club est forfait général. Il souffre d'un cruel manque d'effectifs, mais repart dès la saison suivante. Le président est Jacques Hamm, qui reste en place de 1950 à 1968.

Le club monte pour la première fois en division III à la fin de la saison 1958-1959, grâce à sa deuxième place derrière Hangenbieten. L'équipe fanion est composée entre autres de Reeb, Wolff, Glath, Hochstetter, Zinck, Andres, Hamm, Fessmann, Hickel, Schmitt et Helfrich. Malheureusement le FCG ne reste qu'une saison en division III. Ce n'est qu'en 1963-1964 que l'équipe fanion retrouve ce niveau. Les artisans de cette promotion sont Altherr, Wendling, Glath, Furst, Silbereissen, Hamm, Fessmann, Hickel, Roser, Schmitt, Helfrich.

Des saisons irrégulières

En 1968, Philippe Gross prend la présidence du club. Le FCG reste en division III jusqu'à la fin de la saison 1969-1970, date à laquelle il monte pour la première fois de son histoire en division II. Le club demeure dans cette division pendant trois saisons. C'est la période des Klipfel, Muhl, Zinck, Ritter, Fessmann, des frères Waeffler.

Puis c'est le retour en division III à la fin de la saison 1972-1973 et malheureusement en division IV au terme de celle de 1974-1975. Heureusement, le club retrouve la division supérieure une fois achevé le championnat 1977-1978. Participent à la montée les Schmitt, Klipfel, Schohn, Krippleben, Furst, Hamm, Mischler, Frauli, Entzminger....

Sous la présidence de Robert Willoth (1979 à 1981) et ensuite d'Erwin Fessmann (1981 à 1982), l'équipe se maintient en division III en manquant de peu la montée en division II en 1982. Ce sera chose faite à l'issue de la saison 1982-1983. Sous la présidence de Armand Gaupp (1982 à 1986) et sous le coaching de son entraîneur Pierre Gross, le club écrit une de ses plus belles histoires, avec la remontée en division II et surtout le titre de son champion de son groupe au terme d'une remarquable saison. Les héros de

Le FC Geudertheim 1983-1984
Debout de gauche à droite : Armand Gaup (président), Antonio Viera, Dany Vatrot, Pierre Gross, Rémy Mischler, Jean-Marie Schohn, René Kripleben, Paul Huss, Daniel Klipfel, André garçon (délégué). Assis de gauche à droite : Gérard Christ, Georges Hamm, Alain Meisner, Michel Bouazi, Jean-Luc Massig, Denis Dibling, Robert Furst, Jean-Marc Junger, Pascal Klein.

WOlff et Cie
Plants de pommes de terre
Oignons - Ails - Echalotes à repiquer
Fruits et primeurs - Produits de saison

114, rue du Gal de Gaulle - 67170 Geudertheim
Tél. 03 88 51 13 48

Le FC Geudertheim 1998-1999
Debout de gauche à droite : André Cornet (délégué), Bruno Ramspacher, XXXX, Bruno Lutz, Jean Gonçalves, Adrien Gonçalves, Adil Ercin, Alexandre Heckel, Daniel Klipfel (délégué), Raymond Wolff (président).
Accroupis de gauche à droite : Franck Ramspacher, Dominique Motzig, Mickael Springer, Raphael Juffard, Sébastien Gonçalves, Philippe Fieck, Moustapha Mellah (entraîneur).

Le FC Geudertheim vétérans 1998-1999, champion de groupe
Debout de gauche à droite : R. Wolff (président), R. Mischler, G. Cronimus, J.-M. Wenger, R. Huss, A. Maennel, P. Binder, P. Laverdet, J.-C. Brandstaedt, J.-M. Schohn.
Accroupis de gauche à droite : J.-J. Frauli, J.-C. Waeffler, G. Vaucourt, J.-P. Streitt, P. Klein, P. Huss, P. Waeffler, R. Furst, J.-P. Heintz. Manquent : M. Wolff, P. Cronimus, M. Bornert, J.J. Leonardt, D. Klipfel.

l'époque se nomment : Jean-Luc Massing, Marcel Wolff, Daniel Klipfel, Jean-Marie Schohn, Gérard Christ, Pierre Gross, Georges Hamm, Jean-Marc Junger, Pascal Klein, Antonio Viera, Rémy Mischler, René Krippleben.

L'équipe fanion se maintient en division II jusqu'en 1986, date de la relégation en division III. En 1986, changement de président : Claude Bechinger prend les destinées du club en main. Malheureusement, l'équipe I ne se maintient pas en division III et c'est le retour en division IV en 1988.

Arrive un président en 1988, Pierre Gross, qui prend les rennes en main. Grâce à la suppression de la division IV et à une bonne saison 1989-1990, en division III, l'équipe retrouve la division II. Les acteurs de cette remontée : Lutz, Gerlinger, Meissner, Gross, Junger, Klein, Moret, Lambert, Banckhauser, Eber, Schmitt, Huss, Stoll, Christ, etc.

Retour en division II

L'équipe se maintient en division II pendant les années qui suivent. En 1994, Jean-Marie Schohn étant président, l'équipe réussit à se maintenir en division II. En 1995, Raymond Wolff prend la présidence du club. L'équipe fanion retombe en division III en 1997. Ce n'est qu'en 1999 qu'elle retrouve la division II, après une brillante saison. La montée se joue lors du dernier match contre les Africains de Strasbourg (5-2 après avoir été menée 1-2 à la pause). Cette victoire permet aux hommes de l'entraîneur Moustapha Mellah, de finir deuxièmes de leur groupe derrière JSE Schiltigheim, sacré champion d'Alsace de la division III. Les artisans de cette remarquable saison sont : Ramspacher, Lutz, Erzin, Heckel, Gonzalves, Mellah, Roser, Jiffard, Waeffler, Fieck, Rives, Wolff, Springer, Cronimus, Hentsch, etc.

La saison 1999-2000 voit l'équipe terminer 2e du groupe et perdre le match de barrage contre Meistratzheim (2-1).

• BIBLIOGRAPHIE :
– Plaquette du 60e anniversaire.
– Nos remerciements à Raymond Wolff.

Des vétérans bien verts

Pendant plusieurs années, existe au FCG une équipe senior III, composée essentiellement de joueurs qui ont une moyenne d'âge de 35 ans. Lors de la saison 1989-1990, Jean-Marie Schohn et quelques membres de cette équipe décident de créer une formation de vétérans au FCG, inscrite en championnat. Dès la première saison, elle finit championne de son groupe. Durant les années qui suivent, l'équipe fait un bon parcours en championnat, en se classant toujours à des places honorables et en décrochant d'ailleurs, en 1996 un titre de champion de son groupe.
La saison 1998-1999 est une année faste puisque cette équipe est championne de son groupe et demi-finaliste départementale.

Les présidents
Georges Gross, Charles Hummel
Philippe Knittel (1947-1950)
Jacques Hamm (1950-1968)
Philippe Gross (1968-1979)
R. Willoth (1979-1981)
Erwin Fessmann (1981-1982)
Armand Gaupp (1982-1986)
Claude Bechinger (1987-1988)
Philippe Gross (1988-1994)
Jean-Marie Schohn (1994-1995)
Raymond Wolff (1995 à ce jour)

Le FC Geudertheim en 1999-2000
Debout de gauche à droite : Raymond Wolff (président), Joël Waeffler, Bruno Lutz, Alexandre Heckel, Placide Nyangala, Constant Rives, Cédric Hentsch, Clément Hentsch, Jean-Philippe Roser, Marcel Wolff (délégué).
Accroupis de gauche à droite : Lionel Husser, Mike Wolff, Philippe Fieck, Adrien Gonçalves, Adil Ercin, Moustapha Mellah (entraîneur), Bruno Ramspacher.

La place des jeunes et des féminines

Depuis déjà 8 saisons, un comité des jeunes, composé de 14 membres bénévoles, est en place au sein du FC Geudertheim. Les effectifs sont passés de 8 à 100 jeunes footballeurs. Comme un club moyen ne peut évoluer seul, une entente avec Hoerdt est mise en place depuis la saison 1999-2000. Avec cette collaboration, tous les licenciés peuvent pratiquer leur passion dans leur catégorie, allant des poussins aux 17 ans.
La section a même eu le plaisir d'entraîner deux équipes féminines, poussines et benjamines. Ces dernières ont été championnes d'Alsace 1998-1999.
C'est Elsa Riedinger qui, depuis 8 ans s'occupe, tous les samedis, du lavage des équipements des jeunes footballeurs. Chapeau !

Le comité de l'an 2000
De gauche à droite : Gilbert Hertwig, Marcel Wolff, Christiane Klipfel, Rémy Van Asche, Doris Riedinger, Conny Hentsch, Jean-Jacques Frauli, Charles Hentsch, Abilio Gonçalves, Marie Metz, Gilbert Furst, Raymond Wolff (président).

Le FC Geudertheim de l'an 2000, accession en division I
Debout de gauche à droite : Marcel Wolff, Christiane Klipfel, Claude Wolff, Frédéric Jung, Lionel Husser, Jean-Philippe Roser, Adil Ercin, Adrien Goncalves, Alexandre Heckel, Frédéric Frank, Placide Nyangalao, Martial Roth, Raymond Wolff (président). Accroupis de gauche à droite : Moustapha Mellah, Yann Mellah, Sébastien Gonçalves, Mike Wolff, Constant Rives, Aziz Oz, Alexandre Lavaud, Jean-Philippe Fieck. Manque : Didier Veltz.

1940 Gries

Football Club Gries ★ 67

Le FC Gries, 1940-1941
Debout de gauche à droite :
Charles Becker (président),
Georges Schwebel, Charles Wiedemann,
Charles Jesel, Georges Jund,
Louis Fischer, Lucien Heitz,
Robert Schneider, Auguste Studer.
Accroupis de gauche à droite :
René Birgel, Joseph Bonnet,
Frédéric Hartmann, Camille Speeg.

Sur le terrain de la tuilerie

Le FC Gries voit le jour en novembre 1940. Sous la présidence de Charles Becker (père), une cinquantaine de jeunes gens du village se retrouvent sous les couleurs du club qui, malgré (ou à cause de) l'occupant des maillots bleus, culottes blanches et bas rouges ! En quelques semaines, le club est en mesure d'aligner trois équipes qui jouent régulièrement tous les dimanches, malgré les difficultés de toutes sortes qui ne lui sont pas épargnées. Pendant des semaines, 70 à 80 volontaires travaillent tous les soirs bénévolement pour le mettre le terrain, mis à disposition par la tuilerie Schaeffer, en état. 750 spectateurs assistent au tournoi de Pentecôte 1941.

Hélas, les incorporations de force dans la Wehrmacht anéantissent tous les efforts d'épanouissement du FC Gries. C'est ainsi qu'en 1942, le cœur serré et les larmes aux yeux, ceux qui restent encore en sursis d'incorporation sont obligés de suspendre toute activité.

Des cadets très vite champions

Dès le 11 août 1945, les affaires reprennent. Le premier comité est composé : Auguste Kern (président), Auguste Wingering (vice-président), Alfred Wiedemann (secrétaire), Eugène Moser (trésorier), Charles Paulus, Auguste Studer, Michel Hamm, Jacques Huttel, Lucien Bonnet, Camille Speeg (membres). Les manquants sont très nombreux, victimes d'une guerre atroce et sans pitié. Au cours de la première assemblée générale, 58 jeunes et anciens sont tout de même présents.

Au terme de la saison 1947-1948, le FC Gries termine à une belle 5e place de la division IV. En 1948-1949, l'équipe fanion se place 4e. En 1949-1950, Le FCG finit 3e derrière Obermodern (37 points) et Niederschaeffolsheim (27 points).

En 1950-1951, il termine deuxième à 2 points de Batzendorf, mais ne monte tout de même pas en division supérieure. C'est en 1951-1952 que le FC Gries réalise une saison parfaite, en terminant en tête de son groupe avec 30 points, juste devant Neudorf (29 points) et monte en division III.

La finale de la poule de classement du Bas-Rhin est perdue contre Drulingen (1-3). L'équipe fanion essaie de monter en division II. Elle n'en est pas loin à la fin de la saison 1953-1954, quand elle se fait coiffer sur le poteau (1 point) par le voisin d'Hanhoffen. Elle insiste mais finit 8e en 1954-1955, lorsqu'une équipe de cadets prend part au championnat et devient championne du Bas-Rhin la même saison.

Malheureusement, l'objectif est manqué. Et dès la saison 1957-1958, avec une place de dernier, le club retrouve la division IV. Il lui faut quatre saisons pour remonter. 3e puis 4e, l'équipe manque une première fois le coche en se faisant devancer de deux points par le duo Weitbruch - Kilstett en 1960-1961. Mais la saison suivante, c'est un splendide titre de champion de groupe

Le FC Gries 1951-1952, champion de groupe de division IV
Debout de gauche à droite : Oscar Laeufer, Charles Lorentz, Robert Fritz, Georges Meissner, Robert Leonhardt, Robert Andres.
Accroupis de gauche à droite : Oscar Lorentz, Alfred Wiedemann, Albert Heitz, Gaston Leonhardt, Charles Becker.

Le FC Gries 1961-1962, champion de groupe de division IV
Debout de gauche à droite : René Hamm (délégué), Etienne Hauk, Jean-Jacques Lorentz, Charles Becker, Gilbert Weisbecker, Pierre Voltzenlogel, René Gentner, Georges Freund (délégué).
Accroupis de gauche à droite : Jean-Pierre Hickel, Robert Werle, Alfred Hamm, Charles Wehrle, Eugène Hickel.

Gundershoffen) suivie par plus de 3000 spectateurs.

L'installation en division II ne pose aucun problème. 6e, 3e, 5e puis 2e derrière Brumath (1980-1981), le club est sacré champion de groupe devant Dahlunden en 1981-1982 et monte enfin en division I.

D'entrée, c'est une belle deuxième place dans la foulée de Schirrhein. L'occasion était belle et ne se représente pas. 5e, puis 9e en 1984-1985, le FCG profite bien de la refonte des championnats en étant promu directement en Promotion, mais cela ne constitue pas un cadeau. La preuve, dès la saison 1985-1986, il est 12e et dernier et reversé sans le championnat de division I. Il en prend la mesure en achevant l'exercice 1986-1987 à la 7e place, puis celui de 1987-1988 à la deuxième place derrière Gambsheim. On le retrouve 8e en 1988-1989, 5e en 1989-1990, 8e en 1990-1991, 11e en 1991-1992, l'équipe se classe quatrième en 1992-1993.

En 1997, l'équipe fanion remonte en division I mais ne peut s'y maintenir vu le départ ou arrêt de nombreux joueurs titulaires. Actuellement le FC Gries joue en division III et occupe une place en bas de son groupe. Le club mise beaucoup sur les équipes de jeunes et espère dans un prochain avenir redresser la situation pour leur permettre de pratiquer le sport le plus populaire du pays.

• BIBLIOGRAPHIE :
– Plaquette du 60e anniversaire les 11, 12 et 13 août 2000.
– Un immense merci à Charles Becker et son épouse pour leur formidable collaboration.

Le FC Gries 1974-1975
Debout de gauche à droite : Jean-Pierre Hickel (président), Daniel Herrmann, Alfred Hamm, Charles Heitz, Bernard Freund, Francis Hoff, Gérard Faullumel, Roland Schaeffer. Accroupis de gauche à droite : René Heitz, Robert Freund, Jean-Paul Hickel, Jacky Heitz, Patrick Voltzenlogel.

qui est au rendez-vous, avec 5 points d'avance sur Marienthal. Gries retrouve la division III.

Trois années de purgatoire

Et s'y installe pour 5 saisons, accumulant les bonnes places (3e, 5e puis 6e), avant que la situation ne se dégrade sérieusement. Des problèmes d'effectifs entraînent le déclassement de l'équipe en 1966-1967. Trois années de purgatoire et c'est la remontée fin 1969-1970, en accrochant la deuxième place derrière l'équipe II de Schweighouse. Cette fois le FCG signe un long bail avec la division III. D'abord 5e, puis 4e, l'équipe fanion manque de peu la montée en 1972-1973, en se faisant devancer par Offendorf. 3e la saison suivante (1973-1974), c'est cette fois Drusenheim qui monte à la fin de la saison 1974-1975.

9e en 1975-1976, c'est au tour de Rountzenheim d'enlever la première place en 1976-1977. Mais cette saison, là, il y a deux montées et le FC Gries est dans le bon wagon. Le FC Gries grâce au stade et aux installations, a l'honneur et le privilège d'organiser en 1977 la finale de la coupe d'Alsace (Vauban -

Les présidents

Charles Becker (1940-1942)
Auguste Kern (1945-1947)
Antoine Bonnet (1947-1948)
Charles Matz (1948-1957)
Robert Andres (1957-1958)
Charles Matz (1958-1961)
Georges Freund (1961-1962)
Albert Arnold (1962-1963)
Charles Troehler (1963-1970)
Aloyse Wendling (1970-1974)
Jean-Pierre Hickel (1974-1978)
Georges Iffer (1978-1981)
Marcel Vogt (1981-1984)
Robert Fritz (1984-1985)
Hubert Hammer (1985-1992)
Jacky Kern (1992-1993)
Robert Jund (1993)
Gaby Hoff, Stéphane Heitz
Pierre Paul, Rémy Hollender

Le comité de l'an 2000

Rémy Hollender (président)
Gabriel Hoff, André Ebel
(vice-présidents)
Corinne Pfeiffer (secrétaire)
Grégory Hickel (trésorier)
Jacky Riff, Michel Meckes
Emmanuel Ryback, Patrick Riff
Joël Reibel, Marc Riff
Hervé Halter, Eddy Hoff

Le FC Gries 1981-1982, champion de groupe de division II
Debout de gauche à droite : Richard Lorentz, Etienne Rappolt, Chérif Assas, Roland Merckel, Robert Freund, René Ludwig, Philippe Krug (entraîneur), Marcel Vogt (vice-président). Accroupis de gauche à droite : Francis Schultz, Jacky Griebel, Bernard Klipfel, Dany Lorentz, Rolland Grunenwald, Denis Hollender, Patrice Zumstein.

Le FC Gries 1997-1998, champion de groupe de division II
Debout de gauche à droite : Eddy Hoff, Chérif Assas, Frédéric Franck, Pascal Heitz, Emmanuel Rybak, Gabriel Hoff, Stéphane Heitz, Yannick Streblel, René Heitz.
Accroupis de gauche à droite : Jean Lezay, Patrice Zumstein, Rémy Hollender, Denis Hollender, Semir Assas, Christophe Siegel, Dominique Strebler, Thierry Hammer, Didier Lehmann.

Football Club Morschwiller-le-Bas ★ 68

Morschwiller
le-Bas

Après la Libération, Justin Brun reprend la présidence. Le club redémarre pour la saison 1946-1947 en division III. Antoine Lauber en est le correspondant. Dès la fin de la saison, le club accède à la division II et figure à la 9e place du groupe I remporté par Hirtzbach. 6e lors de la saison 1948-1949, 5e en 1949-1950, l'équipe accède en division I au terme d'une bonne saison 1950-1951. Cette montée coïncide avec l'arrivée de René Sellet à la présidence.

La première saison à ce niveau n'est pas simple. L'équipe termine 9e et dernière du groupe I remporté par Sausheim, mais se trouve sauvée par le forfait général de la Police de Mulhouse et de Village-Neuf. La saison 1952-1953 permet de prendre un rythme de croisière qui se solde par une bonne sixième place.

Le FCM lance sa première kilbe en 1953, avec succès. Elle va en appeler bien d'autres avec les rentrées financières qu'elle engendre. Sportivement, l'équipe se maintient en division I (8e en 1953-1954), mais manque sa saison 1954-1955 (9e) et se trouve reléguée en division II. 6e en 1955-1956, 3e en 1956-1957, 4e en 1957-1958, 9e en 1958-1959, 4e

Le FC Morschwiller-le-Bas en 1940
Debout de gauche à droite : Justin Brun, Georges Bohler, Jean Bohler, Roger Schneider, Joseph Baumann, Raymond Meyer, Antoine Lauber.
Accroupis de gauche à droite : Lucien Baeumlin, François Hertzog, Julien Bohler, Edouard Harnist, André Pierrot.

Le FC Morschwiller-le-Bas 1980-1981, champion d'Alsace de division IV
Debout de gauche à droite : Jacques Dischler, Hubert Wiss, Jean-Claude Ringwald, Abdelhak Haderbache, Guy Hartmann, Bernard Gaspari, Maurice Beltzung, Jean-Pierre Kraft.
Accroupis de gauche à droite : José Torres, Vincent Burkard, François Lutz, Eric Sellet, Brahim Abboud, Miguel Belinchon, Mansour Abboud.

La douche dans le Steinbaechlein

Justin Brun, premier président du FC Morschwiller-le-Bas
Après la Libération, Justin Brun reprend la présidence. Le club redémarre pour la saison 1946-1947 en division III.

C'est Justin Brun, qui sera d'ailleurs le premier président, qui va donner l'impulsion pour la création d'un club de football à Morschwiller-le-Bas le 25 avril 1940. Les membres fondateurs ont laissé leur nom à jamais gravé dans la mémoire du FC Morschwiller. Ce sont : Lucien Baeumlin, Joseph Baumann, Oscar Baumann, Georges Bohler, Jean Bohler, Julien Bohler, Justin Brun, Edouard Harnist, Edouard Hermann, Francis Hermann, François Hertzog, Antoine Lauber, Raymond Meyer, André Pierrot, Roger Schneider, Etienne Swiboda. Durant les premières années de la guerre, le club ne dispute que quelques matches amicaux. Avec l'incorporation de force dans la Wehrmacht ou le STO de nombreux joueurs, le club devra cesser ses activités. On démarre dans des conditions plus que précaires. Les vestiaires se trouvent dans l'arrière salle d'un café-restaurant de la commune. Pour les douches, on plonge dans les eaux de la rivière Steinbaechlein.

en 1959-1960, 3ᵉ en 1960-1961, 9ᵉ en 1961-1962, 4ᵉ en 1962-1963, c'est alors que Lucien Zimmermann devient président. Malheureusement, le club va retomber en division III à la fin de la saison 1967-1968. Le nouveau président, Oswald Sollinger, sait convaincre son comité que le club doit disposer d'installations autonomes et un peu plus confortables. Car rien n'a vraiment changé depuis le début des années quarante.

A la fête à la Grenouille

Un grand pas est franchi avec l'acquisition d'une baraque de chantier EDF de Marckolsheim, que des bénévoles amènent à Morschwiller-le-Bas pour la remonter. Dernier de son groupe en 1963-1964, le FCM retombe en division III. Un mal pour un bien puisque l'équipe est sacrée championne de son groupe lors de la saison 1964-1965. Elle retrouve la division II et s'y comporte bien (6ᵉ en 1965-1966, 9ᵉ en 1966-1967), avant de sombrer à nouveau en division III à la fin de la saison 1967-1968.

L'exercice 1968-1969 est un grand cru. Le FCM finit champion du groupe II devant Loechlé et Didenheim et reprend l'ascenseur vers la division II. La 7ᵉ place du championnat 1969-1970 ne masque pas les soucis des pionniers, car une terrible tornade, en février 1970, met à terre le baraquement qui faisait leur fierté. Néanmoins, un coquet club-house est inauguré en août de la même année, pour le 30ᵉ anniversaire du club.

Morschwiller sauve sa place à partir de 1970-1971 et le club commence à pratiquer une politique de formation des jeunes. L'équipe fanion fait la navette entre la division III et la division II. (7ᵉ en 1971-1972, 7ᵉ en 1972-1973, l'équipe finit dernière de son groupe en 1973-1974 et retombe en division III). C'est l'époque où le FCM organise ses célèbres «Fêtes de la Grenouille» dont la renommée dépasse largement les frontières du département. Mais l'existence du club est longtemps menacée par l'absence de terrain communal. Il faut de très longs pourparlers pour arriver à convaincre la commune de procéder aux travaux d'aménagement. L'équipe fanion est donc en division III et termine à la 8ᵉ place en 1974-1975 et 1975-1976, 2ᵉ en 1976-1977, 4ᵉ en 1977-1978, 5ᵉ en 1978-1979, 10ᵉ en 1979-1980, elle est rétrogradée en division IV.

Champion d'Alsace de division IV

C'est alors que la prise de pouvoir de Jean-Pierre Krafft va produire ses effets. Après quelques recrutements judicieux, le FCM, avec à la tête de son équipe l'entraîneur-joueur G. Henner, obtient le titre de champion d'Alsace de division IV au terme de la saison 1980-1981 en battant l'équipe II du SC Sélestat en finale. L'équipe joue de mieux en mieux. Elle termine troisième du championnat 1981-1982, 7ᵉ en 1982-1983, 7ᵉ en 1983-1984, 6ᵉ en 1984-1985. Profitant de la refonte des championnats, l'équipe se retrouve en division II. Malheureusement, il y a des remous au sein du club et les présidents se succèdent. Et l'équipe première paie les pots cassés en terminant à la dernière place du groupe IV avec une seule petite victoire à la fin de la saison 1986-1987. C'est pourtant à cette période que le FCM a le plus d'équipes engagées avec une équipe de jeunes dans chaque catégorie. L'équipe se classe 6ᵉ en division III au terme de la saison 1987-1988. En 1990, au moment du 50ᵉ anniversaire, la municipalité promet la construction d'un nouveau club-house pour remplacer le vétuste baraquement en bois.

En 1988-1989, alors que le club est au plus bas (5ᵉ en division III avec seulement 45 membres et une seule équipe de jeunes), Daniel Intering, à la tête d'une petite équipe dirigeante, prend en charge les destinées du FC Morschwiller-le-Bas. A la fin de la saison 1991-1992, l'équipe première accède à la division II. Mais sans

Le FC Morschwiller-le-Bas 1946-1947
Debout de gauche à droite :
René Sellet, Antoine Artz, Armand Kaiser, Antoine Swiboda, Alvin Brehm, Albert Seltz, Justin Brun.
Accroupis au 2ᵉ rang de gauche à droite : Lucien Baeumlin, Kueny.
Accroupis de gauche à droite :
Joseph Baumann, Oscat Henner, Oscar Baumann, André Harnist.

Les présidents

Justin Brun (1940-1950)
René Sellet (1950-1963)
Lucien Zimmermann (1963-1969)
Oswald Sollinger (1969-1971)
Lucien Bauemlin (1971-1974)
Maurice Ludwig (1974-1977)
Jean-Pierre Krafft (1977-1983)
Gilbert Nartz (1983-1985)
Jean-Jacques Ehrhard (1985-1988)
Gilbert Nartz (1988-1989)
Christian Matter (1989-1991)
Daniel Intering (1991 à nos jours)

Le FC Morschwiller-le-Bas 1994-1995, accession en division II
Debout de gauche à droite :
Clément Meyer (entraîneur), Bernard Gaspari, Abdelhak Haderbache, Daniel Nuninger, Serge Ress, Matthieu Edl (cap.), Raphaël Blenner, M. Steib (sponsor), Daniel Intering (président).
Accroupis de gauche à droite :
Eric Schubnel, Abel Erny, David Spenlinhauer, Pascal Derroussent, Christophe Palacoeur, Yves Winter.

Le FC Morschwiller-le-Bas 1997-1998, accession en division I
Debout de gauche à droite :
Daniel Intering (président), Raphaël Blenner, Denis Engel, Gérard Conrad (entraîneur), Mathieu Edl (capitaine), Tristan Boeglin, Thierry Kieffer, Denis Meyer, Pascal Derroussent, David Spenlinhauer, Julien Seltz (dirigeant).
Accroupis de gauche à droite :
Thomas Merzoug, Youssef Nabih, Abdelhak Haderbache, Juan Jiminez, Thierry Kopf, Mathieu Kroenner, Frédéric Bischoff, Claude Uetwiller.

recrutement, l'équipe retombe aussitôt en division III. Alors, le club recommence à se structurer pour remonter au terme de la saison 1994-1995. Cette année 1995 est un grand cru. Outre la montée, on fête le 55e anniversaire mais on inaugure aussi le nouveau club-house tant attendu. C'est la commune qui a pris la construction à sa charge, les bénévoles se chargeant de la décoration intérieure et extérieure. Dans le même temps, les joueurs du FCM peuvent aussi profiter d'un deuxième terrain pour l'entraînement. Il est réalisé sur la plaine de jeux.

En division I

A la fin de la saison 1997-1998, le FC Morschwiller-le-Bas accède en division I, après un formidable match de barrage à Raedersdorf et retrouvent un niveau qu'il n'avait plus connu depuis 40 ans. Pendant ce temps, les bénévoles ont doté le terrain d'entraînement d'un éclairage avec le soutien de la municipalité. Les 160 licenciés peuvent désormais s'entraîner dans les meilleures conditions possibles.

Le travail inlassable des entraîneurs successifs, Clément Meyer, Gérard Conrad et actuellement Francis Walter, la stabilité du comité directeur avec à sa tête le président Daniel Intering, permettent aux Morschwillerois, au moment du 60e anniversaire, de flirter avec le groupe de tête des équipes de division I. Avec un effectif de plus de 200 personnes dont plus de 100 jeunes composant 8 équipes, le FCM entend bien poursuivre sa progression. Et pourquoi pas une prochaine montée en Promotion ?

• **BIBLIOGRAPHIE :**
– Plaquette du 60e anniversaire le 25 juin 2000.

Le FC Morschwiller-le-Bas débutants 1999-2000
Entraîneurs : R. Jung, J. Baldeck. Dirigeants : P. Mannheim, D. Engel, D Intering. Effectif : Mickaël Antoine, Florian Baldeck, Amine Benotsmane, Alexandre Cohen, Samuel Courchia, Stanislas Demuth, Benoît Ermel, Goeffroy Garnier, Tristan Hannauer, Flavian Humez, Rodolphe Ingold, Steve Intering, Arthur Kieffer, Donovan Lude, Christophe Lutz, Romain Mannheim, Elodie Sautebin, Bruno Serjean, Yannick Serjean, Nicolas Zisslin.

Le FC Morschwiller-le-Bas 1999-2000
Debout de gauche à droite : Eric Sellet, Fabrice Lamotte, Matthieu Edl, Denis Meyer, Jérôme Larghi, Thierry Kopf, Raphaël Pamies, Francis Walter. Accroupis de gauche à droite : Fabien Fresse, Tristan Boeglin, Laurent Frechin, Laurent Manfredi, Mathieu Kroenner, David Leisering, David Spenlinhauer.

1940 Niederbronn-les-Bains

Union Sportive Niederbronn-les-Bains ★ 67

Dans les jardins du Casino

C'est sous l'occupation allemande, en 1940, qu'est fondé le Sportverein Bad Niederbronn. Il y a là MM Adolf, Anweiller, Baldinger, Balmer, Gerst, Gutfried, Hecht, Heller, Lang, Rominger, Schmaltz, Schmuck. M. Adolf prend la présidence, M. Schmaltz le secrétariat et M. Rominger la trésorerie.

Le terrain de football est situé sur les hauteurs de la ville et aménagé par une formation paramilitaire (RAD) de l'époque, sous l'œil critique du géomètre de service, M. Balmer. Des locaux disponibles, situés au centre ville et même plus loin, sont utilisés comme vestiaires. L'échauffement avant les rencontres est tout trouvé car il faut grimper sur près de 1 km pour arriver au terrain. Après les matches, on revient vers la ville en faisant au passage une halte au ruisseau Falkenstein pour se laver, ou on prolonge pour se servir de l'eau froide stockée dans des bassines disposées devant les vestiaires. En 1942, M. Adolf passe la main et ce sont MM. Meyer et Anweiller qui prennent le relais. Les hommes partent les uns après les autres, incorporés de force. Ils seront nombreux à ne pas revenir de cette folie meurtrière. D'octobre 1944 à mai 1945, les activités s'interrompent pour reprendre sous la nouvelle dénomination «Union Sportive Niederbronn-les-Bains».

Le poids de Schloupeck

A partir de la saison 1946-1947, les déplacements sont assurés par les transports Pfalzgraff en camion GMC et M. Heiligenstein en tracteur. Il y a des moments épiques (voir anecdotes) mais l'essentiel est là et bien là : on joue au football. En juin 1947, M. Gutfried accepte de prendre la présidence et à la fin de la saison 1947-1948, l'USN termine à la 3e place de la division II. Elle renouvelle la performance en 1948-1949.

De 1949 à 1952, une nouvelle équipe de dirigeants prend en main les destinées du club. Cette époque est marquée par la venue à Niederbronn de l'entraîneur François Schloupeck, ancien joueur de l'Austria de Vienne, du RC Strasbourg, du FC Rouen et du Stade de Reims. Ce footballeur hors normes est un meneur d'hommes d'exception et il réussit à merveille à enseigner le football aux joueurs qu'il a sous sa coupe. Et pas seulement les seniors. Il voit aussi les juniors de l'USN enlever le titre de champion du Bas-Rhin 1949-1950. L'année même où l'équipe fanion, pour ne pas être en reste, termine en tête du groupe II de division III et monte d'un cran dans la hiérarchie.

L'US Niederbronn-les-Bains 1942
Debout de gauche à droite :
B. Knoechel, R. Ludwig, H. Meyer, P. Dorn, G. Simon, G. Mistler.
Accroupis de gauche à droite :
F. Schaller, A. Henner, J. Jaggi, A. Jaggi, A. Schoch.

Tombeur du grand Vauban

L'AS Vauban est reparti de rien. La fusion des Pierrots avec le Racing pour créer le RPSM a réduit à néant les efforts des fidèles. Ils recréent un club, l'AS Vauban, qui, de la division IV, grimpe chaque année d'un échelon. Ils en sont à 113 matches sans défaite, les gars de l'entraîneur Max Hild. Leur invincibilité prend fin le 9 janvier 1977, à la 80e minute de la rencontre contre Niederbronn (1-2) au Pont de Kehl, sur un but d'Olivier Maire, devant 1500 spectateurs, en division d'Honneur. Cette victoire est fêtée comme il se doit au siège, le restaurant Au Cheval Blanc. Et pour bien montrer que ce n'était pas un hasard, ils enlèvent le match retour 4 à 1.

L'US Niederbronn-les-Bains 1947-1948
Debout de gauche à droite : Hecht, Dietrich, Fichter, Hamm, Balmer, Hanauer, Meyer, Schild, F. Balmer.
Accroupis de gauche à droite : Heckel, Jenneve, Osswald, Siegfried, Christmann.

L'US Niederbronn-les-Bains juniors 1949-1950, championne du Bas-Rhin
Debout de gauche à droite : Schloupeck (entraîneur), Joerger, Reutenauer, Gross, Eschenbrenner, Jenneve, Blaes, Spehner (président). Accroupis de gauche à droite : Hanauer, Koetzel, Pfalzgraff, Lang, Haenel.

L'US Niederbronn-les-Bains 1951-1952, championne de groupe de division II
Debout de gauche à droite : Muller, Christmann, Osswald, Adel, Siegfried, Fichter. Accroupis de gauche à droite : Balmer, Adonto (entraîneur), Nelissen, Jenneve, Gross.

L'US Niederbronn-les-Bains 1955-1956, accession en Promotion d'Honneur, lors d'une présentation dans le parc du Casino
Au 1er rang de gauche à droite : Fichter, Koehler, W. Hanauer, Becker, Landolt, Adel. Au 2e rang de gauche à droite : Muller, Gross, Glath, Balmer, R. Hanauer.

L'US Niederbronn-les-Bains 1957-1958, accession en division d'Honneur
Debout de gauche à droite : Weber (président), Fichter, Glath, Becker, Vermorel, Vivin, Koehler, Koetzel, Heinrich (maire), Schwoerer (Pdg du Casino), Cahn (vice-président). Accroupis de gauche à droite : Becker, Hof, F. Lang, Gross, S. Lang (entraîneur).

L'US Niederbronn-les-Bains 1974-1975, 3e en division d'Honneur
Debout de gauche à droite : Raymond Krebs (directeur sportif), J. Bastian, J.-G. Landolt, Roland Krebs, G. Logel, Cl. Krebs, D. Debonn, J.-P. Krauth, R. Sadler (entraîneur), P. Weber (président). Accroupis de gauche à droite : M. Klipfel, J.-L. Christmann, P. Logel, F. Krebs, P. Debonn, A. Jérome.

En division I, une nouvelle étape

Les anciens ont toujours cette équipe de gamins, encouragée à domicile et suivie en déplacements par de nombreux supporters ravis. Avec la venue de Francis Adonto comme joueur-entraîneur (Schloupeck est parti chez les voisins de Reichshoffen pour une canadienne fourrée en laine de mouton !), une nouvelle étape est franchie. Au terme de la saison 1951-1952, l'équipe accède en division I avec un titre de champion de groupe de division II en poche. Cela n'a pas traîné.

Paul Weber devient président et s'attaque à la réalisation de plusieurs chantiers urgents. L'éclairage du terrain pour les entraînements et nocturnes est réalisé lors de la saison 1953-1954. Lauer est engagé comme joueur-entraîneur. La saison suivante, on procède à l'installation d'une baraque-vestiaires avec raccordement à l'eau courante. En 1955-1956, on installe des douches et on engage Freddy Lang comme joueur-entraîneur. C'est sous sa coupe que l'équipe accède en Promotion d'Honneur, enlevant un titre de champion de groupe après barrage avec Oberschaeffolsheim et Saverne.

Et voilà la division d'Honneur…

La saison 1956-1957 n'est que transition. Plusieurs titulaires, comme leur entraîneur, sont appelés en Algérie et il faut se battre jusqu'au bout pour éviter la relégation (9e place). Pour la saison 1957-1958, l'USN engage Sepp Lang mais son homologue Freddy reste à la disposition du club en qualité de joueur. A la fin de la saison, l'équipe fanion de l'USN réalise le rêve de bien des amateurs : c'est l'accession en division d'Honneur, deuxième place à la clé.

La saison 1958-1959 s'avère un difficile apprentissage. C'est un autre monde qui s'ouvre, avec des adversaires huppés comme l'ASS, le FC Mulhouse, l'ASCA Wittelsheim, l'US Wittenheim… qui ont tous évolué en championnat de France. Les débuts sont pour le moins difficiles. Les défaites s'enchaînent. Mais peu à peu, l'équipe se retrouve et finit par assurer le maintien avec la 10e place. Au début de la saison 1959-1960, c'est M. Bardou qui assure l'intérim en qualité d'entraîneur, mais Sepp Lang reprend bien vite le flambeau. Durant la saison, avec le concours de la municipalité, le club érige une buvette et des toilettes dans l'enceinte de son stade. L'équipe finit 10e. Malheureusement, à la fin de la saison 1960-1961, après trois années passées parmi l'élite régionale, le club est rétrogradé en Promotion d'Honneur avec une nouvelle 11e place.

Plus dure sera la chute

Au début de la saison 1961-1962, l'effectif est composé de Jean Vermorel, Joseph Gross, Fritz Lincker, Frantz Hentz, Alfred Ensminger, Bernard Hirtz, Joseph Bichler, Robert Hirtz, Gérard Kempf, Robert Glath, Gilbert Maire, Edgar Emptaz, Louis Suss, Georges Becker, Frantz Waechter, Bernard Beri, Heintz Sczipa, Jean-Pierre Hoffmann, Jean-Louis Siebler, Henri Besch.

L'équipe reste durant quatre saisons en Promotion d'Honneur, mais le groupe éclate. Les années difficiles commencent pour l'USN. Elle est reléguée en division I à la fin de la saison 1964-1965. Il y a heureusement de bons moments durant cette période 1961-1966. Comme le déplacement dans le Limousin, à Eymoutiers, en 1963.

Il faut faire quelque chose. On choisit de confier la mission de reprendre l'équipe à René Sadler dès la saison 1966-1967. L'équipe finit d'abord à la 7e place de la division I, puis dès la saison 1967-1968, accède à la Promotion d'Honneur grâce à une belle 2e place derrière l'équipe II des Pierrots de Strasbourg. Il entreprend un formidable travail qui va conduire

L'US Niederbronn-les-Bains à Eymoutiers en 1963
Debout de gauche à droite : B. Becker, J. Gross, F. Hentz, F. Ensminger, J. Vermorel, F. Lincker. Accroupis de gauche à droite : J. Bichler, R. Glath ; G. Kempf, E. Emptaz, G. Maire.

L'US Niederbronn-les-Bains 1976-1977, 3ᵉ en division d'Honneur
Debout de gauche à droite : P. Weber (président), Postros, J. Bastian, Cl. Krebs, C. Anweiller, M. Klipfel, J.-G. Landolt, J.-P. Krauth, R. Sadler (entraîneur). Accroupis de gauche à droite : O. Maire, A. Jérôme, J. Roecklin, F. Krebs, A. Rinie, M. Burg.

L'US Niederbronn-les-Bains, vainqueur du challenge des Espoirs 1979
Debout de gauche à droite : R. Sadler (entraîneur), H. Boulatrous, J. Muhr, J. Roecklin, Cl. Krebs, O. Maire, J. Weimert, J. Schild, J. Gross (délégué), E. Emptaz (président).
Accroupis de gauche à droite : C. Anweiller, D. Riffelmacher, T. Vidal, M. Burg, A. Violant, C. Eppinger.

l'US Niederbronn vers la division d'Honneur. C'est chose faite après une formidable saison 1973-1974. Son équipe est championne du Bas-Rhin et ne s'incline qu'en finale régionale contre Saint-Louis-Neuweg. René Sadler va persévérer. Il a la confiance de ses dirigeants et va emmener par trois fois son équipe à la 3ᵉ place en 1975 (derrière les SR Haguenau et Betschdorf), 1977 (derrière l'AS Vauban et l'ASS) et 1980 (derrière Betschdorf et Kogenheim).

Malheureusement, la division d'Honneur constitue un championnat difficile. Et en fin de compte, au terme de la saison 1980-1981 et une douzième place, l'USM redescend en Promotion d'Honneur. René Sadler insiste durant trois saisons en Promotion d'Honneur avant de rendre son tablier au terme de la saison 1983-1984. Il aura passé 18 saisons à la tête de l'équipe ! Chapeau à ce grand serviteur.

Mais la remontée va arriver très vite puisque son successeur, J. Winckler, qui va réussir très vite. D'abord en intégrant la nouvelle Promotion d'Excellence fin 1984-1985 puis, dans la foulée, après une quatrième place en 1985-1986, la division d'Honneur, en finissant champion de son groupe 1986-1987, titre départemental perdu aux dépens de l'ASL Robertsau.

Mais l'accession en division d'Honneur n'est pas un cadeau. L'équipe n'y reste qu'une saison (1987-1988) et se trouve aussitôt reléguée. Elle s'installe alors en Promotion d'Excellence, niveau qu'elle n'a plus quitté jusqu'en l'an 2000.

• BIBLIOGRAPHIE :
– Plaquette du 50ᵉ anniversaire 1990 sous les signatures de François Hoeffler, Gilbert Maire, René Sadler et Joseph Winckler.
– Plaquette du 60ᵉ anniversaire 2000.

L'US Niederbronn-les-Bains 1986-1987, championne de groupe de Promotion d'Excellence
Debout sur le banc de gauche à droite : Vincent, Schindelmeyer, Mehn, Hebting, Lugenbuhl, Krebs. Debout de gauche à droite : Emptaz (président), Winckler, Waechter, Kachelhofer, Jaeger, Jenneve, Pfeiffer, Gross (délégué). Accroupis de gauche à droite : Robitzer, Schreiner, Hentz, Roos.

Pas de pitié pour la main courante

A l'occasion d'un déplacement effectué au cours de la saison 1946-1947, le GMC utilisé pour le transport des joueurs reste embourbé en bordure d'un terrain de jeu. Le match terminé, impossible de repartir. Le chauffeur essaie de dégager son véhicule avec le treuil en se servant du câble en acier et en l'attachant à la main courante. Mauvaise idée : c'est la main courante qui s'en va. Joueurs et spectateurs doivent alors unir leurs efforts pour sortir l'engin de sa piètre situation. L'histoire ne dit pas qui a réparé ou payé les dégâts de la main courante...

Ça vaut le coup de se jeter à l'eau !

Au cours d'un match capital pour la montée en division I en novembre 1951, l'USN joue à Tieffenbach. A la fin du temps réglementaire, le score est toujours de 1 à 1. Il ne reste que quelques secondes à jouer. Or, il faut absolument l'emporter pour garder la tête du championnat. Le ballon est expédié en touche par un défenseur de Tieffenbach et tombe dans la rivière. Un joueur de Niederbronn, sans perdre une seconde, se jette à dans l'eau glacée, récupère le ballon, remonte sur la rive, effectue la touche et l'avant-centre marque le but. L'arbitre siffle la fin du match. Niederbronn a gagné !

Deux titres chez les jeunes

L'US Niederbronn est aussi un club formateur. A preuve ses deux titres enlevés par des équipes de jeunes. Les juniors B d'abord, lors de la saison 1978-1979, les 15 ans ensuite, champions du Bas-Rhin au terme de la saison 1998-1999.

L'US Niederbronn-les-Bains de l'an 2000
Debout de gauche à droite : El Hadje Mekkaoui, Bruno Gautier, Bertrand Noir, Manuel Ganzalez, Alain Raichle, Dominique Dugy, Frédéric Marmillot. Accroupis de gauche à droite : Nicolas Suss, Jean-Christophe Roth, Majide Sebtioui, Joël Jaggi, Jérôme Boubenec, Franck Auger. Manquent sur la photo : Gilles Gupuy, Geoffrey Durrenberger, Stéphane Lugenbuhl, Stéphan Briet, Alain Arnold (entraîneur).

Les présidents

Adolf (1940-1942)
Meyer (1942-1943)
Anweiller (1943-1944)
Gutfried (1947-1949)
Spehner (1949-1952)
Paul Weber (1952-1977)
Edgard Emptaz (1978-1991)
Jean-Louis Siebler (1992-1994)
Pierre Rauch (1995-1997)
Gérard Wackenheim (1998 à nos jours)

Les entraîneurs

Gilbert Maire (1961-1966)
René Sadler (1966-1984)
J. Winckler (1984-1989)
F. Krebs (1989-1993)
J.-G. Landolt (1993-1996)
D. Waechter (1996 à nos jours)

Le comité de l'an 2000

Edgard Emptaz (président d'honneur)
Gérard Wackenhem (président)
Louis Suss (vice-président)
Christophe Anweiller (vice-président)
Jean-Georges Lugenbuhl (secrétaire)
Alain Trautmann (trésorier)
Bruno Wald (président des jeunes)
Guy Ludwig, Pino Mirabella
Jean-Paul Pfeiffer, Robert Reichle
Mambo Sebtioui, Guy Serbine
Marco Steinmetz, Jean-Paul Wolff

1940

Football Club Rohrwiller ★ 67

Rohrwiller

Le FC Rohrwiller 1940-1941
Debouts de gauche à droite :
Aloyse Sutter (secrétaire), Charles Weiss (président), Fernand Muller, Robert Schneider, Auguste Martz, Lucien Guhmann, Fernand Wurtz, Jérôme Wurtz, Charles Wenger, Jean-Baptiste Wenger (membre du comité), Eugène Eichwald (vice-président).
Accroupis de gauche à droite :
Aloyse Wenger, Alphonse Schott, Alphonse Ehrhard, Louis Sutter.

Ils ont marqué le club
Patrick Ottmann, le gardien de but, a connu un passage chez les pros du Racing Cub de Strasbourg.
Les entraîneurs qui ont marqué le club : Didier Batoum, Gérard Hausser, Patrick Ottmann.

Le FC Rohrwiller 1980-1981, champion de groupe de division III
Debout de gauche à droite :
Claude Kleck, Bernard Schweitzer (entraîneur), Charles Borschneck, André Jung, Pierre Benninger, Robert Santoro.
Accroupis de gauche à droite :
Bernard Clauss, Fabien Scherer, Francis Schmitt, Jean-Marie Hohmann, Jean-Paul Buchel, Roger Dorfer.
Manque sur la photo : Robert Muller.

Le quadragénaire couronné

Le Football Club de Rohrwiller fait ses premiers pas sur une pelouse le 12 octobre 1940. Quelque temps auparavant, il s'est structuré à l'issue d'une assemblée générale constitutive. C'est Charles Weiss prend en main les rênes du FCR. Les statuts sont arrêtés et déposés et les couleurs du club sont adoptées. Les joueurs portent alors un maillot bleu azur, une culotte blanche et des chaussettes bleues azur. Dans le comité fondateur on trouve des noms connus à l'époque. Tous sont poussés par une même passion : celle du football.

Le premier comité est constitué de : Charles Weiss (président), Eugène Eichwald (vice-président), Aloyse Sutter (secrétaire), Xavier Wenger (secrétaire adjoint), Jean-Baptiste Wenger (secrétaire adjoint), Alfred Clauss (trésorier), Charles Plaue (trésorier adjoint), Charles Clauss (assesseur), Edmond Clauss (assesseur), Robert Gartner (assesseur), Joseph Hahn (assesseur) et Jean-Baptiste Martz (assesseur).

Entre la division IV et la division II

Sur le terrain l'équipe première campe en division IV de 1946 à 1948. La saison suivante, les « bleus et blancs » s'offrent un billet pour jouer en division III. L'euphorie n'est que de courte durée et l'année 1949-1950 est synonyme de relégation. En fait, jusqu'en 1961, les joueurs du FCR vont faire l'ascenseur entre les deux divisions. Il faut attendre l'issue de la saison 1961-1962 pour passer la barre psychologique de la division II.

Mais le bonheur n'est que d'une courte durée et la chute difficile, puisque l'équipe connaît deux relégations successives. En division III à l'issue de la saison 1962-1963, puis en division IV après celle 1963-1964. Dès la saison 1964-1965, l'équipe s'offre une deuxième place synonyme de remontée, mais la rechute est immédiate. En 1996-1967, l'équipe finit deuxième derrière Beinheim, en 1968, c'est derrière Roeschwoog. L'année suivante, c'est enfin le rendez-vous avec un nouveau titre de champion de groupe, enlevant 18 victoires pour deux défaites seulement, en marquant 104 buts au cours de la saison.

Nouveau titre de champion de groupe, de division III cette fois, en 1970-1971, et montée en division II. Malheureusement, les temps sont durs. Dès la saison 1971-1972, c'est le retour à l'étage inférieur. Le club-house est inauguré le 14 juillet 1974.

Le retour en division II se situe au terme de la saison 1980-1981.

L'équipe reste à ce niveau jusqu'à la fin de la brillante saison 1984-1985, quand elle accède en division I, profitant de la refonte des championnats. Le club fête alors son 46ᵉ anniversaire. Malgré quelques accidents de parcours, le club maintient le cap et après un passage en division II, le FCR retrouve son fauteuil en division I à l'issue de la saison 1999-2000, enlevant au passage le titre de champion du Bas-Rhin.

• BIBLIOGRAPHIE :
– Documents fournis par Materne Walter

Le FC Rohrwiller 1999-2000, champion du Bas-Rhin division II
Debouts de gauche à droite :
Materne Walter (président), Joël Ober, Régis Wagner, Lahcen Bouhouch, Mathieu Schohn, Izzet Imre, Didier Batoum (entraîneur), Abdeljebar Samel, Alain Wurtz (vice-président, manager général).
Accroupis de gauche à droite :
Sylvain Pierdon, Akay Bayram, Abdelkader Rekeb, Majid Maroui, Jésus De Pedro.
Manquent sur la photo : Frank Rigaud, Fabien Scherer, Philippe Zilliox.

Le comité de l'an 2000
De gauche à droite : André Krauth (vice-président), Roger Dorfer (trésorier), Marc Wenger, Lucien Laufenbuchler, André Jung, Charles Heisserer, Claude Kleck (secrétaire), Roland Schneider (vice-président, responsable du patrimoine), Pascal Halter, Sylvain Pierdon, Alain Wurtz (vice-président, manager général).
Manquent sur la photo : Materne Walter (président), Francis Schmitt, Fabien Scherer, Gérard Hausser (entraîneur).

Le FC Rohrwiller de l'an 2000 division I
Debouts de gauche à droite :
Frank Rigaud, Joël Ober, Raphaël Thior, Philippe Zilliox, Sylvain Pierdon, Simon N'Reca, Gérard Hausser (entraîneur).
Accroupis de gauche à droite :
Mathieu Schohn, Emmunuel Nokic, Ellian Buchholtz, Abdelkader Rekeb, Abdeljebar Samel, Mustafa Yildirim.
Manquent sur la photo : XXX, XXX, Majid Mazroui, Lahcen Bouhouch, Esad Nokic, Raphaël Sutter.

Les présidents
Charles Weiss (1940-1948)
Charles Clauss (1948-1964)
Marcel Ottmann (1964-1974)
Charles Schmitt (1974-1990)
Raymond Schohn (1990-1999)
Materne Walter (1999 à nos jours)

Union Sportive Wittersheim ★ 67

Wittersheim

Les présidents

Antoine Burg (1940-1945)
Nicolas Krauth (1945-1947)
Paul Ley (1947-1949)
Ulrich Littel (1949-1950)
Joseph Criqui (1950-1954)
Joseph Steinmetz (1954-1961)
Joseph Schmitt (1961-1964)
Albert Klein (1964-1965)
Joseph Schmitt (1965-1969)
René Adam (1969-1979)
Joseph Schmitt (1979-1980)
Joseph Wieser (1980-1986)
Antoine Winstel (1986-1992)
Jean-Claude Littel (1992 à ce jour)

Le comité de l'an 2000
De gauche à droite : Antoine Winstel (vice-président), Richard Klein (vice-président et trésorier), Etienne Bey (vice-président), Jean-Pierre Buchmann, Claude Heilmann, Guy Weber, Brigitte Winstel (secrétaire), Christian Daull, Jean-Pierre Ley, Joseph Holtzmann. Manquent sur la photo : Pierre Woelffel, Jean-Claude Littel.

L'œuvre des cultivateurs

Au début du XXᵉ siècle, se dessine déjà à Wittersheim la nécessité de se divertir le dimanche par la pratique de sports et l'envie de se rencontrer en associations. En 1927-1928, se manifestent les velléités footballistiques et un club de foot est créé, ayant par la suite assez vite fait de disparaître. Au mois de septembre 1940, naît l'actuelle Union Sportive Wittersheim. Sous l'impulsion de quelques vaillants joueurs, se forge le club, dont l'équipe rivalise avec les voisins de renommée établie.

Toujours une bonne équipe

En septembre 1945, le foot reprend après une saison officieuse. Les joueurs attaquent la saison 1946-1947 avec un cœur et un courage inébranlables et arrivent jusqu'en division III. Et d'année en année, l'USW chemine avec des fortunes diverses. Grâce à l'appui des joueurs de l'extérieur, elle a toujours une bonne équipe. Les statuts sont déposés officiellement au tribunal cantonal de Haguenau le 13 janvier 1950.

Le comité de l'USW en 1950 : Joseph Criqui, cultivateur (président), Antoine Boos cultivateur, André Weibel, cultivateur (vice-présidents), Alphonse Paille, comptable (secrétaire-trésorier), Joseph Steinmetz, cultivateur (réviseurs aux comptes), Alfred Winstel, cultivateur, Antoine Kieffer, cultivateur, Paul Ley, boulanger, Joseph Knab, cultivateur et René Weiss, cultivateur (assesseurs). Un terrain plus proche que celui de Gebolsheim est réalisé en 1952, conditionnant ainsi l'évolution de l'équipe et, en 1953, l'accession en division II couronne les efforts tenaces.

Se maintenant en division II jusqu'en 1959, le club retrouve ensuite l'échelon inférieur jusqu'à la saison 1962. L'année 1973 est à nouveau néfaste pour ses couleurs, puisque le club oscille entre la division III et IV.

En division II

C'est le 23 juin 1974 que le stade municipal est inauguré en présence de nombreuses personnalités. En 1979, le club se dote de vestiaires. Les membres du comité à l'unisson, démontent une structure (une ancienne école d'Haguenau) pour la reconstruire à l'emplacement actuel.

Au début des années 1980, le foot devient très populaire. Le club se renforce avec de nouveaux jeunes, et une équipe de foot féminine voit le jour durant trois années. Cette expérience est très satisfaisante.

En 1988, quelques travaux d'embellissement sont entrepris, notamment la construction d'un préau, et en 1991 le terrain de sport est rénové. L'équipe fanion n'évolue pas sur son terrain pendant une saison, jouant les rencontres à Niedermodern, et pendant ce laps de temps, un garage attenant au club-house voit le jour afin d'y entreposer le matériel d'entretien.

En 1993, cette nouvelle pelouse est inaugurée. Après un recrutement judicieux, le club progresse sans cesse, et l'équipe fanion est récompensée de ses efforts, et couronnée en juin 1995 par le titre de champion de son groupe et accède en division II.

L'année 1995 est un millésime exceptionnel : le club fête également ses 55 ans d'existence. A cette occasion, de nombreux anciens sont récompensés par Erny Jacky, le directeur de la LAFA. Le maire de la commune, le conseil municipal et M. Wirth, conseiller général, font partie de la fête. A la fin de la saison 1998-1999, l'USW prend son ticket pour la division I, terminant troisième de son groupe. L'équipe fanion gagne ses trois rencontres de barrage.

• BIBLIOGRAPHIE :
– Documents remis par Jean-Claude Littel.

L'US Wittersheim de l'an 2000
Debout de gauche à droite : Sébastien Criqui, Denis Knittel, Nicolas Steinmetz, Christophe Roth, Frédéric Zuchold, Christophe Sandel, Olivier Lazarus. Accroupis de gauche à droite : Franck Schoenfelder, Alain Wolff, Serge Juillot, Georges Rahm, Fabrice Bletterer, Norbert Houdt, Frédéric Rossi.

1941

Société Sportive Beinheim ★ 67

Beinheim

Sur la pointe des pieds

Le « Sportverein Beinheim » voit le jour en 1941, sous la présidence d'Eugène Timmel. Mais les rencontres, même amicales, ne durent guère. L'incorporation de force dans la Wehrmacht, dès 1943, met fin aux activités. L'équipe redémarre dans le giron de l'Avant-Garde du Rhin, à la fin des hostilités. Lors de la saison 1946-1947, l'équipe seniors évolue dans le championnat de division d'Honneur avec Saint-Nicolas Haguenau, Racing Cronenbourg, La Wantzenau, Hoenheim, Dettwiller, Notre-Dame Strasbourg et Weyersheim. La Société Sportive Beinheim est alors présidée par Eugène Weber.

Il y a un bon joueur dans les rangs de la SSB. Le lundi de Pentecôte 1946, l'AGR rend visite à l'UD Lorraine, pour le match des retrouvailles. La rencontre a lieu à Sarrebourg. Le gardien de la sélection alsacienne est un nommé Hentsch, de Beinheim. La défaite est lourde (0-6), même si la sélection alsacienne mène (2-1) au repos. Le club est mis en sommeil à l'issue de sa dernière saison en AGR, en 1948. Il faut attendre l'été 1955 pour le voir revenir sur le devant des pelouses.

La Société Sportive profite du terrain d'entraînement du 23e Régiment du Génie pour trouver son second souffle. Son président est alors M. Scheidt. L'équipe première évolue ensuite dans les compétitions régionales de la LAFA, dès le championnat 1955-1956 et joue en division IV. Les premiers frémissements en matière de résultats, se produisent lors de la saison 1959-1960. Le club pointe à la 2e place de son groupe, devancé d'un point par Kaltenhouse. Cette performance lui permet d'accéder en division III. Mais dès la saison 1961-1962, c'est le retour à la case départ, compensé par une remontée immédiate. La saison 1964-1965 est fatale : dernière place et relégation en division IV.

Pour la première fois en division II

Championne de groupe 1966-1967 devant Rohrwiller, la SSB accède avec brio à la division II. Un retour que l'on espère durable. Malheureusement, au bout de deux saisons, il faut replonger. L'équipe remonte en 1970-1971, profitant d'une vague de montées. Elle s'installe durablement en division III, avant de vivre une belle saison 1978-1979 et accroche le titre de champion de groupe de division III, en devançant Oberroedern et monte pour la première fois en division II. Dernière du championnat 1980-1981, l'équipe retombe en division III.

La troisième place de la saison 1984-1985 permet au club de monter directement en division I, profitant ainsi largement de la refonte des championnats, décidée par la LAFA. Mais le championnat 1988-1989 est complètement manqué. L'équipe termine dernière et retombe en division II. Le championnat 1990-1991 apporte une nouvelle dernière place et une cruelle désillusion : il faut se résoudre à reprendre au bas de l'échelle, en division III.

Le deuxième rang, derrière Kilstett, lors de la saison 1991-1992, laisse espérer une remontée en division II. On remet ça en 1992-1993, derrière Trimbach cette fois. Le championnat 1993-1994 est le bon. Beinheim est champion devant Fatih Haguenau et cette fois, tient sa remontée en division II. L'équipe réussit encore à se classer deuxième, derrière Stattmatten en 1998-1999 et entre sur la pointe des pieds, en division II, dans le XXIe siècle.

Après plusieurs déplacements, le terrain trouve, dans les années 90, sa place aux côtés de la salle polyvalente, avec son club-house. Dès lors, une école de jeunes se met en place. Le club compte, en 2001 une équipe de jeunes dans chaque catégorie et deux équipes seniors, ce qui représente une flotte de près de 140 amateurs de ballon rond.

• BIBLIOGRAPHIE :
– Merci à François Schott.

Les présidents
Eugène Timmel
Eugène Weber
M. Scheidt
Alphonse Mourer
Jean Dressel
Emile Mager
Etienne Hentsch
Ernest Saali
Richard Wahl
Hervé Kaufling
François Schott

La SS Beinheim II 1995-1996

La SS Beinheim, - 13 ans, 1997-1998
Debout de gauche à droite : E. Liebgott (entraîneur), F. Schneider, S. Herrmann, P. Schott, T. Foltz, L. Becker, M. Delaporte, S. Wahl. Accroupis de gauche à droite : C. Schmitt, L. Walter, J.-C. Foltz, L. Fischer, F. Wurtz, J.-M. Neunreuter.

La SS Beinheim de l'an 2000
Debout de gauche à droite : E. Wahl (délégué), F. Du Ponteil (entraîneur), Ch. Fricker, S. Saint Aubin, F. Mosser, P. Taverne, S. Schneider, F. Timmel, J.-M. Timmel, F. Schott (président).
Accroupis de gauche à droite : N. Salignon, F. Wurtz, E. Liebgott, M. Wahl, P. Godard, S. M'Baye, G. Renk.

Football Club Bisel ★ 68

Bisel

Un petit club où il fait bon vivre

Le FC Bisel à la libération
Debout de gauche à droite : XXX, Joseph Meister, Armand Berbett, André Zeyer, Xavier Witt, XXX, XXX, Marcel Berbett (abbé).
Accroupis de gauche à droite : Marcel Wira, Charles Butschy, XXX, XXX, XXX, Marcel Wira.

Le FC Bisel en 1953
Debout de gauche à droite : Pierre Wira, André Zeyer, François Berger, Joséphine Macker, Monique Gigos, Antoine Burtschy, Charles Wira.
Allongés de gauche à droite : Seppi, Joseph Meister, René Macker, Roger Wira.

Il ne faut pas ignorer que la pratique du football à Bisel remonte en réalité à l'année 1921. L'on y compte à cette époque à une équipe composée des Justin Zeyer, Joseph Willmann, Alphonse Hirtzlin, Ernest Mattler, Edouard Federspiel, Joseph Berbett, Emile Heyer, Henri Tschan, Justin Mattler, Aloyse Mattler, Joseph Gerber, Aloyse Banholzer et Albert Wira. Comme le championnat n'existe pas dans ce coin reculé du Sundgau, l'équipe biseloise rencontre les formations de Ferrette, Courtavon, Pfetterhouse ou Seppois.

Néanmoins, cette association a une durée de vie très courte et on note, vers 1926 une nouvelle équipe formée des Aloyse Hirtzlin, Léon Muth, Fortuné Wira, Martin Federspiel, Marcel Hirtzlin, Alphonse Berger et vers 1930 on y relève les noms des frères Oser, Xavier Egmann, Louis Wira, Aloyse Gigos pour ne citer que les plus célèbres. Malheureusement un accident va venir anéantir cette association : un joueur de Bisel est gravement blessé, mais par peur des représailles (pas d'assurance à l'époque), le reste le l'équipe laisse le malheureux sur place. Le scandale qui suit dans le village déjà réticent à la pratique du football, met fin pour quelques années à la pratique du ballon rond à Bisel.

Le premier vrai ballon de football arrive à Bisel en 1938. Il est acheté à Montbéliard et coûte 120 F. Pour avoir un ordre d'idée, cela valait deux jours de travail à l'époque. Pour jouer avec ce ballon et constituer une équipe de foot, il faut bien entendu des joueurs. Cela ne manque pas, mais il faut également un terrain. Et là, c'est plus difficile. Après bien des tractations et des péripéties, l'actuel terrain, propriété de la commune, est mis enfin à disposition. Mais il aura fallu se battre pour y arriver, car le football n'est pas du goût de tout le monde, quand on sait que le village est alors exclusivement voué à l'agriculture.

C'est au cours de l'année 1941 que quelques jeunes sportifs biselois sous la houlette de Joseph Meister et de Justin Mattler, décident de former un club et s'efforcent de trouver les moyens nécessaires pour le faire démarrer.

Premiers pas du FCB

Après avoir disposé de terrains de fortune, la municipalité accepte de mettre un terrain communal à la disposition du FC Bisel. Le nouveau club adopte les couleurs « orange » pour ses maillots. Après un bon démarrage l'équipe peut, dès 1941, participer au championnat régional, où elle rencontre les équipes de Retzwiller, Montreux-Sports, Seppois et se défend plus qu'honorablement.

Le premier match est disputé le jour de l'inauguration du terrain, début septembre 1941 contre Dannemarie, une bonne équipe truffée d'excellents joueurs. Certains sont originaires d'outre-Rhin, mais travaillent dans une usine installée à Dannemarie, dont le siège social est situé à Schelklingen (Bade). Le « Kreissportwart », membre de la commission de football de l'époque, remet le ballon du match au capitaine Léon Oser. A l'issue de la rencontre, le Kreissportwart félicite l'équipe de Bisel pour sa bonne prestation, malgré une défaite fort honorable (3-5). Le dimanche suivant, le FC Bisel se rend chez son voisin du FC Seppois, dont le terrain se situe à l'époque sur la route de Delle. Encore une défaite, mais l'équipe progresse de semaine en semaine. Les entraînements, dirigés par l'instituteur Tschan, un Allemand, commencent à porter leurs fruits. Les progrès sont constants. Le club bat Friesen (3-0 et 2-0) puis Grentzingen (3-2 et 6-1). Les adversaires doivent reconnaître la vraie valeur du jeune FC Bisel. Début 1942, par temps froid et terrain gelé, le FCB va tenir en échec le FC Hirtzbach à Hirtzbach. Le 5 avril 1942, Bisel perd à domicile face à Seppois, (3-4), mais gagne le 12 avril contre Durmenach (3-2).

Scènes de déplacements en 1942

Le 19 avril 1942, le match à Retzwiller est perdu (1-7), contre une forte équipe de Retzwiller dans laquelle figurent les Grein, Durain, Barbe, Schnebelen et le populaire Catarino Caoudoro, plus connu sous le nom de « Gockel ». Pour ce match, le départ vers Retzwiller est donné à Bisel, sous la

Le FC Bisel en 1942 lors d'un match à Hirtzbach

Le laissez-passer de Joseph Schwartzengruber en 1942, document lui permettant de se rendre sans inquiétude aux matches et aux entraînements

De la main-mise de l'occupant allemand

Le document reproduit ici est inédit et a valeur de témoignage. Il s'agit d'une autorisation de mutation qui démontre bien les méthodes, ainsi que la mainmise de l'occupant nazi sur le sport en général et le football en particulier (voir l'apposition des différents tampons sur le document). Celui-ci est signé par le président d'alors du FC Bisel, Justin Mattler, ainsi que par le président du FC Grentzingen, Marcel Grimler. En voici l'explication. Le joueur Joseph Schwartzentruber, alors domicilié à Hirsingue, rejoint le FC Bisel dès sa création en 1941. Durant cette année 1941 et une partie de l'année 1942, le FC Bisel ne dispute que des matches amicaux. Ce n'est qu'en août 1942 que le club est admis à disputer le championnat. Le FC Bisel évolue alors dans un groupe composé de Montreux-Vieux, Retzwiller, Dannemarie, Friesen, Seppois, Pfetterhouse, Durmenach, Grentzingen et Hirtzbach. Le 11 octobre 1942, le club dispute son dernier match contre Montreux-Vieux sur le terrain de Bisel. Par la suite, le club est déclaré en non-activité en raison de l'incorporation de force, voire de l'évasion de certains joueurs. De ce fait, Joseph Schwartzentruber demande, et obtient sa mutation au FC Grentzingen en date du 2 novembre 1942. Il évolue dans son nouveau club pendant une période très courte, puisqu'en février 1943, il s'évade en Suisse, faisant partie de la fameuse « Espenkolonne », évasion qui fait beaucoup de bruit à l'époque. Dès la reprise des activités du FC Bisel à la fin de la guerre, il rejoint son club d'origine. (Témoignage de Léon Specklin, ancien joueur du FC Bisel)

pluie. Le trajet s'effectue par Seppois, à bicyclette, toujours sous la pluie. A Retzwiller, c'est évidemment sous la pluie que le match se joue. François Welmelinger, dans un choc avec le centre-avant adverse Grein, y laisse quelques dents, ce qui ne l'empêche pas de… pédaler pour le trajet du retour, et toujours sous la pluie ! L'équipe de cette époque se compose de la façon suivante : Antoine Wira, Joseph Wittmann, Armand Berger, René Wittmann, Charles Zeyer, Marcel Banholzer et Robert-Georges Burtschy, Marcel Gigos, Léon Specklin, Joseph Schwartzentruber, Robert Manne. Par la suite, en 1943, l'incorporation de force des jeunes dans l'Arbeitsdienst et la Wehrmacht met fin à toute activité.

Vice-champion du Haut-Rhin

Après les hostilités, il faut recommencer à zéro. Plus de terrain, plus d'équipements, plus de matériel, de nombreux joueurs non rentrés. C'est à désespérer. Pourtant, une poignée de fidèles, groupés derrière leur président Joseph Meister, se remet au travail et réussit en peu de temps à remonter le courant puisque, dès la saison 1946-1947, l'équipe première peut participer au championnat de la division III. Cette équipe ne cesse de se distinguer. En effet, après avoir joué longtemps les premiers rôles dans cette division, elle conquiert, au terme de la saison 1957-1958, le titre de vice-champion du Haut-Rhin de la division III.

Ce brillant résultat lui vaut l'accession en division II. Les joueurs de cette époque sont : Antoine Hoffstetter, Joseph Stierlin, Paul Berger, Raymond Wira, Antoine Macker, Georges Burtschy, Fernand Burtschy, François Berger, Roger Wira, Antoine Burtschy, Jean-Pierre Stierlin. Les années suivantes, le FC Bisel connaît des fortunes diverses. Les bonnes performances sont devenues plus rares, si bien que l'équipe retourne en division III à la fin de la saison 1961-1962, puis en division IV au terme d'une catastrophique saison 1967-1968, ponctuée de 19 défaites et trois petites victoires…

La vie est un long fleuve tranquille…

L'équipe fanion va rester au sein de la division IV durant plusieurs saisons, frôlant même parfois le fond du classement. Une embellie quand même, lors de la saison 1973-1974, quand elle termine à la deuxième place, mais à 9 points derrière Leymen, intouchable. A la fin de la saison 1975-1976, bien que quatrième de son groupe, l'équipe monte en division III. L'aventure ne dure qu'une saison et, bonne dernière, l'équipe replonge en division IV, avec une seule victoire et trois nuls au compteur. Le club va rester en division IV jusqu'en 1984-1985, puis en division III après modification des championnats par la LAFA. Il monte sportivement en division II en 1994, mais doit se résigner à redescendre en division III en 1999. Suite au changement de président au cours de la saison 1999-2000 et à l'arrivée d'un nouvel entraîneur Célestin Ribeiro, l'équipe fanion remonte en division II à la fin de la saison 2000-2001. Il s'agit de la 4e montée en division II en 60 ans d'existence. Le club compte aujourd'hui 80 licenciés, répartis dans 2 équipes seniors, 1 de 17 ans, 2 de benjamins, 1 de débutants. Les autres joueurs des autres catégories d'âge jouent en entente avec les autres clubs des alentours sous la dénomination « Entente de la Vallée de la Largue » (EVL).

• BIBLIOGRAPHIE :
— Merci à Christophe Charpentier.

Le FC Bisel 17 ans de l'an 2000, vice-champion d'Alsace
Debout de gauche à droite : François Flota (vice-président), Eric Ditlin, Cédric Flota, Mickaël Kaehlin, Mickaël Narris, Yazid Kelish, Guillaume Guissinger, Sébastien Berger, Jean-Marie Koch. Accroupis de gauche à droite : Jérôme Muller, Julien Marchal, Laurent Narris, Jérémie Lemahien, Cédric Schmitt, Romain Chenah, Florent Chenah.

Les présidents

Justin Mattler (1941-1942)
Joseph Meister (1945-1974)
Robert Manné (1974-1989)
Louis Schweitzer (1989-1997)
Pascal Garcia (1997-1999)
Christophe Charpentier (1999 à nos jours)

Le comité de l'an 2000

Bernard Enderlin (président d'honneur)
Christophe Charpentier (président)
Jean-Jacques Brand (vice-président)
François Flota (vice-président)
Olivier Wira (trésorier)
Héléna Schweitzer (secrétaire)
David Wira, Jean-Marie Koch
Jean-Paul Schweitzer
André Ueberschlag, Alexandre Witt
Frédéric Meister, Jérôme Meister
Myriam Boulebda, Vesna Makocevic
Jean-Michel Narris, Pierre Wira

Le FC Bisel de l'an 2000
Debout de gauche à droite : François Flota (vice-président), Christophe Charpentier (président), Alexis Lott, Cédric Loth, Romain Chenah, Olivier Wira, Philippe Schweitzer, Pascal Federspiel, Célestin Ribeiro (entraîneur), Jean-Michel Narris (dirigeant). Accroupis de gauche à droite : Bernard Enderlin (président d'honneur), Emmanuel Meister, Daniel Romanio, David Wira, Sébastien Berger, Mickaël Narris, Guillaume Guissinger, Julien Brungard.

1941
Union Sportive Dahlunden ★ 67

Dahlunden

L'US Dahlunden EN 1940
1ère rangée debout de gauche à droite :
Alphonse Boehler, Albert Ibach,
Marcel Schnoering, Albert Weinmann,
Roger Schmalz.
2e rangée penché de gauche à droite :
Léon Vitzikam, Alfred Gabel,
Alfred Schlosser.
Accroupis de gauche à droite :
Charles Wolff, Edouard Schlosser,
René Bildstein.

Les présidents
Martin Schneider
(1941-1953)
Georges Schrenk
(1953-1957)
Charles Klein (1957-1962)
Rewin Rosch (1964-1965)
Raymond Himmel
(1965-1970)
Charles Erlenmeyer
(1970-1976)
Alfred Staebler (1976-1982)
Alfred Martin (1982-1997)
Claude Timmel
(1997 à ce jour)

**L'US Dahlunden 1955-1956,
championne de groupe de division IV**
Debout de gauche à droite :
Robert Volkmann (délégué),
Charles Hubert, Alfred Martin, Dino Rossi,
Lucien Lang, Lucien Hubert,
Bernard Kerhèse, Charles Klein (délégué).
Accroupis de gauche à droite :
Michel Walter, Robert Mochel,
Etienne Wagner, Alfred Staebler,
Albert Klein.

L'école de la vie

Grâce à l'esprit pionnier de quelques mordus qui, fin 1940, prennent l'initiative de mettre sur pied une équipe de football et d'imiter ainsi les clubs des environs, l'US Dahlunden voit le jour. A partir de ce moment, il ne reste plus qu'à créer des structures solides. C'est chose faite lors de l'assemblée constituante qui se déroule au restaurant « A la Couronne » le 4 janvier 1941. Le premier comité est opérationnel. Il est composé des membres suivants : Martin Schneider, Charles Klein (tailleur), Albert Ibach, Arthur Schwab, Victor Deiber (fils), Marcel Schnoering, René Bildstein, Emile Werlé, Emile Klein, Alphonse Koehler, Charles Klein, Albert Wagner, Henri Mochel, Georges Klein, Robert Wolff, Alfred Martz.

De 1941 à 1945, avec un arrêt partiel au plus fort de cette triste époque, l'équipe dispute des parties amicales et des tournois contre des formations similaires des villages avoisinants.

Durant ces années sombres, l'US Dahlunden n'est pas épargnée et fait le lourd apprentissage de l'école de la vie. Dans cette douloureuse période, elle perd plusieurs de ses membres, morts au champ d'honneur pour une cause qui n'est pas la leur : Edouard Schlosser, Alphonse Koehler, Fritz et Walter Volckmann, Albert Wagner, Robert Wolff, Pierre Dieber, Marcel Schnoering, Alfred Schlosser et Alfred Martz.

En compétition dès 1946

Dès la libération, le club reprend ses activités. Le 4 mai 1946, lors de l'assemblée générale, un nouveau comité de douze membres est constitué. Martin Schneider est élu président. Le club est inscrit au registre des associations du Tribunal cantonal de Bischwiller, le 13 septembre 1946.

En 1946, le club s'engage en compétition officielle. Il évolue au dernier échelon de la hiérarchie départementale (division IV) jusqu'en 1956, année où il enlève le titre de champion du Bas-Rhin à Gambsheim face à Innenheim (3-0), après avoir écarté auparavant Betschorf (5-3) et Oberbronn (8-3). En finale régionale, il est battu par Reiningue (1-3) à Ribeauvillé. Par la suite, il évolue 5 années en division III.

Après sa relégation en 1961, il réussit la remontée en 1963. Mais une nouvelle fois, il ne sait se maintenir et retrouve la dernière série en 1965 pour la quitter dès l'année suivante.

De 1966 à 1974, il reste en division III avec des fortunes diverses. A la fin de la saison 1972-1973, le team fanion accède en division III. En poule de classement, il s'incline contre Offendorf (0-2) et face à Bouxwiller (1-2) avant de s'infliger un sévère 7 à 0 à Altenstadt.

Sociétaire de la division II durant cette décade, il éprouve quelques difficultés à se maintenir pendant les premières années. Mais dès la saison 1978-1979, l'équipe trouve une certaine stabilité, ce qui lui permet de gravir progressivement une place au classement chaque année pour enlever finalement le titre du groupe 4 en 1983. Au cours de cette décennie, elle se distingue maintes fois en coupe d'Alsace. C'est notamment le cas en 1979 et 1980 où elle accède chaque fois au stade des seizièmes de finale. Le FCO Neudorf, futur champion d'Alsace de la division d'Honneur et les amateurs du RC Strasbourg (CF 3) sont à chaque fois l'obstacle insurmontable en s'imposant respectivement par 2-0 et 4-0.

Un parcours exemplaire

Après l'accession en 1983 à l'échelon supérieur, et en dépit du départ de joueurs chevronnés, l'équipe fait un parcours exemplaire. Le mano à mano qu'elle livre à distance avec Drusenheim et Roeschwoog est des plus passionnant. Elle reste en course pour la montée en Promotion d'Honneur jusqu'à la dernière journée de championnat, mais est malheureusement coiffée sur le fil par Drusenheim.

Qui ne se souvient pas de ces deux rencontres mémorables qui ont attiré à chaque fois une assistance record ? Cette année-là, l'USD réalise également une belle prestation en coupe du Crédit Mutuel où, avant de s'incliner devant le FC Bischwiller (0-2) en demi-finale à Rohrwiller, elle sort l'AS Gundershoffen le tenant de ce trophée, en huitième de finale par 3-2. La saison suivante, l'équipe connaît une certaine décompression, mais termine néanmoins à la 4e place.

A la suite de la nouvelle pyramide du football, établie par les instances de la LAFA, le club débute l'exercice 1985-1986 dans le groupe 2 de la Promotion. A la fin de la saison elle enlève le titre de champion du groupe et accède en Promotion d'Excellence pour la première fois depuis la création de son club. Malheureusement, elle ne sait s'y maintenir que durant deux saisons.

Après le départ massif de joueurs, l'USD connaît une période noire et rétrograde successivement jusqu'en deuxième série départementale où sous l'égide de l'entraîneur joueur Richard Mosser elle vit en tête du groupe en 1991 et s'assure le titre de champion du Bas-Rhin aux dépens de Sarre-Union (4-1), Dossenheim (3-1) et Wingersheim (2-0) mais échoue, face à l'USI Rosso Neri Guebwiller pour le titre de champion d'Alsace.

Continuant sur sa lancée, l'équipe enlève la saison suivante le titre de champion de groupe division I et est battue pour le titre départemental par Musau-Strasbourg (0-3) après avoir écarté auparavant Vendenheim et Haguenau sur un score identique de 3 à 2.

Après deux saisons passées en Promotion, l'équipe retrouve l'élite départementale en 1994. Cette accession n'est acquise qu'après deux rencontres de barrage, face à Avenir (2-1) et Lampertheim (2-1) et actuellement évolue toujours à ce niveau.

A bout de bras

De 1986 à 1996, l'USD connaît également de fortes émotions dans les épreuves de coupe. C'est ainsi qu'elle s'incline en 1986 en demi-finale de la coupe du Crédit Mutuel contre Schirrhein à Rohrwiller (1-2) et échoue en finale de la même épreuve en 1988 face à Gundershoffen à Drusenheim (1-3).

En coupe d'Alsace elle se distingue plus particulièrement durant la saison 1991-1992 où le FR Haguenau (CF) met un terme à ses espoirs en seizième de finale (1-4) alors qu'en 1994, Vauban Strasbourg (DH) en huitième de finale lui barre la route pour la poursuite de l'épreuve, après un match épique (0-2 après prolongation). A l'issue de la saison 1996-1997, l'USD descend en Promotion pour deux ans, et suite à l'exode massif des joueurs, rétrograde en D I pour la saison 1999-2000 qui a bien failli être le dernier. Soutenu par un noyau de joueurs et quelques sympathisants, le comité décide malgré tout de poursuivre l'aventure en division III, en attendant des jours meilleurs sur le plan sportif.

• BIBLIOGRAPHIE :
– Plaquette des 55e et 60e anniversaire.

L'US Dahlunden 1978-1979
Debout de gauche à droite : Alfred Martin (vice-président), Karl Kraemer, Gilbert Gabel, Rémy Rosch, Jean-Paul Deiber, Patrick Berling, Bernard Straub, Francis Friedmann, Jeannot Poulicieux (entraîneur), Alfred Staebler (président).
Accroupis de gauche à droite : François Zimmermann, Arno Klein, Jacky Huber, René Zwinger, Patrick Voelckel.

L'US Dahlunden 1982-1983, championne de groupe de division II
Debout de gauche à droite : Alfred Staebler (délégué), Arsène Klein, René Zwinger, Jacques Klein, Francis Friedmann, Bruno Klein, Rémy Rosch, Patrick Berling, Joseph Martin (entraîneur), Alfred Martin.
Accroupis de gauche à droite : Rémy Deiber, Michel Heinrich, Bernard Straub, François Zimmermann, Hubert Voelckel, Patrick Voelckel.

Le comité de l'an 2000

Claude TImmel (président)
Raymond Himmel (président d'honneur)
Gilbert Kaiser (arbitre bénévole)
Freddy Martin (trésorier)
Alfred Martin (président d'honneur)
Alfred Staebler, Hervé Martin
Marc Mosser, Horst Haas
Henri Sorci, Gilbert Gabel
Rémy Rosch, Jacky Knoepfel
Laurent Mockers, Alain Histel
Daniel Visir

L'US Dahlunden saison 1994-1995
Debout de gauche à droite : Alfred Martin (président), Nicholas Kormann (sponsor), Jacky Wagner, Salim Nedjai, Alain Hamm, Thierry Hurlé, François Kiecher, José Brézillon, Marc Mosser (délégué), Roland Muller (entraîneur).
Accroupis de gauche à droite : Eric Merkel, Olivier Meckes, Jean-Marc Staebler, Michel Wagner, Christian Keller, Alfredo Verzella, Thierry Noth. Manquent sur la photo : Michel Keller, Hubert Keller.

L'US Dahlunden, saison 2000-2001
Debout de gauche à droite :
Alain Histel, Arnaud Vix, Jean-Yves Gabel, Yvan Gabel, Benoît Mockers, Stéphane Larpent, Michel Beltramelli.
Accroupis de gauche à droite :
Reda Bachamhar, Richard Buchmann, Pierre Straub, Thierry Brestenbach, Mete Ahlat, Geoffrey Leonhard.

1941
Sports Réunis Furdenheim ★ 67
Furdenheim

Les SR Furdenheim 1941, première équipe en championnat
Debout de gauche à droite : C. Lambs, M. Brumpter, M. Holweg, J. Diemer, L. Feig, L. Letz.
Accroupis de gauche à droite : E. Muller, C. Kohler, Adolf, Ch. Kopf, J. Kohler.

Les SR Furdenheim 1970-1971
Debout de gauche à droite : A. Herrmann, E. Barth, J.-M. Brumper, J.-M. Michel, J. Fath, E. Stahl, G. Schmalbach.
Accroupis de gauche à droite : R. Schott, J. Arlen, G. Gruber, P. Hopp, R. Will, A. Fath.

Des hauts et des bas, mais toujours la foi

Le club des « Sports Réunis Furdenheim » est créé officiellement en 1941, par une équipe dont les membres fondateurs se nomment : Thiébaut Noeppel (président), Charles Letz, Robert Letz, Jean Bronnert, Robert Kah, Charles Michel, Charles Muller, Charles Koehler et Jacques Rosch. Une équipe senior n'est engagée en compétition officielle qu'après une saison d'activité. Elle se trouve bien vite de stopper net son action, la guerre décimant tout l'effectif. Ce n'est qu'à la Libération que, sous l'impulsion de Michel Brumpter, Michel Fay et Robert Letz, le club reprend son activité.

Montée en Division III

Une année après la reprise en 1946-1947, l'équipe réussit la montée en division III. Mais hélas, la saison suivante elle rétrograde de nouveau en division inférieure. Malgré les efforts déployés par les joueurs et les dirigeants, les années passent sans pouvoir atteindre le but fixé : la remontée en division III. Il faut patienter jusqu'à la saison 1954-1955 pour y accéder à nouveau.

Mais cette fois encore, les SR Furdenheim sont condamnés à la relégation la saison suivante. Le club traverse alors une période mouvementée et très instable. Les présidents se succèdent. Le club entame une longue traversée du désert. Rien n'y fait, il est impossible de remonter d'un cran.

Paul Gauer, Michel Bronnert, Michel Wahler, Charles Michel, André Hopp, Emile Barthel, Pierre Muller, Jacques Merckel, Valentin Kopf, Charles Lambs, Henri Bauer, Charles Stuber, Jacques Barth, Paul Spitzer, Alfred Stuber, Georges Lindenmeyer, Jacques Bauer, Raymond Will, Charles Reyss, René Bruckmann, Alfred Lantz, Alfred Barth, Frédéric Anstett, Paul Hopp, Albert Walter et Albert Geng, tous membres du comité œuvrent de leur mieux pour faire bouger le club.

Will reprend du service

En 1970, Raymond Will reprend du service à la tête de l'association. Sous son impulsion, on se remet au travail. En priorité, il faut donner plus de stabilité au comité, par conséquent, changer de structures, créer des équipes de jeunes. Il faut aussi trouver de nouvelles sources de revenus et fixer des objectifs à atteindre dans les prochaines années. Le club est préoccupé par deux impératifs, à savoir, la montée en division III, voire mieux et la construction d'un nouveau club-house. Soutenu par un comité plus réaliste et plus homogène, les premiers résultats enregistrés sont prometteurs. Les équipes de jeunes se classent très honorablement dès leurs premières années de compétition. Quant à l'équipe fanion, sous la direction du joueur-entraîneur Michel Stuber, elle réussit à retrouver la division III dès la saison 1970-1971.

Après quelques années de fructueux travail lors de la saison 1974-

Les SR Furdenheim II 1982-1983, accession en division II
Debout de gauche à droite : J. Fath, B. Anstett, J. Le Dem, C. Faller, R. Ildiss, P. Lamp, Th. Schmitt, E. Simon, Wasser. Accroupis de gauche à droite : Y. Bangratz, Ch. Wasser, F. Fournaise, D. Vierling, B. Merkel, R. Tromperter, J. North.

1975, l'équipe juniors se classe première de son groupe sans avoir connu de défaite, tandis que les minimes et leur entraîneur Albert Geng, terminent dans le trio de tête.

La saison 1975-1976 s'annonce donc sous les meilleurs auspices, du moins en ce qui concerne les jeunes. En revanche, carton rouge pour l'équipe fanion, en raison de mauvais résultats et du comportement antisportif de certains des joueurs, elle ne peut reprendre la compétition pour la nouvelle saison. Elle est dissoute et remplacée par les vaillants juniors qui, malheureusement, doivent débuter en division IV. Malgré le handicap de leur jeune âge et de leur inexpérience, ils se défendent honorablement en terminant à la 5e place de leur groupe. Vivement encouragés par ce résultat et par leur entraîneur, Raymond Will, ils se mettent à l'ouvrage et réussissent la montée en division III à la fin de la saison 1976-1977.

Durant cette même période, Michel Frunfrock et ses cadets sont récompensés de leurs efforts par un titre de champion de leur groupe, tandis que l'équipe de football à 7 termine elle aussi à une place très honorable. Par la suite, l'équipe fanion connaît des hauts et des bas et à deux reprises elle manque la montée en division II.

Confiance retrouvée

La saison 1981-1982, avec la venue de Charles Schaeffer comme joueur-entraîneur redonne de nouveau confiance et plus de stabilité aux joueurs qui obtiennent la montée, certes de justesse, en division II. Fait sans précédent dans l'histoire du club. Pour la saison passée, l'objectif du maintien est atteint. Mais un événement particulièrement réjouissant reste à signaler. L'équipe réserve qui, depuis des décennies, traîne toujours la patte, se réveille brusquement et termine la saison 1982-1983 leader de son groupe et sans avoir connu la défaite. Un fait unique dans les annales du club.

Les grands artisans de cette réussite sont Jacques Fath et son adjoint Robert Wasser. En 1983, Charles Anstett est élu à la présidence du club et va y rester près de 14 ans. Grâce à son dynamisme, il crée une école de football avec l'aide de Pierre Walter, un ancien de Mutzig et du FCK. C'est la première fois depuis des années que les SRF comptent à nouveau des équipes de jeunes (poussins, pupilles et minimes). Dans cette tâche de formation, il se fait aider de Christian Metzger, actuel entraîneur des seniors.

Sacré sacre pour la II !

Durant sa présidence, Charles Anstett dote également le club d'un terrain annexe, ainsi que d'un éclairage sur le terrain d'honneur. En 1989, l'équipe II est sacrée championne du Bas-Rhin des réserves B, en battant Mommenheim 2 à 0. Une victoire qui lui permet d'accéder en réserve A, l'élite de la catégorie « réserves ». Dans la même année, l'équipe I descend en division II et il faut attendre 4 années de purgatoire pour la voir remonter en division I.

Une situation très éphémère puisque, l'année d'après, cette même équipe redescend en division II. En 1995, l'équipe II est championne d'Alsace pour la première fois en battant Riedisheim (1-0). En 1997, c'est Philippe Ohlmann qui prend la présidence du club. Dans la même année, l'équipe I remonte en division I, où elle continue d'évoluer aujourd'hui. En 2000, le club compte plus de 160 licenciés avec toutes les catégories de jeunes des débutants aux 17 ans (deux équipes), 4 équipes de seniors, dont une de vétérans, une équipe III qui évolue en pyramide A (division I). Le comité actuel est composé de 20 membres, qui apportent quotidiennement leur concours à l'organisation des matches et des manifestations diverses. Philippe Ohlmann s'est attaché à développer l'école de football en créant un comité des jeunes autour d'un président, Jean-Jacques Barth. Il lance plusieurs entraîneurs pour encadrer les 15 ans et les 17 ans.

Au niveau des travaux, sont programmés : l'éclairage du terrain annexe, entièrement réalisé par le club, la réfection du terrain d'honneur avec l'achat d'une nouvelle tondeuse, l'achat d'équipements sportifs et l'agrandissement du club-house (2 vestiaires supplémentaires et un hangar de stockage) prévu en 2001. C'est en juin 2001 que le club fête ses 60 années d'existence, un anniversaire suffisamment rare pour ne pas l'oublier.

• BIBLIOGRAPHIE :
– Textes et photos remis par Philippe Ohlmann.

Les SR Furdenheim II 1994-1995, champions d'Alsace
Debout de gauche à droite : P. Ohlmann (dirigeant), T. Herbhe, A. Mazzouse, C. Forner, P. Metzger, C. Kuhn, J.-M. Fix, N. Hamm, N. Keller, D. Clauss. Accroupis de gauche à droite : Michel (dirigeant), C. Metzger, D. Longo, G. Michel, C. Hermann, D. Weber, V. Diebolt.

Les présidents

Thiebaut Noeppel (1941-1942)
Michel Brumpter (1945-1947)
Michel Fay (1947-1950)
Charles Muller (1950-1951)
Constant Prerez (1951-1952)
Gilbert Grosskost (1952-1953)
Charles Kopf
Charles Jacob
Robert Kah
Charles Kohler
Geoffroy Wahl
Raymond Will (1959-1965)
Michel Walter (1965-1966)
René Bruckmann (1966-1967)
Charles Reiss (1967-1970)
Raymond Will (1970-1982)
Albert Geng (1982-1983)
Charles Anstett (1983-1997)
Philippe Ohlmann (1997 à ce jour)

Le comité de l'an 2000
Debout de gauche à droite : Guy Barth, Philippe Ohlmann (président), Jean-Louis Georges (secrétaire), Bernard Merkel, Christine Ohlmann, Remy Bangratz, Sandra Herrmann, Claude Kuhn, Jacky Dehner, Pierre Roth, François Fournaise, Philippe Gasser (trésorier), Christelle Georges, Yannick, Cathie Georges, Annelise Barth, Alfred Zentz, Christian Metzger (entraîneur), Jean-Jacques Barth, Michel Geist (vice-président), Pia Geist. Accroupis de gauche à droite : Norbert Hamm, Annelise Flick.

Les SR Furdenheim de l'an 2000
Debout de gauche à droite : Philippe Ohlmann (président), Gérard Diebolt (sponsor), Christian Metzger, Rodrigues Virapa, Sébastien Scheyder, Stéphane Heim, Joël Barth, Christophe Merkel, Arnaud Dannenberger, Laurent Sauvat, Cédric Wolff, Jean-Louis Georges (secrétaire). Accroupis de gauche à droite : Nicolas Forthoffer, Michael Ravel, Rémy Klein (capitaine), Fabrice Ruppel, Denis Weber, Marc Weber, Alban Knoechel, Thierry Grammer.

Football Club Grentzingen ★ 68

1941 Grentzingen

Le FC Grentzingen 1941-1942

Une licence de joueur en 1941

Le FC Grentzingen en 1944-1945
Debout de gauche à droite : Eugène Imbach, Joseph Litzler, Muller, Antoine Emmelin, André Klein, Raymond Petit-Richard, Fernand Litzler, Alfred Brand.
Accroupis de gauche à droite : Joseph Noël, Pierre Betzler, François Schmitt, Marcel Grimler.

Le FC Grentzingen en 1942-1943

Amitié et fraternité

Le FC Grentzingen est fondé en 1941, sous l'occupation allemande. Les pionniers de ce club sont originaires de petits villages de la vallée de l'Ill, notamment de Grentzingen, Oberdorf, Henflingen et Bettendorf. C'est d'ailleurs pour ces raisons que l'on associe depuis quelques années, Oberdorf et Henflingen au nom du club.

Les anciens soulignent l'esprit de camaraderie, voire de fraternité, qui les unissent. Le fait que le club ait été créé durant la guerre y est certainement pour beaucoup, car ce besoin de résistance à l'occupant entraîne des liens très forts.

Outre les diverses incorporations de force, le club paye son tribut. Il perd entre-autres son gardien de but de talent, René Schmitt, et un demi exceptionnel, Charles Munck. C'est en leur souvenir que l'on baptise le stade du nom de « René Charles », lors du 50e anniversaire du club en 1991.

Jusqu'en 1976, après chaque match à domicile, tous les joueurs se rendent rapidement à Oberdorf, au restaurant Scherrer, pour pouvoir bénéficier d'un peu d'eau chaude contenue dans une bassine mise à disposition par le propriétaire. Avec l'accession en division II en fin de saison 1975-1976, le club doit se donner des infrastructures dignes de ses résultats sportifs.

Sous la houlette du président Gabriel, on améliore l'éclairage et on entreprend la construction du club-house actuel. Le financement de cette opération étant à l'entière charge du club, il faut faire un emprunt cautionné par les membres du comité. Pour la saison 1977-1978, les joueurs ont enfin leurs vestiaires au stade. Le fait d'entreprendre ensemble divers travaux permet au groupe de se resserrer, et les résultats sportifs s'enchaînent.

C'est ainsi qu'en 1979-1980, Robert Litzler, le coach de l'époque, amène son équipe en division I, et la saison suivante, remporte le finale de la coupe du Crédit Mutuel face au FC Folgensbourg. Suivent alors un nombre de bonnes ou moins bonnes saisons, et il faut attendre l'année 2000 pour retrouver un groupe très solide, dirigé par Stéphane Brand.

Le FC Grentzingezn-Oberdorf-Henflingen retrouve la division I. Comme l'a souhaité l'actuel président Marc Guinoiseaux, joueur très talentueux, c'est le réveil des « Diables Rouges ».

Une politique des jeunes exemplaire

Le FC Grentzingen-Oberdorf-Henflingen privilégie depuis des années une politique de jeunes, et les résultats confirment ce bon choix.

Parole est donnée au président qui résume la volonté de l'équipe dirigeante :

« L'histoire des jeunes footballeurs du club ressemble à toute celle des autres petits de villages ; Le FCGOH existe depuis 60 ans. Dans le temps, les jeunes progressaient de poussins à seniors au sein du même club, mais depuis dix, voire quinze ans, il y a un manque de jeunes, de formateurs, de dirigeants et de bénévoles. Dès lors sont nées les ententes, réunissant au moins quatre clubs, afin de pouvoir subvenir en effectif à chaque catégorie. Mais pour en revenir au FCGOH voilà dix ans qu'il se trouve, volontairement et géographiquement, au milieu de trois ententes : celle du Haut-Sundgau, celle de l'Ill et celle de la Largue.

En leurs corps et âmes, les présidents et membres des différents comités ont donné pleins pouvoirs à des bénévoles pour des projets de longue durée. Un entraîneur diplômé est engagé afin d'assurer la réussite d'une continuité. A ce jour, le résultat est total. Il y a des années malheureusement, les meilleurs jeunes partent, car le club ne peut les faire évoluer dans les catégories supérieures, par manque d'effectifs.

La saison 1990-1991 voit la formation d'une équipe des merveilleux « poussins », invincibles durant deux années. En catégorie « benjamins », leurs résultats sont toujours aussi satisfaisants, et sans surprise, ils sont sacrés champions.

Décision est prise d'encore mieux encadrer cette génération exceptionnelle, et si possible, la renforcer. Et voilà que depuis 1996, tous ces jeunes restent au sein du club. En 1997, en -13 ans B, ils décrochent à nouveau le titre et accèdent en A, où en -15 ans, leurs efforts sont couronnés par le titre de champion d'Alsace 2001.

Actuellement, le FCGOH ne dispose que de cette merveilleuse équipe de -17 ans et une de « benjamins », mais le projet de la création d'une formation de « poussins » est en pourparler. »

Quelles belles perspectives d'avenir !

• BIBLIOGRAPHIE :
– Documents et photos remis par le club.

Le FC Grentzingen -15 ans de l'an 2000, champion d'Alsace

Le FC Grentzingen de l'an 2000, accession en division I

Les présidents

Charles Schmitt
Marcel Grimler
Joseph Litzler
François Schmitt
Martin Hell
Philibert Schmitt
Charles Bisel
Paul Litzer
Joseph Weigel
Martin Mecker
Clément Gabriel
Gérard Eggenspieler
Jules Schill
Philippe Heinis
Florent Schmitt
Marc Guinoiseaux

1941
Association Sportive Lembach ★ 67

Lembach

Sur les rives de la Sauer

Bien avant la création du club, des jeunes s'entraînent et jouent régulièrement sur un pré du « Scheber ». Ce n'est qu'en 1941, en pleine guerre, que quelques mordus, sous l'impulsion d'Alfred Klein, décident de fonder l'Association Sportive de Lembach. C'est en 1946 que le club s'affilie officiellement à la Fédération Française de Football. Le premier comité directeur se compose de Frédéric Hetzel (président), Georges Bierling (vice-président), Alfred Klein (secrétaire), M. Eiser (trésorier).

Une équipe de copains jouant au foot avant 1941
Debout de gauche à droite : Fritz Bintz (arbitre), Albert Meyer, Joseph Filser, Emile Brechenmacher, Alfred Wengert, Charles Schlosser. Penchés de gauche à droite : Albert Neusch, Georges Bauer, Emile Kindelberger. Accroupis de gauche à droite : Jacques Herrmann, Charles Bauer, Ernest Filser.

L'AS Lembach en 1948 (comité et équipe I)
Debout de gauche à droite : F. Hetzel (président), F. Bernecker, G. Bierling, G. Breitenreicher, G. Muller, Weissgerber, Wagner, Kornprosst, Knoery, Bender, Goehrig, Suss, P. Breitenreicher, Erckert. Accroupis de gauche à droite : R. Hetzel, R. Brechenmacher, A. Frech.

L'AS Lembach 1996-1997
Debout de gauche à droite : R. Uhlmann, J.-M. Richert, P. Bernecker, F. Sehmer, B. Schell, J. Uhlmann, F. Brunner, J.-P. Hetzel, J.-C. Krebs. Accroupis de gauche à droite : B. Brunner, Ch. Klein, E. Moritz, S. Beill, M. Martin, J. Dietz, J. Vogel.

L'AS Lembach de l'an 2000
Debout de gauche à droite : P. Richert (soigneur), B. Schell (entraîneur), A. Richert, E. Moritz, M. Walter, S. Tinnes, A. Dolce, B. Brunner, F. Fischer, J.-C. Krebs (président). Accroupis de gauche à droite : J. Jost, M. Besson, T. Mutschler, O. Fischer, C. Klein, P. Bernecker.

Le club joue en division III du Bas-Rhin en 1945-1946 mais, encore affaibli par la guerre, ne peut se maintenir. On le retrouve en division IV en 1946-1947 puis, au terme de la saison 1947-1948, il remonte en division III, puis en division II en 1955. L'accession à la division I est manquée de justesse deux saisons consécutives. En 1956, c'est Schweighouse qui remporte la palme, et en 1957, c'est Hochfelden. Le dernier match ASL-Hochfelden (2-2) donne lieu à un match de barrage qu'Hochfelden remporte 2-0 à Schweighouse, devant 2 000 spectateurs. La troisième saison est bonne. En 1957-1958, la montée en division I est acquise, avec en prime, le titre de champion d'Alsace de division II, remporté à Lingolsheim devant l'UM Colmar (5-2). Le président d'alors est Fernand Bernecker. Quatre saisons plus tard, l'ASL accède en Promotion d'Honneur et décroche le titre de champion d'Alsace de la division I à Barr, contre le FC Ensisheim, sur le score de 3 buts à 1. Puis, le club connaît les affres de la descente trois saisons consécutives.

Troisième titre de champion d'Alsace

Après six saisons de purgatoire, l'ASL remonte en division II en 1968, et remporte son troisième titre de champion d'Alsace de division III, cette foisci à Lampertheim, en disposant de Munchhouse (5-2). De 1969 à 1993, l'équipe I navigue entre la division II et III. Durant cette période, trois présidents se succèdent, Jacques Klein de 1967 à 1977, Robert Vogel de 1977 à 1989 et Joseph Jost de 1989 à 1996.

De 1993 à 1994, après plusieurs saisons en division III, elle obtient la montée en division II. Trois ans plus tard, sous la présidence de Jean-Charles Krebs, l'Association Sportive de Lembach retrouve enfin un niveau digne de son rang, en montant en division I, dans laquelle, elle évolue encore actuellement. L'équipe II est vice-championne du Bas-Rhin en 1998 et en 1999, c'est au tour des moins de treize ans d'être champions départementaux.

• **BIBLIOGRAPHIE :**
– Plaquette du 60e annniversaire.

Les présidents

Frédéric Hetzel (1941-1946)
Joseph Heichelbecht (1946-1947)
Frédéric Hetzel (1947-1957)
Fernand Bernecker (1957-1967)
Jacques Klein (1967-1977)
Robert Vogel (1977-1989)
Joseph Jost (1989-1996)
Jean-Charles Krebs (1996 à nos jours)

Le comité de l'an 2000

Jean-Charles Krebs (président)
Robert Ullmann (vice-président)
Jean-Christophe Rochelle (trésorier)
Michel Walter (secrétaire)
Hubert Lagas (président des jeunes)
Joseph Jost, Jürgent Ruf, Charles Schneider
Emile Durrheimer, Jean-Paul Guthertz
Sylvain Jost, Claude Meier, Robert Werly
Christian Westermeyer, René Brunner
Fabien Keller, Arnaud Richert, Jean-Marc Richert
Roland Steiner, Jean-Pierre Trappler, Marcel Canny

Football Club Loechlé ★ 67

Loechlé

Mickey, la mascotte

C'est la famille Bach (René, Joseph, Léon et Benjamin) qui, associée à Roudolf Beck et Emile Ull, fonde le Football Club Loechlé en 1941. Le premier président se nomme Arthur Riegert. Il est assisté d'Antoine Schorch (vice-président), de Benjamin Bach (secrétaire). Le siège du club est le restaurant Au Tilleul. On y tient réunion, on s'y déshabille, on s'y lave et on y passe les troisièmes mi-temps. Les maillots sont rouges et on porte fièrement l'emblème du club, un Mickey.

On commence par disputer des tournois, qui constituent de vraies journées festives avec fanfare municipale et ambiance assurée. Les adversaires sont proches, comme le voisin de Kembs, Saint-Louis Neuweg, Rosenau ou encore Blotzheim. Les déplacements se font invariablement à bicyclette.

A la Libération, la commune dote le club d'une baraque qui lui sert de vestiaire. Le club s'engage en championnat 1945-1946 et se trouve en division III, dans un groupe constitué de Habsheim (champion), Blotzheim, Bourgfelden, Loechlé (4e), Koetzingen, Hagenthal-le-Bas et Folgensbourg. En 1948-1949, le club est dernier et relégable. Bien qu'il soit repêché, ce mauvais résultat provoque le départ du président Riegert, qui est remplacé par Edouard Bingler, assisté de son vice-président René Bach. Mais la descente finit par arriver à la fin de la saison 1953-1954. Le club est en division IV. Le club est en division III en 1956-1957, mais cette promotion est due à la suppression de la division IV, en raison des nombreux forfaits dus à la guerre d'Algérie.

Troisième en 1956-1957, le club accède pour la première fois à la division II. La saison 1961-1962 replonge le club en division III, mais il remonte dès la saison suivante, en compagnie de Bourgfelden. C'est à cette époque que débutent les travaux du premier ensemble vestiaires-douches et club-house. Nicolas Zarra, vice-président, sera précieux aux côtés du président Lucien Hass qui a mené à bien ces travaux. Le club s'attache les services de Robert Keller (né en 1929 à Huningue), un ancien joueur professionnel du Racing Club de Strasbourg en 1954-1955, un attaquant qui n'y a disputé que 5 matches avant de rejoindre Béziers (1955-1957).

1966-1967 voit le club redescendre en division III, mais c'est en 1969-1970 qu'il s'adjuge son premier titre de champion de groupe devant Didenheim. La saison 1975-1976 est à nouveau fatale et Loechlé retourne en division III. La vie sportive est ainsi faite de hauts et de bas. C'est en 1972 que démarre la construction du club-house dont les principaux maîtres d'ouvrage sont Lucien Hass, Désiré Zimmermann et Eugène Muringer.

C'est en 1983 qu'est élu Hubert Keller, un président qui va rester à son poste pendant 10 ans. C'est lui qui fait venir les frères Bonnes à Loechlé. Il est à l'origine du renouveau du club. Le FC Loechlé est champion de groupe de division III en 1990-1991 et monte en division II. Le président Keller est aidé dans son travail par son épouse Charlotte qui occupe le poste de trésorière et par son vice-président Lucien Keller, sans oublier Isidore et Mariette Maurer. Mariette qui va être, durant de longues années, présidente de la section des jeunes.

L'équipe première rate sa saison 1992-1993 et retourne en division III. C'est alors que Lucien Keller prend en main les destinées du club, aidé par son fils Denis (secrétaire) et Jeannette Schluth (trésorière). Revenu en division III, le club va connaître la consécration à la fin de la saison 2000-2001, en devenant champion de groupe de division III puis champion du Haut-Rhin, échouant en finale régionale contre le champion du Bas-Rhin, l'AS Weinbourg. Le club est désormais en division II.

• BIBLIOGRAPHIE :
– Documents et photos fournis par le club.

Le FC Loechlé en 1941
Debout de gauche à droite : Arthur Riegert (président), Auguste Thomas, Robert Schmitt, André Schansenne, Marcel Ehrart, Robert Muller, Konrad Ull, Alphonse Metzger, Albert Keller, Fritz Muringer, Antoine Schorch, Roudolf Beck. A genoux de gauche à droite : Charles Muringer, Roger Bauer, Théo Ribstein, Fernand Allemann. Assis de gauche à droite : Alex Allemann, André Ringenbach, Lucien Keller

Le FC Loechlé en 1944
Debout de gauche à droite : Roudolf Beck, Arthur Riegert (président), Joseph Schmitt, Roudolf Gast, René Bach, Charles Klessmann, Louis Wamster, Joseph Bach, Ritzer. A genoux de gauche à droite : René Wurtlin, Emile Ull, Arthur Ull. Assis de gauche à droite : Edmond Maurer, Marcel Maurer, Léon Bach.

Les présidents
Arthur Riegert (1941-1948)
Edouard Bingler (1948-1955)
Lucien Hass (1955-1978)
Faustino Trombini (1978-1983)
Hubert Keller (1983-1993)
Lucien Keller (1993 à nos jours)

Le comité de l'an 2000
Lucien Keller (président)
Denis Keller (secrétaire)
Jeannette Schluth (trésorière)

1941
Union Sportive Schleithal ★ 67

Schleithal

L'US Schleithal 1951-1952
Debout de gauche à droite :
Jacques Pautler (président),
Joseph Moog, Pierre Moog
Joseph Kauff, Jean Bossert,
Marcel Heintz, Aloyse Klein.
Accroupis de gauche à droite :
Joseph Hemmerle, Jean Moog,
Charles Moog, Aloyse Wust, Victor Fuchs.

La lente ascension

Qui de la génération d'aujourd'hui sait …qui a eu l'idée de mettre sur pied un club de football à Schleithal, dans une ambiance familiale bon enfant ?
C'est en janvier 1941 qu'une poignée de sportifs créent une équipe de football. Surmontant les difficultés les unes après les autres, l'Union Sportive voit le jour sous la houlette de Pierre Bossert qui en est le président fondateur.

Avec les moyens du bord

Les premiers passionnés du sport le plus populaire, foulent l'herbe d'un terrain près de la Oberringgasse. Cette parcelle de terre est louée auprès de la ville de Wissembourg. Les vestiaires utilisés se trouvent aux domiciles de Pierre Bossert et Jean Moog. Hélas, l'activité sportive ne dure pas, beaucoup de joueurs sont enrôlés dans l'armée allemande en 1943.

La compétition reprend en 1946 sous l'égide de l'Avant-Garde du Rhin. Le vestiaire est transféré au « Blockhaus » puis, tour à tour, au restaurant Klein et Burck, avant d'être installé à la salle polyvalente bien plus tard. Ce sera en 1979.

En 1946-1947, l'équipe évolue en division I AGR, avec, dans le groupe II : Riedseltz (champion), Salmbach, Lauterbourg, Scheibenhardt, Oberseebach, Niederlauterbach et Weiler. En 1947-1948, l'équipe est versée dans le groupe 11 qui comprend Oberseebach, Siegen, Hatten, Lauterbourg, Salmbach, Niederroedern, Neewiller, Riedseltz et Mothern. Pour la saison 1950-1951, le club accède en division d'Honneur AGR et se retrouve dans un groupe qui comprend Saint-Jacques Dettwiller (champion d'Alsace), Hoenheim, Seltz, Saverne Rails, SR Haguenau, La Wantzenau, Leutenheim, Lixhouse, Notre-Dame Strasbourg, Jetterswiller et Souffelweyersheim.

Championne d'Alsace AGR

Le titre de champion d'Alsace AGR est conquis au terme d'une jolie saison 1952-1953. Schleithal devance Seltz, Rountzenheim, Leutenheim, Oberseebach, les SR Haguenau, Saverne, Notre-Dame Strasbourg, La Wantzenau.

Sous différents présidents, l'USS grandit et se renforce au fil des années. C'est sous l'ère de Aloyse Hoeckel, président de 1961 à 1992 que l'US s'affilie à la LAFA en 1965 et prend possession, la même année, du terrain rue Neuve. Pour des débuts, ce sont de sacrés débuts ! En effet, l'équipe enlève le titre de championne de groupe de division IV 1965-1966, avec six points d'avance sur Steinseltz.

Des débuts exceptionnels dans la LAFA

C'est véritablement l'euphorie, puisqu'à peine arrivée en division III, l'USS est à nouveau championne de groupe en devançant Durrenbach. En deux saisons, deux montées. Qui dit mieux ?

L'équipe ne s'arrête pas en si bon chemin. Dès la saison 1967-1968, elle est deuxième de son groupe de division II, à trois points seulement derrière Hanhoffen. La montée a été un peu rapide et la saison suivante est délicate. Le groupe est fort mais malgré 4 victoires et 4 nuls, cela s'avère insuffisant et l'USS est reléguée en division III en compagnie de Woerth. Nouvelle reculade au terme de la saison 1970-1971 avec une descente évitée de justesse par un repêchage in-extremis.

SIGRIST
Boucherie - Charcuterie - Traiteur

158, rue Principale - Schleithal
Tél. 03 88 94 31 11

Estomacs de porc farcis tous les jeudis
Unique dans la région, fabrication artisanale de conserves

Championne d'Alsace de division II

L'équipe fait un long stage en division II, en s'y comportant plus qu'honorablement pour arriver à accéder à la division II, avec une 2e place derrière Hatten une fois achevée la saison 1976-1977. L'USS réussit d'excellents résultats et monte en puissance. Successivement 5e, 5e, 3e, 2e, 6e, l'équipe est championne de groupe, du Bas-Rhin et d'Alsace à la fin d'une formidable saison 1982-1983, en battant les Rosso Neri de Guebwiller en finale régionale.

La saison suivante, l'équipe est finaliste de la coupe du Crédit Mutuel. L'équipe navigue alors entre la division III et la division I (1986-1987). Relevons les résultats des poussins qui sont champions de groupe durant la saison 1992-1993, des pupilles à 7 qui sont champions de groupe et finalistes départementaux et des minimes à 7, champions de groupe 1993-1994. L'équipe I est championne de groupe et accède en division I durant la saison 1994-1995. Les pupilles à 11 sont champions de groupe et champions d'Alsace durant la saison 1995-1996.

En 1991, l'Union Sportive se dote du club-house actuel, situé rue de la Paix. C'est le 8 août de la même année, à l'occasion du 50e anniversaire du club, que la commune lui cède les clefs du nouveau terrain. Une année après, Bernard Weckel hérite de la présidence.

Montée en Promotion d'Exellence

L'équipe I accède pour la première fois en Promotion. En mai 2001, à l'issue d'un match contre Forstfeld, les joueurs de l'USS assurent la montée. La valeureuse équipe de Schleithal est championne du groupe. L'entraîneur Jean Hemmerle et son bras droit Marcel Burck gagnent leur pari: amener l'équipe à un niveau encore jamais atteint, la Promotion d'Excellence.

• BIBLIOGRAPHIE:
– Documents remis par Brigitte Paul.

L'US Schleithal 1999, première victoire en coupe du Crédit Mutuel
Debout de gauche à droite: Marcel Burck (délégué), Stéphane Barthel, Jean-Jacques Strohm, Olivier Wagner, Daniel Knobloch, Dario Oliveira, Arsène Klein, Marc Knobloch, Jean Hemmerlé (entraîneur). Accroupis de gauche à droite: Vincent Hiebel, Marc Duminger, Thierry Wagner, Rémy Boudgoust, Patrice Vetterhoeffer, Yves Vetterhoeffer, Olivier Franck.

L'US Schleithal 1997-1998, championne de groupe de division I
Debout de gauche à droite: Bernard Weckel (président), Gérard Lustig, Arsène Klein, Richard Fuchs, Thierry Wagner, Jean-Jacques Strohm, Stéphane Barthel, Jean Hemmerlé (entraîneur). Accroupis de gauche à droite: Marcel Burck (délégué), Rémy Boudgoust, Marc Duminger, Marc Knobloch, Vincent Hiebel, Patrice Vetterhoeffer, Damien Klein.

Pierre Bossert, président-fondateur

Les présidents
Pierre Bossert
Joseph Holler
Philippe Clauss
Jacques Hindelang
Joseph Schnelder
Jacques Pautler
Aloyse Kauff
Aloyse Hoeckel
Bernard Weckel
Brigitte Paul

Le comité de l'an 2000
Debout de gauche à droite au 1er rang:
Bernard Rauch (vice-président), Chantal Rauch (secrétaire), Marcel Burck (assesseur), Brigitte Paul (présidente), Roger Boehm (vice-président), Hervé Rauch (trésorier), Joseph Dietenbeck (assesseur).
Debout de gauche à droite au 2e rang: Philippe Beyl (assesseur), Daniel Gertz (assesseur), André Boehm (assesseur), Didier Weber (assesseur), Joël Klein (assesseur).

L'US Schleithal de l'an 2000
Debout de gauche à droite: Jean Hemmerlé (entraîneur), Brigitte Paul (présidente), Marc Knobloch, Jean-Jacques Strohm, A.Klein, Thierry Wagner, Jonathan Boehm, Vincent Hiebel, Marcel Burg (délégué), Bernard Weckel (ex-président).
Accroupis de gauche à droite: Yves Vetterhoeffer, Rémy Boudgoust, Marc Duminger, Dominique Weisbeck, Stéphane Barthel, Yannick Fuchs, Olivier Wagner, Emmanuel Messmer.

Association Sportive Seebach ★ 67

Seebach

Les jeunes de l'Unterland toujours d'attaque

Les premiers matches amicaux se disputent dans les prés de Seebach, une fois qu'ils sont débarrassés de leur regain. Les événements tragiques de la seconde guerre mondiale vont empêcher les dirigeants de déposer des statuts et de s'engager en championnat.

Au retour de la Haute-Vienne où le village a été évacué, on se retrouve rapidement et dès 1941, joueurs et dirigeants aménagent eux-mêmes leur aire de jeu avec les moyens du bord. On choisit un emplacement au centre du village, véritable réussite en matière d'urbanisme et certainement une explication parmi d'autres, quant au grand nombre et à la qualité des jeunes footballeurs du cru.

L'AS Seebach en 1941
Debout de gauche à droite:
Alain Lorentz, Joseph Weissbeck, Lucien Schneider, Georges Gentes, Ahmed, Joseph Schauer, Marcel Beill.
Accroupis de gauche à droite:
Robert Schell, Charles Schelhorn, Gérard Walther, Joseph Usselmann, Heintz Brotzy.

Les présidents

Georges Schauer, Michel Gentes
Martin Vogel, Aloyse Lorentz
Georges Balzel
Eugène Koebel (1954-1966)
Gabriel Mousny (1966-1968)
Léon Beyl (1968-1972)
Georges Gentes (1972-1976)
Raymond Weissbeck (1976-1988)
Jean-Pierre Walter (1988-1997)
Denis Frison (1997 à nos jours)

Allgemeine Sportsvereinigung

L'association s'appelle dès lors «Allgemeine Sportsvereinigung Oberseebach» et Georges Schauer, sellier de son état, en est le dynamique président-fondateur. Il engage une équipe pour l'automne 1941, aux côtés de celles de Schleithal, Beinheim, Woerth, Lembach, entre autres. Les joueurs qui composent cette équipe sont: Joseph Ball, Georges Becker, Jean Demelt, Aloyse Frison, Michel Frison, Eugène Koebel, Albert Modesto (de Riedseltz), Martin Stephan, Aloyse Stephan, Georges Usselmann, Frédéric Wagner, François Wesner (de Riedseltz), Georges Zimpelmann, Frédéric Zimpelmann et un fameux footballeur, l'adjudant Karl. Le premier arbitre du village est Georges Woehl, qui reste un supporter assidu du club.

En 1945, on s'affilie à l'Avant-Garde du Rhin. Un bail est signé avec les propriétaires des terrains sur lesquels se disputent les matches. Une aire de jeu digne de ce nom est aménagée avec nivellement et drainage dès 1948. Les travaux sont réalisés gracieusement par le 2e Régiment du Génie de Rastatt, avec lequel G. Bayer, maire, a su nouer des relations amicales, au cours d'une fête qu'animait le groupe folklorique de sa commune. Dès la reprise et pour une très longue période, c'est Eugène Koebel, restaurateur-boulanger, joueur et dirigeant-fondateur qui prend en main les destinées de la jeune association, lui offrant le siège et mettant à sa disposition des vestiaires.

Action décisive

Jusqu'en 1965, son action est constante et décisive. Parallèlement aux compétitions AGR qu'il quitte en 1967, Eugène Koebel affilie le club à la LAFA en mai 1950 et l'ASO débute en division IV. Elle termine la saison comme leader.

C'est aussi Eugène Koebel qui a le mérite de démarrer, dès 1960 la politique des jeunes qui fait encore actuellement la renommée de l'ASS, en engageant une équipe de cadets. Sur le plan des résultats, cette période est faste pour le club. En effet, entre 1952 et 1959, l'équipe présentant un football de bonne qualité, acquiert à trois reprises le droit de jouer en division II départementale.

Son successeur en 1966, Gabriel Mousny, a le don d'encourager la jeunesse au moment où le club connaît des difficultés et préserve l'unité de l'édifice. Léon Beyl accentue l'œuvre et entreprend la construction de vestiaires, douches, buvette avec l'aide de ses joueurs et de son comité en 1969.

En 1971, Georges Gentes prend la relève et entame une action de formation des jeunes avec l'aide de Louis Scharf de Wissembourg comme entraîneur. Dès lors on engage une équipe de pupilles qui décroche aussitôt un merveilleux et incroyable titre de champion d'Alsace qui fait renaître l'espoir après des années difficiles. L'avenir s'annonce plus clair.

Fusion de communes

En 1975 avec la fusion des communes de Niederseebach, le club prend le nom de «Association Sportive Seebach» dont la direction est confiée à Raymond Weissbeck, instituteur. La politique de jeunes est poursuivie et l'encadrement technique renforcé est soumis à la compétence de Claude Mischlier de Haguenau, éducateur, Richard Stoltz de Münchhausen, professeur d'enseignement général, Martin Schalck de Siegen, élève professeur de l'UEREPS de Strasbourg.

En même temps, les structures d'accueil s'améliorent: les vestiaires sont transférés au nouveau groupe scolaire et un club-house est aménagé. Un ter-

L'AS Seebach 1976-1977, championne d'Alsace de division I
Debout de gauche à droite : Frédéric Gentes, Gabriel Moussny, Alfred Corneille, Gérard Ehrhardt, Claude Michel, Bernard Steinbrunn, Daniel Rohé, Denis Ehleider, Raymond Weissbeck. Accroupis de gauche à droite : Michel Schell, Claude Michsler, Théo Schimpf, Philippe Camus, Daniel Billmann, Rémy Gentes, Robert Christ, Jean-Luc Meyer, Michel Frison.

rain annexe voit le jour, réalisé à nouveau par le 2e Régiment du Génie de Rastatt. En 1980, en réponse aux exceptionnels résultats d'ensemble de la dernière décennie et compte-tenu de la participation financière de l'ASS, la municipalité décide la réfection et l'élargissement du terrain d'honneur qui ne répond plus aux normes en vigueur.

Exceptionnel

La décennie de 1970 à 1980 est non seulement exceptionnelle par les nombreux titres obtenus, mais encore par le nombre impressionnant de joueurs sélectionnés au niveau régional, ou bien par le nombre de matches à sensation drainant la grande foule (2 200 spectateurs contre Preuschdorf, plus de 3 000 contre Wissembourg).

En 1975, les cadets B sont champions d'Alsace et les seniors champions du Bas-Rhin de la division IV. En 1976, c'est au tour des cadets B d'être à nouveau champions d'Alsace. En 1977, l'équipe fanion est sacrée championne d'Alsace de division I en battant le FC Hégenheim en finale.

En 1978, revoilà les cadets B champions d'Alsace, tout comme les juniors B, alors que les minimes B sont champions du Bas-Rhin en même temps que les pupilles. 1979 voit un nouveau sacre régional des cadets B et en 1980, l'équipe fanion est finaliste de la coupe du Crédit Mutuel, qu'elle gagne en 1981 puis en 1982, tandis que les cadets B sont une fois encore, cela devient une habitude, champions d'Alsace.

Nouvelle ère

En 1989, commence une nouvelle ère, sous la présidence de Jean-Pierre Walter. Son objectif avoué est d'être le premier président du club à amener l'équipe en division d'Honneur. Il dote le club d'infrastructures dignes d'un représentant au plus haut niveau départemental. L'équipe démontre une nouvelle fois la dynamique qui anime le village. Grâce à des centaines d'heures de bénévolat et à un investissement substantiel, on réalise, dans le cadre d'une première tranche de travaux, une salle de réunion servant de club-house, un auvent pour les spectateurs et un abri technique pour le matériel.

L'investissement a fière allure, et une deuxième tranche de travaux qui débute dans la foulée, apporte au club de superbes installations qui font encore aujourd'hui la fierté de l'ex-président. Au niveau des résultats sportifs, cette décennie est également faste. Grâce à une grande stabilité et à la solidarité de l'équipe dirigeante, l'équipe fanion se maintient à un bon niveau régional, et l'objectif poursuivi, à savoir la montée en division supérieure, a maintes fois été approché et il s'en est fallu de peu pour accéder à cet échelon.

Cette période est marquée aussi par de belles prouesses au niveau des différentes coupes : témoin ces victoires en coupe Crédit Mutuel en 1992 à Riedseltz, devant 1 200 spectateurs et le doublé réalisé l'année suivante à Soultz devant Riedseltz.

A noter aussi une belle sortie en coupe d'Alsace, où l'équipe locale vient à bout du Red-Star Colmar devant 600 spectateurs. Les équipes de jeunes ne sont pas en reste avec des finales jouées au niveau départemental et l'organisation, à Seebach, de la coupe nationale des poussins. Durant cette période qui s'étend jusqu'en 1998, le club bénéficie d'une grande renommée au niveau régional, tant par les résultats d'ensemble de ses équipes que par la notoriété acquise par certains des ex-joueurs tels D. Rohé au FCSK 06, Rémy Gentes et Richard Mazerand au Racing.

Mais au terme de la saison 1997-1998 l'équipe rétrograde en Promotion. Commence alors une période plus trouble, qui l'oblige à se battre pour ne plus être reléguée une deuxième fois consécutive et se retrouver en division I.

Du pain sur la planche

Avec l'arrivée aux commandes d'une nouvelle équipe dirigeante sous la houlette du président Denis Frison, le club entre de plein-pied dans l'ère actuelle.

A court terme, il est primordial d'assurer le maintien de l'équipe fanion en Promotion car une équipe qui évolue à ce niveau reste attractive, évitant ainsi la fuite des jeunes vers d'autres cieux. La politique à moyen et long terme reste de constituer un réservoir de jeunes pour ne plus connaître les problèmes d'effectifs et retrouver ainsi progressivement l'élite départementale, voire régionale. Cette politique est mise sur pied depuis deux saisons, avec l'engagement dans les différents championnats de neuf équipes de jeunes (ce qui représente plus de 90 licenciés) composées uniquement de jeunes du cru et des environs (sans avoir recours à des ententes) et leur nombre va croissant.

• **BIBLIOGRAPHIE :**
– Plaquette 70e anniversaire.

Le comité de l'an 2000

Marc Andres, Charles Becker, Claude Becker, François Beill, Patrick Beill, Gilbert Beill, Dany Billmann, Richard Binder, Jean-Louis Butscher, Alfred Corneille, Michel Corneille, Olivier Erny, Laurent Foeller, Claudine Frison, Denis Frison, Marc Frison, Mickaël Frison, Pierre Lenhardt, Sabine Lorentz, Jean-Luc Meyer, Claude Michel, Fabien Rohe, Nathalie Rohe, Philippe Russel, Martin Schalck, Rémy Schell, Marguerite Spielmann, Joseph Starck, Claude Walter, Martin Weissbeck, Jean-Michel Wille

Ils ont marqué l'histoire du club

L'identité d'un club est parfois assimilée à celle de son président, car ceux qui acceptent d'assumer cette fonction doivent être dotés d'une forte personnalité.
A Seebach, on retient surtout les noms de Georges Schauer, président fondateur, Eugène Koebel, 20 ans de mandat, l'organisateur, Raymond Weissbeck, le pédagogue et maître d'œuvre du terrain d'honneur, Jean-Pierre Walter, dynamique et audacieux président des années 1990.
Depuis 2 ans, Denis Frison, actuel président, met son énergie au service des joueurs (rénovation des vestiaires, animation des après-matches, ambiance au club-house) afin que ceux-ci se sentent bien dans l'association.
Ici on se souvient de Louis Scharf, l'entraîneur qui s'occupe de toutes les équipes du club, passant des fins de semaines entières sur les pelouses. Buteur né, entraîneur exigeant, il marque toute une génération de footballeurs à Seebach.
Prenant le relais durant 8 ans, c'est à Claude Mischler qu'est confié l'encadrement sportif des joueurs au potentiel considérable. Cet éducateur consciencieux et passionné a formé ces garçons, avec son adjoint Richard Stoltz au bénéfice de Seebach et des clubs environnants, offrant au village le titre de champion d'Alsace de division I en 1977. Plus tard, c'est l'ère de Lucien Stohr qui fait profiter le club de ses qualités de meneur d'hommes, de sa science du football et maintien l'équipe à son plus haut niveau pendant de longues années. Il fait actuellement les beaux jours du FC Steinseltz.
Seebach connaît des joueurs de renom. Nous ne pouvons les citer, tous mais nous retenons entre autre Michel Frison, stratège des années 1970, Alfred Corneille défenseur intraitable, actuellement dirigeant des 15 ans, Rémy Gentes, le plus capé, dont on se souvient du côté du Racing, Daniel Rohé, son copain dont le talent a rejailli sur ses coéquipiers mais dont l'étoile s'est éteinte trop tôt. Un joueur a été de toutes les aventures et, à bientôt 40 ans, se voit rappelé au service de l'équipe fanion, il s'appelle Jean-Luc Meyer.

L'AS Seebach 1998-1999
Debout de gauche à droite : René Zilliox, Jean-Luc Kraemer, Jean-Luc Meyer, Christophe Schimpf, Pierre Mischler, Dominique Weissbeck, Thomas Frison, Patrice Schilling, Denis Frison. Accroupis de gauche à droite : Laurent Foeller, François Beill, Marc Weissbeck, Jean Yves Frison, Fabien Rohé, Patrick Bieger, Sébastien Barthel

1941 Football Club Westhoffen ★ 67

Westhoffen

Le FC Westhoffen en 1954
Debout derrière de gauche à droite :
Charles Eckenfels (comité),
Charles Marcke (comité),
Charles Stentzel (comité),
Bernard Recher (comité),
Emile Entzminger (comité).
Debout au milieu de gauche à droite :
Jacques Kugel, Frédéric Schaeffer,
Charles Mutzig, Georges Huber,
Charles Heim, Victor Meyer,
Georges Augustin.
Accroupis de gauche à droite :
Lucien Rapp, Charles Obergfell,
Charles Entzinger, Charles Klein,
Albert Klein.

TRANSPORTS
FRITSCH
NOVADIS
RN4 - Ittenheim
Tél. 03 88 64 47 48
Fax 03 88 64 47 67

Trop petit pour devenir grand

Le Club Sportif de Westhoffen est créé le 4 janvier 1941, à la demande de Guillaume Stentzel, maire. Le comité fondateur est composé de Emile Entzminger (président), Bernahrdt Kloble (vice-président), Charles Schmid (secrétaire), Guillaume Kloble (trésorier), Frédéric Mochel (presse et publicité), Charles Marche, Eugénie Eichler, Alfred Loew, Louis Finck, Charles Widmann, Charles Mochel (assesseurs).

En 1942, le club dispute plusieurs rencontres amicales. Une équipe est formée. L'enthousiasme des jeunes est tel que la commune met un terrain à leur disposition.

La guerre terminée, le 30 octobre 1945, on procède à l'élection d'un nouveau comité.

On engage une équipe en championnat de division III 1945-1946, dans un groupe qui comprend Truchtersheim, Hangenbieten, Ittenheim, Schnersheim, Dingsheim et Marlenheim. L'équipe termine dernière, sans gagner un seul match ni réussir un seul nul. Elle marque 15 buts mais en encaisse 61.

On peut dire que les débuts sont difficiles. Mais les dirigeants peuvent s'appuyer sur un fort noyau de joueurs qui ont pour noms : Gilbert May, Albert Klein, Charles Mutzig, Charles Joerger, Ernest Meyer, Eugène Denni, Michel Geng, René Scherer, Ernest Jacob, Georges Mortz, Charles Loew, Charles Barthel, Michel Klein, Georges Humann, Robert Heim, Marcel Scherer, Ernest Bernhardt, Edouard Feyrer, André Muller.

Le FC remplace le CS

Malgré les vifs encouragements prodigués, l'équipe disparaît de toute compétition durant deux saisons, avant de réapparaître en 1948-1949. Il y a quelques améliorations, mais malgré ses trois victoires, l'équipe est avant-dernière, ne devançant que Westhoffen, dans un groupe remporté par Rothau. Engagé en championnat pour la saison 1949-1950, le FC Westhoffen déclare forfait général. Le club est même dissout.

Georges Huber, secrétaire de mairie, lance un appel général pour une réunion qui se tient le 26 juin 1953. Une quarantaine de membres décident de créer le tout nouveau Football Club Westhoffen. C'est le maire, Charles Stentzel, qui en devient le président. De nouveaux statuts sont établis.

Une montée en puissance

La reprise sportive se fait donc pour le championnat 1953-1954, en division IV. L'équipe finit 8e sur 10, mais engrange quand même 4 victoires et 3 nuls. Cette fois, la machine est sur les rails. Les résultats vont en s'améliorant. L'objectif avoué par le comité est la montée en division III. Celle-ci est effective à l'issue du championnat 1956-1957, quand l'équipe se classe deuxième, derrière Still, intouchable. Mais dès la fin de la saison 1958-1959, c'est le retour en division IV en compagnie de Wolxheim, dernier.

Le club remonte l'espace d'une saison, mais redescend aussitôt à la fin du championnat 1961-1962. Champion de groupe 1962-1963, le FCW est à nouveau dernier en 1964-1965 et dégringole au bas de l'échelle.

Malgré une belle deuxième place derrière Nordheim en 1967-1968, il ne remonte pas. Il n'y a en effet qu'un seul élu. En 1970-1971, un nouveau titre de champion de groupe permet de retrouver la division III. La conséquence de l'engagement d'un premier entraîneur, Max Moerckel. C'est Jacky Schneider qui lui succède. Ancien joueur du FCSK 06, il est aux commandes de l'équipe de la saison 1978-1979, qui voit le FC Westhoffen sacré champion de groupe de division III et monter pour la première fois de son existence en division II. La même saison, l'équipe II prend la 3e place de son groupe.

Fusionner, la seule solution

Westhoffen a atteint une nouvelle dimension. Les ambitions sont bien étalées sur la durée, d'abord s'habituer, ensuite monter en puissance. Charles Michel entraîne l'équipe fanion dès 1980. Le premier signe significatif est la 3e place, réussie au cours du championnat 1981-1982, mais ce n'est qu'un signe. La Promotion est une marche un peu trop haute à gravir. Alors, l'usure du temps s'ajoutant au difficile renouvellement de l'effectif, le club manque complètement sa saison 1989-1990, en finissant à une dernière place significative, avec les deux petits points de deux matches nuls. Encore dernier la saison suivante, en division II, le FCW est au plus mal.

Il se ressaisit en 1991-1992, achevant le championnat en tête à égalité de points avec Beuchswickersheim. La montée est manquée au goal-average. Encore deuxième derrière Nordheim cette fois, l'équipe ne monte toujours pas. Le découragement gagne l'effectif. Et à la fin de l'exercice 1993-1994, le voilà avant-dernier de son groupe. Une vraie misère. Le même «exploit» se reproduit en 1994-1995, ce qui met fin à l'aventure. La voix de la raison a été entendue. Pour pallier à toutes ces difficultés, pour mettre en place un projet sur la durée, les dirigeants choisissent la voie de la sagesse. Ils décident de proclamer la fusion avec le voisin de Wangen pour créer le Football-Club Wangen-Westhoffen qui naît en 1995.

• BIBLIOGRAPHIE :
– Textes et photos fournis par Charles Geiss.

Le FC Westhoffen 1976-1977
Debout derrière de gauche à droite : Roger Weil (président), Jeannot Schimberle, Eugène Carpels, Charles Heim, Charles Elias, Gaby Stegel, Marc Augustin, Robert Adam, Frédéric Kuntz, Robert Rumler.
Accroupis de gauche à droite : Philippe Schimberle, André Keller, Bernard Gruny, Jean-Pierre Marchal, Jean-Paul Anstotz, Hoffmann, Emile Lohr, Gaston Knoderer, Jacques Adam, Max Moerckel (entraîneur).

Le FC Westhoffen en 1958
Debout derrière de gauche à droite : Charles Mutzig, Charles Kloeblé, Emile Entzminger.
Debout au milieu de gauche à droite : Charles Heim, Charles Walter, Bernard Graf, Georges Huber, Robert Schwartz, Etienne Husser.
Accroupis de gauche à droite : Frédéric Schaeffer, Jean-Maurice Zimmermann, Charles Entziminger, Eugène Carpels, XXX.

Les présidents

Emile Entzminger (1941-1945)
Robert Commend (1945-1946)
Emile Entzminger (1946-1947)
Henri Luttmann (1947-1948)
période d'inactivité (1948-1953)
Charles Stentzel (1953-1958)
Paul Lorentz (1958-1959)
Charles Loth (1959-1960)
Alfred Berger (1960-1961)
Roger Weil (1961-1980)
Roger Cahn (1980-1986)
Charles Heim (1986-1989)
Bernard Graf (1989-1994)
Robert Schwartz (1994-1995)

Le FC Westhoffen 1962-1963
Debout derrière de gauche à droite : Roger Weil (président), Bernard Graf, Jean-Paul Anstot, Barnard Gruny, Charles Mutzig, André Weil, Alfred Loew, Gaston Knoderer, Robert Rumler.
Accroupis de gauche à droite : Frédéric Brucker, Charles Anstett, Jean-Pierre Schneider, Jean-Claude Stroh, Jacky De Vettor, Robert Schwartz.

Association Sportive Aschbach ★ 67

Aschbach

Des buts en Limousin

Ce n'est véritablement qu'au moment de l'évacuation de 1939-1940 à Novic, dans le Limousin, que de jeunes footballeurs découvrent leur premier véritable terrain avec des buts réglementaires, et jouent leurs premiers matches avec leurs camarades Limougeot. De retour en Alsace, l'AS Aschbach naît en 1942.
Bien sûr, il manque beaucoup d'anciens du fait de la guerre, mais des jeunes sont prêts à prendre la relève, il ne manque qu'un organisateur pour mettre sur pied une équipe valable. C'est le rôle qu'occupe M. Simon, le nouvel instituteur, qui prend à bras le corps la destinée du football d'Aschbach.

Les présidents
Joseph Fischer
Curé E. Kientz
Joseph Kurtz
Bernard Logel
Bernard Strasser
Joseph Philipps
Joseph Strasser
Ernest Philipps
Patrick Herdinger
Ernest Philipps

Les matches à domicile sont suivis par une foule de spectateurs. En 1945, le club s'affilie à l'AGR (Avant-Garde du Rhin), et c'est au cours de cette année que Joseph Fisher est élu président.
Le tournoi de 1946 fait un triomphe. Dès 1948, le curé Kientz prend la relève à la présidence, avant de transmettre le flambeau à Joseph Kurtz en 1954. C'est sous sa coupe que l'équipe, qui joue en division I jusqu'en 1957, accède en division d'Honneur, lors du championnat d'Alsace en 1957. Elle remporte la finale de ce même championnat l'année suivante.

Florissant dans les premières années d'après-guerre, le football AGR est en décadence après 1960. En 1964, Bernard Logel prend la présidence du club, un an plus tard le comité est dirigé par Bernard Strasser et Joseph Philipps et c'est en 1967 que l'AS Aschbach quitte l'AGR pour s'affilier à la LAFA.
En 1967, Joseph Strasser prend la tête du club. Il occupera ces fonctions durant vingt-quatre années. A partir de cette même année, le nombre et l'importance des équipes engagées en championnat ne cessent d'augmenter.

De 1967 à 1975, le club compte une équipe séniors et une équipe cadets, en 1975 s'ajoute une deuxième équipe séniors, puis une équipe juniors, une équipe minimes, une nouvelle équipe cadets et une équipe pupilles.
Au cours de ces années, on fait poser la main courante on inaugure le nouveau terrain le 14 juillet 1973, et enfin en 1975, on fait installer l'éclairage pour faciliter les entraînements.
De 1978 à 1981, on s'attache à mettre sur pied un club-house.
Le comité directeur de 1981 : Joseph Strasser (président), Ernest Phillips (vice-président), Joseph Fisher (secrétaire), Joseph Philipps et Bernard Strasser (trésoriers).
A cette époque l'ASA évolue en division III, et ce jusqu'en 1991, année où Ernest Phillips prend le relais à la présidence, pour ensuite être remplacé par Patrick Heidinger. L'équipe fanion accède en division II lors de la saison 1990-1991, et évolue en division I de 1996 à 1999, pour redescendre en division II au cours de la saison 1999-2000, puis en division III la saison suivante, sous la coupe d'Ernest Phillips qui réintègre ses fonctions.

L'AS Aschbach 1989-1990
Debout de gauche à droite :
Michel Jeammet (vice-président), Denis Timmel, Roland Heintz, Hubert Heintz, Pierre Eisele, Denis Ball, Patrice Baumann, Gérard Strasser, Philippe Eisele, Robert Faerber (entraîneur), Ernest Philipps (président).
Accroupis de gauche à droite :
Patrick Heidinger (2ᵉ vice-président), Pascal Strasser, Etienne Strasser, Vincent Lang, Jacky Toussaint, Gabriel Meyer, Damien Brencklé.

L'AS Aschbach II 1997-1998
Debout de gauche à droite :
Georges Caspar (trésorier-adjoint), Patrice Baumann, Alamadou Yomdé, Gérard Strasser, Joël Caspar, Clément Philipps, Jean-Georges Schimpf, Didier Kaal (entraîneur).
Accroupis de gauche à droite :
Denis Timmel, XXXX, Laurent Wagner, XXXX, Kaï Andrès, Marcel Heintz, Francis Kurtz (trésorier).

En 1987, l'AS Aschbach joue en division III, l'équipe partageant la première place avec Oberlauterbach. La dernière rencontre oppose l'ASA à Lauterbourg, et la victoire est nécessaire à la montée en division II. L'équipe type se doit d'être au complet. Mais à cinq minutes du match, il manque le meilleur milieu de terrain. Finalement, il arrive lunettes de soleil sur le nez, l'air un tantinet gris ; bien sûr l'entraîneur d'alors, Michel Jeammet, lui demande de se rendre dans les tribunes.

L'équipe perd 1-0, et n'a donc pas accès à la montée en division II. Sur le coup, tout le monde est triste, mais aujourd'hui, quand à Aschbach, on parle des lunettes de soleil de H. R., ce ne sont qu'éclats de rire et bons souvenirs !

Les années 90 voient la réalisation de nombreux travaux : aménagement d'un terrain d'entraînement en 1990, de la cuisine en 1993, de la mise en place de l'informatique en 1998 et du réaménagement de l'éclairage en 2000. Ces mêmes années sont synonymes de montée en division II en 1991, en division I en 1996. L'équipe fanion se maintient en division I jusqu'en 2000, date à laquelle elle redescend en division II puis en division II en 2000-2001.

• **BIBLIOGRAPHIE :**
– Historique fourni par le club.

Le comité de l'an 2000

Ernest Philipps (président)
Michel Jeammet (1er vice-président)
Sylviane Marmillod (2e vice-président)
Jean-Georges Schimpf
(3e vice-président)
Joseph Walter I (secrétaire)
Thierry Léopoldes (secrétaire-adjoint)
Francis Kurtz (trésorier)
Georges Caspar, Gilbert Andrès
André Marmillod, Marc May
Joseph Walter II

L'AS Aschbach, lors de son 55e anniversaire en 1997
De gauche à droite : Dominique Strasser, Joseph Strasser (président d'honneur), Sylvie Kocher, Marie Philipps, Michel Jeammet (vice-président), Pierre Koetter, Joseph Friedrich (curé), André Hahn (LAFA), Georges Caspar, Joseph Philipps, Joseph Walter, Ernest Philipps (président), Sylviane Marmillod, Anne Jeammet, O. May, Francis Kurtz, Bernadette Walter, Mariette Philipps, Marc May, Didier Karl, André Marmillod (arbitre), J. Laurent Vonu, René Baumann.

1942
La Saint-Georges Carspach ★ 68
Carspach

La SG Carspach, lors d'un match contre Friesen en 1942.
Debout de gauche à droite :
Victor Beck, Jules Stemmelin, Lucien Lobmeyer, Justin Brungard, Armand Fiegenwald, Jean-Pierre Zimmermann, Gilbert Stoessel.
Accroupis de gauche à droite :
Eugène Frinklein, Gérard Keller, René Koch, Gérard Betscha, Lucien Durtscher, Marcel Zimmermann.

La SG Carspach en 1943
Debout de gauche à droite : Jean-Pierre Zimmermann, Marcel Auer, Georges Albrecht, Gilbert Stoessel, François Burgy, Joseph Wermuth.
Accroupis de gauche à droite : Désiré Birgy, Paul Broglé, Bernard Brungard, Joseph Habermacher, Fernand Walch.

Une histoire exemplaire

Déjà avant la guerre 1939-1945, quelques timides essais de pratique du football sont tentés par les jeunes de Carspach, sur des prés dont le propriétaire n'est jamais averti. Son arrivée provoque le bouclage des buts de fortune et le départ des jeunes à toute allure pour éviter des sanctions, amendes ou procès-verbaux.

C'est en mai 1942, sous l'occupation, que le football s'implante pour de bon dans la localité, par la création de la Turn-und Sportverein Carspach.

Le comité fondateur se compose de : Marcel Zimmermann (président), Paul-Peter Zurbach (vice-président), Marcel Hell (trésorier), Gérard Betscha, Charles Hartmann, René Seegmuller, Jules Stemmelen, André Stoessel, Charles Weber.

En ces temps de guerre il est difficile de trouver un terrain, d'acquérir des maillots, des souliers... ce qui est pourtant réalisé grâce au concours du maire André Allimann et d'Emile Schnebelen, dirigeant du cercle. Les premiers matches sont disputés sur un terrain situé au fond du parc de l'institut Sonnenberg. La première rencontre oppose la TUR Carspach à Hirsingue, match qu'elle gagne haut la main (6-0).

Par suite de la mobilisation et des départs en Suisse de presque tous les seniors, le club doit se limiter aux championnats junior pour lesquels Carspach engage une équipe au cours de la saison 1943-1944. Celle-ci remporte le titre devant Altkirch, Ballersdorf, Seppois, Illfurth et d'autres.

Les choses sérieuses commencent

Après la libération, une section de football est recréée, cette fois au sein du cercle la Saint-Georges, mais il faut retrouver un terrain.

Grâce à la bonne volonté de la direction de l'institut Sonnenberg et de plusieurs particuliers, le terrain actuel en plus petit (90 x 45 m), est aménagé le long de l'Ill, non sans difficultés car de nombreux mètres-cubes de terre doivent être enlevés d'un côté du pré et replacés de l'autre avec un cheval tirant une charrue, ceci avec l'aide des membres de la société et des prisonniers de guerre allemands.

L'inauguration a lieu au printemps 1946 devant une assistance record par une agréable journée sportive proposant de l'athlétisme, de la gymnastique et naturellement du football avec la belle affiche opposant la SG Carspach aux SR Colmar. Les visiteurs l'emportent (7-1).

En septembre de cette année 1946, sous la direction du président-joueur Marcel Zimmermann, c'est le grand départ pour le championnat de division

La SG Carspach en 1944
Debout de gauche à droite : Joseph Klein, Fernand Serafini, Léon Birgy, Armand Fiegenwald, Gilbert Stoessel, Georges Albrecht, Jean-Pierre Zimmermann, Pierre Zimmermann, Charles Hartmann.
Accroupis de gauche à droite : Jean Albrecht, Armand Erba, Joseph Habermacher. Assis : Marcel Auer.

La SG Carspach en 1955 lors d'un tournoi à Wittersdorf
Debout de gauche à droite : Fernand Walch, Gilbert Groff, Gilbert Utard, Joseph Braun, Gérard Flury, Bernard Keller, Michel Hartmann, Joseph Klein (dirigeant), Marcel Hell.
Accroupis de gauche à droite : André Harnist, Claude Grimont, Bernard Hartmann, Antoine Schmidlin, Jean-Paul Hartmann.

accueillie à son retour par la Musique Saint-Georges, une réception étant prévue à la mairie.... en cas de victoire.

Cette même saison, une équipe junior est mise sur pied et termine à la 2e place derrière Riedisheim, le futur champion d'Alsace.

Après trois saisons en division III, l'équipe première monte en division II lors de la saison 1953-1954 pour bientôt redescendre en division III. Le purgatoire ne dure pas car la remontée en division II est à nouveau assurée en 1955.

Montée en division I

Avec le retour du joueur-entraîneur Gilbert Stoessel en 1957, (ancien joueur d'Hirtzbach et Altkirch), l'équipe ne cesse de progresser et c'est au terme de la saison 1958-1959 que l'accession en division I est assurée, à l'issue d'un championnat passionnant gagné avec deux points d'avance sur Montreux et un goal-average éloquent de (87-25). Le départ en division I est laborieux, mais finalement Carspach termine parmi les meilleurs sundgauviens à la 7e place avec 6 points d'avance sur le voisin Altkirch, solide et incontestable porte-drapeau du football dans l'arrondissement.

Qu'elle est belle cette époque de gloire où Carspach, sous la présidence de Willy Roth, possède une attaque percutante avec les Bernard Keller, Albert Hell, Georges Harnist, Pierre Waibert, Gilbert Utard, Gilbert et Pierre Weltin alors que la défense avec Jean-Paul Hartmann, Gilbert Schmidlin, Romain Rey et André Harnist est bien groupée autour de l'arrière central Gilbert Stoessel, devant l'immense gardien Ciro Martinis.

Sous la présidence de Georges Hartmann, Carspach est classée formation sundgauvienne numéro 1. Mais le déclin ne tarde pas, et en 1962, c'est la chute en division II, heureusement pour trois ans seulement car en 1965 c'est la remontée en division I après des matches de barrages explosifs remportés contre Masevaux (1-0) et Ensisheim (2-1).

On redémarre en division IV

Après trois saisons dans le gotha de la division I durant lesquelles le onze connaît de très belles époques et se fait apprécier dans toute la région, une nouvelle baisse de régime se

IV avec comme premier match officiel d'une équipe fanion à Carspach, un certain Carspach-Ferrette qui se termine sur un score nul (2-2). La SG Carspach termine la saison à la 4e place sur dix concurrents puis la saison suivante en 2e position sur douze participants. Toutefois, il faut attendre l'année 1950 pour voir la première consécration.

Avec l'arrivée de l'excellent entraîneur-joueur Lucien Cronenberger, l'équipe remporte le championnat et monte en division III. Le onze local réussit même à s'adjuger le titre de champion du Haut-Rhin et dispute la finale pour le titre de champion d'Alsace à Benfeld contre Lampertheim avec la formation suivante : Marcel Auer, Léon Birgy, Emile Christen, Fernand Walch, René Koch, Mario Erba, Lucien Cronenberger, Arsène Moser, Paul Broglé, Michel Hartmann et Fernand Weltin qui est battue (3-1). Elle est tout de même

La SG Carspach en 1951
Debout de gauche à droite : Willy Roth (président), Jean Bindi, Michel Hartmann, Lucien Cronenberger, Aloyse Disser, Bernard Keller, Arsène Moser.
Accroupis de gauche à droite : Alphonse Scherrer, Paul Broglé, Bernard Hartmann, Emile Christen, Morand Koch.

Le char du club de la SG Carspach lors du carnaval en 1972

La SG Carspach juniors 1959-1960
Debout de gauche à droite : André Muller, Gabriel Zurbach, Hubert Hell (capitaine), Jean Vogel, Bernard Seegmuller, Jean-Paul Faffa, André Walch (croix rouge). Accroupis de gauche à droite : François Erba, Henri Ellenbach, Eugène Frinkelin, Maurice Hell, Pierre Obrist.

La SG Carspach 1965, accession en division I
Debout de gauche à droite : Maurice Hell, Bernard Hell, Henri Ellenbach, Jean-Louis Tonon, Bernard Quirin, René Hartmann, Jean Vogel, Henri Hell. Accroupis de gauche à droite : Maurice Hartmann (supporter), Jean-Pierre Klein, André Koch (supporter), Henri Bosswingel, Eugène Frinkelin.

L'école de football de la SG Carspach en 1976
Debout de gauche à droite : Noël Lobmeyer, Frédéric Strebler, Jean-Georges Ringenbach, Daniel Vogel, Christian Keller, Christian Schmidlin, Valère Strebler, Christophe Seiler, Marc Walch. Accroupis de gauche à droite : Régis Hartmann, Dany Hartmann, Serge Beck, Philippe Seiler, Raphaël Rey, Pascal Hell, Christophe Weltin, Thierry Knecht, Sylvain Weltin, Michel Muller.

La SG Carspach 1985-1986, championne de Promotion d'Honneur
3e rang de gauche à droite : Jean-Georges Ringenbach, Raphaël Rey, Joël Grimont, Gilles Hengy.
2e rang de gauche à droite : Pascal Hell, Maurice Hell, Daniel Vogel, Jean-François Malpelet, Edouard Riff.
1er rang de gauche à droite : Henri Willer, Jean-Claude Fiegenwald, Michel Runser, Christian Stoessel, Gilbert Weltin, Patrick Willer, Hubert Hell, Etienne Habermacher.
Accroupis de gauche à droite : Serge Hatsch, Serge Probst, Jean-Claude Munsch.

profile en 1969. L'équipe rétrograde en division II puis en 1971 c'est la décadence et après bien des malheurs la relégation en division III. Au cours de l'assemblée générale, il est alors décidé de redémarrer au bas de l'échelle en division IV, ce qui permet aux responsables de renforcer l'équipe avec d'excellents joueurs tels que Jean-Claude Munch, Jean-Pierre Klein, Lucien Schmidlin, Dino Chiavus et par après Charles Welzbacher.

Trois montées en cinq saisons (1972, 1973 et 1976) sont le résultat de cette entreprise, oh combien risquée, et les joueurs de la Saint-Georges défendent avec succès leur place au soleil retrouvée, à la grande satisfaction des dirigeants.

En 1963 le comité décide d'agrandir le terrain à 105 x 61 m et de le remettre en état, ce qui est réalisé avec l'aide de la municipalité et de son maire Paul Zurbach. Durant une année la SGC dispute ses rencontres sur le terrain de son voisin, Ballersdorf.

La plus belle et la plus grande entreprise depuis l'existence de ce club est la construction, grâce à collaboration de la commune avec en tête le maire Marcel Rosburger, des vestiaires très modernes et accueillants à proximité du stade municipal, lesquels sont inaugurés le 31 juillet 1977. La section football de par ces vestiaires devient plus autonome, cependant elle reste une des sociétés principales de la grande famille du cercle catholique de laquelle elle fait partie.

Homologation du terrain

La saison 1977-1978 est une bonne année pour les jeunes. Les minimes disputent la finale de la coupe d'encouragement (fait unique dans l'histoire du club) et remportent le titre en championnat en inscrivant 136 buts et en concédant 9 seulement. Les pupilles brillent avec le même titre de champion avec un goal-average aussi impressionnant (101-24).

Coup dur pour les footballeurs carspachois, le glas sonne le 15 août 1979 annonçant le décès brutal du président Gilbert Stoessel à l'âge de 52 ans. Et dire que 15 jours avant, il signe sa 37e licence de joueur.

Pour la saison 1980-1981, la SG engage huit équipes en championnat, se trouvant de ce fait présente dans toutes les catégories.

Après 10 années de fonction d'entraîneur-joueur, Jean-Claude Munch se retire et Marc Stroppolo, venu de l'AS Mulhouse lui succède. Le terrain de football actuel est homologué par la Commission de la coupe de France et permet de ce fait à la SG Carspach de disputer sur son terrain cette compétition. L'équipe première sensiblement renforcée se classe honorablement lors de la saison 1981-1982 et fête dignement sa première montée en Promotion d'Honneur le 12 juin 1983 après un match nul héroïque obtenu à Huningue.

Les juniors évoluent en Promotion Départementale et rivalisent avec les équipes mulhousiennes.

Pendant la saison 1983-1984, en automne, le SGC est pour quelques semaines le porte-drapeau du football sundgauvien, étant classé devant Hirtzbach et Altkirch, termine la saison en 4e position en Promotion d'Honneur. En 1984-1985, l'équipe manque l'accession en Excellence (catégorie alors en création) d'un petit but. Du côté des jeunes, les minimes ramènent le premier titre de champion du Haut-Rhin des jeunes à Carspach et s'inclinent (1-2) en finale pour le titre de champion d'Alsace contre le FC Steinseltz.

Si l'équipe première manque de peu la montée ce n'est que partie remise car en 1985-1986 c'est l'accession en Promotion d'Excellence après une lutte serrée, au coude à coude avec le FC Baldersheim.

Les festivités du 50e anniversaire

C'est à nouveau la chute en Honneur en 1987, engendrant des départs au niveau joueurs, parmi lesquels le buteur Serge Hatsch qui après une présence de dix saisons au sein de la SG Carspach s'expatrie en Suisse. Mi-saison Patrick Rosek est relayé par Joseph Jelsch au poste d'entraîneur, ce qui a le mérite d'arrêter l'hémorragie des défaites en sauvant l'équipe de la relégation.

Confiance est de nouveau donnée à Jean-Claude Fiegenwald pour la

La SG Carspach 1999-2000
Debout de droite à gauche : Raphaël Rey (vice-président), Mathieu Lebeau, David Hartmann, Franck Hartmann, David Bellec, Tschull, Jean-Georges Ringenbach, Yanik Schittly, Albert Albrecht (juge de touche), Pascal Hell (président).
Accroupis de gauche à droite : Pascal Schoebelen, Pierre Boulenacker, Guillaume Dany, Hervé Hohler, François Jud (capitaine), Didier Bousquet, Julien Villetorte, Vincent Frinkelin.

Le dynamisme du club

Depuis 1970, la SGC fait partie de l'organisation des festivités à Carspach.
Entre-autres, les grandes cavalcades internationales entre 1970 et 1985 où le club de football confectionne des chars satiriques dans le froid et dans les granges, récolte souvent les premiers prix d'originalité, de beauté et d'ambiance. Actuellement les cavalcades n'existent plus mais le Carnaval de Carspach est toujours connu pour ses bals des veuves, son rendez-vous annuel de la « fête autour du ruisseau » qui est une fête de village avec guinguettes et expositions artisanales, l'organisation d'un loto et d'une soirée familiale suivi d'un dîner dansant en principe tous les deux ans. Depuis 1998, le club organise une randonnée VTT appelée « La ronde des étangs » consistant en un parcours fléché de 15, 20, 30, 50 ou 70 kilomètres.

Les présidents

Marcel Zimmermann (1942-1950)
Willy Roth (1951-1961)
Georges Hartmann (1961-1965)
Paul Studer (1965-1969)
Gilbert Stoessel (1969-1979)
Hubert Hell (1979-1998)
Joël Grimont (1998-1999)
Pascal Hell (1999 à nos jours)

Les arbitres

Gérard Ehkirch (1979-1996)
Mounir Jawhar (1994-1998)
Bouchaïd Jawahr (1990 à nos jours)
Cédric Diat (1995 à nos jours)

Les entraîneurs

Paul Zurbach (1942-1945)
Marcel Zimmermann (1946-1949)
Lucien Cronenberger (1950-1957)
Gilbert Stoessel (1957-1970),
Jean-Claude Munch (1970-1980)
Marc Stroppolo (1980-1984)
Jean-Claude Fiegenwald (1984-1986)
Patrick Rosek (1986-1987)
Joseph Jelsch (1987-1988)
Jean-Claude Fiegenwald (1988-1989)
Joseph Jelsch (1989-1991),
Joël Grimont (1991-1992)
Jacky Weltin (1992-1993)
Gabriel Hartmann (1993-1995)
Jean-Claude Fiegenwald (1995-1996)
Gabriel Hartmann (1996-1997)
Jean-Claude Fiegenwald (1997-1999)
Franck Czwerk (1999-2000)
Hervé Hohler (2000-2001)
Jean-Claude Fiegenwald (2001 à nos jours)

Le comité de l'an 2000

Pascal Hell (président)
Hubert Hell (président d'honneur)
Raphaël Rey (vice-président)
Maurice Hell, Gilbert Weltin,
(vices-présidents d'honneur)
Chantal Diat (secrétaire)
Michel Dany, Esther Dany
Daniel Diat, Michel Dietsch
François Cohic, Eugène Frinkelin
François Jud, Régis Hartmann
Jean-Claude Munch
Jean-Claude Fiegenwald
Jean-Georges Ringenbach
Damien Obrist, Pascal Schnoebelen
Daniel Vogel, Jacky Weltin
Alain Rappenecker

---

saison 1988-1989 et le maintien est assuré. Les minimes terminent champion du Haut-Rhin mais s'inclinent en finale régionale (2-5) à Vogelsheim.

Par la suite, Joseph Jelsch est nommé entraîneur-joueur et pour les saisons 1989-1990 et 1990-1991, et parvient chaque fois à se classer à l'honorable 4e place, tout juste derrière les grands du groupe.

En ce qui concerne la saison 1991-1992, l'équipe est entraînée par Joël Grimont, l'équipe réserve opérant en division III par Jackky Weltin. Le bilan de cette saison est assez éloquent et les objectifs sont atteints, c'est-à-dire le maintien en Promotion d'Honneur pour l'équipe fanion, 5e place avec une défaite cuisante contre Sausheim (9-1) pour clore la saison. L'équipe réserve récolte son meilleur classement depuis son évolution en division III.

Pour le cinquantième anniversaire du club et le comité prépare un dîner dansant sous chapiteau avec la présence de 350 des 600 anciens joueurs du club. Une fête de ce niveau, de cette densité émotionnelle ne se retrouve pas tous les jours. Elle est révélatrice des traditions profondes de la région et de sa culture.

Au cours de la saison 1993-1994, des abris de touche sont mis en place. L'équipe première est reléguée en division I. La saison suivante de nouveaux joueurs rejoignent la SGC : Didier Ehret, Philippe Rocco, Philippe Clory, Alain Rappenecker. Les résultats ne se font pas attendre. En effet l'équipe retrouve la Promotion d'Honneur. La saison 1995-1996 est marquée par les titres de champion de groupe et de champion du Haut-Rhin en coupe d'encouragement des minimes. Ils ratent le titre de champion d'Alsace sur penalty.

Durant la saison 1997-1998, la commune procède à l'installation de l'éclairage intégral du stade, finance l'achat de quatre buts dont deux mobiles, procède à la réfection du gazon, et à la mise en place d'une main courante et d'un pare-ballon. Lors de la célébration du 55e anniversaire du club à l'Auberge Sundgauvienne, est attribuée la médaille d'or à Jean-Pierre Klein et Jean-Claude Munch ainsi que la plaquette de la LAFA à Fernand Walch, ancien vice-président.

L'équipe fanion se sauve de justesse de la relégation pour la saison 2000-2001, grâce à l'ultime match de barrage contre Wihr-au-Val, au cours des tirs au but après prolongation.

• BIBLIOGRAPHIE :
– Plaquette du 50e anniversaire, les 4 et 5 juillet 1992.
– Un grand remerciement à Hubert Hell.

En 1992 ; 130 années au service du football à eux trois
De gauche à droite : Hubert Hell (président d'honneur), Maurice Hell (vice-président d'honneur), Gilbert Weltin (vice-président d'honneur).

La SG Carspach de l'an 2000
Debout de gauche à droite :
François Jud, Michel Dany, Dino Oleï, Pierre Boulemacker, Pascal Schnoebelen, Sylvain Zariquiegui, Vincent Frinkelin, Eric Felix, David Hartmann, Raphaël Rey.
Accroupis de gauche à droite :
David Peguignot, Franck Caspard, Hervé Hohler, Daniel Vogel, Hebinger, Laurent Keller, Stephan Krause, Jean-Georges Ringenbach.

1942 Friesen

Union Sportive Friesen ★ 68

La première équipe de l'US Friesen

L'US Friesen 1973-1974

La corvée de tranchées

C'est en 1942 que naît le Football Club de Friesen. Ses deux principaux dirigeants sont Lothaire Bey et Paul Feber. Il évolue en division II en 1945-1946, qu'il achève d'ailleurs à la dernière place, avec une seule victoire, un nul et douze défaites, dans un groupe remporté par Pfetterhouse, devant Seppois, Grentzingen, Waldighoffen, Durmenach, Ballersdorf et Bisel. C'est sa seule et unique apparition en championnat. Il joue encore quelques matches amicaux avant de cesser toute activité en 1948.

Les anciens du FC Friesen décident de créer l'Union Sportive Friesen, le 21 novembre 1958. Le président est Lucien Scherrer et son secrétaire Lucien Wadel, maire du village. Le premier championnat est disputé en 1959-1960, en division III (il n'y a pas de division IV dans le Haut-Rhin à cette époque). Les débuts sont délicats. Au terme de la saison 1962-1963, l'USF se débrouille même pour finir à la toute dernière place de son groupe, et cette fois descendre en division IV, nouvellement créée, ne réussissant qu'un seul nul pour 17 défaites.

Il fallait persévérer

Il en faut du mérite pour persister à jouer. En 1963-1964, l'équipe encaisse 16 défaites en 16 matches disputés. Mais à force de persévérer, l'équipe se bonifie et le championnat 1966-1967 est sanctionné par un fauteuil de dauphin, à un seul point de Balschwiller. Une nouvelle place arrive en 1970-1971, à deux points d'Aspach-le-Haut. En 1971-1972, l'équipe est enfin récompensée de ses efforts puisqu'elle est sacrée championne de son groupe devant Roppentzwiller. Elle est enfin en division III. Mais à nouveau dernière, l'USF retourne en division IV au terme de la saison 1973-1974.

L'équipe a joué jusque-là sur un terrain privé, situé de l'autre côté de la route. C'est alors que la commune de Friesen met à disposition du club l'actuel terrain de football, rue de Largitzen. Une deuxième place en 1975-1976 permet à Friesen de remonter en division III pour la saison 1977-1978.

Le président René Martin et toute son équipe débutent bénévolement, en 1976, la construction du vestiaire, l'un des premiers a être édifié dans la région. Les matériaux de construction sont pris en charge par le Hall des Sports de Friesen. Notons le dévouement et l'engagement de René Martin, sans qui cet édifice n'existerait pas. C'est en 1977 que l'on procède à son inauguration. En 1978, on procède à l'installation de l'éclairage, toujours réalisé bénévolement (chaque joueur a pour mission de creuser 6 mètres de tranchée pour permettre la pose des câbles souterrains).

Longtemps confortablement installée en division III, l'équipe première (il existe une réserve et des équipes de jeunes) manque sa saison

1983-1984 et se retrouve en division IV. Elle se retrouve aspirée en division III pour la saison 1985-1986, en raison de la restructuration des championnats décidée par la LAFA. La Ligue, compréhensive, accorde plusieurs années de sursis à l'équipe pour que le club puisse agrandir et améliorer son terrain. Le terrain drainé à 3 reprises par les membres du club, d'une dimension de 60 X 100 mètres, se voit bordé d'une main courante en 1989.

En 1994, le club organise son 35e anniversaire, cérémonie durant laquelle quelques membres sont récompensés. En 1995, le vestiaire est légèrement agrandi, afin de créer un local pour le rangement de la tondeuse, des boissons, des équipements, ainsi qu'une buvette plus accessible et conviviale.

En printemps 1998, sous la présidence de Claude Ancel, le club de Friesen fusionne avec le club de Souarce (Territoire de Belfort). Cela permet de créer une troisième équipe séniors et surtout l'accession en division II de l'équipe première. Cette montée était attendue depuis de nombreuses années. Dans cette euphorie la saison suivante est ponctuée par une nouvelle montée. Cette dernière est historique pour le club, car c'est la première fois que l'US Friesen va jouer en division I.

• BIBLIOGRAPHIE :
– Documents et photos fournis par le club.

Les présidents
Lucien Scherre, Armand Roesch
Jean-Pierre Pfleger, René Martin
Jean-Pierre Nussbaum, Agnès Nussbaum
Renzo Zatti Renzo, Claude Ance, Stéphane Feber

L'US Friesen 1999-2000, accession en division II

L'US Friesen 1984-1985

L'US Friesen 1990-1991

L'US Friesen de l'an 2000
Debout de gauche à droite :
Albert Zatti, Sébastien Massoulle, Abbas Kararscan, Marco Ferreira, Jérome Doutre, Paulo Ferreira, Fabrice Valivre, Fabrice Berra, Eddy Zatti.
Accroupis de gauche à droite :
Jean-Pierre Polidori, Murat Deringoz, Stéphane Feuber, Sébastien Bringart, Alexandre Ancel, David Mheufnot, Gultekin Déringoz.

1945 Football Club Entzheim ★ 67

Entzheim

Le FC Entzheim en 1945-1946
Debout de gauche à droite : J. Pignon, Jeandidier, R. Heitz, P. Andress, Gauthier, D. Marx, F. Muller, C. Kruther, E. Bauer.
Accroupis de gauche à droite : E. Zilberzahn, F. Brumder, R. Neuburger, J. Rieb.

Remise de la plaquette de la LAFA par son président, Ernest Jacky à Roger Xardel, membre fondateur et président du club pendant 32 ans

Les présidents
Philippe Freysz (1945-1946)
Ernest Bauer (1946-1948)
Emile Rapp (1948-1950)
Roger Xardel (1950-1982)
Roland Fraulob (1982-1988)
Charles Christmann (1988-1991)
Emile Humann (1991 à nos jours)

La « famille » de Roger Xardel

Petit club de village, créé par le maire Philippe Freysz à l'issue de la seconde guerre mondiale, le FC Entzheim apparaît en 1945, pour implanter une activité sportive dans la commune. Le club est porté pendant tout son cheminement par une personnalité d'une grande compétence et d'un dévouement sans faille. En effet, membre fondateur (1945-1948), puis secrétaire (1948-1950), Roger Xardel préside le club pendant 32 années (1950-1982).

Lors de la première saison, celle de 1945-1946, Entzheim joue en division III, mais redescend immédiatement en division IV. En 1947-1948, le club accroche la 4e place derrière Port-du-Rhin, Dingsheim et l'AS Neudorf. Il réitère ce résultat en 1948-1949 et s'installe au milieu du tableau, avec un 6e rang en 1949-1950.

On se tourne vers les jeunes

Le FC Entzheim accède au trio de tête, en décrochant la 3e place derrière Geispolsheim-Village et Plobsheim. Il reste dans le haut du classement, finissant 4e du championnat 1951-1952. Ses efforts aboutissent en 1952-1953, puisque l'équipe fanion se classe 2e, derrière le FCO Neudorf, invaincu cette saison, et monte en division III.

Elle n'atteint que le 7e rang de son groupe en 1953-1954 et perd tout espoir de se maintenir en 1954-1955, puisqu'à l'issue de la saison, le club termine 9e et avant-dernier. Il retombe en division IV. Le FC Entzheim ne s'avoue pourtant pas vaincu et arrive 3e, derrière Innenheim et Holtzheim, en 1955-1956. Il acquiert la 5e place en 1956-1957, puis la 4e en 1957-1958 derrière Plobsheim, Ottrott et Hipsheim. Malheureusement l'équipe touche le fond en 1958-1959 en finissant lanterne rouge derrière Nordhouse et Mittelbergheim. Fonctionnant avec une seule équipe senior au départ, le club connaît sa première révolution en 1962, avec la création d'une équipe de minimes. Pour la saison 1962-1963, le club parvient à se hisser en 3e position, à égalité de points avec le deuxième, Bourgheim, mais avec un moins bon goal-average et à un point du premier Krautergersheim.

L'équipe fanion reste stable et prend la 4e place du groupe en 1963-1964 et en 1964-1965. Elle manque d'un cheveu la première place du classement, en finissant 2e derrière la SGS Égalité Strasbourg. Le club accroche toujours le haut du tableau en 1966-1967 (3e), derrière Ottrott et Dangolsheim. Il retrouve la 3e position en 1967-1968, derrière l'ASC Meinau et Musau. Une équipe réserve voit le jour en 1967. 5e en 1968-1969, l'équipe fanion remporte enfin le titre de champion de groupe en 1969-1970, devant Lingolsheim II et Nordhouse. Le FCE accède en division III.

Il continue sur sa lancée et décroche à nouveau la première place devant l'équipe II du FCSK 06 II et Lingolsheim II (16 victoires et deux défaites). C'est donc à l'issue de la saison 1970-1971, que le club accède en division II. Malheureusement il ne fournit pas les résultats attendus et échoue à la dernière place du championnat de division II derrière Geispolsheim-Village et Dangolsheim. Il retrouve donc la division III en 1972-1973.

Les choses s'arrangent

La construction d'un nouveau terrain, inauguré le 5 août 1973 par le député Georges Ritter, redonne un nouvel élan au club. Elle a permis la création d'une équipe III, d'une section vétérans et d'un accroissement du nombre d'équipe de jeunes. Le FCE dégringole la saison suivante (1973-1974) et se trouve en dernière position, derrière Innenheim. Tous deux descendent en division IV. L'équipe fanion se rattrape dès la saison 1974-1975 et obtient la montée grâce à sa 2e place derrière Bolsenheim.

De retour en division III, le club termine 7e en 1975-1976, 5e en 1976-1977, puis atteint le 3e rang derrière Hindisheim et Boersch. Il fait encore mieux en 1978-1979, deuxième à 9 points du premier, Obernai. C'est à l'issue de la saison 1979-1980 que le FCE prend la tête du championnat devant Geispolsheim-Village et Meistratzheim. Il gagne 13 matches, pour 5 nuls et 2 défaites, il marque 59 buts contre 15 encaissés. C'est la montée en division II. Il poursuit ses efforts, puisqu'en 1980-1981, il est 2e, manquant le titre de champion de groupe d'un point, derrière Niedernai. La saison suivante (1981-1982) est marquée par une nouvelle 2e place, à trois points d'Osthouse.

La consécration arrive en 1982-1983, avec la première place et 4 points d'avance sur Holtzheim. Le club a marqué 63 buts contre 21 encaissés, et remporté 17 matches, fait 3 nuls et perdu 2 rencontres. L'équipe fanion redémarre logiquement en division I. 7e en 1984-1985, le FC Entzheim monte en Promotion en raison de la suppression de la division IV. Il s'en tire à bien avec un 3e rang derrière la Ménora Strasbourg et la FAIG en 1985-1986.

6e en 1986-1987, le club atteint à nouveau la 3e place en 1987-1988, derrière Truchtersheim et Hoenheim. Malheureusement, il rate complètement la saison 1988-1989 et termine 12e et avant-dernier devant Achenheim et retombe en division I. L'équipe ne se décourage pas pour autant et accroche la 2e place à un point derrière Lingolsheim en 1989-1990. Elle s'installe dans le haut du classement et se hisse au 4e rand en 1990-1991, puis 3e en 1991-1992, derrière l'AS Strasbourg II et Boersch. Toujours plus performants, les footballeurs d'Entzheim prennent la 2e place en 1992-1993 à deux points d'Ernolsheim. Le championnat se passe sans trop d'encombres mais la satisfaction vient de la place de demi-finaliste de la coupe du Crédit Mutuel en 1995-1996.

6e en 1997-1998, le club retrouve le haut du classement en 1998-1999 et acquiert la 2e position derrière l'AJS Koenigshoffen. La construction du club-house en 1999, achève la mise en place de bonnes infrastructures. Une honorable 5e place ponctue la saison 1999-2000, puis une 4e en 2000-2001.

• BIBLIOGRAPHIE :
– Documents et photographies remises par Roger Xardel et Emile Humann.

Le FC Entzheim 1981-1982, finaliste de division II départementale
Debout de gauche à droite : A. Urban, S. Diruzza, A. Mathis, R. Palee, B. Klein, Jean-P. Breffi, R. Humann, R. Muller, J. Noeppel (dirigeant).
Accroupis de gauche à droite : P. Gabaglio, R. Diruzza, L. Rebmann, R. Breffi, P. Noeppel, R. Freysz.

Le FC Entzheim 1995-1996, demi-finaliste de la coupe du Crédit Mutuel secteur CUS
Debout de gauche à droite : J. Jund, P.-P. Kirn, A. Kouviakoé, B. Folzenlogen, Jean-M. Noeppel, Y. Gaudry, B. Nuss, R. Fraulob (entraîneur).
Accroupis de gauche à droite : R. Diruzza, A. El Yaccoubi, F. Debs, D. Cominotto, D. Muller, F. Sonrel.

Le FC Entzheim de l'an 2000
Debout de gauche à droite : Thierry Gomez, Adrien Motsch, Patrice Cominotto, Bruno Ohlmann, Emilien Humann, Jacky Stieber, Ali Ferhati, Dominique Cominotto.
Accroupis de gauche à droite : Jean-Paul Tétry, Bruno Folzenlogel, François Charlier, Daniel Arenz, Jérôme Lichtlé, Yves Gaudry, Patrick Stroh (dirigeant), Emile Humann (président).

Le comité de l'an 2000
Emile Humann (président)
Jean Noeppel (vice-président)
Bruno Bauer (secrétaire)
Jean-Michel Noeppel (secrétaire)
Jean Humann (trésorier)
Dominique Sonrel (trésorier)
Daniel Arenz, Charles Bauer
Emile Cominotto, Frédéric Debs
Jérôme Lichté, Jean-Paul North
Marc Stroh

1945 Mackwiller

Football Club Mackwiller ★ 67

Le berceau de Sylvain Kastendeuch

C'est en 1935 que voit le jour le Football Club de Mackwiller, quand quelques fervents du ballon rond unissent leurs efforts pour doter le village d'une équipe de football d'abord, puis d'un club, puis d'un terrain. Avant la guerre, on ne dispute que des matches amicaux entre villages voisins. Durant la guerre, le club arrête ses activités, ses joueurs sont appelés sur le théâtre des opérations.

Après la guerre, une poignée d'anciens se retrouvent pour reconstituer le FCM, réimplanter un terrain puis aménager le stade municipal actuel. Le premier président est Eugène Demmerle (père). Grâce à l'ambition et à la volonté des anciens, le FCM, va commencer une triomphale marche en avant pour mener l'équipe première en division II en 1961, puis en division I en 1966. Mackwiller remporte sa première coupe de l'Alsace Bossue en 1957-1958.

Le FC Mackwiller en 1947
Debout de gauche à droite :
Rodolphe Reppert, Charles Schmidt, Marcel Dorn, Albert Schuster, Emile Feuerstein.
Accroupis de gauche à droite :
Gustave Betsch, Philippe Mathia, René Fischer.
Assis de gauche à droite :
Charles Dorn, André Dimneth, René Bieber.

Le porte-drapeau de l'Alsace Bossue

Durant quatorze années, cette équipe dynamique et volontaire, soutenue par des dirigeants et des supporters enthousiastes, avec une moyenne de 250 spectateurs lors des rencontres disputées à domicile, reste le porte-drapeau de l'Alsace Bossue face à des adversaires comme Bischwiller, Haguenau, Wissembourg, Niederbronn, Gundershoffen, Betschdorf, Hochfelden, Phalsbourg, Monswiller, Saverne, Seebach… Modeste par ses ambitions, le club l'est moins par ses équipements puisqu'une tribune, une buvette et des vestiaires ceinturent déjà le stade. Le tout est réalisé par les membres du comité et les joueurs. L'équipe fanion remporte néanmoins par trois fois encore la coupe de l'Alsace Bossue lors des saisons 1969-1970, 1970-1971 et 1972-1973, après celle de 1957-1958.

Vive le 50e !

C'est en 1979 que l'équipe est reléguée en division I. Le tandem Bauer-Serfass arrête à la fin de la saison 1980-1981. Alors, un autre Albert Bauer (aucun lien de parenté avec le précédent) prend en main les destinées du FCM. Plusieurs bons éléments quittent le club qui descend en division III en 1982. Après plusieurs saisons passées dans les divisions

Le FC Mackwiller 1957-1958, vainqueur de la coupe de l'Alsace Bossue
Debout de gauche à droite : Jean Oswald, Adolphe Bachmann, Herbert Bach, Henri Schneider, Gilbert Schmidt, Alfred Schuster.
Accroupis de gauche à droite : Charles Leibundguth, René Bieber, Gilbert Serfass, Pierre Leibundguth, Paul Lung.

Le FC Mackwiller 1965-1966, accession en division I
Debout de gauche à droite : André Feuerstein, Raymond Demmerle, Arnim Roeser, André Mathia, Gilbert Serfass, Henri Wehrung, Emile Kiefer, Alfred Schuster, Albert Bauer (président), Alphonse Imbs (vice-président).
Accroupis de gauche à droite : Emile Feuerstein (juge de touche), Gérard Dimneth, Paul Geyer, Rémy Haenel, Oscar Ernewein, Francis Foessel.

Le FC Mackwiller minimes, au début des années 1970, avec Sylvain Kastendeuch
Debout de gauche à droite : Bertrand Janus, Claude Bieber, Guy Jacobs, Christian Haenel, Pascal Gangloff, Pierrot Helmstetter (entraîneur). Accroupis de gauche à droite : Sylvain Kastendeuch, Christian Ensminger, Patrick Jung, Christophe Jung.

Le FC Mackwiller II 1977-1978
Debout de gauche à droite : Albert Bauer (délégué et actuel président), Herbert Buda, Paul Schoepfer, Alain Gangloff, Frédéric Bleichner, Roger Bauer, Gérard Haenel (vice-président). Accroupis de gauche à droite : Patrick Gangloff, Lucien Oswald, Michel Macq, Patrick Bauer, André Mathia, Herbert Dimneth.

inférieures, c'est la remontée en division I en 1985, sous la houlette de l'entraîneur-joueur Jean-Marie Becker. Profitant de la refonte des championnats décidée par la LAFA (suppression de la division IV), le club passe, d'un seul coup de division III en division I. Le club peut alors fêter dignement son 50e anniversaire. En fin de saison 1988-1989, il connaît la relégation en division II, puis en division III l'année suivante.

C'est au début des années 1990, que l'équipe fanion joue les premiers rôles avec l'arrivée de Philippe Muck comme entraîneur-joueur. L'équipe termine 2e du classement de la saison 1993-1994. La saison suivante, le club est frappé par la disparition accidentelle de Franck Dkebus, joueur de l'équipe I. Il termine à la 3e place. La saison suivante (1995-1996) est la bonne. L'entraîneur Philippe Muck et sa troupe sont récompensés, après de multiples efforts, avec la montée en division II. Philippe Muck quitte le club en fin de saison pour des raisons professionnelles. Il est alors remplacé par Jean-Paul Klersy qui après deux saisons arrête pour prendre en charge la section des jeunes.

En 1997 Patrick Jung, ancien joueur du club, prend en charge l'entraînement des seniors pendant 2 saisons. La saison suivante, il doit arrêter pour raisons professionnelles, mais reste tout de même en tant que joueur, pour reprendre en charge l'entraînement des équipes seniors pour la saison 2000-2001.

Le poids des jeunes

Depuis la saison 1995-1996, le club assure son maintien en division II, étant même barragiste pour la montée en 1998-1999. Mais la saison 2000-2001 ne sourit guère au FCM en raison des blessures. Il se retrouve ainsi au bas du classement. Depuis la refonte du championnat, l'équipe réserve opère en pyramide B, division IV. Toujours en haut du classement, elle échoue de justesse au dernier match de barrage lors de la saison 1999-2000.

A ce jour, le FCM compte 2 équipes seniors, une équipe débutants et une équipe poussins. Pour la saison 2000-2001, les autres équipes de jeunes sont regroupées en une grande famille avec leurs homologues de l'ASI Avenir, Butten-Dehlingen, Diemeringen, Waldhambach, Weislingen-Tieffenbach sous le nom de « Eichel 2000 ». Deux équipes de benjamins évoluent au FCM, deux équipes de 13 ans évoluent à Butten et une équipe à Diemeringen, une équipe de 15 ans évolue à Waldhambach, une autre à Weislingen-Tieffenbach et à ASI Avenir. Toutes ces équipes de jeunes ne peuvent fonction-

Le FC Mackwiller 1984-1985, accession en division I
Debout de gauche à droite : Albert Bauer (président), Pierre Gaertner, Claude Bieber, Sylvain Koenig, Jean-Marie Becker (entraîneur), Guy Jacobs, Gilbert Fauth, Christophe Jung, Gilbert Bauer (juge de touche). Assis de gauche à droite : Christophe Muller, Christophe Jacobs, Christian Haenel, Patrick Jung, Claude Jitten, Michel Macq.

Le FC Mackwiller 1995-1996, accession en division II et les membres du comité
Debout en haut de gauche à droite : Chrétien Hofstetter, Bernard Burr (vice-président), Laurent Sommer, Jacqui Debus (vice-président), Daniel Herrmann, Jean Muller. Debout au milieu de gauche à droite : Christine Gerber, Christophe Haro, Gérard Bauer, Bruno Nomine, Christiane Debus, Claude Gressel, Colette Burr, Pierre Geneve, Eric Reininger, Patrick Wolff, Christian Reinbold, Stéphane Staebler, Christian Hoffmann, Eugène Ambos, Guy Gerber. Assis de gauche à droite : Laurent Ensminger, Frédéric Geneve, Didier Eich, Christophe Muller, Denis Muller, Philippe Muck (joueur-entraîneur), Albert Bauer (président), Jean-Paul Klersy, Christophe Wenger, Olivier Koenig, Dominique Creutz, Eric Burr, Philippe Grub.

Les arbitres du FC Mackwiller en l'an 2000
Debout de gauche à droite : Catherine Bauer, Eric Helmstetter, Albert Bauer (président), Thomas Schmidt, François Houpert.

Le berceau de Kastendeuch

Le FCM est un club formateur. Il est fier de pouvoir compter parmi ses anciens joueurs, le joueur professionnel du FC Metz, Sylvain Kastendeuch. Sylvain fait ses débuts à Mackwiller en évoluant dans l'équipe pupilles puis dans celle des minimes. Il quitte le club en 1978. Sylvain, parti au FC Metz, vient de mettre un terme à sa carrière après plus de 560 matches en division I. Et dire qu'il a été jugé trop malingre pour pouvoir figurer dans la sélection d'Alsace des minimes ! Plusieurs des anciens joueurs originaires de Mackwiller et formés au club, sont devenus entraîneurs, comme Gérard Dimneth à Reipertswiller et Pierrot Helmstetter à Sarrewerden. Un autre, Christian Haenel, a suivi une formation à Sochaux pendant deux ans. Le plus jeune, Hervé Debus, a évolué aux SR Haguenau. A présent, il est revenu renforcer les rangs du FCM.

ner que grâce à la bonne volonté et à la persévérance de l'équipe d'encadrement dirigée par le président du comité des jeunes Jean-Paul Klersy.

Le FCM est fortement doté au niveau de l'arbitrage. Depuis treize années, l'actuel président, Albert Bauer, arbitre pour son club. Les deux dernières années, quatre jeunes sont venus renforcer les rangs Eric Helmstetter et Thomas Schmidt ont réussi leur examen en automne 1998, Catherine Bauer, qui n'est autre que la fille du président, et François Houpert en automne 1999.

• **BIBLIOGRAPHIE :**
– Plaquette du 50e anniversaire des 3 et 4 août 1985.
– Grand merci au président Albert Bauer.

Les jeunes du FC Mackwiller de l'an 2000
Entourés de leurs dirigeants parmi lesquels Jean-Paul Kelsy, président de la section jeunes (en bas à gauche), Eugène Ambos, président d'Honneur, Albert Bauer, président du FCM, Gilbert Benedick, vice-président de la section jeunes, Alain Roetsch, trésorier de la section jeunes, Christine Bauer, secrétaire du club (debout de droite à gauche). De gauche à droite : Jean-Pierre Schneider, Marcel Decker, Gérard Bauer (4e), Bernard Burr, vice-président (5e), Christian Hoffmann, trésorier du club, Colette Burr.

La femme du boulanger

Depuis la création du club, plusieurs présidents se sont succédés. L'un d'eux, Albert Bauer (boulanger), s'est totalement investi et a guidé ce club pendant environ une vingtaine d'années, sous l'œil bienveillant de Louise, son épouse. Il est soutenu par son secrétaire Gilbert Serfass qui est également entraîneur pendant la même période. Gilbert qui quitte le club en 1980, a siégé pendant douze ans à la CFS du Bas-Rhin. Il fait toujours partie de la commission régionale des terrains et équipements.

Feu la buvette en bois

Le terrain du FCM est équipé depuis de nombreuses années de vestiaires, d'une tribune, d'installations pour nocturnes et d'une buvette en bois. Cette dernière qui a bien mérité sa retraite, a été remplacée par un tout nouveau club-house, qui doit être opérationnel sous peu, grâce à la bonne volonté de nombreux bénévoles et sponsors. Mais qu'on se rassure, feu la buvette ne sera pas brûlée. En fin de saison, d'importants travaux de drainage et de nivelage sont effectués sur le terrain.

Bière et choucroute

Chaque année, le FCM organise sa traditionnelle « fête de la Bière et de la Choucroute » ainsi que le réveillon de la Saint Sylvestre, où il faut mobiliser un minimum de cinquante personnes. Notons, parmi les organisations, la journée « foot pour tous » en juillet et désormais une soirée carnavalesque chaque printemps.

Les présidents

Eugène Demmerle, André Loeb, Charles Feuerstein
Georges Schmidt (1954-1955)
Albert Bauer, boulanger (1956-1980)
Albert Bauer (1981-1988)
Bertrand Bauer, fils du boulanger (intérim de 6 mois)
Gilbert Jittem (1988-1990)
Eugène Ambos (1990-1994)
Albert Bauer (1994-2001)
Albert Bauer (2001 à nos jours)

Le comité de l'an 2000

Eugène Ambos (président d'honneur)
Alphonse Imbs (président d'honneur)
Gilbert Serfass (membre d'honneur)
Albert Bauer (président)
Bernard Burr (vice-président)
Jacqui Debus (vice-président)
Christine Bauer (secrétaire)
Jean-Paul Klersy (secrétaire-adjoint)
Christian Hoffmann (trésorier)
Jean-Paul Klersy (président des jeunes)
Colette Burr, Christiane Debus
Chrétien Hofstetter, Jean Muller
Gérard Bauer, Marcel Decker, Eugène Federer,
Franck Haenel, Eric Helmstetter, Daniel Herrmann
Patrick Jung, Olivier Koenig, Frédéric Roehrig
Jean-Pierre Schneider

Le FC Mackwiller de l'an 2000
Debout de gauche à droite : Pierre Geneve (délégué), Hashim Aydin, Olivier Koenig, Philippe Krug, Christophe Jung, Atakan Kilic, Olivier Hofstetter, Patrick Jung, Albert Bauer (président).
Accroupis de gauche à droite : Matthieu Mathia, Pascal Wilhelm, Serge Wild, Eric Burr, Jean-Michel Schmitzer, Roger Krugell (entraîneur).

Association Sportive Strasbourg - Musau ★ 67

Musau
Strasbourg

Le sens du travail bien fait…

Il n'y a pas encore de football dans le quartier du sud de Strasbourg, un quartier calme, paisible et campagnard, en 1945. Et c'est bien ce constat, fait par des jeunes qui ont eu vent de ce qui se passe ailleurs en matière de ballon rond, qui les amène à créer un club. Ils trouvent en E. Staengel, président-fondateur, un allié de poids.

Les débuts sont difficiles, pas de terrain, ni de vestiaires, pas de lieu de rencontre, à part les restaurants. Les subventions sont inexistantes et il faut faire preuve d'imagination pour boucler les budgets. Le club s'affilie à la FSGT et obtient son premier titre de champion d'Alsace en 1958.

Au cours de la saison 1964-1965, le club remporte son deuxième titre de champion d'Alsace FSGT, et accède aux quarts de finale de la coupe Auguste Delaune, coupe de France FSGT.

En 1966-1967, il décide de s'affilier à la LAFA, engage une équipe en division III et une équipe II en championnat des réserves. Au terme de la saison 1969-1970, l'équipe réserve s'adjuge le titre de champion d'Alsace des réserves B, en battant en finale la SS Rosenau. L'équipe fanion, quant à elle, évolue au plus bas de l'échelle mais inscrit tout de même son nom sur le socle du challenge Paul Allenbach, et accède en division III à la fin du championnat 1970-1971.

Le club-house, construit bénévolement, est inauguré le 4 septembre 1971. La même année est créée la section des jeunes. Le 10 novembre 1973, une tragédie marque le club, lorsque son président, E. Staengel, trouve la mort accidentellement au retour du stade. En 1975, Jean-Pierre Roth est élu à la tête du club.

Un incendie criminel

Lors de la saison 1980-1981, le club accède en division II, après s'être octroyé le titre de champion de groupe de division III, devant les Antillais de Strasbourg. La saison suivante, les poussins sont finalistes de la coupe nationale de leur catégorie. Le 2 septembre 1984 sont inaugurés les nouveaux vestiaires. En 1984-1985, les minimes sont champions de leur groupe et les poussins finalistes de la coupe d'encouragement. Un incendie criminel détruit le club-house dans la nuit du 3 au 4 mai 1985.

Profitant de la suppression de la division IV décidée par la LAFA, l'ASSM accède en division I, pour la saison 1985-1986. Mais l'équipe, sauvée de justesse la première saison, se retrouve bonne dernière du championnat 1987-1988 et retombe en division II.

Le club-house est reconstruit et inauguré le 26 juin 1987.

Deux saisons plus tard, l'équipe une est championne de groupe, ce qui lui permet d'accéder à nouveau à la division I. Durant la saison 1991-1992, c'est l'accession, pour la première fois, en Promotion d'Honneur, avec la conquête du titre de champion d'Alsace enlevé devant l'USI Rosso Neri de Guebwiller. Dès lors, elle évolue dans cette division jusqu'en 1997-1998. Signalons qu'en 1995-1996, l'équipe III est sacrée championne du Bas-Rhin des réserves B, battue pour le titre régional par le FC Riedisheim.

Au cours de la saison 1998-1999, Roland Kalt prend la tête du club et l'équipe retrouve la division I. En 1999-2000, l'équipe fanion est championne d'Alsace de Promotion, et accède pour la première fois de son histoire en Promotion d'Excellence. Championne du Bas-Rhin, elle s'incline en finale régionale devant le FC Guebwiller.

• **BIBLIOGRAPHIE :**
– Documents remis par le club.

Nb: L'incendie qui a détruit le club-house en 1985 a aussi anéanti toutes les archives, documents et photos du club.

L'AS Musau de l'an 2000
Debout de gauche à droite : R. Kalt (président), F. Steinberger, P. Thoravel (délégué), O. Rapp, G. Schmitt, C. Gijon, S. Ostertag, P. Valet, E. Huber, P. Bauer, P. Kalt.
Accroupis de gauche à droite : M. Mouakit, D. Steinberger (entraîneur), F. Sellami, E. Mosser, J.-P. Diez, V. Congia.

1945 Football Club Oberhausbergen ★ 67
Oberhausbergen

Le FC Oberhausbergen en 1946

Michel Host, premier président du FCO en 1945

Henssler
Construction et équipements de serres
27a, rue Principale
67370 DINGSHEIM
Tél. 03 88 56 91 00

Un accouchement dans la douleur

C'est dès l'année 1920 qu'une poignée de fanatiques se regroupent pour créer un club de football à Oberhausbergen. Ils ont beau faire preuve de beaucoup de bonne volonté, pour jouer au football, il faut avant tout un terrain. Et c'est là que le bât blesse. Dans une commune à vocation agricole, disposer d'une surface pour jouer et s'amuser relève de l'utopie. Alors, les vaillants copains s'en vont disputer leurs matches amicaux sur terrain adverse. Mais sans jamais se structurer. A la longue, leur ardeur s'estompe et la tentative avorte.

Deuxième tentative

Le «club» renaît en 1941, toujours officieusement, mais les jeunes gens sont appelés à évoluer sur des terrains lointains, bien moins pacifiques. La seule consolation réside dans le fait que ceux qui ont échappé à l'horreur et sont restés au village en profitent pour trouver un terrain, situé rue du Moulin, et qui est encore en service aujourd'hui. Trop petit pour être homologué, il permet néanmoins de jouer quelques rencontres amicales et surtout à domicile.

La Libération offre l'occasion de remettre le projet sur les rails et, le 1er août 1945, sous l'impulsion de Michel Host entouré de quelques vaillants pionniers, l'enfant peut enfin venir à terme.

Le comité fondateur se compose de : Michel Host (président), Auguste Roth (vice-président), Charles Scholler (1er secrétaire), André Ertz (2e secrétaire), Louis Oberlé (trésorier), Joseph Schott, Jules Machavoine (conseillers).

On choisit les couleurs : l'équipe jouera en bleu et blanc. On élit le siège : ce sera au restaurant «A l'Etoile». L'arrivée des «Flammekueche» va remplir les salles de touristes et de clients et les vider de ses sportifs, la cohabitation devient impossible.

Le comité du FCO s'exile donc dans un restaurant de Mittelhausbergen puis dans une ancienne école maternelle pour finir dans les bains

Le club-house du FC Oberhausbergen en 1973 : une ancienne salle de classe de Cronenbourg !

Photo souvenir du 50ᵉ anniversaire en 1995

municipaux. Il faut trouver une solution. Après de nombreuses démarches, on se rabat sur une ancienne classe d'école en préfabriqué de la rue des Renards à Cronenbourg, mise à disposition par l'Académie. Alors, on démonte et on remonte.

On est en 1973. Joueurs et surtout dirigeants y passent tous leurs loisirs mais en viennent à bout.

Les travaux sont terminés pour la première fête de Noël. En 1995, on fête le 50ᵉ anniversaire du club. Du côté des résultats sportifs, le FC Oberhausbergen a toujours suivi son petit bonhomme de chemin.

On remarque un titre de champion du Bas-Rhin de division II en 1952-1953 avec une équipe qui échoue de très peu dans la finale régionale contre Sundhoffen.

En 1979-1980, l'équipe des poussins devient championne d'Alsace en battant en finale l'équipe du FC Mulhouse par 2 à 0. De nombreux autres titres de champion de groupes sont à inscrire à l'actif du FCO.

Le club compte 258 licenciés à ce jour. 15 équipes sont engagées dans le championnat

• BIBLIOGRAPHIE :
– Plaquette des 50ᵉ et 55ᵉ anniversaires.

Le FC Oberhausbergen débutants de l'an 2000

Le comité de l'an 2000
Assis de gauche à droite : Bernard Mathis, Gérard Noss, Monique Karcher, Ernest Murer, André Schwaentzel.
Debout de gauche à droite : Jean-Marie Ottmann, Alfred Karcher, Jean-Michel Lobstein (président), Raymond Fischer, Serge Karcher. Manquent sur la photo : Paul Meyer, Jean-Paul Wolff, René Weiss.

Les présidents
Michel Host (1945)
Jules Machavoine
Charles Riehl
Jean Schleiffer
Amédée Tardieu (1962-1964)
René Meyer (1964-1970)
Marcel Gentzburger (1969-1973)
Bernard Grass (1972-1976)
Jean-Jacques Bohland (1975-1979)
Paul Weiss (1978-1980)
Alfred Haeffner (1980-1993)
Jean-Michel Lobstein (1993 à ce jour)

Le FC Oberhausbergen de l'an 2000
Debout de gauche à droite :
Jean-Michel Lobstein (président), Ludovic Hosatte, Jérémie Pethe, Karim Djama, Alain Rohfritsch, Christophe Contrant, Sébastien Dietrich, Yves Helstroffer, Paul Kohler (entraîneur), Gérard Noss.
Accroupis de gauche à droite :
Olivier Pfirmmer, Marc Bonnet, Guy Leffler, David Pfirmmer, Serge Lehmann, David Zilliox, Thomas Anstett, Sacha Sanna.

1945
Association Sportive Ottrott ★ 67
Ottrott

L'AS Ottrott en 1946
Debout de gauche à droite : Jean Utz, Julien Schaeffer, Charles Gyss, Alphonse Eber, Arthur Hassenfratz, André Amann, Jean Muller, Lucien Bedell, Adolphe Schwartz, Frédéric Leicht, Paul Hoffbeck, Charlot Esslinger.
Accroupis de gauche à droite : Antoine Kraushar, Charles Claussmann, Charles Goetz, André Hassenfratz, Norbert Wimmer.

Marcel Koch, premier président de l'AS Ottrott

Aux couleurs de « Rhin et Danube »

Avant la guerre de 1939-1945, le colonel De Witt-Guizot, alors maire d'Ottrott, avait déjà lancé l'idée d'une association sportive. Il avait mis à la disposition des jeunes un de ses propres terrains pour leur permettre de s'entraîner. Après le décès de son chauffeur, M. De Witt trouva en M. Leicht un remplaçant occasionnel. Frédéric Leicht, qui tenait alors le restaurant de la gare, était lui-même un fervent sportif. L'idée fit alors son chemin. A la Libération, une délégation formée entre autres de Marcel Koch, Frédéric Leicht, Marcel Fouquier (futur maire), Charles Goetz, Albert Eber, s'en va trouver Madame De Witt-Guizot, propriétaire du parc et de l'emplacement du futur stade. Un bail est signé le 20 septembre 1946. Ce contrat prescrit que le propriétaire loue à la commune une parcelle au lieu-dit Lachmatten pour une durée de 9 ans à compter du 1er janvier 1946, renouvelable par périodes de 9 ans, au franc symbolique l'an. Entre temps, le capitaine Le Thellier, commandant la compagnie des services du CIAAT avait utilisé ses hommes à l'aménagement du complexe sportif, comprenant un terrain de football entouré d'une piste en cendrée et un deuxième terrain où l'on trouvait un terrain de basket, un de volley ainsi que des équipements pour l'athlétisme et la gymnastique. Le terrain est inauguré en grandes pompes en 1945 par Madame le Maire De Witt-Guizot. En hommage aux hommes du capitaine Le Thellier dont la compagnie appartenait à la célèbre première armée du général De Lattre de Tassigny « Rhin et Danube », l'AS Ottrott adopte les couleurs « vert et jaune », celles de l'armée libératrice.

Les débuts en AGR

Après la réunion préparatoire du 2 octobre 1945 qui scelle les fondements de l'association sportive, le premier comité voit le jour le 17 novembre 1945. Le premier comité : Marcel Koch (président), Frédéric Leicht (vice-président), Albert Eber (secrétaire), Xavier Betsch (secrétaire-adjoint), Marcel Fouquier (trésorier), Julien Schaeffer (trésorier-adjoint), Edouard Lantz, Paul Hoffbeck, Edouard Claussmann, Robert Bader, Eugène Halter, Albert Esslinger, Charles Goetz (assesseurs).

Dès 1946, l'ASO dispute son premier championnat officiel en Avant-Garde du Rhin, Fédération à laquelle elle est officiellement affiliée le 17 avril 1946. Parmi les résultats de la saison, une lourde défaite face à Lutzelhouse 1-5.

Les autres adhérents : Amann Prospère, Eugène Berger, Robert Bisch, Auguste Dreyer, Alphonse Eber, Fernand Fischer, Lucien Fritz, Joseph Fritz, André Fritz, Jean-Paul Gonkel, Roger Gross, René Halter, Jean Hassenfratz, Emile Heimburger, Ernest Kinder, Charles Kopp, Charles Kraushar, Jules Kubler, Armand Krauss, Joseph Lutter, Claude Mathis, Jean Metz, Antoine Reiss, René Robert, Jean Rolling, Lucien Schmitt, Fernand Schweitzer, Antoine Schweitzer, Charles Schaetzel, Louis Wachenheim, Jean Wettstein, Armand Willer, Jean-Pierre Wimmer, Fernand Zurlinden.

Lors de l'assemblée générale tenue le 23 février 1946 au restaurant de Joseph Fritz, ils sont 54 présents pour 6 excusés et 3 absents seulement. Un véritable engouement. Le directeur d'école, Marcel Koch, qui a rédigé les statuts, cède la présidence à Frédéric Leicht. Robert Hoffbeck devient vice-président, Albert Gross, secrétaire, Charles Gyss, secrétaire adjoint et Charles Kraushar rejoint les assesseurs. Des bons textiles sont obtenus auprès de la Direction Départementale de la Jeunesse et des Sports pour des maillots, culottes, bas de sport, les joueurs peuvent enfin tous porter un équipement uniforme.

Premier match : deux jambes cassées

Le premier match amical est programmé contre Obernai. L'asso-

Le camion du président Leicht servant aux déplacements de l'ASO en 1946

L'AS Ottrott 1947-1948
Debout de gauche à droite : Jamet, Mousquet, Bedell, P. Steyer, Gyss. Accroupis de gauche à droite : Zuber, Hassenfratz, Amann, Kraushar, Tourne, Eber.

ciation n'a pas encore d'existence officielle, les joueurs ne sont pas assurés, le terrain est impraticable, il faut transporter les buts dans l'actuel entrepôt de l'entreprise Schreiber. Le match se joue et se solde par deux fractures de la jambe, pour Charles Gyss et Jules Kubler. Quels débuts ! Les premiers déplacements se font à bicyclette. Pour les voyages plus lointains, c'est le président Leicht qui conduit son camion. Il arrive aux joueurs, installés dans la benne, de se cacher sous une bâche afin de déjouer la vigilance de la maréchaussée. En 1960, le comité fait appel aux autocars Seitz à Obernai pour transporter les joueurs dans un véhicule de 17 places. Mais il faut abandonner à la fin des matches aller car il risque de ne plus y avoir d'argent dans la caisse !

En 1947, pour de multiples raisons, le comité décide l'affiliation à la LAFA. L'équipe débute en division IV. Le capitaine Charles Gyss enregistre avec satisfaction les renforts de Paul Geyer, Jean Mousquet, Jamet et Jean Tourne. Pour sa première participation à la coupe d'Alsace, l'ASO est sévèrement battue par Dangolsheim 1-11.

La première belle performance est réalisée au cours de la saison 1950-1951. L'ASO accède pour la première fois en division III.

Ils se coupent les moustaches

A la fin de la saison 1953-1954, l'équipe se relève d'une rechute en division IV en s'offrant une remontée, hélas provisoire. L'effectif, trop restreint, ne permet pas de se maintenir à ce niveau et prend un ticket pour l'ascenseur.

Dans les années soixante, un vent nouveau souffle sur l'AS Ottrott. Bien que l'équipe ne joue qu'en division IV, elle fait parler d'elle en ne s'inclinant qu'après 38 rencontres sans défaite, après une défaite (2-4) devant Dorlisheim. Du coup, comme ils l'avaient promis, MM. Ott, Amann et Halter en tête se font couper les moustaches. Nous sommes le 11 décembre 1966. Ils n'avaient plus perdu depuis le 24 octobre 1965. En cette saison 1966-1967, l'ASO remporte brillamment le titre de son groupe, mais rate l'avant-dernière marche pour le titre départemental contre Gersheim. Les bons résultats amènent de nouvelles recrues et le club peut engager une deuxième équipe seniors.

La même équipe dispute avec beaucoup de cran le championnat de division III pour se retrouver en tête à une journée de la fin et ce avant le match fatidique contre le 2e, Valff. L'ASO mène 2-0, perd son gardien, joue à 10 et s'incline 2-3 en abandonnant le titre et la montée à son adversaire du jour.

Le stade : dix ans de combat

Et puisqu'on est dans les années soixante, profitons-en pour parler de l'épisode épique du stade. En 1959, le terrain n'ayant pas les dimensions requises, la commune décide de procéder à l'acquisition de terrains. Il faut exproprier. Les choses traînent en longueur. Jean Sick, président de la commission régionale des terrains, signale que c'est le plus mauvais terrain du Bas-Rhin, qui plus est non homologué. Mais l'un des propriétaires ne veut pas céder. Il faudra dix années de combat, de multiples interventions en haut lieu, l'élection de l'ancien président Robert Ott au poste de maire, pour que, le 23 août 1970, on puisse procéder à l'inauguration des nouvelles installations.

En 1972, le comité directeur lance dans le bain la première équipe de jeunes, une formation de cadets. Pour leur première apparition, ils terminent à la 8e place de leur championnat. De leur côté, les seniors finissent à la 9e place (sur 10) et sont relégués. Puis en 1975, apparaissent les minimes.

L'année « Crédit Mutuel »

Lors de la saison 1988-1989, l'ASO accomplit à nouveau un brillant parcours en championnat de division IV,

L'AS Ottrott en 1950-1951, accession en division III
Debout de gauche à droite : Norbert Wimmer, Charles Host, André Amann, Antoine Kraushar, Joseph Krauss, Alphonse Ritter.
Accroupis de gauche à droite : Jean-Pierre Halter, Jérôme Halter, Jeannot Esslinger, A. Krauss, Striebel.

L'AS Ottrott en 1955-1956
Debout de gauche à droite : François Halter, Norbert Wimmer, Maurer, André Amann, Hubert Eck, Paul Lang.
Accroupis de gauche à droite : Antoine Kraushar, Schmitt, Alphonse Ritter, De Caro, Lucien Keller.

L'AS Ottrott en 1966-1967, championne de groupe de division IV
Debout de gauche à droite : André Amann, Paul Halter, André Mosser, Jean-Pierre Schaetzel, Jean-Pierre Kopp, Bernard Kopp, Robert Halter, François Schreiber, Charles Host, Joseph Krauss.
Accroupis de gauche à droite : Raymond Kopp, François Jost, François Lantz, Marcel Wolf, Marcel Untrau.

L'AS Ottrott 1979-1980
Debout de gauche à droite : Raymond Berger, Jean-Louis Risser, Valentin Wimmer, Jean-Charles Vonville, Daniel Belluso, René Rellé, Jean-Marie Hess. Accroupis de gauche à droite : Bernard Kubler, Denis Eber, Eric Hoffbeck, Materne Hoffbeck, François Kubler, Gabriel Fritz.

L'AS Ottrott 1990-1991, championne de groupe de division IV
Debout de gauche à droite: Fritz (sponsor), Michel Ruby (entraîneur), Michel Hoffbeck, Francis Wagner, Jean-Marie Kraushar, Joël Riesterer, Jean-Marie Hess, Valentin Wimmer. Accroupis de gauche à droite: Vincent Fischer, Denis Eber, Carlo Marques, Christophe Henck, Didier Hoffbeck, Patrick Mosser, Marc Ruthmann.

L'AS Ottrott 1988-1989, demi-finaliste de la coupe du Crédit Mutuel Alsace Bruche
Debout de gauche à droite: Julio Lisboa, Paul Halter, Francis Wagner, Eric Hoffbeck, Michel Christ, Valentin Wimmer, Carlo Marques, Joël Riesterer, Michel Ruby (entraîneur). Accroupis de gauche à droite: Vincent Fischer, Christophe Henck, Denis Eber, Didier Hoffbeck, Patrick Mosser, Jean-Marie Hess, Jean-Marie Kraushar.

L'AS Ottrott minimes 1995-1996, champion d'Alsace
Debout de gauche à droite: Didier Hoffbeck (entraîneur), Jean Stawiaski, Benjamin Clerget, Ludovic Issenbeck, Romaric Meyer, Valentin Wimmer (entraîneur). Accroupis de gauche à droite: Eric Rehberger, Jean-François Fischer, Cyril Dreyer, Christophe Frei, Eric Strauch. Manquent sur la photo : Jean-Marc Garrigue (entraîneur du début de saison).

L'AS Ottrott 1996-1997, accession en division II
Debout de gauche à droite: François Schreiber (Maire), Julio Lisboa (entraîneur), Didier Hoffbeck, Eric Rehberger, Yannick Fazerlet, Michel Ehrard, Alain Reibel, Sébastien Michel, Frédéric Denny, Jean-Marie Hess. Accroupis de gauche à droite: Gérard Eber (CMDP); Christian Dehran, Alexandre Hertz, Frédéric Lehn, Gilles Stephan, Thierry Schmidt, Cyril Guillaume, Philippe Anderhalt (président).

en terminant à la deuxième place et en accédant à la division III, mais aussi en coupe du Crédit Mutuel où elle atteint la demi-finale du secteur Alsace-Bruche, s'inclinant contre les promotionnaires de Rosheim au cours de la 2e série de tirs au but.

En remportant son dernier match de championnat 1990-1991 à Entzheim sur le score sans appel de 6 à 2, l'équipe entraînée par Michel Ruby termine la saison en tête de son groupe de division IV. Elle coiffe sur le fil les équipes de Krafft, d'Ostwald et du Red Star. Cette même saison, l'équipe réserve termine à la deuxième place de son championnat.

Une section vétérans

L'AS Ottrott est championne du groupe quatre années de suite avec ses équipes de jeunes poussins et pupilles de 1989 à 1992. Les poussins parviennent en 1992 pour la première fois en demi-finale départementale et sont éliminés sur le score de 2-3 par les jeunes d'Ernolsheim-sur-Bruche.

Cette même saison, avec le retour d'anciens immigrés, se crée la section vétérans, qui met en place son comité : Michel Ruby (président), Raymond Berger (vice-président), Marcel Bader (trésorier), André Zinck (secrétaire), Marcel Schreiber, Norbert Renner, Germain Kocher (assesseurs).

Pour la saison 1995-1996, l'équipe première, entraînée par Julio Lisboa termine à la deuxième place de son championnat derrière Scherwiller. Quant aux minimes à 7, ils apportent à leur club son premier titre de champion du Bas-Rhin et de champion d'Alsace en battant Carspach en finale.

En 1996-1997, l'équipe fanion, après un cycle retour remarquable, réussit à dépasser Blaesheim sur le fil et à décrocher la deuxième place synonyme de montée en division II.

La saison 1998-1999 voit l'équipe fanion redescendre en division inférieure, échouant lors du dernier tour des barrages de maintien. Malgré cet échec, le club n'enregistre aucun départ et salue l'arrivée de Joseph Schmitt au poste d'entraîneur, la saison des festivités du 55e anniversaire.

• **BIBLIOGRAPHIE :**
– Plaquette du 55e anniversaire (2000).

Les présidents

Marcel Koch (1945-1946)
Frédéric Leicht (1946-1959)
Hubert Schaetzel (1959-1960)
Charles Schaetzel (1960-1961)
Charles Goetz (1961-1962)
André Amann (1962-1963)
Robert Ott (1963-1965)
André Amann (1965-1977)
Paul Halter (1977-1991)
Joël Riesterer (1991-1993)
Gabriel Fritz (1994-1996)
Philippe Anderhalt (1996 à nos jours)

L'AS Ottrott 1999-2000
Debout de gauche à droite: Joseph Schmidt (entraîneur), Alain Reibel, Steeve Christ, Carlo Marques, Pascal Sala, Michel Erhrard, Eric Rehberger, Yannick Fazerlet, Christophe Libs. Accroupis de gauche à droite : Didier Hoffbeck, Christophe Strauch, Rudy Fabriano, Farid Gater, Eric Friederich, Geoffroy Kopp, Christian Dietrich.

Association Sportive Petersbach ★ 67

Petersbach

Les footeux font leur festival

Nous sommes le 15 septembre 1945. Eugène Sene a convoqué, en ce samedi, une assemblée constitutive d'une association sportive à Petersbach. Ils sont plus de trente à avoir répondu à l'appel et réunis dans l'arrière-salle du restaurant, tenu par Louis Zielinger. Sont présents : Frédéric Berron, Frédéric Jung, Rudi Bernhard, Alfred Janes, René Brucker, Etienne Dorschner, René Dorschner, Raymond Winzenrieth, Emile Dorn, Marcel Janes, Eugène Jung, Emile Serfass, Charles Engel, Robert Letscher, Alfred Helmstetter, Erwin Jung, Alfred Jung, Théodore Betsch, Kurt Cron, Eugène Sene, Emile Jung, Eugène Bernhard, Ernest Zimmermann, Edmond Bernhard, Alfred Roser, Jean Schaeffer, Robert Dorn (fils), Otto Helmstetter, Eugène Helmstetter, Louis Zielinger.

Le restaurant Louis Zielinger où a eu lieu l'assemblée constitutive

Le FC Petersbach en 1947 à Lohr
Debout de gauche à droite : R. Bernhard, E. Dorschner, R. Cron, A. Engel, E. Jung, M. Janes, E. Serfass, R. Dorschner.
Accroupis de gauche à droite : E. Jung, R. Schmitt, R. Winzenrieth.

On constitue alors un comité provisoire : Ernest Zimmermann (président), Robert Letscher (vice-président), Eugène Sene (secrétaire et trésorier), Edmond Bernhard, René Brucker, Frédéric Berron, Charles Engel, Emile Dorn (assesseurs), Emile Jung et Eugène Bernhard (réviseurs aux comptes). Les statuts sont adoptés et prêts à être déposés. On choisit le nom : « Association Sportive Petersbach » et on fixe le droit d'entrée à 10 F.

0-9 pour commencer !

Le 1er décembre 1945, le comité se réunit et accueille de nouveaux membres, Nicolas Berron, Emile Meyer, Emile Brucker (père), Henri Menz, Willy Letscher, alors qu'Albert Roser et Théodore Betsch sont démissionnaires. Le 7 décembre, se tient l'assemblée générale. On admet deux nouveaux membres, Albert Brumm et Robert Griebel, portant le nombre à 35.

Un nouveau comité est élu : Ernest Zimmermann (président), Henri Menz (vice-président), Eugène Sene (secrétaire), Willy Letscher (trésorier), Edmond Bernhard, Frite Berron, Emile Meyer, Nicolas Berron (assesseurs), Emile Jung, Eugène Bernhard (réviseurs aux comptes). Le comité est enregistré à la Fédération Française de Football en date du 20 mai 1946. En juin, on tient assemblée générale et on désigne un nouveau comité : Eugène Sene (président), Henri Menz (vice-président), Willy Letscher (trésorier), Emile Meyer, Edmond Bernhard, Georges Briwa, Ernest Zimmermann (assesseurs). Emile Jung, Eugène Bernhard (réviseurs aux comptes), Robert Griebel (capitaine d'équipe), Emile

Le FC Petersbach en 1948
De gauche à droite : A. Eigel, E. Hissung, N. Berron, E. Jung, Riss, A. Helmstetter, W. Letscher, E. Schlichter.

Le FC Petersbach en 1956
Debout de gauche à droite : E. Haenel, G. Etter, F. Hoffmann, G. Zimmermann, M. Hissung, O. Trappler.
Accroupis de gauche à droite : A. Cron, Ch. Gangloff, Ch. Dorn, G. Greiner, R. Diebling, R. Roetsch.

Le FC Petersbach en 1989
Debout de gauche à droite : Ch. Schmitt, R. Janes, F. Ercker, D. Kraemer, R. Janes, F. Briwa, G. Cron, P. Anthony.
Accroupis de gauche à droite : D. Ercker, J.-L. Scheer, L. Lang, S. Gulden, R. Quinto, V. Brua.

Le FC Petersbach en 1972, champion de groupe de division IV
Debout de gauche à droite : J. Griebel, R. Strub, M. Gangloff, R. Serfass, P. Maylender, G. Zimmermann.
Accroupis de gauche à droite : J.-P. Koenig, E. Hoffmann, E. Dormeyer, R. Janes, G. Gangloff, A. Meyer.

Festival Country
Depuis 1992, l'ASP organise le week-end de l'Ascension, le Festival Country de Petersbach. Avec la participation d'une dizaine de groupes internationaux, programmés de main de maître par Emile Zielinger, le Festival a gagné désormais ses lettres de noblesse. Décidément, le football mène à tout !

Meyer, Joseph Tiel, Nicolas Berron (commission des joueurs). Mais au milieu de toutes ces affaires purement administratives, on joue aussi au football, même si l'équipe n'est pas encore engagée en championnat. La première rencontre a lieu le 26 décembre 1945 à Weislingen et se solde par une défaite très lourde : 0-9. Les matches à domicile se jouent à la « Grundgrub ». La quatrième sortie est la bonne, puisque le club enregistre sa première victoire face à l'équipe II de Drulingen 3 buts à 1, le 3 mars 1946. Il est amusant de noter le nul (6-6), enregistré contre l'équipe II de Tieffenbach le 7 avril 1946.

Première victoire : sur tapis vert !

C'est la saison 1946-1947 qui consacre les débuts de l'AS Petersbach en championnat de division IV. L'histoire retiendra que la première rencontre officielle a eu lieu le 22 septembre 1946, contre le FC Lohr, à la « Neuematte » et se solde par une défaite (2-5). L'apprentissage est difficile : défaite à Ernolsheim (0-8), face à Neuwiller (1-15), à Bettwiller (0-10). La première victoire a lieu sur tapis vert, puisque Rosteig est forfait. Il reste trois matches dans la phase « aller » et ce sont autant de défaites : face à Dossenheim (2-6), à Adamswiller (2-3) et contre Waldhambach (2-3). Pour mémoire, on conservera la composition de l'équipe battue à Adamswiller le 15 décembre 1946 : Griebel, Helmstetter, Zimmermann, Jung, Bassety, Letscher, Dorn, Berron, Tiel, Schlichter, Hissung.

Un os peint, cadeau du FC 06 !

Le premier match nul est aussi le premier des matches « aller » (2-2 à Lohr). Et la première victoire la semaine suivante, le 12 janvier 1947 devant Ernolsheim (8-4). A la fin de saison, c'est Neuwiller qui remporte le groupe avec 28 points devant Dossenheim (26), Bettwiller (22), Ernolsheim (20), Lohr (14), Waldhambach (11), Petersbach (7e avec 11 points), Adamswiller, Rosteig et Weislingen (forfait général). En coupe d'Alsace, après une qualification par forfait contre Wingen-sur-Moder, c'est la lourde défaite (2-8) au 2e tour contre Diemeringen. L'ASP s'en va aussi rencontrer le FC 06 II à Strasbourg, en amical. Le bilan de la saison fait état de 33 matches joués, 10 victoires, 2 nuls et 21 défaites, 57 buts pour et 120 contre. Après avoir évolué pendant une saison au « Neuematte », le comité décide de jouer plutôt au « Scheid » qu'au « Pfarresfeld ».

Sympathique visite, le 8 août 1948, du FC Strasbourg 06. Le cadeau souvenir n'est autre qu'un os peint, toujours visible en l'an 2000 dans les vestiaires de Petersbach ! Le 1er août 1952, l'ASP organise un tournoi avec Tieffenbach (division II), Bettwiller (division II), Drulingen (finaliste du championnat d'Alsace de division IV) et Sarre-Union, vainqueur de la 3e édition de la coupe d'Alsace Bossue. Au terme du championnat 1947-1948, l'ASP termine 8e (sur 10), Bettwiller étant sacré champion de groupe.

Un pacte de fidélité avec la division IV

La saison 1950-1951 retrouve l'AS Petersbach à la 8e place (sur 10). Ainsi va la vie... en division IV, jusqu'à la fin de la saison 1971-1972. La meilleure place de cette longue période ? La 3e en 1955-1956, 1956-1957 et 1970-1971. La plus mauvaise ? La dixième (sur onze) en 1960-1961, au point d'en arriver à une saison de non activité en 1960-1961.

Il faut donc attendre 27 ans pour voir la première montée en division III. Après 18 victoires consécutives pour 2 défaites et 94 buts marqués.

Un manque d'ambition a sans doute empêché le club de gravir des

La montée en division II en 1994 est joyeusement fêtée

Le FC Petersbach féminines en 1978
Debout de gauche à droite : Joëlle Helmstetter, Betty Hoffmann, Suzanne Strub, Frédéric Hoffmann, Nicole Libs, Thérèse Bieber, Mireille Meyer. Accroupies de gauche à droite : Myriam Griebel, Astride Janes, Christiane Zimmermann, Nicole Brumm, Sylvie Ott, Christiane Feuerstein.

échelons à cette époque. L'ASP possède assurément là son meilleur effectif de l'après-guerre, avec une majorité de jeunes. Mais il est vrai que les conditions (mauvais terrain, pas de vestiaires, pas d'entraînements), ne sont pas idéales pour progresser. Avec la création des SR Lohr-Ottwiller en 1975, plusieurs joueurs et dirigeants originaires de ces villages rejoignent leur nouveau club, portant un rude coup à l'effectif de l'AS Petersbach.

De fait, au terme de la saison 1974-1975, c'est la relégation inévitable en division IV. On remonte en 1978-1979, avec un titre de champion de groupe, mais c'est pour redescendre aussitôt. Alors, on remonte au terme de la saison 1980-1981 et on s'y tient jusqu'à la fin d'une saison 1984-1985, qui voit la suppression pure et simple de la division IV. Et on évolue en division II de 1985-1986 à 1989-1990. L'ascenseur est instauré en véritable institution.

L'inoubliable saison 1993-1994

La saison 1993-1994 va rester dans les annales de l'AS Petersbach. L'équipe fanion, sous la houlette de l'entraîneur Mario Brossi, termine pour la première fois invaincue en championnat, avec 16 victoires, 4 nuls et 9 points d'avance sur le deuxième. La même saison, l'ASP enlève, avec un seul avertissement, le challenge Fair Play de la LAFA, sur près de 120 clubs évoluant en division III.

A Petersbach, le football se décline aussi au féminin. Une équipe est créée en 1978 et va même exister durant plusieurs saisons en disputant uniquement les tournois d'été..

Enfin en division I

La grande satisfaction arrive au terme de la saison 1999-2000. En effet, le club accède pour la première fois en 55 ans en division I, avec un entraîneur d'exception, Christian Baldinger. Avec 14 victoires, 2 nuls et 2 défaites, meilleure défense et meilleure attaque, l'ASP réussit le parcours presque parfait.

• **BIBLIOGRAPHIE :**
– Livre d'Or du cinquantenaire 1995.

Les présidents

Ernest Zimmermann (1945-1946)
Eugène Sene (1946-1947)
Robert Griebel (mai à déc.1947)
Nicolas Berron (déc.1947 à 1950)
Emile Jung (1950-1956)
Victor Winzenrieth (juin 1956 À déc. 1956)
Rodolphe Waegerlé (déc. 1956-1959)
Robert Griebel (1959-1962)
René Reinberger (1962-1968)
Emile Brucker (1968-1974)
Gérard Zimmermann (1974-1988)
Gaston Muhlmann (1988-1990)
Bernard Zimmermann (1990 à nos jours)

Le comité de l'an 2000

Berni Zimmermann (président)
Charles Lang (vice-président)
Christian Greiner (vice-président)
Bertrand Fauth (secrétaire)
Richard Etter (trésorier)
Christian Fauth, Roger Janes
Gilles Lagrue, Charles Gangloff I
Françoise Gangloff, Charles Gangloff II
Ernest Serfass, Luc Lang, Frédéric Jung
Jean-Marc Hoffmann, Bernard Helmstetter
Christian Baldinger, Nicolas Lang
François Schmitt, Damien Oster
Stéphanie Lang, Mathieu Bullmann

Terrain de jeu : même le ministre s'en mêle !

Pas facile de trouver un terrain qui convienne au jeu de football à Petersbach en 1945. On tente d'aller dans la forêt de la Petite Pierre, puis on se tourne vers un hectare au lieu-dit « Allmend ». Refus. L'appartenance politique des uns, les prises de position des autres pendant la guerre, la rivalité entre associations crée un climat hostile. Il faut dire qu'il y a dans le village pas moins de 120 exploitations agricoles... Lors d'une adjudication le 24 juillet 1946, Emile Jung et Eugène Sene se portent acquéreurs de 15 ha au lieu-dit « Allmend ». Le maire Zielinger annule l'opération. Et le bras de fer commence. Le président Sene envoie un courrier au sous-préfet expliquant qu'il est « déplorable qu'à Petersbach, où pas une tuile ne fut dérangée par les faits de guerre, il y ait à sa tête un conseil municipal arriéré au point de se croire obligé d'entraver l'évolution d'une association sportive qui a pour but le développement et l'amélioration de la santé de nos jeunes ». Malgré l'appui du sous-préfet, des interventions auprès du préfet, du député, du directeur départemental de la Jeunesse et des Sports, du conseiller général et même du ministre de l'Education Nationale, il faudra plusieurs années pour trouver un chez soi. De terrain de fortune en terrain de fortune (Neue Matten - Scheid), la situation devient préoccupante le 16 avril 1950, jour où le propriétaire du dernier terrain de football reprend définitivement son bien. Une intervention sur le terrain du sous-préfet de Saverne en personne permet alors de s'installer dans une prairie communale du « Huttmatter Weg ». Mais à la fin des années cinquante, nouveau changement vers le lieu-dit « Nachtweid ». On y restera 25 ans avant la réalisation du stade actuel !

Le FC Petersbach en l'an 2000
Debout de gauche à droite :
Stéphane Raymund, Frédéric Bollinger, Sébastien Meunier, Eric Wehrung, Nicolas Lang, Simon Rebjock, Jean-Michel Béné, Damien Oster, David Wetterhold, Bernard Wehrung (dirigeant).
Accroupis de gauche à droite :
Christophe Dorn, Hugo Stammler, Kevin Serfass, Philippe Letscher, François Schmitt, Denis Muller, Christian Baldinger (entraîneur).

Union Sportive Pulversheim ★ 68

Pulversheim

L'US Pulversheim entre 1947-1950
Debout de gauche à droite : Deybach, Charlot Marchandon, Roméo Tamborini, Zénon Nowak, Edouard Kwasny, Janot Schermesser, Albert Rich, Antoine Niemerich, André Thourn, Wodek Novak, Paul Christen.

Carte de membre de René Marck

Georges Bourgeois remet la médaille d'argent Jeunesse et sport à Xavier Groshaeny 1976

Les figures marquantes du club
Nombreux sont les hommes qui ont marqué l'histoire de l'USP. Les deux principaux acteurs du club ont été Georges Bourgeois (membre fondateur et maire de Pulversheim) et Xavier Groshaeny (également membre fondateur) et tour à tour secrétaire, trésorier, président. Ces deux personnages ne faisaient pas seulement équipe au sein du club, mais également à la commune car Xavier a été pendant deux mandats 1er adjoint au maire. Le stade municipal porte le nom de Xavier Groshaeny.

En deux temps

Dans les années 1940-1941, Xavier Groshaeny et quelques jeunes du village décident, malgré les circonstances défavorables, de pratiquer leur sport favori. Pendant cette période, les jeunes, après avoir joué dans la rue, s'octroient un terrain sommairement aménagé au lieu-dit « Soïwaid », à la sortie du village vers Staffelfelden. Mais la guerre est la plus forte et très vite, l'expérience prend fin.

En 1945, au lendemain de la deuxième guerre mondiale, le besoin de se regrouper se fait sentir. Le 29 juin 1945 à 21 heures, on se réunit au café Mensch (actuellement à l'Arbre Vert) pour créer l'Union Sportive de Pulversheim et rédiger les premiers statuts. Parmi les membres fondateurs, Edmond Bisel, Antoine Niemerich et Xavier Groshaeny. Le premier comité se compose de : Georges Bourgeois (président d'honneur), Lucien Genlot (président), Arthur Ursprung (vice-président), Alphonse Weissbeck (trésorier), Xavier Groshaeny (1er secrétaire), Ermine Genlot (2e secrétaire).

L'US Pulversheim 1952-1953
Debout de gauche à droite : Bernard Lehr, Paul Spiret, Filipzuck, Roland Kribs, Zénon Nowak, César Pawezka, Gérard Lehr. Accroupis de gauche à droite : Charles Luzzi, Krizansky, Wodeck Nowak, Gilbert Christen.

La première saison se joue en division III, sur le terrain de l'Ecole des Mines. Pour des raisons inconnues à ce jour, le club déclare forfait général en 1946-1947. Sur l'initiative de Georges Bourgeois, les amis du sport se réunissent pour remettre sur les rails, ce club resté en sommeil depuis mars 1946. C'est là le véritable envol de l'US Pulversheim.

Champion du Haut-Rhin de division II

La saison 1950-1951 voit le club décrocher le titre de champion d'Alsace de division III. La montée en division II a lieu la saison suivante. En 1954, l'équipe fanion peut fêter un nouveau titre, celui de champion du Haut-Rhin de division II et obtient sa place pour la montée en division I. Il s'agit d'une situation transitoire, puisque le club se retrouve en division II dès la saison 1955-1956.

L'ascension reprend de plus belle : division I en 1957-1958 et enfin Promotion d'Honneur en 1959-1960. La saison 1961-1962 est marquée par la descente en division I, où le club se maintient jusqu'en 1969.

Après un long épisode en division II, qui dure de 1972 à 1979, l'USP est rétrogradée en division III. Mais elle n'y reste que le temps de la saison 1979-

L'US Pulversheim en 1966 lors de l'inauguration du stade
Debout de gauche à droite : arbitre, Georges Bourgeois, Joseph Billot, Alfred Kaluzinski, Gilbert Streicher, Roland Kribs, Zénon Novak, Xavier Groshaeny. Accroupis de gauche à droite : Cardot, Georges Szymansky, Joseph Sikora, E. Karperskiki, Wodek Novak, René Mosser.

1980, puisqu'elle remporte le titre de champion de groupe 1979-1980 et retrouve la division II. Elle s'y réinstalle jusqu'à la fin du championnat 1991-1992, puisqu'en finissant à l'antépénultième place, elle retourne en division III.

De son côté, l'équipe seconde termine en tête de son groupe. L'entraîneur Joseph Sikora, un fidèle parmi les fidèles, y est pour beaucoup dans les résultats flatteurs de son groupe. Mais il n'est pas le seul, puisque le gardien Daniel Foerenbacher, 44 ans, reprend du service en équipe première pour remplacer le titulaire, Alain Groh, victime d'un grave accident.

L'équipe fanion remonte en division II à l'issue de la saison 1994-1995, en terminant à la deuxième place derrière Richwiller. En 1995, on fête les 50 ans du club. La glissade vers la division III est à nouveau à l'ordre du jour puisque l'US Pulversheim termine le championnat 1996-1997 à une inconfortable dernière place. Elle ne quitte plus ce niveau jusqu'en l'an 2000.

La saison 200-2001 voit une nouvelle remontée en division II, avec, cerise sur le gâteau, un titre de champion de groupe.

• BIBLIOGRAPHIE :
– Documents fournis par le club.
– Plaquette 50ᵉ anniversaire (1995).

L'US Pulversheim de l'an 2000, accession en division II
Debout de gauche à droite : Michaël Fritsch, Christophe Mild (entraîneur), Guillaume Wassmer, Antoine Batho, Laurent Boutter, Alex Cristante, Nicolas Sanchez, Christophe Christante, Frank Lehr (président).
Accroupis de gauche à droite :
Pascal Becker (dirigeant), Cédric Fritsch, Olivier Moro, Raoul Batho, Gérôme Lutolf, Alain Groh.

L'US Pulversheim 1993-1994
Debout de gauche à droite : Joseph Sikora (entraîneur), Guillaume Wassmer, Laurent Kuntz, Olivier Lehr, F. Kuzio, Jean-Pierre Schmit, Christophe Toranelli, Stéphane Stoesser, Daniel Foerenbacher, A. Bernauer, Pascal Becker (dirigeant), Alain Groh, Franck Petit, René Marck (président).
Accroupis de gauche à droite : Jean-Pierre Joga, Patrick Gardon, H. Kibler, Franck Lehr, Jérôme Lutolf, Stéphane Cuevas, Christian Huber.

L'US Pulversheim au début des années 70
Debout de gauche à droite : Gilbert Iggert, Sylvain Dosch, Wlodadzack, Haefflinger, Sitora, Joseph Kuzio, Claude Forny, Gilbert Makiewizch.
Accroupis de gauche à droite : Michel Garny, Canceliere, Baldenweck, Trawinsky, Schemmel, Bialzack, Jean-Pierre Muller, A. Kasala.

Les présidents

Lucien Genlot (1945-1947)
Alphonse Truttmann (1947-1954)
Joseph Luthringer (1954-1965)
Xavier Grohaeny (1965-1983)
Gérard Lehr (1983-1987)
Sylvain Dosch (1987-1990)
René Marck (1990-1996)
Franck Lehr (1996 à nos jours)

Le comité de l'an 2000

Franck Lehr (président)
Antoine Niemerich (vice-président)
Bernard Lehr (vice-président)
Thdée Nycz (vice-président)
Joseph Sikora (vice-président)
Olivier Lehr (1ᵉʳ trésorier)
Eric Birlinger (2ᵉ trésorier)
Marie-Claire Foerenbacher (1ᵉʳ secrétaire)
Pascal Becker (2ᵉ secrétaire)
Laurent Kuntz (président des jeunes)
Eugène Huber
Bernard Kempf
Pierre Fritsch
Christian Brender
Luc Leher
Patrice Stoesser
Pietro Vallone

L'US Pulversheim 1997-1998, championne du Haut-Rhin
Debout de gauche à droite :
Daniel Ferreira (dirigeant), Julien Guallard, Guillaume Fischmeister, Patrice Stoesser, Cédric Fritsch, Christophe Primus, Laurent Morel, Jean-Claude Thomann (entraîneur), Guillaume Lecourt.
Accroupis de gauche à droite :
Cédric Kien, Mathieu Hug, Tortiget, Jean-Laurent Bonmalais, Eric Franceschetti, Ergoun, Martial Curyl.

1945 Union Sportive Saessolsheim ★ 67
Saessolsheim

L'US Saessolsheim en juin 1946, vainqueur d'un tournoi à Waldolwisheim. Le « saladier » remporté à cette occasion, a longtemps trôné dans la vitrine du restaurant Hamm.

Sur le stade « Schmidt-le-Roi »

C'est le 10 avril 1947 que l'US Saessolsheim est officiellement inscrite au registre des associations du tribunal cantonal d'Hochfelden. Mais on jouait déjà au football dans la commune avant la guerre, une poignée de mordus du ballon rond ayant lancé l'affaire. On se souvient des Alphonse Sigrist, Joseph Sigrist, Léon Sigrist, Léon Ulrich, Paul Ulrich, Raymond Will, Charles Clauss, Antoine Messer, Jean-Baptiste Hugel, Joseph Schmitt, Antoine Blaison, Marcel Dossmann, Joseph Ulrich, Léon Heitz, Fernand Muller, Jean-Baptiste Hamm, Laurent Truttmann, Antoine Keller, Antoine Stengel, Michel Stengel, Ernest Wendling, Georges Rohfritsch de Duntzenheim, Ernest Goetz et Justin Wolff de Friedolsheim... autant de noms qui ont participé à l'envol de l'USS. Dans les années trente, on trouve trace de quelques rencontres amicales.

Joseph Schmitt, premier président de l'US Saessolsheim

Malgré les réticences très fortes à l'époque, notamment des propriétaires terriens, ils avaient réussi à aménager un terrain. Mais 24 jeunes hommes de la commune n'allaient pas rentrer de la guerre. Ce qui faillit bien porter un coup fatal à la naissance du club. C'est le 2 septembre 1945 que celui-ci est créé. Les membres fondateurs sont : Léon Sigrist, Antoine Wolf, Adolphe Wolff, Raymond Wolf, Charles Bock, Lucien Binder, Paul Hamm, Alfred Laugel, Joseph Specht et Georges Hiegel. Le 5 octobre de la même année, un comité est créé et c'est Joseph Schmitt qui est porté à la présidence. Le club est affilié à l'Avant Garde du Rhin.

Le premier comité est ainsi composé : Joseph Schmitt (président), Alphonse Sigrist (vice-président), Charles Clauss (secrétaire), Pierre Ulrich (secrétaire-adjoint), Léon Sigrist (trésorier), Marcel Dossmann (trésorier-adjoint), Ernest Wendling, Joseph Ulrich, Eugène Werst, Léon Ulrich (membres assesseurs).

Un terrain qui penche

Le restaurant Hamm fut de tous temps le siège et le rendez-vous des sportifs. Joseph Hamm père avait le don de la motivation et ses fils ont été autant de membres actifs, à l'instar de ses filles toujours prêtes à donner un coup de main au club. La salle Hamm occasionne alors de nombreuses fêtes, bals, soirées théâtrales....

La première saison de championnat démarre le 3 décembre 1945 avec une victoire de Saessolsheim sur Hoenheim 5 à 2. L'équipe de l'époque est composée de : Antoine Wolf, Adolphe Wolff, Pierre Ulrich, Laurent Ginss, Charles Heim, Lucien Binder, Paul Hamm, Joseph Ulrich, Raymond Wolf, Alfred Laugel, Antoine Keller.

Il dispute le championnat AGR 1946-1947, en division I, groupe V avec

Lixhouse, Dettwiller II, Niederschaeffolsheim, AS Hoenheim II, Cronenbourg II, Lochwiller. Le 22 mars 1946, Joseph Schmitt cède la présidence au jeune instituteur de l'époque, Albert Ronc. Il va assumer la responsabilité du club jusqu'au 30 août 1952 quand, par suite de cumul de fonctions, il est contraint de démissionner. C'est Fernand Muller qui le remplace. Il a la chance de présider une équipe championne d'Alsace AGR de division I. L'équipe est couronnée grâce à deux matches de barrages, le 8 mai 1955 à La Wantzenau et une victoire face à Neewiller (2-0), le second le 30 mai 1955 à Haguenau et une victoire devant Eschbach (3-0).

Championne d'Alsace AGR

C'est en 1954 que la municipalité octroie au club, dans le cadre du remembrement, un hectare pour aménager le terrain à l'actuel emplacement. Il prend le nom de « stade Schmidt le Roi », en mémoire du président de l'AGR, Pierre Schmidt le Roi, décédé quelque temps auparavant. L'inauguration qui a lieu le 4 septembre 1955 se fait dans le cadre des festivités du 10e anniversaire. Le club continue de jouer sous la bannière de l'AGR jusqu'en 1963. Les grands débuts au sein de la LAFA (l'affiliation est enregistrée à la date du 20 juillet 1963) ont lieu à l'occasion de la saison 1963-1964.

L'US Saessolsheim, championne d'Alsace AGR 1954-1955
Debout de gauche à droite : Laurent Leibrich (dirigeant), Bernard Wendling, Adolphe Wolff, Albert Boos, Alphonse Jacob, René Kuhn, Krieger, Fernand Muller (président). Accroupis de gauche à droite : André Muller, Joseph Roth, Lucien Heim, André Laugel, René Ulrich. Manquent sur la photo : Alfred Laugel, Paul Kremmel, Laurent Ginss, Antoine Ginss.

Mais à la fin de la saison, le club est contraint à l'inactivité, les jeunes gens du village étant trop peu nombreux et l'apport de joueurs étrangers à Saessolsheim peu conséquent. De 1964 à 1967, c'est donc le désert en matière de compétition. Mais le stade ne reste pas inoccupé. Les écoliers se regroupent en effet en une équipe baptisée « Saint-Louis » renaissante et dès la fin de la fenaison, d'interminables parties se déroulent entre les deux buts en bois qui ont résisté aux intempéries. Cet engouement de la jeunesse pour le ballon rond finit par raviver les cendres encore chaudes de l'Union Sportive.

Enfin la division III

Alfred Hentsch, fraîchement établi à Saessolsheim, sonne le ralliement et dès la fin de 1965, une bande de copains décide de tenter l'aventure. De matches amicaux en tournois, la saison de reprise est celle de 1967-1968. Sous la conduite d'Albert Ronc puis surtout de Bernard Wendling, on pose une main courante, un abri près du stade, on amène l'électricité, on installe un éclairage pour l'entraînement. Les réalisations sont belles mais au niveau des résultats... l'US Saessolsheim se morfond régulièrement dans la deuxième moitié de son groupe de division IV. Mais l'enthousiasme est là et le club, renforcé par la jeunesse de Duntzenheim, Ingenheim, Friedolsheim et Landersheim crée une équipe réserve dès 1968. En 1972, l'ex-joueur de CF3, Raymond Kratz, est mandaté pour faire monter l'équipe. Mais en incorporant beaucoup de joueurs venus d'autres cieux, en délaissant les jeunes du village (7 minimes et cadets émigrent au FC Dettwiller), il crée une fronde. la montée en division III est certes acquise au terme de la saison 1972-1973, mais la démission du comité occasionne le départ des protagonistes de cette accession.

Michel Bock est âgé d'un peu plus de 21 ans quand il se trouve propulsé à la présidence à l'entame de la saison 1973-1974. Le président n'est guère gâté par les résultats. Avec le maigre gain de deux matches nuls, la relégation ne peut être évitée. Il préfère d'abord asseoir structures et infrastructures.

Après avoir agrandi l'abri du stade en buvette et rangement du matériel, on s'attaque au stade.

En 1976, il est réaménagé et surtout nivelé. Il présentait en effet une dénivellation de 2,70 m sur 100 m entre les deux poteaux de corner opposés en diagonale. Ce qui faisait dire à l'époque que l'équipe montait en première période et descendait en deuxième !

Exploits en coupe d'Alsace

Au total, ce sont 5 000 m³ de terre qui ont été déplacés par les engins ayant servi lors des travaux de construction de l'autoroute A4, alors en plein aménagement. La nouvelle pelouse est inaugurée en 1977, avec adduction d'eau et une nouvelle main courante, huit ans avant le club-house et les vestiaires. Jusqu'en 1985, les joueurs vont se changer dans un bar du village avant de rejoindre le stade.

Après deux saisons de transition, l'incorporation des jeunes est peut-être prématurée. En effet, alors qu'elle permet une remontée en division III à l'issue de la saison 1977-1978, elle n'assure pas le maintien. Et l'équipe se retrouve à nouveau au plus bas de l'échelle. Avec les conseils avisés de l'instituteur Marcel Storck, les jeunes fourbissent leurs armes durant deux saisons et remontent dès la fin de la saison 1980-1981. Avec une attaque de feu, l'USS termine dans le peloton de tête, en réussissant aussi un magni-

Les présidents

Joseph Schmitt
(de fin 1945 à début 1946)
Albert Ronc (de début 1946 à 1952 et de 1955 à 1968)
Fernand Müller (1952-1955)
Bernard Wendling (1968-1970)
René Sies (1970-1973)
Michel Bock (1973 à nos jours)

Les entraîneurs

Avant 1967 :
Léon Sigrist et Lucien Fischer
A. Hentsch (1967-1968)
Lucien Heim (1968-1970)
René Kuhn (1970-1972)
Raymond Kratz (1972-1973)
Fernand Kapfer (1973-1974)
Léon Sigrist (1974-1975)
Paul Imbs (1975-1977)
Fernand Kapfer (1977-1978)
Marcel Storck (1978-1983)
Serge Keller (1983-1985)
Alfred Jacob (1985-1986)
Patrick Meyer (1986-1987)
Jean Heintz (1987-1989)
Rémy Bock et Patrick Ulrich (1989-1990)
Robert Chatelain (1990-1991)
Marcel Enger (1991-1996)
Pierre Heim (1996-1998)
Patrick Ulrich (1998-1999)
Serge Keller et Jean-Claude Willem (1999-2000)
Marcel Enger (2000 à nos jour)

Les entraîneurs des jeunes

Rémy Bock, Bernard Muller
Jean-Claude Willem
Jean-Michel Lorentz, Daniel Vierling
Pierre Heim, Alain Muller
Patrick Wolff, Patrick Ulrich
Lucien Moench, Richard Mattern
Jean Heim, Jean-Philippe Caspar
Serge Keller, Hervé Tomes
Benoît Fritsch, Lucienne Mossbach
Claude Wolf,

Les entraîneurs de l'équipe féminine

Richard Mattern (1992-1994)
Jean Heim (1994-1995)
Michel Bock puis André Pfeiffer (1995-1997)
Benoît Baehl (1997-2000)
Fabrice Pfeiffer (2000-2001)
Laurent Piette (2001 à nos jours)

L'US Saessolsheim 1983-1984, accession en division II
Debout de gauche à droite : Joseph Vierling, Dominique Riff, Marc Heim, René Jacob, Patrick Meyer, Dominique Clauss. Accroupis de gauche à droite : Benoît Baehl, Serge Keller (entraîneur-joueur), Alain Muller, Jean-Michel Debs, André Keller, Pierre Heim.

L'US Saessolsheim 1992-1993, championne du Bas-Rhin de division III
Debout de gauche à droite : Marcel Enger (entraîneur), Charles Koebel (capitaine), Alain Boke, Roger Knoepfel, Gilbert Da Silva, René Jacob, David Robert, Jean Heim, Richard Mattern (dirigeant). Accroupis de gauche à droite : André Debes, Ludovic Biquand, Christian Walter, Pierre Heim, Antoine Baehl, Christian Boke, Michel Bock (président).

fique parcours en coupe d'Alsace. Elle élimine d'abord Duntzenheim (5-2), Wasselonne (2-0), le leader invaincu de la division II, Mundolsheim (7-3) avant de s'incliner de justesse (1-2 ap) dans le fief du champion d'Alsace de division I, Herrlisheim.

Lors de la saison 1982-1983, l'USS croit en la montée avec son titre de champion d'automne, mais échoue près du but à la fin de la saison. L'accession en division II est réalisée après une belle saison 1983-1984, au terme d'une magnifique course-poursuite.

Le début de la saison 1984-1985 est tellement euphorique que beaucoup voient l'US Saessolsheim se propulser en Promotion. Pour la bonne raison que la LAFA procède alors à la refonte de ses championnats. A défaut de Promotion, on se retrouve quand même en division I... En 1985, on inaugure le club-house du stade, mis à disposition par la municipalité. C'est avec joie mais non sans une certaine nostalgie que l'on quitte le restaurant Hamm.

Pour la première fois de son existence, le club engage une deuxième équipe de seniors. Avec la venue du gardien-entraîneur Alfred Jacob, tous les espoirs sont permis. Malheureusement, l'occasion est gâchée et l'on ne pense plus qu'au maintien. Dès la saison 1987-1988, sous la houlette de Jean Heintz, venu de Hochfelden, l'équipe fanion fait souffler le chaud et le froid. Après les matches « aller », elle pointe à une longueur de Gambsheim, futur promu. En fin de saison, l'équipe se retrouve plongée dans les bas fonds du classement. Et une défaite lors des barrages de maintien plonge le club en division II. C'est alors l'exode de ceux qui avaient fait les beaux jours de l'USS en division I. Même Pierre Heim s'accorde une année sabbatique.

Dans la foulée, la descente en division III est inévitable au printemps 1989. Rémy Bock, Patrick Ulrich puis Robert Chatelain tentent de rebâtir une équipe compétitive. 1991 voit l'arrivée de Marcel Enger et de Richard Mattern. Le premier fait apprécier son expérience de footballeur, le second innove avec la création d'une équipe de féminines.

L'année de toutes les sensations est incontestablement 1993. Il y a d'abord l'exode des jeunes (enrayée par la mobilisation de Lucien Moench), puis le titre de champion du Bas-Rhin de division III 1992-1993, et une défaite en finale régionale face aux SR Bergheim.

Il y a aussi la dernière rencontre du capitaine Charles Koebel, qui ne va pas revenir de ses vacances, périssant noyé en mer. Et pour rajouter à la peine du club, c'est enfin le départ, au terme d'une implacable maladie, de Rémy Bock qui s'apprêtait à rejoindre l'équipe des vétérans.

Le 3 août 1997, l'US Saessolsheim fête son 50e anniversaire avec un match de propagande entre le FC Kehl et l'ASP Vauban.

Après ces festivités, le club profite encore d'un apport substantiel de jeunes issus de Hohengoeft, mais lorsque l'AS Hohengoeft décide de voler de ses propres ailes, le réservoir des jeunes s'épuise assez rapidement et laisse un club orphelin de ses meilleurs éléments.

Le ressort casse définitivement lorsque les jeunes se retrouvent sans entraîneurs, les uns ayant émigré sous d'autres horizons, les autres ayant renoncé : la section jeunes de l'AS Saessolsheim cesse d'exister en

1999, faute de jeunes mais surtout faute de dirigeants!

En 1999, alors que les vétérans et les féminines poursuivent leur périple dans une relative sérénité, les seniors périclitent à vue d'œil. On évite de justesse la relégation, l'équipe se trouve souvent confrontée à des problèmes d'effectifs et les barrages de maintien se sont plus disputés faute de combattants.

La mise en non-activité n'est évitée que grâce à l'abnégation de Jean Heim qui se rappelle au bon souvenir de Marcel Enger. Celui-ci relève le challenge et de reprises en retours au bercail, l'effectif s'étoffe pour remettre le club sur les rails, avec un parcours honorable des deux équipes seniors en 2000-2001.

Mais les filles ne se laissent pas faire, et dès les années 70, elles se laissent aller à quelques matches amicaux de bonne facture, reculant l'échéance de la compétition jusqu'en 1992.

Les ambitions de ces dames s'étiolent quelque peu jusqu'en 1998, et l'apport de sang neuf par l'arrivée de quelques nouvelle recrues, permettent à nouveau aux résultats d'aller crescendo. Lors de la saison 1997-1998, les jeunes filles atteignent les quarts de finales de la coupe d'Alsace où elles sont éliminées par les nationales de Schiltigheim. En 1999 c'est la consécration avec une première place signifiant la montée en division d'Honneur. Depuis les féminines peinent quelque peu pour rester dans le rythme de cette compétition de pointe régionale, mais le bateau est toujours à flot!

• BIBLIOGRAPHIE :
– Plaquette du 50ᵉ anniversaire en 1997.
– Remerciements à Michel Bock.

L'US Saessolsheim féminines de l'an 2000
Debout de gauche à droite : Laurent Piette (entraîneur et dirigeant), Nathalie Piette, Lucienne Mossback, Isabelle Haetzel, Cécilia Rinck, Anne-Laure Wieger, Carine Reymondiere, Adrienne Flamens, Fabrice Pfeiffer (entraîneur et dirigeant). Accroupies de gauche à droite : Florence Steinmetz, Delphine Heim, Natacha Serfass, Julie Durrenberger, Vanessa Clauss, Carole Pfeiffer, Carmen François, Sandra Soller.

L'histoire de l'équipe féminine
Sans être plus misogyne que d'autres clubs, l'US Saessolsheim n'a pendant longtemps, toléré aucun membre féminin au sein de l'association. On était pourtant content des coups de main bénévoles de la gente féminine lors des fêtes ou autres tournois. Seules les représentations de théâtre alsacien permettaient aux jeunes filles de côtoyer les joueurs pendant la trêve hivernale.

Les jeunes filles organisent un match amical face à Monswiller, et devant leur prestation plus qu'honorable, les dirigeants de l'USS confient à Richard Mattern le soin de les lancer dans le grand bain. Une équipe de cadettes à 7 voit le jour en 1992 et dès 1998 elle se complète par une équipe adulte.

L'US Saessolsheim de l'an 2000
Debout de gauche à droite : Mme Leibrich, MM Wolff et Enger (Crédit Mutuel), Frédéric Bock, Fabrice Leuthner, Steve Beunat, Gildas Moench, Christian Kuhn, XXX, XXX, XXX, MM Kraehn et Lutz (Crédit Mutuel).
Accroupis de gauche à droite : Michel Bock (président), Julien Fuchs, Gérard Koebel, Alain Boke, Grégory Moench, Alex Jacobs, Antoine Baehl.

1945 Association Sportive Stattmatten ★ 67

Stattmatten

L'AS Stattmatten en 1946 avant sa victoire contre Soufflenheim 3 à 2
Debout de gauche à droite :
Guillaume Metzger, Chrétien Geisert, Albert Bieber, Lucien Stoeckel, Eric Heumann, Albert Stoeckel (délégué).
Au deuxième rang : Henri Wolff, Alfred Siegfried, Emile Wolff.
Accroupis de gauche à droite :
Albert Siegfried, Albert Landmann, René Metzger

Un sauvetage réussi

C'est le 10 août 1945 que l'Association Sportive de Stattmatten est créée et envoie son affiliation à la LAFA. Son premier comité est composé de : Charles Merkel (président), Fritz Gress (vice-président), Albert Bieber (secrétaire), Michel Merkel (trésorier), Dockter Georges, Frédéric Erlenmeyer, Emile Wander, Fritz Metzger (Membres assesseurs). Le premier terrain est situé au lieu-dit Stein à Stattmatten. En 1946, l'équipe évolue en division IV. Le premier match a lieu à Soufflenheim, sur le terrain Mavest, entre Soufflenheim et Stattmatten (2-3).

Montée en division III

L'ASS conquiert son premier titre de champion de groupe de division IV à la fin de la saison 1958-1959. A l'issue de la saison 1977-1978, le club est champion de son groupe en division III.

En état de mort clinique

C'est lors de la saison 1979-1980 que l'on procède à l'inauguration du terrain et du club-house. A la fin de la saison 1985-1986, le président Albert Bieber se retire avec la quasi-totalité de son comité lors de l'assemblée générale qui a lieu après la date limite des mutations. Finalement, il ne reste que quatre membres du comité et trois joueurs : Bernard Mathern, Paul Diebold et Philippe Hensch. Le maire Louis Wolff se met en quatre pour sauver le club en état de mort clinique. Le nouveau président, Alfred Borschneck, fait de son mieux pour permettre le redémarrage en championnat. Il ne dispose que de onze joueurs qui se battent avec un cœur énorme. La relégation en division III, pour un seul tout petit point, est ressentie comme une délivrance.

Roger Metzger arrive à la présidence et effectue un recrutement massif puisqu'une dizaine de joueurs viennent en renfort. Pour le premier déplacement à Fortsfeld, l'AS Stattmatten crée la surprise en s'imposant 3 à 0. Mais à la trêve, l'entraîneur François Schmuck s'en va. Alfred Nold, le libéro, le remplace. L'équipe va terminer la saison sans problème et réussit sa remontée à la fin de la saison 1987-1988, lorsqu'elle est sacrée championne de son groupe de division III. Un joli sauvetage !

L'AS Stattmatten 1958-1959, championne de groupe de division IV
Debout de gauche à droite : Bernard Hockmann (président), Roger Hensch, René Matterer, Robert Heintz, Charles Erlenmeyer, René Barth, Georges Wolff, Guillaume Metzger (délégué).
Accroupis de gauche à droite : Roger Metzger, Jacques Wolff, Louis Wolff, Bernard Kartner, Frédéric Metzger.

Accession en division II

A la fin de la saison 1988-1989, l'équipe réserve C est championne de son groupe. Après être descendue en division IV à la fin de la saison 1989-1990, l'équipe remonte en division III au terme de la saison 1994-1995. L'ASS aborde celle de 1995-1996 avec confiance. Et elle a bien raison l'équipe de Jeannot Diebold est à nouveau championne de groupe de division III et monte, pour la première fois de son histoire, en division II. C'est alors le moment de fêter le 50e anniversaire du club.

Installée en division II, l'AS Stattmatten dispute la demi-finale de la coupe du Crédit-Mutuel en mai 1997 mais s'incline face à l'US Preuschdorf (1-3)

Et voilà la division I

Mais l'ascension n'est pas terminée. Après une magnifique saison 1998-1999, l'ASS monte en division I après avoir été sacrée championne de son groupe de division II. Le match au sommet pour la montée a lieu face à Beinheim, devant plus de 250 spectateurs. Et l'ASS s'impose 2-1 ! Pour ne pas en rester là, l'équipe joue un quart de finale de la coupe du Crédit Mutuel mais s'incline face à Schleithal (1-3). Il n'empêche que la saison est exceptionnelle, la plus belle que le club ait connue.

L'AS Stattmatten 1977-1978, championne de groupe de division III
Debout de gauche à droite : Albert Bieber (président), Alfred Nold (capitaine), Serge Knopf, Erwin Farny, Henri Ursch, Jean-Pierre Bisch, Freddy Matterer, André Muller (délégué).
Accroupis de gauche à droite : Bernard Hockmann, Jean-Louis Krombach, André Hoehn, Charles Kipp, Rémy Hensch, Lucien Doerffler.

L'AS Stattmatten 1987-1988
championne de groupe de division III
Debout de gauche à droite :
Roger Metzger (président), Martin Klein, Bernard Hockmann, Pascal Wagner, Daniel Bertsch, Charles Wolff, Serge Georg, Philippe Hensch, Alfred Nold (entraîneur), André Muller (délégué).
Accroupis de gauche à droite :
André Lartigue, Florian Beillard, Adrien Schopp, Jean-Marc Metzger, Robert Beushausen, Marc Holderith, Bernard Mathern.

L'AS Stattmatten 1995-1996, championne de groupe de division III
Debout de gauche à droite :
André Muller (président), Christophe Andres, Jeannot Diebold (entraîneur), Serge Klein, Jean-Marie Gabel, Olivier Berling, Serge Georg, Alain Histel, Pascal Wagner (délégué).
Accroupis de gauche à droite :
Philippe Hensch, Thierry Kolmer, Rémy Burgard, François Imhoff, Jean-Marc Zwinger, José Da Silva, Thierry Gabel.
Au premier rang les pom-pom girls de Stattmatten. De gauche à droite :
Christine Burgard, Claudine Wagner, Séverine Arth, Séverine Andres, Stella Georg, Séverine Imhoff.

Les présidents
Charles Merckel (1945)
Emile Wander
Bernard Hockmann (1959-1960)
Charles Oser (1960-1962)
Charles Clodi (1962-1965)
Charles Oser (1965-1966)
Bernard Hockmann (1966-1974)
Albert Bieber (1974-1986)
Alfred Borschneck (1986-1987)
Roger Metzger (1987-1990)
André Muller (1990 à nos jours)

Les entraîneurs
Albert Bieber (1967-1973)
Erwin Forny (1973-1974)
Henri Jacob (1974-1975)
Gérard Monnier (1975-1978)
Michel Jeammet (1978-1980)
Yves Dufour (1980-1983)
Gilbert Kaiser (1983-1984)
Marcel Krombach (1984-1986)
André Muller (1986-1987)
François Schmuck (1987-1988)
Armand Klein (1988-1989)
Alfred Nold (1989-1990)
Bernard Fritz (1990-1992)
Alfred Nold (1992-1993)
Bruno Clauss (1993-1994)
Jeannot Diebold (1994-1999)
Jeannot Roos (1999-2000)
Jeannot Diebold (2000-2001)

Le comité en l'an 2000
André Muller (président)
Pascal Wagner (vice-président)
Eugène Arnold (vice-président)
Britt Eber (secrétaire)
Simone Michel (secrétaire)
Mireille Mathern (trésorier)
Rémy Burgard (trésorier)
Olivier Berling
Bernard Mathern
Joël Muller
Fabrice Arnold
Charles Eisenmenger
Jean Martin
Gérard Vanhollemeersch
Didier Maroc
Joël Muller
(entraîneur des jeunes)

L'AS Stattmatten 1996-1997, demi-finaliste de la coupe du Crédit-Mutuel
Debout de gauche à droite : Jeannot Diebold (entraîneur), Olivier Berling, Jean Marie Gabel, Jérôme Eber, Serge Klein, Christophe Andrès, Pascal Wagner (délégué, vice-président), André Muller (président). Accroupis de gauche à droite : Eugène Arnold (vice-président), Philippe Hensch, Arnaud Moumaneix, Serge Georg, Jeannot Roos, Thierry Kolmer, Francis Imhoff. Manque sur la photo : Rémy Burgard.

C'est sur ces succès que Jeannot Diebold quitte le club. Mais il revient en juillet 2000 : on ne quitte pas comme ça, ce qu'on a adoré. Avec 10 départs parmi les joueurs, le club évolue avec cinq joueurs de la catégorie 17 ans formés au sein des équipes de jeunes de l'ASS.

• BIBLIOGRAPHIE :
– Plaquette du 50ᵉ anniversaire en 1995.
– Article des DNA du 12 mars 1988 sous la signature d'André Riegel.

Départ de l'entraîneur Jeannot Diebold à la fin de la saison 1998-1999. Mais de retour pour la saison 2000-2001.

L'AS Stattmatten 1998-1999, accession en division I
Debout de gauche à droite : Roland Klein, Jérôme Eber, Geoffroy Bauer, Francis Imhoff, Damien Schrenck, Serge Klein, Serge Georg, Dany Roesfelder, Eugène Arnold (vice-président), André Muller (président). Accroupis de gauche à droite : François Kiecher, Eric Royal, Philippe Hensch, Thierry Kolmer, Arnaud Moumaneix, Jeannot Roos, Fabrice Wagner, Jeannot Diebold (entraîneur).

Du côté des jeunes
C'est en 1991 que débutent les activités de la section jeunes, sous la responsabilité de Gilbert Brisacher et Bernard Hockmann. On commence par engager une équipe de poussins. En 1994, les jeunes ont leur président, Gérard Van Hollemersch, leur entraîneur, Joël Muller, qui est aujourd'hui bien soutenu par Alain Leceta et Franck Brun.

Association Sportive Turckheim ★ 68

1945 Turckheim

Toujours un train à prendre

Le 2 août 1945, au restaurant de la Gare, se crée l'Association Sportive de Turckheim, à la grande joie de tous les amis sportifs. Le comité se compose de Pierre Hill, Camille Sibold, Ernest Krauth, Léon Schiele, Louis Weiss, Robert Hartmann, Henri Eichholtzer, René Meyer, Charles Imperiali, Adolphe Heitzler, Henri Wustrow, Victor Killy, Alfred Muller.

Le premier match se joue le 12 août 1945 à Turckheim, contre le FC Ostheim où les verts l'emportent par 9 à 3. En championnat, l'AST gravit rapidement tous les échelons : en saison 1945-1946 le club est premier en division III, puis encore premier de la division II en 1946-1947. Et il récidive la saison suivante, en

L'AS Turckheim 1996-1997
Debout de gauche à droite : José Guilhermino, Jean-Louis Vernhes, Francis Cardot (dirigeants), Patrice Andlauer, Francis Andlauer, Thomas Stengel, Sébastien Gassmann, Denis Schaer, Philippe Guthleben, David Tach. Accroupis de gauche à droite : Kissa, Laurent Vernhes, Michel Spiesser, Hervé Edwige, Foued Thabti, Raphaël Prudhomm, Christian Klinger. Manquent sur la photo : Soufiane Oulkadi.

L'AS Turckheim de l'an 2000, en division I
Debout de gauche à droite : Francis Cardot (dirigeant), Nicolas Dieterlé, Philippe Putrich, Cyril Gulmann, Ali Medjerab, Jean-Luc Ory, Jean Lefranc, Sébastien Lamey, Pierre Rinquebach (dirigeant). Accroupis de gauche à droite : Thierry Tauerna, Arnaud Couty, David Tach, Yacine Elyoussifi, Denis Schaer, Mike Zind, David Guillermino.

devenant champion du Haut-Rhin de division I après avoir battu Altkirch 2-1 à l'extérieur et gagné 4-3 à domicile. Pour le titre régional, l'AST s'incline face au champion du Bas-Rhin, le CS Fegersheim.

L'enfant a grandi trop vite

Qu'importe, c'est donc l'accession en Promotion d'Honneur. L'équipe se classe 5e lors de la saison 1948-1949, puis 7e en 1949-1950. Malheureusement, la 3e saison en Promotion d'Honneur est fatale avec la relégation et le retour en division I. Mais pour un village comme Turckheim, la Promotion d'Honneur est un sommet. On joue contre des clubs plus riches, plus expérimentés aussi. Et on finit par redescendre, dès la fin du championnat 1951-1952. Le coup est terrible. Nombre de joueurs quittent le club et le passage en division I est bref comme l'éclair. C'est le retour immédiat en division II. Par contre, les réserves B sont championnes du Haut-Rhin 1953-1954.

Championne du Haut-Rhin de division II

Pourtant, l'équipe fanion se reconstruit et le championnat 1955-1956 la voit remporter son groupe, devant Gunsbach. Elle remonte en division I. Et va y passer une dizaine d'années avant de voir son équipe, vieillissante et amputée de quelques bons éléments, terminer le championnat 1965-1966 à la dernière place et retomber en division II. Champion de groupe 1970-1971, l'AST remonte en division I, mais fait l'ascenseur. A nouveau une belle saison qui se déroule, celle de 1975-1976. Leader de son groupe, l'Association Sportive Turckheim enlève le titre de champion du Haut-Rhin et se fait battre pour le sceptre régional par l'AS Dingsheim. Revoilà la division I. Jusqu'en 1979-1980, quand, dernière, l'AST repart pour un tour en division II. Deuxième fin de cycle, descente immédiate en division III pour repartir et enlever le titre de champion de groupe 1981-1982.

Signalons, et c'est important, que le club a depuis longtemps choisi de travailler avec ses jeunes pousses. Et ce n'est pas par hasard si l'AS Turckheim est champion du Haut-Rhin des minimes B 1976-1977 (défaite en finale régionale devant l'EB Achenheim). Et si l'année suivante, c'est au tour des juniors B (battus pour le titre régional par l'AS Seebach). Pour en revenir à l'équipe une, le championnat 1984-1985 permet la remontée en division I pour devenir champion de groupe 1986-1987 et retrouver la Promotion d'Honneur. L'équipe y reste jusqu'à la fin du championnat 1989-1990 et se retrouve à nouveau championne de groupe en 1991-1992, retombe en 1993-1994 et reste en division I, jusqu'en l'an 2000.

Actuellement le club comprend quatre équipes seniors, une équipe de vétérans, une équipe de 15 ans, une équipe de 13 ans, deux équipes de benjamins, deux de poussins, soit onze équipes pour environ 200 licenciés. Doté de splendides installations au stade de la Fecht, juste à côté de la gare du train très touristique, Colmar-Metzeral, le club a toujours semblé pressé. On peut dire qu'il va gaillardement de l'avant.

• BIBLIOGRAPHIE :
— Merci à Camille Anneheim.

Les présidents

Camille Sibold (1945-1949)
Adolphe Heitzler (1949-1954)
Ernest Krauth (1954-1960)
Edouard Bubendorff (1960-1963)
Pierre Groetz (1963-1967)
André Olry (1967-1978)
Gérard Landbeck (1978-1980)
Guillaume Gravier (1980-1982)
Camille Anneheim (1982 à nos jours)

Denis Schaer, ce professionnel trop discret

L'AS Turckheim compte dans ses rangs un enfant du village qui a fait une belle carrière professionnelle, Denis Schaer. Denis a fait les beaux jours du Racing Club de Strasbourg, entre autres, et fini sa carrière pro à Louhans-Cuiseaux. Il est aujourd'hui revenu au bercail, et se donne avec joie à son club de toujours, en étant son capitaine-entraîneur. Pétri de qualités, le numéro 10 au pied magique a sans doute été barré par sa trop grande discrétion et sa gentillesse légendaire. Milieu de poche du style Giresse ou Chiesa, il aurait sans doute pu espérer encore mieux !

L'AS Turckheim, le comité de l'an 2000

Football Club Uffheim ★ 68

Uffheim

La vie en mauve

En 1945, une poignée de jeunes sportifs créent le Football Club d'Uffheim, inscrit sous le numéro d'affiliation 4209. Le club change de nom en 1949 pour prendre celui d'AS Uffheim. L'épisode sportif sera de courte durée pour l'association qui met le club en sommeil en 1954. Les activités sont suspendues… pour renaître des cendres en 1971 sous la dénomination de Football Club Uffheim.

Le comité fondateur de l'époque est : Roger Wasner (président-d'honneur), Marcel Goepfert (président), Fernand Dentz (vice-président), Fernand Fritsch (secrétaire), Robert Muller (secrétaire adjoint), Jean-Marie Brodbeck (trésorier), Etienne Goepfert, Charles Goepfert, Alphonse Schwob, Arsène Moser, Fernand Goepfert, Yvan Goepfert, Jean-Marie Muller, Georges Bitterolf, Georges Koerper, Bernard Brodbeck, Yves Soret, Guy Wasner (assesseurs).

En ce temps-là, les jeunes ont les cheveux longs et courent vite… Il y a deux boulangeries, deux restaurants, deux épiceries, un boucher, un cordonnier, un forgeron, une fanfare et des pompiers, mais pas de terrain de sport.

L'école primaire n'est pas encore mixte et il n'y a pas la télévision dans toutes les maisons. Les ordinateurs font encore partie de la science fiction et on ne se doute pas que quelqu'un va inventer un jour la semaine des 35 heures.

A l'époque où l'on marche pour la première fois sur la lune, les petits gars du village jouent au football devant le restaurant « Aux Chasseurs ». C'est un terrain en bitume et de taille réduite : il s'étend de l'angle de la rue du Moulin à la rue du 20 novembre… Mais il est suffisamment grand pour permettre de détecter quelques talents naissants.

Le portail rouillé de la maison de Mme Victorine (où se trouve aujourd'hui la CMDP) sert de but. Le jeu s'interrompt au passage d'un tracteur ou d'une 2 CV. A la fin du match on va boire des panachés ou des diabolos servis par Mme Irma.

Mai 68 à Uffheim

La révolte de mai 68 secoue l'ordre immuable des choses. A Uffheim, la contestation s'est cristallisé autour d'une revendication majeure : *« nous voulons un terrain de football »*.

Bernard Schlienger et Adrien Dentz (deux juniors jouant au FC Sierentz) font le premier pas en allant voir le sympathique et dynamique maire Joseph Muller, qui se déclare prêt à donner un terrain communal de 1 ha *« si le nombre de joueurs est assez nombreux »*.

Les deux juniors demandent aux plus anciens de la bande, ceux qui jouent dans les équipes seniors de Sierentz et de Kembs-Loechle, de monter une équipe locale. C'est Fernand Fritsch qui s'attelle à cette tâche. Il n'est pas le meilleur au foot, mais un grand organisateur et un leader charismatique.

Avec Marcel Goepfert, il mobilise une vingtaine de jeunes et d'anciens qui participent à une réunion publique à la mairie le 22 mars 1971, marquant la re-naissance officielle du FCU.

Les vendredis soirs on se retrouve « Chez Irma » pour jouer au poker ou au tarot. Les gains de ces interminables

Le FC Uffheim dans les années 70

Le FC Uffheim en 1994, en Promotion d'Honneur

parties sont versés dans une cagnotte qui sert à acheter les premiers ballons.

Fernand Fritsch forme un duo de choc avec Simon Gori, un entraîneur-pédagogue, gardien de but talentueux, fumeur de pipe aux idées révolutionnaires venu de Toscane via les Vosges. Il garde son accent mais transmet sa fougue et sa passion qui ne se limitent pas au foot. C'est lui qui apprend à jouer, à gagner et à voir en mauve.

Le mauve (ou violet) est toujours, la couleur des maillots du FC Uffheim. Les mêmes maillots que ceux de la Fiorentina de Florence, et que Simon a fait venir directement d'Italie : La Toscane et le Sundgau ont donné naissance à une équipe multiculturelle.

Le FCU innove sur un autre plan : il est l'un des premiers petits clubs à faire de la publicité pour son sponsor, mais comme il est interdit de porter le nom d'une société sur les maillots, on décide de coudre des écussons de la Sedim, l'entreprise de Roger Wasner, sur les shorts des joueurs.

Sur les maillots, à la place du cœur, il y a un écusson symbolisant un moulin et une date 1667, l'année à laquelle remonte la première référence historique de la création du village d'Uffheim autour de trois moulins. Pour financer les infrastructures du club, le FCU organise à partir de 1972, pour la première fois dans la région, des kilbes en hiver et des soirées de carnaval sous chapiteaux. Le vin chaud gèle dans les verres car le chauffage tombe régulièrement en panne et le chapiteau s'écroule parfois sous le poids de la neige. Mais cela permet de remplir la caisse.

Un vrai terrain

Le club est donc recréé en 1971 mais il faut attendre la saison 1973-1974 pour voir les joueurs d'Uffheim évoluer sur leur terrain fétiche.

Pour sa première saison en 1971-1972, le FC Uffheim démarre en trombe : le premier match officiel, joué sur le terrain de Sierentz, se solde par une victoire (4-1) contre Hégenheim II. L'équipe fanion termine la saison à la seconde place de la division IV, à trois points du SC Carspach, intouchable à l'époque. L'équipe se compose de : Simon Gori (gardien), Gilbert Leiby ( ), Bernard Schlienger (arrière central), Pierrot Martin (arrière), Théo Gutsché (arrière), Adrien Dentz (milieu de terrain), Jean-Pierre Joël (milieu de terrain), Jean-Claude Jung (milieu de terrain), Jean-Marie Wurtlin (attaquant), Raymond Rasser (attaquant), François Ronci (attaquant).

La montée en division II intervient dès la saison suivante. Toujours sous la houlette de Simon Gori, le FCU renforcé notamment par Josef Jaeger (un ancien international junior tchèque exilé à Bâle) reste invaincu durant toute la saison 1972-1973 avec un goal-avérage impressionnant de 51 buts marqués (dont 38 par Jean-Marie Wurtlin, alias Johnny) et huit buts encaissés seulement.

Dans la foulée, le FCU rate en 1974, d'un tout petit point, la montée en division II décrochée après un combat épique par Habsheim.

Il faut attendre 1983 avant de monter en division II, grâce à la suppression de la division III... La montée en division I marque le 20e anniversaire du club en 1991.

La troisième génération réalise le rêve des anciens en faisant accéder, en 1993, le FCU en Promotion d'Honneur.

Aujourd'hui il y a deux terrains de football à Uffheim. Mais il n'y a plus de bistrot, plus de boulangerie, plus d'épicerie. Le forgeron et le cordonnier sont morts. Plusieurs joueurs, dont Gilbert Leiby, le premier capitaine du FCU, ont été emportés prématurément par la vie.

Une vie que l'on continue de voir en mauve, autrement.

• **BIBLIOGRAPHIE :**
— Grand merci à Wafa Goepfert.

Les présidents

Marcel Goepfer
Fernand Fritsch
Patrick Wadel

Le comité de l'an 2000

Patrick Wadel (président)
Carole Goepfert
Marguerite Goepfert
Yannick Goepfert
Jean-Claude Goepfert
Etienne Goepfert
Wafa Goepfert
Thierry Gutknecht
André Haaby
Bernard Haaby
Pierre Martin
Mathieu Baumlin
Pascal Dieret
Muriel Heintz
Michaël Breig
Philippe Dettwiller
Serge Muller
Yves Soret
Christian Weiss

Les entraîneurs

Simon Gori (1971-1978)
Laurent Ehrhard (1978-1979)
Julien Seltz (1979-1981)
Jean-Pierre Gschwind (1981-1982)
Simon Gori (1982-1984)
Jean-Claude Metzgzer (1983-1985)
Nestor Subiat (1985-1988)
Roger Muller (1988-1991)
Frédéric Otis (1991-1998)
Michel Felblinger (1998-1999)
Pascal Unternahrer (1999-2001)
Frédéric Otis (2000-2001)
Jean Herlin (2001 à nos jours)

1945
Club Sportif Waldhambach ★ 67
Waldhambach

Le CS Waldhambach en 1948, temps où il fallait jouer sur des terrains improvisés. Les premières gloires du club.

Les présidents
Albert Bucher (1945)
Gustave Wehrung (1946-1947)
Albert Mugel (1947-1952)
Lucien Baumann (1952-1957)
Albert Gerolt (1957-1966)
Emile Gressel (1966-1970)
Frédéric Gilger (1970-1975)
Werner Wehrung (1975-1977)
Pierre Hoffmann (1977-1978)
Didier Ensminger (1978-1982)
Albert Gerolt (1982-1985)
Albert Naegely (1985-1991)
Armand Krau (1991-1995)
Francis Kreitmayer (1995 à nos jours)

Le CS Waldhambach seniors en 1967. On reconnaît : Emile Gressel, Frédéric Gilger, Albert Gerolt, Rémy Gressel, Godefroy Strohm, Herbert Ensminger, Michel Seiwert, Albert Naegely, Hubert Bach, Pierre Hoffmann, Pierrot Schneider.

Terrains improvisés

Le 15 décembre 1945, les amis sportifs de Waldhambach se réunissent pour fonder une association sportive nommée « Club Sportif ». Dès lors, le club évolue en division IV. Le premier président est Albert Buchert, puis lui succède Gustave Wehrung de 1946 à 1947. C'est Albert Mugel qui prend le relais jusqu'en 1952. A cette époque, le club ne possède pas de terrain, il faut donc jouer sur des prés, des espaces de jeu improvisés. Les débuts du club sont difficiles, les financements étant rares. Il faut donc organiser des fêtes pour couvrir les nombreuses dépenses qui pèsent lourd dans le budget.

L'association installe tout d'abord son siège au restaurant « L'Etoile », chez Elfriede et Alfred Bach. A cette période, Lucien Baumann préside le club. En 1961, sous la coupe d'Albert Gérolt, le club devient champion d'Alsace de la division IV et monte pour la première fois en division III.

Les différentes équipes jouent sur le terrain de Diemeringen, mis gracieusement à disposition par le maire de l'époque, le Docteur Westphal.

De 1963 à 1965, on s'occupe d'aménager le nouveau terrain, l'équipe évoluant en division IV. En 1966, Emile Gressel est élu président, et le reste jusqu'en 1970, année où le club fête son vingt-cinquième anniversaire, et sa remontée en division III.

La relève est alors assurée par Frédéric Gilger. Lors de la saison 1971-1972, l'équipe redescend en division IV, mais remporte le challenge de la Correction en 1973-1974.

C'est en 1975 que Werner Wehrung devient président, et le reste jusqu'en 1977, avant de passer le flambeau à Pierre Hoffmann, puis à Didier Ensminger en 1978. Cette même année, l'équipe fanion monte en division II. En 1979, elle est classée en première place et joue les matches de barrage pour l'accession en division I. Le match se joue à Mackwiller contre Oermingen, et le CSW perd par quatre buts à deux.

De 1979 à 1985, on construit les vestiaires. Débutés en 1979, ces travaux sont effectués par les membres du club, financés par le club, la municipalité et le conseil général.

En 1982, Albert Gérolt prend le relais à la présidence et occupe ces fonctions

Le CS Waldhambach 1993-1994

Le CS Waldhambach 1996-1997
Debout de gauche à droite : Raymond Hasslauer, Yannick Bour, Bruno Wilhelm, Philippe Maurer, Stéphane Gerber, Yves Roehn, Daniel Gerber.
Accroupis de gauche à droite : Cyril Wellenreiter, Pascal Klein, Antoine Hunsinger, Marc Jaming, Pierre Bachmann, José Nieto, Francis Kreitmayer.

jusqu'en 1985 où il cède sa place à Albert Naegely. C'est sous sa direction qu'en 1986-1987 l'équipe redescend en division III. En 1991 Armand Krau prend la tête du club durant quatre années.

Depuis 1995, Francis Kreitmayer occupe ce poste. L'entraîneur en place est Antoine Hunsinger.

Depuis 1994, chaque dimanche de Pentecôte, le club organise un rallye touristique dont les bénéfices sont reversés en intégralité à une œuvre caritative.

En 2001, le club se compose d'une équipe séniors, qui joue en pyramide A division III qui est entraînée par Antoine Hunsinger, une équipe réserve qui joue en division IV et des équipes de jeunes. Le CSW compte 36 licenciés seniors et vingt jeunes

• BIBLIOGRAPHIE :
— Documents fournis par Francis Kreitmayer.

Quelques anciens du CS Waldhambach qui ont rangé leurs maillots
Debout de gauche à droite : Herbert Ensminger, Pierrot Hoffmann, Albert Ensminger, Pierre Hoffmann, Emile Gressel. Accroupis de gauche à droite : Jean-Claude Kastler, Gilbert Ringsdorf alias Skiba, Jean-Michel Seiwert.

Le CS Waldhambach, 55e anniversaire, défilé à travers les rues du village

Le comité de l'an 2000

Emile Gressel (président d'Honneur)
Francis Kreitmayer (président)
Stéphane Gerber (vice-président)
Philippe Maurer (vice-président)
Pascal Klein (trésorier)
Christelle Bour (secrétaire)
Alfred Bach, Pierre Bachmann
Fabien Barido, Angélique Frey
Pierre Hoffmann, René Neumann
Bertrand Koenig, Yves Roehn
Hubert Semler, Doris Schmitt
Roger Schmitt, Marc Strohm
Yves Wellenreitter, Werner Wehrung
Thierry Wittmann

Le CS Waldhambach de l'an 2000
Debout de gauche à droite : P. Naegely, L. Willmann (délégué), B. Wilhelm, P. Maurer, Y. Roehn, P. Bachmann, M. Jaming, F. Ensminger (capitaine), A. Hunsinger (entraîneur), F. Kreitmayer (président), P. Eby. Accroupis de gauche à droite : S. Gerber, M. Hussong, A. Frantz, Y. Bour, F. Barido, A. Hofstetter, A. Roth, S. Muckli, Thierry Wittmann (délégué).

Football Club Wingersheim ★ 67

Wingersheim

Sur l'autel de la Sainte-Vierge

Dès 1943, quelques copains se rassemblent pour disputer des rencontres amicales de football sur des champs situés sur la commune de Wingersheim. Hélas, l'incorporation de force dans la Wehrmacht en 1943 coupe l'élan et l'enthousiasme de cette jeunesse. C'est à la date du 3 novembre 1945 que l'on trouve mention, sur le registre des associations du tribunal d'Instance de Brumath, de l'inscription d'une association ayant pour intitulé « Football Club Wingersheim » et dont le but est de « préparer pour le pays, des hommes robustes, par la pratique du football. Toute discussion politique et religieuse y est formellement interdite ». L'Association a son siège au Restaurant Antoine Wernert.

Les pionniers du FC Wingersheim
Debout de gauche à droite :
Charles Geiger, Edouard Koessler, Marcel Riff, Charles Jaeger, Charles Weil.
A genoux de gauche à droite :
René Riff, Aloyse Wind, Arthur XXX.
Accroupis de gauche à droite :
Charles Kremmel, Charles Felden, Joseph Kihm.

Le comité fondateur est ainsi constitué : Albert Lehmann (président), Nicolas Gantzer (vice-président), Antoine Riff, Vincent Spitzer, Charles Kremmel, Joseph Wernert (assesseurs). L'agrément par la Direction Départementale de la Jeunesse et des Sports est donné le 6 juillet 1949, sous le numéro 4909. Le propriétaire d'un pré, situé au lieu-dit « Bachmatt », ne voit pas d'un bon œil l'occupation de sa parcelle et oblige les joueurs à maintes reprises à déblayer la surface de jeu la veille des rencontres. Après quelques négociations, elle est finalement aménagée en terrain de football. Les buts sont fabriqués de manière artisanale, les déplacements effectués au moyen d'un camion Dodge conduit par Aloyse Lehmann.

Les chants du Cygne

Durant la saison 1946-1947, une équipe est engagée pour disputer l'épreuve du championnat départemental de la division IV. Elle termine à la troisième place du groupe 5 et accède en division III. A l'issue du championnat 1947-1948, un entraîneur est engagé. C'est Alphonse Lohr, ex-joueur professionnel au Racing (il a disputé 77 matches en qualité d'arrière, entre 1936 et 1939 et disputé la finale de la coupe de France 1937, contre Sochaux) qui réside alors à Hochfelden. Le FC Wingersheim n'est pas candidat à la montée, malgré une bonne 4e place dans son groupe de division III.

A partir de la saison 1948-1949, les joueurs et les membres du comité, qui ont d'autres cordes à leur arc, invitent les habitants de la localité à se rendre au restaurant du Cygne, pour assister à une représentation théâtrale. Le succès populaire est immense et incite les organisateurs à récidiver l'année suivante.

Pour la saison 1949-1950, l'équipe finit dernière de son groupe de division III et retrouve la division inférieure. L'année 1950 voit le club disputer les épreuves d'un grand tournoi. Après les rencontres, joueurs et spectateurs se rendent dans la cour de l'école primaire pour vivre quelques instants de joie, en participant à une fête champêtre. Certains racontent que la tête et les jambes sont souvent lourdes au moment de regagner leurs domiciles. Mais qu'importe. Sur le plan sportif il convient de noter le retour au bercail d'un grand espoir, Gérard Pfeiffer, qui vient d'évoluer parmi les stagiaires du RC Strasbourg. La saison 1951-1952 voit l'équipe finir à la deuxième place de son groupe derrière Dingsheim et remonter en division III.

118 buts marqués : un beau champion d'Alsace !

La saison 1953-1954 est marquée, outre la malheureuse descente en division IV, par l'arrivée du curé Klein. C'est un passionné de sport. Ses liens d'amitié profonde avec les Heckel, ne doivent pas être étrangers à l'incubation de ce virus. Grand meneur d'hommes, il sait rapidement communiquer aux joueurs et aux spectateurs, sa foi et son amour du football.

Le jour de gloire arrive. En disposant de l'équipe haut-rhinoise de Kirchberg-Wegscheid, sur le score de 5 à 3, le FC Wingersheim est sacré champion d'Alsace de la division IV 1954-1955, en marquant 118 buts dans son groupe ! Une journée inoubliable.

Le FC WIngersheim 1954-1955, champion d'Alsace de division IV
Debout de gauche à droite :
Jean-Claude Oberlé, Antoine Reiffsteck, André Meyer, André Gillig, François Acker, Peter Heintz, Joseph Steinmetz.
Accroupis de gauche à droite :
René Meyer, Eugène Hoenen, Léon Bodin, Gérard Pfeiffer, Paul Hoenen.
Manque sur la photo : Emile Knoll.

L'hymne à la gloire, composé par le secrétaire Mathia, reste gravé dans la mémoire des personnes présentes au restaurant, à Logelbach.

Le retour à Wingersheim est triomphal. Accueillis par la fanfare des sapeurs-pompiers à leur descente du car, les héros se forment en cortège, avec à leur tête le curé Klein, destination l'église. Une gerbe est déposée sur l'autel de la Sainte Vierge. Le président tient ensuite un discours et toute la troupe se rend au restaurant Wernert.

Au départ de la saison 1955-1956, on note quelques bouleversements. Il y a le départ du curé Klein ainsi que celui de nombreux joueurs, appelés au service militaire en Algérie. Ils tempèrent le bel enthousiasme et créent des problèmes humains et sportifs. Barragiste, le FCW est relégué en division inférieure, battu par Ittenheim (1-2).

A l'automne de l'année 1956, quelques mordus tentent de raviver la flamme. L'équipe finit à la 6e place de son groupe de division IV 1956-1957, comme en 1957-1958. Mais celle-ci s'éteint et le club est déclaré en non-activité durant les saisons 1958-1959 et 1959-1960.

La compétition reprend ses droits à l'automne 1960 et Wingersheim prend la 8e place de son groupe de division IV. 3e en 1961-1962, l'équipe déclare forfait général pour les saisons 1962-1963 et 1963-1964. Elle reprend la compétition pour la saison 1964-1965, se hisse à la 3e place derrière Bouxwiller et Obermodern, avec un goal-avérage de 90-25, meilleure attaque de son groupe. En coupe d'Alsace, elle est éliminée au 4e tour par Ittenheim (division I), sur le score de 0-2.

10 victoires en 10 matches, le compte est bon

La montée en division III est réussie à la fin de la saison suivante, après une lutte passionnante contre Wahlenheim, qui finit à 5 points. 17 victoires et une défaite donnent le reflet de la saison. En finale de championnat du Bas-Rhin, les locaux échouent contre Dahlenheim et un certain Marcel Dietrich (1-3).

Pendant la saison 1966-1967, après le cycle aller, le FCW totalise 10 victoires pour 10 matches disputés : 33 buts marqués et 6 encaissés. Pour un club récemment recréé, le succès est total. Il faut ajouter la brillante qualification en coupe d'Alsace, contre Ittenheim, un ténor de la division I. Les DNA mentionnent : « *Tout Wingersheim peut être fier de ses gars qui, chaque dimanche, se battent comme des lions pour faire triompher leurs couleurs. Tous les joueurs sans exception, méritent des félicitations. Cette équipe ne jure plus que par son gardien Strohm, dont les parades découragent plus d'un avant adverse. Devant cet ultime rempart, évolue une défense de fer supérieurement commandée par Bodin. Le capitaine Hager et Schmitt sont les rois du milieu de terrain. En attaque, le duo Claude Meyer et Kost se complète fort bien.* » Toutefois le championnat se termine par un coude à coude avec Herrlisheim. Il faut attendre la dernière journée, avec la victoire de Wingersheim à Offendorf (18-0) pour départager les deux adversaires au goal-avérage particulier. Brumath (3e) finit à 11 points des deux leaders.

En division I

Fin 1966 marque le début des travaux pour l'aménagement du nouveau terrain. La saison 1967-1968 est celle de l'arrivée d'Alain Grunert, joueur-entraîneur, grand meneur d'hommes et technicien de premier plan. Le lundi de Pentecôte, sur le stade de son grand rival Schwindratzheim, devant une assistance évaluée à plus de 3000 personnes, le FCW remporte une courte, mais précieuse victoire (2-1) qui lui donne le droit de rejoindre la division I. En finale du Bas-Rhin, Strohm and Co rencontrent le FC Kronenbourg II (renforcé par des éléments de l'équipe I) et doivent reconnaître la supériorité des Brasseurs sur le score sans appel de (0-7).

Durant la saison 1968-1969, l'apprentissage de la division I se fait sans trop de difficulté. Les 7 et 8 juin 1969 marquent le 25e anniversaire du club et l'inauguration du nouveau terrain, avec un événement exceptionnel, qui voit l'équipe locale opposée aux pros du RC Strasbourg. En 1971, Martin Klipfel dirige, en qualité d'entraîneur-joueur, une équipe comportant de brillantes individualités, mais qui ne trouve aucune place dans l'ascenseur. Le club installe à ses frais deux projecteurs.

En 1972, Gilbert Goehl, ex-gloire de Koenigshoffen, est appelé à prendre la succession. A l'issue de la saison 1973-1974, l'équipe est reléguée en division II. La remontée n'est pas assurée immédiatement, malgré un bon parcours (équipe classée à deux points du leader Weyersheim). Par contre, la formation locale s'illustre en coupe d'Alsace, où elle n'est éliminée qu'au stade des 8e de finale contre Masevaux, alors leader incontesté de la division d'Honneur et futur champion d'Alsace sur le score de (0-4).

Le FC Wingersheim 1966-1967
Debout de gauche à droite :
Gérard Daul, Charles Bodin, Charles Moebs, Fred Wetta, Michel Felden, Jean-Charles Schmitt, Jean-Paul Bieth, Claude Fischer, Bernard Kost, Jean-Claude Strohm, Charles Kremmel.
Accroupis de gauche à droite :
Jean-Pierre Jeanne, Gruner Fils, René Meyer, Alain Gruner (Entraîneur), Albert Spitzer, Bernard Hager, Jean-Pierre Felden, Henriet.

Les présidents
Albert Lehmann (1945-1947)
Nicolas Gantzer (1947)
Charles Mochel (1960-1964)
Jean-Paul Bieth (1964-1968)
Charles Kremmel (1968-1984)
Jean-Paul Ambs
(1984 à nos jours)

Le FC WIngersheim, le 1er mai 1974, en 8e de finale de la coupe d'Alsace
Debout de gauche à droite :
Charles Kremmel, René Hebbel, François Spitzer, Jean-Marc Schmitt, Jean-Claude Vogel, Charles Bodin, Jean-Claude Strohm.
Accroupis de gauche à droite :
Jean-Paul Ambs, Bernard Kost, Jean-Charles Schmitt, Jean-Paul Felden, Jean-Marie Felden, Jean-Paul Ebel.

Le FC Wingersheim 1977-1978 en Promotion d'Honneur
Debout de gauche à droite :
Bernard Laugel, Bernard Spenlé, François Spitzer, Georges Henni, Joseph Jeanne, Raymond Ritter, Muller (entraîneur).
Accroupis de gauche à droite :
Jean-Claude Vogel, Jean-Paul Felden, Gérard Matter, Jean-Marie Felden, René Ohlmann, François Ebersold, Gérard Oster-Schall.

Le FC Wingersheim 1987-1988
Debout de gauche à droite : Jean-Charles Holzmann, Muller, Joseph Mossbach, Christophe Diebolt, Francis Koessler, Jacky Metzger, Maurice Fuchs, Alassan Diop (entraîneur). Accroupis de gauche à droite : Pierre Meyer, Denis Reiffsteck, Olivier Dissert, André Busché, Pascal Strebler, Michel Geldreich.

Le comité de l'an 2000
Nicolas Ambs (président)
Robert Jaeck (vice-président)
Pierre Felden (vice-président)
Léonard Felden (secrétaire)
Martial Hertzog (secrétaire)
Eric Felden (trésorier)
Paul Imbs (trésorier)
André Busché, Emile Dissert,
Olivier Dissert, Vincent Fuchs
Bertrand Huber, André Meyer
Jean-Luc Meyer, Etienne Muller
Stéphane Muller, Pascal Spinner
Philippe Reifstteck
Bernard Spenlé

Le FC Wingersheim de l'an 2000
Debout de gauche à droite :
Robert Jaeck, (délégué),
Mathieu Goehry, Franck Reinling,
Eric Felden, Gilbert Vecten,
Frédéric Zindy, Jacky Sommer,
Raphaël Mathis,
Patrice Zindy (entraîneur),
Jean-Paul Ambs (président).
Accroupis de gauche à droite :
Christian Mack, Damien Reiffsteck,
Serge Klein, Olivier Dissert,
Martial Hertzog, Thomas Felden,
Laurent Dussourd, Franck Kulb,
Stéphane Muller (délégué).

En 1975, le FCW se classe à la première place du groupe 3 et réintègre la division I. Le club dispute également la finale départementale contre l'AS Dingsheim (0-2) et la finale de la coupe du Crédit Mutuel contre Reipertswiller (1-4). L'équipe seconde se classe en tête du groupe 16 des réserves B. Deux ans plus tard, le club accède pour la première fois de son histoire en Promotion d'Honneur. Les travaux de construction du club-house sont alors engagés. L'ouverture de la buvette et des vestiaires est réalisée le 9 septembre 1979. La saison 1979-1980 voit également Raymond Ritter (ex-RCS et Mutzig) prendre les fonctions d'entraîneur-joueur. Son activité est de courte durée car, dès août 1980, Philippe Voelcker prend sa succession. Les médias annoncent : « Avec un nouvel enthousiasme, Wingersheim est un outsider en division I ». Mais les espoirs nourris sont déçus.

Une grosse déception

Durant les saisons 1981-1982 et 1982-1983, sous la houlette de Lucien Thomann (ex-Mutzig), le club flirte dangereusement avec la descente. Toutefois les qualités physiques et morales de l'entraîneur et des joueurs permettent d'assurer le maintien. Le club fait alors appel à Marcel Dietrich, dont la mission est de créer un nouvel état d'esprit au sein du groupe, afin de repartir de l'avant. L'échec est total.

Lors de l'assemblée générale du 16 septembre 1984, après une réunion houleuse, le président Charles Kremmel décide de passer le flambeau. 14 départs sont enregistrés, fait unique dans les annales du club. Les ambitions se limitent au maintien, car pas moins de 7 joueurs juniors sont appelés à évoluer en équipe fanion. Hélas la descente ne peut être évitée. Les 22, 29 et 30 juin 1985, le FCW fête ses quarante années d'existence. 40 ans de vie d'une association, un événement qui justifie l'organisation d'une grande fête, rassemblant la grande famille du FC Wingersheim. L'instant d'une soirée et d'un après-midi, jeunes et anciens trempent dans cette chaude ambiance qu'on découvre dans les milieux sportifs. La salle des fêtes est trop petite pour accueillir la foule.

Les années grises

Pour la saison 1986-1987, la solidarité et la cohésion sont difficiles à trouver. L'apport de certains jeunes permet de redresser la barre lors de cycle retour, mais c'est très dur. Seule leçon à retenir : développer la formation des jeunes. La saison 1988-1989 ne correspond pas aux attentes des uns et des autres et le 6e rang est considéré comme un échec. 1989-1990 marque le début de l'ère Roland Rebholz, qui pose sa valise pour faire partager sa passion du foot. La politique des jeunes est poursuivie pour maintenir l'élan. La saison 1990-1991 est exceptionnelle à maints titres : accession en division I, à la suite d'un match palpitant à l'issue incertaine, engagement de 5 équipes, soit 50 joueurs, 322 buts marqués.

Les poussins sont vice-champions du Bas-Rhin, les pupilles se classent à la première place, les minimes et cadets occupent une belle troisième place. En 1992, le club se bat pour le maintien en se classant 9e sur 12. Même scénario en 1993, quand l'équipe fanion se classe 10e sur 11. 1994 voit le passage éclair de Bruno Hickel à la tête du club, en remplacement de Roland Rebholz. Passage rapide, car dès le 13 septembre, Roland Rebholz reprend son poste, alors que l'équipe traîne à la dernière place. Le groupe reprend vie et acquiert le droit de disputer les barrages contre Rountzenheim. Suite à des incidents sur le terrain, la rencontre est déclarée perdue par la LAFA. Le cinquantième anniversaire du club a lieu en 1995. L'équipe fanion fait un bon parcours au sein de la division I. Les festivités organisées pour l'anniversaire drainent une grande foule. Les spectateurs ne manquent pas le match de gala qui oppose le Racing Club de Strasbourg à une sélection régionale. En 1996-1997, l'équipe se classe deuxième derrière Steinbourg puis s'installe confortablement en division I, qu'elle fréquente à l'entrée du troisième millénaire.

• BIBLIOGRAPHIE :
- Plaquette du 25e anniversaire les 7 et 8 juin 1969.
- Plaquette du 50e anniversaire les 30 mai et 4 juin 1995.

Le FC Wingersheim II, de l'an 2000
Debout de gauche à droite : Jean-Paul Ambs (président), Vincent Fuchs, Bertrand Huber (dirigeant), Alain Hamm, André Busché, Jacky Metzger, Laurent Wimmer, Laurent Strohm.
Accroupis de gauche à droite : Jean-Charles Holzmann, Fabrice Burtl, René Velten, Pierre Meyer, Vincent Friedulsheim, Sébastien Schmitt, Pascal Felden.

1946 Association Sportive Andolsheim ★ 67

Andolsheim

L'AS Andolsheim 1949-1950
Debout de gauche à droite : R. Haas, A. Lang, M. Edenwald, K. Sommev, A. Ehrsam, Kutnakovski.
Accroupis de gauche à droite : A. Schwartz, B. Waeckerle, P. Weissgerber, L. Schwartz, R. Wiss.

Pierre Weissgerber, membre fondateur du club

Un valeureux bâtisseur

Le football à Andolsheim naît le 14 novembre 1946, grâce à Pierre Weissgerber, instituteur et secrétaire de mairie et Paul Bollenbach, qui est investi des fonctions de premier président du club. A l'époque, coexistent une section d'athlétisme et une de gymnastique. Ces deux activités fusionnent avec le football pour créer l'Association Sportive d'Andolsheim. Les débuts officiels ont lieu en division IV en 1947 et l'équipe finit à la 8e place de son groupe. A la fin de la saison 1949-1950, l'ASA décroche le titre de champion de groupe et accède en division III.

En 1950-1951, l'équipe se classe sixième et fin 1951-1952, avec une troisième place derrière Sundhoffen et Rouffach, c'est la montée en division II. Malheureusement, les bonnes choses n'ont qu'un temps, très bref et dès la fin de la saison 1952-1953, avec une 8e et dernière place, l'équipe est contrainte au retour en division III. 5e, 5e, 8e, le club est même obligé, comme beaucoup d'autres, de faire l'impasse sur la saison 1956-1957, en raison de la guerre d'Algérie. Nombreux sont les clubs qui se retrouvent décimés car leurs joueurs, en âge d'être appelés sous les drapeaux, s'en vont rejoindre leurs régiments en Afrique du Nord.

L'équipe retrouve néanmoins la division II dès la saison 1957-1958 et termine même à la 3e place, derrière

L'AS Andolsheim 1967-1968
Debout de gauche à droite : Ariste Buob (entraîneur), Henri Schreiner, Henri Helmlinger, Roger Keller, Gérard Ehrhardt, Gérard Sembach, Gilbert Claude. Accroupis de gauche à droite : Jean-Marie Ehrhardt, Bernard Kranzer, Yvan Baumert, Jacky Buttighoffer, Jean-Paul Schmidt, Gilbert Lisse.

L'AS Andolsheim féminines 1973-1974
Debout de gauche à droite : Gaby Weckerlin, Mamie Bickel, Carole Bickel, Angèle Husser, Marylène Husser (la mariée), Béatrice Schaeffer, Jacqueline Balançon (capitaine), Marie-Claude Schaeffer, Christiane Rey, Isabelle Ernst. Accroupies de gauche à droite : Edwige Schaeffer, Martine Schuller, Liliane Haemmerlin, Hélène Boesch, Chantal Ritter, Claudine Dietrich.

L'AS Andolsheim 1984-1985, accession en division I
Debout de gauche à droite :
Jean Ehrlacher, Roland Spehler (dirigeant), Michel Rebert, Philippe Goerg, Roger Baumert, Raymond Spiry, Pascal Kranzer, Alexis Reinold, Jean-Daniel Frey, Hubert Kranzer (président), Gilbert Lisse (vice-président).
Accroupis de gauche à droite :
Yvan Baumert, Franck Guthmann, Jean-Marc Jacob, Philippe Obrecht, Charles Ritter, Claude Ehrlacher.

L'AS Andolsheim 1987-1988, montée en Promotion d'Honneur
Debout de gauche à droite : Gilbert Lisse (président), Raymond Elsaesser (dirigeant), Raymond Spiry, Fabien Chevalier, Denis Clad, Michel Rebert, Jean-Daniel Frey, Thierry Zimmermann, Raphaël Kuhn, Bernard Kopfmann (entraîneur). Accroupis de gauche à droite : David Neunlist, Eric Hofstetter, Jean-Michal Ehrlacher, Jean-Marie Vives, Guy Olt, Jacques Lengauer, Alain Rebert (dirigeant).

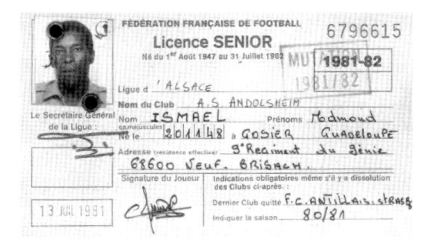

Licence d'Edmond Ismaël (le père de Valérien, joueur du Racing et actuellement au RC Lens) en 1981-1982, alors militaire à Neuf-Brisach

Munster et Meyenheim. 6ᵉ en 1959-1960 et 1960-1961, 7ᵉ en 1961-1962, 10ᵉ en 1962-1963, 7ᵉ en 1963-1964, c'est en 1964-1965 que l'équipe craque en finissant à la 11ᵉ et dernière place de son groupe et redescend en division III.

La buanderie du bistrot comme vestiaires

Côté infrastructures, le club achète, en 1959, un baraquement scolaire en bois, démonté à Wihr-au-Val et remonté en 1960 à Andolsheim à côté du terrain. Celui-ci va faire office de vestiaires et de club-house pendant 17 ans. A cette époque, les joueurs se changent sur la piste de quilles et les visiteurs dans la buanderie du restaurant « A L'Etoile », chez Hélène Lintz qui leur met aimablement à disposition un baquet d'eau froide pour se laver !

Le terrain fait peau neuve durant la saison 1961-1962. Les verts disputent donc leurs rencontres à Widensolen. Quelques années plus tard, en 1968, un éclairage de fortune est installé. Le comité, alors présidé par Georges Bollenbach, décide de construire un vestiaire en dur, sur un terrain offert par René Rebert, bienfaiteur du club. Celui-ci est exclusivement le fruit du travail d'une équipe de bénévoles, entre 1974 et 1976.

Pendant cette même période, on procède à l'amélioration de l'éclairage, ce qui permet les entraînements en soirée. Celui-ci est complété, en 1986, par deux pylônes neufs. Trois ans plus tard, dans le cadre de l'aménagement du complexe sportif, la commune construit la maison des associations, qui fait désormais office de club-house. En 1972, le club se déplace à Elliant (Finistère Nord), dans le cadre du jumelage signé entre les deux clubs. A l'initiative d'Alain Le Meur, ancien joueur de l'ASA reparti au pays, après son service militaire.

Une bien jolie page en 1975

Revenons à l'aspect sportif. L'ASA ne va rester qu'une saison seulement en division III, car l'équipe est sacrée championne de groupe, dès la fin de l'exercice 1965-1966, devant Ostheim et Wintzfelden. Elle va rester en division II durant 16 longues années. En 1967-1968, une troisième place derrière Sainte-Croix-en-Plaine et Turckheim va la voir manquer d'un rien la montée. Le club écrit une des plus belles pages de son histoire en 1975. Les verts, emmenés par les Harrer, Roess, Henri Schreiner, Ehrlacher, Fernand Kranzer, entre autres, éliminent les SR Colmar puis le FC Mulhouse en coupe d'Alsace, avant d'échouer en 8e de finale, face au FC Strasbourg 06, tenant du trophée. Ils remportent au passage le challenge de *l'Alsace*, attribué à l'équipe hiérarchiquement inférieure ayant réussi la plus belle série de performances. Belle épopée pour un village de 800 habitants.

Des féminines pendant 6 ans

Pendant six ans, de 1972 à 1978, Andolsheim engage, dans le championnat départemental, une équipe féminine, composée en majorité de joueuses du village. Un changement de génération s'opère en 1982, avec l'incorporation réussie des juniors en équipe première. Ces derniers, champions du Haut-Rhin en 1981, encadrés par de «vieilles gloires», vont faire progresser le club de la division III, où ils viennent de descendre, jusqu'à à la Promotion d'Honneur.

L'AS Andolsheim 1995-1996
Debout de gauche à droite : Bernard Goerg (juge de touche), Michel Rebert, Guy Bollenbach, Remy Nischwitz, Gérard Bollenbach, Christophe Martinez, Jean-Daniel Frey, Didier Deppen (entraîneur). Accroupis de gauche à droite : Francis Klack, Laurent Cron, Zoltan Huber, Alexandre Bolchert, Gilles Fouillet, Jean-Daniel Rebert.

En effet, en 1982-1983, le club monte en division II, puis en division I dès la saison suivante.

Installée en division II

Mais en 1984-1985, il redescend en division II. Cette même saison, L'ASA remporte la coupe du Crédit Mutuel. Ce passage en division II n'est que de courte durée puisqu'en 1985-1986, les verts retrouvent la division I et sont finalistes de la coupe du Crédit Mutuel la saison suivante.

En 1987-1988, c'est la montée en Promotion d'Honneur pour une saison, avant de retomber en division I en 1988-1989, puis en division II à la fin de la saison 1993-1994. En 1996-1997, l'ASA se classe à la deuxième place du groupe B, à 8 points du champion, l'intouchable Fréland. Cela ne suffit pas pour accéder à la division I. L'équipe est encore deuxième du championnat 1999-2000, derrière Wihr-au-Val cette fois. La montée sera pour plus tard...

• **BIBLIOGRAPHIE :**
– Plaquette du 40e anniversaire, le 15 juin 1986.
– Plaquette du 50e anniversaire, les 8 et 9 juin 1996.

Les présidents

Paul Bollenbach (1946-1952)
Pierre Weissgerber (1952-1955)
René Rebert (1955-1963)
Jacques Schreck (1963-1970)
Georges Bollenbach (1970-1979)
Hubert Kranzer (1979-1985)
Gilbert Lisse (1985-1993)
Fernand Kranzer (1993-1996)
Gilbert Claude (1996-2001)
Richard Dobmann (2001 à nos jours)

Le comité de l'an 2000

Richard Dobmann (président)
Jacky Bollenbach (président jeunes)
Joelle Henry (secrétaire)
Christophe Reinold (secrétaire adjoint)
Christian Rebert (trésorier)
Gérard Sembach
Christelle Guthmann
Gilbert Hueber
Fabrice Hamraoui (entraîneur)

L'AS Andolsheim de l'an 2000
Debout de gauche à droite :
Fabrice Hamraoui (entraîneur),
Richard Dobmann (président),
Jonathan Durr, Guy Bollenbach,
Cyril Rollinger, Dany Klughertz,
Olivier Roellinger, Francis Rossini,
Frédéric Girard, Jacky Bollenbach
(dirigeant), Dominique Baumgart.
Accroupis de gauche à droite :
Nicolas Napoléao, Nicolas Rodrigues,
Michel Bollenbach, Laurent Cron,
Romain Obrecht, Maxime Jacob,
Thomas Bolchert.

1946

Association Sportive Batzendorf ★ 67

Batzendorf

La première fête organisée par l'ASB a lieu le 15 juin 1946. Elle est suivie d'un bal champêtre. L'équipe est engagée en division IV.

La commune construit un terrain qui est inauguré le 1er mai 1949 en présence de Joseph Bur, maire de Batzendorf et de Marcel Laugel, délégué de la LAFA et surnommé «le pape du football bas-rhinois».

La montée survient au terme de la saison 1950-1951, avec le titre de champion du Bas-Rhin de division IV. Pour l'attribution du titre régional, la finale a lieu à Ribeauvillé contre Pulversheim. L'ASB du capitaine Antoine Steinmetz s'incline 1-2. L'AS Batzendorf va s'installer durablement en division III, sans jamais la quitter jusqu'en l'an 2000.

Lors de la saison 1954-1955, le cadet Antoine Groschulski, titulaire en équipe première, a marqué 37 buts, un exploit sans précédent. Sollicité par le Racing Club de Strasbourg, il y signe son premier contrat professionnel le 12 juillet 1955. Lors de la saison 1957-1958, l'ASB s'impose (4-1) en match amical face à l'équipe militaire de Rastatt.

C'est en 1981 qu'est inauguré le stade municipal, en présence de M. Sprauer, député, de MM. Laugel et Gottri de la LAFA, Eugène Enger, maire de Batzendorf et d'Eugène Weber, prési-

La première équipe de l'AS Batzendorf engagée en championnat lors de la saison 1947-1948
Debout de gauche à droite : Baehl Marcel, Paul Trauttmann, Charles Lang, Joseph Trauttmann, Joseph Lang, Antoine Steinmetz.
Accroupis de gauche à droite : Joseph Jung, Eugène Heitz, Jean-Paul Kalisch, André Trauttmann, Joseph Groschulsky.

Plus de cinquante ans au service du football
Originaire de Cronenbourg, Eugène Gisselbrecht est ancien joueur, dirigeant et président du FC Kronenbourg. Actif depuis plus de cinquante ans au sein du mouvement sportif, il incarne l'exemple de la générosité et du dévouement.

Les débuts d'Antoine Groschulski

9 mars 1946. A cette époque, Batzendorf compte 620 habitants. Une première réunion constitutive du club de football tant désiré a lieu au restaurant Joseph Bur, à laquelle assiste le maire Antoine Dettwiller. C'est le 30 mars 1946 qu'est constituée officiellement l'Association Sportive de Batzendorf. Le premier comité comprend : Joseph Velten (président), Charles Ohlmann (vice-président), Eugène Kauffmann (vice-président), Emile Paulus (secrétaire), Joseph Arbogast (secrétaire-adjoint), Eugène Heitz (trésorier), Albert Baehl, Eugène Baehl, Eugène Bur, Robert Bur, André Mischel, Antoine Zitvogel.

Des membres fondateurs, seul Eugène Heitz demeure actif. Il est aujourd'hui président du club des retraités de Batzendorf.

Le maire de Batzendorf inaugure le terrain de football en présence d'Emile Paulus (président de l'ASB) et Eugène Kauffmann (vice-président), à gauche et Charles Ohlmann (vice-président) à droite

La première équipe de l'AS Batzendorf en 1946
Debout de gauche à droite : René Fuchs, Joseph Lang, André Trauttmann, Paul Bur, Antoine Steinmetz.
Au second rang de gauche à droite : Joseph Groschulski (frère d'Antoine), Joseph Jung, Charles Lang.
A genoux de gauche à droite : Antoine Bey, Marcel Baehl, Joseph Trauttmann. Manque sur la photo : Robert Bur.

L'AS Batzendorf 1957-1958
De gauche à droite : Antoine Lang, Lucien Weber, Charles Woerth, Charles Noé, Ernest Schall, Bernard Trauttmann.
Accroupis de gauche à droite : Marcel Lang, René Enger, Joseph Loeffler, Paul Trauttmann, Charles Lang.

L'AS Batzendorf en 1949
De gauche à droite : André Trauttmann, Marcel Baehl, Joseph Trauttmann, Joseph Jung, Joseph Lang, Eugène Heitz, Charles Lang, Paul Bur, Paul Trauttmann, Antoine Steinmetz.

L'AS Batzendorf 1989-1990
De gauche à droite : Jean-Claude Oh (sponsor maillots), René Ohlmann, Alain Weber, Olivier Weber, Jean-Paul Dettwiller, Daniel Gisselbrecht, Armand Adé, Claude Schopp. Accroupis de gauche à droite : Eugène Heitz, Eric Durrheimer, Maurice Kleinpeter, Jean-Bernard Meyer, Christian Weber, Jean-Yves Morel, Rolf Tritz. Manque sur la photo : Pascal Geldreich.

L'AS Batzendorf 1999-2000
Debout de gauche à droite : Eugène Gisselbrecht (président), Eric Richert, Philippe Eber, Georges Reutenauer, Eric Zitvogel, Serge Zitvogel, Raymond Jotz, Karim Sane, Kamel Zreika (délégué).
Accroupis de gauche à droite : Stéphane Febwet, Patrick Eber, Raphaël Wolpert, Olivier Weber, Victor Barcourt, Alain Eber (capitaine), Laurent Sertele, Eric Jung, Gilbert Febwet, Roberto Sgro.

Les présidents successifs

Joseph Velten (1946-1947)
Emile Paulus (1947-1972)
Eugène Martz (1972-1977)
Eugène Weber (1977-1989)
Eugène Martz (1989-1993)
Eugène Gisselbrecht (1996 à nos jours)

Les entraîneurs

Strobel, Aloïse Steck (1947-1952)
Charles Woerth (1953-1959)
Wernert Gensky (1960-1974)
Claude Kolb (1975-1977)
Georges Trinkhauss (1980-1981)
Jean-Claude Wagner (1981-1983)
René Ohlmann (1983-1985)
Rémy Acker (1985-1986)
Bernard Adé (1986-1987)
Marcel Lang (1987-1990)
Patrick Makowiack (1991-1993)
Serge Zitvogel (1996-1997)
Gilbert Febwet (1997-2000)
Guido Allenbach (2000)
Ronald Rischmann (01-2001 à nos jours)

Le comité en l'an 2000

Eugène Weber (président d'honneur)
Eugène Gisselbrecht (président)
Benoît Lorentz (vice-président)
François Senn (vice-président)
René Ohlmann, François Jung
Kamel Zreika, Raymond Weibel
Eric Durrheimer, Denis Junger
Alain Riedinger, Carole Lanoix
François Lebold, Michel Beringer
Jean-Paul Dollinger, René Kauffmann
Louis Ohlmann, Mireille Ohlmann

dent de l'AS Batzendorf. L'Association Sportive de Batzendorf, après une période d'inactivité de trois ans, procède à une profonde restructuration en 1996, avec Eugène Gisselbrecht à la présidence. Le maire de la commune, Ernest Pflumio, encourage vivement cette initiative destinée à relancer l'animation sportive.

C'est lors de la saison 1998-1999 qu'est créée la section des jeunes. A la fin de la saison 1999-2000, l'ASB est sacrée championne de groupe de division III et accède pour la première fois de son histoire en division II.

C'est lors de la saison 2000-2001 qu'est instaurée une école de football intercommunale, dénommée entente « Niederschaeffolsheim-Batzendorf ».

• BIBLIOGRAPHIE :
– Un grand merci à Eugène Gisselbrecht.

1946
Association Sportive Berrwiller Hartmanswiller ★ 68

Berrwiller-Hartmanswiller

L'AS Berrwiller en 1948
On reconnaît entre autres Léon Herr, Etienne Mogricki, Fernand Muller, Franzi Sieffert, Paul Neff, Paul Blum, Gérard Jesslen, Albert Sieffert, Franzi Bernard.
Manquent sur la photo : André Jesslen (qui est maire en 1981) alors blessé et les managers Louis et Alphonse Kindler.

L'AS Berrwiller 1973-1974
Debout de gauche à droite :
Robert Koenig (dirigeant), Bernard Stocker, Guy Martin, Charles Haller, Pierre Steiner, Bernard Hauptmann, Jean-Pierre Reinlen, Gérard Brendlen.
Accroupis de gauche à droite :
René Feder, Bernard Martin, Roland Jesslen, Michel Walch, Jean-Claude Girardey.

Mai 68 avant l'heure !

Avant 1925, les jeunes ont d'autres préoccupations que d'aider leurs parents. Leurs occupations favorites sont, soit d'apprendre à rouler à bicyclette, soit de trouver le plus souvent plaisir, sur le chemin de l'école, à taper dans des cailloux, dans une vieille balle ou dans un vieux bas de grand-mère roulé en pelote. A cette époque, jouer au football dans le village est purement impensable.

Les risques sont trop grands : possibilité de casser des vitres, d'effrayer les poules ou les oies qui courent dans les rues. Une autre raison est invoquée par les parents : l'usure prématurée des chaussures. Pour l'agriculteur aussi, la détérioration des prés par des parties de football disputées dans l'herbe destinée au fourrage constitue un méfait punissable.

Les premiers ballons en caoutchouc font leur apparition vers 1930, car un ballon de cuir, comme le connaissent les vrais footballeurs de l'époque, n'est pas encore à la portée de toutes les bourses, surtout villageoises. Malgré toutes ces difficultés et l'hostilité des enseignants (à quelques exceptions près), quelques jeunes se retrouvent pour frapper dans la balle, le jeudi ou le dimanche après-midi, dans un endroit convenu. Pour matérialiser le but, ils posent deux vestes par terre et la délimitation étant faite, on désigne alors un « goalmann » (gardien de but) et deux « Beck » (défenseurs), qui gardent et interdisent l'approche du but et l'équipe adverse, balle au pied, attaque et essaie de marquer autant de buts que possible. Cela se passe souvent dans un bout de pré fraîchement fauché ou dans des pâturages très bosselés appelés « Allmand », près de la Nationale 83.

La hache de M. Laval

A cette époque la municipalité est sourde aux appels des jeunes qui réclament un terrain de football ou envisagent seulement de placer de vrais buts (de simples poteaux de bois) sur un terrain communal en friche. Cependant, ils jouent aussi très souvent dans les rues du village où les rares automobiles ne les gênent en rien dans leurs ébats.

En 1935, un petit fait caractéristique se passe dans le village : « papa » Alphonse Nass habite au 34 de la rue d'Or et aime beaucoup sa tranquillité. Son surnom est « Laval », du nom du Président du Conseil de l'époque, Pierre Laval, homme de poigne qui sera d'ailleurs « Vychiste » aux côtés du Maréchal Pétain. Sa réputation n'est déjà plus à faire. Un jour, voyant un ballon de football tomber dans sa cour, il s'en empare, le place sur un billot et le tranche en deux d'un coup de hache. Dès lors, la phrase *« M. Laval nous a coupé la balle »* entre dans le langage courant. La guerre de 1940-1945 disperse toute cette belle jeunesse. Sur une quarantaine de jeunes nés entre 1920 et 1927 et partis à la guerre, une dizaine ne rentre pas à la Libération. Les rescapés se retrouvent

L'AS Berrwiller 1969-1970
Debout de gauche à droite : René Brender, Bernard Mary, Joseph Burger, Xavier Pfauwadel, Bernard Schlienger, Léon Wiss. Accroupis de gauche à droite : Francis Martin, Louis Spina, Fernand Zimmermann, Marcel Schmidt, Robert Pfauwadel.

en 1946 autour d'un « Stammtesch » au restaurant « A l'Arbre Vert » et sous l'impulsion d'Alphonse Kindler entouré d'André Jesslen et Albert Girardey (futurs maire et adjoint), Léon Herr, François Siffert et André Meyer, un comité se forme et élit Théophile Mellinger à la présidence. L'Association Sportive de Berrwiller est née.

Une lettre datée du 5 mai 1946 adressée au maire de l'époque, Joseph Krust, lui demandant de mettre à disposition, par la commune, un terrain de jeu, ne reste pas sans effet. Sans tarder et après maints échanges et achats de petites parcelles n'ayant en moyenne que 10 ares, le maire parvient à réunir un terrain d'environ 120 ares (100 x 120 m), au lieu-dit « Leimacker », sur le bord de la Route Nationale 83. Le terrain prend forme et peut être ensemencé le 25 avril 1947 après labourage, hersage, roulage au moyen des machines archaïques de l'époque, le plus souvent tirées par des bœufs ou des chevaux.

L'autre Beckenbauer

Dès l'automne 1947, l'unique équipe joue en championnat de division IV. La population, attirée par ce nouveau sport au village, vient en grand nombre applaudir les siens. La vedette de l'époque est Franzi Siffert, le « Beckenbauer » de l'équipe dont l'accident mortel à la mine Marie-Louise sonne la fin de l'équipe et du terrain de football. En effet, cinq ans plus tard, la plupart des joueurs atteignent la trentaine d'années, la relève n'est plus assurée et une assez longue pause devient nécessaire.

Il faut attendre 1964-1965 pour que le football reprenne son essor grâce aux jeunes nés après la guerre, et qui crient haut et fort dans les rues : « redonnez-nous le terrain de sport ». Depuis près d'une quinzaine d'années, ce terrain a été loué à un agriculteur du village. Dans les rues de Berrwiller, c'est mai 68 avant l'heure ! Soutenus par la municipalité avec en tête André Jesslen et Albert Girardey, deux anciens footballeurs, les jeunes ont vite satisfaction et élaborent un nouveau comité provisoire qui est inauguré le 11 juillet 1965.

Fusion avec Hartmannswiller

Une fusion sportive est décidée avec le village voisin d'Hartmannswiller. Le nouveau club s'appelle désormais : Association Sportive Berrwiller-Hartmannswiller (ASBH) et son premier président est Gilbert Beltzung. Le terrain aménagé en 1947 et proche de la RN 83 est encore utilisé durant les années soixante. Pendant ce temps, Robert Herr, secrétaire de mairie bien connu pour ses talents de négociateur est mandaté par les sportifs et par la commune pour rechercher un terrain de sport plus proche du village afin d'en faciliter l'accès et toutes installations ou raccordements aux divers réseaux (eau, assainissement, électricité, téléphone). Après bien des pourparlers, il réussit à obtenir un terrain à la sortie du village, route de Staffelfelden, qui permet aussi d'utiliser une longue bande de pré communale dit « Wasen » comme parking pour les voitures.

C'est ainsi que prend forme le stade municipal actuel, avec ses importantes plantations d'arbres, sur toute la partie longeant les 300 mètres de parking. Dès la fin de la saison 1967-1968, avec une deuxième place, l'équipe première dirigée par le tandem Gérard Bretz - Léon Wiss accède en division III et sur sa lancée, monte en division II dès le terme de l'exercice 1969-1970.

Mais l'ascension continue et dès la fin de la saison 1973-1974, l'équipe fanion entraînée par Charles Cron termine à la première place de son groupe et accède en division I.

Des titres à tous les niveaux

Mais il n'y a pas que l'équipe fanion qui tourne bien. A la fin de la saison 1976-1977, l'équipe II accède à la division III. Ce n'est qu'une étape. Saison 1981-1982, l'équipe « une » remporte les titres de champion du Haut-Rhin contre Guebwiller à Niederentzen, puis d'Alsace de division I, en s'imposant face à l'AS Pierrots Vauban II.

La saison suivante, c'est au tour de l'équipe II de réussir un parcours exemplaire en accédant à la division II. Et dès la saison 1985-1986, l'équipe fanion de Claude Pfauwadel est champion du Haut-Rhin puis d'Alsace de Promotion d'Honneur, en battant les Bas-Rhinois de l'AS Uberach en finale à Sélestat.

A la fin de la saison, c'est une fois encore l'équipe II qui se distingue en

L'AS Berrwiller-Hartmannswiller 1981-1982, championne d'Alsace de division I
Debout de gauche à droite : Christian Rudler, Joseph Loetscher, Pierre Hauptmann, Sylvain Bixel, Pierre Herr, Claude Pfauwadel (entraîneur). Accroupis de gauche à droite : Bernard Beltzung, François Herr, Bernard Martin, Jacky Beltzung, Michel Herr.

L'AS Berrwiller-Hartmannswiller 1986, championne d'Alsace de Promotion d'Honneur. Après chaque titre de champion, les joueurs font le tour du village sur un attelage paysan, afin d'apprécier les applaudissements des gens et des supporters du village

Les présidents
Théophile Mellinger
(1946-1952)
Gilbert Beltzung (1965-1966)
G. Felder (1966-1979)
Marcel Schmidt
(1979 à nos jours)

Le comité de l'an 2001
Marcel Schmidt (président)
Bernard Stocker (vice-président)
Patrick Pfauwadel (secrétaire)
Thomas Buisine
(secrétaire-adjoint)
Hervé Buisine (trésorier)
Yannick Stocker
Sébastien Gullung
Jean-Marie Hartmann
Yvette Dangel, Roger Dangel
Ludovic Girardey
Stéphane Trautmann
Alexandre Girardey
Mickaël Schlienger
Nicolas Jeannin, Fabrice Grill
René Burger

Les entraîneurs
Léon Wiss (1965-1966)
E. Rogowski (1966-1967)
Gérard Bretz Bretz et Léon Wiss
(1967-1970)
Michel Trautmann (1970-1971)
Charles Cron (1971-1976)
François Kollros (1976-1981)
Claude Pfauwadel (1981-1989)
Jean-Charles Canton
(1989-1995)
Antonio Gurnari (1995-2001)

accédant en division I, ne se faisant battre qu'en finale départementale contre Rixheim. Fin de la saison 1987-1988, l'équipe première réussit une magnifique performance en coupe de France, en atteignant le 7e tour contre Hirtzfelden.

Lors de la saison 1988-1989, le club remporte la coupe du Crédit Mutuel du secteur. Mais on ne s'arrête pas en si bon chemin. Dès la fin d'une fantastique saison 1989-1990, le club se retrouve propulsé en division d'Honneur. Et pas par la petite porte, mais en enlevant le titre de champion d'Alsace de la Promotion d'Excellence, face au champion du Bas-Rhin, le FCSR Obernai (2-1) à Ingersheim. Il réussit aussi l'exploit d'accéder jusqu'en demi-finale de la coupe d'Alsace en battant Vauban Strasbourg en quarts le 8 mai 1990 (1-0) devant 800 spectateurs.

A sa place en division d'Honneur

La montée en championnat de France va finalement être manquée de très peu puisqu'à l'issue de la saison 1990-1991, les seniors terminent à la deuxième place du championnat de division d'Honneur derrière le Sporting Schiltigheim.

Finaliste départementale de division I, l'équipe II accède la même saison à la Promotion d'Honneur. L'équipe fanion dirigée par Jean-Charles Canton va rester au plus haut niveau régional jusqu'au terme de la saison 1994-1995. Depuis, elle évolue en Excellence départementale sous les ordres d'Antonio Gurnari. Autre titre qui fait très plaisir et qui prouve la vitalité du club, celui de champion d'Alsace espoirs 1998-1999 obtenu par les joueurs de Michel Marcino. Les petits ne sont pas en reste puisque lors de la même saison, les poussins B sont eux-aussi sacrés champions d'Alsace.

• BIBLIOGRAPHIE :
– Grand merci à Patrick Pfauwadel.

L'AS Berrwiller-Hartmannswiller 1989-1990, championne d'Alsace de Promotion d'Excellence
Debout de gauche à droite : Claude Grischko, Jean-Marie Hartmann, Jean-Charles Canton, François Herr, Patrick Pfauwadel, Gilles Hassler, Philippe Hauptmann, Christian Fleisch.
Accroupis de gauche à droite : Eugène Bass, Thierry Zimmermann, Jean-Marc Feder, Raphaël Piccin, Claude Pfauwadel, Christophe Colomba, Philippe Munsch.

L'AS Berrwiller-Hartmannswiller de l'an 2000 en Excellence A
Debout de gauche à droite : Sébastien Fuchs, François Kral, Mathieu Brenner, Frédéric Lipp, Dominique Maciag, Laurent Benati, Dominique Belina, Gilles Hassler, Antonio Gurnari (entraîneur). Accroupis de gauche à droite : Thierry Litzler, Thierry Zussy, Franck Maschino, Raphaël Hauptmann, Nicolas Ledig, Vincent Beringer.

Palmarès des équipes seniors
1981-1982
Championne d'Alsace de division III (équipe I)
1985-1986
Championne d'Alsace de Promotion d'Honneur (équipe I)
1989-1990
Championne d'Alsace de Promotion d'Excellence (équipe I)
Championne du Haut-Rhin de réserves B (équipe III)
1990-1991
Championne d'Alsace de réserves B (équipe III)

Palmarès des jeunes
1971-1972
Champions d'Alsace (cadets B)
Finalistes de la coupe d'encouragement (cadets B)
1972-1973
Champions du Haut-Rhin (juniors B)
1973-1974
Champions d'Alsace (juniors A)
Vainqueurs de la coupe d'encouragement (juniors A)
Vainqueurs de la coupe des mines (juniors A)
1974-1975
Finalistes de la coupe d'encouragement (juniors DH)
Vainqueurs de la coupe des mines
Champions du Haut-Rhin (cadets B)
1985-1986
Champions du Haut-Rhin (juniors A)
1989-1990
Champions du Haut-Rhin (juniors PH)
Champions d'Alsace (Cadets A)
1998-1999
Champions d'Alsace (espoirs)
Champions d'Alsace (poussins III)

Association Sportive et Culturelle Biesheim ★ 68

Biesheim

Un feuilleton en quatre épisodes

Le football prend naissance à Biesheim tout de suite après la guerre, en 1946. Il s'agit de l'Union Sportive, dont les couleurs choisies sont le vert et le blanc. Le premier correspondant est Ernest Barléon. Le club joue son premier championnat en division IV lors de la saison 1946-1947, au sein d'un groupe qui comprend les Cheminots de Colmar (champions de groupe), Heiteren, SOFIRA Colmar, Wihr-au-Val, Algolsheim, Biesheim (6e), l'ASPTT Colmar, Houssen, Herrlisheim et Muntzenheim. Le comité fondateur de l'US Biesheim est le suivant: Joseph Groff (président), Victor Muller (vice-président), Ernest Barléon (secrétaire), Marcel Gantzer (trésorier), Maurice Dubois, Paul Haumesser, Rudy Kahles, Louis Jaeger (assesseurs).

Lors des deux saisons suivantes, l'équipe ne quitte pas la dernière place. La mise en route est pour le moins laborieuse. Par manque de joueurs, les dirigeants sont contraints de faire l'impasse sur la saison 1949-1950. En 1950-1951, les résultats sont bien meilleurs, avec la 5e place du groupe remporté par Sundhoffen, mais surtout, en 26 matches disputés, 15 victoires et trois nuls, plutôt encourageant. Et en 1952-1953, l'USB est sacrée championne de groupe devant Saint-Hippolyte. Le club est promu en division III. Ernest Barléon passe la main en 1954 et c'est Jean Wassmer qui prend le secrétariat du club. L'intérim est de courte durée et Ernest Barléon revient aux affaires. En 1955, les vestiaires de l'arbitre et des visiteurs sont situés au restaurant « Aux Deux Clefs ». Les couleurs ont viré au bleu-ciel.

Fin de l'épisode de l'Union Sportive Biesheim

Quatrième en 1956-1957, l'équipe est appelée à monter en division II. Mais la tâche s'avère bien difficile et dès la première saison, c'est l'avant-dernière place qui sanctionne les difficultés du club. Les deux saisons suivantes sont du même tonneau : avant-dernier et dernier. Il est décidé d'arrêter la compétition durant un an (1959-1960) mais on repart en 1960-1961, en division III. Alfred Ferder vient aux commandes, on émigre vers le restaurant Groff et les nouvelles couleurs sont maillots blancs, culottes bleues et bas rouges. Malheureusement, les résultats ne sont guère brillants, même si l'équipe termine troisième en 1961-1962, à deux points de Grussenheim et Horbourg II. On change encore de lieu pour les vestiaires qui sont désormais situés au restaurant Freuer-Biellmann.

Pour la saison 1962-1963, l'USB déclare forfait général. Pour illustrer l'instabilité du club du président Biellmann, on est contraint à nouveau de changer de maillots. Ils sont noirs et blancs. Et on trouve un nouveau lieu de vestiaire, le restaurant Frener-Vonarb. Les difficultés qui se sont accumulées sont par trop importantes, car l'effectif est fluctuant en raison du grand nombre de militaires appelés, en garnison à Neuf-Brisach, et qui composent l'effectif. C'est la fin du premier épisode, celui de l'US Biesheim. Certains voient d'un mauvais œil l'arrêt de l'activité football dans la commune. On commençait à y prendre goût. En juillet 1967, une équipe corporative, rassemblée autour de Roger Poirot au sein de l'entreprise Rhénalu (située sur le ban de Neuf-Brisach), le Groupe Sportif Rhénalu, joue quelques matches amicaux, avec des succès inégaux.

L'US Biesheim en 1946
Debout de gauche à droite :
Marcel Gantzer, Benoît Metzger, René Ketterer, Charles Enggasser, Robert Bueb, Joseph Heitzler.
Accroupis de gauche à droite :
Gilbert Marck, Moerland, Marcel Kempf, Eugène Eral, Alfred Ferder, Robert Biellmann.

Et un enfant prodige
Formé au club avant d'accumuler les succès à l'AS Nancy-Lorraine, Olivier Rambo est un pur produit de l'ASC Biesheim. Pour lui, la partie continue...

Les présidents

Joseph Groff (1946-1949)
Emile Wassmer (1949-1952)
Joseph Groff (1952-1959)
Robert Biellmann (1959-1962)
Pierre Bourgne (1968-1970)
Eugène Metzger (1970-1977)
Gabriel Stentz (1977-1979)
François Kretz (1979-1995)
Gilbert Kretz (1995 à nos jours)

Les entraîneurs

Frédéric Schuller (1946-1960)
Alfred Ferder (1960-1963)
Albert Engasser (1968-1970)
François Kretz (1971-1975)
René Pleimelding (1975-1976)
François Kretz (1976-1977)
Gérard Baumann (1977-1980)
Daniel Kuster (1980-1983)
Jean-Pierre Ringler (1983-1986)
Daniel Kuster (1986-1995)
Bruno Scherer (1995-1998)
Renaldo Pichetti (1998-1999)
Pascal Lemut et Claude Frey (1999 à nos jours)

Le comité de l'an 2000

Gilbert Kretz (président),
Joseph Oberlé (vice-président)
Gérard Cadot (président jeunes)
Michel Wermelinger
Jeanine Kempf
Gérard Hug
Jean-Marie Metzger
Jeanine Gutleben

Deuxième épisode : l'Entente Sportive Rhénane

Une lourde défaite enregistrée au stade du Ladhof, à Colmar, le 4 octobre 1967 contre la Sécurité Sociale (3-9) sonne le glas de la formation initiale, déjà déstabilisée par le manque de disponibilité des joueurs, trop mobilisés par leur travail pour pouvoir s'entraîner et jouer dans de bonnes conditions, mais aussi le manque d'intérêt de la direction. Mais dès la pause hivernale, des contacts sont pris avec la Mairie de Biesheim, pour la constitution d'une section sportive.

Le maire Hug, anime un groupe enthousiaste dont on retiendra les Buob, Huckert, Ferder, Schertzinger, Pierre Bourgne, Bernard Mounot et Michel Schuller, tous décidés à relancer le football à Biesheim.

C'est au cours d'une réunion de cette instance informelle que M. Fender propose le nom du Club : Entente Sportive Rhénane Biesheim. Peu à peu, des joueurs sont approchés, avec parfois un succès mitigé : la perspective de la division IV n'enchante pas tout le monde…

C'est le 20 avril 1968, à Neuf-Brisach, que commencent une série de petits matches amicaux. Ces rencontres, puis des demandes de mutation de joueurs, permettront de structurer petit à petit ce qui deviendra l'ossature première de l'Entente Sportive Rhénane (ESR) de Biesheim qui est affiliée à la LAFA et engagée en championnat de division IV pour la saison 1968-1969. Elle évolue en maillots bleus et blancs, culottes blanches et bas bleus et blancs. Le vestiaire des arbitres est situé au café « Au Grenadier », celui des visiteurs « A l'Ancienne Poste ». Le comité, présidé par Pierre Bourgne, est composé de Henri Haeflinger et Roland Courtin (vice-présidents), Bernard Mounot (secrétaire), Bernard Frey (secrétaire-adjoint), Alfred Ferder (trésorier), Jean-Marie Voinson (trésorier-adjoint), Hubert Huckert, Emile Schertzinger, André Reymann, Joseph Oberlé, Jacky Kempf, Bernard Frey, Daniel Meyer (assesseurs).

Décollage de l'ESR Biesheim…

C'est au stade de l'Aérodrome, le 18 août 1968, qu'a lieu le décollage du nouveau club. Pierre Bourgne en est le président, Albert Engasser l'entraîneur. L'équipe finit son championnat à une excellente troisième place. En 1969-1970, les résultats sont encore meilleurs, puisque l'équipe est deuxième d'un énorme groupe de 14 clubs, remporté largement par l'équipe II du FC Colmar. Albert Engasser est remplacé au poste d'entraîneur par François Kretz, lors de la saison 1970-1971 (7e de la division IV), marquée par la construction du stade municipal et la création, en fin de saison, de l'Association Sportive et Culturelle de Biesheim (ASCB) dont la section football accueillera plus tard (pour la saison 1971-1972) l'Entente Sportive Rhénane.

L'ASC déjà champione d'Alsace

Sur le plan des championnats, l'ASC Biesheim entre en lice en 1972-1973, en division II et s'avère déjà être un gros « client ». Première de son groupe devant Wintzfelden, Turckheim et Sundhoffen, l'équipe fanion, qui a adopté les couleurs « bleu et blanc », est promue en division I. Elle est sacrée championne du Haut-Rhin puis d'Alsace, en disposant d'Imbsheim en finale. Eugène Metzger est alors président et le restera jusqu'à la fin de la saison 1976-1977. François Kretz demeurera également en place durant toutes ces années, à l'exception de la saison 1975-1976, lorsque l'équipe est coachée par René Pleimelding. De cette période, on retiendra la 5e place en 1973-1974 et surtout le deuxième rang qui sanctionne une excellente saison 1976-1977, derrière l'équipe II des SR Colmar.

Du même coup, l'équipe est appelée à jouer en Promotion d'Honneur. Dans le même temps, l'équipe II est championne du Haut-Rhin de division IV, en s'inclinant en finale régionale contre les SR Obernai.

Le club-house est construit sous la présidence de Gabriel Stentz, durant les saisons 1977-1978 et 1978-1979. En 1977-1978, l'équipe de l'entraîneur Gérard Baumann réalise un parcours sérieux en se classant sixième et en enlevant sa première coupe du Crédit-Mutuel. En 1978-1979 et 1979-1980, elle se place au dixième rang et remporte sa deuxième coupe du Crédit Mutuel.

Mais le nombre des relégués est élevé et le club retrouve la division I, alors que Gérard Baumann est aux commandes de l'équipe fanion. C'est alors que Daniel Kuster devient entraîneur. Pour la saison 1981-1982, l'équipe est première de son groupe à égalité avec le FC Guebwiller, mais devancée au goal-average. Encore deuxième (derrière Holtzwihr) en 1982-1983, l'équipe accède cette fois en Promotion. C'est Jean-Pierre Ringler qui a en charge l'entraînement, durant trois saisons. Le club est 5e en 1983-1984 puis 6e en 1984-1985. Daniel Kuster reprend alors l'entraînement pour la saison 1986-1987. L'ASC Biesheim remporte la coupe du Crédit Mutuel deux années de suite, en 1986 et en 1987.

D'abord la division d'Honneur

Profitant de la refonte des championnats de la LAFA qui supprime la division IV, le club accède en Promotion d'Excellence 1985-1986, nouvellement créée. Elle se classe en milieu de tableau, mais la satisfaction vient de l'équipe II, qui est championne

L'ASC Biesheim en 1968
Debout de gauche à droite : Bueb, Alain Rossi, François Kempf, Joseph Oberlé, André Reymann, René Souchal, Gérard Baumann. Accroupis de gauche à droite : Vinect, Roland Baumann, Antoine Boellinger, Bernard Frey, Roger Guidat.

L'ASC Biesheim II 1977-1978, championne de groupe de division IV
Debout de gauche à droite : Marcel Riess, Gérard Seiller, Jean-Paul Hubert, Jean Wiss, René Souchal, Jean-Louis Magnanensi, François Kretz, Joseph Oberlé. Accroupis de gauche à droite : Carlos Romera, Gilbert Kretz, Roland Durr, André Reymann, Jacky Ruand, Daniel Stentz.

du Haut-Rhin de division III, ne s'inclinant qu'en finale régionale face à l'AS Ernolsheim-sur-Bruche.

L'exercice 1986-1987 est un grand cru. L'équipe fanion est deuxième à 2 points derrière l'ASCA Wittelsheim. On sent qu'il ne manque pas grand-chose pour monter en division d'Honneur, l'élite régionale. C'est chose faite dès le terme de la saison 1987-1988, lorsque l'équipe est non seulement championne du Haut-Rhin devant Hirtzbach, mais aussi d'Alsace, en disposant en finale de l'équipe II du Racing Club de Strasbourg. Voilà la division d'Honneur, cette élite tant convoitée. Mais il faut aussi penser à travailler au niveau des jeunes. Ce que le club réussit à merveille puisque lors de la saison 1988-1989, ses cadets A sont champions du Haut-Rhin (battus pour le titre régional par l'AS Mutzig). Dans le même temps, la « une » se classe à une encourageante 6e place.

En 1989-1990, on croit que la montée en championnat de France est possible, mais il y a dans le groupe l'intouchable équipe du FCSR Haguenau, supérieurement armée. Qu'importe, on remettra ça. En 1990-1991, c'est encore raté (3e derrière Schiltigheim et Berrwiller), mais les juniors Promotion sont champions du Haut-Rhin (battus pour le titre régional par l'AS Mutzig) et montent eux-aussi en division d'Honneur.

Champion d'Alsace de division d'Honneur

Lorsque débute la saison 1991-1992, tout le monde attend l'ASC Biesheim. L'équipe, managée par Daniel Kuster est fidèle au rendez-vous. Elle est sacrée championne d'Alsace avec quatre points d'avance sur l'ASP Vauban. C'est la consécration avec, en prime, la montée en CF4. Le club accroche la 8e place et se retrouve en CN3 pour la saison suivante. A Biesheim, la vie est belle. D'autant plus belle que l'équipe II, qui évolue en division I, est championne d'Alsace en battant l'AS Sermersheim en finale et que les cadets Promotion sont champions du Haut-Rhin et accèdent à la division d'Honneur.

Champion du groupe Est du CN3

Mais le plus beau est à venir. 10e du CN3 en 1993-1994, l'équipe première toujours entraînée par Daniel Kuster se classe à la troisième place du CN3. Dans le même temps, l'équipe II qui évolue en Promotion d'Honneur est deuxième et remporte la coupe du Crédit Mutuel. C'est l'apogée de l'épopée sportive de l'ASC Biesheim.

La saison 1995-1996 consacre le club nouvellement présidé par Gilbert Kretz et désormais entraîné par Bruno Scherer. Première du CF3, l'ASCB est championne du groupe Est et invitée à jouer en CFA1. Mais après avoir pesé le pour et le contre, il est décidé de ne pas donner suite à l'invitation. Il est vrai que les frais engendrés par une telle promotion auraient pu mettre en péril l'avenir de tout le club. La sagesse l'a emporté, même si certains joueurs se sentent alors frustrés d'une accession durement gagnée sur les terrains.

Le club repart dans le nouveau championnat de CFA2 1996-1997 et se classe 8e. L'équipe II est quatrième de la Promotion d'Excellence et l'équipe des réserves B championne d'Alsace. Les -15 ans Promotion sont, eux, champions du Haut-Rhin. Quelques bons joueurs sont partis et on ne retrouve plus les mêmes excellents résultats. Pour le 30e anniversaire du club, l'équipe « une » est dixième la « deux » huitième en Promotion d'Excellence et monte dans la nouvelle Excellence. Bruno Scherer met un terme à son rôle d'entraîneur à la fin de cette saison 1997-1998. C'est Renaldo Pichetti qui lui succède.

La saison 1998-1999 est terne (12e) et Pichetti laisse la place à Lemut d'abord, puis Claude Frey en cours de saison. 15e du championnat 1999-2000, l'ASC Biesheim retombe en division d'Honneur. Heureusement, l'équipe II est championne d'Alsace de division I (pyramide B), tout comme les 15 ans Promotion qui disposent de l'AS Ernolsheim-sur-Bruche, tandis que les 17 ans Promotion sont champions du Haut-Rhin (battus en finale régionale par le SC Schiltigheim). Les 2 équipes de jeunes accèdent à la division d'Honneur. Claude Spreng reprend les rênes de l'équipe fanion. En 2000-2001, l'équipe est 13e de la division d'Honneur et retourne en Excellence départementale.

• BIBLIOGRAPHIE
– Documentation fournie par le club.
– Grand merci à Joseph Oberlé et Robert Schertzinger.

L'ASC Biesheim 1988-1989, en division d'Honneur
Debout de gauche à droite : Roland Durr (dirigeant), Claude Frey, Yves Bischoff, Philippe Waechter, Jérôme Hechinger, Stéphane Kimmich, Joël Schertzinger, Daniel Kuster, Joseph Oberlé.
Accroupis de gauche à droite : Vincent Vonthron, Olivier Schwartz, Thierry Forster, Hubert Foery, Abilio Vidal, Jean-Marc Schlarb, Jacky Boesch.

L'ASC Biesheim 1989-1990 en division d'Honneur
Debout de gauche à droite : François Kretz, Joseph Oberlé, Sylvain Ritzenthaler, Gérard Cadot, Philippe Waechter, Yves Bischoff, Claude Frey, Daniel Kuster, Roland Durr. Accroupis de gauche à droite : Vincent Vonthron, Francis Rambo, Stéphane Kimmich, Abilio Vidal, Jean-Marc Schlarb, Jacky Boesch, Hubert Foery.

L'ASC Biesheim 1993-1994, en CN3
Debout de gauche à droite : Daniel Kuster (entraîneur), Bernard Savelli, Yves Bischoff, Bruno Péris, Renaldo Pichetti, Sylvain Hug, Pierre Schmitt, Pascal Lemut, Gilbert Kretz, Serge Obrecht. Assis de gauche à droite : Philippe Gibon, Stéphane Kimmich, Vincent Vonthron, Francis Rambo, Sébastien Kastendeutsch, Vincent Schmitt, Joël Ackermann.

L'ASC Biesheim 1995-1996, championne du groupe Est du Championnat National 3
Debout de gauche à droite : Joseph Oberlé (dirigeant), Sébastien Kastendeuch, Vincent Schmitt, Alain Guitard, Renoldo Pichetti, Sylvain Hug, Didier Hunsinger, Luc Georgenthum, Joël Baltaze, Serge Obrecht (kiné).
Assis de gauche à droite : Bernard Savelli (dirigeant), Christian Joseph, Thierry Maeder, Stéphane Kimmich, Bruno Scherer (entraîneur), Momo Guira, Sébastien Ringler, Fabrice Schmitt, Francis Rambo.
Manquent sur la photo : Thierry Hess, Steve Schmeier.

1946 Football Club Bindernheim ★ 67
Bindernheim

Le FC Bindernheim en 1968
Derrière de gauche à droite :
Ernest Goeller (président),
Edwin Jehl père (membre fondateur).
Debout de gauche à droite :
Rémi Jehl, Jean-Claude Adolf,
Francis Rohmer, Jean-Claude
Schack, Fernand Saas.
Accroupis de gauche à droite :
André Schaeffer, René Wolff,
Eugène Schmitt, Edwin Jehl fils,
Claude Ridzon, Bernard Rohmer.

C'est du solide !

L'Association Sportive de Bindernheim joue déjà au football dès la saison 1946-1947. Le tout nouveau club est engagé en championnat de l'Avant-Garde du Rhin, en division I, groupe IV, avec Wittisheim, Nordhouse, Hessenheim, Ebersmunster, Saasenheim et Richtolsheim. L'aventure continue en 1947-1948, aux côtés de Nordhouse, Wittisheim, Ebersmunster, Saasenheim, Hessenheim et Richtolsheim. La dernière saison disputée par cette équipe se situe en 1948-1949, aux côtés du FC Hessenheim (champion), Saasenheim, Wittisheim, Neuhaeusel, Aschbach et Niederlauterbach. Le championnat de patronage perdant de son intérêt en raison de la réduction du nombre de clubs, Bindernheim arrête toute activité.

L'intérêt pour le football reprend en 1967, quand Edwin Jehl père organise une réunion regroupant tous les mordus du ballon rond dans le village. A l'issue de cette assemblée informelle, on tient une assemblée générale constitutive et on met en place un premier comité présidé par Ernest Goeller.

La première saison en championnat de division IV, se déroule en 1968-1969. L'équipe ne va pas y briller, mais s'installe dans le ventre mou du classement avant de se faire rudement rappeler à l'ordre en 1975-1976, quand elle s'affiche à la dernière place. Difficile de tomber plus bas. Par contre, depuis 1969, une équipe II fonctionne régulièrement. En 1971, on procède à l'inauguration du stade du Leh. En 1972, le club passe à la vitesse supérieure avec la création de l'école de football placée sous la houlette de Joseph Henck, l'instituteur du village. Il est également l'entraîneur des seniors.

Le premier fait d'armes se situe en 1978-1979, quand le club est promu en division III. Dans un groupe remporté par l'équipe II de Kogenheim, le FCB devance Marckolsheim, l'AS Benfeld II, le SC Sélestat II, Herbsheim II, Hessenheim, Huttenheim II, les Portugais de Sélestat, Obenheim et Cité Sélestat. Dans le même temps, les poussins à 7 sont champions du Bas-Rhin, battus en finale régionale par Legrand FC Mulhouse. Un honneur pour ce petit club.

Sans bruit, presque pour ne pas déranger, Bindernheim fait sa pelote. Et va bientôt pouvoir se tisser un palmarès. Avec les pupilles d'abord, champions d'Alsace, qui battent le FC Ungersheim en finale régionale. Au terme de l'exercice 1982-1983, l'équipe fanion enlève le titre de champion de groupe avec un point d'avance sur Mackenheim et accède à la division II. Sa bonne prestation en 1984-1985 lui permet de monter directement en division I pour entamer la saison 1985-1986, en profitant de la restructuration des championnats initiée par la LAFA. En 1988, Joseph Henck est remplacé au poste d'entraîneur par Raymond Schalck. Mais ce dernier ne tient qu'une saison à ce poste et Josy Henck est de retour !

Les choses se passent bien jusqu'en 1989-1990. C'est alors que l'équipe manque sa saison, qu'elle achève à l'avant-dernière place de son groupe, et se trouve reléguée en II. Ce passage au purgatoire lui fait le plus grand bien et au terme de la saison 1993-1994, le FCB, à égalité de points avec Artolsheim, est battu au goal-average particulier. C'est la désillusion et Josy Henck en fait les frais. C'est Michel Imbs, une référence, joueur qui a évolué plusieurs saisons en CF4 au sein des SR Colmar, qui prend le poste d'entraîneur. Il a tout juste 25 ans. La montée en division I n'est alors qu'une formalité et c'est sous les chants et les encouragements de ses supportrices que le FC Bindernheim s'impose dans ce championnat 1994-1995, sans concéder la moindre défaite. Il ne faut surtout pas oublier que cette équipe est composée en quasi-majorité de jeunes issus de l'école de football du FCB.

Trop pris par ses obligations professionnelles, Michel Imbs est remplacé à son poste par son frère Philippe. Le 17 février 1996, le club se réveille dans la douleur à l'annonce du décès accidentel de Steve Bauer, ancien gardien de but, fils de Christian Bauer, ancien secrétaire et vice-président du club.

En sa mémoire, ses parents, Christian et Marie-Louise, proposent d'instaurer un challenge Steve Bauer, dont la première édition a lieu à Bindernheim le 15 août 1996, en présence de l'US Scherwiller et du SC Ebersheim, deux de ses anciens clubs. En 1997, le FCB a trente ans et c'est en grandes pompes que le président Julien Wollenburger entouré de tous les membres du club fête l'événement, le 10 août 1997.

Pour la saison 1997-1998, Philippe Imbs quitte son poste d'entraîneur et c'est Eric Ridzon qui lui succède. La victoire de la France et sa conquête de la coupe du Monde sont ternies par les décès successifs de Joséphine Jehl et de son frère, Yves Remetter, surnommé « Divel ». Joséphine était maman et sœur de joueurs. « Divel », dirigeant des seniors II, n'était âgé que de 40 ans.

La saison 1999-2000 est celle de l'inauguration du tout nouveau complexe. Le FCB jouit désormais de locaux remis à neuf, grâce au financement de la commune et surtout du travail acharné des bénévoles.

• BIBLIOGRAPHIE :
– Documentation et photos remises par Barbara Albrecht.

Le comité de l'an 2000
Debout de gauche à droite :
Jean-Paul Goetz (trésorier),
Jean-Luc Remetter, Eric Ridzon (entraîneur), Jean-Louis Montri,
Jean-Pierre Wuertzer (vice-président),
Julien Wollenburger (président).
Accroupis de gauche à droite :
Joseph Bartot, Daniel Schmitt,
Yannick Gargowitsch (secrétaire-adjoint),
Barbara Albrecht (secrétaire générale),
Stéphane Louis, Philippe Imbs (trésorier-adjoint).
Manque sur la photo : Daniel Jehl.

Le FC Bindernheim de l'an 2000
Debout de gauche à droite :
Raymond Kretz (Crédit Mutuel),
Dany Ehrardt, Jean-Pierre Wuertzer (vice-président), David Hirsch,
Marc Adolf, Michel Kretz,
Alexandre Remetter, Eric Ridzon (entraîneur), David Hohenleitner,
Jean-Luc Remetter.
Accroupis de gauche à droite :
Thomas Jehl, Guillaume Wuertzer,
Franck Keller, Christophe Kretz,
Yannick Gargowitsch, Bertrand Ehrhardt.

Football Club Dahlenheim ★ 67

Dahlenheim

On n'oubliera pas Vincent Sattler

Au lendemain de la deuxième guerre, une poignée de jeunes de Dahlenheim décident de se lancer, à l'instar de beaucoup d'autres, dans l'aventure du football. Un club est créé à Dahlenheim.

Les premiers matches se font sous l'égide de l'Avant-Garde du Rhin. On trouve le club en 1946-1947, en division I, groupe III avec Dangolsheim, Wolxheim, Bernardsvillé, Wisches, Niedernai, Lutzelhouse, Ottrott, Oberhaslach, Russ. En 1947-1948, il rejoint le groupe III formé de Niedernai, Ottrott, Bernardsvillé, Dahlenheim, Dangolsheim, Lutzelhouse, Russ, Oberhaslach.

Nous sommes au lendemain de la deuxième guerre mondiale. Ils sont quelques jeunes gens à Dahlenheim comme ailleurs, à se lancer se lancer, dans l'aventure de la création d'un club de football. Ce n'est pas une affaire simple mais comme il existe l'Avant-Garde du Rhin, fédération affinitaire, le soutien de M. le curé n'est pas sans conséquences.

Les premiers matches se jouent donc sous l'égide de l'Avant-Garde du Rhin, qui a le vent en poupe à cette époque. L'AGR fait disputer une coupe de la Bruche et en lever de rideau, Dahlenheim bat Westhoffen 2-0.

Les grands débuts ont lieu en 1946-1947, en division I, groupe III, avec Dangolsheim, Wolxheim, Bernardswiller, Wisches, Niedernai, Lutzelhouse, Ottrott, Oberhaslach et Russ.

La saison suivante, le club rejoint le groupe formé de Niedernai, Ottrott, Bernardswiller, Dahlenheim, Dangolsheim, Lutzelhouse, Russ et Oberhaslach. Puis en 1948-1949, il retrouve l'AS Ottrott (champion), Lutzelhouse, Dangolsheim, Bernardswiller, Richtolsheim, Ebersmunster, Niedernai et Witternheim.

En 1949-1950, le club est présent dans le groupe II avec Jetterswiller, Souffelweyersheim, Pfettisheim, Saessolsheim, Thal, Lochwiller, Wolxheim, et Lupstein. En 1950-1951, enfin toujours en division I, le groupe est composé de Thal (champion), Saessolsheim, Pfettisheim, Dettwiller II, Lochwiller, Lupstein et AS Hoenheim II.

A l'issue du championnat 1951, le club de Dahlenheim disparaît du paysage sportif alsacien. Il faut dire que l'AGR commence à rencontrer quelques difficultés.

Le FC Dahlenheim 1965-1966

Le FC Dahlenheim en 1979

Renaissance

En 1958, une équipe de personnes dynamiques, avec quelques anciens de l'AGR, décident de ressusciter le club disparu. Sous la présidence de Roger Meder le Football Club de Dahlenheim évolue dans l'anonymat de la D IV, jusqu'à la saison 1965-1966 où l'équipe fanion accède à la division supérieure.

Le club se maintient à ce niveau jusqu'en 1972. A l'issue de la saison, le manque d'effectifs oblige le club à se mettre en sommeil. La vétusté du terrain, situé trop loin du village et le manque d'installations pèsent lourdement dans cette décision. La présidence de ces deux années difficiles est alors assurée par Albert Schall puis Léonard Barth. En 1978, ayant constaté que l'équipe cadet de la commune voisine était presque entièrement formée de joueurs de Dahlenheim, le toujours actuel président, Valentin Ouin et quelques copains décident de sortir le FCD du sommeil. La décence et la sportivité ne permettent pas de débaucher les jeunes du jour au lendemain. L'idée de créer une équipe seniors fait alors son chemin. L'association des volontaires, disponibles au village et quelques joueurs venus de l'extérieur font merveille.

La première saison, celle de 1958-1959, se déroule dans une ambiance formidable même si les résultats ce sont guère brillants. Ce n'est pas là l'essentiel. Durant cette période, la construction des douches au restaurant qui sert de siège au club reste gravée dans les bons souvenirs de certains membres de l'association. Il faut attendre la saison 1965-1966 pour voir le club être sacré champion de groupe et accéder en division III. Il enlève, en plus, le titre de champion du Bas-Rhin, ne s'inclinant en finale que contre le Groupe Sportif Timken France Colmar.

Dix saisons d'arrêt

L'équipe junior engagée en 1959-1960 fait naître de grands espoirs au sein du club. Mais là encore, le manque d'installations fait partir les meilleurs joueurs vers d'autres horizons. C'est à la fin de la saison 1968-1969 que le club retrouve la division IV, mais ce n'est qu'un accident puisque l'équipe remonte aussitôt, pour redescendre dans la foulée. Les dirigeants décident alors de mettre le club en sommeil à l'orée de la saison 1972-1973. Le temps de remettre de l'ordre et on repart en fanfare lors de la saison 1978-1979. Dahlenheim est champion de groupe, d'entrée, et monte en division III.

Le stade existe grâce à Vincent

La section féminine engagée en 1984 vaudra quelques belles saisons (notamment la division d'Honneur) avant son déménagement à Dangolsheim, club avec lequel le FC Dahlenheim a d'excellentes relations au niveau des ententes d'équipes de jeunes. C'est en 1984-1984 que le FCD fait preuve d'ambition. Il est troisième et promu en division II. Mais ne va plus la quitter jusqu'en l'an 2000, même quand il termine deuxième derrière Romanswiller en 1998-1999. La titularisation de Vincent Sattler, l'enfant du pays, dans l'équipe professionnelle du Racing Club de Strasbourg, marque un grand tournant pour le FCD, qui pousse la commune à réaliser un nouveau terrain. Un tragique accident survenu à la veille de Noël, le 28 décembre 1988, empêche Vincent Sattler de participer à l'inauguration du terrain, qui porte désormais son nom. Près de 4 000 spectateurs assistent à une rencontre opposant les professionnels du Racing Club de Strasbourg à une entente régionale. La construction des vestiaires et du club-house est une grande aventure pour le FCD, puisque la totalité des travaux est réalisée par les bénévoles qui se relayent pendant trois ans sous la direction du vice-président Albert Schaal, maître d'œuvre de cette réalisation.

En prévision de la création d'une équipe de vétérans, l'éclairage du terrain principal est réalisé au cours de la saison 2000-2001 par les bénévoles du club, sous l'impulsion du vice-président Nicolas Winling.

• BIBLIOGRAPHIE :
– Documents fournis par le club.

L'inauguration du stade Vincent Sattler à Dahlenheim

Le FC Dahlenheim de l'an 2000

Football Club Ebersmunster ★ 67

Ebersmunster

Laborieux, mais heureux

Le football à Ebersmunster fait ses débuts sous le nom d'Association Sportive Ebersmunster, en AGR en 1946-1947, dans le groupe IV de division I. On y trouve Wittisheim, Nordhouse, Hessenheim, Bindernheim, Saasenheim et Richtolsheim. En 1947-1948, l'équipe est toujours en division I, et évolue avec Nordhouse, Bindernheim, Wittisheim, Saasenheim, Hessenheim et Richtolsheim. La saison suivante, elle est versée dans le groupe III, aux côtés de l'AS Ottrott (champion), Lutzelhouse, Dangolsheim, Dahlenheim, Bernardswiller, Richtolsheim, Niedernai et Witternheim. Mais elle stoppe ses activités AGR pour adhérer à la LAFA.

L'AS Ebersmunster en 1946

Les présidents
Louis Muller (1946-1947)
Michel Voltz (1947-1954)
Marcel Martin (1954-1960)
Robert Feylo (1960-1964)
Fernand Schaeffer (1969-1974)
Joseph Lanno (1974-1981)
Jean-Claude Jehl (1981-1989)
pour le FC Ebersmunster :
Paul Linden (1993-1994) et
Denis Gaschy (1995 à nos jours)

Elle y dispute le championnat de la saison 1952-1953, et pointe à la dernière place de son groupe de division IV, dans un groupe dominé par Muttersholtz, qui caracole en tête en devançant Kintzheim, Saasenheim, Wittisheim, Lièpvre, Sundhouse, Hessenheim et Artolsheim. Le correspondant de l'époque est Lucien Jehl, métreur à Ebersheim. Mais ces piètres résultats n'encouragent pas les dirigeants à continuer et il faut attendre la saison 1957-1958 pour retrouver une activité en championnat, quand l'équipe est versée en division IV et se classe à la 8e place d'un groupe remporté par Boofzheim, mais en devançant Mussig et Lièpvre. Joseph Sutter est le correspondant et l'équipe évolue en maillots bleus, culottes blanches et bas bleus. Les équipes se déshabillent au restaurant de Louis Klipfel.

Mise en sommeil profitable

L'équipe a pourtant bien du mal à se structurer, car dès la saison 1958-1959, on la voit à la dernière place de son groupe de division IV, remporté par Hilsenheim. 11e sur 11 dans la dernière catégorie, tout cela n'est guère brillant. La saison suivante est encore sanctionnée par une dernière place d'un groupe remporté par Marckolsheim. Pour ne pas continuer à accumuler les problèmes, le club se met en sommeil et ne reprend ses activités, toujours en division IV, que lors de la saison 1964-1965. Pierre Schlaeder a repris le collier en qualité de correspondant, les couleurs sont « bleu et blanc » pour les maillots, blanc pour les culottes et « bleu et blanc » encore, pour les bas. Cette fois, les équipes visiteuses sont invitées à se changer au restaurant de l'Ill.

L'équipe joue enfin durant deux saisons consécutives. Et pointe même à la 5e place de son groupe en 1965-1966 puis en 1966-1967. 7e en 1967-1968, 4e en 1968-1969, 5e en 1969-1970, elle accède enfin en division III. Il était temps. Pour sa première saison à ce niveau, l'ASE accroche une jolie 7e place, avec 3 victoires et surtout 9 matches nuls. 1971-1972 est sanctionnée par une encourageante 4e place. Le déclic se produit soudain au terme de la saison 1972-1973, quand l'AS Ebersmunster est sacrée championne de son groupe de division III et monte enfin en division II. Cette saison est à marquer d'une pierre blanche. Dans le groupe 12, l'équipe est à la bagarre avec Hilsenheim, les deux équipes terminant à égalité de points (27), devant Wittisheim (26), puis Matzenheim, Baldenheim, Obenheim, Marckolsheim, Mackenheim et Elsenheim. 9e en 1973-1974, l'ASE a bien du mal à se maintenir et dès la fin de la saison 1974-1975, elle se retrouve à la dernière place de son groupe et redescend en division III en compagnie d'Obenheim.

L'AS Ebersmunster 1946-1947, en division I AGR

L'AS Ebersmunster 1957-1958, lors de la reprise de ses activités

L'AS Ebersmunster féminines,
championne d'Alsace de division I 1981-1982 et 1982-1983
Debout de gauche à droite : Paulette Sutter, Viviane Kurtz, Christine Ritty, Sabine Montri, Annie Sengler, Rolande Weichel, Rose-Marie Fugener, Elisabeth Jean, René Sutter (entraîneur). Accroupies de gauche à droite : Viviane Weber, Valérie Wilm, Juliette Muller, Evelyne Kohler, Marguerite Weber, Tania Willm, Josiane Peter.

L'AS Ebersmunster 1964-1965,
lors de la 2e reprise de ses activités

L'ASE est 6e en 1975-1976, mais 9e (sur 12) en 1976-1977. On la retrouve 4e en 1977-1978, 4e en 1978-1979 et en 1979-1980, la saison 1980-1981 est fatale. L'équipe fanion est en queue de classement, à la 11e place, avec seulement 2 victoires, 1 nul et 17 défaites. En 1981-1982, retombée en division IV, l'équipe émarge à la deuxième place de son groupe derrière Marckolsheim. Mais les deux clubs n'ont pas la pointure de la division III et on les voit toutes deux en queue de classement, redescente immédiate assurée.

Mais les joueurs n'ont guère envie de rester sur un échec. Alors, l'ASE joue la carte de la remontée immédiate et réussit dans son entreprise en enlevant les titres de champion de groupe de division IV 1983-1984, de champion du Bas-Rhin, mais en s'inclinant pour le titre régional face au Mouloudia Mulhouse. Malheureusement, la saison 1984-1985 lui est fatale puisque l'équipe est à nouveau condamnée à la dernière place, heureusement sauvée par la refonte des championnats décidé par la LAFA. La suppression de la division IV l'empêche de tomber plus bas. Et de toute manière, les dirigeants choisissent ce moment pour mettre la clé sous la porte. Le stade est alors occupé par l'ASL Benfeld.

La renaissance a lieu en 1993, quand le club change de dénomination et devient Football Club Ebersmunster. Il faut repartir en division III et c'est une avant-dernière place qui est au rendez-vous de la première saison. Qu'importe, on a jeté de nouvelles bases. Lors de la saison 1994-1995, le FC Ebersmunster évolue en division III et termine 10e de son groupe. La saison suivante, le club est totalement restructuré du fait de l'arrivée du président Denis Gaschy et de jeunes joueurs du village. Résultat : l'équipe fanion termine 7e de son groupe et ne connaît aucune défaite lors des matches retour.

En 1996-1997, l'arrivée de l'entraîneur Lejaille est marquée par une place de 3e en division III, mais la montée est ratée pour un tout petit point. Après quatorze journées, l'équipe n'a encaissé qu'un seul but. Mais deux défaites en fin de saison privent le FCE d'une place en division II. Cette même saison, le parcours dans les coupes est excellent : 4e tour en coupe d'Alsace, demi-finale de la coupe du Crédit Mutuel. Une équipe II est alors créée.

La saison suivante, celle de 1997-1998, le club réussit un parcours parfait et accède à nouveau en division II. Bilan : 17 victoires, 3 nuls et aucune défaite, 60 buts marqués pour 14 encaissés. L'équipe réserve termine le championnat à la 4e place, en ayant intégré de jeunes débutants du village.

Pendant la saison 1998-1999, l'équipe finit 2e de son groupe, mais rate la montée en division I d'un cheveu. En effet, elle est battue par Balbronn lors de la prolongation du match de barrage de montée. L'équipe réserve, quant à elle, termine 2e battue par Plobsheim, également à l'occasion des barrages.

La saison 1999-2000 est un peu moins bonne, puisque l'équipe «une» termine 6e de son groupe. Mais la satisfaction vient de la réserve qui accède à la division IIIB, en terminant invaincue. Le parcours en coupe Casal Sport est excellent, l'équipe atteignant les quarts de finale et ne perdant que lors des tirs au but face à Walbourg.

Les féminines au sommet

L'équipe féminines apparaît dans les classements du championnat de la LAFA avec le titre de champion d'Alsace de division I 1981-1982, devançant Tagolsheim, Wittenheim, l'AS Strasbourg, les SR Colmar et Herbitzheim. Elle réédite son exploit en 1982-1983. Du coup, elle accède en division d'Honneur et termine d'emblée à la deuxième place.

En 1984-1985, les filles émargent à la 3e place, puis à la deuxième la saison suivante, derrière les SR Colmar et devant Obernai. C'est à cette époque que l'équipe se met en sommeil.

• BIBLIOGRAPHIE :
– Plaquette «La revue du FC Ebersmunster 1996-1997».
– Photos remises par le club.

Le FC Ebersmunster de l'an 2000
De gauche à droite : Denis Gaschy (président), Jérôme Koening, Christian Diesthe, Damien Heinrich, Thibault Logel, Rachid, Serge Koehler, Christophe Sturny, Gilles Schaffausser, Gilles Wagner, Laurent Ulrich, Alain Fournier, Ali, Annick Seiller, Bertrand Ley, Pascal Lejaille (entraîneur).

L'AS Ebersmunster 1969-1970, accession en division III

Le FC Ebersmunster 1996-1997, demi-finaliste de la coupe du Crédit-Mutuel
Debout de gauche à droite : Damien Heinrich, Patrick Fraering, Gilles Ulrich, Alain Fournier, Christian Wolf, Thierry Beyer, Serge Koehler, Eric Weiss, Denis Gaschy (président). Accroupis de gauche à droite : Mathieu Ulrich, Christophe Walzer, Pascal Suhr, Pascal Lejaille, Nicolas Ulrich, Richard Janvre, Régis Erhart.

Le FC Ebersmunster 1997-1998, accession en division II
Debout de gauche à droite : Damien Heinrich (dirigeant), Thierry Koessler, Thierry Beyer, Patrice Heiligenstein, Christian Wolf, Patrick Fraering, Gilles Ulrich, Serge Koehler, Pascal Suhr, Denis Gaschy (président). Accroupis de gauche à droite : Olivier Janvre, Régis Erhart, Mathieu Ulrich, Jean-Noël Schmitt, Nicolas Ulrich, Pascal Lejaille (entraîneur), Richard Janvre, Jacky Moench (dirigeant).

Le bureau du FC Ebersmunster
De gauche à droite : Nicolas Ulrich (secrétaire), Thierry Beyer (trésorier), Pascal Lejaille (entraîneur), Serge Koehler (trésorier-adjoint), Denis Gaschy (président), Christophe Sturny (secrétaire-adjoint).

Le comité de l'an 2000

Denis Gaschy (président)
Damien Heinrich (vice-président)
Serge Koehler (vice-président)
Nicolas Ulrich (secrétaire)
Christophe Sturny
Thierry Beyer
Christian Wolf (trésorier)
Christian Dietsche
Yannick Seyller
Pascal Lejaille (entraîneur)

Football Club Ernolsheim-lès-Saverne ★ 67

Ernolsheim-lès-Saverne

Sa croissance n'est pas terminée

Le Football Club d'Ernolsheim-lès-Saverne est créé le 27 avril 1946. Le premier comité de direction se compose de: Gustave Haubenestel (président), Charles Ruscher (vice-président), Robert Schnell (secrétaire), Albert Schnell (secrétaire-adjoint), Louis Clauss (trésorier), Albert Haber (trésorier-adjoint), Albert Clauss et Georges Haubenestel (assesseurs), Charles Berron, Adolphe Suss et René Kocher (commission technique), Charles Fritz (garde-matériel).

Dès l'inscription officielle au registre des associations, le club engage une équipe pour le championnat 1946-1947. La saison suivante, c'est la montée en division III. En 1949, on inaugure avec beaucoup de fierté le stade Frohnberg, qui accueille les matches jusqu'en 1968, quand le «nouveau» stade Frohnberg s'inscrit en complément de l'installation existante.

A la fin de la saison 1950-1951, le club est dernier et retombe en division IV. Dès la saison 1954-1955, le club rejoue en division III. Fin 1957-1958, le club replonge en division IV, mais remonte une fois achevé le championnat 1960-1961. La saison 1965-1966 consacre la première place du club dans son groupe de division IV et la remontée en division III. La saison 1969-1970 envoie le club en division II, niveau auquel il se maintient durant deux saisons avant d'être rétrogradé. La saison 1977-1978 voit l'équipe finir à la deuxième place de son groupe derrière le FC La Walck. C'est une belle occasion de monter en division I qui est manquée et la saison 1981-1982, qu'on peut qualifier de blanche, renvoie l'équipe fanion dans la série inférieure.

Des travaux sont entrepris tout au long des années: installation de projecteurs en 1974, agrandissement du hall en 1975, travaux d'adduction d'eau en 1977, construction de la buvette en 1978, construction des vestiaires et du club-house respectivement en 1983 et 1989.

Une montée providentielle

La refonte des championnats décidée par la LAFA, et qui supprime la division IV permet à l'équipe de gravir un échelon et de jouer en division II durant la saison 1985-1986. Au terme du championnat 1987-1988, le FCE est renvoyé en division III. 2e en 1988-1989, l'équipe retrouve la division II. Redescendue en 1993-1994, l'équipe remonte en division II en 1995-1996, puis en division I en 1997-1998. Malheureusement, pour l'entrée dans l'an 2000, c'est un retour en division II qui est au programme.

• **BIBLIOGRAPHIE :**
– Documents remis par le club.

Le FC Ernolsheim-lès-Saverne 1953-1954
Debout de gauche à droite : Alfred Kuntz, Etienne Stephan, Joseph Gemmerle, Erwin Kuntz, André Clauss, Jean Broedel, Jean-Paul Diebolt, Charles Berron.
Accroupis de gauche à droite : André Henselmann, François Schaeffer, François Mendeni, Bernard Schellenberger, André Gemmerle.

Les présidents
Gustave Haubenestel (1946-1959)
Charles Berron (1959-1962)
Alfred Kuntz (1962-1968)
René Baltzli (1968-1977)
Jean-Paul Burgun (1977-1982)
Erwin Stein (1982-1990)
Jean Clauss (1990 à nos jours)

Le comité de l'an 2000
Jean Clauss (président)
Rémy Lehmann et Daniel Wurmser (vice-présidents)
Robert Schaeffer (trésorier)
Sylvie Clauss (secrétaire)
Régis Adolff, Nicolas Arnold
Pierre Clauss
Stéphane Eyermann
Charles Fritsch, Jacky Kuntz
Ludwig Daniel, Jean Schnell
Franck Sygut, Charles Vogt
Olivier Waast, Benoit Wolff
René Martini (entraîneur)

Le FC Ernolsheim-lès-Saverne 1996-1997
Debout de gauche à droite : Jean Clauss (président), Franck Conrad, Pierre Conrad, Stéphane Eyermann, Didier Jacob, Daniel Ludwig, Jean-Pierre Schroeder, Yves Haehnel, Hervé Flecksteiner, Rémy Lehmann (vice-président).
Accroupis de gauche à droite : Daniel Wurmser (vice-président), Daniel Baltzli (entraîneur), Benoît Wolff, Jean-Marc Aron, Bruno Adolff, Pascal Wolff, Patrick Pizzatto, Adrien Lauer (délégué).

Le FC Ernolsheim-lès-Saverne I et II 1999-2000 avec son comité

1946 Union Sportive Gunsbach ★ 68
Gunsbach

Un amalgame réussi

Le 25 juin 1946, 27 membres se réunissent en assemblée générale constituante pour créer l'Union Sportive Gunsbach, association dont le but est la pratique de l'athlétisme et du football. Le premier président est Eugène Pagani. Le 25 août 1946, une nouvelle assemblée générale décide de la fusion avec la société de gymnastique.

Au début de l'année 1947, l'installation du terrain au lieu-dit « Schwartzmatten » est mis à la disposition du club par différents propriétaires dont principalement la maison Straumann. Cette même année débutent les premières rencontres amicales. Pour la saison 1947-1948, le club participe pour la première fois au championnat de division IV avec le bilan suivant : 20 matches, 3 victoires, 1 nul, 6 défaites. A l'issue de la saison 1951-1952, l'équipe accède à la division III.

La saison 1954-1955 voit le club monter en division II, puis l'excellente saison 1956-1957, permet à l'Union Sportive Gunsbach de remporter le titre de champion du Haut-Rhin (défaite en finale régionale contre le FC Wittisheim) et d'accéder en division I. Au terme de la saison 1959-1960, le club descend malheureusement en division II. La saison suivante, l'équipe retrouve heureusement la division I.

Le départ prématuré d'Eugène Pagani

La période qui court de 1956 à 1965, s'avère faste pour l'USG, grâce à une équipe composée d'un amalgame réussi, entre ouvriers (principalement des cheminots) et étudiants. En 1964, l'USG connaît un grand deuil avec la disparition prématurée de son président fondateur, Eugène Pagani.

Le flambeau est repris par Paul Wandler qui reste à la présidence du club pendant 13 ans. Cette tragédie marque aussi le début d'une période noire au niveau sportif, puisque l'Union Sportive retombe jusqu'en division IV. Pour la saison 1969-1970, l'événement marquant est l'inauguration du club-house, une réalisation exemplaire, à son époque, pour un petit club de village.

En 1972, remontée en division III. Elle deviendra bien plus tard (en 1985-1986), la division II, suite à la suppression de la division IV lors de la refonte des championnats décidée par la LAFA. A la fin de la saison 1987-1988, l'équipe I remonte en division I.

Du côté des jeunes, en 1990, les poussins B remportent le titre de champion d'Alsace, en battant les Pousins B de Lingolsheim, champions du Bas-Rhin. Un nouveau terrain est inauguré en 1991, un besoin plus que nécessaire pour la survie du club.

En 1997, après 10 ans passés en division I, l'USG redescend en division inférieure. Une année plus tard, l'équipe réussit l'exploit de remonter en division I, où elle évolue encore en l'an 2000.

Actuellement, l'USG compte 120 licenciés, répartis en 60 joueurs seniors et 60 jeunes. Pour la saison 2000-2001, le club a engagé 3 équipes seniors, une équipe de 17 ans et joue en entente avec l'ES Wihr-au-Val, dans les diverses catégories « jeunes » où sont engagées 6 équipes.

• **BIBLIOGRAPHIE :**
– Plaquette du 55e anniversaire.

L'US Gunsbach en 1948-1949

Les présidents
Eugène Pagani
(1947-1964)
Paul Wandler
(1964-1977)
René Hindermann
(1977 à nos jours)

L'US Gunsbach 1953-1954

L'US Gunsbach en 1975

L'US Gunsbach en 1995-1996
Debout de gauche à droite : Diringer (dirigeant), Jacquat (entraîneur), Schmitt, Klinger, Gueth, Michel, Stoffelbach, Devin, René Hindermann (président), Jajesnika. Accroupis de gauche à droite : Kebati, Gauer, Gander, Jajesnika, Bollenbach, Wendling, Mebold, Werey.

Association Sportive Hagenbach-Buethwiller ★ 68

Hagenbach
Buethwiller

La patrie était en danger

L'AS Hagenbach naît en 1946, sous la direction de son premier comité composé d'Achille Bohrer (président), Ernest Laurent, Victor Leyenberger, Emile Rimlinger, André Brungart, Louis Gessier (assesseurs). Le club est affilié à la LAFA pour la saison 1947-1948, où il évolue en division IV et obtient une médiocre 11e place juste devant Traubach. Mais il faut bien commencer un jour, surtout quand on a, à ses côtés de glorieux anciens comme ceux du FC Buethwiller, qui jouaient déjà sous leurs couleurs en 1931 !

L'AS Hagenbach-Buethwiller en 1969
Debout de gauche à droite :
P. Martin, C. Boulanger, J.-M. Gessier, J. Eguemann, J. Zink, B. Buecher, B. Marx (président).
Accroupis de gauche à droite :
A. Antz, R. Marx, A. Koenig, A. Schlienger, G. Biehler, Jos. Meyer.

De Buethwiller, justement, parlons-en. Le Football Club Buethwiller est créé en 1931, sous l'impulsion de Joseph Ruff, entouré par Bernard Sutter et Joseph Buecher. Il dispute le championnat à partir de 1933-1934, et se classe à une magnifique deuxième place de son groupe derrière Montreux-Sports, mais précède Retzwiller, Michelbach, Balschwiller, Aspach près Altkirch, Burnhaupt ; Guéwenheim et Durmenach. La saison suivante, l'équipe est quatrième, toujours en division IV, d'un groupe remporté par Michelbach et qui comprend aussi Burnhaupt-le-Bas, Guéwenheim, Balschwiller et Ballersdorf.

Buethwiller en veilleuse

Mais l'équipe est contrainte de mettre ses activités, en veilleuse par manque d'effectifs pendant plus de 10 ans. C'est le 4 mai 1946, à l'initiative d'Aloyse Grienenberger, que le football reprend à Buethwiller. Le club s'aligne au départ au championnat de la LAFA pour la saison 1946-1947, en division IV, dans un groupe remporté par Hirsingue devant Tagolsheim et Ferrette, entre autres.

En 1947-1948, il se classe 5e en division IV, dans un groupe composé de Ferrette (champion), Balschwiller, Carspach, Wittersdorf, Ballersdorf, Oltingue, Tagsdorf, Muespach-le-Bas, Muespach-le-Haut, Hagenbach et Traubach. La saison 1948-1949 est nettement meilleure, puisque l'équipe fanion parvient à se hisser jusqu'à la 3e place, derrière Wittersdorf et Balschwiller.

Toutefois, à la fin de la saison 1948-1949, un nouveau problème d'effectifs se pose. Le club du président Aloyse Grienenberger est contraint de déclarer forfait général. Le même problème de joueurs se pose avec le voisin d'Hagenbach. La meilleure solution est celle de la sagesse, à savoir une fusion. Elle se réalise en 1951, et donne naissance à l'Association Sportive Hagenbach-Buethwiller.

Une fusion salutaire

Revenons à Hagenbach, que l'on a laissée sur une 11e place en 1947-1848. Dès la saison suivante, l'équipe fanion se rattrape et termine 5e, puis 6e en 1949-1950. A l'issue de la saison 1950-1951, l'ASH est classée a une piteuse 9e place, juste devant Pfetterhouse et Oltingue (qui est forfait général). C'est alors que l'on se décide, à l'entame de la saison 1951-1952, de remodeler l'effectif et cela paye, puisque le club décroche haut la main le titre de champion de groupe, avec 2 points d'avance sur Tagolsheim. Il compte 12 victoires, 4 nuls et ne connaît pas la moindre défaite. Malheureusement, plusieurs joueurs de l'équipe première s'en vont dans les clubs des alentours. L'AS Hagenbach disparaît alors et fusionne avec Buethwiller, qui a donc mis la clé sous la porte il y a peu de temps.

Le nouveau club dont il est question plus haut est créé. Sous la direction de son premier comité, dont Ernest Laurent est le président, entouré de Louis Gessier et Aloyse Grienenberger (vice-présidents), Jean-Claude Schaedelin (secrétaire), la nouvelle association part de l'avant. Les anciens adversaires se retrouvent donc sous les mêmes couleurs (maillots verts, culottes blanches et bas verts) et pour sa toute première saison en division III, en 1952-1953, l'AS Hagenbach-Buethwiller finit 4e, puis 5e la saison suivante.

Déjà en division II

Elle frôle la relégation à plusieurs reprises (9e en 1954-1955 et 1955-1956, 8e en 1956-1957 et 7e en 1957-1958). C'est à l'issue de la saison 1958-1959, que le club enlève le titre de champion de groupe de division III avec 4 points d'avance sur le 2e Reiningue. Entre temps, Ernest Laurent, pour des raisons de santé, cède la place de président à Jean Hartmann et c'est en 1961, que Bernard Marx prend en mains les destinées du club, avec à ses côtés André Walch et Aloyse Grienenberger. C'est pendant les 14 ans de présidence de Bernard Marx que le club réalise ses plus grands exploits, avec entre autres une demi-finale de coupe d'encouragement des cadets, éliminés par le FC Mulhouse et une finale régionale de division III, perdue (3-5), contre l'AS Electricité de Strasbourg, qui compte dans ses rangs quelques anciens « pros ». Pour sa première saison en division II, l'équipe première termine 3e derrière Hirtzbach et Montreux-Sports (1960-1961), puis 9e en 1961-1962 et 1962-1963. Malheureusement, le club se voit rétrogradé en division III, à la fin de la saison 1963-1964, terminant 12e et dernier de son groupe. L'équipe se reprend aussitôt en classant 3e derrière Saint-Louis II et Illfurth et rate de peu la remontée. Dès la saison suivante (1965-1966), l'ASHB se hisse jusqu'à la 2e place, à 1 point des SREG Etoile Mulhouse II et remonte enfin en division II.

Mais l'équipe retombe en division III à la fin de la saison 1967-1968, se classant 12e et dernière. Elle n'a besoin que de deux saisons pour de remonter en division supérieure. Elle devient championne de groupe avec 20 victoires, 2 nuls et 2 défaites et marque la bagatelle de 103 buts au cours de la saison qu'elle achève avec 7 points d'avance sur le 2e, Balschwiller. L'AS Hagenbach-Buethwiller inaugure son installation de vestiaires-douches en 1969. L'AS Hagenbach-Buethwiller rate de très peu la montée en division I en 1970-1971, finissant à 2 points de Zillisheim. Mais la saison suivante, le club se maintient de justesse devant Walheim et fait de même en 1973-1974, derrière Balschwiller et Luemschwiller. C'est au terme de la saison 1975-1976, que l'ASHB finit par craquer, puisqu'elle échoue à la 12e et dernière place et doit retourner en division III.

L'équipe fanion est 3e derrière Altkirch II et Durlinsdorf en 1977-1978, mais se rattrape dès la saison suivante, en étant sacrée championne de division III, avec 1 point d'avance sur Traubach.

De très gros problèmes financiers

Tout cela est trop beau et malheureusement, à l'issue de la saison 1979-1980, le club se retrouve dernier de son groupe. C'est le retour en division III, où le club passe quelques saisons.

Petit à petit, une certaine fébrilité s'empare de l'association qui connaît des hauts et des bas. Plusieurs mouvements au sein du comité et aussi du côté des équipes en sont la cause. La vie du club est en danger. Mais quelques inflexibles ne veulent pas abandonner, et réussissent à convaincre l'ancien président, Bernard Marx à reprendre du service.

Le premier objectif du nouveau comité est de redresser la situation financière, désastreuse et stopper l'hémorragie des équipes. La « une » finit pourtant deuxième en 1986-1987. Au début de la saison 1988-1989, Walter Pace est chargé de l'entraînement des seniors et juniors. La saison en championnat n'est guère satisfaisante, mais un parcours exceptionnel en coupe du Crédit Mutuel, avec une finale, fait d'une saison manquée une aventure formidable, qui rentre dans les annales de la société. Dommage que le travail exemplaire de Walter Pace n'ait été couronné de succès. Par deux fois la montée en division II est manquée de justesse, comme par exemple cette nouvelle deuxième place, qui sanctionne la saison 1989-1990.

Ecœuré par le comportement irresponsable de quelques joueurs, il démissionne à fin de la saison 1990-1991. La saison 1991-1992 est à considérer comme une année de transition. Le club compte trois équipes seniors, une équipe minimes à 11 et une de poussins à 7, cinq cadets jouant de leur côté en entente à Wittersdorf, ce qui représente à cette époque un effectif de 77 licenciés. On joue toujours en division III quand, en 1994-1995, l'ASH réussit, grâce à une deuxième place acquise derrière Illfurth, à accéder à nouveau à la division II. Malheureusement, dès la saison 1996-1997, c'est une nouvelle descente qui s'annonce car l'équipe n'a pu éviter l'avant-dernière place.

• BIBLIOGRAPHIE :
– Documents remis par le club.

L'AS Hagenbach-Buethwiller 1988-1989, finaliste de la coupe du Crédit Mutuel
Debout de gauche à droite :
D. Hinderer (Crédit Mutuel),
P. Greitner, B. Marx (président),
E. Kippelen, R. Meyer, P. Messerlin,
P. Brun, W. Pace, V. Brun,
P. Rein, L. Marx (Crédit Mutuel).
Accroupis de gauche à droite :
B. Marx (dirigeant), A. Moritz,
B. Greter, P. Marx, F. Litzler, A. Brun,
E. Muller, C. Wersinger (Crédit Mutuel).

Les présidents

Achille Bohrer
Ernest Laurent
André Koenig
Robert Marx
Robert Martin
André Wersinger
René Buecher
Jean-Paul Finck
Bernard Marx
Joseph Meyer

Le comité de l'an 2000

Joseph Meyer (président)
Philippe Rocheveau (trésorier-secrétaire)
Denis Zink
Frédéric Zink
Mathieu Hug
Stéphane Hug
Michel Placucci
Paul Heitz

Association Sportive Herrlisheim ★ 68

1946 Herrlisheim

Avec les majorettes

Lorsque le 13 juin 1946 certains mordus de football comme Gaston Thomann et Pierre Buscheck créent l'Association Sportive Herrlisheim, ils ne croient pas si bien faire. Ils ne pensent surtout pas que cette société va prendre une si grande ampleur puisque peu de temps après se greffent sur ce même numéro d'affiliation les quilleurs, les majorettes, les cyclotouristes et à un moment même l'école de musique.

Le comité fondateur est le suivant : Louis Specklin (président), Alphonse Bretz (vice-président), Eric Becker (secrétaire), Louis Forny (secrétaire adjoint), Victor Brauneisen (trésorier), Emile Kern (trésorier adjoint), Louis Goetz (membre), Camille Scheuch (membre), François Thomann (membre), Charles Untereiner (membre), Pierre Buscheck (membre).

Un ballon d'occasion

Le comité mis en place, les joueurs recrutés disputent le premier match le 25 août 1946 à Holtzwihr. Mais les problèmes ne tardent pas à apparaître puisque le club n'a pas de stade.

Ainsi, les premières rencontres ont lieu sur un terrain appartenant au FC Sainte Croix-en-Plaine, situé à la lisière de la forêt à environ 500 mètres de l'actuel hôtel du Moulin. Outre cette absence de terrain propre, des problèmes d'ordre financiers se font sentir. Pour y palier, les dirigeants passent dans les familles pour collecter quelques fonds. C'est de cette manière

L'AS Herrlisheim en 1946-1947

que peuvent être achetés non seulement l'équipement nécessaire pour l'équipe fanion, seule équipe en lice, mais également le premier ballon, acheté d'occasion au FC Sainte Croix-en-Plaine pour 15 francs.

En 1947-1948, l'équipe termine 5e (sur 11) de la division IV. Lors de la saison 1948-1949, elle se classe 2e derrière Algosheim à 1 point et accède à l'échelon supérieur. Dès sa première saison en division III en 1949-1950, l'AS Herrlisheim termine 5e et récidive en 1950-1951 et 1951-1952.

L'AS Herrlisheim devient champion de groupe de division III en 1953-1954 avec deux points d'avance sur Gundolsheim et Ostheim.

Pour sa première saison en division II (1954-1955), l'équipe termine 8e (sur 11). Puis 4e en 1955-1956, 8e en 1956-1957, 5e en 1957-1958.

La saison 1958-1959 est plus difficile pour le club puisqu'il termine à la 10e place (sur 11) devant Biesheim et rétrograde en division III. En 1959-1960, l'équipe fanion se reprend et termine 2e de son groupe derrière Bergheim à 2 points.

C'est au cours de la saison 1961-1962, que le club devient champion de son groupe de division II devant Richwiller avec 6 points d'avance. L'AS Herrlisheim rejoint donc la division I pour la première fois de son histoire. La saison suivante en 1962-1963, l'équipe termine 12e et dernière de son groupe et enregistre seulement une victoire, un nul et 20 défaites. 8e en 1963-1964, elle finit à une malheureuse 10e place en 1964-1965 devant Andolsheim. En 1965-1966, elle récidive en terminant cette fois-ci devant Gunsbach. A force de jouer avec le feu, l'équipe finit par descendre en division II en 1966-1967 avec seulement 14 points au compteur puis en division III en 1967-1968.

L'AS Herrlisheim se reprend en 1969-1970, en terminant à la 2e place, à 4 points derrière Pfaffenheim et remonte aussitôt en division II.

Lors des saisons suivantes, l'équipe fanion se trouve successivement 9e en 1970-1971, 11e en 1971-1972 à égalité de points avec Andolsheim et Pfaffenheim, 9e en 1972-1973, l'équipe cède finalement en 1973-1974 en terminant 12e et dernier de son groupe et redescend en division III. Pour la saison 1974-1975, Herrlisheim est au plus mal, en se classant à l'avant-dernière place avec seulement 15 points enregistrés, il retrouve la division IV.

6e en 1975-1976 et 1976-1977, 4e en 1977-1978, le club remonte enfin en division supérieur à la fin de la saison 1978-1979 en devenant champion de son groupe de division IV avec 3 points d'avance sur Munchhouse II.

L'AS Herrlisheim se retrouve 10e (sur 12) en 1981-1982 et 12e (sur 13) en 1982-1983, l'équipe parvient tout de même à se maintenir en division III. Une deuxième place vient clôturer la saison 1983-1984, juste derrière Volgelsheim.

Pour la saison 1985-1986, l'ASH est à la 6e place puis 5e en 1986-1987. En revanche la saison suivante celle de 1987-1988, l'équipe fanion à beaucoup plus de mal et finit 9e (sur 12). Elle se reprend dès la saison suivante en se classant 6e.

L'évolution des installations de l'ASH suit la courbe des résultats. Pendant des années, l'ASH évolue sur un terrain appartenant à la famille Specklin-Dolfus, là où est implantée maintenant la maison de la famille Raymond Dolfus.

Les vestiaires se trouvent dans un local dans la cour de l'ancien restaurant de la gare, dans une buanderie non chauffée.

Le nouveau stade est inauguré en 1962 et les vestiaires-douches le 19 mai 1966, alors que Pierre Buscheck est président. C'est à l'époque un événement pour un petit club d'un village ne comptant que 1 000 habitants.

En 1970, les vestiaires sont agrandis. Deux ans plus tard, le 11 mai 1972 est inauguré le plateau omnisports. En juillet de l'année suivante, la Fédération Française de Football homologue le stade municipal ce qui permet au club de prendre part à la coupe de France. Le premier match oppose l'ASH au FC Guebwiller.

Ce dernier l'emporte (1-2). Après un passage en division II lors de la saison 1996-1997, l'équipe fanion évolue en division III en 1997.

• BIBLIOGRAPHIE :
– Documents remis par le club.

Les présidents
Louis Specklin
Pierre Buscheck
Robert Moeglen

L'AS Herrlisheim en 1973, qui à joué en coupe de France
Debout de gauche à droite : Higele, J. Bauer, Hess, Spinnhirmy, Neumuller, G. Hirtz, J.-L. Furderer.
Accroupis de gauche à droite : J.-P. Hirtz, Dolfus, J. Quere, F. Baumwarth, F. Thomann.

1946
Football Club Hessenheim ★ 67

Hessenheim

Le FC Hessenheim en 1946
Debout de gauche à droite :
Raymond Eck, Charles Edel, Fernand Riegert, Virgile Nussbaumer, Léon Meyer, Jérôme Dick, Jean Nussbaumer, Honoré Riegert, Alfred Holl (président).
Accroupis de gauche à droite :
Paul Nussbaumer, Robert Muller, Jean Muhé.

Les présidents
Alfred Holl (1946)
Louis Dick (1947-1948)
Alfred Holl (1949-1950)
Jérôme Wurmser (1951-1953)
Marcel Schill (1954-1959)
Lucien Heinimann (1960-1961)
Raymond Heinimann (1962-1985)
Christian Heinimann (1986)
Marcel Ott (1987 à nos jours)

Tout vient à point…

C'est chez Joseph Schmitt, alors propriétaire du restaurant « Aux deux clés », rue principale à Hessenheim, que sont dressés les statuts du Football Club Hessenheim (FCH) le 8 avril 1946. Le président, Alfred Oll, le vice-président, Virgile Nussbaumer, le trésorier, François Stadtler, le secrétaire Marcel Hert, Aimé Riegert, Alphonse Hart et René Hert, membres, constituent le premier bureau d'une association qui, d'emblée, compte déjà près d'une cinquantaine d'adhérents.

Les statuts établissent une cotisation de 25 F pour les membres d'honneur, 20 F pour les membres honoraires, 15 F pour les membres actifs et même 5 F pour les pupilles ! On décide que les joueurs évolueront en culottes bleues, avec des maillots verts frappés d'une raie noire. L'équipe joue alors en division IV sur son terrain du Ganzweid. Les débuts sont laborieux. Après l'époque des matches amicaux, on engage une équipe pour la saison 1949-1950, mais elle déclare forfait général car elle manque de joueurs.

L'équipe participe à son premier vrai championnat en 1952-1953, dans un groupe qui comprend Muttersholtz (champion), Kintzheim, Saasenheim, Wittisheim, Lièpvre, Sundhouse (7e), Hessenheim, Artolsheim et Ebersmunster. L'aventure ne dure qu'une saison et il faut à nouveau déclarer forfait général. Nouveau départ en 1958-1959, quand l'équipe joue en division IV et y tient honorablement son rang. Mais pour la saison 1961-1962, on déplore un nouveau forfait général.

Un nouveau stade

Le temps de rameuter les troupes et on redémarre pour la saison 1963-1964. Mais il est impossible d'éviter la dernière place. Les saisons se suivent et se ressemblent. C'est le 15 juin 1969, qu'est inauguré le nouveau terrain du FC Hessenheim, à proximité de la route de Baldenheim.

Raymond Heinimann, président du club, est entouré de MM Tubach, conseiller général, Paul Eck, maire, de l'adjudant Nussbaum, commandant la brigade de gendarmerie de Marckolsheim, Cyrille Nussbaumer, adjoint au maire, Jean Karcher, instituteur et secrétaire de mairie, rejoints par Jean Sick, président de la commission des terrains et équipements.

Ce dernier, présidant ès-qualité l'inauguration, coupe le ruban symbolique, permettant à l'équipe locale de mettre sur pied, dans la foulée, une première rencontre avec l'AS Marckolsheim qui s'impose 4 buts à 1. L'AS Ribeauvillé, qui rencontre dans le match suivant, une sélection du Ried, domine la rencontre par un score sans bavures de 4 à 0.

La première vraie performance en championnat a lieu lors de la saison 1971-1972, quand le FCH émarge à la deuxième place de son groupe. L'équipe monte en division III, mais malheureusement redescend aussitôt. L'équipe reste en division III durant plusieurs saisons, sans jamais démériter, mais se retrouve au plus bas en 1976-1977, avec une dernière place et une seule victoire en vingt matches. Et les choses ne s'arrangent

Le FC Hessenheim en 1969
Debout de gauche à droite : Raymond Heinimann (président), Gilbert Riegert, André Riegert, Jean-Claude Kienlen, Marcel Hert, Bernard Schoen, Gérard Birsky.
Accroupis de gauche à droite : Denis Fond, Jacques Holl, Rémy Riegert, Fernand Hart, Romain Hert, Lucien Nussbaumer.

Le FC Hessenheim en 1989
Debout de gauche à droite : M. Madeleine (sponsor), Eric Heinimann, Denis Hert, Yves Hert, Fabrice Kienlen, Michel Muller, Stephan Martin, Hubert Schwoerer (entraîneur), Gilbert Hart (dirigeant).
Accroupis de gauche à droite : Albert Schlewitz, Marcel Ott, Benoît Eck, Serge Kienlen, Olivier Schill, Patrick Keusch.

Le FC Hessenheim II 1998-1999, championne de groupe de division IV B
Debout de gauche à droite : Claude Peter (entraîneur), Francis Guntsburger, Rémy Kammerer, Jean-Luc Léone, Christophe Heinrich, Guy Lauffer, Imam Ayik, Franck Wanner, Fabien Bernhard, Marcel Ott (président).
Accroupis de gauche à droite : Selami Koku, Erol Islanmaz, Jonathan Bentz, Steve André, Philippe Anna, Alain Weigerding, Raphaël Fahrner, Claude Henning (dirigeant).

Le FC Hessenheim 1994-1995, accession en division II
Debout de gauche à droite : Alfred Anna (entraîneur), Franck Anna, Stephan Martin, Daniel Jessel, Mathieu Hart, Olivier Burger, Albert Schlewitz, Fernand Hart (dirigeant), Marcel Ott (président). Accroupis de gauche à droite : Bruno Vogt, Philippe Anna, Jimmy André, Philippe Ludwig, Patrick Keusch, Robert Roehn, Yves Hert.

pas puisque l'équipe est encore dernière en 1980-1981.

20 ans après... le confort en plus

Belle brochette de personnalités à Hessenheim, en ce dimanche 3 septembre 1989, lors de l'inauguration de la salle polyvalente quand le FCH dispose désormais des meilleures conditions d'hébergement pour accompagner ses performances en championnat.

Pour sa première sortie officielle, le sous-préfet Trocmé, accueilli par le maire, Fernand Nussbaumer et son adjoint Raymond Heinimann, est entouré d'élus dont le conseiller général Louis Rudloff et le député Germain Gengenwein. Le président du club, Marcel Ott accueille le président de la LAFA, Me Yves Muller.

Entouré de nombreuses personnalités, Yves Muller décerne la médaille de bronze de la LAFA à Marcel Ott et Gilles Lomant, respectivement président et vice-président du club et celle d'argent à Richard Jehl, trésorier et René Voltz, membre du comité, pour saluer leur engagement au service du FCH. Pour clôturer la journée, a lieu un match FCH - Cité Sélestat, conclu par un score nul de 1 à 1. Dès la fin de la saison 1971-1972, le FCH sait trouver son rythme et emporte son premier titre de champion de groupe de division IV.

La montée en division II

Emmené par son entraîneur, Alfred Anna, le FCH connaît son heure de gloire pendant la saison 1994-1995, en enlevant son premier titre de champion de groupe de division III. Structurée par Fernand Hart et Marcel Ott dès 1985, l'activité des jeunes marque le pas petit à petit, affectée par le manque de renouvellement des effectifs dans un village qui compte seulement 450 habitants.

Peu à peu, des ententes sont élaborées avec des clubs voisins (Mussig, Baldenheim) pour préserver et perpétuer l'action-jeunes. Quant à l'équipe réserve, elle connaît une belle évolution au cours de la saison 1998-1999, qu'elle achève avec un titre de champion du groupe de division IV B.

C'est seulement après une séance de tirs au but qu'elle s'incline devant Rountzenheim, le 23 juin 1999. Le FCH décidément en verve, conquiert pour la 2e année consécutive le titre de champion du groupe de division III B, durant la saison 1999–2000.

• BIBLIOGRAPHIE :
– Documentation et photos fournis par Marcel Ott.

Le FC Hessenheim de l'an 2000
Debout de gauche à droite : Marcel Ott (président), Claude Peter (entraîneur), Jérôme Kuhn, Yannick Kuhn, Cédric Malataverne, Joël Humm, Gaël Chouchelamane, Jean-Claude Friedrich, Jérôme Texeira, Francis Guntzburger (dirigeant), Fabrice Kienlen (sponsor maillots), Claude Henning (vice-président). Accroupis de gauche à droite : Thierry Schwoertzig, Christophe Georgenthum, Arnaud Zuger, Pascal Spiegel, Lionel Kienlen, Michel Dussourd, Philippe Ludwig, Serge Pfliegersdorffer.

Les entraîneurs

Kofolg (1966-1969)
Gérard Robert (1969)
Alfred Anna (1974-1976)
Hermann (1977-1978)
Alain Heck (1979-1982)
Jean-Claude Reinling (1983-1985)
Michel Schultz (1986-1988)
Hubert Schwoerer (1989-1992)
Alfred Anna (1993-1997)
Claude Peter (1997 à nos jours)

Le comité de l'an 2000

Marcel Ott (président)
Claude Henning (vice-président)
Gilbert Guth (vice-président)
Roland Schwartz (secrétaire)
Béatrice Hart (secrétaire)
Hubert Schwoerer (trésorier)
Jean-Claude Kienlen, Didier Taglang
Raymond Heinimann
Francis Guntzburger, Guy Lauffer
Bernard Henning, Serge Jaquens
Francesco Aquino, Christophe Heinrich
Patrick Suhr, Jean-Jacques Holl (arbitre)
Jocelyne Hart (arbitre)

1946 Union Sportive Hirsingue ★ 68

Hirsingue

Pas fou M. Le Foll…

C'est la seconde guerre mondiale qui accouche de l'US Hirsingue. Et pourtant, cette naissance aurait pu avoir lieu bien avant. En 1930 par exemple, lorsque Roger Weil, un passionné de foot, forme une équipe avec des jeunes de son âge afin de combler les dimanches après-midi, en arborant des chemises aux couleurs « jaune et bleu » lors de matchs amicaux, dans le meilleur esprit sportif et villageois. Le premier terrain se situe dans les prés, au-dessus de la rue de Ferrette, puis plus tard, au lieu-dit « Schlossmatten ».

La première équipe de Hirsingue en 1940
Debout de gauche à droite : Barbet (soldat du 7e Train), Paul Koechi, Edmond Hurther (fils de l'instituteur), Pierre Ringenbach, René Roth, Alfred Roth, Henri Braun (gardien de but).
Accroupis de gauche à droite : Henri Durain, André Bixel, Antoine Stierlin, Léon Specklin, René Baumann.

Les présidents
Charles Pflimlin (1946-1948)
Henri Hengy (1948-1950)
Joseph Specklin (1950-1963)
Jean-Pierre Marschal (1963-1971)
François Brunner (1971-1972)
Fernand Muller (1973-1978)
Roland Bruat (1978-1984)
Fernand Muller (1984-1993)
Jean Schilb (1993-1995)
Rolant Bruat (1995-1998)
Jean Schilb (1998 à nos jours)

L'US Hirsingue 1949 lors du championnat à Retzwiller
Debout de gauche à droite : Fernand Litzler, Léon Specklin, Joseph Jelsch, René Baumann, Raymond Litzler, Georges Sengelin.
Accroupis de gauche à droite : Lucien Meister, Joseph Gissinger, Antoine Hoffstetter, René Pflimlin, Jean Baumann.

L'US Hirsingue en 1983, vainqueur de la Coupe CMDP
Debout de gauche à droite : R. Kueny (entraîneur), M. Roth, D. Kleiber, H. Munch, S. Schweller, S. Munch, B. Jelsch.
Accroupis de gauche à droite : D. Braun, J-M. Koch, E. Froberger, G. Hogg, R. Jelsch, M. Sengelin.

Et puis, en avril 1940, un animateur militaire hors pair et sportif dans l'âme, M. Le Foll, qui par la suite deviendra arbitre international, organise les premières rencontres de football, avec des équipes militaires et des apports de joueurs civils. Aux dires des témoins de l'époque, les spectateurs se serraient sur deux rangées autour du rectangle aménagé sur le pré.

C'est ainsi qu'en 1946, sur ce même terrain, la toute jeune Union Sportive dispute ses premiers matches officiels. Le mérite de cette naissance revient à Max Galler, un ami suisse qui avait porté maintes fois le maillot national. C'est Henri Hengy qui est le premier capitaine de l'USH avant d'en devenir le président. Et l'équipe, qui est engagée d'emblée en championnat de division IV, devient championne de groupe sans connaître la défaite, pour son premier essai et accède en division III. L'année suivante, elle s'installe sur le terrain de la route de Hirtzbach avant que ne soit aménagé en 1952, un autre terrain sur les prés de l'Ill. Mais pour un essai, c'est plus qu'un coup de maître, car à peine achevée la saison 1947-1948, l'équipe est à nouveau championne de groupe avec 6 points d'avance sur Waldighoffen. La voilà en division II.

Tout le club à la messe… en Bourgogne !

Au terme de la saison 1951-1952, l'USH remporte le titre de champion de groupe de division II, avant de rejoindre la division I et de retomber dès la fin du championnat 1952-1953. Deuxième derrière Neuweg en 1955-1956, il remonte tout de suite en division I. Redescendu en division II, le revoilà champion de groupe 1959-1960, avec la bagatelle de 11 points d'avance sur Walheim. Mais pour retomber aussitôt. Lors de l'arrivée à la présidence de Jean-Pierre Marschal en 1963, on commence à prospérer plus large. Après le recrutement du meilleur attaquant Haut-Rhinois de l'époque, Gilbert Zagula, l'USH s'attache les services d'un étudiant chez les pères capucins de Koenigshoffen, au talent indéniable et surprenant, Gilbert Maréchal. Une délégation du club ira d'ailleurs assister à sa première messe en Bourgogne… Il faut dire que dès qu'un joueur se montre brillant, il est immédiatement recruté par un club voisin ; Il est ainsi bien difficile de travailler dans la durée. Des exemples ? Champion de groupe en 1964-1965, il descend en division III en 1965-1966 pour être à nouveau champion de groupe en 1966-1967.

Premier titre : champion de division I du Haut-Rhin

Dès les années 1967-1968, le club commence à pointer son nez dans les premières places. Petit à petit, il prend du galon pour devenir le porte-drapeau du canton et de la haute vallée de l'Ill.

Il va falloir attendre 1983 pour remporter la coupe du Crédit Mutuel, en battant Altkirch (7-1) en finale. Deux ans plus tard, le 8 juillet 1985 à Illzach-Modenheim, c'est le titre de champion du Haut-Rhin de division I avec la victoire sur Kembs 1-0. En finale régionale, le 14 juillet à Holtzwihr, l'USH s'incline devant Mutzig (2-5).

Le Kritter d'Honneur de France Football

L'année suivante, l'équipe s'offre les « nationaux » de Sundhoffen (Nationale 4), au 5e tour de coupe de France (1-1), avant de succomber à Mulhouse, huit jours plus tard, devant un autre sociétaire de la Nationale 4, le Red Star Mulhouse.

Le 20 juin 1987, c'est le titre de champion du Haut-Rhin de Promotion d'Honneur, enlevé à Rixheim face à l'ASBlanc Vieux-Thann sur le score sans appel de 8 à 1 ! Cerise sur le gâteau, le 4 juillet de la même année, c'est le titre de champion d'Alsace de la Promotion d'Honneur qui est obtenu à Osthouse, face à Schweighouse-sur-Moder (4-0). De quoi fêter royalement, le lendemain, à l'occasion des festivités du 40e anniversaire, avec un match de propagande FC Mulhouse - Neuchâtel Xamax, alors champion de Suisse (1-3).

Deuxième campagne de coupe de France en 1988 et encore un exploit, l'élimination des SR Colmar (division d'Honneur), sur le score de 2 à 0. Mais au tour suivant, c'est à nouveau le Red Star et à Mulhouse, qui met fin aux illusions (1-2).

La montée se concrétise l'année où on l'attend le moins : après le départ de plusieurs joueurs, le trio Ricklin-Roth et Schueller fait des miracles. De match en match la formation prend de l'assurance et grimpe au classement. Alain Schmitt mène l'équipe vers le sommet et le dernier jour du championnat de la saison 1991-1992, l'USH atteint la division d'Honneur.

Il est difficile de se maintenir à ce niveau, les jeunes n'étant pas encore aguerris pour ces matches. L'USH retombe donc en Promotion d'Excellence, sans avoir démérité. Après de belles années, le navire prend l'eau et progressivement, président, joueurs, dirigeants quittent le club. Saison après saison, l'USH dégringole dans la pyramide du football régional pour n'être aujourd'hui qu'en division II. Quelques éclats en coupe du Crédit Mutuel récompensent tout de même les dirigeants et les joueurs qui n'abdiquent pas.

Aujourd'hui, l'US Hirsingue recherche son deuxième souffle avec une équipe jeune, des dirigeants et responsables toujours très attachés au club. Du côté des jeunes, Robert Weiss essaie de faire un travail de fond au sein de l'Entente de l'Ill, afin que la relève puisse bientôt plonger dans le grand bain.

• **BIBLIOGRAPHIE :**
– Extraits de la plaquette.
– Merci à Léon Specklin.

Le comité de l'an 2000
Jean Schilb (président)
Jean-Pierre Buisson (vice-président)
Gérard Schuller (vice-président)
Patricia Stoeckle (vice présidente)
Robert Weiss (président des jeunes)
Bertrand Bannwarth, Raymond Bertsch
Eugène Froberger, Daniel Goepfert
Roger Jelsch, Bernard Jelsch
Denis Kleiber, Michel Kubler
René Lievre, Eric Lievre
Joseph Muller, Jean Schicklin
Adrien Schmitt, René Schneberger
Serge Schueller, Joseph Walch
Joël Blind, Albert de Faria

Les entraîneurs
Max Galler
(ancien international suisse, joueur du FC Bâle)
Raymond Beckerich
(ancien pro du Havre et de Rouen)
Gilbert Zagula (sélectionné d'Alsace ancien joueur du FCM et de l'ASM)
Jean-Paul Staender
(ancien joueur du FCM et de Saint-Louis)
Joseph Jelsch, Adrien Hell, Roland Bruat
Jean-Claude Renger, Robert Kueny, Stroppolo
Eric Marx, Christophe Ricklin, Michel Roth
Alain Schmitt, Antoine Carlino, Jean Holbein
Michel Schmitt, Regis Doppler, Raymond Muller
Patrick Masso, Hicham Al Oulidi (à ce jour)

L'US Hirsingue en 1987
Debout, de gauche à droite : M. Munch (responsable), A. Britschu, M. Roth, R. Palloro, E. Marx, Mendez, D. Braun, J. Schilb (responsable) Au milieu, de gauche à droite : Sabadin, V. Mavilla, B. Hohler, A. Mavilla, Ch. Welty, D. Kleiber, M. Stroppolo, H. Munch.
Assis, de gauche à droite : J.-L. Robsichung, R. Kueny, E. Froberger, Ch. Kleiber, S. Schueller.

L'US Hirsingue 1991-1992, accession en division d'Honneur
Debout de gauche à droite : J.-L. Bickel (responsable), J.-P. Nussbaumer, V. Muller, M. Roth, J. Baumlin, V. Giraud, A. Sabadin, P. Furstoss, Ch. Ricklin, E. Interbitzin, F. Muller (président), S. Schueller (responsable technique), A. Britschu (responsable).
Accroupis de gauche à droite : D. Kleiber, A. Munck, A. Schmitt, S. Muttenzer, B. Hohler, A. Marckosevic, F. Weigel (supporter).

L'US Hirsingue de l'an 2000
Debout, de gauche à droite : Michel Kubler, Fabrice Buisson, Yan Gabriel, Kamel El Arichi, Rachid Haegli, Mounir Aboulaich, Mahir Kosanak, Goyko Markovic, Hicham El Oualidi, Didi El Oualidi (entraîneur).
Accroupis de gauche à droite : Ferdi Celebi, Cyril Muller, Tolga Celebi, Denis Kleiber, Said El Oualidi, David Schmitt, Joseph Muller.

Walch lave plus blanc
Joseph Walch, supporter de toujours, est un rouage essentiel du club. Depuis des années, il s'occupe de l'ensemble des équipements du club. Lave, sèche, reprise et met en sacs, s'il vous plaît. C'est ainsi que près de 3000 maillots, autant de shorts et de paires de bas, passent entre ses mains chaque saison. Une sacrée performance !

La tribu des Schmitt
Ils sont rois frères, avec chacun un fils, à avoir marqué la vie de l'USH.
Yvon, 50 ans, père de Pascal (25 ans), Alain, 51 ans, papa de David (22 ans) et Adrien (46 ans), père de Baptiste (16 ans). Et tout le monde joue !

Entente de l'Ill Hirsingue - Hirtzbach - Carspach de l'an 2000

1946

Sports Réunis Houssen ★ 68

Houssen

La prime à la persévérance

La naissance des Sports Réunis de Houssen remonte à juin 1946, quand, sous la direction de Roger Merger, est créé le Football Club de Houssen. Pour son premier championnat, l'équipe remporte quatre victoires et deux nuls et encaisse 12 défaites. Le groupe est remporté par les Cheminots de Colmar devant Heiteren, SOFIRA Colmar, Wihr-au-Val, Algolsheim, Biesheim, l'ASPTT Colmar et Muntzenheim. La saison suivante, l'équipe pointe à l'avant-dernière place, ce qui provoque une assemblée générale. Les dirigeants prennent acte du manque d'effectifs et le club est d'abord déclaré en non activité, avant d'être dissout.

Les présidents
Robert Gelly (1960-1962)
Paul Klinger (1962-1970)
Fernand Klinger (1970-1979)
Jean-Rémy Bechler (1979-1997)
Jean-Louis Rimmele (1997-1998)
Bernard Eckerlen (1998 à ce jour)

La deuxième naissance a lieu le 6 juin 1960, date à laquelle quelques anciens auxquels se joignent des mordus du ballon rond se retrouvent, au restaurant Klinger et décident de créer un club de football. On oublie volontairement le sigle FC, qui n'a pas porté bonheur pour adopter le sigle « Sports Réunis Houssen ». Le comité fondateur est composé de : Robert Gelly (président), Théo Merger (vice-président), André Kienlen (secrétaire), Victor Muller (trésorier). On choisit les couleurs : maillots jaunes, culottes bleues, bas bleus et jaunes. Les équipes et les arbitres se changent au restaurant Klinger. La première équipe débute ses rencontres dès septembre 1960 et termine la saison 1960-1961 à la 8e et dernière place de son groupe.

Un dur apprentissage

La première équipe de cadets est créée en 1961-1962, et dirigée par Armand Fuchs. L'équipe fanion accroche la 6e place et se retrouve promue en division III. 7e en 1962-1963, elle redescend en division IV et retrouve sa septième place. La saison suivante elle ne gagne qu'une place. C'est encore insuffisant pour la montée. En 1966, troisième de son groupe, la « une » se classe derrière les « tango » du Groupe Sportif Timken France Colmar et Orbey, manquant la montée d'un cheveu. Les choses ne s'arrangent pas à la fin de l'exercice 1966-1967, car la saison est sanctionnée par une nouvelle septième place. 5e en 1967-1968, 9e en 1968-1969, c'est la dernière place qui guette le groupe, avec une seule victoire et 4 nuls en 26 rencontres, disputées au cours de la saison 1969-1970. 9e la saison suivante, les SRH enlèvent une encourageante 4e place en 1971-1972.

Champions d'automne

La saison 1972-1973 débute bien, et les SR Houssen sont même champions d'automne. Mais l'hiver s'annonce mal, suite au départ à l'armée de trois joueurs, et l'accident d'un quatrième. L'équipe est reléguée en fin de tableau (9e sur 12). 8e, 8e, 13e sur 14 en 1975-1976, on persévère. Et on crée même en 1976, une équipe de pupilles dirigée et entraînée par Jean-Rémy Bechler. Un an après, c'est au tour des minimes encadrés par Armand Fuchs, Albert Herzog, Joseph Legoll, Roland Rimmelé et Henri Fuchs de prendre le chemin du championnat.

Une douzième place solde la saison 1976-1977, une 9e la saison suivante, puis une 7e en 1978-1979, une 6e, une 8e et une 11e en suivant, 6e, 7e en 1983-1984, l'équipe se retrouve enfin en division III. Car si l'équipe est 8e de son groupe en 1984-1985, la suppression par la Ligue de la division IV, la propulse aussitôt en division supérieure. En novembre 1981, on entreprend la construction de vestiai-

Les SR Houssen minimes 1977-1978
Debout de gauche à droite :
Mathieu Loos, André Fuchs, Jean-Marc Hassler, Jacky Jaegle, Clément Kienlen, Pierre Bogen.
Accroupis de gauche à droite :
Claude Fuchs, Yves Kienlen, Alain Richter, Alain Kienlen, Claude Bogen, Jean-Yves Bogen.

res sous la présidence de Fernand Klinger qui en avait initié les plans trois ans plus tôt. C'est Robert Kienlen, maire, qui fait débloquer les fonds nécessaires. L'édification du bâtiment est réalisée par Robert Waldvogel et la charpente est posée par le comité.

Des travaux faits maison

La première saison en division III se termine sur une 8e place. En 1988, on installe les sanitaires, les douches et un bar. C'est le club qui peint les murs, pose les lambris au plafond et installe le bar. Il faut tirer un grand coup de chapeau à tous les membres, pour la réalisation de ces travaux et surtout à ceux qui ont passé des journées entières, notamment Joseph Legoll et Charles Schuwer.

A la grande satisfaction de tous, le grand jour tant attendu se situe le 24 juin 1994 à 16 h, quand on peut enfin appuyer sur un interrupteur. Le courant électrique est dans les vestiaires et le soulagement est immense : plus besoin de la remorque pour le groupe électrogène et le reste du matériel.

10e, 11e et dernier, 7e, 9e, 8e, 7e, puis 10e en 1992-1993, même dans les profondeurs du classement, le club ne se décourage jamais. L'essentiel est la camaraderie qui y règne. Après 18 années de bons et loyaux services, après avoir suivi de nombreux jeunes, le président Jean-Rémy Bechler tire sa révérence et c'est Jean-Louis Rimmele qui prend en 1997 la présidence.

Un an plus tard, il cède sa place pour raison de santé à Bernard Eckerlen qui devient le sixième président des SR Houssen. Avec le soutien des anciens, le nouveau comité instaure une action dynamique : remplacement de la main courante, création d'un puits pour l'arrosage du terrain, réalisation des abris joueurs. Le club se donne comme objectif la montée en division II.

De nombreux jeunes partis dans les clubs aux alentours reviennent aux SR Houssen et à force de travail, les hommes d'Eric Kienlen reviennent en haut du tableau et ne ratent les barrages que d'un petit point à l'issue de la saison 2000-2001.

• **BIBLIOGRAPHIE :**
– Documents et photos fournis par Bernard Eckerlen.

Le comité de l'an 2000

Bernard Eckerlen (président)
Jean-Paul Kienlen (vice-président)
Charles Schuwer (vice-président)
Ignace Negul (trésorier)
François Parillot (vice-trésorier)
Olivier Bazin (secrétaire)
Eric Herzog, Jean-Marie Stuhr
Philippe Grobur, Christian Schaeffer
Antonio Feirrera, Eric Kienlen
Erwan Berto, Michel Rebert

Les SR Houssen de l'an 2000
Debout de gauche à droite : Jean-Marie Stuhr, Lionel Kienlen, David Murschel, Stéphane Grubor, Jean Pinto, Cédric Gelly, Nicolas Schwab, Nicolas Leboeuf, David Aleksandrowicz, Bertrand Stuhr, Eric Kienlen, Christian Schaeffer.
Accroupis de gauche à droite : Mouhamadou Seck, Thomas Kienlen, Bruno Bonvicini, Gabriel Schaeffer, Souffou Ahamada, Christophe Bonvicini, Philippe Baebae, Charles Schuwer.

Les SR Houssen 1983-1984
Debout de gauche à droite : Jean-Rémy Bechler, Charles Schuwer, Marcel Berna, André Zwickert, Jean-Denis Baumann, Paul Klinger, Pierre Jordan, Armand Fuchs.
Accroupis de gauche à droite : Jacques Robert, Louis Zannier, Pierre Zannier, Jacky Coutard, Daniel Cazenove.

Les SR Houssen 1993-1994
Debout de gauche à droite :
Marc Schreiber, Hubert Zwickert, Pascal Gelly, Michel Kubiszyn, Christian Kienlen, Jean-Marie Stuhr, Hubert Fuchs, Daniel Bechler, Jean-Rémy Bechler.
Accroupis de gauche à droite :
Claude Fuchs, Jacky Jaegle, André Marschall, Louis Zanier, Marcel Gauer, André Fuchs.

Les SR Houssen 1998-1999
Debout de gauche à droite :
Nicolas Schwab, François Parrillo, Rémy Goettelmann, Eric Keck, Jean-Christophe Studer, Jean-Louis Jehl, Jean-Paul Kienlen, Yvan Stoerckel, David Murschel, Jean-Marie Stuhr, Charles Schuwer.
Accroupis de gauche à droite :
Thomas Kienlen, Patrice Baldo, Grégory Rohn, Claude Weinbrenner, Bertrand Stuhr, Jean-Yves Bogen.

1946
Union Sportive Kirrwiller ★ 67

Kirrwiller

Victime de la guerre d'Algérie

En 1946, sous l'impulsion des instituteurs de l'époque que sont François Meyer et Charles Voltz, une poignée de jeunes, contaminés par la fièvre du ballon rond, décident de créer l'Union Sportive Kirrwiller. Les premiers joueurs sont les frères Weiss, les frères Schaettel, les frères Schaeffer, M. Krieger, M. Houde, M. Etling, M. Becker, tous nés dans les années vingt et ayant connu la deuxième guerre mondiale (certains sous l'uniforme allemand).

L'US Kirrwiller en 1946
Debout de gauche à droite : Michel Burger, Antoine Weess, François Meyer (président), Jean Etling, Lucien Weess, Georges Schaettel, Michel Schaeffer, Charles Voltz. 2ᵉ rang : Charles Backer, Georges Schaeffer, Charles Leitz, Joseph Houde, Pierre Kalwack. Accroupis de gauche à droite : Jean Schaeffer, Jacques Schaettel, Antoine Krieger.

A l'instar de nombreux clubs de l'époque, les déplacements se font en vélo, moto et même dans le camion de la société Helfrich. Le club débute son championnat en 1947-1948, dans la division IV. Dès la saison 1948-1949, le nouveau club se distingue en remportant son groupe sans perdre un seul match (14 matches, 14 victoires). Un premier exploit qui le propulse en division III. Mais l'équipe est reléguée au terme de la saison 1953-1954. Elle joue en division III jusqu'en 1955-1956, mais l'hémorragie de joueurs, tous appelés sous les drapeaux en Algérie, oblige les dirigeants à arrêter l'activité du club.

Une longue parenthèse

La parenthèse est longue. Ce n'est qu'en 1979 que l'US Kirrwiller renaît de ses cendres, sous la présidence de Jacques Vollmer. La première saison se joue en division IV. Jean-Pierre Wolljung prend la suite à la tête du club qui évolue alors en division III. Le club ne remporte que deux victoires. En 1985-1986, profitant de la refonte des championnats par la LAFA, l'US Kirrwiller se retrouve en division III, la division IV étant supprimée. L'équipe nage dans les profondeurs du classement et connaît un nouvel arrêt en 1988-1989. La reprise de l'activité sportive de l'US Kirrwiller se fait sous forme de fusion avec l'AS Hanau (qui existait la saison précédente sous le nom d'AS Hanau-Rosenwiller) en 1989-1990, mais le divorce est rapide puisque la saison terminée, le club reprend l'étiquette originelle d'US Kirrwiller. Il est alors présidé par Robert Kern et plus tard par Alfred Mehl. En 1993, le comité désigne Arsène Hitz comme président. De nouveaux joueurs rejoignent le club qui accède en division II sous la férule de l'entraîneur M. Becker.

La descente en division III a lieu en 1999 suite à un mauvais climat interne. Depuis, la situation a été assainie et l'activité sportive de l'US Kirrwiller se développe sereinement, notamment grâce à l'arrivée de jeunes qui prennent le défi à cœur.

• BIBLIOGRAPHIE
– Documentation et photos remises par Arsène Hitz.

L'US Kirrwiller 1996-1997
Debout de gauche à droite : Arsène Hitz, Franck Becker, Jamel Rafai, Dimitri Welsch, Thierry Klein, Eric Schmitt, Christian Schaeffer, Robert Kern, Christian Schaettel.
Accroupis de gauche à droite : Hassan Azzaoui, Roland Becker, Denis Acker, Bernard Knochel, Jean-Georges Kern, Gérard Barbenes, Eric Wild, Abel Pinheiro, Samad Azzaoui.

Les présidents
François Meyer (1946-1962)
Jacques Vollmer (1978-1982)
Jean-Pierre Wolljung (1983-1988)
Robert Kern (1989-1992)
Alfred Mehl (1992)
Arsène Hitz (1993 à ce jour)

Le comité de l'an 2000
Arsène Hitz (président)
Ismail Zivali (vice-président)
Halil Ozdemir (trésorier)

L'US Kirrwiller de l'an 2000
Debout de gauche à droite : Arsène Hiltz (président), Mourad Salka, Ahmed Lamri, Mohamed Salka, Mustafa Maniani, Fouad Berrahhou, Houssien Ouamari, Alexandre Iden, Volkan Soydinc, Ahmet Bayrad (sponsor).
Accroupis de gauche à droite : Samad Azzaoui (entraîneur), Ayhan Parlakillig, Farid Elhassak, Nicolas Olivier, Benaissa Benzakour, Romain Sengel, Ahmed Beldjaidi.

Union Sportive Mietesheim ★ 67

Mietesheim

Jusqu'en division I

C'est le 10 juin 1946 à 11 heures qu'une assemblée générale constitutive est réunie dans la salle de l'école de Mietesheim. Elle est présidée par Henri Stephan et compte environ 40 personnes. Henri Stephan soumet à l'assemblée la fondation d'une société sportive. Le projet est adopté à l'unanimité et prend le nom de Union Sportive de Mietesheim. Son siège social est le Restaurant Urban à Mietesheim. A l'unanimité des suffrages exprimés les personnes suivantes sont appelées aux fonctions de : Henri Stephan (président), Jacques Rosemfelder (secrétaire), Georges Dorer (1er trésorier), Georges Burkel (2e trésorier), Lucien Stoffel (1er entraîneur), Claude Walter (2e entraîneur), Albert Bernhard, Alfred Ernst et Charles Kuhn (assesseurs). Le comité de direction est chargé d'élaborer les statuts et de remplir les formalités administratives que comporte la création de l'association. C'est le 13 juin 1954, lors de l'assemblée générale que Jean Leiminger est élu à la tête de l'USM.

L'US Mietesheim 1980-1981

En saison 1955-1956, l'USM monte en division III, pour redescendre en division IV en 1957-1958. En 1962, l'équipe remonte à nouveau en division III. Après une saison de bouleversements, l'USM reprend le chemin de la division IV. Le 16 juillet 1969 suite à la démission du comité, la présidence du club est accordée à Michel Jédelé.

La saison 1970, est synonyme de remontée de l'USM en division III. Après une année 1971 de résultats médiocres le club redescend en division IV. En 1972, le club remonte directement en division III pour redescend en division IV dès 1974.

En 1980, l'équipe I sauve sa saison en division inférieure après avoir gagné sur tapis vert.

Changement de présidence

Le 17 juin 1988 au cours de l'assemblée générale, le président Daniel Jédelé annonce son retrait après 18 années de présidence et 27 années de comité, de bons et loyaux services rendus au sein de l'USM. Alfred Dorer devient le nouveau président de l'US Mietesheim par 14 voix sur 15.

Le 11 mai 1992, l'US Mietesheim doit jouer un match de barrage pour la montée contre Weiterswiller à Obermodern. Devant 1 100 spectateurs, c'est ce dernier qui a la chance de monter en division I. Jour tant attendu : le 23 mai 1993, l'USM s'offre la montée en division I sous la houlette de l'entraîneur Dominique Waechter, un résultat jamais acquis depuis la création du club. En 1995, l'entraîneur Dominique Waechter annonce son départ. Il cède sa place à M. Zimmer qui fait un travail exemplaire jusqu'au 18 juin 1999, ou il prend les commandes de l'AS Gundershoffen. C'est Michel Latrielle qui lui succède jusqu'au 14 avril 2000. Après vote du comité, Il est remplacé par le joueur François Pinto jusqu'à la fin de la saison.

La saison 2000-2001 débute sous les commandes de Pédro Mardin, ancien joueur, mais malgré le travail sérieux de toute l'équipe, le club est relégué en division II suite à une saison médiocre. La bonne ambiance règne tout de même au sein du club. On ne note que deux départs pour onze arrivées.

• BIBLIOGRAPHIE :
– Documents remis par le club.

L'US Mietesheim 1989-1990

Le comité de l'an 2000

Alfred Dorer (président)
Jean-Jacques Ernenwein (vice président)
Charles Loegel (1er trésorier)
Alfred Weissberger (2e trésorier)
Serge Vighi (1er secrétaire)
Robert Beyer (2e secrétaire)
Thierry Bellet
Christian Strub
Philippe Lopez
Raoul Reymann
Nicolas Ildiss
Jean-Claude Bletterer
Francis Dittrich
Joseph Baltzer
David Schnell

L'US Mietesheim de l'an 2000

Debout de gauche à droite :
Christian Heinrich, Raphaël Weiss, Emmanuel Carme, Jean-Philippe Janodet, Arnaud Taesch, Jean-Philippe Gruber, Gilbert Schmitt, Jean-Philippe Meyer, Pédro Mardin (entraîneur).
Accroupis de gauche à droite :
Pascal Schoefolt, Laurent Bertrand, Christophe Baltzer, Marc Banzet, Thierry Grasser, François Singer, Christophe Boss (capitaine).

1946
Union Sportive Mittelbergheim ★ 67
Mittelbergheim

L'une des premières équipes ayant défendu les couleurs de l'US Mittelbergheim en 1947
Debout de gauche à droite :
Hubert Heckmann, Ch. Bachert, Armand Haensel, Camille Menzer, Xavier Vonville, Freddy Gunther, Alphonse Litzler, Pierre Gunther, Emile Gilg.
Accroupis de gauche à droite :
Lucien Walter, Henri Ledig, Lucien Gilgemann, Henri Dirian, Alfred Dirian.

Les présidents
Emile Gilg (1947-1954)
Charles Lang (1955-1958)
Charlot Kayser (1958-1965)
Lucien Roth (1965-1967)
Gérard Kuntz (1967-1969)
André Wantz (1969-1981)
Georges Gilg
Yves Lauffenburger

Au mieux la division II

Créée en 1946 par une poignée de fervents du ballon rond, l'Union Sportive Mittelbergheim ne demande son affiliation à la LAFA que le 21 mars 1947, date de sa constitution définitive. Le premier comité est composé de : Emile Gilg (président), Hubert Heckmann (vice-président), Roger Sieffer (secrétaire), Albert Frantz père (trésorier), Armand Gilg, Paul Fahrlaender, Jean-Paul Frantz, Emile Wiedmann, Freddy Gunther, Charles Goulon, Willy Fritsch (assesseurs). Frédéric Boeckel, amateur de football et maire de Mittelbergheim accepte la présidence d'honneur. Le siège social est le restaurant « La Couronne ».

Reste à résoudre le problème du terrain qui se règle avec la mise à disposition d'un pré au lieu-dit « Schissrain » (emplacement de l'actuel terrain d'entraînement), pour être ensuite transféré pour une longue période au lieu-dit « Feldmatten ».

L'US Mittelbergheim 1951-1952, accession en division III
Debout de gauche à droite : Emile Gilg, Maurice Stutz, Armand Gilg, Pierre Gunther, Armand Haensel, Lucien Gilgemann, Alfred Dirian, Henri Dirian.
Accroupis de gauche à droite : Paul Hohmann, Meyer, Alphonse Litzler, Higel, Roger Gauthier.

L'argent des Kappensitzung

La première sortie de l'équipe s'effectue le 27 août 1947 lors d'une grande manifestation de propagande à laquelle participent le Red-Star Strasbourg et le CS Neuhof. Le succès de cette journée incite les dirigeants à tenter l'aventure du championnat. L'équipe est engagée en division IV. Pour ses débuts, l'équipe réussit un remarquable parcours et termine à une excellente cinquième place.

Peu à peu, l'USM gagne en popularité et de nouveaux collaborateurs comme André Haensel, Alfred Wantz et Charles Anstett viennent renforcer le noyau des fondateurs. Il en est de même pour nombre de joueurs venus grossir les rangs du club, de telle sorte que le comité doit se résoudre à engager une équipe réserve pour la saison 1949-1950.

Pour faire face aux besoins financiers, le comité organise tous les ans une soirée théâtrale, d'abord à La Couronne, puis au foyer protestant à Barr. Cartes de membres, tournois, « Kappensitzung » et autres ventes permettent de boucler positivement le budget. Après avoir passé les premières années de son existence en division IV non sans avoir démérité (2ᵉ en 1949-1950 et 4ᵉ en 1950-1951), l'USM gravit un échelon supplémentaire à la fin de la saison 1951-1952. Elle termine à la deuxième place derrière Ottrott, après avoir disputé un match de barrage et gagné 3-1 contre Plobsheim. Mittelbergheim accède pour la première fois de son histoire en division III.

A la fin de la saison 1952-1953, l'équipe fanion est reléguée en division IV pour un tout petit point manquant lors du décompte final. Mais ce n'est que partie remise puisque dès la saison suivante, la remontée est assurée avec une première place du groupe, sans avoir connu la défaite et avec 31 points sur les 32 possibles.

Pour ne pas être en reste, l'équipe réalise sa meilleure saison en terminant à la 3e place avec 15 points sur 24.

21 ans de purgatoire

Malheureusement, dix mois après une aussi bonne saison, le président Emile Gilg démissionne pour raisons professionnelles. Six des membres fondateurs, dont Hubert Heckmann, le vice-président, quittent également le club, et l'équipe est rétrogradée au terme de la saison 1953-1954. Un comité provisoire est élu lors de l'assemblée générale du 28 avril 1955, puis le comité définitif est mis en place le 16 juin 1955. Le comité : Charles Lang (président), Eugène Tempel (vice-président), Paul Kohler (secrétaire), Germain Sittler (caissier) Charlot Frantz, Charlot Kayser, Charles Mortz et Edmond Nest (assesseurs). Mais s'en suit une période noire durant laquelle l'équipe se traîne en division IV jusqu'à la fin des années soixante.

Pour la saison 1969-1970, une bonne partie du comité est renouvelée et il semble qu'un vent nouveau souffle sur l'USM. Avec le renfort de quelques joueurs expérimentés, l'équipe première améliore régulièrement ses classements. Après vingt et une années de purgatoire, l'USM réussit à nouveau à faire son entrée en division III. Avec panache de surcroît. Championne de groupe, l'équipe enlève en prime le challenge décerné par le Crédit Agricole de la meilleure attaque du Bas-Rhin avec 106 buts marqués !

Un sommet provisoire

Ne voulant pas s'arrêter en si bon chemin, l'équipe manque même l'accession en division II la saison suivante en terminant à la deuxième place derrière le FC Herbsheim. La municipalité donne son feu vert pour l'édification d'un nouveau terrain. Il est inauguré en 1978. Une date fétiche puisque l'équipe accède à la division II. Cette promotion est acquise après un ultime match de barrage contre le FC Wittisheim et il faut avoir recours aux tirs au but pour désigner l'USM vainqueur.

Hélas, l'équipe ne parvient à se maintenir que durant deux saisons puis chute successivement en division III puis en division IV. Au sein du comité, l'ambiance se détériore et l'USM connaît à nouveau des hauts et des bas.

C'est le 28 juin 1981 qu'a lieu l'inauguration officielle du terrain et du club-house. Après un an en division IV, l'équipe première effectue à nouveau une très belle saison et remonte en division III à la fin de la saison 1981-1982. Sous la conduite de l'entraîneur Jean-Pierre Parmentier, l'équipe première se classe à la première place du groupe avec 37 points sans avoir connu la défaite (17 matches gagnés et 3 nuls).

Malgré quelques bonnes saisons, l'USM demeure en division III jusqu'en juin 1987 lorsqu'elle reprend un ticket (provisoire) pour la division IV. Elle remonte en division III, y reste deux saisons et retourne au purgatoire. Le 23 juin 1991, le club fête son 45e anniversaire.

• BIBLIOGRAPHIE :
– Plaquette du 45e anniversaire.

L'US Mittelbergheim II 1952-1953
Debout de gauche à droite : Henri Ledig, Pierre Michel, André Kientz, Raymond Kohler, Gustave Gaillard, Claude Gass, Charles Mortz (dirigeant).
Accroupis de gauche à droite : Roger Guntz, René Haensel, Pierre Wagner, Gilbert Wolleber, André Goepp.

L'US Mittelbergheim 1974-1975, accession en division III, challenge de la meilleure attaque bas-rhinoise
Debout de gauche à droite : Charlot Flecksteiner, Jean-Marie Sengler, Aloyse Humler, Daniel Burgard, Alfred Michel, Robert Boeckel.
Accroupis de gauche à droite : Robert Haensel, Jean-Marc Fuchs, Marc Vogeleisen, Denis Krauffel, François Zimmermann.
Manque sur la photo : Mohamed Nair.

L'US Mittelbergheim 1981-1982, remontée en division III
Debout de gauche à droite : André Wantz, Jean-Pierre Parmentier, Christian Burgard, Thierry Gilg, Christian Gilg, Michel Junger, Freddy Seltz, Richard Frantz, Robert Haensel, Albert Burgard. Accroupis de gauche à droite : Daniel Seltz, Michel Burgard, Erol Yazmis, Guy Wilhelm, Dominique Chety, Daniel Burgard.

1946
Football Club Neuhaeusel ★ 67
Neuhaeusel

Le FC Neuhaeusel en 1947
Debout de gauche à droite :
Léon Becker, Fernand Grossholtz,
Edmond Grossholtz, Bernard Eisenmann,
Justin Bollmann (capitaine).
Accroupis de gauche à droite :
André Becker, Jean-Paul Grossholtz,
Armand Becker, Paul Eisenmann,
René Grossholtz.
Assis de gauche à droite :
Roger Grossholtz, René Eisenmann.

Les présidents
Joseph Fuchs (1947-1957)
Georges Muller (1947-1957)
Louis Koch (1947-1957),
Oscar Jaeger (1965-1968)
Bernard Eisenmann
(1968-1972)
Justin Bollmann (1972-1988)
Francis Bollmann
(1988 à ce jour)

Le FC Neuhaeusel en 1953 champion division I AGR
Debout de gauche à droite :
Fernand Grossholtz (délégué),
Raymond Diebold, Eugène Gramfort,
Eugène Wolf, Antoine Schnepf,
Justin Bollmann (capitaine),
Bernard Eisenmann.
Accroupis de gauche à droite :
Alphonse Schneider, Jean-Paul Grossholtz,
Frédéric Kaetzel, Joseph Schneider,
Paul Eisenmann, Xavier Schnepf.

Des débuts laborieux

A partir de 1942, les jeunes font des démarches chez le maire Jaeger pour un terrain de sport. Sa proposition : « les Saenger - Matten » derrière le grand tilleul vers le Rhin. Les volontaires commencent à aplanir, combler les trous, pas de résultats positifs. Le terrain est trop exigu, a la forme d'un triangle. Abandon de ce projet ! Il faut retourner chez le maire qui consent à prêter deux ou trois prés (emplacement actuel) bosselés avec des pentes.

En 1946, Justin Bollmann lance l'idée de jouer un championnat de football et d'adhérer à l'AGR (Avant-Garde du Rhin). Les joueurs sont d'abord sceptiques mais l'instituteur fait les premières démarches. Fuchs, avant centre de l'équipe, assure la fonction de président, Lucien Eisenmann est le secrétaire et Justin le capitaine. Les déplacements se font à bicyclette, en camion, et vers 1947 en autocar. Les supporters ne connaissent pas tellement les règles du football et supportent bruyamment leur club, à Aschbach, Neewiller....Fin 1952-1953, le FC Neuhaeusel est champion de la division I AGR, mais la position est trop onéreuse. Refus de monter. Le club vacille. Avec le curé Oberlé, contact est pris avec le curé Kuhn d'Auenheim qui a des responsabilités à l'AGR. Pour renforcer l'équipe, et avec l'accord de l'AGR, deux joueurs d'Auenheim, Boliderner et Lienhard rejoignent le club.

Avec Antoine Schnepf comme capitaine, le club continue à jouer division I AGR jusqu'en 1954. En 1955, le comité opte pour la LAFA division IV. Vers 1958-1959, par manque de joueurs le club est mis en veilleuse et cesse son activité provisoirement. Durant cette période d'activité, Lucien Eisenmann assure la fonction de secrétaire. La présidence du club incombe Joseph Fuchs, Georges Muller et Louis Koch. La plupart des joueurs « étrangers » proviennent de Beinheim. Un des joueurs le plus fidèle est le gardien du but de Roppenheim : Frédéric Kaetzel qui vient avant le match pour tracer le terrain.

Il faut chercher quelques troncs d'arbres pour réaliser les buts. Les membres décident de se procurer des maillots bleu foncé avec un petit triangle blanc brodé « FCN ». Un seul joueur dispose d'une paire de chaussures de foot, les autres se contentent de souliers cloutés, des brodequins empruntés aux pères (aïe les ampoules). Des matches se disputent à Roeschwoog, Auenheim, Beinheim qui se soldent par des défaites cuisantes ; 9-1, 15-1, 17-1. En août 1943, le club dispose de vrais buts faits avec des poutres. De temps en temps, les résultats sont positifs comme contre Forstfeld, Leutenheim.

En 1944, tous les jeunes gens sont embrigadés dans le RAD ou le Weehrmacht. Après la fin de la guerre, les derniers jeunes gens rentrent en automne 1945. En se rendant en barque à Hugelsheim (Allemagne), les joueurs constatent que les buts du terrain de foot allemand sont pourvus de filets métalliques.

Un « commando » de jeunes se rend donc pendant la nuit à Hugelsheim. Pendant que les uns font le guet, les autres démontent les filets et les ramènent en barque à Neuhaeusel. Quelques jours plus tard les filets sont fixés aux buts du FCN.

La renaissance du FC Neuhaeusel

Par Marcel Koch

« Depuis une dizaine d'années, le club de football du village a mis la clé sous la porte. Dix ans, c'est long pour les mordus de ballon rond que nous sommes, mes copains et moi et cela devient intolérable.

Le virus du football, c'est mon oncle Justin Bollmann, ancien coéquipier d'Erny Schultz à Rountzenheim, qui nous l'a inculqué dès notre plus jeune âge. Nous disputons des matches interminables sur les prés à côté de notre village. Sur le terrain improvisé se côtoient gamins et adultes.

Aussi arrivés à l'âge où l'on rêve de changer le monde, Francis, Jean-Pierre, Jean-Marie et moi nous nous mettons en tête de faire renaître le FCN de ses cendres. Encore faut-il concrétiser le projet.

Alors nous sommes acteurs de théâtre et nous présentons quelques pièces en dialecte dans le village et les environs. Les recettes permettent d'envisager l'acquisition des premiers équipements indispensables : buts, ballons et maillots. Nous sommes

Le FC Neuhaeusel le 12 septembre 1965, 1er match et 1re victoire en championnat contre le SC Roeschwoog
Debout de gauche à droite : Jean-Jacques Bender, Clément Philipps, Francis Bollmann, Jean-Pierre Becker, Marcel Koch.
Accroupis de gauche à droite : Bernard Erhardt, Jean-Paul Gnaedig, Justin Bollmann, Gilbert Koch, Jean-Marie Schnepf, Nicolas Bollmann.
Manquent sur la photo : Jean-Claude Kauss, Etienne Weitzel.

Le FC Neuhaeusel, première montée après la renaissance en 1975
Debout de gauche à droite : Robert Bollmann, Jean-Marc Eisenmann, Arsène Altherr, Alain Vetter, Bruno Baldauf, Francis Bollmann (capitaine), Jean-Paul Grossholtz (vice-président), Jean-Claude Knoll, Justin Bollmann (président), Victor Moog, Victor Segaux (délégué), Alain Fidon, Joseph Muller, Nicolas Bollmann, Ernest Koch, Jean Leitner.

aussi bûcheron dans la forêt du Rhin car il faut une main courante autour du vieux terrain. Il faut plusieurs traversées de la Moder en barque pour ramener les piquets abattus et quelques samedis pour les planter autour du terrain.

Notre rêve prend forme, mais les jeunes ne sont plus légion dans le village. Il faut recruter quelques joueurs qu'à cela ne tienne. Jean-Marie et moi, en classe à l'Ecole Normale de Neudorf, convainquons quatre copains de venir revêtir le maillot du FCN. Ainsi, nous organisons nos premiers matches amicaux, puis notre premier tournoi. Les recettes viennent garnir la caisse et les victoires attirent les spectateurs.

Les villageois reprennent le chemin du stade avec plaisir et les plus enthousiastes sont les jeunes filles, qui bien sûr, ne restent pas indifférentes aux exploits de tous ces jeunes gars plein de santé. Finalement, la nouvelle équipe du FCN se lance dans le championnat de la LAFA lors de la saison 1965-1966. Premier match : derby contre les voisins de Roeschwoog qui attendent ces petits nouveaux de pied ferme : ils seront mangés tout crus, ces petits instits. Erreur ! Le score est sévère puisque l'adversaire encaisse un cinglant 6 à 3.

Aujourd'hui, quand je reviens dans mon village, copains et copines de l'époque ne manquent pas d'évoquer les merveilleux moments vécus ensemble. Ils avouent n'avoir jamais retrouvé l'ambiance formidable qu'ils ont connu à Neuhaeusel.

L'engouement revient aussi parmi les jeunes. Ils m'attendent le soir devant la maison. Dès mon retour, ils s'engouffrent à 5, 6 dans ma 2 CV, direction le terrain de football où les parties ne s'achèvent que faute d'éclairage. La relève est assurée pour un moment. Quant à moi, je retrouve toujours avec un immense plaisir le terrain où ensemble, avec de vrais copains, nous avons fait renaître le football. Celui où j'ai écrit mes plus beaux souvenirs footballistiques. »

En 1969 la commune décide la construction d'un abri et l'aménagement d'un nouveau terrain de football, toute la main courante est réalisée par les clubs. Cet abri, petit à petit, est agrandi et aménagé en buvette toujours par les soins de bénévoles du club. Jusqu'en 1978, le restaurant au « Cygne » chez Sälmel, tient lieu de vestiaires pour les arbitres et clubs visiteurs. Sous l'impulsion de Justin Bollmann, président et maire, la commune finance (matériaux) la construction de vestiaires et l'éclairage du terrain. Quelques bénévoles passent des centaines d'heures à ces réalisations.

Le plus grand titre de gloire se situe en 1978, l'équipe I est championne de groupe de la division III et joue les demi-finales de la coupe CMDP à Haguenau-Wissembourg après avoir éliminé les promotionnaires de l'AS Seebach. En 1990, suite à la grande tempête, le toit du club-house est arraché. Le club décide de lancer une tombola et d'envoyer un carnet à chaque club du Bas-Rhin. Nombreux sont ceux qui répondent favorablement. Deux chèques signés de Roland Weller (ex-président du Racing club de Strasbourg) parviennent au FCN, l'un au nom du Racing, l'autre au nom du club de Schiltigheim.

Aujourd'hui une bonne trentaine de licenciés défendent les couleurs du FCN et l'on peut dire que c'est un club multiculturel. En effet, y évoluent des Français, des Allemands, des Turcs, un ch'ti et des Alsaciens.

• BIBLIOGRAPHIE :
– Documents fournis par le club.
– Un grand merci à Francis Bollmann.

Le FC Neuhaeusel monte en division III et est demi-finaliste de la coupe Crédit Mutuel Haguenau-Wissembourg en 1978
Debout de gauche à droite : Jean-Luc Bauer (entraîneur), André Muller, Arsène Altherr, Alain Vetter, Jean-Jacques Kocher, Germain Bauer, Alain Fidon, Victor Moog, Justin Bollmann (président).
Accroupis de gauche à droite : Francis Bollmann (capitaine), Patrice Eisenmann, Bernard Eisenmann, Christian Segaux, Germain Knoll, Jean-Claude Knoll.

Le FC Neuhaeusel champion de groupe division IV en 1987
Debout de gauche à droite : Justin Bollmann (président), Bernard Eisenmann (capitaine), Jean-Marie Daul, Jean-Jacques Kocher, André Muller, Jean-Louis Koch, Patrice Eisenmann, Serge Della Valentina, Yolande Bauer.
Accroupis de gauche à droite : Patrice Cafiot, Jacky Koch, Patrick Becker, Jean-Luc Bauer, Thierry Koch, Yves Koch.

Le FC Neuhaeusel de l'an 2000
Debout de gauche à droite : Olivier Berthe, Francis Bollmann (président), Franck Bollmann (capitaine), Jean-François Schmitt, Frédéric Lauter, Thierry Schmalz, Christian Loullier, Philippe Martz, Patrice Eisenmann (entraîneur). Accroupis de gauche à droite : Lothar Speck, Pascal Bollmann, Mathieu Einhorn, Christophe Sorelli, Mickael Koss, Bruno Sorelli, Thierry Schnepf.

Association Sportive Neuwiller-lès-Saverne ★ 67

Neuwiller-lès-Saverne

L'AS Neuwiller-lès-Saverne 1947-1948, championne du Bas-Rhin de division IV
De gauche à droite : André Briwa, René Roos, Frédéric Ging, Charles Vetter, Charles Baumgartner, Louis Borni, Jean Ries, Fernand Euller, Etienne Ries, Fernand Stinus, René Sigrist, Robert Schauli (entraîneur).

Didier Six y a joué, si, si…

En ce 8 juin 1946, ils sont quelques-uns à participer à la naissance de l'Association Sportive Neuwiller-lès-Saverne. Le comité fondateur est composé de Charles Durschnabel, Pierre Roos, Henri Bauer, Robert Schauli, Emile Kraemer, Alfred Kron, Joseph Weitzel et Alfred Cleiss. Le premier président est Jérôme Roos. Le club est engagé en LAFA pour la saison 1946-1947 et décroche d'emblée le titre de champion de groupe de division IV (14 victoires et 2 défaites), avec un goal-average impressionnant de 91 buts marqués pour seulement 16 encaissés.

L'équipe veut monter très haut, le plus vite possible et y parvient, puisqu'à la fin de la saison 1947-1948, elle est championne de groupe avec 4 points d'avance sur Tieffenbach, puis sacrée championne du Bas-Rhin de division III et accède en division II. Le club se fait une frayeur dès la saison suivante (1948-1949), avec une 8e place, obtenue dans la douleur, devant Gundershoffen et Mommenheim. Malheureusement, au terme de la saison 1949-1950, l'AS Neuwiller termine bonne dernière de son groupe et rétrograde en division III.

Au cours des saisons suivantes, le club obtient des classements honorables (4e en 1950-1951, 7e en 1951-1952, 4e en 1952-1953, 3e en 1953-1954). Sa médiocre 9e place en 1954-1955, contraint l'équipe à rejoindre la division IV. Dès la saison suivante (1955-1956), le club a des ressources, puisqu'il termine 2e derrière Diedendorf et remonte en division III. Mais il retrouve la division IV à la fin de la saison 1956-1957.

L'équipe rate de peu la remontée en 1957-1958 et finit dernière la saison suivante… Paradoxes.

La saison 1960-1961 enfante d'un nouveau titre de champion de groupe, mais l'équipe retrouve la division IV au terme de la saison 1965-1966. Nouveau titre de champion de groupe en 1968-1969 et nouvelle descente la saison suivante. Encore un titre de champion de groupe en 1970-1971 et nouvelle plongée en 1971-1972. Nouveau titre de champion de groupe en 1972-1973 et là, subitement, on ne parle plus de descente ou de maintien mais de possible montée. D'autant que l'on inaugure à cette époque un nouveau terrain au Herrenstein et un éclairage tout neuf…

Elle survient au terme de la saison 1976-1977, quand l'équipe accroche la deuxième place et accède en division II. Elle va y rester six saisons durant, sans jamais faillir et monter d'un cran supplémentaire, au terme d'une saison 1982-1983 particulièrement réussie.

Bien que classée à la 9e place de la saison 1984-1985, l'ASN va accéder en Promotion, profitant ainsi de la

L'AS Neuwiller-lès-Saverne 1957-1958
Debout de gauche à droite : Henri Schmidenknecht, René Gross, Fernand Roos, Charles Husser, Jacques Kieffer, René Nugel, Jean-Marie Herbst, René Aron, Charles Brini, Roland Schaeffer, Adolphe Giess (président).
Accroupis de gauche à droite : Charles Bailly, Jean-Paul Schrepfer, Jean Aron, Pierre Werling, Rudolph Kummer, Roger Brandt, René Roos.

L'AS Neuwiller-lès-Saverne 1976-1977
Debout de gauche à droite : Paul Gassert (capitaine),
Denis Schweitzer, Etienne Bankhauser,
Yves Ging, Louis Hild, Guy Nicolas.
Accroupis de gauche à droite : Bruno Ging, Jean-Marc Gerold,
Jean-Claude Kennel, Charles Clauss, Roland Roos

L'AS Neuwiller-lès-Saverne 1982-1983, accession en division I
Debout de gauche à droite : Eric Gutfried (président),
Yves Ging, Denis Schweitzer, Willy Epper,
Jean-Claude Cosnuau, Patrick Koehl, Philippe Werling,
Roland Holtzmann (entraîneur), Alfred Cleiss (président d'Honneur).
Accroupis de gauche à droite : Bruno Ging,
Didier Krieger, Christophe Aron, Jacky Baltzer,
Jean-Marc Gérold, Paul Gassert (capitaine).

refonte des championnats de la LAFA.

C'est un peu le début d'une longue descente pour le club qui va retrouver la division I fin 1987-1988, la division II fin 1989-1990, puis la division III fin 1991-1992. La transition entre l'ancienne équipe a lieu à ce moment-là. En 1991-1992, l'équipe est championne de son groupe et remonte en division II. Et c'est alors qu'intervient un élément qui va remuer toute la région savernoise, et plus loin encore. En effet, Didier Six, l'international aux 52 sélections, l'un des plus grands joueurs (par le talent) que la France ait connue, signe à l'AS Neuwiller.

Une véritable bombe posée par le président Gilbert Ott à l'orée de cette saison 1992-1993! L'équipe enlève son groupe et monte en division I. Mission accomplie, d'autant que partout où se présente l'ASN, on se bouscule aux guichets et autour des terrains...

Didier Six reparti, l'équipe replonge en division II dans la foulée. Mais entreprend sa remontée dès la saison suivante, pour accéder ensuite en Promotion au terme du championnat 1998-1999, le niveau qu'occupe le club aujourd'hui.

• BIBLIOGRAPHIE :
– Documentations et photos fournies par le club.

L'AS Neuwiller-lès-Saverne 1992-1993, retour en division I, Merci Didier Six !
Debout de gauche à droite :
Gilbert Ott (président), Nicolas Meck,
Paul Vogelgesang, Serge Mercey,
Fabrice Cazemajor, Mino Capezio,
Livio Saccomanci,
Charles Voegelin (dirigeant).
Accroupis de gauche à droite :
Richard Milke, Jean-Luc Vogel,
Alain Vervaecke, Tony Pascolo,
Luis Escoriza (capitaine),
Didier Six, René Zitvogel.

Les présidents

Jérôme Roos (1946-1950)
Eugène Nugel (1950-1953)
René Gassert (1953-1954)
Pierre Troestler (1954-1956)
Adolphe Gies (1956-1958)
René Husser (1958-1961)
Alfred Cleiss (1961-1983)
Eric Gutfried (1983-1988)
Charles Voegelin (1988-1990)
Gilbert Ott (1990-1994)
Didier Quin (1994-1996)
Yves Ging (1996 à nos jours).

Le comité de l'an 2000

Yves Ging (président)
Christian Pfister (vice-président)
Jean-Luc Roos (secrétaire)
Alfred Weber (trésorier)
Thierry Brini, Etienne Christ,
Alain Fertig, Georges Bey
Richard Milke, Gérard Caspar
Yves Aron, Gilbert Klein
Emmanuel Maier, Serge Fabien
Laurette Wetzel.

L'AS Neuwiller-lès-Saverne 1995-1996, retour en division I
Debout de gauche à droite : Alfred Weber (dirigeant), Mano Moisson, Fabrice Cazemajor, Thierry Brini, Thierry Zitvogel, Nicolas Meck, Coustadéo Munoz (capitaine). Accroupis de gauche à droite : Mahir Akaya, Luis Escoreza, Raphaël Hantz, Alain Vervaecke, Yasav Gurler.

L'AS Neuwiller-lès-Saverne de l'an 2000, en Promotion
Debout de gauche à droite : Yves Ging (président),
Christian Kimmel, Hervé Roche, Raphaël Hantz, Thierry Zitvogel,
Serge Fabien, Thierry Brini, Patrick Koehl (capitaine),
Eric Lorch (sponsor), Gilbert Ott (manager).
Accroupis de gauche à droite : Eric Bollmann,
Laurent Zimmermann, Talla Ndao, Patrick Hetzel,
Denis Leininger, Cédric Harand, Daniel Claus,
Emmanuel Moisson.

1946 Association Sportive Niedernai ★ 67

Niedernai

L'AS Niedernai 1946-1947, championne de groupe de division I AGR
Debout de gauche à droite :
Laurent Rieffel, Alfred Lutz, Paul Goddel, Albert Lutz, Marcel Ehrhart.
Au 2ᵉ rang de gauche à droite :
Jean-Louis Lutz, Jean Weber, Eugène Schott.
Accroupis de gauche à droite :
Alfred Schmidt, Raymond Schenckbecher, Georges Gargowitsch.

Une enfance difficile

C'est en 1946 que naît l'Association Sportive Niedernai. Martin Sommer en est le président-fondateur. Le premier comité est composé de Martin Sommer (président), Pierre Dillinger (vice-président), André Lang (secrétaire), Marcel Ehrhart (trésorier), Alfred Lutz, Norbert Lutz, Laurent Rieffel, Jean Weber (assesseurs), Alfred Schmidt (capitaine).

Dès sa première saison, en 1946-1947, l'équipe remporte un titre de champion du groupe II de division I, en Avant-Garde du Rhin, avec comme adversaires Dangolsheim, Wolxheim, Bernardsviller, Wisches, Lutzelhouse, Ottrott, Oberhaslach, Dahlenheim et Russ. Elle récidive les deux saisons suivantes, comme en 1947-1948, face à Ottrott, Bernardsviller, Dahlenheim, Dangolsheim, Lutzelhouse, Russ et Oberhaslach.

L'AS Niedernai accède à la division d'Honneur AGR pour la saison 1949-1950, aux côtés de l'AS Hoenheim, Notre-Dame Strasbourg, Dettwiller, Saverne, La Wantzenau, SR Haguenau, Seltz, Schleithal, Lixhouse et Amanda Cronenbourg. Raymond Schenckbecher et Alfred Schmidt sont sélectionnés en équipe d'Alsace pour disputer la rencontre Alsace - UD Jeanne-la-Lorraine (le pendant de l'AGR), en Avril 1950. En 1950, le club demande son adhésion à la LAFA. Pendant la saison 1950-1951, le club joue sur les deux tableaux. En division d'Honneur AGR et en division IV LAFA, où il se classe 10ᵉ de son groupe remporté par Geispolsheim-Village devant Plobsheim, Entzheim, Mittelbergheim, Ottrott, Nordhouse, Stotzheim, Innenheim et Valff.

Deux saisons en sommeil

Lors de la saison 1953-1954, les résultats se font plus intéressants, car l'équipe pointe à la 3ᵉ place de son groupe, derrière Mittelbergheim et Ottrott. Par contre, l'exercice 1957-1958 est révélateur des difficultés à asseoir une équipe compétitive. C'est la dernière place qui est au bout. 1960-1961 et 1961-1962 sont du même tonneau puisqu'il est impossible de sortir du dernier rang. En 1961, l'ASN fête son 15ᵉ anniversaire.

Il faut se rendre à l'évidence, le départ massif de jeunes joueurs sous les drapeaux pour la guerre d'Algérie a fortement décimé les rangs. Le club est contraint de se mettre en sommeil. Il reprend vie en 1965 avec l'arrivée de 32 nouveaux membres. On reconstitue un comité dont Raymond Schenckbecher prend la présidence. Son vice-président est Paul Sins et son secrétaire Claude Ruscher, qui deviendra maire plus tard.

L'équipe première ne quitte pas une seule fois la division IV jusqu'en 1973-1974, quand 3ᵉ elle accède en division III. Mais elle ne tient que 2 saisons et retourne en division IV au terme du championnat 1975-1976. Lors de la saison 1967-1968 on crée la première équipe de jeunes, en l'occurrence les minimes placés sous la direction de Claude Ruscher. En 1971, l'AS Niedernai fête le 25ᵉ anniversaire du club.

On pense très fort à la jeunesse. Ainsi fleurissent des équipes de cadets (1971), de pupilles et poussins (1972) et de juniors (1974). Une équipe réserve a fait son apparition en 1972. De quoi fêter dignement le 30ᵉ anniversaire en 1976.

L'AS Niedernai 1952-1953
De gauche à droite : Raymond Schenckbecher, Raymond Goettelmann, Alfred Schmidt, Gérard Lutz, Paul Rieffel, Marcel Sommer, Marcel Vetter, Eugène Welschinger, Xavier Lutz, Xavier Adam, Charles Welschinger.

L'AS Niedernai 1959-1960
Debout de gauche à droite : Xavier Lutz, Roland Muller, Paul Sommer, Gilbert Lutz, Laurent Sins, Gérard Lutz, Xavier Adam, Xavier Rieffel, Jean-Paul Egert, Gérard Muller.
Accroupi : Marcel Sommer.

L'AS Niedernai 1966-1967, à Boersch
Debout de gauche à droite : Jean-Paul Egert (dirigeant), Jean-Claude Schmidt, Pierre Rieffel, Etienne Schwaab, Jean-Pierre Schmidt (capitaine), Bernard Wantz, Albert Rieffel, Raymond Schenckbecher (président).
Accroupis de gauche à droite : André Sommer, André Lutz, Gérard Muller, Roland Muller, Martin Adam.

L'AS Niedernai 1977-1978
Debout de gauche à droite : Raymond Schenckbecher (président), Pierre Riegler, Michel Otto, Jean-Luc Schenckbecher, Jean-Paul Lutz, Gilbert Riegler, Michel Schwartz, Marc Dreyer, Alfred Mattern (entraîneur).
Accroupis de gauche à droite : Marc Rieffel, Bernard Riegler, Jack Schweitzer, Jean-Martin Schwaab, Martin Schott, Dominique Lutz.

33 ans avant de monter

Et puis, en 1977, c'est l'éclosion. Il faut dire que l'arrivée, dès 1975, d'Alfred Mattern à la tête de l'équipe première, y est pour beaucoup. L'AS Niedernai remporte la 1re finale du challenge du SIVOM à Innenheim. En 1977-1978, on lance une deuxième équipe réserve tandis que l'on procède à l'éclairage partiel du terrain d'entraînement. L'ASN enlève ensuite son premier titre de champion de groupe de la division III en 1978-1979, devant Epfig, et monte en division II. En coupe d'Alsace, l'ASN rencontre deux ténors de la division d'Honneur, Kogenheim en 1978-1979, au stade des 16e de finale (2-3), puis l'AS Strasbourg au 5e tour le 8 mars 1981, devant 500 spectateurs et les caméras de FR3 avec Eric Sold (1-4). On construit des vestiaires-douches à l'ancien terrain, en 1979-1980 pour les joueurs et en 1981-1982 pour les arbitres.

La 3e place de la saison suivante la fait monter en division I. Il s'en suit un nouvel exploit, sanctionné par un titre de champion de groupe de division II 1980-1981, devant Entzheim. Et la fête continue en 1981-1982, quand l'équipe fanion enlève une nouvelle fois le titre de son groupe en devançant Herbsheim au goal-average particulier et accède en Promotion d'Honneur.

En coupe du Crédit Mutuel, l'AS Niedernai remporte la finale de secteur contre Molsheim le 23 mai 1983 à Obernai (2-0). Elle reste à ce niveau de 1982 à 1985, soit trois saisons durant. Le 12 août 1984, on procède à l'inauguration du terrain d'honneur. 1985 marque la prise de fonctions du nouveau président, Maurice Fritz, qui succède à Raymond Schenckbecher qui est resté durant 20 ans à la tête du club. Avec lui on procède à un sérieux rajeunissement des membres du comité au sein duquel l'on salue l'arrivée de deux femmes, Yvonne Lotz et Marie-Anne Martin.

La saison 1984-1985, qui s'achève avec une dernière place, est fatale. Ou plutôt, aurait pu l'être car la refonte des championnats qui supprime la division IV et ajoute une Promotion d'Excellence permet à l'ASN de rester en Promotion. Mais décidément, la descente est écrite car la saison 1987-1988 est manquée. Dernière, l'équipe fanion retourne en division I. Le terrain d'entraînement est entièrement éclairé et le travail est plus aisé. C'est peut-être l'une des raisons pour lesquelles l'équipe réserve devient championne de groupe et dispute la demi-finale des poules de classement du Bas-Rhin 1989-1990 et la demi-

L'AS Niedernai 1981-1982, accession en Promotion d'Honneur
Debout de gauche à droite : Raymond Schenckbecher (président), Marc Dreyer, Claude Chalencon, Jean-Paul Lutz, Eugène Knez, Jean-Marie Sommer, Dominique Munchenbach, Marc Rieffel (capitaine), Alfred Mattern (entraîneur).
Accroupis de gauche à droite : Yves Hamm, Alain Hamm, Bernard Riegler, Pascal Welschinger, Patrick Malaisé, Thierry Malaisé.

Les présidents

Martin Sommer (1946-1965)
Raymond Schenckbecher (1965-1985)
Maurice Fritz (1985-2001)
Jean-Paul Lutz (2001 à nos jours)

Les entraîneurs

Alfred Mattern (1975-1983)
André Burkhard (1983-1985)
Bertrand Dutt (1985-1986)
Roland Ruffin (1986-1987)
Daniel Juan (1987-1988)
Kédira Taieb (1988-1991)
Philippe Stephan (1991-2000)
Roland Ruffin (2000 à nos jours)

L'AS Niedernai 1983-1984
3e rang de gauche à droite :
Jean-Marie Sommer,
André Burkhard (entraîneur),
Patrick Malaisé, Yves Hamm.
2e rang de gauche à droite :
Claude Chalencon, Florent Bechtold,
Jean-Pierre Caspar,
Marc Rieffel (capitaine).
1er rang de gauche à droite :
Raymond Schenckbecher (président),
Jean-Martin Schwaab, Alain Hamm,
Eric Hoffbeck, Pascal Welschinger,
Dominique Munchenbach,
Jean-Paul Lutz, Claude Lutz (délégué),
Arthur Ehrhart (donateur).

L'AS Niedernai le 31 mai 1993, en demi-finale de la coupe d'Alsace
Debout de gauche à droite : Philippe Stephan (joueur-entraîneur), Jean-Marc Wagner, Jean-Noël Laville, Francis Sommer, Vincent Sommer, Serge Kaufmann (capitaine).
Accroupis de gauche à droite : Eric Gargowitsch, Fabrice Klein, Olivier Rieffel, Frédéric Martin, Yves Griesser.

L'AS Niedernai le 25 juin 1995, accession en Promotion d'Excellence, lors de la réception à la mairie
Debout de gauche à droite : Maurice Fritz (président), Claude Lutz (délégué), Olivier Rieffel, Raphaël Lerch, Hassan Haddar, Dominique Walter, Jean-Noël Laville, Yves Griesser, Francis Sommer, Vincent Sommer.
Accroupis de gauche à droite : Philippe Stephan (joueur-entraîneur), Olivier Kuntz, Vincent Schaffner, Pascal Welschinger, Pascal Wolckensinger, Fabrice Klein, Eric Gargowitsch.

Le comité de l'an 2000
Debout de gauche à droite en haut : Daniel Schaefer, Bernard Riegler, Patrick Rieffel (trésorier), Albert Rieffel, Roland Heywang (secrétaire), Yannick Wenner, Hervé Fritz, Olivier Rieffel, Marcel Rieffel, Bernard Moser.
Debout de gauche à droite en bas : Carine Martin, Claude Lutz (1er vice-président), Maurice Fritz (président), Jean-Paul Lutz (3e vice-président et secrétaire-adjoint), Germain Lutz (2e vice-président et trésorier-adjoint), Cédric Foesser, Christian Deluntsch, Emmanuel Humann, Didier Sins, Marie-Anne Martin.

L'AS Niedernai le 26 novembre 2000, lors du 7e tour de coupe de France
Debout de gauche à droite : Olivier Rieffel, Hervé Rieffel, Dominique Walter, Franck Buch, Yannick Rieffel, Olivier Mougin, Sébastien Hoffbeck, Jean Kleis, Alim Goktas, Olivier Kuntz, Emmanuel Humann.
Accroupis de gauche à droite : Équipe du Jura Sud.

finale du challenge Aimé Gissy la saison suivante. En 1991, on assiste au retour de Philippe Stephan en qualité de joueur-entraîneur. Dans le même temps, les pupilles à 7 remportent le titre de champion d'Alsace, l'année même du 45e anniversaire.

Premier du groupe en 1992-1993, Niedernai s'offre une remontée à suspense, dans la mesure où c'est, une fois de plus au goal-average particulier, qu'elle s'impose devant l'ASN Dieffenbach. Mais le grand fait d'armes du club demeure la participation de l'équipe première aux demi-finales de la coupe d'Alsace, alors qu'elle évolue en division I. L'équipe s'incline, certes, mais contre le FCSK 06 (0-7) à Obernai, le lundi de Pentecôte, 31 mai 1993, devant 1 015 spectateurs payants.

C'est l'embellie. Niedernai devient le seul village de moins de 1 000 habitants du Bas-Rhin à posséder, à lui seul, quatre équipes seniors. Et cette fois, le club a pris de l'envergure et de l'expérience. Une splendide saison 1994-1995 s'achève sur un nouveau sacre (devant Sermersheim). Pour la première fois, le club va jouer en Promotion d'Excellence, l'antichambre de la division d'Honneur. En 1995, est créé un comité des Jeunes de 8 membres, à ne pas confondre avec la commission des jeunes. C'est aussi l'année des exploits sportifs. L'équipe première accède en Promotion d'Excellence, l'équipe II en division II et l'équipe III réserves remporte le challenge Aimé Gissy. Un an avant le 50e anniversaire, un bien joli cadeau !

Un rang que le club ne va pas quitter jusqu'en l'an 2000. En 1997, l'équipe « une » élimine les stagiaires du Racing Club de Strasbourg en 8e de finale de la coupe d'Alsace (1-0). Le club édite un journal des jeunes. Le comité des Jeunes remporte le 1er prix du concours de la LAFA, intitulé « une idée, un projet ». Le thème choisi « Donnez un nom à votre stade » lui permet de baptiser son terrain « Stade du Piémont ». Le 26 novembre 2000, l'équipe I réalise un véritable exploit en coupe de France. Petit poucet alsacien de l'épreuve, l'ASN dispute le 7e tour de la coupe de France contre Jura Sud (0-1). Si les débuts ont été difficiles, on peut dire que l'adage patience et longtemps de temps… a pris là toute sa valeur.

• **BIBLIOGRAPHIE :**
– Plaquette 50e anniversaire le 6 et 7 juillet 1996.
– Plaquette 55e anniversaire le 11 et 12 août 2001.
– Grand merci à Maurice Fritz.
– Photos de Raymond Schenckbecher, Gérard Lutz, Albert Rieffel et Maurice Fritz.

1946 Obermorschwiller

Football Club Obermorschwiller ★ 68

En 1973, on enlève le Haut

A Morschwiller-le-Haut (c'est l'ancien nom du village), le football est créé au lendemain de la guerre, en 1946, par quelques mordus, dont certains jouent auparavant à Luemschwiller. Le comité fondateur se compose de Eugène Leiber (président), Oscar North (vice-président), Georges Bulach (secrétaire), Henri Harnist (trésorier), Albert Bihr, Aloïs North, Arthur Ochsenbein, Emile North (assesseurs).

Entendons-nous bien. Si aujourd'hui nous connaissons le club d'Obermorschwiller, il faut savoir qu'avant et immédiatement après la guerre, il y avait Morschwiller-le-Haut et Morschwiller-le-Bas. Ce dernier, situé près de Mulhouse, existe toujours. Mais Morschwiller-le-Haut, près d'Altkirch, est bien né en 1946. Tous les deux ont, à cette époque, leur club de football. Nous n'avons pas trouvé, par contre, quel est celui des deux qui évoluait en Avant-Garde du Rhin de 1927 à 1929. Le mystère demeure. Mais revenons à Morschwiller-le-Haut, qui nous intéresse présentement. Dès la première saison d'activité en 1946-1947, le FCM est champion de groupe en division IV, devant Steinbrunn, avec 11 victoires et une défaite, ce qui lui permet d'accéder en division III. Deuxième derrière Blotzheim en 1948-1949, il finit à la troisième place de son groupe en 1949-1950. A l'issue de la saison 1950-1951, il décroche un nouveau titre de champion de groupe et accède en division II.

La saison 1954-1955 est ponctuée par un nouveau titre, avec cette fois l'accession en division I, après une farouche lutte contre Montreux-Sports. Une dernière victoire par (3-2), acquise contre Ballersdorf, est en effet synonyme de montée. Dans les rangs du FCM, c'est l'euphorie! Le club évolue dès lors pendant 3 ans en division I, sous la présidence de Charles Bihr. Les adversaires de l'époque ont pour noms: FC Etoile, Kingersheim, Masevaux, Hirtzbach, Dornach, Red-Star Mulhouse, Retzwiller, Richwiller ou Habsheim. La saison 1957-1958 voit cependant le FCM, dernier, descendre en division II où les « jaunes » jouent jusqu'en 1963. Rétrogradés, ils déclarent un forfait général par manque d'effectifs, qui va durer trois ans. 1967-1968 marque un nouveau départ en division IV, puis le club est déclassé lors de la saison 1968-1969. En 1973-1974, il change de nom et devient définitivement le FC Obermorschwiller. Sans pour autant changer de niveau avant la saison 1975-1976 qui le voit accéder à la division III pour redescendre aussitôt. Deuxième en 1981-1982, le club est champion de groupe 1982-1983, en devançant largement Uffheim et monte en division II. Entre-temps, signalons quelques exploits ponctuels en coupe d'Alsace, ou la participation à une demi-finale de coupe du Crédit Mutuel en 1978-1979.

Bonhomme de chemin

Le FCO poursuit actuellement son petit bonhomme de chemin en division II où il se comporte fort honorablement. En effet, les « jaunes et noirs » du président Didier Kohler ont souvent été en course pour l'accession en division I, mais la dernière ligne droite est toujours fatale. Ainsi, lors de la saison 1989-1990, le FCO est longtemps au coude à coude avec l'AS Durmenach du sympathique Jacques Haas. Le match décisif, disputé à Obermorschwiller, devant plus de 250 spectateurs, tourne en faveur des visiteurs par (1-3). Lors de la saison 1990-1991, le FCO termine à la 3e place à un petit point du 2e Zillisheim. Lors de la saison 1993-1994, le FCO est en tête jusqu'à trois journées de la fin du championnat. Le match décisif contre Walheim tourne, une nouvelle fois, en la défaveur du FCO. Lors de la saison 1996-1997, le FCO est leader lors des deux-tiers du championnat, mais perd tout le bénéfice de ses efforts en fin de parcours finissant 3e.

Une centaine de licenciés

Actuellement, le FCO compte une centaine de licenciés 3 équipes de seniors et des équipes de jeunes dans toutes les catégories, en entente avec les clubs voisins. Le FCO dispose également de superbes et fonctionnelles installations. Au terrain aménagé par la commune en 1983 et au club-house construit par les membres, s'est ajoutée une superbe salle communale, financée par la commune et achevée en 1995. Mais le FCO ne s'endort pas sur ses lauriers. L'installation de l'éclairage, entièrement financée par le club a été effectuée. D'autre part, la commune réalise un terrain d'entraînement et aménage un grand parking. Le FCO peut envisager l'avenir avec sérénité.

Durant la saison 1999-2000, le FC Obermorschwiller monte en division I, dès le 19 avril 2000, soit 4 journées avant la fin du championnat. Au cours de la même saison les 17 ans montent en Promotion.

• BIBLIOGRAPHIE :
— DNA du 21 juin 1997.
— Quelques documents fournis par le club.

Le FC Morschwiller-le-Haut en 1948
Debout de gauche à droite :
Eugène Kleiber (président), Louis Bihr,
Lucien Kohler, Auguste Droesch,
Emile Ligibel, Henri Harnist,
Joseph Junker, Lucien Bihr.
Accroupis de gauche à droite :
Jean-Pierre Bubendorff,
André Ligibel, Charles Bihr,
Jean Scherbenleib, Joseph Bihr.

Le FC Obermorschwiller 1985-1986
Debout de gauche à droite : José Dirrig,
Daniel Muller, Marco Ghezzi,
Maurice Hug, Camille Jacob,
Hubert Harnist, Bernard Junker,
Didier Kohler, Joseph Schmitt (dirigeant).
Accroupis de gauche à droite :
Pascal Schmitt, Gérard Harnist,
Claude Enderlinn, Benoît Enderlin (gardien),
Julien Bubendorff, André Meyer.

1946
Football Club Oltingue ★ 68

Oltingue

Le douanier avait tout vu

Déjà à partir de 1942, une vingtaine de jeunes gens disputent régulièrement des rencontres amicales, contre des équipes des villages voisins. On joue à l'époque sur un terrain (Ottié) à l'intersection de la route de Raedersdorf et de la rue Saint-Martin. Le Football Club Oltingue est officiellement créé au lendemain de la guerre, le 23 février 1946. Son premier président est Georges Verdy, un employé des douanes qui en a vu d'autres et que la direction d'un club de football n'effraie pas plus que ça.

Le FC Oltingue à ses débuts en 1946
Debout de gauche à droite : Joseph Stehlin, Jean Wolf, Alfred Stehlin, Joseph Blind, Ali Rodriguez, Marcel Wacker.
Accroupis de gauche à droite : Joseph Stehlin, Justin Weigel, Marcel Doebelin, Alfred Herzog, Antoine Stehlin.

Le bonjour d'Alfred
Quand le club renaît en 1965, spontanément, les anciens de 1946-1954 accourent, Alfred Stehlin d'abord et sa femme Yvonne, de même qu'Antoine Roth, Joseph Blind, Lucien Linder, Joseph Stehlin, François Wittig, Claude Fritschy et bien d'autres.
Pendant 25 ans Alfred Stehlin est dirigeant, joueur et homme à tout faire (entretien du terrain, mise à disposition des vestiaires, de la salle de réunions...). Il est difficile d'imaginer plus grande responsabilité. Le restaurant « Chez Nesti », son restaurant, devient le siège de la grande famille du football. On y refait le match en d'interminables discutions et parties de cartes, on s'y attarde après les entraînements, les réunions. Vous avez le bonjour d'Alfred !
Autre personnage marquant de l'épopée du FCO : Charles Groll toujours très proche des joueurs, cheville ouvrière du club pendant 20 ans. En trente ans également, plusieurs entraîneurs se sont succédé : Bernard Doebelin, Peter Steiger, Dalamona, Jean-Claude Tschan, Henri Turconi, Alain Gharsalli (1977-1982), René Linder (1990-1993), Jean-Paul Stehlin (1993-1994) et enfin Eric Ludwig.

Le club participe au championnat dès la saison 1946-1947. Pour sa première saison officielle, le nouveau FCO évolue sur un pré, situé au lieu-dit « Strueth » (emplacement Diamétal) vers Wolschwiller, puis en 1947 sur le terrain actuel, route de Fislis.

Pendant quelques années, une équipe première est engagée dans le championnat de division IV, ne s'y débrouille pas mal du tout, tandis qu'une équipe réserve joue, de temps en temps, quelques rencontres non officielles, contre d'autres réserves. Mais l'effectif s'amenuisant (départs sous les drapeaux, apprentissages) on revient à une seule formation.

Ah, le tracteur de Marcel Stehlin !

Les déplacements les plus proches se font à bicyclette, ce qui est une manière sûre de se mettre en condition, les plus longs s'effectuent avec le petit bus de Jules Brugger (Ligsdorf). Autre moyen de locomotion, la voiture à plateau, tirée par le tout nouveau tracteur de Marcel Stehlin. On n'oublie pas l'accordéon et les flonflons, et, en route pour l'aventure ! Il faut dire que les rivalités entre villages donnent souvent lieu à des rencontres acharnées, qui se terminent parfois par des coups.

De 1946 à 1953, les résultats sportifs sont dans l'ensemble moyens, à l'exception de la saison 1949-1950 quand, avec le renfort des douaniers Kibler et Miesch, le FCO caracole longtemps aux avant-postes du groupe, avant d'être battu de peu au retour, après la blessure au genou (ménisque) de Kibler.

A cette époque, le football ne fait pas recette dans les campagnes. Un match peut attirer 10, au mieux 20 supporters locaux. On signale pourtant des affluences « record », notamment lors du premier tournoi organisé le 21 août 1949. Pour payer les licences, l'équipement et les déplacements, la société organise régulièrement des concours de quilles, des bals, la kilbe lorsque c'est son tour, et des pièces de théâtre en hiver. L'athlétisme compte quelques adeptes au sein de la société. En 1949 on organise la « Première Foulée de Cross » à Oltingue, et des rencontres athlétiques (Illfurth, Ruelisheim, 1950).

Les anciens se plaisent à souligner l'excellente camaraderie qui règne sur et en dehors du terrain, mais en 8 ans d'existence, le club connaît pas moins de 7 présidents différents. Dès la saison 1950-1951, le club est forfait général. Il repart pour deux saisons, mais le 25 novembre 1952 le comité de gestion est démissionnaire. L'équipe est forfait pour la saison 1953-1954, c'est la première alerte. Le 25 février 1954, lors de l'assemblée générale extraordinaire, la société est dissoute et un comité de partage élu.

1965 : Le FCO renaît

En renaissant en 1965, après une période d'inactivité de 11 ans, le FCO relance le football dans le Haut-Sundgau, qui reste un peu déshérité sur ce plan. Pris en main par une solide équipe dirigeante, les anciens de 1946, présidés par Roger Rémond et avec une équipe composée de quelque 22 membres, mettent les bouchées doubles. Ils acquièrent d'entrée une certaine notoriété dans la région, grâce à un jeu d'excellente facture. Au lendemain de sa constitution, le club gravit, pour sa première compétition, les marches de la division IV (3e de son groupe) pour grimper au niveau supérieur.

Ensuite c'est la belle aventure pour l'équipe « tout de blanc vêtue », celle de la bande à Bernard (lisez Doebelin), celle aussi des supporters. Quand on songe qu'a l'époque, l'équipe se déplace soutenue par une cohorte bruyante de 150 à 200 supporters... on reste rêveur devant un tel succès populaire !

Le FCO, c'est aussi un style de jeu, l'empreinte technique de « Benni » Doebelin, ex-sociétaire d'Hégenheim (CFA). Pendant plusieurs saisons, l'équipe joue les premiers rôles dans le championnat de division III, échouant à chaque fois sur le fil, contre des formations comme Blotzheim (800 spectateurs payants, un record pour un match d'une intensité dramatique), Folgensbourg et Muespach. Dans le football sundgauvien, le FCO est un cas et l'est encore aujourd'hui. Des 12 joueurs de l'équipe fanion, 3 ou 4, plus rarement 5, sont originaires d'Otlingue, les autres venant des villages voisins. Cet amalgame donne d'excellents résultats. Avec l'afflux des sociétaires, on crée une équipe réserve dès 1966.

En 1968, une formation de cadets est engagée dans le championnat (15 licenciés). Avec une vingtaine de dirigeants, une quarantaine de joueurs et quelque 110 membres honoraires, le FCO remplit assurément bien son rôle, en baignant dans l'euphorie. D'autant plus que l'équipe cadets termine première de son groupe, avant de se qualifier brillamment pour les demi-finales du championnat du Haut-Rhin et d'être écartée de la finale pour un tout petit but.

Nouvelles installations

Le 25 août 1968, le FCO inaugure aussi ses nouvelles installations (éclairage, main-courante, grille de protection) mises en place à l'intersaison. D'un coup, l'entraîneur Doebelin est curieusement mit à l'écart, malgré des résultats somme toute flatteurs. L'arrivée de deux joueurs suisses n'apporte rien de plus. L'effectif s'est sensiblement effrité et même l'équipe dirigeante a perdu quelques membres.

Dès lors, le club plafonne en division III, connaissant même les affres de la relégation en 1977. Mais il remonte l'année d'après, sous la houlette du joueur-entraîneur tunisien, Alain Gharsalli. L'équipe est a deux doigts de la montée en 1979, 1980 et 1981 et arrive à ses fins à l'issue de la saison 1981-1982. Le FCO accède pour la première fois de son histoire en division II. Il se maintient jusqu'en 1986, échouant sur le fil en 1984 pour la montée en division I.

Durant une saison (1986-1987), il n'y a plus d'équipe première engagée en championnat. Pour la saison 1987-1988, Martin Dirrig et Adrien Stehlin s'efforcent de remettre sur pied une équipe, qui redémarre le championnat en division III. Parallèlement, les responsables du FCO pratiquent très tôt une politique de jeunes. En 1979, on met sur pied une équipe juniors, puis en 1983 des minimes. L'année d'après, la nouvelle équipe de pupilles décroche le titre de champion du Haut-Rhin. Ainsi successivement et au fur et à mesure des possibilités, des équipes de poussins, pupilles, minimes, cadets et juniors défendent les couleurs du club.

A partir de 1987, on recherche des ententes avec Raedersdorf. Plus récemment en 1993-1994, l'entente Haut-Sundgau voit le jour avec Waldighoffen, Roppentzwiller, Raedersdorf, puis en 1994-1995, s'ajoutent Durmenach et Riespach.

La saison 1994-1995 est un grand cru. Grâce à sa troisième place, le FCO, entraîné par Eric Ludwig, accède pour la 2e fois de son histoire en division II. Les 24 et 25 juin 1995, le club fête, avec un certain éclat, ses trente ans d'existence, en présence de nombreux «anciens».

Le poids de la jeunesse

Le FCO réussit une saison 1995-1996 satisfaisante (4e sur 11), sous la houlette d'un joueur-entraîneur suisse, Jürg Jordi (ex-pensionnaire de 2e Ligue nationale). La saison suivante est plus difficile (avant-dernier) et en 1997-1998, le FCO, équipe «première» la moins bien classée, est rétrogradée en division III, en vertu d'une décision prise sur tapis vert! Durant les 2 dernières saisons, l'équipe fanion, dirigée d'abord par Guy Metz, puis Jean-Yves Wilhelm, ne fait pas d'étincelles en division III. Dans le même temps l'équipe II, constituée de quelques anciens joueurs et de jeunes qui frappent à la porte de l'équipe I, obtient des résultats tout à fait honorables.

Durant la saison 1990-2000, une équipe de poussins et deux formations de benjamins, à ossature locale, sont engagées. La première des benjamins, qui regroupe les meilleurs éléments de l'entente Haut-Sundgau, évolue en Promotion, c'est-à-dire au plus haut niveau départemental.

De l'avis de l'équipe dirigeante et de son président, les structures actuelles sont dépassées. La construction du club-house, inauguré en novembre 1996, permet de faire face à des besoins élémentaires, notamment pour le stockage d'une partie du matériel. Mais avec la multiplication des équipes, des matches et des entraînements, un seul terrain ne suffit plus. Idem pour les vestiaires. Pour terminer cette rétrospective, signalons la présence au club, depuis 30 ans, en tant que joueur, entraîneur ou dirigeant, du président Adrien Stehlin.

• **BIBLIOGRAPHIE:**
– Textes, documentations et photos fournis par Gérard Munsch.

Le FC Oltingue 1974-1975
Debout de gauche à droite: Alfred Stehlin, Charles Groell, André Martin, Jean Hengy, Benoît Diring, Christian Schweizer, Adrien Spahr, Gérard Stehlin, Pierre Springinsfeld, Robert Ottié, René Wahl. Accroupis de gauche à droite: Alain Bringia, Jean Rentz, Roger Rueher, Marc Stehlin, André Probst, Adrien Stehlin.

Le FC Oltingue 1979-1980
Debout de gauche à droite: André Fellmann, André Mockly, Adrien Stehlin, Maurice Doebelin, Jean-Paul Stehlin, René Linder, Prosper Ruetsch.
Accroupis de gauche à droite: André Martin, Gilbert Ruetsch, Alain Gharsalli (entraîneur), Jean Hengy, Jules Schneider.

Les présidents

Georges Verdy (1946, fondateur)
Roger Rémond (1965-1973)
René Wahl (1973-1975)
Joseph Stehlin (1975-1984)
Benoît Diring (1984-1986)
Martin Dirring (1986-1989)
Adrien Stehlin (1989 à nos jours)

Le comité de l'an 2000

Adrien Stehlin (président)
Jean-Paul Stehlin (vice-président)
Nadège Berger (secrétaire)
Philippe Wahl (trésorier)
Dominique Doebelin, Olivier Litschig
Christophe Hemmerlin, Patrick Stehlin
Francis Hoenner, Daniel Wittig
René Linder (arbitre)
Jean-Yves Wilhelm (entraîneur)

Le FC Oltingue de l'an 2000
Debout de gauche à droite: Adrien Stehlin (président), Jean-Yves Wilhelm (entraîneur), Stéphane Surgand, Olivier Litschig, Marc Morel, Nicolas Holler, Lionel Schmitt, Fabrice Rentz, Ludovic Rietzler, Adrien Rietzler. Accroupis de gauche à droite: Francis Hoenner (dirigeant), Stéphane Brugger, Régis Holler, Stéphane Ueberschlag, Dominique Doebelin, Didier Stehlé, Armando Dominguez, Michel Schweizer (capitaine).

1946 Osenbach

Football Club Osenbach ★ 68

Les pionniers du FC Osenbach

Le FC Osenbach en 1958

Le témoignage

C'est au tout début de 1946 qu'une poignée de fervents du ballon rond décide de se lancer dans l'aventure de la création d'un club de football, suivant en cela les traces de leurs aînés et les tentatives que ceux-ci ont faites au courant des années 1930.

On défriche

Une aventure, c'en est bien une, pour les Xavier Krach (président), Prosper Hiniger (vice-président), Alphonse Kaiser (secrétaire), Lucien Neunlist (trésorier), Henri Flesch, Armand Kiefer et Albert Lamey (assesseurs), qui forment le premier comité inscrit à «l'Officiel» le 20 janvier 1946, car ils n'ont pas ou peu de moyens sinon leur courage et leur foi immenses. Il faut, pour commencer, trouver un emplacement et construire un terrain de jeu : il est défriché à la main et avec l'aide d'un attelage à bœufs dans une clairière de Heidenberg. Plusieurs prisonniers de guerre prêtent leur concours aux bénévoles pour dégager ce premier terrain de 70 x 30 mètres.

Mais il faut également un habillement adéquat : une demande de «bons d'achats» d'équipements est adressée à la Ligue le 30 mai 1946 avec l'appui du maire. C'est ainsi qu'une équipe est formée, mais des difficultés de toutes sortes ne lui permettent pas de figurer aux palmarès de ses quatre années d'existence.

A la date d'inscription à «l'Officiel» le 23 janvier 1946, Gérard a tout juste 10 ans. Il se retrouve dès lors dans une ambiance de pionniers, rejoint le club naissant et ne le quitte plus jusqu'à nos jours. Il est donc le mieux placé pour nous raconter la suite.

« Nous sommes plusieurs, dès notre plus jeune âge, à aimer le football au plus haut niveau. Chaque fois que nous avons quelques instants de libre (il y a bien sûr l'école mais il faut également donner de sérieux coups de mains à la maison....), nous jouons soit sur la place Saint-Etienne, soit dans les prés ou dans la cour de l'école.

Plus tard pour assouvir notre passion et avoir le droit de jouer, comme cadet, en équipe senior avec nos aînés, nous sommes passés par les démarches du "double surclassement" qui, entre autres, nécessitent un voyage à Mulhouse pour une visite médicale auprès d'un médecin fédéral, ce qui en soit est déjà une véritable expédition.

La fin des années 1950 sont plus difficiles car beaucoup de nos copains sont appelés en Algérie et faute de joueurs le club est mis en inactivité. Cela ne nous décourage pas, les rues du village n'en résonnent pas moins du bruit du ballon. Les voisins s'en souviennent encore aujourd'hui.

Nos dirigeants, Joseph Hurth (président), Prosper Hiniger (vice-président), Joseph Wagner (secrétaire), Henri Frick (trésorier), Henri Flesch, Xavier Karch et Marcel Klee (assesseurs) subviennent aux besoins du club en organisant des bals de carnaval et la kilbe à tour de rôle avec les autres sociétés du village.

L'unique équipe est engagée en championnat d'Alsace de division IV. Les déplacements sont relativement lointains pour l'époque et comme nous n'avons ni moyens propres de locomotion ni une caisse suffisamment garnie, nous nous déplaçons en autocar payé par les participants au voyage. C'est ainsi que, peu à peu au fil des années, le FCO devient une deuxième famille ».

Une crise de croissance

Les années 1960 sont celles de changements en profondeur. En 1963 tout d'abord où des idées nouvelles dans la façon d'organiser et de conduire le club déclenchent une crise profonde, font vaciller toutes les structures et conduisent au renouvellement complet du comité. La nouvelle équipe est formée par Léon Maurice (président), Lucien Lamey (vice-président), Rémy Gwinner (secrétaire), André Lamey (trésorier), Roger Klee, Gérard Schaffhauser, Jean Klee et Ernest Lamey (assesseurs), Jean Nommay est le premier entraîneur.

La période cruciale étant dépassée, le comité s'attache alors à moderniser les installations de jeu. En 1969 le terrain de Heidenberg est agrandi à 100 x 54 mètres, doté d'un drainage et d'une main courante. Pour atténuer la lourde charge financière que cela implique, le FCO accepte l'idée du maire Antoine Hurth de lancer la première «fête de l'escargot». L'équipe seniors quant à elle,

Le FC Osenbach en 1968

Le FC Osenbachen 1978

toujours seule engagée, se maintient durant toute la décennie globalement au milieu du tableau. Le temps de remettre à flot les finances du club et déjà les années 1970 voient fleurir de nouveaux projets : c'est en 1975 qu'est mis en chantier la construction du club-house. Henri Baumann est alors président, il succède à Léon Maurice.

Sur le plan sportif également les choses évoluent. La saison 1970-1971 voit pour la première fois le FCO s'engager en championnat avec une deuxième équipe et, qui plus est, la future relève pointe le bout de ses oreilles sous la forme d'une équipe de football à 7. Sentant la « pression » des jeunes, les anciens, pour ne pas décrocher, s'engagent, également pour la première fois, en championnat réserves 7 lors de la saison 1973-1974.

C'est également à cette époque en 1972-1973, que le club adopte ses couleurs « vert à parement blanc » toujours arborées aujourd'hui. Cinq équipes s'engagent en championnat en 1977-1978 (équipe I, réserves, minimes, 2 équipes de pupilles à 7) et les résultats suivent les efforts consentis : l'équipe fanion, sous la houlette de son entraîneur André Wagner, termine première du groupe 3 de la division IV. Ce tout premier titre de son histoire lui ouvre les portes de la division III.

Les heures glorieuses

Nous voilà au début de ceux d'aucuns appellent « la glorieuse décennie ». Cela commence en 1980 par l'inauguration du club-house, qui après plusieurs années de labeur, offre enfin aux joueurs et leurs supporters confort et convivialité.

C'est cependant sur l'objet même d'un club de football, sur le plan sportif, que ces années 1980 sont superbes. Il suffit simplement de suivre l'énumération des succès remportés par les différentes équipes pour s'en rendre compte. En 1982-1983, 1er place en championnat pour l'équipe cadets. En 1983-1984, ce sont les pupilles à 7 qui s'octroient la 1er place en championnat. 1985-1986 c'est la saison de l'équipe réserves qui remporte la palme et qui récidive en 1988-1989.

Les minimes en entente avec Soultzmatt se mettent au diapason en terminant premiers en 1987-1988.

Pour la fine bouche les résultats des pupilles à 7 en 1985-1986 : champions d'automne - qualifiés pour le tournoi de Mulhouse - champions de printemps - champions du Haut-Rhin - vainqueurs de la coupe d'encouragement - finalistes de la coupe d'Alsace. Pour l'équipe I, en 1986-1987 c'est l'apothéose avec une première place en championnat et l'accès en division II. Chose plus rare, le FCO compte dans ses rangs, plusieurs années des suites, jusqu'à six arbitres de jeunes.

Sans conteste, la plupart de ces succès sont dûs à Christian Benoit, entraîneur éclairé sachant galvaniser ses troupes dans toutes les circonstances. En dehors du terrain, sur le plan administratif du club, sa dynamique est efficacement complétée par l'action constante et compétente de Jean Nommay le secrétaire et André Lamey le trésorier trop tôt disparu depuis. Mais la vie ne s'arrête pas sur un succès, c'est trop facile, et déjà se font jour de nouveaux besoins et de nouveaux défis : beaucoup d'équipes, beaucoup de matches sont une contrainte énorme pour une seule et unique surface de jeu…il faut songer au futur…

Un vrai stade

Un deuxième terrain de football, un « vrai » stade, le mot est lancé. En réalité au milieu des années 1980 déjà, les premiers coups de bulldozer font trembler la colline du Heidenberg, mais celle-ci, escarpée et rocheuse sait se défendre, rend les choses plus longues, transforme le « terrain » en bourbier. De Colmar à Guebwiller, de Munster au Rhin, ce « Erdäpfelacker » devient pour les visiteurs le cauchemar du dimanche après-midi. Alors en attendant le nouveau terrain et pour mieux accueillir encore les visiteurs et amis, le FCO agrandi son club-house en 1991.

L'un des jeunes arbitres, des années 1980, José Dagon, quant à lui poursuit dans cette voie difficile et après avoir gravi les échelons, représente le FCO en tant qu'arbitre de la Ligue. Les équipes sont quelque peu rentrées dans les rangs durant ces années 1990 en se tenant, globalement, au milieu du tableau. Mais le cinquantième anniversaire donne un regain de « punch » ? On peut le penser car l'équipe des poussins à 7 devient championne d'automne 1995, l'équipe fanion termine deuxième de son groupe en ce printemps 1996 et accède en division II : le long et patient travail de Didier Reinlen, compétent et dévoué entraîneur depuis plusieurs saisons, porte ses fruits.

Le poste de président revient à Léon Kaiser, puis à Jean Nommay et enfin à Christian Lamey.

• **BIBLIOGRAPHIE :**
– Plaquette du 50e anniversaire.

Le comité 2000
Didier Gollente (président)
Christian Lamey (vice-président)
Philippe Schaegis (vice-président)
Pierre Nommay (secrétaire),
Bernard Fillinger (secrétaire adjoint)
Vincent Gollentz (trésorier)
Jean-Marc Cael
Philippe Schaegis
Jean-Marc Cael
Francis Meyer
Anne-Marie Gollente
Joël Lamey
Eugène Jenny
René Boulanger
Christophe Simon
Mike Kudran
Arnaud Gwinner

Le FC Osenbachen 1987

Le FC Osenbach, division II en 1996

1946 Port du Rhin

Football Club Strasbourg Port du Rhin ★ 67

Le FC Port du Rhin à ces débuts

Le FC Port du Rhin des années cinquante

Le FC Port du Rhin 1959-1960
Debout de gauche à droite :
Gilbert Philipps, Amédée Rigel, Gaston Bolley, Michel Baltzinger, René Brequel, René Pitz.
Accroupis de gauche à droite :
Roland Wolf, Pierre Stauder, Antoine Baltzinger, Robert Pitz, Emile Doebler.

Très vite le grand large

Le Football Club Port du Rhin est créé par Georges Clauss en 1946. Après avoir disputé durant une saison des matches amicaux, il entame le championnat en 1947-1848 et enlève le titre de champion de groupe devant Dingsheim, l'AS Neudorf, Entzheim, Mundolsheim, Hindisheim, Blaesheim et la Silencieuse Strasbourg. C'est la montée en division III.

Pas rassasié du tout, le club réussit une exceptionnelle saison 1948-1949, en devenant champion de groupe avec une seule défaite et un nul pour 14 victoires, devant Hangenbieten. Encore un pas de plus le FC Port du Rhin est en division II. Mais ce n'est pas terminé. Finissant la saison 1949-1950 à la première place en devançant Weitbruch, le club est désormais en division I. Quels débuts! Cette fois, il faut revenir aux réalités. La croissance a été belle, mais un peu rapide. La saison 1950-1951 est délicate et, avant-dernier, le club redescend en division II.

Après un long stage en division II, le FCPR enregistre de très bons résultats en 1957-1958. L'équipe est classée première de son groupe, à égalité avec Wolfisheim, mais se trouve devancée au goal-average. La remontée est manquée d'un cheveu.

Aux oubliettes de la division IV

La saison 1961-1962 va s'avérer la saison fatale. Le groupe est difficile, homogène et le port du Rhin va en faire les frais. Dernier, il ne lui manque qu'un point pour assurer le maintien.

L'équipe est vieillissante. On a du mal à renouveler les cadres. L'exercice 1964-1965, avec 3 victoires et un nul, renvoie le club aux oubliettes de la division IV. Mais bon sang que l'aventure a été belle! Il faut désormais reconstruire. En 1966-1967, c'est la troisième place, en 1967-1968, la deuxième. Mais la remontée n'est toujours pas au rendez-vous. Le club touche même le fond, en 1971-1972, en finissant dernier de la division IV. Cette fois, c'est l'état d'alerte!

En 1975 Gérard Heim prend la tête du club. Avec l'aide de sa femme Astride ils contribuent de manière active à l'évolution du club (construction du club house, dynamisme des bénévoles avec forte mobilisation de l'ensemble des licenciés et de leur famille). Certes, la saison 1975-1976 est décevante (dernière place), mais dès la saison suivante, c'est la montée en division III. Avec le titre de champion d'Alsace de division IV, enlevé aux SR Riquewihr. C'est grâce à la motivation apportée aux joueurs par Roland Krommenacker, entraîneur de l'équipe I, que cette ascension est possible. Cette période représente les meilleures années footballistiques du club. Au départ Roland Krommenacker suit l'arrivée de son frère Jean-Pierre qui reprend la responsabilité de l'entraînement des joueurs (1979-1982 à 1987, 1992, 1993, 1997) et qui s'avère être l'un des plus fervents et fidèles représentants de cette association. Il fait, encore en 2000, partie de l'effectif des joueurs de l'équipe II, bien qu'étant âgé de 52 ans.

50 ans fêtés dignement

Mais les bonnes choses ne durent guère, puisque le club est repêché au terme de la saison 1979-1980 et reste miraculeusement en division III.

La refonte des championnats décidée par la LAFA, à l'issue de la saison 1984-1985 permet au FC Port du Rhin de monter en division II. Mais ce n'est qu'un effet d'optique. L'équipe première ne brille pas, descend en division III après une médiocre saison 1988-1989, avant de finir à la deuxième place en 1989-1990, derrière l'équipe II de Truchtersheim. Ce bon classement entraîne la remontée en division II. Mais les bonnes choses ne durent qu'un temps et la saison 1993-1994 sonne le glas des espoirs de rester à un niveau plus intéressant. Dernière, l'équipe retourne en division III, mais remonte la saison suivante. On fête dignement le 50e anniversaire du club en 1996. A cette occasion, on met en place un chapiteau avec orchestre. Tous les anciens du club sont invités pour cette journée mémorable. Une plaquette souvenir est remise au président par les représentants de la Ligue.

Revenu en division III en 1998-1999, le club décide de se lancer dans la formation, et accélère la création d'équipes. Dès 1998, on instaure une journée de détection des jeunes footballeurs du quartier, en collaboration avec l'école du Vauban. On crée une équipe de -15 ans, puis l'année d'après une autre de débutants.

Sans grande ambition d'évoluer à un niveau supérieur, le club se trouve aujourd'hui contraint de changer de politique pour assurer sa pérennité. En effet, longtemps considéré comme un club de «copains», le manque évident de relève des joueurs s'en ressent actuellement. Les actions futures seront tournées vers la création et l'accompagnement des équipes de jeunes, tout en gardant cette atmosphère particulière aux petites associations.

• **BIBLIOGRAPHIE :**
– Documentation et photos fournies par le club.

Le FC Port du Rhin 1976-1977 champion d'Alsace division IV
Debout de gauche à droite :
Jean-Luc Kenker, Gérard Heim, Jean-Claude Steck, Laurent Denni, Jean-Pierre Krommenacker, Bernard Frindel.
Accroupis de gauche à droite :
Raymond Fauconnier, Roland Krommenacker, Michel Schultz, Bernard Soulat, Roger Richert, Patrick Simon.

Les présidents

Georges Clauss
Charles Hammeckaer
Alfred Feix
René Granger
Roger Holtzmann
Michel Jund
Roland Agram
Gérard Heim (1975-1992)
James Beachler (1992-1994)
Marcel Wendling (1994-1995)
Pierre Bey (1995 à nos jours)

Le comité de l'an 2000

Debout de gauche à droite :
Pierre Bey (président),
Hervé Lang (trésorier-adjoint)
Roger Richert (président d'honneur)
Pierre Ruscio (vice président)
Claire Weber (secrétaire)
Marc Albrecht (secrétaire-adjoint)
Manque sur la photo
Pascal Vix (trésorier)

Le FC Port du Rhin de l'an 2000
Debout de gauche à droite : Jean Knoepfel (entraîneur), Joël Schaemmer, Olivier Brand, Jérôme Yomouine, Yvan Oudini, Moustapha Azzeberi, Adil Assol, Marc Albrecht (dirigeant), Pierre Russio (vice-président). Accroupis de gauche à droite : Enzo D'Alezio, Philippe Meyer, Stéphane Hommel, Bruno Herrovin, Ursule Boecase, Max Condemi.

1946
Association Sportive des PTT de Colmar ★ 68
Les PTT
Colmar

Par courrier urgent

C'est juste après la guerre, pour la saison 1946-1947, que l'on découvre pour la première fois sur les tablettes de la LAFA le nom de l'ASPTT Colmar. Ce club évolue en division IV et se classe 7e dans un groupe qui se compose des Cheminots Colmar (champion), Heiteren, SOFIRA Colmar, Wihr-au-Val, Algolsheim, Biesheim, Houssen, Herrlisheim et Muntzenheim.

Au terme de la saison 1947-1948, l'ASPTT se hisse jusqu'au 4e rang aux côtés de SOFIRA Colmar (champion), Wihr-au-Val, Algolsheim, Herrlisheim, Gundolsheim, Usines Municipales Colmar, Andolsheim, Gunsbach, Houssen et Biesheim. Le club dispute encore une saison, celle de 1948-1949 et termine 3e dans le groupe où l'on trouve, Usines Municipales Colmar (champion), Wihr-au-Val, Gunsbach, Ostheim, Andolsheim, Fortschwihr, Bergheim et Saint-Hippolyte, avant malheureusement d'arrêter toute activité pour une très longue période.

L'appoint du Red-Star

L'ASPTT est finalement un club jeune. Il prend vraiment son envol le 1er juin 1989 et songe tout de suite à la formation, de laquelle, il en est persuadé, viendra son salut. Ce club est le fruit de l'entente entre les dirigeants du Red Star Colmar et du comité directeur de l'ASPTT omnisports. Le comité du renouveau est constitué de Christian Schaeffer (président), Daniel Ganzitti et Gilbert Jacquot (vice-présidents), Jean-Jacques Ritter (secrétaire), Jean-Claude Gander (trésorier), Robert Gissler, Patrick Harrer, Gabriel Holder, Alphonse Hueber, Dominique Jaeger, Roger Kranz, Roland Kranz, Romain Ory, Pierre Siciarek, Simone Siciarek, Georges Valentin (assesseurs).

Dès la première saison, 8 équipes sont inscrites dans les compétitions régionales. L'équipe fanion est engagée en championnat, pour la saison 1989-1990 où elle joue en division III et termine à la 4e place, juste derrière Wihr-au-Val, Gundolsheim et Soultzmat, entraînée par Jean-Claude Gander.

Au terme de la saison 1990-1991, l'équipe fanion échoue pour l'accession en division II. Elle se classe deuxième, à 5 points de Gundolsheim.

Mais, son salut arrive à la fin de la saison 1991-1992, avec le titre de champion de groupe, obtenu haut la main devant Holtzwihr II (8 points d'avance). L'ASPTT Colmar remporte 19 matches, obtient 2 nuls et ne perd qu'un match, avec un goal-average impressionnant de 98 buts marqués pour seulement 11 encaissés. Le président Christian Schaeffer, a fait l'essentiel. Dans ses rangs, un homme qui a le talent du meneur, du leader, Daniel Ganzitti, qui, malgré sa petite taille, tâte encore très bien du ballon. Il va pouvoir prendre la relève. Très vite il s'affirme comme un président qui sait ce qu'il veut.

Une ascension express

C'est un club très ambitieux qui veut grimper très vite et dès la saison 1992-1993, il réussit son pari, en décrochant le titre de champion de groupe de division II, avec 10 points d'avance sur le 2e, Wettolsheim. Les minimes B sont champions d'Alsace sous les ordres de Denis Rich et Jean-Jacques Ritter.

En 1994-1995, c'est l'apothéose. Champion de groupe, puis du Haut-Rhin, l'ASPTT conquiert le titre régional, en battant Geispolsheim-Village. L'accession en Promotion d'Honneur est là pour couronner un travail bien fait. Deux années à peine (1998-1999) et voilà le titre d'un groupe de Promotion d'Honneur, conquis avec 8 points d'avance sur Munchhouse. Arrivé en Promotion d'Excellence le club ne met que deux saisons pour atteindre l'Excellence, dernière marche avant l'élite régionale.

Lorsque l'ASPTT football fait ses comptes, la section sait ce qu'elle doit à la maison-mère. *« Nous sommes PTT, mais nous ne touchons pas un centime d'argent liquide de leur part. Nous avons droit à un jeu de maillots chaque saison, nous avons un club-house dans les locaux de la Poste, et c'est appréciable, d'autant que c'est l'administration qui s'occupe et prend en charge le chauffage, l'eau, le gaz et l'entretien. C'est vraiment un gros plus, qui nous permet d'entretenir la convivialité. Les jeudis soirs, nous mangeons ensemble après les entraînements. Lorsque nous jouons à domicile, nous en faisons de même après les matches, et là, ce sont les épouses ou compagnes de joueurs qui s'occupent de la préparation des repas ».*

De grands voyageurs

Pour Daniel Ganzitti, le président de la grande l'époque, les chasseurs de primes n'avaient pas leur place au sein de l'équipe. *« Nous ne donnons pas un centime. Nous soignons la convivialité, en proposant un voyage de fin de saison. Madère, l'Andalousie, la Grèce, la Tunisie, les Baléares sont les destinations que nous avons offertes*

Palmarès
1991-1992
Accession à la division II

1992-1993
Champion de groupe de division II

1993-1994
Champion d'Alsace (minimes)

1994-1995
Champion d'Alsace de division I
Champion d'Alsace (cadets)
Champion de groupe (minimes)

1995-1996
Participation au 6e tour de la coupe de France

1996-1997
Champion de groupe de division III (équipe 2)
Champion de groupe (poussins)
Champion d'Alsace (-17 ans B)
Champion du Haut-Rhin (minimes)

1997-1998
Champion de groupe de Promotion d'Honneur
Vainqueur de la mini-coupe du monde Groupama
Champion de groupe (poussins)

aux joueurs pour les récompenser et surtout de les motiver sans avoir de doutes sur leurs intentions ». L'esprit de groupe s'en trouve renforcé. Qui ne souffre aucun faux pas, puisque le club a été deux saisons de suite lauréat du fair-play.

Un exemple de cette rigueur à prendre en compte par tous les joueurs. En 1997, les -17 ans a été sacrés champions d'Alsace. Mais les joueurs se sont très mal conduits. Le club a décidé de déclarer forfait général pour la saison suivante. Au risque de se pénaliser en se coupant d'une relève qui s'annonçait plus qu'intéressante. Malheureusement, au terme de la saison 2001-2002, le club est mis en sommeil. Le président Ganzitti et quelques joueurs s'en vont renforcer l'AS Sundhoffen.

• **BIBLIOGRAPHIE**
– Documentation fournie par le club.
– Un grand merci à Jean-Jacques Ritter.

L'ASPTT Colmar 1989-1990
Debout de gauche à droite : Gilbert Jacquot (dirigeant), Jean-Jacques Ritter (secrétaire), Bernard Hueber, Olivier Ketterlin, Christian Muller, Dominique Dechristé, Pierre Boehrer, Christophe Uhmann, Jean-Claude Gander (entraîneur), Christian Schaeffer (président).
Accroupis de gauche à droite : Emmanuel Jacquot, Claude Ory, Christian Vallais, Patrick Harrer, Daniel Ganzitti, Thierry Steinert, Pascal Couffin.

L'ASPTT Colmar 1992-1993, accession en division I
Debout de gauche à droite : Eric Antoine, André Eck, Vincent Gissler, Stéphane Haeffelé, Christian Muller, Armindo Fernandes, Jean-Claude Gander (entraîneur).
Accroupis de gauche à droite : Serge, Denis Rich, Olivier Ketterlin, Christian Jallet, Victor Gomes, Patrice Gissler, Claude Ory.

L'ASPTT Colmar 1998-1999
Debout de gauche à droite :
Jean-Luc Crevoiser (entraîneur),
Olivier Ketterlin, Georges Ferreira,
Guy Ayache, Emmanuel Gois,
David Lambert, Philippe Tonin,
Jean-Jacques Ritter (dirigeant).
Accroupis de gauche à droite :
José Fernandes, Albino De Vivieros,
Claude Grob, Olivier Grissig,
Anice Chebbah, Daniel Gazitti,
Lacen Benyahya, Saci Medjerab.

Le comité de l'an 2000
Daniel Ganzitti (président)
Gilbert Jacquot (vice-président)
Romain Ory (vice-président)
Jean-Jacques Ritter (secrétaire)
Saci Medjerab (secrétaire-adjoint)
Jean-Claude Gander (trésorier)
Romain Ory, Jean-Claude Kammerer
Jean-Luc Crevoisier, Yves Kiener
Claude Stoecklin, Yves Stoecklin
Marc Broustet, Olivier Ketterlin
Jean-Claude Kammerer
Armindo De Magalhaes, Alain Verger
Georges Ferreira, David Lambert
Roger Kranz, Albino De Viveiro

Les arbitres
Mehrez Djendoubi
Anthony Franco
Salvatore Franco
Dominique Jaeger
Serge Schuler.

303

1946 — Association Sportive des PTT de Mulhouse ★ 68

Les PTT *Mulhouse*

Souvent maillot jaune !

C'est en 1946 que l'ASPTT Mulhouse est créée. La principale section est alors celle du football. Celle-ci est composée, à ses débuts, d'une bande de copains qui se débrouillent pour s'équiper, se déplacer, s'auto-financer et obtenir ici ou là un terrain d'emprunt. A l'époque, les premières victoires sont celles d'obtenir 12 maillots, 2 ballons ou un ticket pour 50 litres d'essence !

C'est aussi leurs œuvres
Entre autres, on se souvient en particulier d'Eugène Mambre et d'anciens comme Alphonse Roth, René Ehrardt, Yves Kieckle, René Thuet, Sylvain Rimlinger, Charles Richard ou l'ami Cervantes, Klifa, Jacky Winter, Paul Bibard jeune retraité et plus récemment Charles Rolland pratiquant depuis 20 ans son sport favori sous le maillot jaune et les derniers venus Alain Carillo, Richard Zurcher, Christian Lamaud, Cosimo Parlati, André Brun, Francis, Fabien et Florien Fais, Marie-Christine et Farid Taiati, Guy Grunenberger (section féminine), Henri Hertzog (fidèle concierge), Jean-Paul Muller (secrétaire général du bureau de l'ASPTT Omnisport), Francine Fillinger.

Le club est classé en division IV mais ne tarde pas à se distinguer. Dès la fin de la saison 1947-1948, il devient champion de groupe et accède à la division III.

Il va s'installer à ce niveau pour quelques saisons. En 1949, la section football s'étoffe. Une ambiance saine, une bonne entente et une succession de victoires permettent aux jeunes footballeurs de bien figurer dans les brillants classements. En 1951-1952, l'équipe frôle la relégation mais réussit à se maintenir in-extremis. Pourtant, la saison suivante est fatale et les postiers regagnent la division IV. C'est plutôt une bonne chose car ce retour à l'étage inférieur leur permet d'enlever le titre de champion de groupe et de remonter aussitôt en division III. 6e, 3e, l'équipe est en verve et accroche une deuxième place synonyme de remontée à l'issue de la saison 1956-1957, en devançant les voisins d'Ile-Napoléon.

Mais l'adaptation à la division II n'est pas une sinécure. A tel point qu'à la fin de la saison 1959-1960, avec une dixième place, les dirigeants prennent la décision de déclarer forfait pour l'exercice 1960-1961. Une période d'un an qui permet de repartir du bas de l'échelle.

En division III, l'équipe se soude, s'affirme, manque de peu la montée fin 1962-1963, finissant à la 2e place juste derrière l'équipe II de l'AS Mulhouse. La consécration est pour la saison suivante, celle de 1963-1964. L'ASPTT est championne de groupe devant Pfastatt (en ne connaissant qu'une seule fois la défaite), puis championne du Haut-Rhin et championne d'Alsace, battant l'AS Lauterbourg en finale régionale. Elle enlève au cours de la même saison le titre de champion de l'Est inter-ASPTT.

Cette fois, le club entame une période faste. D'abord en division II où il pointe en 3e position une fois achevée la saison 1965-1966, devant même champion de groupe 1966-1967 devant Bantzenheim.

En Promotion d'Honneur

Et comme si la division I ne lui suffisait pas, le club y est champion de groupe 1967-1968 devant Kingersheim, accédant du même coup en Promotion d'Honneur. Mais cette fois, le challenge est un peu difficile. Dès la première saison, les résultats ne sont plus là, l'équipe est dernière et retourne en division I. Cette embellie sonne le glas des espérances du club. Et la dégringolade est en route. Retour en division II fin 1970-1971, plongée en division III dès le terme de l'exercice 1972-1973. Le club veut absolument se doter d'un stade. Les travaux débutent en 1971 et le 15 septembre 1974, c'est l'inauguration. Il est urgent de reconstruire une équipe. C'est plutôt vite fait et bien fait. La saison 1974-1975 offre un joli titre de champion de groupe avec 4 points d'avance sur Village-Neuf. Puis arrive une nouvelle montée dans la foulée, en division I cette fois, titre de champion de groupe 1975-1976 en poche devant Blotzheim.

L'ASPTT reste en division I jusqu'en 1980-1981. Au fil des saisons, on avait senti une sorte d'érosion s'effectuer. La 12e et dernière place ainsi que la relégation sont au bout, alors que les cadets B sont champions du Haut-Rhin. Alex Rolland prend les rênes de l'équipe. Deux saisons plus tard, les seniors retournent en division III. Ils n'y restent pas longtemps, deve-

L'ASPTT Mulhouse, cadettes vice-championne de France 1995-1996
En haut, de gauche à droite : Stéphanie Wendlinger, Gaelle Caufourien, Delphine Soret, Severine Martin, Ophélie XXX.
En bas, de gauche à droite : Cosimo Parlati (entraîneur), Marie-Laure Ritter, Delphine Moulin, Cynthia Duteil, Sandra Wira.

L'ASPTT, section football entreprise
Après l'arrêt de la section en 1996, une équipe est reformée en 1999 sous la présidence de Chantal Schimansky qui reste en poste pendant une saison avant de passer la main à Esther Bertide toujours en poste à ce jour. Le noyau de l'équipe est composé essentiellement d'employés de la poste Mulhouse Principal.

nant champions de groupe 1984-1985 devant Coteaux Mulhouse.

Jouant d'abord les premiers rôles (4e, puis 2e derrière Rixheim), manquant ainsi de peu la montée en division I, l'ASPTT trouve le moyen de finir à la dernière place de son groupe lors de la saison 1988-1989, la saison même où les pupilles à 11 B sont champions du Haut-Rhin.

C'est le retour en division III, avec des fortunes diverses. A partir de la saison 1993-1994, l'équipe seniors I est montée de la division III en division II et joue les barrages pour l'accession en division I en 1999. Après le départ de l'entraîneur Boisne ainsi que de nombreux joueurs, l'entraîneur actuel Farid Taiati ne peut empêcher l'équipe de descendre en division III.

Les pupilles à 11 A, sous la férule de Cosimo Parlati, sont champions d'Alsace 1993-1994.

Et les féminines !

Depuis une dizaine d'années, une équipe féminine a vu le jour au sein de l'ASPTT Mulhouse. Les résultats sont plus qu'éloquents avec trois participations en finale de championnat de France cadettes dont une finale perdue 2-0 contre l'Olympique Lyonnais à Clairefontaine. La fierté de l'équipe est d'avoir su hisser deux filles en équipe de France : Alexandra Mey et Stéphanie Wendlinger.

Nouvel exploit en cette saison 2001 puisque les 16 ans et les 13 ans sont championnes d'Alsace en salle devant de grosses cylindrées telles que Haguenau, Vendenheim, Schiltigheim. Alors chapeau les filles... il faut continuer !

La section féminine de l'ASPTT Mulhouse compte le plus grand nombre de licenciées dans le département. L'équipe est championne d'Alsace de division d'Honneur pour les saisons 1995-1996 et 1997-1998. Les cadettes sont vice-championnes de France pour la saison 1995-1996.

• BIBLIOGRAPHIE :
– Documents fournis par le club.

Les présidents

Pierre Follet
Alex Rolland (1981-1989)
M. Giew (1989-1991)
Christian Lanaud (1991-1998)
David Foos (1998-2001)
Cosimo Parlati (2001 à ce jour)

Le comité de l'an 2000

Cosimo Parlati (président)
Marie-Christine Taiati (secrétaire)
Lucas Cardin (trésorier)
Guy Grunenberger (délégué féminines)
Farid Taiati (entraîneur masculin)
Alain Dischler (entraîneur féminines)

L'ASPTT Mulhouse, section entreprise en 2000
Debout de gauche à droite : James Cimenti, Laurent Knaebel, Michel Bercot, Franck Lipenoo, Philippe Bourdon, Olivier Schellinger, Philippe Oprea. Accroupis de gauche à droite : Sébastien Coridi, Jacques Schwartz, Philippe Richard, Samuel Frechin, Brice Hugger, Joël Lebre, Thierry Meriot.

L'ASPTT Mulhouse de l'an 2000

L'ASPTT Mulhouse féminines de l'an 2000
Debout de gauche à droite : Micheline Lamaud (dirigeante), Sarah Celestine, Echaïda Chaïda, Iris Dischler, Guy Grunenberger (dirigeant), Sandra Miotto, Ludivine Bey, Mélissa Fevrier, Christelle Duval, Camille Berbett, Corinne Huguennot, Cosimo Parlati (entraîneur). Accroupies de gauche à droite : Mathilde Gesquieres, Laetitia Fix, Marie-Louise Ritter, Stéphanie Hertzog, Barbara Rieth, Elodie Montoya, Caroline Sierra, Marjorie Soehnlen, Sandrine Binder, Cynthia Duteil, Sophie Thuet.

1946 Rosenau

Football Club Rosenau ★ 68

La SS Rosenau en 1958
On reconnaît : Ch. Urffer, P. Hellstern, R. Bingler, J.-P. Sibold, E. Urffer, L. Baumlin, R. Desserich, R. Bisselbach, Ch. Charpillet, R. Gschwindemann, P. Menweg, R. Menweg, R. Eberlen, J. Menweg, B. Pierre, L. Menweg, M. Desserich, A. Menweg, R. Wurtlin, B. Godel.

Gérard Bingler, Justin Welder, René Desserich devant le premier club-house en 1961

Un enfant de la guerre

A Rosenau, le club de football est créé en 1941. Hélas, la guerre en a effacé toutes traces officielles et c'est donc le 15 mars 1946 que le Football Club Rosenau est enregistré au Tribunal d'Instance de Huningue. A Rosenau, en pleine guerre, il n'y a pas de terrain de football. Pourtant, on déniche à la sortie du village, en direction de Village-Neuf, entre la départementale et le canal de Huningue des terrains plats et vastes au sous-sol très perméable. Le premier terrain de foot des mordus du ballon rond de Rosenau va se situer entre la maison de Mme Vve Maria Arnold, 56, rue du Village-Neuf et le canal de Huningue. Le club est appelé « Fussball-Klub Rosenau » et ses fondateurs se nomment Aimé Baumlin, Auguste Waltzer, Charles Urffer, Jean Martinelli et Othon Frey.

Le terrain chez le voisin

C'est Aimé Baumlin, 21 ans, qui est le premier capitaine de l'après-guerre d'une équipe qui compte dans ses rangs Etienne Rémy, Erwin Rémy, Edmond Zimmermann, Alfred Spindler, Gilbert Schibeny, Marcel Maurer, Martin Goetschy, Arthur Sutter, Fernand Würtlin, Kurtz, Oscar Wilser, Michel Schneberger, Erwin Baumlin, Victor Jehly, Moser… Pour assurer la relève, une équipe espoir est mise sur pied : c'est elle qui va assurer la pérennité du club. On y trouve : Marcel Tochtermann, Pierre Hellstern, Eugène Baumlin, Arsène Biry, René Gschwindemann, Henri Grund, Arthur Wild, Justin Menweg, Achille Goetschy, René Würtlin, Raymond Charpillet, Oscar Würtlin, Edouard Bingler, Charles Wild, Eugène Turkauf, André Zimmermann, Marcel Bisselbach, Raymond Biry.

Il faut une autre aire de jeu. On n'en trouve pas sur Rosenau. Alors, on loue un grand terrain de forme rectangulaire à la commune de Bartenheim. C'est là que les « rouges et noirs » vont évoluer de longues années durant. Et le travail va payer. Dès la fin de la saison 1952-1953, le FC Rosenau est champion du Haut-Rhin de division IV.

Lors de l'assemblée générale 1951-1952, la Société de Gymnastique et le FC Rosenau fusionnent pour créer la « Société Sportive de Rosenau ». De ces deux activités, seul le football va subsister. De nombreux jeunes joueurs émigrent vers les clubs voisins : Pierre Hellstern et René Menweg à Huningue, René Bingler à Ottmarsheim, René Würtlin et Bruno Gobel au FC Loechlé et Charles Charpillet à Habsheim.

Montée en division II

Malgré le titre et la montée en division III assurée, le club est en inactivité durant un certain temps car de nombreux joueurs quittent le club.

Mais les anciens reviennent au bercail et les activités reprennent en 1955-1956. Arthur Hellstern prend l'équipe en main. Et sait merveilleusement motiver ses troupes, dans l'arrière-salle du restaurant « Au Cygne » de Paul Eberlen, siège du club. La saison 1957-1958 marque une étape importante dans la vie du club : c'est la montée en division II avec 4 points d'avance sur Merxheim et Pierre Hellstern comme entraîneur. Le tout sous la présidence de René Desserich.

En mars 1961, la commune cède aux footballeurs la spacieuse baraque implantée dans la cour de l'école depuis les années vingt, et qui a abrité la mairie et la petite classe durant une trentaine d'années. Le club la transforme en club-house doté de vestiaires, hélas sans sanitaires, mais qui permet d'avoir un chez-soi au bord du terrain. La ville s'agrandit. Un projet d'aménagement d'un terrain de sport prend corps.

Après leur accession en division supérieure, les joueurs doivent se mesurer avec des équipes d'un bien meilleur niveau. Lors d'une rencontre très musclée, l'avant-centre local, Eugène Baumlin, se fracture le tibia droit. Une complication va contraindre les médecins à l'amputer. Un véritable drame au sein du club. La première équipe réserve voit le jour en 1965-1966. Mais le club est toujours en division II.

Sur un des terrains acquis par la ville en 1965, on érige le stade « Jean de Loisy ». Quant au club-house, véritable chef-d'œuvre des bénévoles, il est inauguré le 19 mai 1968.

Mais le club en veut plus. Il souhaite se doter d'un éclairage pour nocturnes. La ville ne pouvant se lancer dans de telles dépenses, ce sont trois dirigeants qui contractent solidairement un emprunt, René Desserich, René Bingler et Erwin Rémy. Le comité se porte caution. Georges Nogues, ingénieur à la DDE, se charge de la partie technique.

L'avènement de l'équipe réserve

En 1972-1973, l'équipe réserve est championne de groupe. Et les saisons passent sans que le club ne manifeste de faiblesse particulière ni de véritable velléité de monter. C'est la stabilité totale. Le premier mouvement se produit en 1976-1977, quand le club pointe son nez à la deuxième place de son groupe derrière Habsheim, mais à cinq points quand même. La saison suivante, nouvelle deuxième place, à 4 points derrière Pfastatt cette fois. Nouvel échec en 1978-1979, toujours avec un deuxième fauteuil, dans l'ombre (à 7 points) de Balschwiller.

Avec, en 1978, huit équipes et 120 licenciés, le club prend son rythme de croisière. Et remporte la finale de la coupe du Crédit Mutuel contre le Red Star Mulhouse à Huningue, et par la même occasion le challenge du journal *l'Alsace*. En 1979-1980, l'équipe réserve est championne du Haut-Rhin et championne d'Alsace. Paul Hellstern prend du recul et c'est Dédé Antony qui arrive comme joueur-entraîneur. Joueur du FC Saint-Louis laisse miroiter une accession en division I. Ce rêve devient réalité dès la saison 1980-1981. Le point d'orgue est la rencontre à domicile contre Hagenthal devant plus de 1 000 spectateurs et une large victoire 7 à 0. L'équipe est championne du Haut-Rhin, battue en finale régionale par La Walck. Cet exploit manque de se renouveler la saison suivante quand la SSR se trouve à égalité avec le FC Folgensbourg et n'est battu qu'au goal-average particulier.

Revoilà le FC

Le 28 juin 1985, le club redevient « Football Club Rosenau ». Edouard Tochtermann a repris la présidence en 1982-1983 et insuffle un état d'esprit très familial. L'équipe première est reléguée en division II au terme de la saison 1986-1987. A sa décharge le fait que tous ses joueurs soient issus du village, ce qui est loin d'être le cas partout… Cette relégation redonne du tonus et au terme de la saison 1990-1991, c'est la remontée assurée. Mais l'embellie n'aura duré que l'espace d'une saison puisque l'équipe se trouve reléguée dès la fin de la saison 1991-1992, en compagnie d'Hochstatt.

En 1996, le FC Rosenau fête son 50e anniversaire en organisant un tournoi pour vétérans et, en point d'orgue, un match du souvenir mis sur pied par André Antony, et opposant ses anciens coéquipiers de la sélection d'Alsace 1974 à une sélection des anciens professionnels alsaciens arbitré par Robert Wurtz. Sur la pelouse Bernard Genghini, Tsitso Durkalic, André Tota, Dany Kutermak, Jacky Pauvert, Daniel Léopoldès, André Goerig, Daniel Gusothien, Antonio Parrado, Claude Bonnes, Claude Soulage ou Maurice Galléa. L'équipe est malheureusement reléguée en division III à l'issue de la saison 1996-1997, mais remonte après une saison 1999-2000 exceptionnelle. L'équipe remporte son groupe haut la main, avec 12 victoires et 4 nuls, mais surtout aucune défaite. Elle devance Loechlé de 5 points.

• **BIBLIOGRAPHIE :**
– Plaquette du 50e anniversaire en 1996.

Le FC Rosenau 1992-1993

Les présidents

Othon Frey (1941-1944)
Lucien Wurfel (1945-1946)
Arthur Hellstern (1947)
Erwin Baumlin (1948-1956)
René Desserich (1957-1974)
Gérard Bingler (1975-1976)
Edouard Tochtermann (1977-1981)
Gérard Bingler (1982)
Edouard Tochtermann (1983-1992)
André Antony (1993 à nos jours)

La SS Rosenau 1981-1982, championne du Haut-Rhin de division II

Rosenwiller Dettwiller

L'épisode du CC Saint-Jacques en AGR

Tout de suite après la guerre, une équipe de football prend naissance au sein de la société de patronage du «CC Saint-Jacques» Dettwiller. Tout naturellement, cette formation est engagée en championnat de l'Avant-Garde du Rhin. En 1946-1947, elle joue en division d'Honneur du Bas-Rhin, avec Saint-Nicolas Haguenau, Beinheim, Amanda Cronenbourg, Saint-Paul La Wantzenau, l'AS Hoenheim, Notre-Dame Strasbourg et Weyersheim. Le club engage même une équipe II, qui est versée dans un groupe 5 de division I, comprenant l'US Saessolsheim, le FC Lixhausen, Niederschaeffolsheim, l'AS Hoenheim II, Amanda Cronenbourg II, Lochwiller et Saint-Etienne Molsheim.

En 1947-1948, il est engagé en Division d'Honneur AGR du Bas-Rhin, avec Saint-Nicolas Haguenau, Seltz, Notre-Dame Strasbourg, Saint-Paul La Wantzenau, Weyersheim, Hoenheim et Amanda Cronenbourg. Il présente aussi une équipe II en division I, dans le groupe 1 qui rassemble : Lixhouse (champion), l'AS Hoenheim II, Amanda Cronenbourg II, l'Union Haguenau (forfait), Niederschaeffolsheim, Saessolsheim, Waldolwisheim, Mittelschaeffolsheim, Jetterswiller et Lochwiller. C'est l'apogée du football en AGR dans le Bas-Rhin.

Champion d'Alsace de division d'Honneur AGR

Le paysage est le même lors de la saison 1948-1949, mais en 1949-1950, les clubs de Division d'Honneur ont un peu changé. On y trouve l'AS Hoenheim, le SC Notre-Dame Strasbourg, Saverne, Saint-Paul La Wantzenau, Saint-Nicolas Haguenau, Seltz, Schleithal, Lixhouse, Armand Cronenbourg et Niedernai.

Le CC Saint-Jacques Dettwiller est sacré champion d'Alsace de division d'Honneur AGR 1950-1951, dans un groupe où l'on trouve aussi Hoenheim, Seltz, Saverne Rails, Saint-Nicolas Haguenau, Schleithal, Saint-Paul La Wantzenau, Leutenheim, Lixhouse, Notre-Dame Strasbourg, Jetterswiller et Souffelweyersheim. Le 25 mai 1951, une sélection d'Alsace AGR rencontre, à Haguenau, au stade de la «Marxenhouse» (victoire 2-1), son homologue Lorraine. Dans l'équipe d'Alsace, on trouve A. Schiebler et Czuka.

Le CC Saint-Jacques joue encore en division d'Honneur AGR en 1951-1952 (avec 2 équipes), puis en 1952-1953, quand Rehm et Bock sont sélectionnés, le 17 mai 1953 à Seltz, pour disputer le match annuel contre le pendant de l'AGR en Lorraine, l'Union Jeanne-la-Lorraine (1-3). Ils sont encore du match du 31 mai 1953, Alsace - Karlsruhe, au stade Jeanne d'Arc à Strasbourg (2-2).

L'équipe continue à jouer en AGR durant quelques saisons. Mais à la fin de l'exercice 1958-1959, il faut se rendre à l'évidence, l'activité footballistique au sein de cette fédération n'est plus possible. La section football prend son autonomie et s'engage dans le championnat de la LAFA, sous le nom de Sports Réunis Saint-Jacques Rosenwiller-Dettwiller. Son premier correspondant est Adrien Boehm, les arbitres se déshabillent au restaurant Joseph Kieffer, place de la Mairie et les visiteurs au restaurant «Au tonneau d'Or» à Dettwiller.

Le nouveau club démarre le championnat 1959-1960, dans le groupe 3 de la division IV. Il se classe à la 2e place, à un point derrière Oberbronn, mais en devançant, Mietesheim, Lupstein, Neuwiller-les-Saverne, Rothbach, Dauendorf, Trois-Maisons, Zinswiller, Baerenthal et Ettendorf. Il accède immédiatement en division III, et s'y classe d'ailleurs à une belle sixième place, lors de son premier contact avec un niveau déjà plus relevé.

Une montée en puissance

La saison 1961-1962 est tout simplement exceptionnelle. En effet, les Sports Réunis finissent champions de groupe avec 17 victoires et 1 nul, devançant leur suivant immédiat, Schwindratzheim, de 15 points! La montée en division II est bien sûr assurée. Elle n'effraie pas les joueurs qui, une fois de plus, font parler d'eux en achevant le championnat 1962-1963 à la deuxième place du groupe I, n'étant devancés que par l'intouchable Mertzwiller, mais en pointant devant Diemeringen. C'est peu dire!

Et on sent bien que les choses vont aller crescendo. Après une troisième place, l'équipe se retrouve championne de son groupe, une fois réalisé les comptes de la saison 1964-1965. Les SRRD se retrouvent devant Diemeringen et Hochfelden, un authentique exploit.

Malgré la grosse différence de niveau entre la division I et la division II, Rosenwiller se classe à la 3e place de son groupe, devancé par Schweighouse et Wissembourg. Malheureusement, les bonnes choses ont une fin et l'équipe, vieillissante et qui n'a pas trouvé les recrues nécessaires, est contrainte de regagner la division II, au terme de la saison 1967-1968. Profitant d'une saison 1969-1970 qui autorise plusieurs montées, Rosenwiller est dans le bon wagon pour le retour en division I, en compagnie de Phalsbourg, Ingwiller et Reichshoffen.

Le club tient son siège au restaurant « Au Tonneau d'Or », 5, rue de Strasbourg. Son comité est à l'époque composé de Joseph Kieffer (président d'Honneur), du Dr Marcel Brubach (président), d'Antoine Fuchs, de Jean-Pierre Brenner, d'André Kolb et Joseph Niederst (vice-présidents), d'Adrien Boehm et Marcel Guthfreund (secrétaires), Marcel Stoffel, Alfred Kolb, Bernard Litzelmann (trésoriers), Jean-Claude Adam, Antoine Boehm, Jean-Paul Boehm, Charles Kieffer, Jean Lauer, Joseph Lauer, Léon Martz, Jean Richert, René Roesch, Auguste Wolffer. L'Association SRRD est la plus importante société sportive locale. Elle compte en effet près de 200 membres inscrits, dont 59 licenciés, joueurs et dirigeants actifs. La commission technique est placée sous la responsabilité d'Antoine Fuchs et se compose de Antoine Boehm, Guthfreund et Wolffer. Le poste d'entraîneur est confié à Joseph Gantzer, une figure bien connue dans le monde du football régional.

Mais le service rendu par cette montée un peu particulière, s'avère ne pas en être un. En effet, l'équipe passe à côté de sa saison 1970-1971 pour de multiples raisons, n'enlève qu'une seule victoire et retombe en division II. Après quelques saisons en bas de classement, l'équipe se rebiffe et pointe à la 4e place du groupe I, ce qui n'est pas une mince performance, devancée seulement par Phalsbourg, Ingwiller et Reichshoffen. Et dans la foulée, les SR Rosenwiller-Dettwiller décrochent encore une belle place de champion de groupe de division I en 1973-1974, avec 2 points d'avance sur Reipertswiller. Au bout de deux saisons en division I, l'équipe est sur le point d'être rétrogradée. Après de nombreuses rivalités entre le voisin du FC Dettwiller et les Sports Réunis Rosenwiller-Dettwiller, les comités directeurs des deux clubs décident de fusionner afin d'œuvrer pour la même cause au sein de la commune.

• **BIBLIOGRAPHIE :**
– Documentation fournie par Alfred Kleitz.

Les SR Rosenwiller-Dettwiller 1969-1970

1946 Association Sportive Saint-Etienne Russ ★ 67

Russ

L'inauguration du stade de Russ en août 1961, en présence de René Di Marco (président) et Claude Charton (maire de Russ)

Tout le monde sur la grève

L'Association Sportive Saint-Etienne de Russ voit le jour en 1946 et s'affilie à l'Avant-Garde du Rhin. Elle est engagée en 1946-1947 en division I, groupe III avec Dangolsheim, Wolxheim, Bernardswiller, Wisches, Niedernai, Lutzelhouse, Ottrott, Oberhaslach et Dahlenheim. En 1947-1948, elle figure dans le groupe III avec Niedernai, Ottrott, Bernardswiller, Dahlenheim, Dangolsheim, Lutzelhouse et Oberhaslach. On la retrouve pour la saison 1948-1949 dans le groupe II qui comprend le FC Lixhouse (champion), Saessolsheim, Lochwiller, Pfettisheim, Jetterswiller, Waldolwisheim et Thal. Elle participe à des compétitions AGR jusqu'en 1955-1956, mais le club est mis en sommeil à cette époque.

Les présidents
Henry Stumpert (1976-1977)
René Di Marco (1977-1989)
Robert Goslin (1989-1991)
Gérard Aubry (1991-1993)

Un réveil gagnant

L'ASSE Russ reprend ses activités en 1976, à l'initiative de Claude Charton et Henri Stumpert, premier président. Cette fois, c'en est fini de l'AGR. Le club s'affilie à la Ligue d'Alsace de Football. Il entre en compétition avec une équipe de cadets et une autre de minimes. Les responsables sont René Di Marco (qui est élu président et reste en place de 1977 à 1989), Robert Goslin (qui va lui succéder de 1989 à 1991), Jean-Pierre Metzger et Jacques Lagoutte.

La première équipe seniors voit le jour et évolue en division IV au cours de la saison 1980-1981. Dès la fin de la saison 1983-1984, elle accède en division III.

Et c'est alors l'irrésistible ascension. En 1984-1985, elle conquiert sa place en division II où elle ne reste que durant une seule saison (1985-1986) pour accéder directement en division I. L'équipe s'installe en division I entre 1986 et 1993, sous la présidence de Gérard Aubry. Un rapprochement avec le voisin de Wisches, en grandes difficultés, permet, grâce à une fusion intelligente, d'unir les forces des deux clubs.

Le plus bel exploit de l'ASSE Russ reste le match de 16e de finale de la coupe d'Alsace, perdu contre le club de Promotion de Geispolsheim-Gare (0-1) à la 119e minute.

• **BIBLIOGRAPHIE :**
– Plaquette anniversaire en 1998.

L'ASSE Russ 1980-1981 en division IV
Debout de gauche à droite : Henry Hierholtz, René Maetz, Jean-Pierre Grislin, René Di Marco, Roger Kaes, Carlos Gomez, Patrick Di Marco, Claude Felder, Claude Metzger, Georgette Aveline (secrétaire), Jean-Pierre Metzger.
Accroupis de gauche à droite : Denis Martin, Voeklingshaus, Lucien Di Marco, Jean Labanca, Pascal Chiola, Nevio Labance, Sylvain Bolle, Jean-Jacques Lehringer.

1946
Association Sportive Saint-Hippolyte ★ 68

Saint-Hippolyte

De l'enthousiasme à revendre

A sa création, le 17 juillet 1946, l'association sportive de Saint-Hippolyte dispose déjà d'un réservoir de 24 licenciés. C'est sous la présidence de M. Magenham que les membres fondateurs affilient le club à la Fédération Française de Football et aménagent un terrain de jeu qui se trouve à l'emplacement de l'actuel plateau sportif.

L'AS Saint-Hippolyte en 1946
Debout de gauche à droite : Herbert, J. Schildnecht, F. Haen, R. Muhr, R. Kittel, F. Gerber, C. Thirion, A. Langolf, C. Langolf, E. Bleger, J. Simon, G. Thirion.

Le club dispute plusieurs saisons de matches amicaux avant de se lancer dans le championnat de division IV en 1948-1949. Sa première vraie bonne saison a lieu en 1950-1951, quand dans un groupe de 14 équipes, il se positionne au 7e rang, derrière Sundhoffen (champion), Ostheim, Ober-Niederentzen, Gundolsheim, l'US Biesheim, Guémar et Fortschwihr.

La renaissance

Il faut attendre 1952 pour que la première équipe de jeunes soit créée. Les deux équipes de l'ASSH commencent à obtenir de belles performances et l'équipe fanion remonte pour quelques saisons en division III, dès le terme de la saison 1952-1953 et jusqu'à la fin du championnat 1956-1957. L'incorporation, en 1962, d'un certain nombre de joueurs, pour la guerre d'Algérie, met fin, pour quelques années à l'activité de l'association.

On rejoue au football en 1968 sous la présidence de Raymond Muhr, avec l'aide de Roger Jolly et grâce à la poussée de quelques jeunes qui ont su convaincre d'anciens joueurs à prendre en main les destinées du club. Cette fois le succès est évident. En effet, l'association qui compte trois équipes, grandit vite et en 1975, elle dispose déjà de 8 équipes. Ce développement est dû en grande partie à l'enthousiasme des membres, qui n'hésitent pas à donner un coup de main à la commune pour mieux aménager le terrain de football. Citons l'exemple de la construction des vestiaires en 1973, qui a nécessité le travail des membres de l'association durant bien des jours et des week-ends !

La voilà en division I

Sur le plan sportif, la saison 1972-1973 consacre le club avec une place de champion de groupe devant les Italiens Colmar et permet la remontée en division III. Le championnat 1981-1982 reste gravé dans les annales du club avec l'accession en division II (avec 5 points d'avance sur l'équipe II du Stade de Colmar), ce qui représente le plus haut niveau de jeu depuis sa création. Mais le club n'y passe qu'une saison et redescend aussitôt avec aucune victoire et 2 nuls pour 20 défaites. Des chiffres qui parlent d'eux-mêmes. En 1985-1986, l'équipe fanion s'est refait une santé puisqu'elle se retrouve championne de son groupe de division III devant le FC Illhaeusern II. La voilà en division II. 3e en 1989-1990 derrière Wintzfelden et Biesheim II, le club manquant de peu la division I. C'est sans doute un mal pour un bien car la saison suivante est totalement ratée et c'est la descente en division III. Le club laisse passer l'orage, se remet au travail, incorpore des jeunes et remonte en division II à l'issue de la saison 1994-1995.

Deuxième derrière Gunsbach en 1997-1998, Saint-Hippolyte accède en division I en même temps qu'il entre dans l'an 2000. Mais nous avons gardé le plus beau fleuron pour la fin : le titre de champion du Haut-Rhin remporté en 1999-2000 (défaite en finale régionale face à l'US Oberlauterbach).

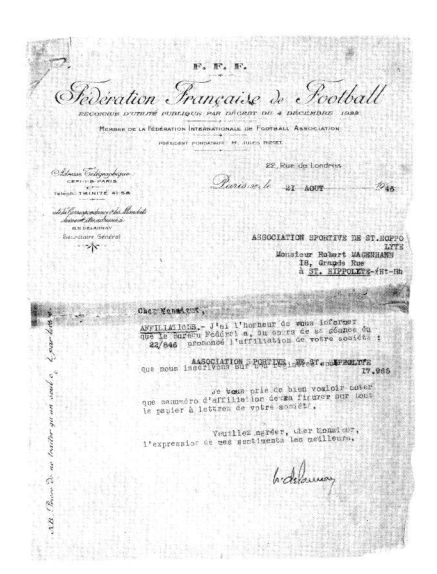

• **BIBLIOGRAPHIE :**
– Plaquette 50e anniversaire (août 1996).

Document de l'affiliation à la Fédération Française de Football de l'AS Saint-Hippolyte

Les présidents

Robert Magenham, Albert Munsch
Georges Tischmacher, Xavier Gerber
Lucien Taglang, Alphonse Stantina
Victor Stoffel, Raymond Muhr
Jean Birg, Francis Schaeffer
André Schmitt

Le comité de l'an 2000

André Schmitt (président)
Gilbert Bauer et André Oppermann (vice-présidents)
Franck Oppermann (secrétaire)
Yasmine Zinglé (trésorière)
Didier Valentini, Guy Oppermann
Jean-Claude Fleig, Christian Metzger
Jean-Louis Zinglé, Boinamadi Kadafi
Patrice Demicheli, Charles Thirion

L'AS Saint-Hippolyte en 1996
Debout de gauche à droite : XXX, M. Picard, D. Ackermann, Y. Haen, L. Decarvalho, V. Ackermann, A. Straub, V. Zimmer, XXX.
Accroupis de gauche à droite :
F. Oppermann, F. Schaeffer, R. Fohrer, F. Stocky, P. Schrantz.

Association Sportive Schillersdorf ★ 67

Schillersdorf

Les présidents
Pierre Kircher (1967-1987)
Court Mahler (1987-1994)
Gérard Balzer
(1994 à nos jours).

Le comité de l'an 2000
Gérard Balzer (président)
Bernard Philipps
(vice-président)
Eric Jacky (secrétaire)
Raymond Lienhardt (trésorier)
Jean-Pierre Boos
Denis Burckel
Olivier Burckel
Freddy Kayser
Charles Klein
Rachel Lienhardt
Roland Merckling
Charles Ruch
Etienne Schwab
Alain Wild
Georges Wild.

Le football réincarné

C'est en 1946 que naît le Football Club Schillersdorf, managé par René Mercklin. Le club joue en 1946-1947 en division IV du Bas-Rhin, dans un groupe qui compte Durembach (champion), Ohlungen, Lembach, Oberbronn, Rothbach, Schillersdorf (6e), Mietesheim et Niedersteinbach. En 1951, c'est la consécration avec le titre de champion de groupe de division IV devant Marmoutier et l'accession en division III.

Le club engagé dans le groupe IV de division III est dissout à l'orée du championnat 1951-1952. Mais un grave problème d'effectifs provoque la dissolution pure et simple du club.

Le football renaît de ses cendres le 13 avril 1967 sous le titre d'Association Sportive Schillersdorf et s'engage en championnat de division IV pour la saison 1967-1968. La première montée a lieu au terme de la saison 1970-1971, avec une belle deuxième place.

En division III, le club est 10e et retourne à la case départ dès sa première tentative. Il va demeurer en division III jusqu'en juin 1975. Avec un nouveau titre de champion de groupe en 1974-1975, cette fois, c'est l'accession en division II. Le club-house est érigé en 1976.

L'ASS va se maintenir en D II jusqu'en 1980, quand elle est contrainte de retomber en division III. Les résultats sont une alternance de bon et de moins bon. Mais qu'importe puisque le club est sacré à nouveau champion de groupe de division III 1988-1989, avec la meilleure attaque du Bas-Rhin (94 buts) et une nouvelle accession en division II, sous la conduite de François Rust. Quelques bonnes places sont obtenues lors des premières saisons, avant qu'au terme de celle de 1993-1994, le club ne se trouve à nouveau confronté aux affres de la descente.

Mais il est dit que les séjours en division III doivent être de courte durée. Remontant fin 1996-1997, l'ASS n'y fait qu'un court passage et accède en division I, une fois achevé le championnat de la saison 1997-1998.

L'équipe ne va plus quitter ce niveau jusqu'en l'an 2000, sous la conduite de l'entraîneur Roger Krugell.

• BIBLIOGRAPHIE
– Documentation et photos remises par Eric Jacky.

L'AS Schillersdorf 1981-1982
Debout de gauche à droite : Philippe Peter, Roger Gress, Jean-Pierre Dossmann, Gérard Baltzer, Raymond Lienhardt, René Gast, Roby Holzberger (entraîneur).
Accroupis de gauche à droite : Jean-Pierre Boos, Jean-Pierre Kircher, Albert Gress, Freddy Mutzig, Freddy Ackermann, Eric Jacky.

L'AS Schillersdorf 1976-1977
Debout de gauche à droite : Fredy Lienhardt (délégué), Jean-Paul Mutzig, Richard Lienhardt, Roland Merckling, Ernest Voegtling (entraîneur-joueur), Gérard Balzar, Michel Rueff, Pierre Kircher (président).
Accroupis de gauche à droite : Raymond Lienhardt, Rémy Harter, Freddy Ackermann, Jacky Baltzer, Eric Jacky, Roger Gress, Jean-Paul Osterroth.

L'AS Schillersdorf 1986-1987
Debout de gauche à droite : Raymond Lienhardt, Patrick Gass, Jean-Paul Lienhardt, André Boetinger, Freddy Ackermann, Christian Mahler, Richard Lienhardt, Freddy Lienhardt (délégué).
Accroupis de gauche à droite : Pierre Micler, Didier Schini, Pierre Mahler, Freddy Mutzig, Roland Merckling, Jean-Jacques Ertzinger (entraîneur-joueur).

Football Club Tagsdorf ★ 68

Tagsdorf

Changement d'identité

1945 ... la fin des hostilités ... la vie reprend. C'est à cette époque que les jeunes de Tagsdorf-Schwoben, Heiwiller se retrouvent dans les prés pour taper dans un ballon.

La camaraderie aidant ils sont bientôt rejoints par d'autres jeunes de Hundsbach, Hausgauen et même Jettingen. Et l'idée de créer une équipe pour disputer le championnat ne met pas longtemps à germer dans les esprits.

C'est ainsi que le 1er mai 1946 naît officiellement la « Société Sportive de Tagsdorf ». Le 3 août 1946 elle est inscrite à la Ligue d'Alsace de Football. Le comité fondateur est formé de Charles Delunsch, René Habermacher, Georges Golfier, Eugène Dietsch, Joseph Rey, Joseph Riss, Joseph Christen. Le premier terrain de football se situe le long du « Tahlloch » à la sortie du village, vers Emlingen mais l'on n'y joue que trois ou quatre saisons, puis un nouveau terrain est aménagé rue de Morschwiller, terrain qui est à présent la propriété du FCT pour plus de la moitié. Le 18 juin 1953, la SS Tagsdorf, doit changer de dénomination et prendre le sigle FCT.

Sur le plan strictement sportif, le FCT a de bonnes équipes mais avec des résultats en dents de scie, avec même deux ou trois saisons de non activité au creux de la vague, avec des descentes suivies de montées.

En 1974, le club-house, œuvre des bénévoles du club avec l'appui financier de la municipalité, est inauguré.

Le nouveau terrain est aménagé en 1992. Les moments marquants du club sont entre autre un titre de champion de groupe division III en 1980 et 1982. Les cadets se distinguent eux en 1976 en étant champion de groupe, les juniors B eux décrochent ce titre en 1988. HA ce jour, le club compte 40 joueurs seniors et 30 jeunes.

• BIBLIOGRAPHIE :
– Documents fournis par Raymond Ott.

Le FC Tagsdorf en 1948
On reconnaît : P. Gasser, HA Fellmann, R. Foltzer, E. Cayot, A. Grienenberger, J. Schmidlin, C. Grinenberger, R. Schmitt, L. Schmitt, A. Specker, Raymond Folzer.

Le FC Tagsdorf en 1977-1978
Debout de gauche à droite : Lucien Zimmermann (sponsor), Jean-Luc Heudecker, Georges Habermacher, Gérard Ott, Jean-Marie Folzer, Gérard Meyer, Jean-Pierre Dirig, Morand Hell, Gérard Pachéco, Marcel Dietsch (président).
Accroupis de gauche à droite : Gilbert Dietsch, François Brugger, Jean-Paul Pachéco, Gabriel Pachéco, Joseph Pachéco, Raymond Ott.

Le FC Tagsdorf de l'an 2000
En haut de gauche à droite : René Danisi (maire), Roland Klein (arbitre), Alain Meyer, Morand Schirmesser, Herbert Deuschle, Maurice Plieger, Philippe Steiner, Jean-Luc Schoenig, Marc Courbet, Serge Allegreti, Alexandre Ott, Patrick Wanner, Gilles Grimaz.
En bas de gauche à droite : Geneviève Schermesser, Jean Greiner, Pascal Folzer, Mathieu Pflimlin, Michel Hueber, André Folzer, André Dietsch (président).

Les présidents

Charles Delunsch (1946-1949)
René Habermacher (1949-1953)
Charles Grienenberger (1953-1954)
René Allemann (1995-1959)
Marcel Dietsch (1959-1961)
Martin Colin (1961-1966)
Théo Colin (1967-1968)
Marcel Dietsch (1968-1978)
Hubert Goetz, André Dietsch.

Le comité de l'an 2000

André Dietsch (président)
Ott Raymond (vice président)
Raymond Ott (secrétaire)
Alphonse Enderlin (trésorier)
Sabine Balsinger, Jean-Pierre Dirig
Pascal Folzer, Georges Goetz
Jean Greiwer, Patrick Klein
Alain Meyer, Marc Grienenberge
Gilbert Meister, Mathieu Pfimlin
Patricia Pflimlin, Bruno Himhof
Eric Dieslch, Gevel Heinis
Alexandre Ott, Amaury Dirig
Roland Klein (arbitre).

Football Club Ungersheim ★ 68

1946 Ungersheim

Le FC Ungersheim 1948-1949, champion d'Alsace de division III
Debout de gauche à droite :
Henri Martiny, Achile Romann, Aimé Spaety, Lucien Kinbeiter, Etienne Dabrowski, Jean Romann, Martin Rumbach, Ernest Romann, Jean Schablé, Emile Wellenreiter, Oscar Devergranne, Armand Kaspar.
Accroupis de gauche à droite :
Joseph Ursprung, Charles Biehler, Jean Spaety, Joseph Biehler, Robert Kuentz, Alexandre Vonthron.

Agrandissement du terrain situé aux abords de la cité minière d'Ungersheim en 1950

Tout près de la cité minière

Comme beaucoup de clubs alsacien, le Football Club Ungersheim est créé en 1946, au lendemain de la guerre. Sur la demande de quelques jeunes du village, les anciens sportifs, prennent l'initiative de convoquer le 2 avril en 1946 en une réunion générale tous les jeunes gens désirant pratiquer le football. Cette réunion qui ne manque pas de succès a lieu au restaurant « Au Chasseur » à Ungersheim. Le comité fondateur est composé de Victor Vonthron (président), Oscar Devergranne (vice-président), Charles Fix (secrétaire), Henri Martiny (trésorier), Camille Kuentz, Alphonse Spaety, Joseph Schuller, Joseph Romann, Xavier Vonthron, Achille Romann (assesseurs). Le club dispose d'un terrain aux abords de la cité. A cette époque l'effectif actif est de 25 sportifs et l'effectif passif de 30 membres. Le FCU est affilié à la Fédération Française de Football le 22 août 1946 et son premier match de championnat a lieu le 29 septembre 1946 (couleur des maillots : blanc et culotte noire).

L'équipe débute en division IV pour monter dès 1947 en division III au terme d'une saison remarquable. En effet, elle acquiert la première place de son groupe devant Modenheim et Berrwiller avec 15 victoires, 3 nuls et aucune défaite, elle marque 55 buts et en prend 13 au cours de la saison. Les joueurs atteignent à nouveau la plus haute place du classement à l'issue de la saison 1948-1949 loin devant Lutterbach et Oberbruck et remportent 17 matches durant la saison, font 2 nuls et ne perdent qu'une seule rencontre.

Champion du Haut-Rhin

Ils ne s'arrêtent pas là puisqu'ils réussissent à enlever leur premier titre de champion du Haut-Rhin, puis le titre de gloire de champion d'Alsace de division III en battant Hatten en finale régionale la même année. Le FCU organise son premier tournoi de foot le 4 septembre 1949 avec un bal champêtre fort bien réussi. Réguisheim remporte la coupe, les autres équipes participantes sont Ruelisheim, Meyenheim, Merxheim et Issenheim. Le club évolue donc en division II pour la saison 1949-1950 et se place confortablement 6e en 1950-1951 et 5e en 1951-1952.

A nouveau 6e en 1952-1953, le club accroche le trio de tête en 1953-1954 et termine 3e à égalité de points avec Turkheim (2e), le premier est Pulversheim avec trois points d'avance. En pleine ascension, le FCU décroche la première place de son groupe en 1954-1955 avec un tout petit point d'avance sur ses dauphins Ottmarsheim et Buhl. Tout au long de la saison il remporte 12 victoires, 3 nuls et 5 défaites. Après s'être illustré pendant 6 saisons en division II, le club accède en division I et s'affiche en milieu de tableau pour la saison 1955-1956, il finit 7e sur 12. 5e en 1956-1957, il arrive en 2e position en 1957-1958, juste derrière Guebwiller.

Terminant 7e sur 12 en 1958-1959, l'équipe fanion parvient à se hisser au 3e rang de son groupe pour trois saisons consécutives (1959-1960, 1960-1961, 1961-1962).

Jusqu'en Promotion d'Honneur

C'est avec détermination que l'équipe entame la saison 1962-1963 et jusqu'à la fin d'un championnat très disputé, elle arrache le titre de champion de groupe de division I à égalité de points avec le 2e Ottmarsheim. Le club s'en tire grâce à un meilleur

Le FC Ungersheim 1956-1957, en division I
Debout de gauche à droite : Jean-Pierre Vonthron, Jean Spaety, Gérard Herscherr, Albert Rothenflug, Aimé Spaety, Paul Birr, Zéou Zabienski, Gilbert Moyses, Oscar Devergranne, Jacques Birr.
Accroupis de gauche à droite : Henri Kiry, Pierre Romann, Joseph Schaller, Eugène Brender, Germain Moyses.

Le FC Ungersheim 1958-1959, accession en division I

goal-average. Le FC Ungersheim parvient même à devenir champion du Haut-Rhin en 1964. Ce titre lui vaut de tenter sa chance en Promotion d'Honneur durant la saison 1964-1965. Malheureusement il ne parvient pas à tirer son épingle du jeu et termine avant-dernier avec le même nombre de points que son successeur Ingersheim. De retour en division I, le FCU rate la saison 1964-1965 et finit 11e devant Gunsbach et Munster, ce qui lui vaut la descente en division II. La réaction se fait dès la saison suivante (1965-1966) puisque l'équipe atteint la première place du classement devant Masevaux et Bitschwiller avec 19 rencontres gagnées, aucun match nul et 3 défaites. Elle accède donc en division I. Mais une fois de plus elle se retrouve malheureuse de sa 11e et avant-dernière place à égalité de points devant Staffelfelden. En 1967, Le Football Club Ungersheim inaugure son nouveau terrain. Il repart en division II et entame une longue période terne : 9e en 1967-1968, 8e en 1968-1969, 7e en 1969-1970 et 6e en 1970-1971. Il échoue à la 11e place du championnat en 1971-1972 devant Merxheim et Guewenheim. En 1972-1973, l'équipe termine avant-dernière devant Kirchberg et à nouveau 11e et avant-dernière en 1973-1974 devant Aspach-Haut. Malgré tous ces résultats médiocres, le club parvient à se maintenir en division II. Il finit une fois de plus avant-dernier en 1974-1975 devant Lutterbach. Mais la saison 1975-1976 est celle de trop car la 12e et dernière place du groupe contraint le FCU a descendre en division III.

Le club inaugure les vestiaires et le club-house en 1976. Il repart logiquement en division inférieure pour se classer 8e en 1976-1977. L'équipe parvient à sortir doucement la tête de l'eau et touche du bout des doigts les hauteurs du classement avec une 4e place en 1977-1978.

A nouveau 4e en 1978-1979, elle s'installe dans la première moitié du classement au 3e rang en 1979-1980 à égalité de points avec Pulversheim et Soultz. Son goal-average est malheureusement le moins avantageux des trois. Pour les saisons 1980-1981 et 1981-1982, le FCU se place 4e. Il termine 7e sur 13 en 1982-1983 puis réintègre la 3e place en 1983-1984. Le club se retrouve en 4e position au terme de la saison 1984-1985 et monte en division II du fait de la refonte des championnats par la LAFA.

Deux fois de suite 6e en 1985-1986 et en 1986-1987, l'équipe fanion dégringole à la 11e et avant-dernière place et tombe de ce fait en division III. Elle ne s'avoue pas vaincue et acquiert la 3e place du championnat en 1988-1989 derrière le RC Guebwiller et Merxheim. Le club maintient la cadence et accroche le 2e rang en 1989-1990 à deux points de son prédécesseur Raedersheim. Il se classe 5e en 1990-1991. La saison 1991-1992 marque la remontée en division II grâce au titre de champion de groupe décroché après 22 rencontres disputées dont 17 victoires, 1 nul et

Le FC Ungersheim de l'an 2000
Debout de gauche à droite : Jacques Hierry (président), Gérant du garage de la Thur, Emmanuel Janski, Franck Ehrlich, Mickaël Boron, Yann Bartsch, Dominique Sautebin, Eric Simon, Michel Schuller, Joseph Fricker.
Accroupis de gauche à droite : Dominique Hassenforder, David Giangrande, Michel Hoang, David Beck, Alain Guth, Raphaël Alonso, Eric Fricker.

4 défaites. L'équipe termine devant Berrwiller II et le Racing Guebwiller.

A nouveau en division supérieure, elle se hisse à la 2e place derrière Sundhoffen II. Pour la saison 1994-1995, le club arrive encore dans le trio de tête en 3e position derrière Fessenheim et Raedersheim. Il finit au 2e rang en 1995-1996 derrière Gundolsheim. Un deuxième terrain est construit à partir de 1996. 4e en 1996-1997, le FCU termine deux fois de suite 8e sur 12 en 1997-1998 et en 1998-1999. Il atteint la 3e place en 1999-2000 derrière Ottmarsheim et Battenheim et la 2e en 2000-2001 derrière Raedersheim.

A l'heure actuelle, le club compte une équipe poussins B, benjamins B, 13 ans en entente avec le FC Ensisheim, 15 ans en entente avec le FC Réguisheim, 2 équipes seniors et 1 équipe vétérans. Les membres licenciés jeunes, seniors, vétérans et dirigeants se comptent au nombre de 110 personnes environs.

Ces derniers jouissent aujourd'hui d'un club-house flambant neuf dont les travaux ont duré plus d'un an. Tous les samedis, des bénévoles se sont retrouvés pour mettre la main à la pâte afin que la reconstruction du FCU dure le moins longtemps et coûte le moins cher possible au club. Durant ces travaux, c'est le président du Tennis Club d'Ungersheim, Louis Fricker, qui a la gentillesse de prêter le club-house et vestiaire du TCU au FCU.

• **BIBLIOGRAPHIE :**
— Document remis par le club.
— Remerciements à Carine Fricker.

Les présidents
Victor Vonthron (1946-1949)
Achille Romann (1949-1952)
Jean Spaety (1952-1972)
Jean-Paul Muller (1972-1978)
Paul Wittmer (1978-1988)
Jean-Michel Wellenreiter (1988-1992)
Jacques Hierry (1992 à nos jours)

Le comité de l'an 2000
Jacques Hierry (président)
Joseph Fricker
Dominique Hassenforder
(vice-présidents)
Jean-Marie Spaety (trésorier)
Richard Romann (trésorier-adjoint)
Carine Fricker (secrétaire)
Franck Ehrlich (secrétaire-adjoint)
Pascal Schuller, Gilbert Sandmann
Laurent Vonthron, Fabrice Wilk
Yamine Maghlaoui, Jacques Arnoux
Gabriel Wipf, Jacques Archs
Eric Fricker, Bernard Biehler
Marc Hierry, Michel Schuller
Stéphane Inhofer

Le FC Ungersheim, en division I en 1960-1961
Debout de gauche à droite : Jacques Birr, Albert Rothenflug, Paul Wittmer, Richard Romann, Camille Moyses, Aimé Spaety, Paul Birr, Jean Spaety.
Accroupis de gauche à droite : Henri Kiry, Aimé Moser, Joseph Schaller, Germain Moyses, Zéou Zabienski.

1946 Sporting Club Urmatt ★ 67
Urmatt

Le premier match du SC Urmatt le dimanche de Quasimodo 1946
On remarque que les joueurs n'ont pas encore de maillots.

Victime de l'inondation de 1990

C'est en 1946 que naît Sporting Club Urmatt, sous la présidence d'Emile Metzger. L'unique équipe dispute son premier match le dimanche de Quasimodo 1946; elle n'a pas encore de maillots. L'équipe fanion évolue pour la première fois en championnat de la LAFA pour la saison 1946-1947. Elle débute logiquement en division IV et termine 4e dans un groupe qui se compose de Muhlbach (champion), Avolsheim, Barembach, Entzheim et Gresswiller.

Dès la saison suivante (1947-1948), le club enlève le titre de champion de groupe avec 1 point d'avance sur Altorf, et accède en division III. Le SC Urmatt se sauve de justesse en 1949-1950, terminant 7e juste devant Muhlbach-sur-Bruche. Il se classe péniblement au cours des saisons suivantes (5e en 1950-1951 et 7e en 1951-1952, 1952-1953 et 1953-1954). A l'issue de celle de 1954-1955, l'équipe rate de peu l'accession en division supérieure, puisqu'elle finit 2e derrière Rothau.

En division II

Mais, ce n'est que partie remise car, dès la saison 1955-1956, elle décroche le titre de champion de groupe, avec 8 points d'avance sur Dinsheim et finit le championnat avec la meilleure attaque (64 buts) et la meilleure défense (22). Le club accède pour la première fois de son histoire en division II. Le 9 avril 1957, sous l'impulsion du président Emile Rauner, personnalité active et efficace de la vie associative à Urmatt, le SCU devient la section football des Sports Réunis d'Urmatt, qui comprennent en outre une section basket et de théâtre. Footballeurs et basketteurs construisent une salle des fêtes, située au centre du village.

Les SR Urmatt parviennent à se maintenir seulement deux saisons (6e en 1956-1957 et 1957-1958), avant de retrouver la division III à la fin du championnat 1958-1959, terminant 12e et derniers, juste derrière Duttlenheim. Après quelques saisons décevantes, les SRU retrouvent enfin une place parmi les ténors. Deuxièmes à 3 points de Rosheim en 1961-1962, puis 3e derrière Mutzig II et Dinsheim en 1962-1963, ils se placent pour la suite. Et c'est dès la saison 1963-1964, que le club remonte enfin en division II, se hissant à la 2e place à 2 points de la Robertsau II.

Malheureusement, l'équipe fanion ne tient qu'une année, car au terme de la saison 1965-1966, elle termine 12e et dernière de son groupe avec 1 victoire, 4 nuls et 17 défaites. Elle retrouve la division III. La dégringolade continue, car avec le forfait général de Barembach en 1966-1967, le club descend jusqu'en division IV. Il se reprend aussitôt et enlève haut la main le titre de champion de groupe.

La saison 1969-1970 est catastrophique, puisqu'elle voit l'équipe redescendre en division IV, sans la moindre victoire. Grâce à sa 3e place obtenue en 1970-1971, l'équipe remonte aussitôt en division III. Elle joue de mieux en mieux et cela se confirme avec sa 2e place en 1972-1973, derrière Dachstein, mais elle ne monte pas. Motivés par le dynamique président Jean-Paul Bindel, puis secondés par le très coopérant bénévole de toujours Roger Schneider, les joueurs construisent, en 1975, un club-house en bois avec vestiaires et douches.

Des titres pour les jeunes

En 1975-1976, les Sports Réunis rétrogradent une fois de plus en division IV. Le club ne perd pas de temps et remonte dès la saison suivante (1976-1977), en décrochant le titre de champion de groupe de division IV avec 7 points d'avance sur Barembach. L'équipe fanion enchaîne et parvient à décrocher un nouveau titre de champion de groupe avec 3 points d'avance sur Holtzheim et retrouve enfin la division II. C'est malheureusement à la fin de la saison 1982-1983 que le club se voit relégué en division III. Mais l'équipe ne compte pas rester sur cet échec et en 1983-1984, elle crée la grosse surprise en étant sacrée championne de groupe avec 4 points d'avance sur Hersbach et remonte en division II.

Le club se retrouve en inactivité le 6 septembre 1985 pour cause d'effectif insuffisant, mais repart pour la saison 1987-1988 et se classe 7e en division III. De très belles performances sont à mettre à l'actif des jeunes du club. En effet une équipe de pupilles à 7 entraînée par Patrick Friant et dirigée par Raymonde Friant, devient championne du Bas-Rhin, mais est battue pour le titre de champion d'Alsace par le FC Kembs en 1987-1988. Elle est aussi finaliste de la coupe d'encouragement.

Les minimes à 7A, emmenés par les mêmes dirigeants, sont sacrés champions d'Alsace en 1989-1990 en battant l'AS Riespach en finale régionale, et sont finalistes de la coupe d'encouragement (meilleure attaque du Bas-Rhin avec 129 buts).

Du mal à se maintenir

Le stade, qui appartient à la commune d'Urmatt, est partiellement détruit par l'inondation du 15 février 1990. La pelouse n'est plus qu'un champ de cailloux et de sable. Le terrain ne se relève pas d'un tel traitement. L'équipe fanion quant à elle, se hisse jusqu'à la 3e place derrière Notre-Dame Strasbourg et Avolsheim à la fin de la saison. Une très belle 2e place vient clôturer la saison 1992-1993.

Le 25 juin 1993, la section football des Sports Réunis Urmatt redevient Sporting Club, dont le président est Michel Fialon. En 1993-1994, l'équipe échoue pour l'accession en division II, juste derrière Schirmeck, mais parvient à monter dès la saison suivante, terminant deuxième à 2 points de Still.

Le Sporting Club se voit, malheureusement, terminer dernier en 1995-1996 et retrouve la division III. La saison 1996-1997 est une réussite totale, puisque l'équipe fanion est sacrée championne de groupe, avec 2 points d'avance sur les Portugais de la Bruche et remonte en division II.

Mais le club a beaucoup trop de mal de tenir son rang et doit redescendre dans la plus petite des divisions, en compagnie de Muhlbach-sur-Bruche en 1997-1998. En juillet 1999, le club débute les travaux de construction d'un nouveau terrain d'honneur, d'un terrain d'entraînement, ainsi que d'un nouveau club-house entièrement pris en charge par la commune. Avec actuellement un effectif de 150 licenciés dont 105 jeunes et dans de toutes nouvelles installations le Sporting Club Urmatt a du pain sur la planche mais un bel avenir devant lui !

• **BIBLIOGRAPHIE :**
– Documents fournis par Paul Labolle.

Démolition de l'ancien club-house en mai 2000 pour un nouveau, ici en construction en juin 2000

Les présidents
Emile Metzger (1946)
Paul Binder
Robert Thiriat
Pierre Siat
Emile Rauner
Jean-Pierre Dellenbach
Jean-Paul Bindel
Michel Fialon
François Pouget
Marius Bieber
Paul Labolle (à nos jours)

Le comité de l'an 2000
Paul Labolle
(président et secrétaire)
Hubert Rosin
Roger Schneider
Roland Zimmermann
François Ludwig
(vice-présidents)
Daniel Bernard (trésorier),
Christian Gambe
Pierre Klotz
Alexandre Wayoff
Gwenaël Lebeuze
Elodie Pallois
Fabrice Breso
Jean-Pierre Adolf
André Erhard.

Le SC Urmatt de l'an 2000

1946
Football Club Valff ★ 67

Valff

Le fameux match contre Ottrott en 1968

Jean-Paul Saas crée, en 1946, avec une poignée d'amis, le Football Club de « Victoria » Valff, qui est fort de 28 membres. Il a à ses côtés Antoine Léopold (vice-président), Paul Léopold (secrétaire et trésorier) et Albert Donath qui deviendra capitaine de l'équipe qui évolue tranquillement en division IV lors de la saison 1946-1947.

Au cours de cette saison, qui démarre officiellement après l'assemblée générale tenue le 12 septembre 1946, l'effectif repose sur Albert Donath, René Léopold, Paul Léopold, Lucien Clauss, Joseph Clauss, André Goettelmann, Antoine Voegel, André Voegel, Emile Jost, Alphonse Eggermann, Jean Pellegrini, Auguste Stahl et Camille Schmitt. Une saison d'arrêt s'avère obligatoire, mais l'équipe retrouve le championnat dès l'exercice 1948-1949. Les difficultés s'accumulent, l'effectif est un peu juste et il faut se contenter de la dernière place, en division, IV en 1952-1953. Qu'importe, il n'est pas question de se décourager et l'objectif n'est pas de gagner à tout prix. Convivialité d'abord.

Une première montée

La première bonne saison, sur le plan sportif, est celle de 1958-1959, quand l'équipe termine à la troisième place derrière Krautergersheim et Sand. Elle accroche une nouvelle troisième place en 1959-1960, avant d'être championne de groupe 1960-1961 et de monter en division III.

René Halmenschlager a été élu à la tête du club en mai 1960. Ce n'est pas un hasard. Il a auprès de lui Marcel Hirtz (vice-président), Emile Jost (secrétaire) et Charles Schultz (trésorier). En poule de classement, l'équipe se fait éliminer en demi-finale par Hittenheim (4-6). C'est au cours de cette même saison qu'est engagée une équipe réserve dont René Jost est nommé capitaine. Pour mémoire, il est bon de rappeler les noms des champions de groupe : Joseph Jost, Roger Hirtz, René Kiennert, Charles Schultz, Gérard Schaetzel, Jean-Paul Hirtz, Fernand Rosfelder, Emile Jost, Rémy Bischoff, Auguste Wagner, Claude Donath, Joseph Kormann, Bernard Rossfelder. Entraîneur : M. Schiltz.

Devant 700 spectateurs

La saison 1967-1968 est sans doute la plus brillante, puisque l'équipe, championne de groupe, accède à la division II. C'est le dernier match contre Ottrott, gagné 3-2 devant 700 spectateurs qui décide de la montée. En poule de classement, après avoir éliminé l'équipe II de Sélestat puis Ergersheim, le FC Valff joue la finale départementale contre Lembach à Schwindratzheim mais s'incline contre plus fort (0-6).

Malheureusement, l'euphorie est de courte durée. Certains joueurs chevronnés, dont le buteur patenté, quittent le club et l'équipe qui est reléguée un plus tard, et c'est Gérard Jost qui prend la tête du club. En 1969-1970, le club évolue en division III et IV, obtient un billet pour l'étage au-dessus. Une dernière place en 1970-1971 permet néanmoins un nouveau sauvetage. En 1974, une équipe de dirigeants avec à leur tête Jean-Claude Wiedemann, président, entouré de Jean-Marc Léopold (vice-président), André Schwartz (secrétaire) et André Lutz (trésorier), prend en main les destinées du club. Et la période calme de la division III s'arrête au terme de la saison 1977-1978, quand l'équipe est reléguée en division IV.

Voilà des féminines !

Jean-Claude Wiedemann devient président en 1978. Et dès la saison 1978-1979, c'est la remontée en division III. C'est aussi la première fois que l'on engage une équipe féminine.

C'est en 1982 qu'on inaugure le club-house et le nouveau complexe sportif, entièrement financé par la commune. C'est le 1er septembre 1979, qu'ont débuté les travaux pour la construction du club-house. Une entreprise de longue haleine, puisqu'il aura fallu pas moins de 2 ans et 4 200 heures de travail, aux joueurs et dirigeants, tous bénévoles, pour atteindre l'objectif.

Billet pour la division I

En 1988, Bernard Martin prend le relais de la présidence. En 1989-1990 enfin, l'équipe, entraînée par Jean-Jacques Ulrich, accède en division I. La même année, une équipe de jeunes est créée, sous la responsabilité de

---

Le FC Valff 1959-1960, accession en division III
Debout de gauche à droite :
Marcel Hirtz (président), Roger Hirtz, René Kienert, Charles Schultz, Gérard Zaegel, Jean-Paul Hirtz, Fernand Rosfelder.
Accroupis de gauche à droite :
Joseph Jost, Emile Jost, Rémy Bischoff, Auguste Wagner, Claude Donath.

Les présidents
Paul Saas (1946-1960)
René Halmenschlager (1960-1970)
Gérard Jost (1970-1976)
Jean-Claude Wiedemann (1976-1988)
Bernard Martin (1988-1996)
Sébastien Sittler (1995-1996)
Frédéric Scheibel (1996-1999)
Sébastien Sittler (1999 à nos jours)

Le FC Valff féminines 1980-1981
Debout de gauche à droite : Jean-Claude Wiedemann (président), Josée Saas (capitaine), Astride Voegel, Agnès Jost, Agnès Goettelmann, Isabelle Heywang, Françoise Rosfelder, Gérard Rosfelder (entraîneur).
Accroupies de gauche à droite : Eliane Schultz, Isabelle Chalençon, Josiane Fuchs, Christine Voegel, Marianne Diehl, Martine Rosfelder.

Le FC Valff 1980-1981, en division III
Debout de gauche à droite : Maurice Saas, Jean-Marc Voegel (capitaine), Jean-Luc Freyder, Denis Schalck, André Rosfelder, Sébastien Sittler, Jean-Marie Frindel, Alain Schaeffer, Bernard Huck (entraîneur).
Accroupis de gauche à droite : Patrick Fussler, Germain Frindel, André Schaeffer, Robert Hirtz, Claude Andres, Gérard Rosfelder. Manquent sur la photo : Philippe Schultz, Richard Saas, Bernard Hirtz.

Patrick Fussler. Le FC Valff enlève le titre de champion de groupe avec deux points d'avance sur Sand et monte en division II. La saison suivante, avec une deuxième place, c'est la montée en division I, avec Jean-Jacques Ulrich comme entraîneur. Mais le pari est difficile à tenir et dès la saison 1991-1992, l'équipe est dernière de son groupe et condamnée à retourner en division II. L'équipe s'y trouve jusqu'en 2000 et ce n'est qu'au terme de la saison 200-2001, alors qu'elle est entraînée par Dominique Goetz, qu'elle gagne son billet pour la division I.

• BIBLIOGRAPHIE :
– Plaquette du 35ᵉ anniversaire les 7 et 8 juin 1981.
– Grand merci à Sébastien Sittler.

Le FC Valff juniors en 1980-1981
Debout de gauche à droite : Patrick Frindel (responsable), Christian Jost, Saaden Delenda, Michel Biero, Dominique Jolly, Vincent Hirtz, Jean-Marc Jacquot, Yves Betsch, Hervé Wurtz.
Accroupis de gauche à droite : Clément Stoeffler, Denis Herrmann, Philippe Voegel, Didier Furst, Rémy Cavodeau (capitaine), Laurent Blind, Vincent Wagner. Manquent sur la photo : André Bousuge, Dominique Schaeffer, Gilbert Voegel (dirigeant).

Le comité de l'an 2000

Sébastien Sittler (président)
Lubo Tokic (vice-président)
Frédéric Schmitt (vice-président)
Robert Hirtz (trésorier)
Michel Biero (secrétaire)
Maurice Saas
Philippe Têtu
Raymond Lutz
Bernard Hirtz
Jérémy Keil
Marianne Keil
Cédric Bechtold
Steeve Bechtold
André Schaeffer
Paul Dupont

Le comité des jeunes

Claude Andrès (président)
Richard Saas
Bertrand Biero (trésorier)

Le FC Valff de l'an 2000
Debout de gauche à droite :
Dominique Goetz (entraîneur),
Frédéric Voros (dirigeant),
Philippe Lambert, Gilles Sittler,
Serge Clauss, Gérard Lutz,
Cédric Bechtold, Jérémy Keil (capitaine),
Michel Biero.
Accroupis de gauche à droite :
Franck Voegler, Stéphane Rohmer,
Frédéric Schmitt, Alain Offenburger,
Steeve Pfleger, Raymond Lutz,
Arnaud Jumbainville.

Football Club Voellerdingen ★ 67

Voellerdingen

Sur fond de règlements de comptes

C'est en avril 1946, que Paul Szafarczick, alors instituteur au village, décide de créer le Football Club Voellerdingen. En mars 1947 a lieu la première assemblée générale, qui élit le comité suivant: Paul Szafarczick, Alfred Buda, Henri Kieffer, Georges Beinsteiner, René Buda, Albert Buda, Erwin Gressel, Pierre Mathia, Léon Taesch, Pierre Riss. Le siège est installé dans la baraque-foyer des sinistrés.

Le FC Voellerdingen 1991-1992, accession en division I
Debout de gauche à droite :
Claude Wehrung, Benoît Helleisen, Raymond Lukic (entraîneur), Vincent Gauthier, Philippe Bach, Laurent Muller, Roland Brey, Emile Frantz (président), Xavier Nosal, Jacquy Helleisen.
Accroupis de gauche à droite :
Armand Muller (capitaine), Fernand Parisella, Didier Dahlet, Daniel Pax, Christian Beinsteiner.

Dès le début, le club de football ne fait pas l'unanimité dans la commune. Ainsi doit-il faire face à des problèmes financiers. Une section de théâtre est donc créée, qui pendant de longues années, organise d'innombrables représentations permettant la survie du club. Lors de l'assemblée générale du 4 décembre 1947, on procède, par vote secret, à la désignation du restaurant Buda comme nouveau siège du FC Voellerdingen.

Le club démarre en division IV, s'y comporte honorablement mais un manque d'effectifs l'oblige à déclarer forfait pour la saison 1950-1951. La période d'inactivité est de deux saisons. On retrouve l'équipe première classée en championnat pour la saison 1952-1953. En 1956, le FCV dispute une demi-finale de la coupe d'Alsace Bossue face au FC Drulingen, l'équipe doit s'incliner de justesse devant le futur vainqueur de l'épreuve. La saison 1956-1957 est l'année du sacre. En effet, pour la première fois de son histoire, le club monte en division III après avoir été champion de groupe. Par contre, le club est secoué par une crise et la saison 1958-1959 se termine par une dernière place et une seule victoire et un match nul. Le club se traîne en division IV mais finit par déclarer forfait général pour la saison 1961-1962.

Les personnalités lors du 40ᵉ anniversaire du FC Voellerdingen en 1986

1 230 entrées payantes

Quelques courageux relancent le club en 1964. Il reprend vie en championnat pour la saison 1964-1965. C'est en 1967 que, paradoxalement, un autre instituteur, Richard Hoffmann, donne un essor nouveau au club. Le 26 mai 1969 reste une date mémorable pour la commune. C'est ce jour-là qu'est inauguré le terrain. 1 230 entrées payantes sont enregistrées à cette occasion. Malheureusement, ce président de premier ordre est forcé de démissionner, sous la menace de quelques incorruptibles. Jusqu'en 1976-1977, saison où le club remonte en division III, on enregistre des résultats en dents de scie, mais satisfaisants dans l'ensemble. L'équipe a terminé à la troisième place, dans le sillage de Waldhambach et Fénétrange.

Jusqu'en division I

C'est en 1977 que le comité, sous la présidence de Raymond Trimborn, décide de construire des vestiaires avec club-house. En 1979, le président Emile Frantz, entouré d'un excellent comité décide de reprendre les travaux de construction momentanément interrompus. Le 15 août 1981, à l'occasion du 35ᵉ anniversaire, on inaugure les nouvelles installations, élément indispensable pour la bonne marche d'un club à cette époque. En 1980-1981, le parcours en division III est remarquable, l'équipe fanion terminant à la deuxième place derrière Butten, comme la saison suivante derrière Tieffenbach.

L'équipe monte d'un cran à la fin de la saison 1984-1985, jusqu'en division II, en profitant de la suppression de la division IV par la Ligue. L'équipe est régulièrement placée dans le premier tiers du classement. L'événement sportif de ces dernières années se situe à l'issue de la saison 1991-1992, avec la montée de l'équipe première, entraînée par Raymond Lukic, en division I.

Là encore, avec un titre de champion de groupe devant Oermingen, le club a réussi le parcours presque parfait. Malheureusement, dès la fin de la saison en division III, l'équipe retombe, mais sans jamais avoir démérité. Elle n'a certes enregistré qu'une victoire mais surtout réussi dix (!) matches nuls. Une sorte de record qui lui a coûté sa place.

En mai 1994, le comité est composé des membres suivants: Emile Frantz, Freddy Keiser, Claude Nosal, Albert Mathia, Lucien Helleisen, Ernest Gressel, Gilbert Beinsteiner, Raymond Krugell, Roland Brey, Adrien Taesch, Gilbert Taesch, Antoine Taesch et Gilbert Geyer. Il décide de fusionner avec l'US Diemeringen, désormais le nouveau club s'appelle Union Sportive Diemeringen-Voellerdingen 94.

• **BIBLIOGRAPHIE :**
– Historique et photos fournis par Freddy Kaiser.

Bergheim

Sports Réunis Bergheim ★ 68

1947

Plus de temps dans les vignes que sur le terrain

Tout commence par le Football Club. C'est ainsi qu'est appelé le club de football de Bergheim en 1947. Durant les premières années, le club évolue sur un terrain entouré de jardins et de vignes et les joueurs passent plus de temps à y récupérer les ballons qu'à jouer au football. Inutile de préciser qu'il n'y a, à l'époque, ni vestiaires ni douches, et encore bien moins de club-house.

Le club est engagé en championnat de division IV en 1948-1949, il est champion de groupe en 1951-1952 et accède au niveau supérieur, mais retombe une fois achevée la saison 1953-1954. Un problème d'effectifs entraîne le forfait général pour la saison 1956-1957.

En 1958, le club prend la dénomination de Sports Réunis Bergheim, certains dirigeants souhaitant créer une activité complémentaire, une section de cyclisme. En fait, elle ne verra jamais le jour, mais le bon vieux FC sera passé de vie à trépas. Après un passage sur une aire de jeu provisoire, un nouveau terrain de football est implanté par la commune sur un verger, un abri en bois sans eau ni électricité faisant office de vestiaires.

L'aventure commence, comme pour tout bon apprenti, en division III pour la saison 1958-1959 (la division IV avait été provisoirement supprimée). Il faut se frayer son chemin. En 1959-1960, les SRB sont champions de groupe de division III et montent en division II. En 1963-1964, les cadets B sont champions du Haut-Rhin, battus pour le titre régional par le FC Haguenau.

Champions d'Alsace de division III

La saison 1965-1966 sacre l'équipe fanion championne de groupe de division II et la voilà en division I, avec Jean-Pierre Steib comme entraîneur. Le club pointe même à la 2e place derrière Hirtzfelden en 1967-1968. Mais tout cela est trop beau et au terme de l'exercice 1969-1970, c'est le retour en division II. Certains joueurs étaient partis, déçus de ne pas être montée en division II, d'autre avaient vieilli ou raccroché...

2e en 1971-1972 (à 9 points de Neuf-Brisach), l'équipe première s'effondre la saison suivante en finissant bonne dernière. Le club se console avec le titre des minimes B qui sont champions du Haut-Rhin 1972-1973 (défaite en finale régionale devant le FCSK 06). Revenus en division III, les SRB de Pierre Bihl sont sacrés champions d'Alsace 1975-1976, en battant le FC Herbsheim pour le titre régional. Progressivement, sous la présidence de Pierre Walter, le club se dote d'un nouveau stade avec terrain d'entraînement, douches et club-house. En 1978-1979, les voilà champions de groupe de division II avec la montée acquise pour la division I. La même saison, les cadets B sont champions du Haut-Rhin. Dernier en 1980-1981, le club est rétrogradé en division II, quand les minimes B sont à leur tour champions du Haut-Rhin. Retombé en division III, le club se relève avec un titre de champion de groupe 1982-1983. Les réserves B accrochent le titre de champion du Haut-Rhin 1983-1984.

Des titres à la pelle

La saison 1987-1988, manquée, replonge le club en division III. En 1990, le club de Thannenkirch n'étant plus en mesure d'aligner 2 équipes, il décide de venir gonfler les rangs des SR Bergheim. Sous la direction de l'entraîneur-joueur Christophe Kropp, arrivé d'Illhaeusern, le club est champion d'Alsace de division III 1992-1993, en battant l'US Saessolsheim pour le titre régional. Le voilà en division II.

L'année suivante, il est champion d'Alsace de division II (victoire face à l'US Oberlauterbach en finale). Les SRB sont en division I. Les spectateurs se font de plus en plus nombreux et finissent même par se regrouper en un club de supporters en 1995. Malheureusement, le décès de Christophe Kropp, survenu après une terrible maladie, met le club en péril. Il a bien du mal à s'en remettre. Il donne d'ailleurs le nom de son stade à Christophe, en souvenir de celui qui aura laissé un souvenir profond. Deuxième en 1995-1996 derrière les Portugais de Colmar, mais derniers en 1997-1998, les revoilà en division II.

• **BIBLIOGRAPHIE :**
— Documents fournis par Jean Kubler.

Les SR Bergheim 1967-1968 en division I
Debout de gauche à droite :
Jean-Paul Steib, Eddy Kropp,
Jean-Claude Chabot, Jean Steffan,
André Hrycaj, Francis Freyburger,
Jean-Pierre Bund.
Accroupis de gauche à droite :
Alfred Scheidecker, Raymond Georgentum,
André Haas, Jean-Jacques Deiss,
Jean-Louis Kellerknecht.

Le comité de l'an 2000
Jean Kubler (président)
Denis Deiss (vice-président)
Claude Welschinger
(vice-président)
Pierre Bihl
(président d'honneur)
Jean-Luc Buttighoffer
François Muller
Michel Schuller
Léonard Giuliano
Christophe Sittler
Jean-Marie Brendel
Antoine Bohn
Mario Bechdolff
Martin Mugele
Jean-Georges Weibel
Michel Meyer
Rémy Zirgel
Joël Boucard
Patrick Stirn

Les SR Bergheim 1992-1993, champions d'Alsace de division III
Debout de gauche à droite : René Deiss, Thierry Engel, Jacky Kropp, Christophe Kropp (entraîneur), Pascal Koeberle, Philippe Zwickert, Luc Schuller, XXX. Accroupis de gauche à droite : Olivier Bohn, Pascal Koeberlé, Thierry Ermel, Jean-Luc Fuchs, Patrick Ziergel, René Deiss, François Muller.

1947 Football Club Buhl ★ 68

Buhl

Le FC Buhl en 1947

Un certain 23 mars 1947…

L'édition du 30 mars 1947 du « *Nouveau Rhin Français* », ancêtre de *l'Alsace*, titre, dans sa page locale « Guebwiller et sa région » : « Création d'un club de football », en ces termes : « *C'est le dimanche 23 mars 1947 que fut décidée, au restaurant Durr, la fondation d'un club de football à Buhl. De nombreux jeunes du village s'y étaient donné rendez-vous afin de constituer la nouvelle association locale. L'assemblée décida la mise en place du comité du club. M. Armand Durr fut élu président à l'unanimité. Le poste de vice-président revint à M. André Stein. On procéda également à la désignation du secrétaire et du trésorier, ce qui permit la création officielle du club. Le comité mis en place promit de se mettre immédiatement à la tâche, pour donner vie au club avec enthousiasme et dynamisme, afin de surmonter toutes les difficultés. Il nous reste à souhaiter plein succès à ce nouveau club afin qu'il puisse œuvrer avec succès au bienfait du sport et que nous pourrons très bientôt assister à un beau match de football à Buhl* »

Les présidents
Armand Durr (1947-1951)
Maurice Emmenecker (1951-1953)
Marcel Fritsch (1953-1958)
Henri Brouillard (1958-1969)
Dr André Mathias (1969-1988)
Calixte Unfer (1988-1991)
Jean-Marc Erny (1991-2000)
Michel Widemann (depuis 2000)

En fait, il faudra encore quelques assemblées pour que le FC Buhl soit porté définitivement sur les fonds baptismaux. Les statuts sont rédigés le 10 avril 1947 et déposés le 12 juin au tribunal cantonal de Guebwiller. C'est ainsi qu'on trouve, dans les publications légales : « Tribunal Cantonal de Guebwiller (Haut-Rhin) sur le registre des associations Vol. 2 N° 99, l'inscription suivante a été faite : Football Club de Buhl ». Le comité directeur se compose de : Armand Durr, restaurateur à Buhl (président), André Stein, boulanger à Buhl, vice-président, Louis Gardon, mineur à Buhl (secrétaire), Fernand Neyer, dentiste à Buhl (trésorier), Xavier Unternehr, ouvrier d'usine à Buhl, Arthur Litty Art, commerçant à Buhl, Georges Klein, horloger à Buhl (assesseur).

On avait bien essayé de jouer au football avant la guerre, mais on manquait de stade et de structures d'accueil. Et pourtant, les terrains « improvisés » avaient vu le jour : Place du Marché, de l'Eglise, les prés, tout était bon pour permettre aux équipes de quartiers de se livrer à leur sport préféré. On vit ainsi l'Oberdorf s'opposer à la Cité, ou Zimmerplatz rencontrer les joueurs du Markplatz. Le garde-champêtre ou les riverains avaient beau les chasser, ils trouvaient toujours un autre terrain de jeu.

Un vrai mécène

Voilà donc le club officiellement créé. Reste à trouver un stade et toutes les infrastructures indispensables. Et c'est à l'ancien curé de Buhl, le curé Bosshard, que l'on doit les démarches qui permettent d'obtenir le soutien des Ets Marin-Astruc. Une entreprise qui crée un beau stade avec des installations vestiaires-douches tellement rares à cette époque, mais aussi une salle de réunion, des équipements et qui pousse même son investissement jusqu'à prendre en charge et assurer le déplacement des équipes. Et dès 1949, les Buhlois peuvent enfin entrer officiellement en championnat.

Premier titre de champion

Comme toujours, l'apprentissage est difficile. Mais dès la saison 1951-1952, sous la conduite de l'entraîneur Emile Kientzy, le FCB devient champion d'Alsace de division IV. Le match se déroule le 15 juin 1952 à Benfeld et oppose le FC Buhl à Drulingen.

Un tour d'ascenseur

Chemin faisant, on voit le FCB accéder en division II à la fin de la saison 1952-1953. Pour la saison 1954-1955, Emile Kientzy passe la main. C'est Xavier Muller qui le remplace pour une seule saison malgré une belle seconde place, et Emile Sommer prend la relève. En 1957-1958, c'est M. Pons qui lui succède, puis Charles Cron, toujours en D II. Le stade devient « municipal » en 1963, la ville ayant racheté les installations aux Ets Marin-Astruc. De retour en division III en 1964-1965, c'est M. Malbrun qui prend en charge l'entraînement et dès la saison suivante, l'équipe est championne de son groupe et remonte en D II.

Exploits en coupe d'Alsace

La saison 1967-1968 est à marquer d'une pierre blanche. Alors que l'équipe évolue en division II, elle multiplie les exploits en coupe d'Alsace. Elle élimine successivement Herrlisheim (D III) 4-2, le Red-Star Mulhouse (D I) 3-2, Ruelisheim (D I) 4-2, Gunsbach (D III 15-4), Cité de l'Ill (D IV) 3-1, puis les promotionnaires de Vieux-Thann 4-3, ceux de Modenheim 3-1 avant de se faire éliminer face au futur finaliste, Mars Bischheim 1-9. Du coup, le club se voit attribuer le 8e challenge de « l'Alsace » et bat l'équipe de CFA du FC Mulhouse devant 1 500 spectateurs 3-1.

Retour d'enfer

Après l'embellie, c'est le début des années noires. Au terme de la saison 1969-1970, les footballeurs de la cité de Saint-Jean encaissent plus de 100 buts. La relégation en division III est inévitable et pas moins de 9 joueurs vont quitter le navire alors commandé par Robert Moli. L'équipe se liquéfie et descend volontairement en division IV. Il faut réagir, et pas seulement sur le terrain. Le président Henri Brouillard est remplacé. Un nouveau comité est composé : Dr André Mathias (président), Marcel Kuentz et René Galliath (vice-présidents), Jean Bader (secrétaire), Daniel Schreiber (trésorier).

L'époque du renouveau est en route. La saison en division IV se termine par le titre de champion d'Alsace, le FCB s'imposant (3-0) le 18 juin 1972 face à Oberhaslach à Sundhoffen. C'est cette saison là que le FCB se voit remettre pour la deuxième fois le challenge du journal L'Alsace de la meilleure performance en coupe d'Alsace. Il lui est remis le 21 août 1971.

Le FC Buhl 1951-1952, champion d'Alsace de division IV
Debout de gauche à droite : René Galliath (dirigeant), Alphonse Brugger, Egonne Wahren, Robert Moli, René Martin, Emile Fulhaber, Fernand Latuner, Louis Gardon (dirigeant).
Accroupis de gauche à droite : Roger Jaegy, François Schleer, Antoine Bernhard, Jules Theiller, Paul Saenger.
Manquent sur la photo : Pierre Kaltenbach et Georges Kuenlé.

Le FC Buhl 1965-1966, champion du Haut-Rhin de division III
Debout de gauche à droite : Bernard Brunnet, Orazio Unfer, René Maranzana, Eddy Caversazio, Roland Simon, Yves Ebel
Accroupis de gauche à droite : Michel Galliath, Calixte Unfer, Michel Trautmann, Joseph Kuentz, Jean Marck.
Manquant sur la photo : Alphonse Hanser, Pierre Kimmisch, Michel Garny, Daniel Weber, Francis Coquelle.

Le FC Buhl 1971-1972, champion d'Alsace de division IV
Debout de gauche à droite : Michel Galliath, Marcel Tiboni, Roland Simon, Yves Ebel, Albert Rieth, Alphonse Hanser, Robert Moli (entraîneur). Accroupis de gauche à droite : André Burgard, Michel Trautmann, Gaston Burgard, Joseph Kuentz, Louis Spina, Marcel Burgard.

Remise du challenge de « L'Alsace » au FC Buhl le 21 août 1971. De gauche à droite le Dr André Mathias (maire de Buhl et président du FCB) avec le ballon, Louis Zimmermann représentant le journal et Michel Galliath (capitaine)

Le FC Buhl vainqueur de la coupe du Crédit Mutuel 1983
De gauche à droite : Charles Haby (vice-président du Conseil Général), Georges Zussy (entraîneur-joueur du FC Buhl).

Les entraîneurs

Emile Kientzy (1950-1954)
Xavier Muller (1954-1955)
Emile Sommer (1955-1957)
Pons (1957-1959)
Charles Cron (1959-1962)
Malbrun (1962-1969)
Robert Moli (1969-1973)
Michel Trautmann (1973-1974)
Léon Deladerrière (1974-1975)
Robert Moli (1975-1977)
Henri Jacquemin (1977-1979)
Jean-Marie Mazureck (1978-1981)
Edouard Neff (1981-1982)
Georges Zussy (1982-1986)
Serge Schlumberger (1986-1988)
Pierre Reiff (1988-1991)
Guy Schreiber (1991-1992)
Bernard Beltzung (1992-1994)
Louis Capeleto (1994-1996)
Serge Schlumberger (1996-1999)
Patrice Schermesser (1999-2001)

Le FC Buhl 1985-1986, l'équipe qui a accédé à la PH
Debout de gauche à droite :
Alex Tardy, Mᵐᵉ Zussy, A. Ebel, P. Venturini, D. Ebel, B. Luscher, A. Kudron, Georges Zussy, Luc Wissler, Philippe Zussy, F. Litty, J. Zussy, J.-M. Altermatt, Fr. Wenfling, Jean Bader.
Accroupis de gauche à droite :
G. Sabassib, R. Nuzzo, P. Zimmermann, Ph. Jollet, Wissler.

En route pour la Promotion d'Honneur

La saison suivante voit le FCB accéder à la division I au terme d'une série de matches de barrages en terrassant Wintzfelden (2-0) pour finir. Et dans la foulée lance la première « Fête de la Bière ». Michel Trautmann succède à Robert Moli. Malgré une bonne 3ᵉ place, c'est le célèbre Léon Deladerrière qui va prendre l'équipe en main, pour redonner le flambeau à Robert Moli en 1975-1976. Deuxième en D1 le club accède aux 8ᵉ de finale de la coupe d'Alsace (défaite 1-4 devant Hirtzfelden). Les entraîneurs se succèdent, Henri Jacquemin puis Jean-Marie Mazureck qui tire son chapeau en cours de saison, remplacé par Charles Sommer à titre intérimaire avant qu'Edouard Neff ne reprenne l'équipe reléguée en division II. Il ne reste qu'un an avant la prise de pouvoir de Georges Zussy qui assure la remontée en une seule saison et enlève la coupe du Crédit Mutuel en juin 1983 face aux Italiens de Guebwiller (3-1). Il poursuit sur sa lancée en amenant l'équipe en Promotion d'Honneur et termine son œuvre en juin 1986.

Des installations flambant neuves

C'est Serge Schlumberger qui est chargé de l'entraînement. Le Mulhousien est tout content de voir l'équipe se sauver à l'issue d'un match de barrage contre Huningue. La saison 1987-1988 sera du même tonneau, heureusement embellie par la mise en fonction de nouveaux locaux. Schlumberger passe la main. Pierre

Reiff lui succède. Deux saisons de galère et c'est le retour en division I. Et encore une saison sur le fil du rasoir. Guy Schreiber s'y colle. Tandis que Calixte Unfer quitte la présidence reprise par Jean-Marc Erny, sur le terrain c'est encore la chute et un retour en division II. Il y avait bien longtemps ! Bernard Beltzung est appelé au poste d'entraîneur. Grâce à de nombreux renforts, c'est la remontée en division I au terme de la saison 1992-1993 qui aura aussi connu les festivités du 45e anniversaire. Bernard Beltzung est remplacé en cours de saison par Pierrot Reiff, puis pour la saison 1994-1995, c'est autour de Louis Capeleto de prendre le poste d'entraîneur. En juin 1996, voilà Serge Schlumberger et le retour de l'équipe dans les premiers rôles. Une jolie deuxième place, pas forcément la meilleure, met un terme à la saison 1996-1997. La réserve est championne de groupe. A l'occasion du 50e anniversaire du club, on organise un match de gala au stade du Heissenstein entre le Racing Club de Strasbourg et l'AS Nancy-Lorraine.

L'équipe termine à nouveau dans le haut du classement en 1997-1998 (deuxième) et se retrouve en Promotion d'Honneur. La saison 1999-2000 est tout en contrastes. L'équipe fanion enlève la coupe du Crédit Mutuel mais se trouve reléguée en division I. Par contre, les 17 ans réussissent un parcours exceptionnel qui les mène en finale du championnat d'Alsace.

Il n'aura finalement fallu qu'une saison pour que les deux équipes de seniors remontent dans les divisions supérieures. Pour l'équipe fanion, c'est le retour en Promotion d'Honneur avec un titre de champion de groupe.

BIBLIOGRAPHIE :
– Plaquette 40e anniversaire du 27 juin 1987.
– Plaquette 45e anniversaire du 4 septembre 1992.
– Plaquette 50e anniversaire du 22 juin 1997.

Site internet : fcbuhl.multimania.com

Le FC Buhl 17 ans 2000-2001, vice-champion d'Alsace
Debout de gauche à droite :
Michel Guccione, Julien Rossi, Mehdi Chadli, Ali Boulhadid, Damien Maes, Youssef Daya, Ramazan Yukel, Rocco Tedesco, François Fischetti (entraîneur).
Accroupis de gauche à droite :
Dominique Vizzari, Mickael Abry, Yannick Mendelewski, Olivier Winckler, Stéphane Pinto, Pierre Unfer.

Le comité de l'an 2000

Michel Widemann (président)
Patrick Huber
Robert Metzger
Mireille Huber
Euplio Rinaldi (vice-présidents)
David Legrand (secrétaire)
Serge Montagnon (trésorier)
Gaston Huber
(trésorier-adjoint)
Patrick Zimmermann
(intendance)
Roger Meyer
François Fischer
François Fischetti
Richard Still
Alain Kudron
Michel Guccione
Patrick Joll, Eric Sommer
Emmanuel Emmenecker
(responsable presse)
Eric Sommer
Hervé Rapp (arbitres)
Maria Pinto
Horacio Pinto
(responsables de la buvette)

Le FC Buhl de l'an 2000, vainqueur de la coupe du Crédit Mutuel
Debout de gauche à droite :
P. Huber (dirigeant), L. Glaentzlin, D. Legrand, Jean-P. Lichsteiner, P. Rigillo, R. Naim, M. Daya, C. Grunenberger, Jean-Marc Erny (président).
Accroupis de gauche à droite :
G. Huber (dirigeant), S. Schmitt, H. Kibler, A. Dos Santos, P. Schermesser, M. Abry, G. Huber, R. Yuksel.

Association Sportive Elsenheim ★ 67

Elsenheim

La fierté du village

Il faut savoir que déjà en 1942, en pleine guerre, les prémices d'une équipe de football se révèlent. Cette équipe n'évolue qu'à deux reprises contre Grussenheim, dû aux difficultés liées au conflit en cours. Ce n'est donc qu'en 1947 que l'AS Elsenheim voit réellement le jour, plus précisément le 18 août. Son affiliation à la FFF se fait sous le numéro 8936.

L'AS Elsenheim 1964-1965
Debout de gauche à droite :
Etienne Utard, Jean-Paul Krimm, Jean-Paul Rohmer, Albert Stoffel, Pascal Rodriguez, Ernest Spiegel, Marcel Raehm.
Accroupis de gauche à droite :
André Schreiber, André Muller, Georges Lohl, Christian Burtschel, Maurice Raehm.

L'AS Elsenheim en 1966
Debout de gauche à droite :
Alain Haberkorn, André Schreiber, Serge Kienlen, Ernest Spiegel, Jean-Paul Stéglé, Albert Stoffel, Etienne Utard.
Accroupis de gauche à droite :
Daniel Kuster, Roland Raehm, Christian Butschel, André Redelsperger, François Huebert.

Les membres fondateurs sont Marcel Raehm (sous la poussée des copains), Joseph Kuster, Jean Oster, Jean Kirchberger, Raymond Schmitt, Roger Thomas, Léon Remond.

Un premier comité se met en place avec à sa tête le président Roger Thomas de 1947 à 1950. Sans les Roger Thomas, Léon Remond, Joseph Kuster, Jean Oster, Jean Kirschberger et Raymond Schmitt, tous membres fondateurs du club, l'ASE n'aurait pu naître.

Dès ses débuts, l'équipe est entraînée par Jean Emmenger, ancien joueur professionnel des SR Colmar.

La jeune association fait la fierté de son village. C'est en effet la première association sportive de la commune. Les habitants suivent de près ses joueurs, pour la plupart « enfants du pays ». Chaque sortie sur le terrain devient une véritable fête.

La première équipe est formée de : Jean-Pierre Muller, Robert Rebert, René Fux, Fernand Fux, Joseph Kuster, Jean Oster, Armand Husser, Marcel Prevot, Marcel Raehm, Gustave Hatterer, Ernest Gunsburger, Joseph Vonthron.

D'autres joueurs viennent compléter l'effectif de cette équipe : André Renier, Antoine Schamberger, Louis Prinz, Robert Ohlmann, Armand Husser, Jean-Pierre Muller.

A cette époque déjà, les femmes entendent bien suivre cette équipe en embrassant une carrière de supportrices, fidèles à leurs sportifs. L'esprit féminin en bon nombre contribue ainsi largement au soutien des footballeurs.

Les déplacements au départ essentiellement dans le Ried, puis plus tard jusqu'à la vallée de Sainte-Marie-aux-Mines, se font en camionnette présidentielle conduite par Joseph Stoffel ou encore en autobus, avec Auguste Schmitt au volant.

L'AS Elsenheim continue son petit bonhomme de chemin dans le monde sportif et bénévole. Les années s'écoulent, des joueurs partent et d'autres prennent la relève.

Le club traverse une période difficile car il cesse toute activité dans les années 50, mais très vite au début des années 60, l'ASE retrouve un second souffle dans ce sport si populaire dans le Ried.

Le club ne connaît alors plus aucun problème jusqu'en 1987, année où la plupart des dirigeants et joueurs démissionnent. Les cadres restant reprennent le club en main et depuis cette période, l'ASE continue sa route, en allant de l'avant et en jouant la carte jeune.

• BIBLIOGRAPHIE :
– Documents remis par Pascal Haegelin.

L'AS Elsenheim 1978-1979
Debout de gauche à droite : Etienne Utard, Gérard Schwob, Rémy Schmitt, Marc Schmitt, Joseph Risch, Christophe Schmitt, Jean-Marie Vives, Dany Roesch, Alphonse Frickert, Jean-Pierre Stoffel.
Accroupis de gauche à droite : Patrick Lepeintre, Bariotto, Raymond Haberkorn, Jean-Louis Jaegly, Roland Schwob, Jean-Paul Stéglé.

Le comité de l'an 2000

Pascal Haegelin (président)
Eric Laemmel
(vice-président et entraîneur et arbitre)
Maurice Raehm (trésorier)
Simone Haegelin (trésorier)
Fabienne Bickert (secrétaire)
Philippe Lerudulier
Jean-Claude Gellert
Christian Forster
Virgine Forster
Théo Helfter
Helfter Yannick
Louis Schmitt
Elisabeth Suhr
Rudy Neumann
Thierry Couprie
Myriam Grollemund

L'AS Elsenheim 1980-1981
Debout de gauche à droite : Roger Baumeyer, Lucien Muller, Claude Bosser, Jean-Louis Jaegly, Roland Meyer, Roland Schwoob, Etienne Utard
Accroupis de gauche à droite : Bruno Bilotte, André Muller, Raymond Haberkorn, Christian Simon, Patrick Schoeller, Pascal Lorrain

L'AS Elsenheim 1983-1984
Debout de gauche à droite : Jean-Marie Schreiber, François Huebert, Albert Stoffel, Patrick Stéglé, Bernard Schreiber, Alain Haberkorn.
Accroupis de gauche à droite : René Leidemer, André Muller, Roger Schreiber, Christian Burtschel, André Schreiber.

L'AS Elsenheim de l'an 2000
Debout de gauche à droite : Yves Raehm, Niacid Khenifar, Cédric Herrmann, Emeric Ferry, Grégory Spiegel, Orkun Bulut, Muharem Ergen, Eyupp Merdam, Philippe Desroches (entraîneur), Philippe Lerudulier (dirigeant de la une).
Accroupis de gauche à droite : Frédéric Wenck, Christophe Geimer, Akram Nasri, Podwricka, Mustapha Yavas, Hidayet Bulut, Halil Bulut.

Les présidents

Roger Thomas (1947-1950)
Joseph Kuster (1950-1951)
Joseph Stoffel (1951-1964)
Alfred Raehm (1964-1968)
Etienne Utard (1968-1988)
Jean-Denis Schneider (1988-1993)
Adrien Beha (1993-1995)
Pascal Haegelin (1995 à nos jours)

327

1947 Grussenheim

Football Club Grussenheim ★ 68

Des filets américains contre un ballon en cuir

La pratique du football à Grussenheim remonte aux années 1928-1929. Les pionniers qui ont laissé leurs noms sont René Zeiger, Charles Fleith, J.-B. Vogel, Marcel Kieny et J.-B. Kieny. En 1942, la commune met à la disposition des jeunes adeptes du ballon rond un terrain de jeu à la Hueb. Une équipe première et une réserve sont constituées sous l'impulsion de Joseph Knoll, René Zeiger, René Leding et Bernard Heitzler. Des rencontres amicales sont organisées avec les équipes de Widensolen, Artzenheim, Elsenheim, Holtzwihr, Guémar et Marckolsheim. Les déplacements s'effectuent à bicyclette.

Maillots blancs à cols roses

La guerre terminée, on constate que de nombreux joueurs ne reviennent pas du front. Ont péri sur les champs de batailles : Emile Bosshard, Edouard Dietsch, Robert Fleith, Henri Fleith, Antoine Haberkorn, Eugène Heitzler, Robert Koehly, Eugène Koehly, Georges Selig, Jean-Pierre Stoehr et André Vogel.

Ce n'est qu'en 1947 que le Football Club de Grussenheim est officiellement constitué et enregistré au tribunal. Le premier comité est composé de : Joseph Knoll (président), René Leding (vice-président), Bernard Heitzler (secrétaire et capitaine), Charles Kieny (trésorier).

Le club dispose à ce moment-là de quelques filets de camouflage de chars laissés sur place par l'armée américaine lors de la libération de la poche de Colmar en janvier 1945. C'est par un échange de filets avec l'AS Turckheim que le club fait l'acquisition de son premier ballon en cuir. Le financement des dépenses se fait grâce aux recettes générées par des séances théâtrales exécutées par les membres du FCG. Le FCG acquiert des maillots neufs, blancs à cols roses, une réalisation qui est l'œuvre d'Alphonse Belmont, et peut donc s'engager dans le championnat de division III de la LAFA.

Les présidents

Joseph Knoll (1947-1953)
René Zeiger (1953-1954)
Robert Vogel (1954-1958)
Ernest Guth (1958-1960)
Emile Dietsch (1960-1967)
Eugène Strauel (1967-1970)
Henri Guth (1970-1975)
Henri Koehly (1975-1978)
Alfred Mertz (1978-1981)
Gabriel Naas (1981-1984)
René Simler (1984-1993)
Patrick Guth (1993-1998)
Jean-Louis Haberkorn (1998 à nos jours)

Le FC Grussenheim en 1942
Debout de gauche à droite : Albert Guth, Eugène Strauel, Charles Kieny, Eugène Heitzler, Emile Bosshard, J.-B. Kieny, Joseph Knoll (président)
A genoux de gauche à droite : François Vogel, Georges Selig, Roger Willmann, Bernard Heitzler (capitaine), Robert Loos.

Le FC Grussenheim en 1947
Debout de gauche à droite : René Leding, André Schmitt, Richard Gaunitz, Bernard Heitzler (capitaine), Léon Burdloff, Henri Koehly, Robert Loos. Accroupis de gauche à droite : Ernest Haberkorn, André Heitzler, Paul Caspar, Alfred Fuchs, Pierre Schmitt.

Le FC Grussenheim 1966-1967
Debout de gauche à droite : A. Dietsch, P. Jaegler, B. Strauel, S. Deldo, Ringler, J.-P. Dietsch, Y. Boriss, E. Dietsch (président). Accroupis de gauche à droite : J.-M. Vogel, G. Heitzler, G. Helfter, Metzger, E. Haumesser.

Le FC Grussenheim en 1976
Debout de gauche à droite : Henri Koehly (président), P. Guth, V. Rossi, D. Bosshard, V. Wittmann, M. Schwein, A. Mertz (vice-président). Accroupis de gauche à droite : P. Bosshard, G. Jehl, J.-Y. Schreiber, A. Koslow, M. Simler, J.-M. Schamberger, S. Vogel, D. Schwartz.

Le FC Grussenheim 1983-1984, accession en division III
Debout de gauche à droite : F. Muller, G. Jehl, R. Simler, H. Bosshard, F. Wymann, B. Schreiber, E. Haumesser, J.-M. Dessonet (entraîneur), Y. Grosshenny (dirigeant). Accroupis de gauche à droite : P. Bosshard, A. Haumesser, F. Haumesser, P. Wilhelm, J.-C. Geller, M. Simler.

Montée en division II

Entre 1947 et 1955, l'équipe évolue en division III avec Bernard Heitzler au poste d'entraîneur. Mais à l'issue de la saison 1954-1955, les difficultés sont telles que les dirigeants sont contraints de placer le club en position de non activité durant trois saisons. Les choses du football reprennent en 1958 et l'équipe dispute le championnat de division III. L'accession en division II se fait à l'issue de la saison 1961-1962. Mais les problèmes resurgissent et la descente intervient au bout d'une saison. On entre alors en non-activité en championnat pendant quatre saisons.

Le vrai départ a lieu pour la saison 1969-1970 avec les débuts en division IV sous la conduite de l'entraîneur Henri Guth. Raymond Georgenthum durant cinq saisons puis Gérard Vogel et Michel Gully vont travailler pour obtenir enfin la montée en division III. Celle-ci survient à l'issue de la saison 1979-1980 mais l'équipe redescend aussitôt.

Arrive la saison 1983-1984 qui voit le club remonter en division III. Cette même saison est aussi marquée par un joli petit parcours en coupe d'Alsace avec les éliminations successives de trois clubs de Promotion d'Honneur, le FC Holtzwihr (4-3), l'AS Munster (5-5 ap), pour une élimination face à Ingersheim (1-3).

Retour en division II

Dès la fin de la saison 1984-1985, c'est la montée en division II. Un niveau que le club ne va plus quitter jusqu'à nos jours.

Les 9 et 10 juillet 1988, le FCG inaugure son stade municipal et son club-house réalisé en quasi-totalité par les bénévoles, avec un match de gala opposant le FC Mulhouse à la SAS Epinal, arbitré par Robert Wurtz.

• **BIBLIOGRAPHIE :**
– Plaquette de l'inauguration du stade en 1988, sous la signature de Bernard Heitzler.
– Plaquette du 50ᵉ anniversaire en 1997.

Le FC Grussenheim 1984-1985, accession en division II
Debout de gauche à droite : F. Wymann, A. Herth, J.-M. Dessonet, B. Raehm, R. Simler, A. Haumesser, G. Jehl, J.-M. Schamberger, M. Simler, P. Wilhelm, B. Schreiber. Accroupis de gauche à droite : P. Bosshard, Th. Helfter, A. Dietsch, J.-C. Geller, F. Haumesser, G. Jehl, Ph. Jaegli, Y. Grosshenny.

Le FC Grussenheim équipe I 1987-1988
Debout de gauche à droite : J.-M. Dessonet, F. Wymann, H. Bosshard, F. Redelsberger, G. Jehl, P. Bosshard, R. Simler, A. Dietsch, Y. Grosshenny, E. Haumesser (président honoraire). Accroupis de gauche à droite : J. C. Geller, R. Guth, A. Haumesser, R. Riess, F. Haumesser, R. Scmitt, Y. Helfter.

Du côté des jeunes

C'est en 1981 qu'est créée la première équipe de pupilles avec 11 jeunes du village. L'école de football voit le jour en 1982 avec Pierre Bosshard et Paul Wilhelm pour responsables. En 7 années (1982-1989), l'effectif passe de 11 à 67 joueurs et une première entente de 6 joueurs avec Illhaeusern est créée. Les minimes, entraînés par Paul Wilhelm, terminent champions de leur groupe. Le sommet des effectifs de jeunes est atteint en 1992 avec 72 joueurs. A cette époque, 75 % des jeunes du village jouent au football et l'équipe juniors termine championne du Haut-Rhin et vice-championne d'Alsace après une courte défaite face à Schwindratzheim. Paul Wilhelm est en poste auprès des jeunes sans discontinuer depuis 1981 même s'il a, en outre, entraîné les seniors de 1994 à 1997. Aujourd'hui, l'effectif se stabilise entre 45 et 55 joueurs.

Le FC Grussenheim de l'an 2000
Debout de gauche à droite : Michel Haller (entraîneur), Daniel Bechler (dirigeant), Bruno Hueber (dirigeant), Gaël Meal, Malik El Magroub, Patrice Faller, Alain Heutzler, Franck Stickfort, Mathieu Blatz, Thierry Schreiber, Ronan Unvoas. Accroupis de gauche à droite : Jean Wilhelm, Auguste Braz, Gilles Wilhelm, Régis Strauel, Loïc Meal, Gilles Klipfel.

Les entraîneurs

Bernard Heitzler (1947-1955)
Emile Dietsch (1958-1960)
Lucien Stoehr (1960-1962)
Otto Thomann (1962-1965)
Henri Guth (1969-1970)
Raymond Georgenthum (1970-1975)
Gérard Voegel (1975-1978)
Michel Gully (1978-1981)
Gérard Voegel (1981-1984)
Jean-Marie Dessonet (1984-1989)
Fabrice Wymann (1989-1990)
Michel Schmitt (1990-1992)
Bertrand Greigert (1992-1993)
Guy Ehrhart (1993-1994)
Pau Wilhelm (1994-1997)
Bertrand Greigert (1997-1998)
Clément Steimel (1998 à nos jours)

Le comité de l'an 2000

Jean-Louis Haberkorn (président)
Bruno Hueber (1ᵉʳ vice-président)
Gilles Wilhelm (2ᵉ vice-président)
Anne Braz (secrétaire)
Anne Woehrlé (secrétaire-adjointe)
Jean-Louis Haberkorn (trésorier)
Michel Mutz (trésorier-adjoint)
Paul Wilhelm (président des jeunes)
Hubert Bosshard, Stéphane Faller
Solange Schmitt, Loïc Meal
Colette Weixler

1947 Gumbrechtshoffen

Union Sportive Gumbrechtshoffen ★ 67

L'US Grumbrechtshoffen en 1947
Debout de gauche à droite :
René Stephan, Jacques Metzer, Willy Steinmetz, Frédéric Leininger, Raymond Bastian, Albert Bastian.
Accroupis de gauche à droite :
Alfred Lienhardt, Roger Nagel, Edouard Hoffert, Marcel Wendling, Albert Heinrich.

Des jeunes fidèles

L'Union Sportive de Gumbrechtshoffen est créée par quelques mordus du ballon rond en 1947. Le comité fondateur se compose de Albert Wahl (président), Emile Gast et Louis Heinrich (vice-présidents), Georges Kreppi (secrétaire), Théo Badina (trésorier), Albert Dossmann et Marcel Boehli (assesseurs). Les premières rencontres se déroulent à l'époque sur un stade aménagé provisoirement qui se situe à la sortie du village vers Engwiller.

Les succès sportifs escomptés ne sont pas toujours au rendez-vous, et c'est ainsi que l'équipe fanion ne dépasse pas pendant longtemps le stade de la division III et IV départementale. Le terrain situé vers Engwiller est vite délaissé au profit d'un terrain à la sortie du village vers Gundershoffen mieux adapté à la pratique du football. Durant les mandats d'Antoine Glath, ce terrain est réaménagé et en 1958, le club-house est construit. Celui-ci est issu des anciennes installations scolaires du village. Sur le plan sportif, l'USG inscrit la plus belle page de son histoire en 1973 en obtenant, après une saison brillante sous la houlette de Gérard Berger, le titre de champion d'Alsace en division IV. En 1978, l'équipe, sous la houlette de Raymond Heinrich, accède pour la première fois en division II mais pour une saison seulement.

En 1979, le terrain est complètement réaménagé. L'équipe retrouve la division II en 1981 pour deux saisons seulement. Au terme de la saison 1982-1983, elle regagne la division III. D'importants changements interviennent à ce moment-là dans la direction du club. En effet, après 29 années de présidence, Antoine Glath, Fernand Feig, secrétaire, ainsi que d'autres membres du comité quittent le club. Lors de l'assemblée générale, un nouveau comité est élu. En 1983-1984, l'équipe est championne de son groupe et accède en division II. Profitant de la refonte des championnats de la Ligue, l'USG se retrouve versée en division I pour la saison 1985-1986.

Pour la saison 1986-1987, outre l'équipe fanion, une équipe réserve ainsi qu'une équipe de minimes disputent le championnat. En 1987, le club-house est inauguré. La saison 1987-1988 voit l'équipe fanion rétrogradée en division II. Pour retrouver une équipe compétitive, Didier Woynas arrive au club comme entraîneur mais également comme joueur. L'absence de jeunes se fait cruellement sentir et les résultats tardent à suivre. La première école de football est créée durant la saison 1990-1991. Elle est dirigée par Jean-Jacques Ertzinger. La saison 1991-1992

L'US Grumbrechtshoffen 1972-1973, championne d'Alsace de division IV
Debout de gauche à droite : Gérard Berger (entraîneur), Etienne Schmitt, Jean-Paul Lienhardt, Claude Simon, René Leininger, Jean-Luc Steinmetz, Jean-Claude Bastian, Antoine Glath (président).
Accroupis de gauche à droite : Jacky Metz, Jean-Claude Iltis, Pierre Ertzinger, Jean-Jacques Ertzinger, André Knochel.

voit le maintien de l'équipe en division II. La section des jeunes prend une ampleur énorme et génère la formation d'une équipe dans toutes les catégories. Durant les saisons 1993-1994 et 1994-1995, l'USG rate de peu la montée en division I. C'est chose faite au terme de la saison suivante.

Les 17 ans jouent en Promotion en entente avec l'AS Gundershoffen sous la direction de Thierry Reymann. En 1998-1999, l'USG monte pour la

L'US Grumbrechtshoffen 1978
Debout de gauche à droite : Alain Spiess, Jean-François Fischer, Jean-Jacques Ertzinger, Raymond Heinrich, René Leininger, Rémy Wernert, Jacky Bierot. Accroupis de gauche à droite : Francis Rust, Hubert Wenger, Dominique Bastian, Jean-Paul Lienhardt, Pierre Stephan, Pierre Wolf.

L'US Grumbrechtshoffen « réserves » en 1987
Debout de gauche à droite : Jacques Frochlich, Alain Spiess, Bernard Simon, Jean-François Fischer, Hubert Haushalter, Robert Kern, Pierre Wernert.
Accroupis de gauche à droite : Jean-Claude Iltis, Jean-Marie Berger, Edgar Ledig, Jean-Paul Lienhardt, Jean-Marc Weitel, Pascal Genzling.

Les présidents

Albert Wahl (1947-1954)
Antoine Glath (1954-1983)
Richard Wenger (1983-1991)
Hubert Wenger (1991-1992)
Jean-Jacques Ertzinger (1992 à nos jours)

Les entraîneurs

Gérard Berger (1973-1978)
Raymond Heinrich (1978-1983)
Michel Steinmetz (1983-1987)
Didier Woynas (1987-1991)
Jean-Marc Schell (1991-1992)
Didier Woynas (1992-2000)
Jean-Jacques Bouteiller puis Pierre Story (2000-2001)
Dominique Waechter (2001 à nos jours)

Le comité de l'an 2000

Jean-Jacques Ertzinger (président)
Robert Reeb (vice-président)
Jean-Paul Lienhardt (secrétaire)
Bernard Wernert (trésorier)
Dominique Bastian
Jean-Louis Baltzer
Lucien Fleckinger
Serge Reeb, Thierry Reymann
Francis Rust, Albert Spiess
Pierre Stephan, Claude Tresch
Pierre Weissgerber, Pierre Wolf

première fois de son histoire en Promotion. Entre-temps, les jeunes accumulent les bons résultats. Quatre équipes seniors sont engagés en championnat depuis 1996, là aussi un record. Les vestiaires sont doublés par les membres et financés par le club. Le terrain qui est entretenu par la main de maître de Pierre Wolf, est clôturé. Deux portails ainsi qu'un guichet sont mis en place entièrement à la charge du club. Entre temps, la commune installe l'éclairage du terrain d'entraînement. L'équipe sauve sa place en promotion durant les barrages contre l'AS Strasbourg. La saison 2000-2001 est à l'image de la précédente mais marque la descente en division I. Seule satisfaction, pratiquement tous les jeunes formés au club lui sont restés fidèles pour la saison 2001-2002.

L'US Grumbrechtshoffen 1989
Debout de gauche à droite : Thierry Stephan, Pierre Stephan, Jean-Paul Lienhardt, Bernard Bastian, Jean-Claude Bastian, Pierre Wolf, Etienne Bauman.
Accroupis de gauche à droite : Didier Woynas, Daniel Gress, Francis Freyss, Gilbert Lang, Denis Steinmetz, Jean-Luc Kleitz.

• **BIBLIOGRAPHIE :**
– Documents fournis par le club.

L'US Grumbrechtshoffen 1998-1999, accession en Promotion
Debout de gauche à droite : Jean-Jacques Ertzinger (président), Robert Reeb (vice-président), Olivier Wagner, Olivier Knochel, Arnaud Schafer, Richard De Barros, Pierre Stephan, Didier Waynas (entraîneur), Denis Steinmetz, Thomas Metz, Pierre Wolf (délégué). Accroupis de gauche à droite : Pierre Flechinger, Alain Ott, Jérôme Jund, Christian Dudt, Marc Zugmeyer, Laurent Isenmann, Jean-François Kremer, Jean-François Gullung, Serge Reeb (juge de touche).

L'US Gumbrechtshoffen poussins 1991-1992
Debout de gauche à droite : Loïc Hohl, Johan Zinssner, Jonathan Klein, Jean-François Klein, Jonathan Coda.
Accroupis de gauche à droite : Nicolas Ertzinger, Nicolas Guth, Vincent Schildknecht, Vincent Bonvarlet, Mathieu Wolf.

Football Club Hirtzfelden ★ 68

Hirtzfelden

C'est le Bon Dieu qui les fait gagner !

C'est en 1947 qu'est fondé le Football Club Hirtzfelden. On se met aussitôt à l'entraînement pour pratiquer « ce sport très passionnant, qui développe l'agilité, l'esprit d'initiative et d'union et fortifie le corps ». Mais qui aurait osé penser que ce club connaîtrait un jour la gloire, au plus haut niveau régional et qu'il paraîtrait, de longues années durant, dans les colonnes du journal « L'Equipe » ?

La première équipe est composée de Maurice Alix, instituteur et entraîneur, d'Oberentzen Bretz, Anselme Bürglin, Joseph Dettwiller, Eugène Gross d'Oberentzen, André Hoffmeyer, René Illinger, André Koehl, Henri Latuner, Jean Jecker, Fernand Keltz, François Keltz, Roger Keltz, Henri Loewert, Marcel Margathe, valet chez Arsène Jecker, Pinaud, instituteur à Rustenhart, Alphonse Rusch, Michel Rusch, Denis Sauvageot, Jean-Paul Sauvageot, Henri Schneider, Marcel Schoen et Jean Jecker, capitaine.

L'équipe de football, qui a son siège au restaurant Jecker, à « l'Arbre Vert », porte maillots bleus, avec écusson du FCH et culottes blanches. René Jecker (fils de Michel) est trésorier, Lucien Koehl est déjà juge de touche à l'époque. Avant le match, les uns se rendent au restaurant pour se changer, les autres se changent à la maison et tout le monde rejoint le terrain à vélo.

La cueillette des cailloux

« Lorsque nous avons commencé à jouer » se rappelle François Keltz, *« il a d'abord fallu faire homologuer le terrain et les licences. Avant la guerre, les jeunes jouaient sans licence. Les premiers buts étaient de simples perches en acacia par-dessus lesquelles on tendait une ficelle. Puis, on a fait fabriquer des poteaux à partir de pins coupés dans la forêt du Rothleible, d'une longueur de 7 m 20. Le terrain se trouvait déjà à l'emplacement actuel, en bordure de la route de Meyenheim, mais était plus petit. On y a d'abord ramassé les cailloux, avant de pouvoir l'ensemencer ».*

Par la suite, la commune achète une parcelle de terre à Auguste Papst, ce qui permet de l'agrandir. Le dimanche après la messe, on prépare les ballons au restaurant Jecker. Jusqu'en 1950, on joue en division IV et les recettes sont bonnes grâce aux nombreux spectateurs : tous les hommes du village sont autour du terrain.

Il n'y a pas de douches comme aujourd'hui et après le match, tout le monde se retrouve alors au restaurant, joueurs et supporters autour d'un verre jusque tard dans la nuit. On se déplace à vélo pour aller dans les villages voisins et quand on va plus loin, Joseph Fürling, de Roggenhouse, conduit l'équipe avec une camionnette bâchée verte. Dans les tournants, il faut se mettre sur le côté opposé, pour éviter qu'elle ne se renverse. D'autres fois c'est René Jecker, le président, qui remplit sa Juva 4. Au retour d'un match contre Battenheim, il tombe en panne d'essence dans la Hardt et les joueurs qu'il transporte doivent pousser la voiture jusqu'au village.

L'entraîneur, un nommé Alix, a joué en division d'Honneur à Charmes, dans les Vosges, et il organise de nombreuses sorties liées à un match. C'est ainsi que le club se déplace avec les autocars Kunegel, qui s'appellent alors « Les Beaux Voyages ». Il arrive même d'être contraint de passer la nuit dans une grange, et de se contenter de fromage et de pain. Faute de joueurs, le dernier match a lieu contre Biesheim en avril 1950 (2-4). Le club est mis en sommeil.

Un nouveau départ

En 1953, ils sont quatre (Richard Keltz, François Lichtle, Emile Naegelin et Roger Keltz) à relancer le football au village, sous la présidence de Paul Meyer et de Paul Hoffmeyer, trésorier. Le siège est situé au restaurant Zaepfel, à « l'Etoile d'Or », jusque dans les années 1970. Le FCH débute en division IV avec 14 licenciés. Les buts sont constitués de troncs d'arbres coupés dans la forêt du Rothleiblé, tandis que les filets sont confectionnés sommairement par Emile Naegelin et André Schmitt. L'équipe se compose de François Lichtle, Louis Loewert, René Meyer, Joseph Schmitt, Aimé Naegelin, Emile Naegelin, Jean Louis Naegelin, René Illinger, Etienne Fest, Albert Bürglin, Gervais Huentz, Jean Sauvageot et Pierre Jecker, dirigeant. Depuis 1953 le FCH porte un maillot jaune.

Après des débuts difficiles, le club gravit tous les échelons de la hiérarchie du football alsacien. Après la suppression provisoire de la division IV, liée aux événements d'Algérie en 1956, il monte en division III.

Champion du Haut-Rhin de division II

En 1958, une 2ᵉ place lui assure la montée en division II. De 1953 à 1968 l'entraînement est assuré par des joueurs, bénévolement, à tour de rôle. En 1964, Paul Schebacher, talentueux et athlétique gardien de but de l'équipe première, alors âgé de 24 ans, prend en main les destinées du FCH et la même saison, le club est sacré champion du Haut-Rhin, en battant Bollwiller en finale (2-0), et accède en division I. En 1968 le FCH bat les Pierrots de Strasbourg (2-1) à Erstein, en finale du championnat d'Alsace de division I et accède en Promotion d'Honneur.

Les joueurs qui ont hissé le FCH en Promotion : Paul Schebacher, Raymond Amann, Gérard Sandmann, André Noeringer, Jean-Jacques Jecker, Joseph Christlen, Albert Ancel, Maurice Boll, Jeannot Jecker, Jean-Paul Steinle, Raymond Schebacher, Marcel Loewert, Marcel Meyer, Jean Fest, Gabriel Butzerin, Bernard Naegelin, Fernand Schebacher.

Une coupe d'Alsace et la division d'Honneur

Si le football prend racine dans le cœur des jeunes garçons, c'est d'abord à l'instituteur, Maurice Alix, qu'on le doit. En 1962, il passe le relais à son successeur, Mathieu Kuentz. A l'école les jeunes ne parlent que de foot et en 1962 le FCH aligne sa première équipe qui décroche le titre de champion d'Alsace cadets en 1968 sous la houlette d'Emile Naegelin. En 1962, c'est la construction du premier vestiaire, un événement pour le club.

En 1967, le club est champion d'Alsace des Cadets. 1972, le FCH remporte sa première coupe d'Alsace. Le samedi 10 juin, devant plus de 3 000 spectateurs à Sélestat, les villageois réalisent un formidable exploit, en battant le RPSM « amateurs » (3-1).

En cette même année 1972, le FC Hirtzfelden monte en division d'Honneur et joue à ce niveau jusqu'en 1982. En 1975 les juniors et les poussins sont champions du Haut-Rhin. En 1977, le FCH dispute le 6e tour de la coupe de France contre Eloyes (Vosges), et s'incline 2-0. C'est en présence de 130 dirigeants, joueurs et épouses, que le FCH fête le dimanche 29 avril 1979, le 25e anniversaire de sa création.

Une deuxième coupe d'Alsace

Le 17 juin 1979 à 17 heures au stade Henri Lang à Thann, le FCH affronte l'ASBlanc Vieux-Thann pour sa deuxième finale de la coupe d'Alsace. Les deux équipes n'ayant pu se départager, malgré la prolongation (0-0), le match est rejoué le 21 juin au Heissenstein, à Guebwiller. On joue encore la prolongation. Mais coup de tête de Raymond Schebacher donne une deuxième coupe d'Alsace à Hirtzfelden.

En 1979 le FCH aligne 7 équipes en championnat, compte 111 licenciés dont 96 joueurs. Parmi eux, 50 jeunes. L'équipe fanion se classe 3e du championnat d'Alsace et se trouve meilleure équipe haut-rhinoise de la division d'Honneur.

Le 13 janvier 1980 le FCH dispute le 6e tour de coupe de France contre le FC Mulhouse, qui joue alors en CF3. Les jaunes et noirs se rendent au stade de l'Ill avec leur cohorte de supporters et leur foi traditionnelle. Le froid est glacial et le terrain gelé et la partie se joue devant 2 802 spectateurs payants. Le FCH aligne Canton, Decker, Furstoss, J.-C. Hoffmeyer, B. Hoffmeyer, P.-P. Koehl, J.-C. Latuner, Y. Lichtle, R. Schebacher, F. Schebacher, G. Wipf, Hensel, G. Zimmermann. Le FC Hirtzfelden s'incline (2-3). Cette saison-là, il est vainqueur de la coupe du Crédit Mutuel contre Vieux-Thann (3-2).

Une troisième coupe d'Alsace

Le FCH remporte une troisième coupe d'Alsace, en 1981 contre le FC Mulhouse « amateurs », en s'imposant 2 buts à 1 à Pulversheim. Les buteurs sont Louis Fischer et Daniel Gumber.

En 1984, le FCH dispute le 7e tour de la coupe de France contre Vauban, et s'incline (1-3). La même année, il est premier de son groupe de Promotion, mais se fait battre en matches de barrage par Hirtzbach, aux tirs au but,

Le FC Hirtzfelden en 1972

Le FC Hirtzfelden en 1979

Le FC Hirtzfelden en 1981

Les présidents

René Jecker (1947-1950)
Paul Meyer (1953-1955)
Léonard Waltisperger (1955-1956)
Martin Muller (1956-1958)
François Lichtle (1958-1963)
Paul Schebacher (1964-1992)
Guy Jecker (1992 à nos jours)

Les entraîneurs

Maurice Alix
des joueurs qui assurent bénévolement ce rôle (1953-1968)
Joseph Christen (1969-1971)
Paul Schebacher (1972)
Benjamin Sellal (1973-1978)
Michel Trautmann (1983-1991)
Gabriel Tugler (1992)
Jacky Boesch (1993-1995)
Thomas Lumia (1996-1998)
Serge Simon (1999)
Marcel Ginter (2000 à nos jours)

ce qui l'empêche de monter en division d'Honneur. C'est le 8 mai 1984 que sont inaugurés le nouveau terrain et les nouveaux vestiaires.

En 1985, l'équipe première est demi-finaliste de la coupe d'Alsace contre Biesheim (1-1). Elle remporte la coupe du Crédit Mutuel en 1986, contre Berrwiller (3-2). En 1986, on procède à l'installation de l'éclairage du terrain pour l'entraînement en nocturne, pour un montant de 60 000 F, dont 20 000 F de subvention communale. En 1987, le club gagne le tournoi de l'ASON et remporte le tournoi en salle à Meyenheim.

Le 14 février 1988, le FCH joue contre Chaumont, club de CF3, pour le compte du 8e tour de la coupe de France et s'incline 3 buts à 0. L'équipe est composée de Guy Zimmermann, Gabriel Wipf, Mathieu Pogrielz, Vincent Romann, Patrick Clementz, Thierry De Angeli, Patrick Decker, Helwig, Vincent Vonthron, Michel Reber, Olivier Schebacher. Remplaçants : Guy Jecker et Raymond Schebacher.

En 1989 le FC Hirtzfelden fête son 35e anniversaire le samedi de Pentecôte. La fête débute par une messe, célébrée par l'abbé Bollia, à la mémoire des défunts du club. La grande famille du FCH se retrouve ensuite dans la salle des fêtes, où la soirée se prolonge autour d'un buffet. En 1990, le FCH remporte le tournoi de Réguisheim et en 1992, celui de Meyenheim.

En 1991 le FCH quitte la Promotion d'Excellence et rejoint la Promotion d'Honneur, mais en 1995, remonte en Promotion Excellence.

En 2000 le FCH joue en Promotion d'Excellence. Il est soutenu par son club des supporters et une poignée de fanas du ballon, qui rêvent encore des grands exploits du passé. Le club d'Hirtzfelden compte aujourd'hui 74 seniors licenciés, dont 43 jeunes et 11 dirigeants.

- **BIBLIOGRAPHIE :**
- Informations recueillies auprès de MM François Keltz et Paul Schebacher.
- R. Schelcher, septembre 2000.

Le club de Jean-Marc Kuentz

C'est à Hirtzfelden que Jean-Marc Kuentz, l'actuel entraîneur-adjoint des professionnels du Racing Club de Strasbourg a fait ses classes. Parti très tôt pour le centre de formation strasbourgeois, Jean-Marc y a fait toute sa carrière et été l'adjoint de nombreux entraîneurs comme Jacky Duguépéroux, René Girard, Pierre Mankowski, Claude Le Roy, Yvon Pouliquen et maintenant Ivan Hasek.

La foi du curé Schwartz

Interrogé par Francis Braesch, journaliste à L'Alsace, Paul Schebacher, gardien de but et président à l'âge de 23 ans a trouvé ce qui faisait gagner son club : le curé Schwartz et à travers lui, le Bon Dieu !

« Avant lui, nous avions un curé qui opposait le foot au Bon Dieu. Il mettait toutes ses heures d'instruction religieuse, ses réunions, ses messes, ses vêpres à l'heure que nous avions programmée pour nos activités. Le foot devenait la tentation du diable. Entre une heure d'instruction religieuse et une heure de leçon de foot, un an avant la communion, les parents hésitaient. C'était le foot concurrent du bon Dieu. Nous étions heureux quant le curé Schwartz est arrivé... il était tout de suite des nôtres. Il était un ami, un supporter, un coéquipier, bref il était notre curé. »

Le curé Louis Schwartz, pour expliquer la parole de Dieu, avait une pédagogie bien différente de ce qui se faisait jusqu'alors. Il imaginait ses sermons en rapprochant l'évangile de la vie de tous les jours. Il enseignait aussi le catéchisme par la projection de diapositives aux enfants qui l'aimaient bien. Les footballeurs l'appréciaient beaucoup et avaient puisé dans son soutien moral leur rage de vaincre. Un dimanche, dans son sermon dominical, il s'adressa aux fidèles en ces termes : « Mes chers frères, j'ai suivi le match dimanche dernier. Ils ont joué sec, les autres, vachement même, mais nos gars n'ont pas riposté. Je les félicite, ils ont joué en chrétiens. Je leur dis bravo. La vie de l'homme est un tout : nous ne sommes pas seulement chrétiens à l'église, mais partout. La messe commence quand vous sortez d'ici. Allez-y les gars. En chrétiens et en hommes ! »

Pour la première finale de coupe d'Alsace à Sélestat le 10 juin 1972, le brave curé n'a pas accompagné les footballeurs : il a passé la soirée à l'église à prier. En remportant la coupe d'Alsace, les joueurs ont battu un record : jamais le trophée n'était allé dans un aussi petit village (552 habitants). Dans l'un de ses bulletins paroissiaux, le curé écrivait : « Expliquez-moi comment un patelin de 500 habitants, contre toutes les lois de la logique est arrivé à décrocher la coupe d'Alsace ? » Si ce n'est le Bon Dieu...

Le FC Hirtzfelden de l'an 2000

Union Sportive Innenheim ★ 67

1947 Innenheim

Sur les rails grâce au tramway

En 1942, l'USI n'existe pas encore. Quelques jeunes du village organisent un match contre les copains de Blaesheim. Les maillots, on le voit (voir photo), ont été prêtés par le basket-club créé quelques années plus tôt et il n'y en a pas pour tout le monde. Seuls quelques jeunes possèdent des chaussures de football. Quatre des onze jeunes présents sur le cliché vont laisser leur vie en Russie. Deux autres rentreront invalides (l'un blessé au genou, l'autre aux poumons). Deux seulement, Charles Meyer et Fridolin Bentz, feront partie de la première équipe de l'US Innenheim en 1948.

L'idée de l'Union Sportive d'Innenheim naît durant l'après-guerre, dans un tramway… En effet, tous les jours, les mêmes personnes se retrouvent dans les mêmes wagons de la CTS qui transportent sur leurs lieux de travail de nombreux habitants de tous les villages situés entre Ottrott et Strasbourg. On y joue aux cartes, on y fait des rencontres. C'est ainsi qu'un groupe d'Innenheimois s'installe fréquemment près de M. Martin, président du FC Niedernai qui évolue à l'époque en Avant-Garde du Rhin. C'est là qu'ont lieu les premières consultations, d'autant plus qu'il y a un club de football dans tous les villages desservis par le tram.

La moitié des membres du futur comité s'y retrouvent tous les matins. Ils connaissent bien le foot car ils ont joué dans leurs villages natals avant de s'installer à Innenheim et suivent les rencontres du Racing à la Meinau. Marc Burgstaller a l'étoffe et le tempérament d'un vrai président. Piqué au vif par une petite moquerie, il décide un jour de relever le gant. Et va rester en poste 24 ans durant.

L'appellation d'Union Sportive et non pas de Football Club tient au fait que certains membres espèrent promouvoir également d'autres disciplines sportives comme l'athlétisme. Certains jeunes ont déjà montré leurs possibilités sur de longues distances dans des courses-défis, improvisées autour d'un comptoir. Mais le projet ne franchira jamais la porte du bistrot. Le club est affilié à la LAFA pour la saison 1947-1948 et c'est l'instituteur, Léon Dreyer, qui prend en main le secrétariat.

Le premier comité directeur est élu en 1948 et composé de Marc Burstahler (président), Joseph Ritter (vice-président), Léon Dreyer (secrétaire), Joseph Eschbach et Aloïse Kuntz (trésoriers). La municipalité apporte à la nouvelle association un soutien fort appréciable. L'instituteur et secrétaire de mairie Léon Dreyer invite les propriétaires à céder à la commune les vingt-quatre petites parcelles qui deviennent le terrain de football. Chose remarquable, ils donnent tous leur accord. La mise en état est essentiellement assurée par les joueurs. Ils sont pressés de sortir de l'anonymat et d'entrer par la compétition dans la grande famille de la LAFA. Oubliés les matches disputés dans la rue principale et interrompus par le passage d'un cheval tirant une charrette à foin. Oubliées aussi les fuites devant les chiens du garde-champêtre qui n'apprécie guère le piétinement de l'herbe des prairies de sa commune. La clôture du terrain est réalisée assez rapidement grâce à la participation efficace de bénévoles et de deux maçons supporters inconditionnels.

Dans la remorque d'un camion

Pour la composition d'équipe, le choix est vite fait. Les anciens joueurs expérimentés faisant défaut, il faut surtout jongler avec la limite d'âge inférieure. Dans les premières années, l'objectif est modeste. Même si l'on ne peut pas descendre plus bas que la division IV, on ne veut pas être l'un des deux derniers du classement. La preuve, lors de la première saison, celle de 1947-1948, l'équipe est versée dans le groupe VI de la division IV et termine en avant-dernière position, laissant derrière Stotzheim. Il y a là aussi Nothalten, Bourgheim, Meistratzheim, Epfig et Valff. 6e (sur 7) en 1948-1949, 6e (sur 10) en 1949-1950, le club

Premier match de football improvisé à Innenheim en 1941
Debout de gauche à droite :
Charles Meyer, Fernand Fliegans, Joseph Metz, Camille Jehl (qui deviendra le premier secrétaire de l'USI, puis maire de la commune), Auguste Gross, Fernand Rinn.
Accroupis de gauche à droite :
Gustave Moschler, Gérard Gross, Joseph Adam, Fridolin Bentz, Joseph Funfschiling.

L'US Innenheim en 1948
Debout de gauche à droite : Jean Gross, Antoine Hamm, Charles Angsthelm, Paul Jehl, Fridolin Bentz, Charles Briem (accompagnateur).
Accroupis de gauche à droite :
Alfred Bentz, Manuel Peralta, Albert Bentz.
Assis de gauche à droite :
Marcel Burgsthaler, Fernand Gloeckner, Raymond Ritter.

GONTRAN ARLOS
CREPISSAGE - MACONNERIE - COUVERTURE - RENOVATION
Entreprise qualifiée
41, rue du Général de Gaulle - 67880 Innenheim
Tél. 03 88 95 75 60 - Fax 03 88 95 73 36

L'US Innenheim 1955-1956, accession en division III
Debout de gauche à droite : Jean Gross, Charles Gross, Charles Zimmerle, Raymond Ritter, Joseph Gerling, René Albrecht.
A genoux de gauche à droite : Jean-Paul Eschbach, Marcel Burgsthaler, Charles Binder, Paul Jehl, Charles Angsthelm.

L'US Innenheim 1964-1965
Debout de gauche à droite : Bernard Gross, Jean Gross, Jean-Claude Burckel, Alphonse Bentz, Eugène Bentz, Jean-Paul Eschbach, René Albrecht, François Eschbach (président).
Accroupis de gauche à droite : Albert Schaal, Alfred Muller, Charles Hartz, Gérard Schaal, Alphonse Gerling.

L'US Innenheim II 1977-1978, championne de groupe
Debout de gauche à droite : Joseph Hubert (dirigeant), Lucien Goetz, Jean-Marie Joerger, Aimé Gasiorek, Jean-Marie Bentz, Robby Kieffer, Jean-Pierre Binder, Alferd Kopp (président).
Accroupis de gauche à droite : Roland Reibel, Gérard Schaal, Carlo Cimolino, Mario Graufel, Jean-Paul Graufel, Benoît Angsthelm, Albert Schaal, Patrick Ritter.

s'installe et poursuit son petit bonhomme de chemin. Les déplacements se font à bicyclette. Quand la distance est trop importante, on utilise un camion gracieusement mis à disposition sur la remorque duquel on installe bancs et chaises. Le système, dangereux et répréhensible, va disparaître au profit de l'utilisation des autocars.

C'est en 1956 qu'à lieu la première montée en division III, avec un titre de champion de groupe à la clé après avoir disputé la poule de classement, perdue en finale contre Gambsheim (0-2).

L'équipe trouve ses marques, finit à une belle troisième place à la fin de la saison 1958-1959, 4e en 1960-1961, l'idée de monter d'un cran commence à germer. En 1962, après vingt-quatre années de « règne », le président Marc Bursthaler cède sa place à François Eschbach qui occupe le poste jusqu'en 1964. En 1965, Innenheim joue les premiers rôles de son groupe en division II et manque de peu la montée lors du dernier match contre Kertzfeld (le dernier du groupe), malgré les cinq points d'avance à la fin des matches aller. C'est Bolsenheim qui passe devant au goal-average.

Les bons moments sont passés. L'USI évite de peu, trois saisons de suite, les affres de la relégation. Mais ne peut l'éviter au terme de la saison 1967-1968, se faisant dépasser par Lipsheim au goal-average particulier. Innenheim accompagne Fegersheim en enfer. Grâce à une 4e place acquise en 1969-1970, l'équipe retrouve la division III. En 1973, le club parvient jusqu'au cinquième tour de la coupe d'Alsace et perd contre Kogenheim (0-4) devant 400 spectateurs.

Champion du Bas-Rhin de division III

Avant-dernière de son groupe en 1973-1974, l'équipe fanion est reléguée en division IV. Il faut attendre l'exercice de la saison 1976-1977 pour voir l'Union Sportive Innenheim enlever un nouveau titre de champion de groupe, devant Ottrott et Niedernai, au goal-average. Dès la saison 1978-1979, elle se positionne à la troisième place du groupe 10, derrière Obernai et Entzheim. 3e encore au terme de la saison 1981-1982, deuxième la saison suivante derrière le Gazélec de Strasbourg, l'équipe finit encore troisième la saison 1983-1984. En 1984, la coupe du Crédit Mutuel est remportée en battant Schirmeck - La Broque (3-2) devant 500 spectateurs à Niedernai.

En 1985 débutent les travaux pour la création d'un nouveau terrain de football ainsi que la salle polyvalente avec des vestiaires pour l'USI. En 1987, sous la présidence d'Alphonse Bentz, le nouveau complexe sportif « Stade de l'Ehn » est inauguré.

La saison 1990-1991 est inoubliable. Un an après la relégation en division III, Innenheim devient champion de son groupe lors d'un match de barrage gagné (3-1) contre Avolsheim. Cette rencontre est disputée à Molsheim, en nocturne, devant 250 personnes. Libéré de toute pression, le club devient champion du Bas-Rhin, après avoir battu Oberroedern en finale au stade de la Zorn à Schwindratzheim. Le résultat, nul (1-1 ap), tourne à l'avantage d'Innenheim aux tirs au but (3-2). Pour le titre régional, l'USI s'incline face à l'AS Lutterbach à Ribeauvillé (1-3). C'est

L'US Innenheim 1983-1984, vainqueur de la coupe du Crédit Mutuel
Debout de gauche à droite : Albert Schaal (entraîneur), Antoine Burckel (président), Jean-Jacques Schott, Daniel Rinn, Paul Bentz, Robert Kugel, Alain Antz, François Rolling, Michel Ruby (entraîneur). Accroupis de gauche à droite : Claude Baumgarten, Maurice Bentz, Thierry Bentz, Jean-Marc Bentz, Claude Bentz, Roby Kieffer. Manque sur la photo : Jean-Paul Graffel, Jeannot Bentz.

l'une des plus belles saisons qu'ait vécues le club.

En 1996, une section jeunes et une école de football sont créées.

En 1998-1999, sous la présidence de Jean-Jacques Schott, le club termine troisième de son groupe en division II, mais manque la montée en perdant le match du premier tour des barrages contre Dahlenheim (1-3). La saison 2000-2001 est belle pour l'US Innenheim. L'équipe I joue les premiers rôles dans son groupe avec la meilleure défense de toute la deuxième division jusqu'aux trois derniers matches. Malheureusement, elle rate la montée en division I en perdant ses trois dernières rencontres et termine à la quatrième place.

• BIBLIOGRAPHIE :
— Texte remis par Dominique Rosfelder

Les présidents

Marc Bursthaler (1947-1962)
François Eschbach (1962-1964)
Albert Grauel (1964-1966)
Charles Waag (1966-1968)
Jean Gross (1968-1971)
Alfred Kopp (1971-1976)
Antoine Brucker (1976-1984)
Alphonse Bentz (1984-1987)
Jean-Jacques Schott (1987-1999)
Dominique Rosfelder
(1999 à nos jours).

Le comité de l'an 2000

Dominique Rosfelder (président)
Gérard Schaal (vice-président)
Sonia Bentz (secrétaire)
Emmanuel Eschbach
(secrétaire-adjoint)
Gérard Schaal (trésorier)
Alain Kohler (responsable équipe II)
Jacky Kopp (responsable jeunes)
Jean-Claude Schroetter
(dirigeant jeunes)
Olivier Bentz (dirigeant jeunes)
Alphonse Bentz, Claude Bentz
Claude Brunner, Jean-Paul Eschbach
Jean-Pierre Hauswirth, Patrice Koenig
Michel Offenburger, Laurent Pfister

L'inauguration du complexe sportif « Stade de l'Ehn » en 1987
De gauche à droite : Sonia Bentz (en Alsacienne), derrière elle Alphonse Bentz (président de l'USI), Germain Gengenwin (député), Mᵉ Yves Muller (président de la LAFA), Alphonse Koenig (maire d'Innenheim), Claudia Bentz (en Alsacienne), Marcel Rudloff (maire de Strasbourg), René Dubs (conseiller général), Murielle Koenig (en alsacienne).

L'US Innenheim, championne du Bas-Rhin de division III 1990-1991
Debout de gauche à droite :
Les trois arbitres du match,
Germain Klein, Dany Rinn, Claude Goepp,
Jean-Yves Zimmermann, Thierry Huss,
Thierry Bentz, Patrice Goepp,
Bernard Huck (joueur blessé),
Carlo Cimolino, Gérard Schaal (dirigeant).
Accroupis de gauche à droite :
Manu Eschbach, Thierry Wehrlen,
Paul Bentz, Didier Thussing,
Didier Mathon, Roby Kieffer.
Manque sur la photo : Alain Offenburger.

L'US Innenheim de l'an 2000
Debout de gauche à droite :
Gilbert Contrand (sponsor),
Gérard Schaal (dirigeant), Robert Pfister (entraîneur), Laurent Pfister,
Hervé Michel, Manuel Eschbach,
Didier Wahl, Patrice Jest, Carlos
Contrand et Annick Contrand (sponsors),
Dominique Rosfelder (président).
Accroupis de gauche à droite :
Christian Hess, Nicolas Munsch,
Olivier Bentz, Tith Savan,
Thierry Bonnert, Olivier Muller,
Stéphane Reymann,
Sébastien Eschbach.
Manque sur la photo : Patrice Koenig,
Chritophe Goepfert, Joël Lesniak

1947

Association Sportive Saint-Barthélémy Leutenheim ★ 67

Leutenheim

De toutes les couleurs

Septembre 1947. Une première réunion est organisée à Leutenheim pour créer une équipe de football. Elle se déroule sous la présidence du curé Charles Jaeck et d'Ernest Weber au restaurant « Au Lion d'Or » tenu à cette époque par la famille Kraemer. Un comité est rapidement constitué sous la présidence d'Ernest Weber. Il comprend Lucien Jung, Ernest Boegler, Jules Kraemer, Marcel Mosser, Louis Weber, Louis Rauch, Alexandre Nold, Paul Lehmann, Aloyse Bogner, Théophile Schneider, Marcel Kuhn. L'adjoint au maire Louis Boegler est nommé président d'Honneur. Le club s'affilie à l'Avant-Garde du Rhin en 1948 sous le nom de : « Association d'Education Populaire Saint-Barthélémy Leutenheim ».

L'inauguration du stade de l'Association d'Education Populaire Saint-Barthélémy Leutenheim
De gauche à droite : Charles Jaeck (curé), Aloyse Schmitt (maire), Louis Boegler (adjoint au maire), le sous-préfet d'Haguenau, Marcel Kuhn, Paul Schneider, Léon Nold, Alphonse Riehl.

Les présidents
Ernest Weber (1947-1957)
Joseph Weber (1957-1963)
Albert Baumann (1963-1964)
Ernest Weber (1964-1965)
Ernest Boegler (1965-1966)
Gérard Bitz (1966-1972)
Xavier Weber (1972-1974)
Etienne Weber (1974-1988)
Romain Weber (1988 à nos jours)

Débuts en AGR

Le stade est inauguré en 1948, sous la présidence d'Ernest Weber en présence du sous-préfet d'Haguenau.
Plus de 1 000 spectateurs assistent au match Leutenheim - Soufflenheim. L'équipe joue en 1re division.
L'affiliation à la Ligue d'Alsace de Football se fait pour la saison 1957-1958 et l'équipe évolue en division IV. En l'espace d'un an, elle décroche sa place en division III. Le club prend alors son nom définitif d'Association Sportive Saint-Barthélémy Leutenheim. Il joue sous les couleurs « rouge et blanc ». De 1960 à 1961, les joueurs portent des maillots rouges, des culottes blanches et des bas rouges. De 1961 à 1962, des maillots blancs, des culottes vertes et

Une phase du match Leutenheim-Soufflenheim lors de l'inauguration du stade en 1948

L'ASB Leutenheim en 1948
Au premier rang gauche à droite : Marcel Kuhn, Paul Schneider, Léon Nold, Alphonse Riehl, Ernest Georg, Ernest Boegler (président).
Au 2e rang de gauche à droite : Raymond Bausinger, Jean Nold, Charles Riss, Etienne Boegler, René-Yvon Gourmaud.

L'ASB Leutenheim 1981-1982, finaliste de la coupe du Crédit Mutuel.
Debout de gauche à droite : Etienne Weber (président), Albert Franck, Amerito Morais, Guy Hentsch, Jean-Louis Jung, Jean-Etienne Wurth, François Hebel, Robert Bausinger, Gérard Riehl, Romain Weber (dirigeant), Lucien Schmitt (président de la caisse du Crédit Mutuel), Ernest Weber (maire et président d'Honneur). Accroupis de gauche à droite : Pascal Fuchs, Raoul Morais, Michel Bondier, Francis Wilhelm, Roger Riss, Dominique Lux, Gilbert Hiebel (dirigeant).

L'ASB Leutenheim 1988-1989
Debout de gauche à droite : Dominique Lux, Théo Rinckel, Jean-Marc Schneider, Norbert Herrmann, Jacky Heiwy, Denis Ehleider.
Accroupis de gauche à droite : Eric Ronnecker, Stéphane Jung, Bruno Weber, Arsène Weber, Roger Riss, Denis Beyreuther.

L'ASB Leutenheim 1991-1992
Debout de gauche à droite : Armand Kieffer (dirigeant), Roland Muller (entraîneur), Yannick Gluck, Jean-Louis Weber, Stéphane Jung, Christophe Ostertag, Serge Schneider, Marc Batt, Jean-Luc Heintz, Norbert Herrmann.
Accroupis de gauche à droite : Sylvain Weber, Christian Gluck, Emmanuel Jung, Lassaad Benazouz, Kerim Esebali, Francis Beyreuther, Christian Farny.

des bas verts et depuis 1967, ils portent les couleurs « vert et blanc ».

Accession en division III

La saison 1972-1973 est marquée par le titre de vice-champion du Bas-Rhin de division IV, avec une défaite en finale (1-2) contre Gumbrechtshoffen à Hoerdt. En 1973, sous la présidence de Xavier Weber, il fête son 25e anniversaire. La saison 1973-1974 voit le club disputer une demi-finale de la coupe du Crédit Mutuel. A la fin de la saison 1975-1976, Leutenheim, champion de groupe, est vice-champion du Bas-Rhin de division III, en s'inclinant face au FC Herbsheim.

On se retrouve pour fêter les 30 ans, le 25 juin 1978 en inaugurant en plus un petit hall de sport situé en bordure du terrain en présence du sous-préfet Thill, du député Germain Sprauer, du sénateur Paul Kauss, des maires du canton et de Johann Wolf, le généreux donateur. De nombreux fidèles assistent à la messe célébrée en plein air par le curé Paul Dietrich. La saison 1981-1982 voit Leutenheim disputer la finale de la coupe du Crédit Mutuel à Aschbach contre Seebach (1-4).

Le 31 juillet 1988, le club fête son 40e anniversaire. Les festivités comprennent un tournoi inter-sociétés qui dure trois jours pleins. Un match de propagande oppose l'AS Pierrots-Vauban au Fußballverein Offenburg.

L'exercice 1995-1996 est positif. L'ASB Leutenheim décroche son billet pour la division I, tout comme l'équipe seconde qui accède en division III. Elle devient championne du Bas-Rhin en se défaisant successivement du FC Forstheim, du FC Kindwiller et l'AS Schoenenbourg. Puis elle s'impose à Kertzfeld en battant Ettendorf (2-1) avant de décrocher le titre contre le FC Valff (2-1).

Dans le cadre des festivités du 50e anniversaire qui ont lieu le 19 juillet 1998, le club organise un match de gala entre deux équipes de CFA2, le FCSR Haguenau et l'US Reipertswiller.

• **BIBLIOGRAPHIE :**
— Texte sous la signature du secrétaire, Gilbert Hiebel

Le comité de l'an 2000
Etienne Weber (président d'honneur)
Romain Weber (président)
Raymond Vix (vice-président)
Gilbert Hiebel (secrétaire)
François Hebel (secrétaire-adjoint)
Jean-Marc Schneider (trésorier)
Robert Kiecher (trésorier-adjoint)
André Beyreuther
Roger Riss
Ernest Weigel
Fabien Wilhelm

L'ASB Leutenheim 1991-1992, accession en division III
Debout de gauche à droite : Gilbert Hiebel (dirigeant), Jean-Louis Weber, Eric Nold, Francis Riehl, Vincent Hausser, Joël Ober, Jean-Luc Heintz, Fabrice Wagner, Romain Weber (président), François Hebel (dirigeant).
Accroupis de gauche à droite : Olivier Hiebel, Abdelkader Mesbah, Denis Beyreuther, Fabien Wilhelm, Sylvain Weber, Christian Gluck.

L'ASB Leutenheim de l'an 2000
Debout de gauche à droite : Bernard Heideyer, Jean-Luc Heintz, Franck Hochenedel, Fabrice Roth, Jean-Louis Weber, David Jérôme, Thomas Joerger, Roger Riss (entraîneur).
Accroupis de gauche à droite : Emmanuel Jung, Christophe Kimmel, Fabien Wilhelm, Denis Beyreuther, Vincent Lieber, Alexandre Riss, Jean-René Bogner.

L'ASB Leutenheim poussins de l'an 2000, en entente avec Roeschwoog

L'ASB Leutenheim II de l'an 2000
Debout de gauche à droite : Mathieu Joerger, Jean-Christophe Eichler, Dominique Jung, Pascal Borschneck, Eric Nold, Mathieu Weissenburger, David Kremser, Jean-Louis Weber, Thomas Joerger. Accroupis de gauche à droite : André Beyreuther, Emmanuel Kiecher, Cédric Rossi, Emmanuel Jung, André Hoerdt, Florian Fischer, Jean-Jacques Chaumy.

1947
Union Sportive Meistratzheim ★ 67
Meistratzheim

La première équipe de Meistratzheim en 1933
Debout de gauche à droite :
Arthur Issenhuth, André Kirrmann, André Goettelmann, Alfred Wolkensinger, Jean Fritsch, Charles Krauffel, Bernard Andrès, Jean-Pierre Rossfelder, Arthur Sins, Paul Rosfelder.
Accroupis : Joseph Kuntzmann.

Les vertus de l'esprit de club

On joue déjà au football dans les années trente à Meistratzheim. On a en effet retrouvé trace d'une équipe engagée en championnat de l'Avant-Garde du Rhin en 1933-1934, dans le groupe Sud du Bas-Rhin avec Bernardswiller, Weyersheim II, Cronenbourg et les SR Haguenau III. Cette équipe n'a sans doute pas été active très longtemps puisqu'elle disparaît purement et simplement des tablettes.

Par contre, un club renaît, dans le giron de la LAFA, dès la saison 1947-1948. Il s'agit de l'Association Sportive Meistratzheim, affiliée en 1947 sous le n° 4050. Son premier président est Marcel Vetter (élu pour une durée provisoire de 3 mois), le correspondant René Sprauer et le siège social fixé au restaurant « Belle-Vue ». On retrouve l'équipe en championnat pour la saison 1947-1948, en division IV, dans un groupe VI au sein duquel elle finit 4e avec 8 victoires, 1 nul et 5 défaites (goal-average 42-28), qui comprend aussi Andlau (champion de groupe), Nothalten, Bourgheim, Epfig, Valff, Innenheim et Stotzheim.

En 1948-1949, elle finit 3e de son groupe et accède même en division III. Une montée sans doute un peu rapide puisque c'est la dernière place qui l'attend la saison suivante (1949-1950) avec seulement deux victoires au palmarès d'un groupe enlevé par Herbsheim. Bien qu'engagé en championnat 1950-1951, le club est contraint de déclarer forfait général et récidive la saison suivante. Dès la saison 1952-1953, le club est déclaré en non activité.

1959 : année décisive

C'est finalement le 22 mars 1959 qu'a lieu la création de l'Union Sportive Meistratzheim, avec élection à main-levée. Le premier comité est composé de : Antoine Fritsch (président), Raymond Goettelmann (vice-président), Pierre Fritsch (secrétaire), Gilbert Foesser (trésorier), Joseph Schmitt, Charles Erhard, André Goettelmann, Joseph Kuntzmann, André Gross et Roger Adam (membres).

Les premiers membres actifs en dehors du comité sont : Jean Fritsch, Charles Krauffel, Eugène Gross, Joseph Brunissen, Clément Goettelmann, Alfred Wolkensinger, Arthur Issenhuth, Paul Rosfelder, Jean-Pierre Rosfelder, Arthur Sins, Gérard Muller, Bernard Andres, Marcel Neff, René Gross, Fortuné Goettelmann, Edouard Brunissen, André Kirmann, Paul Frindel, Charles Neumann, Pierre Martz, Antoine Issenhuth, Emile Biero, Arthur Hassenfratz, Jean-Paul Gonera, Jean Brunissen, Robert Strub, Jean Jacques Paquet et Joseph Rieger.

L'US Meistratzheim 1962-1963
Debout de gauche à droite : Antoine Fritsch, Joseph Kuntzmann, Paul Rosfelder, Bernard Kuntzmann, Alfred Wolkensinger, Arthur Hassenfratz. Accroupis de gauche à droite : Jean-Paul Gonera, Roger Adam, Emile Biero, Fernand Martz, Joseph Brunissen, Robert Strub.

Le 2 avril 1959, les autorités de la commune donnent leur accord pour financer les travaux d'aplanissement du terrain de football, dont la semence d'herbe est achetée par l'USM pour 5 700 F. Le 2 août 1959, le Stade de l'Ehn est inauguré par le maire Kirmann et béni par le Curé Zinck, après un salut solennel à l'église Saint André et une levée des couleurs devant le monument aux Morts. Pour sa première saison en 1959-1960, l'US Meistratzheim termine à la 9e place de la division IV. En, 1960-1961, l'équipe est 7e puis 4e en 1961-1962, 9e en 1962-1963 et 4e en 1963-1964. De 1959 à 1966, certains déplacements se font en autocar de la CTS, conduit la plupart du temps par Pierre

L'US Meistratzheim 1972-1973
Debout de gauche à droite : Joseph Rieger (vice-président), Roland Schneider, Jean-Pierre Fritsch, Raymond Muller, Gérard Kuntzmann, Jean-Jacques Paquet, Jean-Pierre Ades, Antoine Issenhuth, Antoine Fritsch (président), Bernard Meistersheim. Accroupis de gauche à droite : Clément Vetter, Paul Andres, Gérard Rudolff, Clément Krauffel, Bernard Foesser, Bernard Kuntzmann, Gérard Rosek.

Fritsch, tandis que le transport du matériel est effectué par Raymond Goettelmann. Le 26 décembre 1959, est organisée une soirée théâtrale et un bal à la salle Kehr. Le 27 février 1960, on procède à la plantation de 20 arbres autour du stade, alors qu'en mars de la même année, sont plantés des buissons (charmilles) pour clôturer le stade du côté de la route d'Erstein. D'avril à juin 1960, on effectue des travaux de clôture du stade, avec des poteaux confectionnés en ciment et en fer. La peinture est effectuée par André Gross. Au cours de l'hiver 1960-1961, demande est faite à la commune de libérer le hangar des voitures et des machines agricoles pour l'entraînement.

De vrais comédiens

Le 8 janvier 1961, le club donne une représentation théâtrale avec ses « comédiennes » Hélène Goettelmann, Marie-Odile Frantzen, Léonie Krauffel, Rosa Wagner, Jeanine Breysach, Christiane Schwartz et d'autres membres du club.

Sur le plan sportif, les choses s'arrangent un peu lors de la saison 1964-1965, puisque l'équipe fanion la termine à la deuxième place, il est vrai très loin (12 points) derrière Eschau. Mais ce résultat est un signe qui ne trompe pas puisque l'USM devient championne de groupe 1965-1966 (devant Nordhouse). C'est en 1967-1968 qu'est engagée la première équipe de cadets.

Elle monte tout naturellement en division III. Et s'y comporte bien puisqu'elle achève sa première saison à une encourageante 5e place. C'est même carrément mieux en 1968-1969, avec une belle 3e place derrière Benfeld et Huttenheim. Ces bons résultats encouragent le club à procéder, le 24 août 1969, à l'installation de l'éclairage du terrain, afin de faciliter l'entraînement. Bonne idée et résultats immédiats puisque le club est premier à égalité du groupe VII, avec Hipsheim, cette dernière étant finalement championne de groupe 1969-1970 au goal-average.

Apparition des féminines

Cela n'empêche pas l'équipe d'être promue en division II et d'achever d'emblée la saison 1970-1971 au 3e rang, juste derrière Neuhof et l'Electricité de Strasbourg. Du 10 au 19 juillet 1971, une grande fête est organisée sous chapiteau, avec un groupe folklorique. C'est le 13 août 1971, qu'un premier match amical a lieu entre deux équipes féminines sur le stade de l'Ehn. Coïncidence ou conséquence ? Le 2 juin 1972, c'est l'entrée de la première femme au comité, Claire Ledermann, qui devient secrétaire. La saison 1971-1972 s'avère plus délicate et l'équipe pointe à la 10e place, sous les ordres de son entraîneur Gilbert Obrecht. Elle évite néanmoins la relégation. Cette saison-là voit aussi la naissance d'une équipe réserve.

Celle-ci arrive malheureusement au moment des comptes de la saison 1974-1975. L'équipe (qui n'a remporté qu'une seule victoire) est dernière à égalité avec Obernai. Les deux clubs sont relégués en division III. Le 11 novembre 1975, il est procédé à l'installation d'un local en aggloméré pour ranger le matériel et pouvant servir de buvette lors des rencontres, sous l'ancien hangar abritant les moissonneuses batteuses. Le 21 novembre 1975, l'architecte Bruckert (Hindisheim) dépose le permis pour la construction d'un club house et estime son coût à 55 200 F. En mai 1976, la commune accorde une subvention d'investissement de 5 000 F pour sa construction. Les travaux vont démarrer en août 1976. Le 17 septembre 1976, l'USM emprunte 15 000 F à la CMDP pour la construction, les membres du Comité s'engageant vis-à-vis de la banque en cautionnant le prêt, sur une durée de 15 ans. Lors de la saison 1975-1976, l'équipe participe au 2e tour de la coupe d'Alsace et au 3e de la coupe du Crédit Mutuel, sous la direction de Jean-Pierre Fritsch et Jean-Claude Legrand.

Des montées et des descentes

C'est l'époque où l'équipe fanion a bien du mal. La saison 1976-1977 en division III la voit finir à l'avant-dernière place de son groupe juste

Première équipe féminines de l'US Meistratzheim en 1979-1980
Debout de gauche à droite : Alfred Boos (arbitre), André Frisch (entraîneur), Monique Ott, Claudine Lanc, Danielle Goettelmann, Evelyne Siegwald, Mathilde Ott, Christine Ott, Martine Andres, Martin Issenhuth (entraîneur). Accroupis de gauche à droite : Sylvia Frisch, Carine Wagentrutz, Martine Neumann, Marie-Ange Vetter, Sabine Ehrhart, Annick Helmann, S. Sottmann.

L'US Meistratzheim 1978-1979, accession en division III
Debout de gauche à droite : Antoine Fritsch (président fondateur), Paul Fritsch, Jean-Claude Legrand, Jean-Jacques Paquet, Bernard Rudolf, Claude Krauss, Jean-Marie Schenkbecker, Gérard Rosek, Bernard Ehrhart (vice-président). Accroupis de gauche à droite : Alain Eck, Noël Ades, André Fritsch, Bernard Foesser, René Gilgermann, Paul Andres.

Les présidents

Marcel Vetter (1947-1959)
Antoine Fritsch (1959-1977)
Bernard Meistertzheim (1977-1987)
Antoine Issenhuth (1987-1992)
Gérard Roseck (1992-2000)
Jean-Marie Schenkbecher (2000 à nos jours)

Les entraîneurs

Gilbert Obrecht (1970-1976)
Jean-Pierre Fritsch (1976)
Jean-Claude Legrand (1976-1978)
Roland Flick (1978-1981)
Gérard Rosek (1981-1983)
Jean-Michel Staebler (1983-1985)
Daniel Frass (1985-1988)
Antonio Lubelli (1988-1990)
Pierre-Paul Geldreich (1989-1990)
Antonio Lubelli (1990-1992)
Marcel Lubelli (1992-1994)
Franck Ramspacher (1994-1997)
Alain Muller (1997-1999)
Jean-Paul Girardot (1999-2001)

Le comité de l'an 2000

Jean-Marie Schenkbecher (président)
Maurice Esslinger
Joseph Mosser (vice-président)
Gérard Rosek (vice-président)
Daniel Fraass (secrétaire)
Fabrice Kehr (secrétaire-adjoint)
Béatrice Kehr (trésorier)
Bernard Meistersheim (trésorier-adjoint)
Jean-Claude Bieth, Philippe Donnenwirth
Alexandre Essig, Joëlle Esslinger
Antoine Issenhuth, Sébastien Issenhuth
Stéphane Issenhuth, Freddy Rieffel
Denis Roos, Emmanuel Stoeckel

L'US Meistratzheim 1982-1983
Debout de gauche à droite : Eric Rosfelder, André Wagentrutz, Jean-Paul Sitter, Claude Ledem, Bernard Rudolf, Alain Rosfelder, Gérard Rosek, Bernard Ehrhart (vice-président).
Accroupis de gauche à droite : Yves Ades, Bernard Wagentrutz, Paul Andres, Jean-Marc Gins, Noël Ades, Bernard Foesser.

L'US Meistratzheim 1992-1993
Debout de gauche à droite : Daniel Fraass (dirigeant), Marius Biero, Eugène Schwoob, Serge Verron, Stéphane Issenhuth, David Essig, Olivier Kuntz, Bruno Krauffel, Pascal Jost, Laurence Stub (dirigeante).
Accroupis de gauche à droite : Emmanuel Stoeckel, Jean-Pierre Gargowitch, Emmanuel Roseck, Pierre Zokovitch, Marcel Lubelli, Mohamed Amlouka.

L'US Meistratzheim 1998-1999
Debout de gauche à droite : Bernard Meistertzheim (dirigeant), Stéphane Issenhuth, Eric Eber, David Essig, Patrice Valleret, Sébastien Issenhuth, Alain Muller, Gérard Rosek (président).
Accroupis de gauche à droite : Marius Biero, Claude Rosek, Raphaël Lesne, Christophe Kinder, Jean-Pierre Gargowitsch, Ender Yucel, Laurent Meja.

devant Obernai, compagnon d'infortune. Cela n'empêche pas, en mai 1977, le département du Bas Rhin d'accorder une subvention de 5 000 F par le biais du Conseiller Général, le Docteur Marcel Gillmann. Si l'équipe sauve sa peau, ce n'est que partie remise puisqu'elle achève l'exercice 1977-1978 avec la lanterne rouge, relégation en poche.

Mais ce n'est qu'un accident. En achevant la saison 1978-1979 à la 2e place derrière l'équipe II de la FAIG, l'équipe fanion retrouve la division III, entraînée par Roland Flick.

Le 17 février 1979, le club organise sa première soirée carnavalesque, dans la salle polyvalente, avec un orchestre du village. Le 21 septembre 1979, l'Union Sportive (club omnisports) est répartie en sections dont celle du football. Il est nécessaire de procéder à un changement de statuts. Pour son retour en division III, le club accroche une jolie troisième place, mais se retrouve avant-dernière juste devant Bischoffsheim une fois achevée la saison 1980-1981. Le 8 mai 1981, le club décide la création d'une école de football. Entre-temps (1979-1980), on met sur pied la première entente jeunes avec le voisin de Niedernai. Retombée en division IV, l'équipe a du mal à s'en remettre.

Sa première saison à ce niveau est très quelconque. Il faut attendre la saison 1984-1985 pour voir l'USM pointer à la 3e place de son groupe derrière Lingolsheim II et Ottrott. C'est lors de la saison 1983-1984 qu'est créé un comité des jeunes et féminines avec chacune un président, Antoine Issenhuth et Bernard Ehrhart. Le 24 juin 1984, le club fête son 25e anniversaire, avec remise de breloques et lettres de félicitations par Marcel Laugel, président de la CFS du bas-Rhin. La disparition de la division IV replace l'équipe en division II, un saut difficile à effectuer et qui replonge l'équipe dans les affres d'une saison 1985-1986 pour le moins difficile, à la 11e et avant-dernière place, reculade d'un cran à la clé.

Retour en division II

La saison 1987-1988 la voit pointer le bout du nez en 3e position, juste derrière Duttlenheim et Uttenheim. C'est une fois terminée la saison 1988-1989 que l'équipe donne sa pleine mesure avec le titre de champion de groupe, enlevé devant Ottrott, avec Antonio Lubelli au poste d'entraîneur. L'équipe atteint par ailleurs le 4e tour de la coupe du Crédit Mutuel. Revenue en division II, l'USM s'y comporte remarquablement (4e en 1989-1990 et 1990-1991), mais l'exercice 1991-1992 est à nouveau pénible. 12e et dernière avec 2 victoires et 2 nuls, l'équipe est reléguée en division III. Cela n'empêche pas l'USM d'organiser, le 31 décembre 1992, une nuit de la Saint-Sylvestre puis, le 26 juin 1993, un feu de la Saint Jean.

La saison 1994-1995 voit l'USM, entraînée par Franck Ramspacher, finir 2e de son groupe et remonter en division II. De leur côté, les réserves C sont championnes de leur groupe. Mais l'équipe ne supporte pas cette remontée et se trouve reléguée en raison de sa 11e place. Par contre, les cadets A sont champions du Bas-Rhin. le 28 juillet 1996, on assiste à la création d'un comité des jeunes par les jeunes. Août 1996 marque le début des travaux du nouveau terrain de 100 x 68 m, le maître d'œuvre retenu par la commune étant l'entreprise Mutschler-Ledermann. L'équipe première reprend du poil de la bête et devient à nouveau championne de groupe de division III. Elle remonte en division II. Sous la houlette d'Alain Muller, elle termine la saison 1997-1998 à la 7e place de son groupe. Au cours de la saison 1998-1999, le club organise la finale de la coupe du Crédit Mutuel Alsace Bruche sur son nouveau stade.

• **BIBLIOGRAPHIE :**
– Plaquette du 40e anniversaire, les 21 et 22 août 1999.
– Merci à Jean-Marie Schenkbecher.

Football Club Munchhouse ★ 68

Munchhouse

L'imagination au pouvoir

Le FC Munchhouse est créé en 1947. Le premier comité élu porte à la présidence Martin Waltisperger. Il a à ses côtés : Lucien Dippert (vice-président), Jean Kuentz (secrétaire), François Wipf (trésorier). En 1956, est implanté le terrain actuel. L'inauguration des vestiaires douches a lieu en 1968 et des installations nocturnes en 1974.

Grâce à Gaston Wipf

Le club débute en division IV mais ne fait guère parler de lui. Il est même mis en non-activité entre 1950 et 1954. A cette époque, Gaston Wipf est l'un des jeunes mordus et particulièrement doués qui exercent leurs talents dans les rues du village. Pour intégrer un club, il s'en va au FC Hirtzfelden nouvellement créé. C'est lui qui va se décider à s'investir pour faire revivre le club de son village. A un peu plus de 18 ans, il se procure les statuts de la Ligue d'Alsace, s'entoure de Lucien Kauffmann, Joseph Kieffer et Gérard Wernert ainsi que de son cousin Charles Wipf qui devient président. L'équipe première termine la saison 1954-1955 avec une 6e place, puis une 4e position la saison suivante avec une montée en division III. Celle en division II survient lors de la saison 1961-1962, à l'issue d'un match de barrages enlevé contre Rixheim 1 à 0, sur un but de Pierre Gantner.

Champion du Haut-Rhin de division III

Redescendu en division III lors de la saison 1962-1963, le club réussit à remonter à la fin de la saison 1967-1968, en enlevant par la même occasion la finale départementale contre les Azzuri Mulhouse sur le score de 5 buts à 1, sur le stade de la Mertzau aujourd'hui disparu. Après avoir accédé à la division II, le FCM grimpe d'un cran pour la première fois de son existence, au terme de la saison 1969-1970, en écartant Rouffach lors d'un match de barrage gagné 4-2.

Le FC Munchhouse 1949-1950
Debout de gauche à droite : Martin Waltisperger (président), René Wolf, René Kieffer, R. Reymann, Hubert Bohl, Charles Issenlor, André Zimmermann, Achille Selig.
Accroupis de gauche à droite : Martin Deybach, Jean Demonte, Emile Bichelin, Fernand Wideman, Marcel Bohl, Gérard Dienger.

Les présidents
Martin Waltisperger (1947-1958)
Charles Wipf (1954-1963)
Marcel Mondey (1963-1966)
Robert Bailly (1966-1976)
Albin Gantner (1976-1987)
Bernard Dienger (1987-1997)
Didier Loewert (1997 à nos jours)

Martin Waltisperger, premier président du FC Munchhouse en 1947

Le FC Munchhouse 1967-1968, champion du Haut-Rhin de division III
Debout de gauche à droite : Charles Witz, Pierre Gantner, Charles Riegel, Jeannot Dienger, Jean-Paul Helwig, Jean-Pierre Heitzler (entraîneur), Michel Moser, Roland Reymann, Robert Bailly, André Meyer.
Accroupis de gauche à droite : Yves Riegel, Bernard Bailly, Yves Hascoet, Michel Frey, Bernard Dienger, François Reinelt.

Le FC Munchhouse 1960-1961, accession en division II
Debout de gauche à droite : Bernard Dienger, Lucien Kauffmann, Gérard Hebding, Daniel Lepoix, Pierre Gantner, Jean-Pierre Conrad, Charles Wipf (président).
Accroupis de gauche à droite : Lucien Kindbeiter, Albert Ringler, René Haas, Willy Roesch, Jean Vonflie.

Le FC Munchhouse 1972-1973, accession en Promotion d'Honneur
Debout de gauche à droite :
B. Dienger, G. Reinelt, J.-C. Franck, Waltisperger, J.-P. Helwig, P. Winnlen, Robert Bailly (président).
Accroupis de gauche à droite :
Michel Wipf, J. Dienger, M. Frey, J.-L. Wittig, Ch. Riegel, Remetter.

Le FC Munchhouse 1978-1979, champion du Haut-Rhin de division I
Debout de gauche à droite : Albin Gantner, André Meyer, Maurice Guyot, Marcel Klieber, Fernand Paul, François Reinelt, Georges Reinelt, Charles Witz.
Accroupis de gauche à droite : Michel Wipf, Michel Frey, Christian Wipf, Jean-Jacques Marck, Jean-Marc Merckel, Daniel Gumber, Maurice Riber, Dominique Ganter.

Le FC Munchhouse 1981, vainqueur de la coupe CMDP
Debout de gauche à droite : Georges Reinelt, François Wipf, Michel Wipf, Marcel Klieber, Maurice Riber, Fernand Paul, Maurice Guyot.
Accroupis de gauche à droite : François Reinelt, Jean-Jacques Marck, Dominique Gantner, Daniel Gumber, Christian Wipf, Jean-Marc Merckel.

Accession en Promotion d'Honneur

Mais le grand événement se produit au terme de la saison 1972-1973 avec la montée en Promotion d'Honneur grâce à une victoire en barrages contre les SREG Mulhouse. Le match a lieu au stade Michel Bourdieu à Bollwiller. C'est Dienger qui inscrit le but victorieux à la 69e minute.

Le club multiplie les animations. C'est en 1976 que naît la fête de la Carpe Frite qui va connaître très vite un immense succès. L'imagination est au pouvoir. Le premier titre de champion d'Alsace survient lors de la saison 1977-1978. C'est celui des équipes réserves, enlevé par l'équipe II qui termine la saison invaincue. Les Hardtois remportent le titre régional à Oberentzen contre Neuhof (2-0). L'équipe est composée de Roger Kieffer, Marcel Loewert, Bernard Bailly, Alain Rusch, Bernard Dienger, Gérard Scheid, Georges Reinelt, François Frey, Jean-Jacques Wipf, Marcel Klieber, Louis Capaleto, Didier Loewert, Michel Frey.

La saison suivante, l'équipe première est sacrée championne du Haut-Rhin 1978-1979 de division I après avoir battu les SREG Mulhouse et les Azzuri en poule de classement. Le FCM s'incline en finale régionale à Barr devant Reipertswiller.

En 1981, l'équipe enlève la coupe CMDP devant Hirtzfelden 2 à 1.

A l'issue de la saison 1985-1986, l'équipe II accède à la division II. Mais l'exploit va se situer en coupe de France puisque le FCM se qualifie pour le 6e tour lors de la saison 1988-1989, mais s'incline (1-2), le 5 décembre 1985 face au Red-Star Mulhouse (CFA).

Installé en Promotion

L'équipe connaît des hauts et des bas. Et ne remonte en Promotion qu'à la fin de la saison 1988-1989, après une victoire à Berrwiller 2 à 1. Serge Walczak, l'entraîneur, a parfaitement rempli son contrat.

Régulièrement bien classé en Promotion d'Honneur, le FCM voit son équipe II accéder en division II lors de la saison 1993-1994. Depuis 1977, le club est jumelé avec les Bretons de Bains-sur-Oust, une amitié vieille de 20 ans et qui a été officialisée en 1996. Le club est doté de magnifiques installations équipées pour des nocturnes, au sein d'un complexe sportif inauguré en 1985. Une salle multi-activités, qui a nécessité 40 000 heures de bénévolat, est inaugurée en 1996.

• BIBLIOGRAPHIE :
– Plaquette inauguration de la salle multi-activités en 1996
– Plaquette du 50e anniversaire des 17,18 et 19 mai 1997.

La boutique du Racing Club de Strasbourg est présente chaque année sur le stade du FC Munchhouse à l'occasion du challenge Gantner qui rassemble 1 000 jeunes footballeurs de 9 à 13 ans
De gauche à droite : François-Xavier Lepeule (Marketing RCS), Fabrice Ehret (RCS), Jean-Claude Peytavy (président des jeunes du FC Munchhouse), Didier Loewert (président).

Les entraîneurs

Raymond Erhard (1965-1967)
Jean-Pierre Heitzler (1967-1970)
Bernard Dienger (1970-1977)
Claude Waltisperger (1977-1978)
Georges Reinelt (1978-1982)
René Guillaume (1982-1983)
Bernard Dienger (1983-1985)
Micky Ehret (1985-1986)
Michel Trautmann (1986-1989)
Charles Riegel (1989-1990)
Serge Walzack (1990-1991)
Pascal Montani (1991-1995)
Eric Delory (1995-1999)
Georges Zussy (1999-2000)
Gaston Lehrer (2000 à nos jours)

Le comité de l'an 2000

Didier Loewert (président)
Charles Witz
(vice-président, travaux-fêtes)
Antoine Balga (vice-président entretien terrains et bâtiment)
Thierry Karcher (vice-président chargé du secteur technique)
Grosheny Jean-Christophe (secrétaire)
Renée Riegel (trésorière)
Clarisse Reymann (trésorière adjointe)
Jean-Claude Peytavy
(président des jeunes)
Bernard Dienger
(coordinateur technique)
Bernard Bailly, Fernand Burglin
Antoine Digiano, Patrick Fimbel
Etienne Freund, Jeannine Freund
Denis Gantner, Dominique Gantner
Pierre Gantner, Stéphane Gantner
Lylian Grand, Joseph Grosheny
Maurice Have, Marcel Hoffert
Marcel Kieffer, Denis Lepaul
Aline Scheid, Christophe Stackler

Le FC Munchhouse 1988-1989, accession en Promotion d'Honneur
Debout de gauche à droite : Joël Coté, Thierry Boog, Michel Wipf, Pascal Gantner, Jean-Noël Riegel, Serge Naegelin, Dominique Jung, Denis Gantner, Manolo Hoffert, Zouhair Houbachi, Alexandre Leracci.
Accroupis de gauche à droite : Pascal Montani, Dominique Gantner, Paulo De Baptista, Gilles Loewert, Christophe Peytavy, Ludovic Colson, Francky Corsi, Eric Kuentz.

Le FC Munchhouse de l'an 2000
Debout de gauche à droite : Thierry Karcher (dirigeant), Paul Hilbrunner (soigneur), Gaston Lehrer (entraîneur), Steve Candeo, Geoffrey Pellerin, Cédric Wittig, Eric Bago, Manu Cruz, Fabrice Drouot, Sylvain Hug, J. Fischesser (sponsor), Didier Loewert (président).
Accroupis de gauche à droite : Omar Jbilou, Mafid Bouafia, Fabrice Zimmermann, Fabrice Richert, Pascal Gantner, David Bago.

1947 Association Sportive Mundolsheim ★ 67

Mundolsheim

Les couleurs du Dukla de Prague

Le club est créé le 28 mars 1947. Le comité provisoire est présidé du 28 Mars au 12 avril par Guillaume Weinmann. Lors de l'assemblée générale du 12 avril 1947, au restaurant de la Gare, le club prend la dénomination de « Association Sportive Mundolsheim ». Robert Lefebvre est élu en qualité de premier président, par les 39 membres de l'association. Le premier comité compose un bureau, établis des statuts et un bilan de trésorerie. Le terrain est loué au lieu-dit « Strengfeld ». Une commission d'aménagement est créée et l'ASM entreprend seule les travaux pour créer le premier terrain de football. La Direction Départementale de la Jeunesse et Sports fournit toutes les indications utiles à la réalisation du projet. Le terrain en pente est nivelé, Georges Ritter effectuant pour la circonstance un travail gigantesque.

Le premier comité de l'AS Mundolsheim, élu en 1947 et inscrit au tribunal cantonal le 5 juin, est composé de: Robert Lefebvre (Président), Albert Barondeau (vice-président), Paul Wallior (secrétaire général), René Herrmann (secrétaire), Frédéric Ruch (trésorier), Charles Gross (caissier), Georges Ritter, Charles Mehn, Raymond Matzen (réviseurs aux comptes), Jean Scheidt, Eugène Klein, Michel Huntzinger (conseillers), Jean Jacob (chef du matériel).

Les anciens de l'AS Mundolsheim 1947-1948
Debout de gauche à droite :
Emile Scherer, Robert Messmer, René Herrmann (membre fondateur), Guillaume Weinmann (membre fondateur), Albert Fischer.
Assis de gauche à droite :
Georges Riedinger, Georges Ritter, Alfred Merckel, Raymond Matzen (membre fondateur).

Première équipe officielle

Le premier match a lieu à Brumath, et l'ASM encaisse un sévère 2-12. Cette première équipe est composée de: Binckli, Goetz, Waentz, Lehr, Loux, Giron, Scheidt, Gruber, J. Nord, Wallior, Barondeau, Perelli, Messmer, Fischer, Herrmann.

En 1948, le choix des couleurs se porte sur le jaune et le rouge, celles du célèbre Dukla Prague qui, jouant un match à la Meinau face au Racing Club de Strasbourg, avait impressionné les membres du club. A l'issue de la saison 1948-1949, l'ASM monte en division III. Le terrain, déjà à l'emplacement du stade actuel, est inauguré le 11 juin 1950, en présence du sous-préfet Chevrier, du conseiller général Georges Ritter, du maire Schoenenberger et des membres du conseil municipal de Mundolsheim. René Herrmann, membre fondateur, est élu président de l'ASM lors de l'assemblée générale du 24 juin. C'est à Alfred Schuhler camarade dévoué, compétent et excellent psychologue qu'est confié l'entraînement des joueurs seniors. C'est aussi à cette époque qu'est créée la première équipe de jeunes. C'est Alfred Schuhler qui a la charge de cette formation de cadets. L'aménagement du terrain continue en 1952. Il est en excellent état, agrémenté et complété par une clôture en haie vive, en faisant l'un des plus beau et des plus coquets de la région.

Le 14 février 1954, après de longues tractations, le terrain devient Stade Municipal après décision de l'assemblée générale extraordinaire. En 1955 l'ASM, toujours à la pointe du progrès, réalise l'éclairage du stade avec quatre puissants projecteurs, ce qui en fait l'un des premiers terrains éclairés de la région. Le 6 juin 1956, Guillaume Weinmann est élu président, lors de l'assemblée générale tenue au restaurant Roth. L'Association compte alors 200 membres. Robert Werlé est nommé entraîneur de l'équipe première. Le 8 juillet, les juniors deviennent champions d'Alsace, à Sélestat, en étrillant Riedisheim 7 à 4. L'équipe est composée par les joueurs suivants : Hertwig, Riff, Weber, Weitbruch, Dutt, Husson, Hunzinger, Geyer, Bankhauser, Kennel, Bernhardt, Heintz. L'ASM accède à la division I au terme de la saison 1956-1957. Le 2 juin, dans le cadre du 10e anniversaire, un grand match de propagande oppose une sélection des clubs des environs aux réserves professionnelles du Racing Club de Strasbourg.

Champion d'Alsace de division III

Le 5 juillet 1958, on débute la construction du club-house avec vestiaires et douches. Une baraque en bois est achetée à la commune de Bischheim et les travaux de montage sont réalisés par les membres du club. Les tractations sont longues et dures avec la commune et les autres sociétés locales. Mais finalement tous com-

L'AS Mundolsheim 1961-1962
Debout de gauche à droite : Georges Artz, Charles Zimmerlé, Bernard Dierstein, Gérard Specht, Gérard Christmann, Godel, Alfred Heintz. Accroupis de gauche à droite : Jean-Jacques Wendling, Alfred Loeb, Alex Oertel, Gilbert Iseli, Bernard Heintz.

Les présidents
Robert Lefevre (1947-1950)
René Herrmann (1950-1956)
Guillaume Weinmann (1956-1968)
Albert Riehl (1968-1978)
Lucien Walter (1978-1980)
Alfred Merckel (1980-1985)
Bernard Hoenen (1985-1992)
Jean-Louis Ledig (1992-1997)
Roland Stumpf (1997-1998)
Ernest Richert (1998 à nos jours)

prennent la nécessité d'avoir un club-house et des vestiaires pour le bon fonctionnement d'un club de football. C'est en 1959 qu'est créée la première école de football sous l'impulsion d'Alfred Schuhler. L'ASM est un précurseur dans la région. On engage la première équipe de pupilles. Un hangar est érigé pour les manifestations de l'ASM et pour les entraînements hivernaux. A la fin de la saison 1961-1962, l'équipe première est sacrée championne du Bas-Rhin et d'Alsace de la division III. Les joueurs qui composent la première équipe du club à être titrée : Artz, Zimmerlé, Dierstein, Specht, Christmann, Godel, A. Heintz, Wendling, Loeb, Oertel, Iseli, B. Heintz. Les pupilles, de leur côté sont champions de leur groupe.

Lors de la saison 1967-1968, la réfection du stade oblige le club à s'expatrier pour jouer ses matches à domicile. L'équipe I joue à Lampertheim, l'équipe II à Reichstett. Le 28 juin 1969, a lieu l'inauguration du stade rénové, en présence de Jacques Verdier, préfet, Georges Ritter, député, Pierre Pflimlin, président de la CUS, F. Metzger, maire et de René Herrmann, président de la LAFA. L'équipe réserve B devient championne du Bas-Rhin et d'Alsace de sa catégorie et on constitue la première équipe de poussins de l'ASM. La saison 1969-1970 voit le club accéder à la Promotion d'Honneur. Le club compte 8 équipes. Parmi elles, les cadets B qui enlèvent le titre de champion du Bas-Rhin, imités en 1971 par les poussins.

En 1972, l'équipe II devient championne d'Alsace des réserves B pour la deuxième fois. L'année 1974 est marquée par des heures tristes pour les pionniers du club qui assistent à la démolition de leur club-house, pour la construction duquel ils s'étaient tant battus et tant dépensés. Mais son transfert est effectué au Climont dans un lieu provisoire. En 1975 les minimes B deviennent champions du Bas-Rhin et d'Alsace. C'est en 1976 que l'ASM entre dans le magnifique club-house actuel et dispose de vestiaires neufs et spacieux dans le sous-sol du Centre Culturel et Sportif. En 1978, on assiste à la fin de la présidence de M. Albert Riehl, lui qui a tant donné pour le club. Il n'est pas réélu lors de l'Assemblée Générale, et c'est Lucien Walter qui est appelé à lui succéder. Au terme de la saison 1979-1980, l'équipe première se retrouve dans les profondeurs de la division III. Alfred Merckel est élu président en remplacement de Lucien Walter, trop pris par l'essor de son entreprise.

L'AS Mundolsheim 1969-1970, championne du Bas-Rhin
Debout de gauche à droite : Rémy Geyer (dirigeant), Waag, André Riehl, Goepfert, Guy Jeunesse, Jean-Luc Schott, Jean-Georges Hassler, Jean-Denis Hotz, Gabriel Philipps (dirigeant).
Accroupis de gauche à droite : Patrick Schuhler, Salvatore Ricotta, Patrice Bravo, Gérard Simler, Denis Scherer, Rémy Heintz.

L'AS Mundolsheim 1969-1970, accession en Promotion d'Honneur
Debout de gauche à droite : Patrick Loux, Roland Rebholz, Gérard Jonier, Bernard Haessler, Raymond Gross, Jean-Jacques Wendling, Albert Riehl (président), Franck.
Accroupis de gauche à droite : Fraulob, Yves Metzger, Gaston Johany, Hamm, Guy Mallet, Bernard Meyer.

L'AS Mundolsheim 1981-1982, championne d'Alsace de division II
Debout de gauche à droite : André Stoll (dirigeant), Alfred Merckel (président), Roland Stumpf, Charles Kandel, Francis Staenzel, Jean-Louis Wurtz, Marc Keller, Daniel Kinderstuth, Patrick Bambis, Bernard Hoenen (président des seniors).
Accroupis de gauche à droite : Patrick Kinder, Claude Weber, Bruno Heintz, Daniel Bravo, Patrick Hustache, Jacky Rudolf.

L'AS Mundosheim 1983-1984, en Promotion d'Honneur
Debout de gauche à droite : Alfred Merckel (président), Daniel Bravo, Denis Provang, Eric Jenn, Martial Klein, Roland Stumpf, Daniel Kinderstuth, Bernard Hoenen (président des séniors), André Stoll (dirigeant).
Accroupis de gauche à droite : Jacky Rudolf, Tardieu, Patrick Hustache, Marc Roth, Patrick Kinder, Richard Reibel, Charles Kandel.

L'ASM a fourni deux présidents à la LAFA, Ernest Jacky et René Herrmann

Pour la saison 1980-1981, il faut prendre des mesures énergiques pour remonter au plus vite. C'est le départ d'une nouvelle aventure. Et quel départ ! L'ASM finit en tête de son groupe et remonte en division II. Continuant sur sa lancée, l'équipe fanion est sacrée champion du Bas-Rhin et d'Alsace de la division II 1981-1982 et accède en division I.

Et ce n'est pas terminé puisque dès la saison 1982-1983, l'équipe première qui finit en tête de son groupe, retrouve la Promotion d'Honneur. Trois montées successives conduites par un jeune entraîneur-joueur, Roland Stumpf ! L'équipe II ne veut pas être en reste et remporte la coupe Aimé Gissy en 1987 et 1988, puis le titre de championne de la catégorie réserves A 1989.

De leur côté, les vétérans dont on a très peu parlé se mettent en évidence. Ils sont vainqueurs du challenge Rond Point 1992 et 1993, puis enlèvent le challenge Paco Matéo et terminent à la première place de leur groupe en championnat. En mai 1994, les juniors sont champions du Bas-Rhin en juniors A. Enfin, pour marquer l'an 2000, les vétérans enlèvent le challenge Rond Point et la super-coupe des vétérans. Les super-vétérans remportent le titre de champion du Bas-Rhin.

• BIBLIOGRAPHIE :
– Site Internet de l'AS Mundolsheim :
  http://www.asmundo.com sous la signature d'Ernest Richert.

Grands serviteurs de la LAFA
Mundolsheim s'honore d'être la seule commune d'Alsace à avoir fourni deux présidents à la LAFA, Me René Herrmann, de 1967 à 1972 et Ernest Jacky qui a été le patron du football alsacien de 1993 à 2000, après avoir été Conseiller Technique Régional de 1968 à 1988. Ajoutons à ces deux sommités Eric Leininger, qui a siégé à la Commission de Football du Bas-Rhin de 1923 à 1928, à la Commission Régionale des Arbitres de 1926 à 1939 et à la Commission Régionale des Qualifications de 1928 à 1939, ainsi que Michel Perelli, membre de la CRP en 1956, Albert Loux, membre de la CD du Bas-Rhin de 1960 à 1968, Guillaume Weinmann, vérificateur aux comptes de 1962 à 1964, Georges Adam, vérificateur aux comptes de la MARS de 1963 à 1966, Albert Riehl membre de la CRCT, membre de la LAFA de 1962 à 1976 et de la CRCT de 1962 à 1968, Bernard Hoenen, membre de la CRCT, de 1970 à 2000.

L'AS Mundolsheim de l'an 2000
Debout de gauche à droite : René Matz (dirigeant), Rémy Heintz, Jean Heintz, René Haas, Roland Stumpf, Jacky Rudolf (dirigeant), Charly Schoenenberger.
Accroupis de gauche à droite : Joël Zimmer, André Chalençon, Raymond Duddenhoffer, Maurice Schnell, René André. Manque sur la photo : Alain Arnault.

Le comité de l'an 2000
Maître René Herrmann (président d'honneur)
Robert Lefevre (président d'honneur)
Guillaume Weinmann (président d'honneur)
Albert Riehl (président d'honneur)
Alfred Merckel (président d'honneur)
Bernard Hoenen (président d'honneur)
Alfred Schuhler
(président d'Honneur des jeunes)
Eric Leininger (membre d'honneur)
Charles Gassman (membre d'honneur)
Charles Hamann (membre d'honneur)
Ernest Richert (président général)
Roland Stumpf (vice-président)
Pierrot Schneider (vice-président)
Clarisse Notter (secrétaire)
Edith Rupp (secrétaire-adjointe)
Roland Stumpf (trésorier)
Bertrand Brucker (trésorier-adjoint)
René Matz (trésorier-adjoint)
Gérard Haar, Eric Bahloul, Martial Gerhardy
Dominique Vogler, Martial Gerhardy
Serge Hustache, Hugues Clauss
Richard Igersheim, Armand Rupp
Pierre Notter, Ernest Richert
Alain Schmitt, Louis Moser
Gérard Dornier.

Football Club Niederroedern ★ 67

Niederroedern

En AGR dès 1946...

Le Football Club Niederroedern est fondé en 1947. Les membres fondateurs en sont Georges Gross, René Fix (père) et René Marmillod, entre autres.
A partir de 1946-1947, le club joue en championnat AGR, engageant même deux équipes de seniors. En 1950-1951, le FCN est sacré champion d'Alsace de division I AGR, groupe I.guerre mondiale où de nombreux jeunes gens ne reviennent plus du front.

Le club démarre en championnat de la LAFA en 1952-1953, en division IV. Le démarrage est difficile et il est contraint de déclarer forfait pour la saison 1956-1957. Toujours client pour les dernières places, il faut attendre la fin de la saison 1967-1968 pour le voir pointer à la deuxième place de son groupe et monter en division III. Encore deuxième la saison suivante, il figure désormais parmi les ténors de la division III. Jusqu'en 1974-1975 quand, dernier de la classe, il reprend le chemin de la division IV

De retour en division III en 1981-1982, le voilà champion de groupe de division III 1982-1983. La refonte des championnats le place en division II en 1985-1986, mais il retombe dès la saison suivante. La remontée à la fin de la saison 1988-1989 appelle un autre exploit. Champion de groupe 1991-1992, le FCN monte pour la première fois en division I. Dernier de la saison 1996-1997, il est malheureusement contraint de rétrograder. Revenu en division III, il est champion de groupe 1998-1999 mais a pris un ticket d'ascenseur. C'est donc en division III qu'il entre dans l'an 2000.

Le club compte aujourd'hui 60 licenciés, mais n'a malheureusement pas de jeunes car ils évoluent tous dans les clubs voisins. Le stade porte le nom de Charles Kocher, en hommage à un jeune joueur du village, disparu tragiquement à l'âge de 22 ans.

• BIBLIOGRAPHIE:
– Documentation et photographies fournies par Bernard Lefranc.

Les premiers footballeurs de Niederroedern en 1944
Debout de gauche à droite:
François Lefranc, Joseph Lefranc, Joseph Schehr, Roger Marmillod, Robert Weiss, Paul Lefranc, Robert Schaeffer.
Accroupis de gauche à droite:
André Schuster, René Hebting, Fred Liegott.
Manque sur la photo:
Albert Gerling.

Le FC Niederroedern en 1980
Debout de gauche à droite:
G. Eber, XXX, B. Singer, J.-L. Schuster, F. Hebting, J. Studer, B. Lefranc (délégué).
Accroupis de gauche à droite: B. Petrazoller, G. Fix, M. Graf, L. Krieger, G. Gross, D. Scheib, A. Gayko.

Les présidents
René Fix, René Marmillod, Georges Gross Georges Ebert, Alfred Drion, Raymond Eckenspieller, Kurt Gayko, Bernard Lefranc.

Le FC Niederroedern 1999-2000
Debout de gauche à droite: S. Herbein (dirigeant), A. Perriot, M. Eber, B. Bartoli, Claude Weiss, V. Lieber, R. Zwinger, M. Renard, P. Ball, A. Drion (dirigeant), R. Eckenspieller (dirigeant), B. Lefranc (président).
Accroupis de gauche à droite: J. Kremser, N. Gayko, S. Saint-Aubin, H. Gaertner, P. Herbein.

Le FC Niederroedern de l'an 2000
Debout de gauche à droite: R. Mathern (dirigeant), R. Backhusen, B. Zermann, A. Gangloff, B. Gangloff, J.-P. Gangloff, S. Gless, F. Secula (entraîneur), F. Wagner, A. Perriot (délégué).
Accroupis de gauche à droite: R. Eckenspieller (dirigeant), M. Bani, M. Linck, F. Klinger, B. Lefranc (président), D. Secula, C. Secula, P. Nunez, R. Strohm (dirigeant).

1947 Union Sportive Nothalten ★ 67

Nothalten

L'équipe fanion est engagée en division IV et finit la saison 1947-1948 à la deuxième place. Une jolie performance pour une première apparition. Mais ensuite, les choses se gâtent au point de déboucher sur un forfait lors de la saison 1952-1953. En 1953-1954, on repart et on se met à gagner des matches.

Premier exploit : le titre de champion de groupe 1956-1957 qui permet l'accession en division III. Tout va bien jusqu'en 1961-1962, quand, dernière, l'équipe est reléguée. Mais elle remonte tout de suite, titre de champion de groupe 1962-1963 en poche.

Au terme du championnat 1967-1968, le club est relégué dans un premier temps et finalement repêché. Mais la descente finit par arriver au terme de l'exercice 1969-1970, immédiatement annulée par un très belle saison 1970-1971. C'est le retour en division III. Nouvelle partie d'ascenseur pour la saison 1974-1975, une descente suivie d'une montée l'année d'après. Une habitude...

La première équipe de l'US Nothalten en 1947
Debout de gauche à droite :
Georges Stoeffler (président),
Paul Funfschilling,
Lucien Schneider, Pierre Bauer,
Alphonse Schneider, Gérard Landmann,
Marcel Stoeffler, Jules Wassler,
Georges Landmann (président).
Accroupis de gauche à droite :
Pierrot Naegell, Alfred Biechel,
Fernand Wirth.

Sur le stade de la Schneernetz

C'est en 1947 que naît l'Union Sportive Nothalten. C'est Georges Landmann qui préside le comité fondateur, assisté de Jules Wassler (vice-président), Marcel Stoeffler (secrétaire), Alfred Biechel (trésorier), Cyrille Wach, Albert Grau, Georges Derendinger, François Herrbrech, Paul Herrbrech, Désiré Wirth, Henri Biechel, Achille Steimbach (assesseurs).

L'US Nothalten 1953-1954, en division IV
Debout de gauche à droite : D. Wirth, G. Landmann, E. Metz, A. Herrbrech, R. Wach, J. Schneider, E. Wolffer, A. Schneider, F. Wirth. Accroupis de gauche à droite : A. Lentz, A. Gleitz, M. Stoeffler, G. Kieffer, G. Binnert.

L'US Nothalten 1963-1964, en division III
Debout de gauche à droite : L. Anselm, A. Lentz,
C. Flonck, C. Gass, G. Binnert, P. Goettelmann, R. Kieffer.
Accroupis de gauche à droite : A. Gleitz, A. Wirth,
M. Stoquer, J.-P. Socker, J. Friess.

L'US Nothalten 1983-1984, championne de groupe de division IV
Debout de gauche à droite :
F. Waegell, G. Biechel, G. Wirth,
V. Anselm, J.-P. Wolff, D. Waegell,
B. Bader, R. Lentz.
Accroupis de gauche à droite :
C. Schwarz, J.-L. Schwarz,
G. Stoeffler, B. Anselm, D. Biechel,
E. Biechel, C. Biechel.
Manquent sur la photo :
Thierry Fuhrmann,
Bernard Herrbach, Jean-Luc Zussi.

L'US Nothalten 1975-1976, accession en division III
Debout de gauche à droite : C. Stoeffler, J.-C. Spielmann,
D. Friess, J.-P. Wolff, A. Biechel, F. Faehn, G. Wirth, G. Gloeckler.
Accroupis de gauche à droite : J. Lentz, J.-L. Walter, P. Jehl,
G. Biechel, A. Faehn, G. Stoeffler.

L'US Nothalten équipe I et II 1988-1989, accession en division I et championne de groupe des réserves C
Debout de gauche à droite : P. Roth
(entraîneur), B. Herrbach, D. Biechel, B.
Bader, C. Biechel, S. Bader, V. Anselm,
G. Biechel, B. Anselm.
Assis de gauche à droite : C. Bader,
B. Biechel, G. Waegell, J.-M. Stoeffler,
S. Wirth, J.-P. Wolff, D. Kracher,
E. Biechel, H. Anselm.
Accroupis de gauche à droite :
M. Wach, D. Conrad, T. Conrad, M. Lentz,
H. Dietschy, J.-P. Friess, J.-L. Schwartz,
G. Stoeffler.

Pour ne pas perdre les bonnes habitudes, l'équipe fanion finit l'exercice 1982-1983 à la dernière place, se trouve reléguée et enlève tout naturellement le titre de champion de groupe 1983-1984.

Le stade de la Schneernetz est inauguré en 1987. En 1988-1989, c'est un nouveau titre de champion de groupe, de division II cette fois, qui sanctionne un joli parcours (départagé par le goal-average avec Sainte-Croix-aux-Mines).

2e en division I en 1989-1990, l'USN, dotée d'installations pour nocturnes, est contrainte au retour en division II en fin de saison 1991-1992, elle y passe un long bail marqué par l'inauguration du club-house en 1995, avant de plonger encore un peu plus en 1999-2000. La saison 2000-2001 se passe en division III.

• BIBLIOGRAPHIE :
– Documents et photographies fournis par Bertrand Bader.

L'US Nothalten de l'an 2000
Debout de gauche à droite : Laurent Eckert, Stéphane Kopp, Vincent Eckert, Thierry Zussy, Eric Stadelwieser, Manuel Metz (entraîneur), Bertrand Bader (président), Franck Riehl, Frédéric Michel.
Accroupis de gauche à droite : Raphaël Wildermuth, Gilbert Schwoertzig, David Remetter, Jérôme Maurer, Philippe Rieffel, Claude Herrbrech.

Les présidents

Georges Landmann (1947-1952)
Désiré Wirth (1952-1954)
Victor Waegell (1954-1956)
Robert Kieffer (1959-1965)
Paul Herrbrech (1966-1973)
Edmond Herrbrech (1973-1983)
Fernand Waegell (1983-1988)
Gérard Biechel (1988-1992)
Richard Wach (1992-1993)
Gérard Stoeffler (1993-1995
Michel Wach (1995-2000)
Bertrand Bader (2000 à nos jours)

Le comité de l'an 2000

Bertrand Bader (président)
Claude Herrbrech (vice-président)
Emmanuelle Groud (secrétaire)
Maurice Gerber (trésorier)
Manuel Metz (entraîneur)
Salvador Fuentes, Jean-Paul Friess
Cathy Bader, Denis Lentz
Thierry Zussy, Gilbert Schwoertzig

1947 Football Club Petit-Landau ★ 68
Petit-Landau

Le FC Petit-Landau en 1950

La Suisse n'est pas loin

C'est en la chaude journée du 1er juillet 1947 qu'une poignée de pionniers lance le premier club sportif de Petit-Landau. Marcel Karm est alors choisi pour présider aux destinées de l'association. Par la suite, la charge de la présidence va successivement être assumée par Etienne Uricher, Jean Hoefferlin, Roland Uricher, François Christnacher et Henri Schmidlin qui est actuellement aux commandes.

Les débuts s'avèrent difficiles. Le terrain n'a pas les normes requises et la trésorerie part de zéro. Il faut l'organisation des kilbes, des représentations théâtrales, des concours hippiques et des tournois pour l'approvisionner. Sur le plan sportif le démarrage se fait avec des joueurs du cru majoritairement inexpérimentés, mais par contre très motivés. Si Jean Hoefferlin est capitaine de l'équipe, Joseph Escher, d'ailleurs principal promoteur de la création, est l'un des rares à maîtriser le ballon avec une certaine maturité. Il sait aussi regonfler le moral des troupes, après une avalanche de déroutes initiales.

Originaire de Suisse alémanique, Joseph Kuriger (80 ans maintenant) est un autre de ces joueurs relativement expérimenté. A son compère Clément, il crie, à l'approche des 16 mètres, son mémorable *« Clémence, Schuss ! »*. Frédéric Suter est lui aussi un ressortissant helvétique du club. Trop ancien pour jouer, il est nommé responsable du terrain et entre au staff technique. Il n'a pas son pareil pour galvaniser les joueurs, a qui il demande *« une détermination surmultipliée, tout pour le FCPL »*.

Les présidents
Marcel Karm (1947-1949)
Etienne Uricher (1949-1955)
Jean Hoefferlin (1955-1975)
Roland Uricher (1975-1978)
François Christnacher (1980-1982)
Henri Schmidlin (T978-1980) (1982 à nos jours)

Le FC Petit-Landau 1979, vice-champion du Haut-Rhin division III
Debout de gauche à droite : Richard Banzet, Jean-Pierre Richard, Raymond Bretout, Clément Uricher, Hubert Krempper, Jean Noël, Jean-Michel Jardin, Henri Schmidlin (président).
Accroupis de gauche à droite : Jean-François Girard, Jean Ringenbach, Roland Uricher, Philippe Schmidlin, Marc Diemunsch. Manque sur la photo : Georges Braud.

Comme tout autre au club de football, celui du Petit-Landau connaît des fortunes diverses. Actuellement, l'équipe fanion évolue dans les hautes sphères de la division II départementale. Une équipe réserve et une autre de vétérans complète l'effectif des « grands ».

Dans leur sillage opèrent plus d'une trentaine de jeunes. Ils se répartissent dans six équipes. Trois équipes sont en association avec Niffer (les -13 ans, les poussins et les débutants) alors qu'une dernière (les -15 ans) l'est avec Ottmarsheim. L'événement qui marque le plus l'histoire du club est l'inauguration du stade digne de ce nom, le 14 août 1966. En 1975, les joueurs bénéficient de vestiaires et d'un foyer, au sous-sol du mille club. Vient s'ajouter en 1987, l'installation du superbe abri-tribune.

Le FCPL, qui ne veut pas s'arrêter en si bon chemin, compte dans ses rangs un homme hors de commun, François Christnacher. De par son inlassable dévouement et son savoir-faire, il a, avec l'apport matériel de la commune et en fédérant quelques bonnes volontés, réalisé l'aménagement d'un second terrain en 1990 et 1997. Il va de soi que le fonctionnement du club exige un investissement humain de tous les instants.

• BIBLIOGRAPHIE :
- Documents fournis par Henri Schmidlin.

Histoire en deux coups de projecteurs
Eclairage sportif

Imaginez, l'après-guerre... ou encore la période de l'avant 4 CV. C'est cette période lointaine que choisirent des pionniers courageux dont les noms sont répertoriés pour partie dans la presse, pour lancer le sport football dans un village de 390 âmes. Que de difficultés levées avec un stade dit « Beau Pré » partiellement fauché à la dernière minute, tracé aux copeaux glanés sous la raboteuse du menuisier, sans parler des déplacements entrepris à bicyclette ou au mieux par une remorque tractée par l'unique engin Bulldog du village. Longue et sinueuse (20 ans environ) est la route avant qu'une réelle embellie avec promotion en division III en 1975, puis en division II en 1976 ne vienne insuffler une motivation nouvelle. Promu rapide et donc fragile, les résultats s'inversent et il faut patienter jusqu'en 1993 pour pointer cette fois-ci en division I sorte d'objectif raisonnable pour un village qui entre-temps est passé à 650 habitants.

Eclairage social

Le FC Petit-Landau a vocation de longue date, d'accueillir dans ses rangs, les jeunes des villages avoisinants. N'oublions pas que cette gestion concerne jusqu'à 70-75 jeunes de Hambourg, Petit-Landau et Niffer dans les années 1972-1975, avec en prime des résultats de haut niveau. Avec la création du club voisin de l'AS Niffer, on note un effritement démographique, mais grâce au fidèle ancrage des jeunes de Hombourg, la moitié de cet effectif de référence s'adonne activement au football. Pour cette jeunesse, pour les parents qui aident et participent, le FCPL s'efforce d'apporter sa meilleure contribution pour l'épanouissement au travers de la prise en compte de réalités collectives, de ces jeunes dont il est essentiellement question.

Le FC Petit-Landau 1986-1987, champion d'automne en division III groupe 9
Debout de gauche à droite :
Pierre Bretout (dirigeant),
Henri Schmidlin (président),
Jean-Luc Martinel, Vincent Giraud,
Joseph Pignanelli, Thierry Hoefferlin,
Eric Feuillade, Richard Piequet,
Philippe Schmidlin,
François Christnacher (dirigeant).
Accroupis de gauche à droite :
Michel Beck, Patrick Boni (entraîneur),
Jean-Yves Butscha,
Jean-Claude Rufenacht,
Bruno Iafrate, Saïd Hadjih.

Le FC Petit-Landau de l'an 2000
Debout de gauche à droite : Alain Kuster (capitaine), Joël Bazylak, Adda Bacha, Jérémie Coulombel, Eric Bouvet (co-entraîneur), Stéphane Hegy, Eric Walter, Carlos Rubio-Ruiz, Maxence Gaboriau, Henri Schmidlin (président).
Accroupis de gauche à droite : Saïd Hadji, Philippe Riegert, Fred Conrad, Samir Guesmi, Pascal Klinger, Christian Triay (entraîneur). Manque sur la photo : Eric Botems

Association Sportive Rothau ★ 67

Rothau

Le SR Rothau en 1954
Debout de gauche à droite :
Ignace Scharsch (dirigeant),
Bruno Valtolini, Raymond Ely,
René Holveck, Francis Brice,
Roger Nicole, André Lepps,
Jacques Hoffmann, Jo Bau.
Accroupis de gauche à droite :
Roger Claulin, Roland Legrand,
Antoine Ziglio, Raymond Charpentier,
Lucien Briot.

Les présidents

Finck (1947-1951)
René Giethlen (1951-1957)
Alfred Weinmann
(1957-1960)
Joseph Briot (1960-1965)
Jean Machet (1965-1970)
René Heitzmann (1970-1973)
Lucien Casner (1973-1975)
Jean Machet (1975-1976)
Pierre Brignon (1976-1977)
Alfred Lehr (1977-1982)
Roger Schmaltz (1982-1995)
Jean-Yves Morel
(1995 à nos jours)

Les anecdotes du « père Benoît »

C'est une belle histoire que celle des Sports Réunis de Rothau. Le club est né en février 1947. Mais les sportifs de Rothau n'ont pas attendu cette création pour taper dans un ballon. Déjà avant 1939 les joueurs s'entraînent sur la butte du petit Donon ou près du dépôt des locomotives. Il faut la mémoire et la verve d'un père Benoît pour narrer les nombreuses anecdotes qui ont émaillé les joutes sportives que se disputent ces quelques mordus sur le terrain de tir du Donon de Rothau.

Début 1947, les statuts du club sont enfin déposés. En 1948, les Sports Réunis de Rothau fusionnent avec un club corporatif omnisports « La cordée ». C'est également à ce moment que le club accède en division III.

En 1950 débutent les travaux de nivellement et de drainage du stade de la Suchette. Les joueurs s'y retrouvent le dimanche matin pour ramasser les pierres sur la pelouse naissante. A ce moment, le club compte trois équipes (équipe I, équipe réserve et une cadets). Le club se maintient en division III après une victoire sur Mutzig (5-2) le 2 avril.

La saison 1950-1951, une équipe juniors est créée. L'équipe une termine 8e de son groupe devant Avolsheim et Mulhbach. Le 9 novembre 1950, la première sortie du club est organisée. Il ne faut pas moins de trois cars pour loger tous les invités malgré la participation de 500 F. Gérardmer, La Schlucht, Lac Noir et Lac Blanc, Orbey, les Trois Epis et Ribeauvillé les accueillent tour à tour. L'ambiance est telle que tous attendent avec impatience la sortie de la prochaine saison. Mais le club est dans l'impossibilité de mettre sur pied les sorties annuelles suivantes. A la fin de la saison 1951-1952, l'équipe première termine 6e sur dix après avoir été sacrée champion d'Automne et être restée quelque temps vice-leader en début des matches retour.

La saison suivante, Rothau est à nouveau champion d'automne à la fin des matches aller, avec cette fois quatre points d'avance sur le second Ergersheim. Malheureusement les matches retour sont catastrophiques et les SRR laissent s'envoler une belle occasion d'accéder à cette division II que chacun croit déjà dans sa poche.

Rothau manque aussi de chance pendant la saison 1953-1954 et termine le championnat en deuxième position laissant la première place à Rosheim.

Au summum de la gloire

La saison 1954-1955 débute bien et Rothau est une nouvelle fois champion d'Automne en division III. Le championnat se termine le 17 avril et Rothau, champion du groupe, voit s'ouvrir les portes de la division II. Aux matches du 8 mai, le titre de champion d'Alsace lui échappe cependant après une défaite contre Wittisheim par le score un peu lourd de 5 buts à 1.

Trois triste années

En pleine gloire, les SRR sont subitement déchus. Il ne reste plus que trois équipes de football. De plus les équipes restantes semblent avoir perdu le moral. L'équipe réserve se fait battre (15-0) par celle de Schirmeck et les juniors (15-1) par ceux de l'ASPTT. Quant à l'équipe première elle encaisse défaite sur défaite aux matches aller qu'elle termine lanterne rouge. Aux matches retour la rentrée de Roth permet à Rothau d'éviter la relégation automatique, mais non sans les matches de barrage dont l'issue est indécise jusqu'au 7 juillet. Rothau arrache le maintien en division II d'un tout petit but.

Mais ce n'est qu'un sursis. La saison 1956-1957 est plus piètre encore. Les juniors battus (5-2) par ceux de Wasselonne, (6-2) à Eckbolsheim, (7-0) à Dinsheim terminent le championnat bon dernier

Les SR Rothau 1955-1956
Debout de gauche à droite : Denis Koeniger, Francis Brice, Lucien Briot, Charles Aeschelmann, Fernand Diani, Jean Rathgeber.
Accroupis de gauche à droite : Denis Mathis, Charles Dianis, Roger Marchal, Maurice Rose, Ernest Scharsch.

Les SR Rothau en 1967
Debout de gauche à droite : Gaby Malaisé,
André Charlier, Claude Bohy, Alphonse Kastler,
Grégoire Werly, Jacques Hoffmann.
Accroupis de gauche à droite :
Raymond Vercelonne, André Ledig, Denis Fond,
Charles Aeschelmann, Daniel Hubrecht.

Les SR Rothau cadets en 1965
Debout de gauche à droite : Denis Fond, Dany Nicole,
René Goshens, Gaby Malaise, Alain Banzet, Jacky Bernard.
Accroupis de gauche à droite :
Roger Marchal (dirigeant), Dany Hubrecht, Sylvain Trappler,
Francis Kiennemann, Grégoire Werly, André Houlné.

sans avoir gagné un seul match. Avec un bilan de 8 buts marqués contre 60 encaissés. Il en est de même pour la première qui termine lanterne rouge après 16 défaites en championnat, n'ayant marqué que 33 buts et concédé 64. L'équipe réserve est à peine plus heureuse et ne peut glaner que 8 points tout au long de la saison. C'est cependant la seule à ne pas terminer le championnat à la peu enviable dernière place.

La saison 1957-1958, l'équipe fanion reprend donc sa place en division III. De plus les SRR opèrent de nouvelles contractions à la suite de nombreuses défections de joueurs qui préfèrent raccrocher ou demander leur mutation plutôt que de se faire ridiculiser sur les terrains de sports. Le club ne peut plus engager que deux équipes (première et réserve). C'est enlever tout espoir aux jeunes dont la relève est pourtant indispensable. Les premiers matches de championnats débutent en trombe et l'équipe est battu coup sur coup par Dinsheim (2-0) et par Barembach sur le même score. Si le club conserve quelques illusions elles sont envolées. Pire encore, c'est la relégation en quatrième division qui guette. De leur côté, les recettes baissent à vue d'œil. Le nombre de spectateurs qui atteint 2 541 en 1952-1953 passe respectivement à 1 561 puis à 1 281 les deux saisons suivantes. Le nombre remonte à 1 899 en 1955-1956 mais depuis la dégringolade est catastrophique : 1 098 en 1956-1957. La nouvelle saison, très mal commencée ne peut être que pire encore. Elle se termine avec seulement 809 entrées payantes, chiffre de loin le plus bas depuis la création du club.

En 1971, les Sports Réunis Rothau modifient leur appellation en Association Sportive Rothau.

Les archives disponibles ne permettent malheureusement pas de compléter l'historique récent du club.

• **BIBLIOGRAPHIE :**
– Documents fournis par Paulette Wibert.

La résurrection

Rothau, pour la troisième rencontre de championnat 1958, reçoit Avolsheim. Il lui faut à tout prix gagner ce match, d'autant que sur la touche, un personnage bien connu des milieux sportifs de la Vallée, qui l'a vu tant de fois jouer dans ses rangs professionnels du RC Strasbourg est là pour superviser l'équipe. A la mi-temps Rothau est mené (1-0) alors Raymond Krug s'approche des joueurs et leur fait part des déficiences tactiques qu'il a décelé. Trop habituée à encaisser de solides cartons, la défense répugne à soutenir sa ligne d'attaque, les demis restent toujours en retrait et invariablement, sur dégagement de la défense adverse, Avolsheim, fonce dans l'espace libre, s'adjuge la balle et lance immédiatement l'offensive. Quelques secondes après la reprise, Avolsheim marque pour la deuxième fois mais la leçon de la mi-temps porte ses fruits et les spectateurs assistent à un revirement de situation aussi incroyable que subit. Mis en confiance malgré l'adversité, les bleus jouent avec un tel calme et une telle cohésion que le coup de sifflet final retentit sur le score de (3-2) en faveur de Rothau.

Les supporters d'Avolsheim avouent après la rencontre avoir eu le souffle coupé par une telle remontée. Désormais on voit régulièrement les joueurs de Rothau travailler leur technique et profiter des leçons de leur nouvel entraîneur. Le match suivant, le 6 octobre, Oberhaslach qui arrive à Rothau avec la ferme conviction de s'en retourner nanti de deux points supplémentaires, s'en va sans avoir réussi à marquer un seul but et après en avoir encaissé six. Quand le leader Ergersheim vient à son tour le 17 novembre, lui qu'aucune équipe n'a encore réussi à faire trébucher, qui a gagné tous ses matches par des scores impressionnants comme l'atteste son goal-avérage de 35-12, lui aussi, auréolé de son titre incontestable de champion, s'en retourne après avoir encaissé un régulier (3-1). Il est malheureusement trop tard pour remonter le handicap des matches gâchés en début de championnat, mais l'équipe termine au petit trot en quatrième position, tandis que la réserve fini sa saison à deux points du leader.

Un souffle nouveau vient de passer sur les SRR, c'est celui qui anime chaque joueur et chaque membre du club. Le club revient de loin mais il remonte la pente. Quelques joueurs qui ont déserté le club, mis désormais en confiance reviennent et les jeunes ainsi que les spectateurs reprennent les chemins du stade.

L'AS Rothau de l'an 2000
Debout de gauche à droite :
Jean-Yves Morel (président),
Sté Kettler (sponsor), Jean-Ch. Goslin,
Alain Cuny, Jean-R. Riegler, Loïc Morel,
Cédric Nicola, Frédéric Sanchez,
Patrick Scheidecker, Frédéric Groshens.
Accroupis de gauche à droite :
Guy Bacher, Jammal Elkabbach,
Jérôme Mathieu, Olivier Hilpipre,
Damien Natolini, Christophe Groshens,
Peter Kaster.

Le comité de l'an 2000
Jean-Yves Morel (président)
Hervé Fort (président-délégué)
Paulette Wibert (secrétaire)
Michel Kern (trésorier)
Guy Bacher
Bertrand Goetz
Jean-Pierre Hilpipre
Murielle Riegler

Association Sportive Sigolsheim ★ 68

Sigolsheim

Claude Fischaux, fierté de l'ASS

C'est en 1947 que naît le Football Club de Sigolsheim. Son correspondant est Bernard Dietrich et les joueurs se déshabillent au restaurant « Au Boeuf Rouge ». D'abord contraint de disputer des rencontres amicales, le club débute son championnat en 1950-1951, en division IV, avec 14 clubs, composé de Sundhoffen (champion), Ostheim, Ober-Niederentzen, Gundolsheim, US Biesheim, Guémar, Fortschwihr, Saint-Hippolyte, Gunsbach, Bergheim, Bennwihr, Pfaffenheim, Sigolsheim (13e) et Osenbach.

A partir de la saison 1951-1952, c'est le forfait général. Il faut dire que le village a été entièrement détruit par les Américains lors de la libération de la poche de Colmar en janvier 1945 et qu'il est bien difficile à la fois de construire la majorité des habitations, mais aussi de disposer d'un terrain de jeu disponible et de vestiaires dignes de ce nom. Alors, le club est en sommeil de longues années durant.

Mais le village ne peut rester sans club, et c'est en 1975 que l'on décide de faire revivre le sport à travers une association qui prend une autre dénomination, celle d'Association Sportive de Sigolsheim. Le nouveau club fait ses débuts en division IV, en championnat, pour la saison 1975-1976. La montée en division III se situe au terme du championnat 1979-1980. Mais de nombreuses blessures (l'effectif est plutôt restreint) entraînent un retour immédiat en division IV. La saison suivante, l'équipe rajeunit et retrouve sa place en division III.

1983-1984 provoque une descente en division IV, sur une saison sans couleur. Puis naît l'équipe des féminines. En 1985-1986, elle est demi-finaliste de la coupe d'Alsace et championne d'Alsace de division I et division I. Lors de la saison 1989-1990, l'AS Sigolsheim joue un quart de finale de la coupe du Crédit Mutuel.

1991-1992 voit un carton plein des seniors, avec une montée en division II à l'issue d'une saison exemplaire de régularité et de sérieux, dans un climat particulièrement positif. Mais 1994-1995 constitue une saison manquée, avec la relégation en division III, puis, dès 1996-1997, le retour en division II. Le plus beau fleuron est constitué par l'accession en division I au bout d'une saison 1999-2000 pleine de rebondissements.

• BIBLIOGRAPHIE :
– Textes et photos fournis par Claude Dietrich.

L'AS Sigolsheim en 1947, devant le vieux car Pauli de Kaysersberg, qui servait aux déplacements
Debout de gauche à droite : Raymond Tempe, Roger Gis, Lucien Groell, Jean Kappler. Au milieu de gauche à droite : Fernand Tempe, Roger Rases, Mietrich Bernard, René Preiss. Accroupis de gauche à droite : Bernard Trempé, Amédée Zerfuss, René Sparr.

Claude Fischaux, actuellement capitaine en division II au Mans, a aussi joué à Lille, Le Havre, ici sous le maillot de l'AS Saint-Etienne

L'AS Sigolsheim II de l'an 2000, en division IB

L'AS Sigolsheim de l'an 2000
Debout de gauche à droite : Norbert Scheffler (président), Jean-Charles Stotzer (entraîneur), Stéphane Bonora, Fabrice Wolff, Christophe Demange, Thierry Jochem, Christophe Schwoerer, Guillaume Groell, Frédéric Wenson, Patrick Gsell, Thierry Speitel (sponsor), Arsène Foechterle (dirigeant). Accroupis de gauche à droite : Yves Haumesser, Eric Gilgenkrantz, Nicolas Delcroix, Bruno Naegele, Stéphane Salomon, Jean Neff, Raphaël Gilgenkrantz.

Auberge Au Pont de la Fecht — Sigolsheim
Cuisine du patron
Spécialités alsaciennes
Terrasse ombragée
Jeux d'enfants - Parking
Salles de Séminaire
68000 Colmar
Tél. 03 89 41 48 12
Fax 03 89 24 51 44

1947
Etoile Sportive Stotzheim ★ 67
Stotzheim

Cadeau du Comte

L'Etoile Sportive est née en 1947 de la volonté d'une poignée d'hommes animés par la même passion pour le football. Marcel Rhulmann, restaurateur, prend alors la tête de ce qui n'est alors qu'une ébauche de comité.

Sans autres ressources que la bonne volonté ambiante, les activités sportives du club peuvent démarrer avec la mise à disposition par la commune de Stotzheim d'un terrain au lieu-dit Salesmaettel. C'est une salle de restaurant - située à plusieurs centaines de mètres du terrain – qui fait office de vestiaires pour la seule équipe de l'ESS.

Eté 1947. Le comte d'Andlau, partageant les mêmes convictions que les pionniers de l'Etoile Sportive, offre au club un terrain de football digne de ce nom. En 1952, Gaston Klein reprend la place de président pour un mandat qui durera un quart de siècle, mandat marqué par des résultats assez irréguliers pour la plupart, dus aux faibles moyens dont dispose le club. Mais rien cependant ne peut ébranler la solidarité qui lie les joueurs fiers de porter les couleurs de l'ESS. Amitié et amour pour le football ont toujours raison des défaillances et des désillusions passagères. Les résultats enregistrés dans les clubs environnants motivent les membres du comité à changer quelque peu la politique de direction de l'Etoile Sportive.

Nous sommes en 1975. Bernard Weitzel, directeur d'école puis entraîneur des jeunes, Victor et Xavier Schultz, présidents successifs jusqu'en 1989, axent alors leur travail sur la formation des jeunes joueurs. Cette politique apporte très vite de grandes satisfactions et permet en l'espace de deux saisons d'engranger deux titres de champion d'Alsace, le premier en 1976 pour les minimes B et le second l'année suivante pour les cadets B. Ces deux réussites motivent l'ensemble du club qui voit les résultats de son équipe première s'améliorer à son tour.

Après une vingtaine d'années d'utilisation et des centaines de matches disputés sur sa pelouse, le Stade Comte d'Andlau est fermé et les installations déplacées une nouvelle fois à l'endroit de l'actuel stade municipal offrant un plus grand espace et permettant la construction d'un club-house, inauguré en 1982.

Le palmarès qui suit est éloquent. Les « Rouges » évoluent durant 9 saisons en Promotion d'Excellence puis deux saisons en Promotion d'Honneur. L'Etoile Sportive remporte la coupe du Centre-Alsace à trois reprises sur trois années consécutives (1990, 1991 et 1992) ainsi que la coupe du Crédit Mutuel en 1993. L'équipe première joue actuellement en division I et le président, Hubert Kretz, choisit pour son mandat de reprendre la recette du succès en mettant l'accent sur la formation des jeunes, ceci avec l'aide de nouveaux dirigeants et en entente avec les clubs de Zellwiller et Valff. En 2001, l'Etoile Sportive ne compte pas moins de 6 équipes de jeunes, équipes qui remportent régulièrement des titres de champion de groupe. Les 2 équipes de seniors, entraînées par Laurent Burgholzer intègrent quant à elles petit à petit ces jeunes espoirs de demain. Une recette qui semble porter ses fruits : en 2000, l'équipe I joue la finale de la coupe du Centre Alsace ainsi que les barrages de montée dans la catégorie promotion.

• BIBLIOGRAPHIE :
– Historique et photos remis par Hubert Kretz.

L'ES Stotzheim minimes B 1975-1976, championne d'Alsace
Debout de gauche à droite : Gaston Klein (président d'honneur), Paul Roth (entraîneur), Christophe Beck, Bruno Schultz, Benoît Fetzer, Maurice Klein, Alain Zinck, Patrice Schultz, Marcel Leibel (dirigeant), Xavier Schultz (président). Accroupis de gauche à droite : Jean-Louis Goettelmann, Robert Leibel, André Walter, Bernard Muller, Christian Dreyphus.

Les présidents
Marcel Rhulmann, Gaston Klein
Victor Schultz, Xavier Schultz
Richard Naegel, Hubert Kretz.

L'ES Stotzheim des années 80 en Promotion d'Excellence
Debout de gauche à droite :
Hervé Messner (dirigeant), Raymond Schultz, Christophe Ehrhart, Gérard Waegell, Pierre Kretz, Denis Matern, Riccota Salvatore (entraîneur). Accroupis de gauche à droite :
Patrice Schultz, André Walter, Maurice Gilg, Jean-Marie Walter, Olivier Schuell, Pascal Zimmermann, Jean-Paul Schultz, Bruno Schultz.

L'ES Stotzheim de l'an 2000
Debout de gauche à droite : Hubert Kretz (président), Serge Farner, Bruno Cromer, Jean-Michel Witz, Frédéric Sandner, Christophe Ehrhart, Christophe Christen, Yannick Schultz, Laurent Burgholtzer (entraîneur). Accroupis de gauche à droite : Jean-Marie Walter, André Faller, Marc Mappus, Patrice Schutz, Denis Matern, Julien Wurry, Gilles Matt, Steve Bohn.

L'ES Stotzheim, poussins de l'an 2000
Debout de gauche à droite :
Yann Schlosser, Marc Thomas, Arnaud Laffont, Henri Kammerer.
Accroupis de gauche à droite :
Alexandre Gilg, Guillaume Schultz, Thomas Meyer, Cédric Toussaint.

Pour la préparation de cet ouvrage, nous avons contacté et relancé à maintes reprises tous les clubs, pour que nous puissions disposer d'archives, de photos et d'éléments nous permettant de les mettre en valeur.
A notre grand regret, et malgré de nombreux courriers, appels et messages téléphoniques, certains clubs ont été quelque peu démissionnaires et ne nous ont pas permis de disposer d'éléments suffisants pour écrire leur histoire de manière complète.
Nous avons tout de même essayé de laisser une trace de leur présence, en leur consacrant un chapitre réduit qui se trouve à la fin du livre, à la mesure des informations qui nous ont été fournies.

Le SC Gaz de Strasbourg en 1996-1997, en division I

1936
Sporting Club Gaz de Strasbourg ★ 67
Gaz de Strasbourg
Parfois de l'eau dans le gaz

C'est en 1936 qu'est créé le Sporting Club Gaz de Strasbourg, grâce à quelques footeux qui se nomment Rieb, Engeldinger, Moog, Haller, Maintz, Widmann, Wolff, Kress, Petschar, Perillon. En 1945, après les événements tragiques, la section reprend ses activités sous la houlette d'Alphonse Ott. Malheureusement, elle doit interrompre en 1949, pour des raisons financières. A titre d'exemple, pour l'achat d'un ballon, une quête a dû être organisée parmi les gaziers.

Après 33 années d'inactivité, c'est en 1982, que Jean-Paul Muller, B. Weissgerber, Pierre Massmann, S. Hoertel, A. Jung et Francis Dentler rallument la flamme footballistique du Gaz de Strasbourg. Une équipe reprend des activités en 1983, par des matches amicaux et se trouve engagée en championnat corporatif en 1984-1985. Elle se classe au troisième rang en division I, derrière Cellulose et l'équipe II des Cheminots de Strasbourg.

Un nouveau comité est élu en 1985, il est constitué de Jean-Paul Muller (président d'honneur), Francis Dentler (président), Pierre Massmann (1er vice-président), Jean-Marc Muller (2e vice-président), J. Haegel, M. Denu (trésoriers), S. Hoertel, Mme D. Dentler (secrétaires), Paul Christmann (entraîneur).

Ce comité prend l'engagement d'agrandir la section dans un avenir proche et de permettre aux jeunes de pouvoir s'exprimer pleinement. On joue en championnat corporatif, en promotion à partir de la saison 1986-1987. En 1987-1988, l'équipe se classe même troisième derrière DNS et les Pompiers de Strasbourg, mais arrête à nouveau ses activités en championnat. Ses heures de gloire, elle les connaît dans les années précédentes en coupe nationale EDF/GDF. La plus belle performance est acquise en 1991-1992, lors du tournoi corporatif inter-entreprises à Sand, remporté devant des équipes comme le CHRU Hautepierre, ASTOR, Huron, Lilly France, FALA, Ringsheim et Hohner. Le club enlève aussi les challenges de la meilleure attaque et de la meilleure défense.

C'est avec le président Jacky Humler aux manettes, que le club entame son premier championnat civil lors de la saison 1993-1994, en division III (6e). L'équipe qui termine 2e la saison suivante, derrière le Strasbourg UC-ARDI, est promue en division II puis en division I dès la saison suivante, après avoir remporté le titre de champion de groupe. L'équipe se maintient durant deux saisons avant d'être reléguée au terme de la saison 1997-1998. Puis, au moment des comptes de la saison 1999-2000, c'est une nouvelle relégation, vers la division III cette fois.

• **BIBLIOGRAPHIE :**
– Documentation fournie par Michel Denu.

Le SC Gaz de Strasbourg de l'an 2000

Les présidents
Alphonse Ott (1945-1949), Jacky Bossenmeyer (1982-1986), Francis Dentler (1986-1989), Jacky Humler (1989-1996), Michel Denu (1996 à nos jours)

Le comité de l'an 2000
Michel Denu (président), Bruno Debleuvre (vice-président), Gérard Michel (trésorier), Sabine Bossenmeyer (secrétaire), Didier Isenmann (président jeunes), Angelo Mazzarella, Fabrice Seenald, Patrick Lehmann, Joël Hugony, Jean-Philippe Blonde, Serge Martin, Sébastien Huck (assesseurs)

1941
Football Club Schnersheim ★ 67
Schnersheim
Son cœur a balancé...

En 1941, une poignée de jeunes gens souhaitent oublier les réalités du conflit qui s'abat sur eux depuis plusieurs mois. Le Football Club de Schnersheim voit le jour la même année. A cette époque une seule équipe seniors représente le club. Elle dispute des matches amicaux car il n'y a que des embryons de championnats, mis au point sous autorité allemande.

La guerre terminée, le FC Schnersheim redémarre en division III, LAFA en 1945-1946, dans un groupe qui comprend Truchtersheim, Hangenbieten, Ittenheim, Schnersheim (4e), Dingsheim, Marlenheim et

Le FC Schnersheim en 1987

Le FC Schnersheim 1978-1979
Debout de gauche à droite : Wherlé, Vierling, R. Schmitt, G. Schmitt, Ranspacher, Ehrhardt, A. Muller (capitaine). Accroupis de gauche à droite : Klein, Lux, M. Muller, Yung, Gonzalès. Manquent sur la photo : Ritter, Ziegelmeyer, Zimmermann, Ch. Koering, P. Martin.

Westhoffen. Au terme de la saison 1948-1949, l'équipe est dernière et se trouve reléguée en division IV. Elle termine 2e en 1949-1950, joue encore le championnat 1950-1951, avant de quitter la LAFA pour rejoindre, fait assez inhabituel, le giron du football de patronage de l'Avant-Garde du Rhin, il est vrai au sommet de sa gloire à cette époque.

Départ pour l'AGR et le titre de division I

En 1952-1953, l'équipe est championne AGR de division I, en remportant le groupe III qui comprend aussi Pfettisheim, Lixhouse, Jetterswiller, Dettwiller II, Saessolsheim et Lupstein. De ce fait, le club est promu en Division d'Honneur et dès la saison 1953-1954, et rencontre Soufflenheim, Saverne, Notre-Dame Strasbourg, les SR Haguenau, Dettwiller, La Wantzenau, Leutenheim, Rountzenheim et Schleithal.

Le club redescend en division I et remporte le titre de son groupe en 1955-1956, gagnant par la même occasion la «coupe du Centre-Ouest». Mais l'AGR s'en va en déclinant. Le nombre d'équipes diminue à vue d'œil et le championnat n'est plus assez consistant. A la fin de la saison 1960-1961, les dirigeants décident de retourner jouer en LAFA. On retrouve l'équipe en 1961-1962, évoluant en division IV, avec l'équipe II de l'AS Strasbourg, l'ASBTA Bischheim, Wingersheim, Pfettisheim, Wahlenheim, Geudertheim, Lampertheim II et le FCO Schiltigheim.

Retour en LAFA

L'équipe ne quitte pas la division IV. Plutôt dans le bas du classement d'ailleurs. Par contre, en 1976-1977, sa 4e place (la meilleure depuis longtemps), lui offre la possibilité de monter enfin en division III. Pourtant, dès la saison suivante, retour à la case départ ! Mais ce coup de grisou s'avère salutaire. Lors de la saison 1978-1979, le FCS est champion de son groupe et devient champion du Bas-Rhin de la division IV, battu en finale par le FC Red-Star Mulhouse II. Au cours de cette saison, l'équipe gagne également le challenge de la meilleure attaque (105 buts).

• BIBLIOGRAPHIE :
– Documents fournis par Gérard Barth.

Le FC Schnersheim vétérans de l'an 2000
Debout de gauche à droite : Gérard Barth (dirigeant), Daniel Brocker, Sébastien Barth, David Lechner, Daniel Vix, Christophe Schotter, Steve Repinat, Nicolas Muller, Serge Heckler (dirigeant). Accroupis de gauche à droite : Sidney Aguilar, Vincent Pfleger, Frédéric Schott, Fabrice Placide, Haguenauer, Thomas Krieger, Frédéric Lorentz.

1945
Sporting Club Drulingen ★ 67
Drulingen
Après la libération...

Pour dire la vérité et s'en tenir aux éléments historiques en notre possession, le football, à Drulingen est né en 1945, tout de suite après la libération. Immédiatement engagé dans les championnats de la LAFA sous le nom de Football Club Drulingen, l'association participe aux championnats dès la saison 1945-1946, en division IV et se classe cinquième. Un bon début...

Et pourtant, il est bien difficile de réunir assez de joueurs pour tenir une équipe. On commence le championnat 1946-1947, mais après deux rencontres, il faut se rendre à l'évidence, le forfait général est inévitable. On refait une tentative en 1947-1948, le club joue un match et se trouve à nouveau contraint de déclarer forfait.

Les dirigeants travaillent pour trouver le moyen de jouer durablement. Certains anciens se joignent aux nouveaux volontaires et dès la saison 1950-1951, le club redémarre sous une nouvelle appellation, celle de Sporting Club Drulingen. Il est même sacré champion du Bas-Rhin de division IV 1951-1952, s'inclinant en finale régionale contre les Haut-Rhinois de Buhl.

Le SC Drulingen, champion de groupe de division III 1983-1984
Debout de gauche à droite : Christophe Stoll, Christophe Ensminger, Alain Stoll, Marc Constans, André Stutzmann, Alain Reutenauer, Jean-Marc Feuerstein. Accroupis de gauche à droite : Laurent Reutenauer, Pascal Munsch, André Koerner, Roger Geyer, Rémy Marx, Alain Robitzer.

Imprimerie Scheuer
ZA - Route de la Petite Pierre
BP 1 - 67320 DRULINGEN
Tél. 03 88 01 21 21
Fax 03 88 01 21 22
Numéris 03 88 01 21 20
E-mail : scheuer.imp@wanadoo.fr

Le SC Drulingen, champion de groupe de division II 1996-1997
Debout de gauche à droite : René Saling, Roger Bieber, André Stutzmann, Frédéric Steibel, Christophe Hild, Vincent Gauthier, Francis Kehne, Daniel Drommel, Freddy Martzolff, Philippe Nickles. Accroupis de gauche à droite : Alain Reutenaurer, René Scheuer, Gilles Feuerstein, Didier Moser, Stéphane Dietrich, Samuel Malouta, Jean Hube, Pascal Brubacher, Christophe Jung, Patrick Moser.

A la fin de la saison 1954-1955, le SCD est champion d'Alsace de division III, en battant en finale le FC Illfurth. Mais l'équipe est reléguée fin 1957-1958. La guerre d'Algérie, qui a décimé les rangs, est passée par là. Le club se maintient un temps, mais retombe en division IV, à la fin de la saison 1966-1967.

Le SCD s'offre des aller-retours entre division IV et division III et des titres de champion de groupe 1981-1982, en division IV, puis de division III en 1983-1984.

Les modifications entreprises par la LAFA lui permettent d'accéder en division I et d'y figurer en 1985-1986. A la fin du championnat 1991-1992, l'équipe première retombe en division II, une division qui la voit sacrée championne de groupe 1996-1997. Drulingen est en division I pour l'an 2000.

Le comité de l'an 2000

René Saling (président), Pierre Soudier, Albert Nicklaus (vice-présidents), Bernard Blaser, Philippe Nickles (secrétaires, Anne-Elisabeth Eva, Dominique Moritz, Francis Kéhné (trésoriers), Roger Bieber, Rémy Burr, Claude Gressel, Roland Haenel, André Koerner, Didier Moser, Patrick Moser, Gilles Roth, Jean-Louis Scheuer, René Scheuer (assesseurs), Christophe Schneider (entraîneur).

• **BIBLIOGRAPHIE :**
– Photos remises par le club.

Le SC Drulingen de l'an 2000
Debout de gauche à droite : René Saling (président), Frédéric Martzloff, Sébastien Wolff, Frédéric Steibel, Olivier Ensminger, Francis Gangloff, Francis Kehne, Yannick Walter, Sébastien Nicklaus, Pierre Soudier (vice-président), M. Sene (Crédit Mutuel). Accroupis de gauche à droite : Christophe Schneider (entraîneur), Rémy Burr (délégué), Didier Moser, Matthieu Jacob, Sébastien Saling, Jean-Michel Arnold, Marc Sunier, Marc Balle, Roland Haenel (délégué).

1945
Association Sportive Forstfeld ★ 67
Forstfeld
Le temps a fait son œuvre

C'est en 1945 qu'est créée l'Association Sportive Forstfeld. Les premiers matches se jouent au stade de l'Espoir. Le premier président est Charles Glas. Le club dispute son premier championnat en 1946-1947, en division IV. Après deux saisons d'arrêt, il reprend ses activités en 1949-1950, puis est à nouveau contraint de déclarer forfait général jusqu'en 1965-1966.

Il réussit sa première « perf » en 1978-1979, en étant champion de groupe de division IV et accède en division III, mais redescend au terme de l'exercice 1980-1981. Profitant de la refonte des championnats, on le retrouve en division III dès la saison 1985-1986.

En 1990, l'équipe fanion monte en division II sans avoir connu la défaite et marqué 100 buts en championnat, avec Jean-Jacques Weigel comme joueur-entraîneur.

La saison 1992-1993 est somptueuse, couronnée par une montée en D I, la victoire en coupe du Crédit Mutuel et au challenge Gottri.

En 2000, avec Yvan Nagel, la montée en Promotion est atteinte de même qu'une nouvelle finale de Crédit Mutuel.

RESTAURANT
Buerestiebel
FORSTFELD

PLAT DU JOUR
REPAS A LA CARTE
TARTES FLAMBEES
PIZZA

Spécialités de viandes exotiques
Autruche - Gazelle - Kangourou - Crocodile

Centre du village - 03 88 86 20 65

L'AS Forstfeld en 1945
Debout de gauche à droite : G. Weissreiner, A. Arbogast, L. Dockter, E. Pfitzinger. Accroupis de gauche à droite : A. Wohlhuter, L. Wilhelm, M. Bisch, O. Pfitzinger.

L'AS Forstfeld en 1947
Debout de gauche à droite : G. Weissreiner, A. Arbogast, M. Bisch, XXX, A. Bauer. Accroupis de gauche à droite : Kieffer, R. Muller, A. Ries, XXX, XXX, Schwaller.

L'AS Forstfeld 1999-2000, montée en Promotion et finaliste en coupe du Crédit Mutuel
Debout de gauche à droite: Marcel Nogel (président), Christian Kocher, Joël Burger, Cédric Pétrazoller, Yannick Nagel, David Arnold, David Schall, Mathieu Haushalter, Gérard Kocher (délégué).
Accroupis de gauche à droite: Mackaël Vetta, Stéphane Ober, Raphaël Nagel, Marc Batt, Steve Mathis, Yvan Nagel, Yannick Geyer.

Les présidents

Charles Glas (1946-1948), Jacques Oliviera (1965-1971), Marcel Busch (1971-1973), Eugène Gramfort (1973-1974), Claude Nagel (1974-1976), Michel Kramer (1976-1977), Frédéric Schladenhaufen (1977-1979), Raymond Defosset (1979-1980), Louis Durand (1980-1983), J.Georges Andry (1983-1984), Marcel Nagel (1984 à ce jour).

Le comité de l'an 2000

Marcel Nagel (président), Adolphe Bauer (président d'honneur), Eugène Fuchs (1er vice-président et délégué II), Robert Staat (2e vice-président et délégué II), Louis Durant (arbitre), Gérard Kocher, Georges Krom, Claude Nagel, Nagel Yvan.

• BIBLIOGRAPHIE:
– Documents remis par Marcel Nagel.

L'AS Forstfeld 1992-1993, montée en division I et vainqueur de la coupe du Crédit Mutuel

1946
Union Sportive Algolsheim ★ 68
Algolsheim
Dans un jeu de quilles...

L'Union Sportive Algolsheim, nouvellement créée, entre en championnat pour la saison 1946-1947, et dispute aussi la saison 1947-1948. A la fin de l'exercice 1948-1949, elle accède à la division III, mais retombe une fois achevé le championnat 1951-1952. En théorie seulement, car l'équipe est repêchée. Ce qui ne l'empêche pas de déclarer forfait général à l'entame du championnat 1953-1954.

L'US Algolsheim 1992-1993
Debout de gauche à droite: Didier Corrèges (président), Eric Dominique (entraîneur), Christophe Jenny, Frédéric Hucker, Ahmed Boullif, Rabah Bouacha, Claude Burgel, François Matter, José Pihneiro, Marc Duroux (vice-président), Olivier Pirotte (dirigeant).
Accroupis de gauche à droite: Victor Pinheiro, David Hueber, Gilles Meyer, Franck Ribio, Christophe Jaeglé, Patrice Chauvin.

L'US Algolsheim redémarre sérieusement en 1982, sous la houlette de Jean Kury, et engage deux équipes. Elle dispute son premier championnat en 1986-1987. Ne disposant pas de terrain, celui-ci ayant été laissé à l'abandon, l'US Algolsheim s'expatrie dans la commune d'Obersaasheim, qui met gracieusement ses installations à disposition. C'est en 1987 que débute la réfection du terrain du village, puis la construction d'un club-house, entièrement érigé par les bénévoles du foot et ceux du club de quilles

C'est en 1992 que Didier Corrèges reprend le club en main et dès l'année suivante, l'équipe I monte d'un échelon pour se retrouver en division II. Cette même année, grâce à Enrico Henriques, deux équipes de jeunes sont engagées dans le championnat des poussins et benjamins.

En 1997, Neuf-Brisach, Volgelsheim et Algolsheim décident de réunir tous leurs jeunes. C'est ainsi qu'est créé le premier club de jeunes en Alsace: Avenir Vauban 97.

En 1998, Algolsheim accède à la division I, mais redescend en division II l'année suivante.

En 1999, après neuf années passées à la tête du club, Didier Corrèges passe le flambeau à Marc Duroux, déjà présent dans le club depuis 1987.

L'US Algolsheim 1998-1999, accession en division I
Debout de gauche à droite: M. Beucher (sponsor), Raphaël Boulmen, Ahmed Boullif, Samuel Lidy, Alain Jenny, Fabrice Tainlot, Fabien Metzger, Jean-Luc Lidy, M. Sicker (maire), Patrick Schneider (entraîneur).
Accroupis de gauche à droite: Bertrand Gerges, Patrice Chauvin, Sébastien Chauvin, Stéphane Heitzmann, Didier Corrèges (président), Fabrice Dubois, Christophe Jaeglé, Franck Rubio.

1946 Football Club Eschbach ★ 67
Eschbach
Avec du fil de fer

Le 2 décembre 1946, après les pénibles années de guerre, vient au monde un club de football, baptisé Football Club d'Eschbach. C'est le 1er août 1946 que se réunit le bureau du FCE, désignant Joseph Weiss comme président.

Le comité directeur fondateur est le suivant: Joseph Weiss (président), Joseph Helmer (vice-président), Georges Barbier (secrétaire), Léon Kaufling (trésorier), Edouard Lazarus, Jacques Helmer.

Le terrain est alors le stade « Seematt », un fil de fer délimite la surface de jeu. L'équipe fanion fait ses débuts en AGR en 1946-1947, puis passe dans le giron de la LAFA en 1947-1948 en division IV, et évolue à ce niveau-là jusqu'en 1951. L'année suivante, le club s'affilie à l'AGR, et y reste jusqu'en 1958, période durant laquelle on voit apparaître le sigle « Association Sportive Eschbach ». De retour dans le giron de la LAFA en 1959, l'équipe fanion gravit les échelons, saison après saison, pour se retrouver en division I. Champion de groupe de division III 1960-1961, le club monte en division II, champion de groupe de division II 1961-1962, c'est l'accession en division I.

En Promotion, enfin...

Le terrain de jeu est installé au lieu-dit « Dans les Vignobles », occupant une surface de 100 m sur 60. Malheureusement, c'est le retour en division II à la fin de la saison 1964-1965, puis en division III après une saison 1970-1971 complètement manquée. La remontée est quasi-immédiate (1972-1973) et en 1977-1978, c'est la remontée assurée en division I. En 1977, un club-house voit enfin le jour.

Le 20 juillet 1980, Antoine Fuchs prend le relais à la présidence, le club évolue alors en division I sous la direction de Marcel Bastian. Au cours de la saison 1982-1983, alors qu'il est revenu en division II, le club peut s'enorgueillir de posséder des licenciés dans toutes les catégories, des pupilles aux seniors. En 1984, on change de terrain et on installe douches-vestiaires ainsi qu'éclairage deux après. La même année, elle dispute l'accès à la finale en coupe de Crédit Mutuel, à Seebach, et redescend en division II en 1986-1987, avec Bernard Fuchs comme entraîneur.. En 1988, Alfred Ott prend la tête du club, pour être remplacé, un an plus tard, par Denis Barbier, saison durant laquelle le club remonte en division I. Entre-temps, le club a disputé une finale du Crédit Mutuel. Malgré un bref passage en division II, le club s'installe durablement en division I, avec une succession d'entraîneurs, Bernard Jully, Jean-Claude Fuchs et Patrice Zindy. C'est juste à l'entrée en l'an 2000 que le FC Eschbach atteint son plus haut niveau avec l'accession en Promotion grâce à son entraîneur-joueur Daniel Andrès.

Le FC Eschbach en 1946

Le comité de l'an 2000
Denis Barbier (président), Claude Weiss (vice-président), Alfred Ott (vice-président), Raymond Klipfel (vice-président), Marguerite Klipfel (trésorier), Robert Garcia (secrétaire), Richard Hahn (secrétaire), Jean Bodin, Gérard Wagner (délégué), Maurice Jotz, Théo Nuss.

Les présidents
Antoine Fuchs (1981-1988), Alfred Ott (1988-1989), Denis Barbier (1989 à nos jours).

• BIBLIOGRAPHIE :
– Documents fournis par le club.

1947 Football Club Forstheim ★ 67
Forstheim
Monter... descendre... monter

Le Football Club de Forstheim est créé, une première fois, en 1947. Pendant neuf ans, le FCF évolue en division IV (saison 1947-1948), puis en division III de 1948 à 1952 avant de redescendre en division IV pour une saison. Le club accède pour la première fois en division II en 1956, mais doit arrêter la compétition par manque d'effectif.

Le club prend un deuxième départ en 1964. Il évolue en division IV jusqu'en 1970. Il monte en division III à l'issue de la saison 1969-1970 et y reste jusqu'en 1978-1979. Le club chute alors en division IV pour peu de temps, puisqu'il remonte en division III la saison suivante. Le FCF évolue donc en division III, jusqu'en 1984-1985 et joue à nouveau une saison en division IV mais remonte aussitôt en division III la saison 1985-1986. Le club se maintient en division III jusqu'en 1989-1990 et y réalise une très bonne opération, puisqu'il monte en division II pour y demeurer durant deux saisons.

Le FCF repart en division III pour les saisons 1992-1993 et 1993-1994, puis il remonte en division II, l'année du 30e anniversaire du club. Le FCF retombe une petite saison en division III en 1996-1997, puis repart en division II pour les saisons 1997-1998 et 1998-1999. Malheureusement à l'issue de cette saison, c'est le retour en division III où il évolue logiquement en 1999-2000.

Les présidents
Joseph Wursthorn (1947-1949), Etienne Grunenwald (1949-1956), Albert Léopold (1964-1967), Georges Matz (1967-1969), Antoine Klipfel (1969-1973), Georges Matz (1973-1974), René Weitel (1974-1976), Georges Matz (1976-1979), Antoine Klipfel (1979-1983), Bernard Schneider (1983-1987), Claude Holtzmann (1987 à nos jours)

• BIBLIOGRAPHIE :
– Documents remis par le club.

Le FC Forstheim 1990-1991, accession en division II après 22 rencontres sans défaite.
Debout de gauche à droite : Claude Holtzmann (président), François Goetz (entraîneur), Benoît Bastian, Eric Goetz, Roger Siegel, Pascal Merck, Benoît Kautzmann, Pascal Marmillot.
Accroupis de gauche à droite : Jean-Michel Ohlmann, Dominique Goetz, Jean-Paul Grunenwald, Dominique Biancado, Georges Esteves, Adrien Lang.

Klipfel et fils
menuiserie - charpente
8, Ingelshof - 67110 Gundershoffen
Tél. 03 88 72 83 79 - Fax 03 88 72 87 69

1947 Union Sportive Imbsheim ★ 67
Imbsheim
Vive la coupe du Crédit Mutuel

L'US Imbsheim voit le jour en 1947. Depuis sa création, le club a joué 1038 matches et vécu 8 montées : en 1959 en D III, en 1963 en D III, e, 1969 en D III, en 1970 en D II, en 1973 en D I, en 1985 en D II en 1990 en D I et en 2001 en Promotion.
Le président en fonction depuis 1988 est Alfred Kern.

Un petit palmarès
Vainqueur de la coupe du Crédit Mutuel en 1997.
Finaliste de l'édition 2001 contre le FC Phalsbourg (vainqueur au tir aux buts 3-4 après prolongation et le score de 0-0).

Les archives mises à disposition par l'US Imbsheim ne permettent pas de retracer l'historique du club.

• BIBLIOGRAPHIE :
– Documents remis par M. Lacasewski.

La SG Marmoutier juniors, en 1949
Debout de gauche à droite : René Storck, Antoine et Joseph Dannel, Robert Reininger, Raymond Schué, Alphonse Kraemer. Accroupis de gauche à droite : Robert Lerch, Raymond Schwaller, Camille Weil, Jean-Paul Andrès, Lucien Gillmann.

L'AS Laubach, équipe première en 2000

1947 Football Club Marmoutier ★ 67
Marmoutier
D'anciens gymnastes

C'est en juillet 1947 que la Société de Gymnastique 06 de Marmoutier inscrit une section de football dans les championnats de la LAFA. C'est un dénommé P. Leclerc, des Ets Liebschütz qui en est le président. L'équipe est engagée en seniors lors de la saison 1947-1948, dans un groupe qui comprend Schwindratzheim (champion), Waldolwisheim, Marmoutier (3e), Schaffhausen, Gries, Geudertheim, Imbsheim et Batzendorf.
Fernand Bartmann prend en main le secrétariat pour la saison 1948-1949 et la SGM s'octroie une belle 4e place (sur 9), toujours en division IV. 3e en 1949-1950, 2e en 1950-1951, 3e en 1951-1952, le club change de nom et devient le Football Club Marmoutier. Le comité fondateur de 1952 est composé de Léon Kieffer (président), René Dietrich (vice-président), Fernand Bartmann (secrétaire), Robert Gillmann (trésorier), Marcel Luttmann, Jean Trappler, Jean-Paul Andrès, Léon Schwaller, Emile Schindler et Alphonse Hertschuh (assesseurs).
En 1953, c'est la montée en division III. Jusqu'en 1965, le FCN navigue de la division III à la division IV. Enfin, en 1965, commence une période de grande stabilité puisqu'il devient un pilier de la division III. Il redescend bien en 1976, mais cette rétrogradation ne dure qu'une saison. En 1977, revoilà la division III ! Il la quitte même en 1983 pour la division II et son bon classement, en 1985 lui vaut, à la réforme des championnats, d'intégrer la division I. Hélas, dès 1986, il réintègre la division II et un plus tard, c'est la descente en division III, où il se trouve encore aujourd'hui.

La SG Marmoutier juniors, en 1947
De gauche à droite : Gérard Argobast, Paul Lerch, Albert Lienhardt, Joseph et Antoine Dannel, Robert Reininger, Jean-Pierre Roos, XXX, René Stock, Jean-Paul Andrès, Camille Weil.

1947 Association Sportive Laubach ★ 67
Laubach
L'ombre de Gilbert Gress

L'AS Laubach est créée en 1947. Dans les membres fondateurs du club, on trouve entre autres, Simon Gress (l'oncle de Gilbert Gress). La première équipe joue sur un terrain situé à l'orée de la forêt de Haguenau.
L'équipe évolue en division IV jusqu'en 1972. Elle monte en division III en 1973, où elle évolue jusqu'en 1978.
En 1979, elle accède en division II où elle joue de 1979 à 1990, année de l'accession en D I et de l'inauguration du stade municipal avec la venue du Neuchâtel Xamax sous les ordres de l'entraîneur Gilbert Gress. En 1991, le club met sur pied une entente jeunes avec le FC Eschbach.

Evénements
1988 : inauguration des vestiaires et du club-house.
1990 : inauguration du stade municipal avec la venue du Neuchâtel Xamax sous les ordres de l'entraîneur Gilbert Gress.
1991 : création de l'entente jeunes avec le club voisin du FC Eschbach.

• BIBLIOGRAPHIE :
– Documents fournis par le club.

AGENCEMENT
COMPTOIRS-BARS
MENUISERIE • EBENISTERIE

Meyer Charles
41, Rue Principale - 67580 Laubach
Tél. 03 88 90 36 67

Union Sportive Morsbronn-les-Bains ★ 67

Morsbronn-les-Bains
Une cabane pour la D I

Créée en 1947, l'Union Sportive de Morsbronn les Bains a longtemps connu des conditions de fonctionnement difficiles.

Lorsqu'à l'issue de la saison 1982-1983 elle accède à la D I, les joueurs disposent en tout et pour tout, en guise de vestiaire, d'une simple cabane de bois : on se douche chez soi en rentrant…

Ce succès enlevé à force d'opiniâtreté contribue à la décision de construire, l'année suivante, une salle polyvalente dûment dotée de vestiaires. Un club-house suivra lors de la saison 1987-1988, puis une école de football l'année suivante.

L'investissement en vaut la peine puisque durant la saison 1990-1991 les cadets gagnent le titre de champions d'Alsace, aux dépens de l'AS Mulhouse, récoltant ainsi les fruits d'un effort important de formation. Les minimes suivent la saison suivante, emportant le titre de champion du Bas-Rhin, avec la meilleure attaque du département (131 buts marqués). Lors de la saison 1994-1995 l'équipe remonte en D II, et réalise une bonne saison l'année d'après avec une troisième place en championnat. Depuis 1997, les investissements continuent (main-courante, élargissement du terrain) pour faciliter l'évolution des joueurs.

Les présidents
Moritz (1975-1977), Schirrecker (1977-1982), A. Schirrecker (1982-1985), A. Rosenfelder (1985-1993), Meyer (1993-1997), Albert Rosenfelder (1997 à nos jours).

Le comité de l'an 2000
Albert Rosenfelder (président d'honneur), Pascal Hebting (président), Jean-François Lang (1er vice-président), René Brennstuhl (2e vice-président), Jean-Pierre Weissbecker (3e vice-président), Thierry Wigand, Fabien Walter (trésorier), Thierry Daab, Denis Ratzel, Pascal Marmoutier, Pierre Starck, Christophe Motz, Denis Braye.

• BIBLIOGRAPHIE :
– Documents remis par le club.

Les joueurs du SG Marmoutier forment une pyramide au tournoi de Waldolwisheim en 1949. De haut en bas : Jean-Paul Andrès, Fernand Barthmann, Gehrig, Joseph Dannel, Walter Bauer, Eesses, Alphonse Walck, Joseph Lienhard.

La première équipe de l'US Morsbronn

Du boulot de fait

Si les changements de présidents, parfois dans la douleur, comme en 1979, où une crise provoque de nombreuses démissions, ne valent pas au FCN de se stabiliser à un niveau plus honorable, chacun essaye d'apporter sa pierre à l'édifice en améliorant ses structures. Bernard Cromer s'efforce d'apporter des améliorations au terrain, aux vestiaires. Rémy Gutfreund parachève son action en réalisant les abords, les vestiaires, les installations pour nocturnes. Deux inaugurations, en 1976 et 1978, concrétisent cette avancée.

Daniel Allienne, leur successeur, entend, lui, miser sur les jeunes qui se comptent aujourd'hui à 70 sur un effectif total de 120. Les 50 seniors sont répartis dans trois équipes, dont une de vétérans. Deux équipes de jeunes évoluent en entente avec Brotsch.

Les présidents
Léon Kieffer, Jules Reininger, Bernard Cromer (1965-1976), Rémy Gutfreund (1965-1979), Bernard Houzelle (1979-1980), Gino Duthel (1980-1984), Armand Baer (1984-1991), Rémy Guftreund (1991-1997), Jean-Rémy Kolb (1997), Rémy Gutfreund (1998-2001), Daniel Allienne (2001 à nos jours).

• BIBLIOGRAPHIE :
– Documentation et photos fournies par Claude Schwaller.

Le FC Oberhaslach de l'an 2000

1947
Football Club Oberhaslach ★ 67
Oberhaslach
Champion du Bas-Rhin en 1972

Une demi-douzaine de jeunes de la commune d'Oberhaslach pratiquent leur sport préféré à Lutzelhouse au FC Notre-Dame. Après la guerre, en 1947, les jeunes gens qui reviennent au foyer créent le premier FCO. Le club est afilié à l'AGR. Faute de moyens, le club cesse son activité en 1949.

Le comité fondateur : Charles Butz, Fernand Reeber, Antoine Keller, Raymond Butz, Alphonse Fischer.

La première équipe : Strubel (gardien), Maenner, Butz, Wihr, Schoeffel, Soppermann (défenseurs), Schandel, Schertz, Ehrhardt, Reeber, Siat, Muller (milieux).

Dans les années 50, un groupe de jeunes sportifs, passionnés de football, crée une nouvelle association : les Sports Réunis d'Oberhaslach.

Composition du comité
Victor Deiber (maire de la commune), Louis Klein, Antoine Keller, Alfred Wihr, Adolphe Wever, Charles Zopfmann, Théodore Segetzer et Louis Monsch.

Composition de l'équipe
Roma, Germain Weber (gardiens), Maenner, Huber, Grasser (défenseurs), Scheno, Helbourg, Moritz, Deiber, Louchner, Arbogast, Muller, Schoenboch (milieux), Siat, Woule, Roos (attaquants).

Par manque de dirigeants, le club arrête à nouveau son activité en 1952. Des jeunes joueurs, comme les frères Antzlinger, Pfeiffer, Helbourg, Hoechster, prennent leur licence au FC Still.

L'année 1954 voit la création d'une nouvelle association : le Football Club Oberhaslach. En 1971-1972, le club remporte le titre de champion du Bas-Rhin. La même saison, il est vice-champion d'Alsace. Lors des saisons 1976-1977, et 1977-1978, il sort vice-champion de la Promotion d'Excellence.

• **BIBLIOGRAPHIE :**
– Plaquette 40e anniversaire.

1947 Association Sportive Wintershouse ★ 67
Wintershouse
La convivialité pour ciment

L'année 1947 est l'année de la création de l'Association Sportive de Wintershouse. Les membres fondateurs sont : Antoine Schmitt (père), Eugène Biegel, Marcel Bieth, François Krauth, Nicolas Wendling, Ernest Roller, Edouard Dollinger, Jean Dollinger. Le premier président est François Krauth, puis lui succèdent Eugène Biegel et Marcel Bieth.

Le terrain, légèrement en pente, se situe au lieu-dit «Froeschweid». Il n'y a pas d'entraîneur à cette époque, et c'est Antoine Schmitt, qui a joué à Batzendorf, qui compose l'équipe et donne les consignes sur le terrain. Malheureusement, la première année n'est composée que de défaites, avec un seul match nul, contre le leader, Grumbrechtshoffen! La guerre d'Algérie passant par là, le club est mis en veilleuse pour cause de service militaire, et repart après ce triste épisode. Le club évolue donc jusqu'en 1957, puis, il cesse son activité.

Un terrain flambant neuf

L'AS Wintershouse est remise sur pied en 1967, en entente avec Bertsheim, avec comme présidents successifs Gérard Krauth, Gérard Grasser et enfin Marcel Bieth. A la fin de la saison 1970-1971, le club cesse une nouvelle fois de jouer.

Entre 1974 et 1977, la commune, avec l'aide des bénévoles construit le «mille club», structure fournie par l'Etat, et profite de l'occasion pour y aménager des douches-vestiaires.

En 1977, un remembrement des terrains agricoles a lieu, et Wintershouse se dote d'un beau terrain de football à l'entrée du village, avec une grande capacité d'accueil. Au printemps 1983, sous la demande des jeunes du village, a lieu la première assemblée générale au «mille-club», et dans la foulée, la constitution du comité.

Le premier match officiel se déroule en août 1983, avec la coupe du Crédit Mutuel, match perdu 2-3 contre Weyersheim, après prolongations, devant 250 spectateurs. En 1984 a lieu l'inauguration officielle du terrain. De 1986 à 1988, les bénévoles construisent le nouveau club-house. En 1991, Marcel Bieth qui prend du recul devient président d'honneur, et c'est René Grad qui lui succède. En 1987, l'équipe monte en division II, et s'y maintient jusqu'en 1997. De 1994 à 1995, les bénévoles construisent des vestiaires-douches, avec l'aide des artisans pour les travaux spécifiques. Au total, plus de deux mille cinq cent heures de travail bénévole vont s'additionner ! Les travaux prennent fin en juillet 1995, et pour son traditionnel tournoi de fin juillet, les joueurs des différentes équipes peuvent prendre une douche…

L'ASW est un petit club de campagne, avec actuellement une quarantaine de licences seniors et vétérans, une dizaine de joueurs en entente avec Ohlungen, Dauendorf et Ulhwiller, et quinze débutants. L'équipe se maintient pour le moment en division III.

• **BIBLIOGRAPHIE :**
– Merci à René Grad.

Le comité de l'an 2000

René Grad (président-secrétaire), Jean-Marie Gottie (vice-président) Antoine Schmitt (trésorier), René Wendling, Paul Douinger, Jean-Paul Hirsch, Benoît Hirsch, Patrice Dieterich, Bernard Biegel, Joseph Fimognari, Didier Jotz, Sébastien Jérôme, Yannick Daull, Michèle Sertelet (assesseurs).

L'AS Wintershouse, la montée en division II en juin 1987 avant le déplacement pour le dernier match

L'AS Wintershouse, inauguration des vestiaires et club-house en 1996
De gauche à droite : E. Jacky, A. Gottie, J.-P. Wirth, R. Grad, P. Strasser.

L'AS Wintershouse de l'an 2000
Debout de gauche à droite :
David Derse, Vincent Stiltz (entraîneur), Marc Dollinger, Gilles Gottie, Pascal Hirsch, Bruno Prieur (capitaine), Stéphane Hirsch, Yannick Daull, René Girad (président).
Accroupis de gauche à droite :
Eric Hirsch, Adrien Mehz, Régis Schuster, Franck Guillaume, Stéphane Jung, Didier Jotz.
Manquent sur la photo :
Christophe Wolff, Cédric Kennel, Patrick Leroux, Laurent Ott.

TABLE DES MATIERES

Club	Page
Algolsheim US	362
Andlau FC	127
Andolsheim AS	255
ASBlanc-Vieux-Thann	90
Aschbach AS	216
Barembach CS	92
Batzendorf AS	258
Beinheim US	199
Bergheim SR	321
Berrwiller-Hartmanswiller AS	260
Betschdorf AS	58
Biesheim AS	263
Bindernheim FC	266
Bisel FC	200
Boofzheim FC	130
Buhl FC	322
Carspach La Saint-Georges	218
Colmar AS PTT	302
Dachstein US	61
Dahlenheim FC	268
Dahlunden US	202
Dettwiller FC	12
Diemeringen FC	62
Dorlisheim SR	38
Dossenheim-sur-Zinsel FC	64
Drulingen SC	360
Drusenheim FC	66
Ebersheim SC	94
Ebersmunster FC	270
Elsenheim AS	326
Entzheim FC	224
Ernolsheim-lès-Saverne FC	272
Ernolsheim-sur-Bruche AS	14
Eschbach FC	363
Forstfeld AS	361
Forstheim FC	363
Frieseb US	222
Furdenheim SR	204
Gaz de Strasbourg SC	359
Geudertheim FC	186
Goxwiller US	70
Grentzingen FC	206
Gries FC	188
Grussenheim FC	328
Gumbrechtshoffen AS	330
Gundershoffen AS	41
Gunsbach US	273
Hagenbach-Buethwiller AS	274
Hangenbieten US	72
Hatten AS	132
Herbsheim FC	96
Herrlisheim AS	276
Hessenheim FC	278
Hirsingue US	280
Hirtzfelden FC	332
Holtzheim AS	44
Holtzwihr FC	74
Horbourg FC	16
Houssen SR	282
Imbsheim US	364
Innenheim US	335
Issenheim ASE	98
Ittenheim US	134
Kaysersberg SR	18
Keskastel FC	100
Kilstett AS	102
Kirchberg-Wegscheid FC	106
Kirrwiller US	284
Laubach AS	364
Lembach AS	208
Leutenheim AS St-Bart	338
Lièpvre CS	137
Lipsheim OC	108
Lixhausen FC	140
Loechlé FC	209
Lutzelhouse AS	76
Mackwiller FC	226
Marckolsheim AS	168
Marlenheim AS	180
Marmoutier FC	364
Meistratzheim US	340
Merkwiller-Pechelbronn FC	46
Meyenheim FC	78
Mietesheim US	285
Mittelbergheim US	286
Morsbronn-les-Bains US	365
Morschwiller-le-Bas FC	190
Mulhouse AS PTT	304
Munchhouse FC	343
Mundolsheim AS	346
Neewiller FC Saint-Michel	142
Neuhaeusel FC	288
Neuwiller-lès-Saverne AS	290
Niederbronn-les-Bains US	193
Niedermodern FC	21
Niedernai AS	292
Niederroedern FC	349
Nothalten US	350
Oberbronn FC	146
Oberbruck-Dolleren US	182
Oberhaslach FC	366
Oberhausbergen FC	230
Obermodern FC	50
Obermorschwiller FC	295
Ohlungen AS	148
Oltingue FC	296
Osenbach FC	298
Ottrott AS	232
Petersbach AS	235
Petit-Landau FC	352
Port du Rhin Strasbourg FC	300
Pulversheim US	238
Reiningue Blue Star	24
Rhinau FC	80
Riedseltz FC	170
Robertsau (La) SOAS	27
Roeschwoog SC	156
Rohrwiller FC	196
Rosenau FC	306
Rosenwiller-Dettwiller SR	308
Rosheim FC	53
Rossfeld FC	82
Rothau AS	354
Rothbäch FC	30
Russ AS Saint-Etienne	310
Saessolsheim US	240
Saint-Hippolyte AS	311
Sand AS	112
Scheibenhard FC	56
Schillersdorf AS	312
Schleithal US	210
Schnersheim FC	359
Schwindratzheim FC	32
Seebach AS	212
Sentheim FC	172
Sermersheim AS	158
Sessenheim SC	160
Sigolsheim AS	356
Souffelweyersheim FC	162
Soufflenheim FC	86
Stattmatten AS	244
Stotzheim ES	357
Strasbourg Mairie-CUS AS	111
Strasbourg Musau AS	229
Strasbourg AS PTT	152
Sundhouse US	174
Surbourg US	114
Tagsdorf FC	313
Truchtersheim FC	164
Turckheim AS	247
Uffheim FC	248
Ungersheim FC	314
Urmatt SC	316
Uttenheim US	117
Valff FC	318
Voellerdingen FC	320
Waldhambach CS	250
Waldowisheim FC	118
Weitbruch FC	88
Westhoffen FC	214
Wingen-sur-Moder AS	120
Wingersheim FC	252
Wintershouse FC	367
Wisches AS	176
Wittersheim US	198
Wittisheim FC	122
Woerth AS	178
Wolxheim CS Saint Etienne	166

Les auteurs et les collaborateurs

Hervé Bride, ancien professeur, journaliste à *Europe 1*
Jean-Luc Fournier, *Agence Strasbourgeoise de Presse*
Bernard Kuntz, *Edito et Edito.com*

Patrice Wibaut, journaliste, 30 ans à *La Voix du Nord*
Denis Longhi, rédacteur
Antoine Stoffel, directeur d'école à la retraite
Patrick Rudolf, ancien archiviste à la LAFA
Wolfgang Roth, universitaire

Fabienne Bertrand, *Alternative Média*
Jérémy Zentner, assistant commercial
Aurélie Paul, assistante commerciale
Alain Kleimberg, conseil en sponsoring
Fanny Fournier, étudiante en sociologie
Sylvain Bride, jeune arbitre de la LAFA
Nadia Delot, correctrice
Karim Chergui, photographe de presse *Top image*

L'éditeur et les auteurs remercient toutes les personnes qui ont contribué, de près ou de loin, à la recherche des documents et photographies qui ont permis l'enrichissement de l'ouvrage. Un hommage tout particulier est rendu à Antoine Stoffel, ancien président de la Commission de Football des Seniors du Haut-Rhin, pour son aide précieuse.
Merci à tous les photographes, connus ou anonymes, qui ont apporté leur contribution à l'énorme partie iconographique figurant dans *100 ans de football en Alsace*.

Les clichés photographiques ont été transmis par les différents clubs cités dans l'ouvrage, certains clichés ayant été collectés auprès de particuliers qui les leur ont remis à cet effet spontanément et gracieusement. Aucun de ces clichés n'a été toutefois remis avec indication du nom de leur auteur. L'Editeur ne saurait donner aucune garantie, ni encourir une quelconque responsabilité à l'égard de quiconque, du fait de la violation éventuelle :
– des droits de propriété corporels ou intellectuels dont les clichés peuvent faire l'objet et notamment du droit à la paternité de ces clichés ;
– du droit à l'image et des droits de la personnalité des personnes photographiées.
Les clubs et personnes qui ont par ce biais apporté leur concours à l'éditeur lui en ont donné bonne et valable décharge.

Coordination éditoriale : Fabienne Bertrand
Conception graphique : Bernard Kuntz
Coordination iconographique : Joëlle Wenger assistée de Julia Guendez
Mise en page : Angèle Moczko assistée de Sandrine Weber, Jennifer Becker, Gisèle Kieffer, Anne Matagne, Sonia Matter
Administration : Hervé Brezillon
Prépresse : Edito.com Strasbourg

© Edito, Strasbourg, 2002
Tous droits de reproduction réservés, textes, documents, cartes et photos
ISBN 2-911219-13-9

Achevé d'imprimer en juin 2002
Dépôt légal juin 2002
Imprimé en France par Gyss Imprimeur Obernai